本書爲國家古籍整理出版專項經費資助項目
全國高校古委會資助項目

道教典籍選刊

無上秘要

上

周作明　點校

中華書局

圖書在版編目(CIP)數據

無上秘要/周作明點校. —北京:中華書局,2016.9
(2025.2 重印)
(道教典籍選刊)
ISBN 978-7-101-11670-0

Ⅰ.無… Ⅱ.周… Ⅲ.道教-中國-百科全書
Ⅳ.B95-61

中國版本圖書館 CIP 數據核字(2016)第 062443 號

封面題簽:阿　桂
責任編輯:朱立峰
封面設計:周　玉
責任印製:管　斌

道教典籍選刊
無 上 秘 要
(全三册)
周作明 點校

*

中 華 書 局 出 版 發 行
(北京市豐臺區太平橋西里 38 號　100073)
http://www.zhbc.com.cn
E-mail:zhbc@zhbc.com.cn
河北博文科技印務有限公司印刷

*

850×1168 毫米 1/32 · 44⅝印張 · 6 插頁 · 790 千字
2016 年 9 月第 1 版　2025 年 2 月第 7 次印刷
印數:7801-8800 册　定價:180.00 元

ISBN 978-7-101-11670-0

道教典籍選刊緣起

道教是我國土生土長的宗教，歷史悠久，可以溯源到戰國時期的方術，甚至更古的巫術，而正式形成於東漢時期。它是我國傳統文化的重要組成部分，對我國人民的思維方式、生活方式，對古代科學、技術的發展，都産生過重大影響，並波及社會政治、經濟等各方面。

道教典籍極爲豐富，就道藏而言，多達五千餘卷，是有待進一步發掘、清理和利用的文化遺産之一。爲便於國内外學術界對道教及其影響的研究，便於廣大讀者瞭解道教的概貌，我們初步擬訂了道教典籍選刊的整理出版計劃。其中既有道教最基本的典籍，也包括各種流派的代表作，有不少書與哲學、思想史關係密切。所有項目，都選用較好的版本作爲底本，進行校勘標點。

由於我們缺乏經驗，工作中難免有失誤之處，亟盼關心此項工作的專家和廣大讀者給以指導與幫助。

中華書局編輯部

一九八八年二月

目録

序（朱越利）…… 一
前　言…… 一
參考書目…… 四二
無上秘要卷之一
大道品　一氣變化品　闕…… 一
無上秘要卷之二
大羅天品　三天品　九天品　三十二天品　三十六天品　十天品　八天品
九天相去里數品　三十二天相去氣數品　闕…… 一
無上秘要卷之三
日　品…… 二
月　品…… 八

星　品……二一
無上秘要卷之四
三界品……一九
九地品……二三
九地相去里數品……二四
靈山品……二五
林樹品……三八
仙果品……四一
山洞品……四二
洞天品……四三
神水品……四四
無上秘要卷之五
人　品……四七
身神品……五七
人壽品……七一
無上秘要卷之六

劫運品……七七
帝王品……八三
洲國品……八六
論意品……九〇
王政品……九一
無上秘要卷之七
循物喪真品……九五
善惡品……九七
衆難品……九九
諸患品……一〇二
陰陽交隘品……一〇六
無上秘要卷之八
天曹科第品　地司考録品　水官料簡品　闕……一一一
無上秘要卷之九
靈官昇降品……一一三
衆聖會議品……一一四

無上秘要卷之十
生死品　闕 …… 一二七
地獄品 …… 一二七
無上秘要卷之十一
聖應品　和光品　闕 …… 一三一
無上秘要卷之十二
衆聖稱號品　闕 …… 一三一
無上秘要卷之十三
真靈位行品　闕 …… 一三一
無上秘要卷之十四
衆聖本迹品上　闕 …… 一三一
無上秘要卷之十五
衆聖本迹品中 …… 一三三
青靈始老君 …… 一三三
丹靈真老君 …… 一三六
元靈元老君 …… 一三七

皓靈黃老君……一三八
五靈玄老君……一四〇
南極上真……一四二
赤明天帝……一四三
無上秘要卷之十六
衆聖本迹品下……一四七
三十六天王……一四七
三十二天帝……一五五
三十六土皇……一五八
無上秘要卷之十七
衆聖冠服品上……一六五
道君冠服……一六五
元君冠服……一六八
五極帝君冠服……一七〇
五帝玉司君冠服……一七一
五方帝冠服……一七三

靈童衣服……一七三
洞天混化君冠服……一七四
洞地混化君冠服……一七六
洞淵混化君冠服……一七七

無上秘要卷之十八

衆聖冠服品下……一七九
日帝冠服……一七九
月夫人冠服……一八〇
九星君冠服……一八一
九星内妃冠服……一八四
九星夫人冠服……一八五
五星帝君冠服……一八七
五星夫人冠服……一八七
五帝冠服……一八八
五嶽君冠服……一八九
四海神王冠服……一九〇

魔王冠服……一九一
無上秘要卷之十九
天帝衆真儀駕品……一九五
衆真儀駕……一九五
三十六土皇儀駕……二〇四
十方神王儀駕……二〇六
八方消魔大王儀駕……二〇八
五嶽帝君儀駕……二〇九
五老君儀駕……二一〇
五方帝儀駕……二一一
四海神王儀駕……二一一
無上秘要卷之二十
仙歌品……二一三
靈樂品……二三三
無上秘要卷之二十一
仙都宮室品……二三七

大羅天宫臺……二三七
上上天宫……二三八
九天宫……二三九
玉清宫……二四三
無上秘要卷之二十二
三界宫府品……二四九
上清宫……二四九
太極宫……二八一
太清宫……二八一
天官宫……二八二
地官宫……二八三
洞官宫……二八三
水官宫……二八五
無上秘要卷之二十三
真靈治所品……二八七
正一炁治品……二九三

無上秘要卷之二十四
三寶品……三〇三
真文品……三〇五
天瑞品……三一四
地應品……三一五
無上秘要卷之二十五
三皇要用品……三一九
三皇天文大字……三二〇
天皇文第一法……三二三
地皇文第二法……三二四
三皇内音……三二六
三皇内書秘文……三二七
三皇傳文……三二七
無上秘要卷之二十六
靈寶符效品……三四一
無上秘要卷之二十七

上清神符品……三五九
無上秘要卷之二十八
九天生神章品……三八五
九天瓊文品……三九一
無上秘要卷之二十九
三十二天讚頌品……三九九
無上秘要卷之三十
經文出所品……四一九
經符異名品……四三四
無上秘要卷之三十一
經德品……四四三
經文存廢品……四四九
遇經宿分品……四五二
無上秘要卷之三十二
衆聖傳經品……四六五
傳經年限品……四八三

無上秘要卷之三十三
輕傳受罰品……四九五
無上秘要卷之三十四
師資品……五〇五
法信品……五一四
授度品……五一九
無上秘要卷之三十五
授度齋辭宿啓儀品……五三五
無上秘要卷之三十六
授十戒品　闕……五五三
無上秘要卷之三十七
授道德五千文儀品……五五三
無上秘要卷之三十八
授洞神三皇儀品……五六三
無上秘要卷之三十九
授洞玄真文儀品……五七一

無上秘要卷之四十
授洞真上清儀品……五八五
無上秘要卷之四十一
策杖品……五九五
策版品……六〇一
投簡品……六〇四
奏簡文品……六〇七
無上秘要卷之四十二
事師品……六二一
修學品……六二七
無上秘要卷之四十三
修道冠服品……六四三
三皇道士法服……六四三
靈寶道士法服……六四三
上清道士法服……六四七
讀經軌度品……六四九

誦經品……六五四
無上秘要卷之四十四
洞真三元品誡儀……六六五
上元品誡……六六五
中元品誡……六七一
下元品誡……六七七
無上秘要卷之四十五
玉清下元戒品……六八五
玉清中元誡品……七〇一
玉清上元戒品……七〇四
洞真智慧觀身大戒經品……七一二
無上秘要卷之四十六
昇玄戒品……七二三
昇玄五戒……七二三
昇玄九戒……七二八
洞玄戒品……七三二

洞玄十戒……七三三
洞玄十善戒……七三三
洞玄十惡戒……七三五
洞玄智慧十戒……七三六
洞玄智慧十二可從戒……七三七
智慧閉塞六情上品戒……七三八
智慧度生死上品大戒……七三九
智慧十善勸助上品大戒……七四〇
洞神戒品……七四二
洞神三戒……七四二
洞神五戒……七四三
洞神八戒……七四四
正一五戒品……七四五
無上秘要卷之四十七
齋戒品……七四七
受法持戒品……七五二

無上秘要卷之四十八
靈寶齋宿啓儀品……七六七
無上秘要卷之四十九
三皇齋品……七八三
無上秘要卷之五十
塗炭齋品……七九七
無上秘要卷之五十一
盟真齋品……八一五
無上秘要卷之五十二
三元齋品……八二一
無上秘要卷之五十三
金籙齋品……八三五
無上秘要卷之五十四
黄籙齋品……八四五
立　壇……八四五
題　榜……八四六

香　火……八四八
鎮　龍……八四八
命　繒……八四八
方　綵……八四九
署　職……八四九
祝　香……八五〇
請仙官……八五一
三上香……八五一
謝十方……八五三
謝日月星……八五七
謝五嶽……八五八
謝水官……八六〇
謝三寶……八六一

無上秘要卷之五十五

太真下元齋品……八六三

無上秘要卷之五十六

太真中元齋品……八七五
無上秘要卷之五十七
太真上元齋品……八八三
無上秘要卷之五十八
寶經靈衛品　封經秘所品　闕……八九一
無上秘要卷之五十九
仙相品　敗仙相品　傷仙相品　闕……八九一
無上秘要卷之六十
辯報品上　闕……八九二
無上秘要卷之六十一
辯報品下　闕……八九二
無上秘要卷之六十二
攘災品……八九三
謝過品　闕……九〇二
無上秘要卷之六十三
倚伏品　入道品　闕……九〇三

無上秘要卷之六十四
防累品　修道禁忌品　闕……九〇三
無上秘要卷之六十五
專誠品……九〇四
柔弱品……九〇八
虚靖品……九一〇
山居品……九一三
違俗品……九一八
無上秘要卷之六十六
沐浴品……九二三
入室品……九三〇
明燈品……九三〇
燒香品……九三六
叩齒品……九三七
呪請品……九四〇
無上秘要卷之六十七

起居品　思五帝品　修步綱品　存五行品　闕……九四五
無上秘要卷之六十八
拘三魂品　制七魄品　安形神品　守三一品　闕……九四五
無上秘要卷之六十九
療衆病品　去三尸品　闕……九四六
無上秘要卷之七十
寶一身品　履三福品　處内全品　闕……九四六
無上秘要卷之七十一
盡忠孝品　立見功品　闕……九四七
無上秘要卷之七十二
布陰德品　成福慶品　闕……九四七
無上秘要卷之七十三
發心念品　闕……九四八
無上秘要卷之七十四
啓志願品……九四八
無上秘要卷之七十五

習斷穀品　辟虚飢品　學休糧品　闕……九七三
無上秘要卷之七十六
服五氣品……九七三
咽雲牙品……九八四
餌玄根品……九八九
無上秘要卷之七十七
行胎息品　求延老品　營住年品　徹視聽品　明六通品　闕……九九三
無上秘要卷之七十八
地仙藥品……九九三
天仙藥品……九九六
太清藥品……九九七
太極藥品……九九八
上清藥品……九九九
玉清藥品……一〇〇一
無上秘要卷之七十九
四蕊丹品　琅玕丹品　九轉丹品　降晨丹品　金液丹品　闕……一〇〇三

無上秘要卷之八十
神玄丹品　仙母丹品　飛騰丹品　洞神丹品　真人丹品　闕……一〇〇三
無上秘要卷之八十一
慎觀試品　闕……一〇〇四
無上秘要卷之八十二
恭朝謁品　闕……一〇〇四
無上秘要卷之八十三
得鬼官道人名品……一〇〇五
得地仙道人名品……一〇一二
得地真道人名品……一〇二七
得九宮道人名品……一〇二九
無上秘要卷之八十四
得太清道人名品……一〇三五
得太極道人名品……一〇五三
無上秘要卷之八十五
得上清道人名品　得玉清道人名品　闕……一〇六三

無上秘要卷之八十六
鬼官品　地下主者品　五鍊品　闕……一〇六三
無上秘要卷之八十七
尸解品……一〇六四
鍊質品……一〇七三
無上秘要卷之八十八
易形品……一〇八五
長生品……一〇九一
地仙品……一〇九六
天仙品……一〇九八
昇月庭品……一一〇一
昇日門品……一一〇五
無上秘要卷之八十九
白日昇天品　昇九宫品　昇帝庭品　昇帝堂品　闕……一一〇九
無上秘要卷之九十
昇太清品……一一〇九

無上秘要卷之九十一
昇太極宮品……一一二五
昇太微宮品……一一二八
無上秘要卷之九十二
昇上清品上……一一三五
無上秘要卷之九十三
昇上清品下……一一六一
無上秘要卷之九十四
昇太空品……一一七五
昇紫微宮品……一一八一
昇紫庭品……一一八三
昇紫虛品……一一八五
無上秘要卷之九十五
昇紫晨品……一一八九
昇玉宮品……一一九四
無上秘要卷之九十六

昇玉清品上……一二〇三
無上秘要卷之九十七
昇玉清品下……一二一五
無上秘要卷之九十八
昇九天品……一二四三
無上秘要卷之九十九
昇玉京品　闕……一二五七
無上秘要卷之一百
昇無形品……一二五七
應變化品……一二六〇
會兼忘品……一二六二
入自然品……一二六三
洞冥寂品……一二六六
附録一　敦煌文書伯二八六一無上秘要目録……一二七一
附録二　無上秘要徵引經書及引文位置對照表……一二八三

序

道教最早的一部類書無上秘要，據説是周武帝宇文邕編的。周武帝嚴厲打擊佛教，是合稱「三武滅佛」的三位皇帝中的一位。道宣續高僧傳卷二釋彦琮傳説，周武帝宇文邕，「自纘道書，號無上秘要」。周武帝是否親自動手編無上秘要，没有更詳細的記載，學者們推測是他下令受寵的一批道士集體編纂的。即使没有親自動手，無上秘要的編纂也充分體現了周武帝對道教的信仰和扶植。這從書名「無上秘要」就可以看出。「無上」就是最高，書名「無上秘要」即標榜其書是「最高經典」。這從無上秘要一百卷二百八十八個品目的内容和排序也可以看出。類書是一種工具書，它將文獻資料分類編排，爲的是方便查閲。但二百八十八個品目的着眼點不在於方便查閲道經，而在於以「最高經典」規範並統一道教的教理教義，取代佛教，進而用道教統一全國朝野上下的思想。用勞格文（John Lagerwey）、王承文等學者的話説，周武帝企圖通過編纂無上秘要，以建立國家宗教、國家道教。

周武帝建立國家宗教、國家道教的努力，並没有成功。但規範並統一道教的教理教義，無疑是符合道教本身當時的發展趨勢的。各支道教面對外來佛教的强勢崛起，聯合甚至合一的願望被加强了，被提速了，並採取了行動。一些學者通過無上秘要二百八十八個品目的内容和排序，分析當時道教各派融合的狀況。一些學者評價説，周武帝編纂無上秘要對於促使道教各派的融合起到很大作用。這種作用究竟有多大，作用於哪些方面，是通過哪些環節、哪些道士發揮作用的，都還可以進一步研究。

北周是鮮卑族建立的割據政權。鮮卑族皇帝周武帝企圖建立國家道教，雖然没有成功，但他下令編纂無上秘要的努力，是中華民族内部各兄弟民族相互學習的一種願望和一次實踐，對促進中華民族融合也起到一定作用。周武帝的此次實踐，也爲我贊同的一種學術觀點增添了例證。這一學術觀點是：道教不僅僅是漢族的宗教。

周武帝下令編纂無上秘要的着眼點不在於編類書，但還是按照類書的體例編纂。故而，斗轉星移，當北周退出歷史舞臺之後，無上秘要也卸下了建立國家道教的重任，只剩下類書的本色。類書無上秘要原有一百卷，是大部頭。道藏現存六十八卷，雖然缺損約三分之一，已是殘卷，但仍然卷帙浩繁，爲今天保存了不少古老道經和其他文獻。點校者周作明博士統計後認爲，「全書共徵引經書一百二十二種」。其摘編的經書和其他文獻，比如早於王弼本的老子，源自古本，可資校勘。有些原書已經亡佚，比如老子妙真經，無上秘要存其佚文。可見，無上秘要具有很高的資料價值。一些學者利用無上秘要進行多方考證，已經獲得了不少成果。可以預見，無上秘要將繼續爲善於挖掘的學者們提供有價值的資料。

周作明博士的專長是道教詞彙研究，屬於道教學者中的稀缺人才。他坐得住，鑽得進，刻苦好學，耐得寂寞，且多有創見，敢於學術爭鳴。我的好友、日本吉川忠夫和麥谷邦夫兩位教授編的真誥研究（譯注篇），由我翻譯後改名爲真誥校注出版〔一〕。周作明博士寫出他山之石可以攻玉——評真誥校注一文，對原著中的一些校勘和注釋提出異議〔二〕。吉川忠夫和麥谷邦夫二教授是著名學者，我是譯者，周作明博士並不因爲顧忌這些而放棄發表看法，難能可貴。

記得王利器先生爲我們講授淮南子時講到：「人讀書，人受書之益，書亦受人之益。」點校，就是書受人之諸益之一，最終的落脚點還是幫助讀者受書之益。周作明博士埋頭苦幹，持之以恒，精心點校無上秘要，並廣搜文獻，以敦煌道經填補了道藏本闕漏，可謂功同原作。我相信，讀者必會受周作明博士點校的無上秘要之益。

周作明博士爲人謙遜和氣，尊師愛友。二〇〇九年五月十六日，周作明、沈偉萍夫婦安排並陪同我和他的幾位師兄弟，隨同西南民族大學文學院全體教師，同游成都龍泉驛枇杷溝。我們看到，漫山遍野的枇杷樹將幾座山嶺覆蓋得嚴嚴實實。果農在山上圈起的欒園裏，一棵棵枇杷樹的樹冠接連不斷，遮天蔽日，滿樹熟透的黄燦燦的枇杷掛在頭頂，近在咫尺，樹下備有桌椅、茶點。我們邊吃枇杷邊漫談，度過了難忘的一天。我作了一首七律游龍泉驛枇杷溝以爲紀念，詩曰：「錦官城外

〔一〕中國社會科學出版社，二〇〇六年。
〔二〕朱越利主編理論·視角·方法——海外道教學研究，齊魯書社，二〇一三年，第三九一—四〇一頁。

枇杷谷，碩果千枝作帳廬。口啖鮮顆呷紙盞，身圍才子話金烏。林間牌戰紅塵遠，椅上人眠青影足。可愛博生男女俊，登山矯健入雲途。」我希望他們的學術成果就像枇杷溝的枇杷，碩果累累，也相信他們會攀登到學術的巔峰。

周作明博士點校的無上秘要即將出版，藉此之機，我祝願年輕人們飛得更高！

朱越利

二〇一四年十月二十一日

前言

無上秘要是現存最早的道教類書，北周武帝宇文邕主纂。據敦煌遺書伯二八六一號唐開元六年鈔無上秘要目録，該書原本「合一百卷，二百八十八品」，但開元後漸漸闕佚，正統道藏現存六十八卷。現存無上秘要雖非完璧，但它在魏晉南北朝衆多道書中堪稱巨帙，具有很高的文獻價值，是研究北周文化及隋前道教不可或缺的資料，對道教經教體系的形成及後世大型道教類書的編纂，均有非常重要的影響。

一、三洞經書北傳與北朝韋節、王延等人的闡發校理

據釋道宣續高僧傳卷二釋彦琮傳載，周武帝宇文邕平齊後（五七七年），在通道觀道士的幫助下，「自纘道書，號無上秘要」。然而，這部由北周一代賢君主持編纂的大型類書，其主要收録的却是魏晉南北朝活躍於南方的上清、靈寶、三皇等道派造制的三洞經書。所以，要討論其成書，首先得從三洞經書北傳談起。

由於南北朝的割裂，南朝齊梁之時南北方道教基本上處於隔絶狀態，陶弘景真誥卷十九叙録即

説，南方道士造制的上清、靈寶諸經「今世中相傳流布，京師及江東數郡，略無人不有，但江外尚未多爾」。南朝社會穩定，士族生活優裕，爲了迎合士族文化的需要，南朝道徒製作了大量經書，又先後有陸修静、孟景翼等人將各派道書總括爲統一的經教體系，並有宋文明、臧矜等人闡發道教義學，道教文化盛極一時。與之相比，北方少數民族連年争戰，中原舊有文明摧毁殆盡，道教也衰微，只有北魏初寇謙之改革天師道，清整科律，革除巫覡及男女合氣等方術，新天師道稍行，但很快又湮没無聞。

與南朝道教宗奉「三清」尊神不同，北朝道教歷來自稱源出老子。魏書釋老志説：

道家之原，出於老子。其自言也，先天地生，以資萬類。上處玉京，爲神王之宗；下在紫微，爲飛仙之主。千變萬化，有德不德，隨感應物，厥跡無常。

張魯五斗米道稱老子爲太上老君，尊爲最高神，並教其徒衆習誦老子；寇謙之改革其教法，也託稱太上老君授其「天師」之位，並降授雲中音誦新科之戒二十卷，可見，老子依然是寇謙之新天師道的教主。而北方的另一道派樓觀道本因老子曾於該地爲尹喜説道德經的傳説而創立宗派，當然也以老子爲教主。北朝的兩大道派如此，其他道士更不例外。隨着時間的推移，研習道德經的道士日漸增多，闡發義理的風氣日盛，還造制出太上老君開天經、西昇經等神化老子的經書。

道教義學興起是北朝後期道教發展的重要表現。而更爲重要的是，在南梁北魏中後期，南北道教多有交流，南方的三洞經書不斷爲北朝道教所接受，而流通的交接地則是華山。根據現存的資料看，南朝三洞經書北傳的途徑主要有兩支。一支自嵩山道士趙静通傳韋節，韋節後隱居華山，最後也隷道籍於樓觀。另一支自華山隱真陸景傳陳寶熾，陳寶熾後也隷道籍於樓觀，並先後傳侯楷、李順興、王延，侯楷復傳嚴達、于章。王延還從來華山隱修的茅山真人焦曠處得到大量三洞經書。除經華山向北流通外，北朝道士還積極搜討道經，據元趙道一歷世真仙體道通鑑載，北魏孝文帝太和年間，樓觀派道士王道義大修壇宇，即「令門人購集真經萬餘卷」。三洞經書北傳推動了北朝道教的傳播發展，也促成了北朝道教義理學的勃興，最終形成無上秘要兼融各派的統一的經教體系。在經書北傳過程中，有兩個人的作用甚爲關鍵：一是韋節，其著述開導了北朝道教義學風氣；另一位則是王延，其所得經書，可能即是北周武帝主修無上秘要的主要資料。有關韋節，歷世真仙體道通鑑卷二十載：

> 法師韋節者，字處元，京兆杜陵人。其族名家，藏書萬餘卷。節幼而好古，通經傳子史，傍及占候之術，靡不精索。十四歲，後魏武帝擢爲東宮侍書。及孝明帝初即位，太后視朝，出守於魯郡。莊帝立，復爲陽夏守，以可近嵩山隱真道士趙静通法師也。既至，遂還簪紱於朝，而謁法師。受三洞靈文，神方秘訣。静通曰：「嵩高是神仙福地，頃浮屠氏棲於此，非有絶俗之行，直欲託名嶽以鬻風聲。由是積屍沉魄，穢濁靈山。比者天文氣候怒戾失中，恐災流於此，尚宜安居耶？汝可抵商、洛、岷、益間，吾當游泰山，或乘桴浮海。」節乃卜居華山之陽，人因號華陽子。餌黄精、白术、胡麻、茯苓、丹砂、雄黄，修三一雌一，八道九真。又行黄庭内景、智慧消魔經法。

撰爲三洞儀序，注妙真、西昇等經及莊、列、中庸、孝經、論語，惟老子、周易有别論八十餘卷。又讀太和真人樓觀先生内傳，復爲一卷。周武帝嘗請受靈寶五符赤書真文，有白鶴臨壇，徘徊而去。帝嘉之，屢有錫賜。復詔爲修真之曲，遂撰精思法。上歎仰再四，因賜號精思法師。時有陳國使周洪正，聞師名，欲即問道。帝召與之對，剖析深微，抑揚三教。洪正美而歎曰：「此三界傑人，非止二國之可仰而已。」帝特改號玄中大法師。已而廬於山之東嶺，屏諸喧雜，以宅清曠。上聞之，復賜太元精舍。武帝太和四年（外紀作天康），忽彩雲如蓋，覆其廬。且曰：「予當乘此而去。」遂不出户。十有二日，乃寂然解化，降年七十三。

可見，韋節修行所據乃上清派的黄庭内景經和智慧消魔經，又曾撰三洞儀序，表見其對南來三洞經書道法多有接受；但他又長於著述，注妙真經、西昇經及莊子、列子、老子、周易等，通過傳注闡發道家經書義理，以士族文化改造道教，從而推動道教發展。

而無上秘要的主要資料來源則與王延有關。雲笈七籤卷八十五尸解部載：

王延，字子玄，扶風始平人也。九歲從師，西魏大統三年丁巳入道，依貞懿先生陳君寶熾，時年十八，居於樓觀，與真人李順興特相友善。又師華山真人焦曠，共止石室中，餐松飲泉，絶粒幽處。後周武帝欽其高道，遣使訪之。焦君謂曰：「世道陵夷，佇師拯援，可應詔出，以弘大法，吾自此逝矣。」延來至都下，久之，請還西嶽，居雲臺觀。……其三洞玄奥、真經玉書，皆焦君所留，俾後傳於世。周武以沙門邪濫，大革其訛，玄教之中，亦令澄汰。而素重於延，仰其道德，

> 又召至京，探其道要。乃詔雲臺觀精選道士八人，與延共弘玄旨。又敕置通道觀，令延校三洞經圖，緘藏於觀内。延作珠囊七卷，凡經傳疏論八千三十卷，奏貯於通道觀藏。由是玄教光興，朝廷以大象紀號。至隋文禪位，置玄都觀，以延爲觀主。又以開皇爲號。六年丙午，詔以寶車迎延於大興殿，帝潔齋請益，受智慧大戒，于時丹鳳來儀，飛止壇殿。詔以延爲道門威儀，之制自延始也。蘇威、楊素皆北面執弟子之禮。仁壽四年，告門人曰：「吾欲歸止西嶽，但恐帝未悉爾。」是年九月，委化于玄都觀。

王延名重一時，從茅山隱真焦曠〔一〕處得到衆多「三洞玄奥，真經玉書」，由於周武帝於建德三年（五七四）五月禁毁佛教，「玄教之中，亦令澄汰」，道教也隨之罷除。但周武帝「素重於延，仰其道德，又召至京，探其道要。乃詔雲臺觀精選道士八人，與延共弘玄旨。又敕置通道觀，令延校三洞經圖，緘藏於觀内」。而歷世真仙體道通鑑卷三十「嚴達」條載，周武帝廢除佛道二教後，「特爲法師（嚴達）建通道觀於田谷之左，復選樓觀之士十人，俾共弘真教」。此十人即嚴達、王延、蘇道標、程法明、周化生、王真微、史道樂、于長文、張法成、優道崇，世號「田谷十老」。其中，嚴達聲望最著，而王延所得經書最多，對道書研究最精，因此，奉周武帝令校讎三洞經法，校經書八千餘卷。王延校經始於建德三年（五七四），所校書即收藏於通道觀内，周武帝主持修纂無上秘要則在建德末年（五七七），參與者

〔一〕仙苑編珠引樓觀傳：「茅山道士焦曠，字大度，周武欽仰，拜爲帝師，於華陰造宮。」知焦曠爲茅山道士。

即爲通道觀學士，所採用資料的主要來源，即王延收集校訂的三洞經書。王延或即爲無上秘要的主修人之一。

總之，從北魏中後期始，南朝的三洞經書經華山源源不斷地向樓觀、京城長安流傳，南朝道教各派遂與寇謙之新天師道、樓觀道逐漸融合，道教學術在古都長安逐漸興起。在此過程中，韋節在西魏北周時對道教義學的闡發，代表了北方道教學術的新趨勢和新水平；而王延對南來三洞經書的整理，奠定了北方道教大規模向前發展的基礎，爲無上秘要的成書準備了必要條件。

二、佛道論争、周武毁佛與無上秘要的編纂

佛道二教在發展中相互融攝，又多有鬥争。南朝宋齊之際由顧歡夷夏論引發佛道論争，先措意於評判佛道二教優劣得失，後來又深入到比較二教理趣深淺，還有佛教徒詰難道體有無等問題。論争加快了佛教中國化的步伐，同時也促進了道教的理論建設。當東晉時，北方中國建立的十六國政權，本爲夷狄民族，所以十六國國主大多信佛，形成了「夷族信奉夷教」的格局。至魏太武帝，有重臣崔浩師事寇謙之，信道滅佛，武帝下詔對京城佛門横加誅滅，開滅佛的「三武一宗」之首，造成並加深了佛教徒和以寇謙之新天師道爲代表的道教間的仇恨。但至北魏孝明帝繼位後，又排斥道教而大興佛法。北魏國主對佛道二教的偏激，使二教聲勢大起大落，二教的鬥争也表現得十分尖鋭，或互鬥法術，較量高下，以求王者信寵，或互占山嶽寺觀，擴大勢力範圍。但總的來説，北朝國主信奉佛

法者多，佛教聲勢逐漸壯大，而道教日漸凋零，前引歷世真仙體道通鑑「韋節」條所記其師嵩山隱真趙静通所説「嵩高是神仙福地」，但「頃浮屠氏棲於此」，所以不可安居，故勸韋節「抵商、洛、岷、益間」去弘道，即其明證。

繼魏太武帝後，再次實施崇道抑佛的，是北周武帝宇文邕。北周政權乃承魏王統，元寶炬的西魏政權，本即北周孝閔帝宇文覺之父宇文泰一手扶持操縱的。與北齊大興佛法相反，北周依靠關中漢族立國，崇儒學、興道法。

據集古今佛道論衡卷乙載，「周武初信於佛，後以讖云『黑衣當王』，遂重於道法，躬受符籙，玄冠黄褐，内常服御。心忌釋門，志欲誅殄」。但「黑衣當王」的讖謡只是其轉變信仰和誅滅佛徒的誘因，周武帝志在一統大江南北，「殊不以戎狄自居而提倡胡教」〔一〕，而歷代北朝統治者大興佛事，勢力過分龐大，對封建王法確實已構成威脅，成爲其一統南北的障礙，故「志欲誅殄」。北周武帝於建德三年（五七四）滅佛，但其思想及輿論準備則前幾年已開始。天和二年（五六七），有還俗僧人衛元嵩上書説「唐虞無佛圖而國安，齊梁有寺舍而祚失者，未合道也」，認爲「國治豈在浮圖」，「正合周武帝以堯舜的唐虞治世爲榜樣的志向」。據廣弘明集卷七叙列代王臣滯惑解下載，衛元嵩尚有相應建議，云：

嵩請造平延大寺，容貯四海萬姓，不勸立曲見伽藍，偏安二乘五部。夫平延寺者，無選道

〔一〕參湯用彤漢魏兩晉南北朝佛教史下册，中華書局，一九八三年，第三八九頁。

俗，罔擇親疏，愛潤黎元，等無持毀，以城隍爲寺塔，即周主是如來，用郭邑作僧坊，和夫妻爲聖衆，勤用蠶以充户課，供政課以報國恩，推令德作三綱，遵耆老爲上座，選仁智充執事，求勇略作法師。行十善以伏未寧，示無貪以斷偷劫。……六合無怨紂之聲，八荒有歌周之詠。

奏疏中所設想的平延大寺，延攬各派領袖，舉賢推能，實乃封建王朝宣揚王化的教化機構，這一政教合一的構想，能克制佛教勢力對封建政權的分割侵吞，符合周武帝安邦定國的立場。周武帝後來設置通道觀，招攬各派學者，很可能即受到衛元嵩造平延大寺，不立「曲見伽藍」的啓發。

據集古今佛道論衡載，衛元嵩上書後，「帝納其言」，可見，衛元嵩的建議對周武帝廢棄佛教起到了推動作用。爲了使群臣及各教領袖信衆領會其排佛的意圖，據廣弘明集卷八叙周武帝集道俗議滅佛法事記載，周武帝於天和四年（五六九）三月，召名僧、碩儒、道士及文武百官兩千餘人於正殿，量評三教優劣，周武帝宣佈，「以儒教爲先，佛教爲後，道教最上，以出於無名之前，超於天地之表故也」。但當時衆議紛紛，不符周武帝意圖，於是在第二次集議後，周武帝闡明「儒教道教，此國常遵，佛教後來，朕意不立」的立場。同年四月，第三次集會，要求參議者「必須極言陳理，無得面從」，又令司隸大夫甄鸞詳度佛道二教深淺，定其真僞。天和五年（五七〇），甄鸞上笑道論三卷，至五月十日，「帝大集群臣詳鸞上論，以爲傷蠹道法，帝躬受之，不愜本圖，即於殿庭焚蕩」。接着，釋道安又上二教論，詆斥道教。周武帝尊道抑佛的意圖屢次受阻，乃於建德二年（五七三）復召集群臣、沙門及道士，重定三教次序，以儒教爲先，道教次之，佛教最後，但仍然得不到響應，乃於次年「初斷佛道兩教沙門道士並令還俗，三寶福財散給臣下，寺觀塔廟賜給王公」，斷然滅除佛教，爲示公允，同時罷免道教。建德六年（五七七），周武帝滅北齊，同時在齊境廢佛。

無上秘要的編纂及經教體系的形成，無疑受到過笑道論、二教論的刺激，所謂「他山之石，可以攻錯」。周武帝雖當衆把笑道論付之一炬，但笑道論對道教的詰難及道教自身存在的問題，却在周武帝心中澆之不滅。笑道論、二教論，現均收入廣弘明集。

在笑道論中，甄鸞從道經中找出各種自相矛盾處，列爲三十六條，概括起來，大致有以下幾方面：一，道教創世説自相抵牾，而且與史實不符；二，道教神仙譜系混亂；三，道經舛謬僞濫，威儀戒律略無統序；四，道經剽竊佛經，但却不識其義；五，道教金丹符籙等術虚妄荒誕；六，道教修持得道之説缺乏理據。

笑道論被周武帝禁毁不久，釋道安又作二教論，通過比較儒道文化和外來的佛教，認爲「教唯有二，寧得有三」，二教即儒釋，道教只是儒教的一支。該書從比較入手，先比較佛教和儒道理趣的深淺同異，繼而通過對周孔和老子的比較，説明道爲儒學的支流，隨後通過對先秦道家和後世道教的比較，説明方仙「非道之儔」。

道教「雜而多端」，不但對各家學説兼收并蓄，對各種民間宗教亦皆網羅。對各家學説信仰要接受也許不難，但要融會貫通、自成一體，却並非易事。兩晉南北朝，道教經過南北朝士族文化的改造，自覺向上層文化靠攏，又多網羅秦漢諸子入道書，在經書造制上，又多採擷佛教義理，内容龐雜，端緒非一。因此，北周時，道教正處在南北各道派大融合的階段，其經教體系不嚴整、不明晰，確實很容易受人詬病。甄鸞、釋道安所上二論，雖有些言論因教派情緒而帶有偏見，但大都言之鑿鑿，有理有據，將道教的經教體系、神學體系、修持方法等貶斥得一無是處。這些問題不解决，周武帝敦崇道法的意圖就會成爲泡影。因此，無上秘要的編纂成書，既是落實周武帝崇道意圖的一個步驟，也爲了解决上述問題。

如前所述，周武帝於建德三年下詔禁罷佛教，經像皆毁，歷世真仙體道通鑑卷三十記，「是時已沙汰浮屠氏，又下議於公卿，復欲去道家者流。上問法師（嚴達）道與釋孰優」。嚴達認爲主優而客劣，説「釋出西域，得非客乎？道在中夏，得非主乎？」周武帝曰：「客既西歸，主無送耶？」嚴達對：「客歸則有益胡土，主在則無損中華。去者不追，居者自保，又何送乎？」周武帝「嘉其對」，但因詔書已下，所以與佛教一同禁斷，只留五嶽觀廟而已。可見，周武帝本即崇信道教，但又要廢除之，既緣於在三教激烈論争中作爲國君的身不由己，也緣於道教自身缺陷而「怒其不争」。爲了解决道教經教體系的諸多問題，實現其弘道的意願，據集古今佛道論衡卷乙載，周武帝於「建德三年，歲在甲午五月十七日，遂普滅佛道二宗。別置通道觀，簡釋（佛）、李（道）有名者百二十員，并著衣冠，名爲通道觀學士」，以嚴達爲觀主。百二十員學士中，除名道、名僧外，還多有博學明理的儒生。通道觀學士的事業，就是闡揚道家道教之經義，在這個基礎上，「會歸」各家學説，建成「一以貫之」的經教體系。周武帝下令建立通道觀的詔書，今見載於周書之武帝本紀，云：

至道弘深，混成無際，體包空有，理極幽玄。但歧路既分，派源逾遠，淳離樸散，形氣斯乖。遂使三墨八儒，朱紫交競；九流七略，異説相騰。道隱小成，其來舊矣。不有會歸，争馳靡息。今可立通道觀，聖哲微言，先賢典訓，金科玉篆，秘跡玄文，所以濟養黎元，扶成教義者，並宜弘闡，一以貫之。俾夫玩培塿者，識嵩岱之崇崛；守跡礫者，悟渤澥之泓澄，不亦可乎？

可以看出，周武帝建立通道觀的目的，就是延攬各派學士「扶成」道教「教義」，通過「弘闡」道教經義，來建立一個可以平息「異説相騰」、讓各家派學説會歸於一體的「一以貫之」的教理體系。據續高僧傳卷二釋彦琮傳載，周武帝平齊後（五七七），「自纘道書，號無上秘要」。該書本爲一百卷，無疑是一部巨著，而周武帝平齊後不到一年便病逝，在如此短的時間内，其作爲君王，是不可能以一己之力編成這樣一部體大思精的大書的。合理的推測，只能是周武帝組織通道觀學士編修而成，以嚴達、王延爲首的「田谷十老」當是其主要參與人員；編纂過程中，對通道觀中的名儒、高僧的建議也多有採納。該書或成於平齊後，但其構想則肇始於道教經教體系受到甄鸞笑道論、釋道安二教論的貶斥後，而建德三年建置通道觀後，編纂該書的相關工作可能就正式開始了。總之，該書很可能是在公元五七四年至五七八年間，在周武帝主持下，由通道觀學士編纂而成的。

三、無上秘要的内容及經教體系

無上秘要原一百卷，分二百八十八品，敦煌文書伯二八六一號開元六年寫無上秘要目録(見附録一)，對從總體上領會編修無上秘要的指導思想、對於研究南北朝隋唐道教思想及北周文化，都具有很高的史料價值。二百八十八品細目也見於道藏，但敦煌抄本多出「義類品例四十九科」及内容解釋。義類品例的著述方法，與南朝著名道士宋文明所倡導的道教義疏學略同，它最初無疑也受到了佛教經疏的影響；用義類品例來總括梳理道教經書，將分散無統屬的經教融合成一個完整的教理體系，對於道教整體的最終形成，具有極其深遠的影響和意義。隋唐道教只有道士居某山觀及傳授源流等分别，但不自立門户、不各别宗派，無疑與南北朝末期道教融合成整體有關係；初唐彙集的「一切道經」，方法上雖採用源於南朝的三洞三十六部，但也無疑受到無上秘要的影響。

據筆者統計，無上秘要引録道經一百二十餘種，北周前出世的道書，尤其是南方的三洞經書，絶大多數都被引及，可以説是此時期各派經書的一次大彙合。但該書並非根據舊有各道派存録其書，而是按照其自身的經教思想及體系要求，摘録各派道書的部分章節或段落，這就破除了原有的宗派界限，構成兼融各派又不同於其中任何一派的經教教理體系，使帶有地域和時代文化差别的道派會通爲一個有機整體，對於漢末以來長期的分裂所帶來的民族文化離析，無疑是一次有意義的整合。單對道教來講，則是以「義類品例」爲框架結構，就各派經教教理所進行的一次富於建設性的總結。

從敦煌此件目録看，把二百八十八品概括爲四十九義類，力圖對「雜而多端」的道教進行統攝，對釋道安等謂道書廣雜而「略無所收」的弊病多有匡救；而四十九義類的層次結構及對之所作的解釋，試圖做到符合邏輯要求，顯然貫穿着編纂者的邏輯思想，這一點在將互無統屬的諸派道經融合爲統一的經教體系時，是至關重要的。

明白雲霽道藏目録詳註謂該書卷一至卷二十的内容爲「三洞四輔，集要論、劫運、帝王、修真、養生、衆聖、本迹」，卷二十一至三十二「言仙都宫室、三界宫府、真靈治所、正一炁治、三寶真文、天瑞三皇、靈寶符效、上清神符、九天生神、經文所出、諸品文集」，卷三十三至四十七「言輕傳受罰品、事師品、修學品、修道冠服品、受持品法、諸階品目」，卷四十八至五十九乃「受持、齊戒諸品文集」，卷六十至八十八「論專誠、柔弱、虛靖、山居、違俗、尸解、易形等品，皆入山修静要術」，卷八十九至一百「言諸天仙真昇各天宫品目」。下面結合敦煌目録中的義類解釋，對全書内容再作分析。

第一義類大道品内容全佚，其解釋爲「至道無形，混成爲體，妙洞高深，彌羅小大，既統空有之窮名，復苞動静之極目，故表明宗本，建品言之」。從這個釋義看，該品可能是對此前道家道教關於道體的觀點，做出系統的理論總結。大道品當視爲全書總綱，表明這部書所要叙述的，是體現出至道變化的宇宙化生、人倫物理以及與之相適應的宗教教化，皆宗本於道教。第二義類一氣變化品所論由混成之氣變無化有的宇宙生成論，正是大道品「至道無形，混成爲體」的展開；第四義類劫運品到四十七義類恭朝謁品，述道教神真聖典、道戒道法等，可視爲對大道品「妙洞高深，彌羅小大」的宗教神學化的具體解釋；第四十九義類講重玄兼忘的圓通得道境界，正是大道品「既統空有之窮名，復苞動静之極目」的義旨延伸。

第二、三義類相對獨立，主要内容是一氣化生宇宙的自然法則向宗教神學法則的過渡，相當於基督教的創世紀。一氣變化品緊承大道品，道體所藴含的有無動静，醖釀着元氣的變無化有。元氣乃宇宙化生的「始基」，是天地分立、人物成象的直接本原。從第三義類的二十四品看，無上秘要將道教的天堂（大羅天等），視爲元氣最初化生物，然後乃有日月星辰、九州大地及山水林木、人類等。這是對秦漢以來的元氣本原論所作的宗教化的改造，構成道教天地人「三才」一統的宇宙生成説，證明道教施行教化的天然合理性。

天地萬物生成後，便運動不息，有生必有死，有成則有毁，循環往復，於是吸收佛教之劫變説，以劫運品緊次於宇宙生成論後，爲第四義類。劫後運興，一運之中，必有洲國社會，於是從循環不息的自然秩序過渡到帝王「承天統物」的社會秩序，人的問題便成了宇宙的核心問題，所以劫運品後緊隨帝王品、洲國品、循物喪真品、善惡品、衆難品、諸患品、陰陽交隘品。善惡功過，則有賞罰福罪，從十二至十六義類之天曹科第品、地司考録品、水官料簡品、靈官昇降品、衆聖會議品、生死品、地獄品，則述世間功過善惡，天界神仙無幽不察，無細不書，賞罰分明，善惡必報。

現實世界是一個善惡升沉的世界，惡劣的行爲造成了人生的苦難，故需要道教的神靈聖真來拯救。從十七義類至二十義類，講述的是救度人類脱離苦難輪迴的神靈聖物，如聖真本跡、稱號、冠服制度、經書、符圖等。無上秘要將真仙聖書放在人性善惡、人生苦難後，意味着道教施行教化的合理性在於苦難的人生需要拯救。值得注意的是，道教本來没有濃烈的人生悲苦觀，這裏却將宗教的合理性建立在人生悲苦上，當是受佛教影響的結果，或許正是對甄鸞訕笑道教修持之説缺乏理據的回應與糾正。

從第二十一義類三皇要用品至四十七義類恭朝謁品，均爲修行神真所傳經教的方法，包括符圖劾召之術、授經傳法儀規、戒律、冠服制度、齋醮祈禱以及金丹神藥、存思守神、胎息辟穀、服氣咽津等。這些内容，是將神真所傳經教化爲宗教實踐的操作法度。

修行符合戒律法度便有效驗，如得道長生、飛升仙境，第四十八義類即述此事。證驗自有其等級階梯，從「得鬼官道」漸次到「昇無形」，出有入無。「昇無形」爲致靈階的最高品秩，也即最高的得道境界，第四十九義類之變神景品、體兼忘品、會自然品、歸寂寂品即體悟重玄兼忘、得自然之真的圓通解脱之道，將「混同物我」的智慧圓通視爲比昇天堂、證驗神仙等更爲高妙的境界，是此時期道教由修仙向體道方向發展的表現。從這點看，無上秘要雖以南方的三洞經書爲主，但其終極旨意受到了南朝後期升玄内教經體洞虚無思想的影響，是超越三洞經書的。

總之，無上秘要的編纂成書，雖然受到了佛教的影響和刺激，但它的教理體系的主體是以華夏民族宗教觀念和傳統文化爲本位建構起來的，它是北周武帝在當時長期分裂所導致的民族文化離析的背景下，敦崇道法、實現文化統一的體現和努力。無上秘要的編纂，不僅爲後世留存了大量難得的珍貴資料，也爲我們研究南北朝後期至隋唐的思想文化轉變提供了難得材料。

四、無上秘要徵引經書類别及數量

無上秘要全書以品爲綱，每品之下分别摘引經書章節或段落，但徵引體例並不統一，卷四十三至卷四十五先出經名，後引文句，其餘則先引經文，於後用「右出……」來標明出處。由於早期道經除葛洪、陶弘景、陸修静、寇謙之等著名經師的著述外，大多没有明確的作者和成書時代，且在流傳中多有亡佚。因此，對該書所引經書進行分析和統計，對瞭解其經教體系和早期道經概貌多有幫助。

學界分析其徵引的經書後發現，所引經書以東晉以後新出道經，尤以上清、靈寶二派道士所造洞真、洞玄部經書居多，天師道經典僅有正一炁治圖和正一法文經兩種，似被有意排斥。個中緣由，勞格文(John Lagerwey)在道藏通考(*The Taoist Canon*)中認爲，由於這部經書旨在建立一種國家宗教，因此，天師道及其儀式都被直接排除了[一]。王承文則認爲：「北周武帝試圖通過編纂無上秘要以確立的國家道教，恰恰是以『靈寶自然天文』爲核心，以『三洞經書』爲主體的古靈寶經的經教體

[一] Kristofer Schipper and Franciscus Verellen ed., *The Taoist Canon: A Historical Companion to the Daozang*, Chicago: The University of Chicago Press, 2004, P119.

系。魏書釋老志是北齊天保五年（五五四）由魏收主持編纂的正史。其道教義理的叙述雖然明顯受到古靈寶經等南方道教思想的影響，但基本上還是天師道以太上老君爲最高神的信仰體系。然而這種情況至北周時代發生了重大變化。其原因在於，東晉南北朝時代元始天尊、太上大道君、太上老君均被不同道派奉爲道教最高神靈的情況，顯然與北周武帝建立統一的國家宗教的政治意圖相矛盾。北周天和五年（五七〇），周武帝親自撰大周二教鐘銘，顯示了元始天尊作爲道教教主的神聖地位已經確立。」〔一〕

如前所述，無上秘要的編纂思想是融通各家道派而成統一的經教體系，既兼收各派，又會通超越各派之上，故無上秘要所要建立的國家宗教恐絶非以上清、靈寶、天師中的任何一派爲主。因此，這可能不是書中天師道經書較少被徵引的原因。我們以爲，天師道與農民起義關係密切的歷史「污點」及其周武帝對北方原有道教秩序的不滿，恐怕是其主要原因。張魯降曹後，儘管在上層受到分化瓦解，但民間道徒起義仍此起彼伏。北魏寇謙之在老君音誦經誡説東晉道徒起義爲：「世間詐僞，惑亂愚民，但言老君當治，李弘應出，天下縱横反逆者衆，稱名李弘，歲歲有之。」從黄巾起義到隋統一的數百年間，道教起義波瀾壯闊，成爲一股强大力量，是統治階級的主要對抗者，以致釋道安在

〔一〕參王承文論隋唐道經分類體系的確立及其意義，敦煌學第二十七輯（柳存仁九十華誕祝壽專輯），臺北樂學書局，二〇〇八年。

二教論中攻擊道教徒，説他們「挾道作亂」，並舉「黄巾鬼道，毒流漢室；孫恩求仙，禍延皇晉。破國害民，惑亂天下」爲證。北方的天師道儘管在寇謙之主持下進行了改革，但其與底層民衆關係密切、煽動農民暴動的「前科」恐怕仍讓周武帝心存忌憚。而在南方，道教迎合士族文化進行改造，長生不老、修真證仙符合統治者永享榮貴的夢想，而靈寶派「普度天人」的宗旨與統治者治國理念更相契合。因此，南方産生的上清經、靈寶經被大量編入無上秘要中，既是南北道教文化交流融合的結果，也體現了周武帝對北方原有道教秩序的不滿和變革。

至於無上秘要所徵引經書的種類，中外學者的統計結果頗爲懸殊。吉岡義豐認爲其引各種道書三百餘種〔一〕；勞格文統計的結論是，共引書約一百二十種，其中六十九種仍見於道藏，另五十餘種的題注或已佚，或經名不見於道藏〔二〕；丁培仁認爲，今存殘本除去同書異名外，實摘引約一百八十種道書，其中絶大部分爲中古上清經和靈寶經〔三〕；盧國龍也認爲，該書「引録道書多達百七十餘種」〔四〕。中外學者統計的數據較爲懸殊，其原因可能與以下幾種情況的處理有關。

〔一〕轉自朱越利道經總論，遼寧教育出版社，一九九一年，第二三〇頁。

〔二〕John Lagerwey, *Wu-shang pi-yao: Somme tao ste du Vie siècle*, Ecole Fran aise d'Extrême-Orien, 1981.

〔三〕丁培仁道教典籍百問，今日中國出版社，一九九六年，第一七九頁；也見氏著增注新修道藏目録，巴蜀書社，二〇〇八年，第六六二頁。

〔四〕盧國龍中國重玄學——理想與現實的殊途與同歸，人民中國出版社，一九九三年，第一三一頁。

（一）同經異名

該書引經所用名稱乃截取經名的部分文字，由於截取的多少不同，致使所引同經但使用多個異名。據統計，在引用時有七十五部經書使用了異名，數量則多達二百五十三個，如該書共十六次引及洞真上清青要紫書金根衆經，使用了洞真青要紫書金根經、洞真金根經、洞真青腰紫書等十個名稱〔一〕。有些異名易看出，但有的則相對隱晦，若不仔細核對文字，則極易出現差錯。例如，該書卷三十四法信品引洞真高聖金玄經中的一段文字，今核其文，實在上清太上九真中經，該經説「上清高聖中央黄老君洞真金玄九陰九真玉經、太上鬱儀結璘章、八景神丹文，皆刻於東華仙靈臺，不宣於世上」，可證洞真高聖金玄經實乃上清太上九真中經異名，不當獨立爲經。

仔細比對文字，在確定同書異名的同時，對考察道經的分合也有幫助。例如，該書五引洞真三天正法經，其中卷三十二衆聖傳經品見於上清大洞九微八道大經妙録，卷四十七受法持戒品以洞真除六天之文三天正法經稱引，文字也見於上清大洞九微八道大經妙録，二者乃異名。仔細考察，發現今上清大洞九微八道大經妙録經首一段與太上三天正法經末重複，或意味着二者本相銜接，均爲古三天正法經的内容。但該書所引其他諸條均不見於現存經書，表明此經散佚頗多。

〔一〕卷九十一昇太微宫品和卷九十二昇上清品上還引洞真青要紫書金根上經兩段文字，均不見於現經書，疑乃今洞真上清青要紫書金根衆經的缺佚文字。

由於道經文獻相當長時間來檢索不便，加上該書徵引多片言碎語，核對徵引文字的工作量較大，加大了處理同經異名的困難。而在該問題上的不同處理，或許是中外學者統計數字較爲懸殊的主要原因。

（二）同名異經

該書徵引時同經異名很多，但也有徵引所用經名相同，實指不同經書。例如，卷二十三真靈治所品、卷三十四法信品兩處引洞真曲素訣辭經，卷三十三輕傳受罰品則以洞真曲素訣辭爲名稱引，名稱相同，易視作同經。核對後知，前兩處文字見於上清高上玉晨鳳臺曲素上經，後一處見於洞真太上丹景道精經。後者中說：「此之丹景，亦有二名，一曰太上丹景道精經，二曰太素三元曲素訣辭玉景内真金章。」可見，曲素訣辭之名可指二經。又如，該書卷三十經文出所品、卷四十七齋戒品及稍後共三次引洞玄智慧大戒經，其中，前兩處見於太上洞真智慧上品大誡，末處見於太上洞玄靈寶智慧罪根上品大戒經，這或許表明二經關係密切。但今二經首尾完整，可能爲先後造出的不同經書，也當視爲同名異經。

又如，該書四引洞真太上隱書經，卷三十二傳經年限品見於今上清太上八素真經，真誥卷五道授說「道有八素真經，太上之隱書也」，可證；卷八十七尸解品所引文字見於今洞真上清太微帝君步天綱飛地紀金簡玉字上經，洞真太上太素玉籙中說「太極真人後聖君受太上隱書步天綱飛紀，付方諸青童君」，可證。卷六十六叩齒品所引文字見於太微帝君二十四神迴元經，由於該經整體被上清紫精君皇初紫靈道君洞房上經、南極元君玉經寶訣收入，故文字也見於後二經；卷四十二修學品引兩則文字，下則見於洞真太上説智慧消魔真經，疑誤題，上則文字包括「夫仙者心學，心誠則成仙」文字，也見於上清紫精君皇初紫靈道君洞房上經，真誥卷十八「仙者心學」陶弘景注：「出二十四神經也。」皇初紫靈中「仙者心學」段文字後正是二十四神迴元經的內容，筆者懷疑該段文字本爲二十四神經的內容而誤上移。故愚意認爲，上兩處所引「洞真太上隱書經」實指太上二十四神迴元經，從而與該書卷五身神品所徵引之「洞真造形紫元二十四神經」〔一〕構成同經異名。可以看出，所用「洞真太上隱書經」實乃同名異經。

（三）異名異經

今天對該書的引書數量進行分析，目的是爲了盡可能還原該書在成書時的引書情況及總體面貌，從而爲瞭解早期道經提供幫助。但該書北周原貌已不曉，只能在承認殘本總體可靠的前提下，將其所引文字與現存道藏及敦煌道藏的經書進行充分對照，從而得出結論。但問題是，其成書時所據道經在後來已有變化，或當時本爲一種，後分化爲數種；或當時即爲關係密切的多種，今道藏中仍爲多種。其書在引書時用相似的多個經名，文字見於今道藏兩種以上的經書，在統計時如何處

〔一〕勞格文將「洞真造形紫元二十四神經」放入已佚經目中，誤。見 *Wu-shang pi-yao : Somme tao ste du VIe siècle*, p. 262。

理，就必須充分考慮到以上問題。

例如，該書用「洞真八素真經」、「洞真八素經」、「洞真太上八素真經」、「洞真太上隱書經」等異名共十六次徵引經書，於今上清太上八素真經八見，洞真太上八素真經服食日月皇華訣四見，另外兩次所標題注相同但文字合見於二經，表明該書編訂者視上清太上八素真經和洞真太上八素真經服食日月皇華訣爲同經的不同篇章或不同傳本，這正與學界意見相合。因此，我們認爲，在統計該書在編訂時引用了經書數量時，不應因其見於今兩種以上的經書，就算作多種，而應當視爲一種。

又，該書用「洞玄五符經」徵引三次經文，其中兩次見於太上靈寶五符序，另一次見於玄覽人鳥山經圖，由於今玄覽人鳥山經圖又名靈寶五符人鳥經，二經原本爲一體的可能性很大，在統計時也當視爲一種爲妥。勞格文在統計時即算作一種〔一〕。

又，該書用「洞真九真中經」、「洞真太上九真中經」、「洞真高聖金玄經」等名共十一次引經，其中十次見於上清太上帝君九真中經，另一次題注相同，但文字合見於上清太上帝君九真中經和上清太上九真中經絳生神丹訣。二經在今道藏即相連，在當時本當爲一體，故也應視爲一種。勞格文視爲兩種〔二〕，恐欠妥。

〔一〕 John Lagerwey, *Wu-shang pi-yao: Somme tao ste du Vie siècle*, p. 233.

〔二〕 John Lagerwey, *Wu-shang pi-yao: Somme tao ste du Vie siècle*, p. 256, p. 257.

又，該書用「洞真靈書紫文上經」、「洞真太微靈書紫文上經」、「洞真靈書紫文」共四次引經，其中卷十九天帝衆真儀駕品文字實見於上清玉帝七聖玄紀迴天九霄經，疑誤題，有兩次見於今太微靈書紫文琅玕華丹神真上經，另一次見於皇天上清金闕帝君靈書紫文上經，也當作一種處理，即古靈書紫文。勞格文視爲兩種〔一〕，可商。

再，該書用「洞玄法輪妙經」、「洞玄（元）法輪經」、「洞玄真一勸戒法輪妙經」共七次引經，太上玄一真人説妙通轉神入定經二見，太上洞玄靈寶真一勸誡法輪妙經三見，太上玄一真人説勸誡法輪妙經一見，另一次所標出處相同，但文字分見於太上玄一真人説勸誡法輪妙經和太上玄一真人説妙通轉神入定經，表明當時諸經即爲一體，也與中外學者的考訂結論相合，故也當只視爲一種。勞格文統計時分别視爲三種〔二〕，可商。

但在有些經文的處理上則頗費躊躇。例如，該書卷三十二衆聖傳經品、卷三十四法信品、卷四十七受法持戒品三引「洞真太上飛行羽經」，見於洞真太上飛行羽經九真升玄上記，今九真升玄上記全經即在上清五常變通萬化鬱冥經中，所以三則文字也見於鬱冥經。

卷十七衆聖冠服品引「洞真迴元九道飛行羽經」包括「九星夫人冠服」、「五星帝君冠服」、「五星

〔一〕John Lagerwey, *Wu-shang pi-yao: Somme tao ste du Vie siècle*, p. 230, p. 237.

〔二〕John Lagerwey, *Wu-shang pi-yao: Somme tao ste du Vie siècle*, pp. 231-232.

夫人冠服」三部分内容，作爲一個整體也僅見於今上清五常變通萬化鬱冥經。卷三十二傳經年限品也引「洞真迴元九道飛行羽經」三則文字，首則文字見於洞真太上飛行羽經九真升玄上記和上清五常變通萬化鬱冥經，次條則僅見於上清五常變通萬化鬱冥經。

卷三十二衆聖傳經品引「洞真太上飛行羽經」後，緊挨着引「洞真迴元九道飛行羽經」，兩則文字今僅見於太上飛行九晨玉經，而引用時分開標題注，根據全書體例，似當視「洞真太上飛行羽經」和「洞真迴元九道飛行羽經」爲一經。卷三星品先引「洞真飛行九晨玉經」，其後接引「洞真迴元九道飛行羽經」，也分作題注，但兩則文字今也只見於太上飛行九晨玉經中，而卷二十仙歌品引「洞真迴元九道經」，也僅見於太上飛行九晨玉經中。

從名稱看，「洞真太上飛行羽經」和「洞真飛行九晨玉經」相似，而「洞真迴元九道飛行羽經」和「洞真迴元九道經」相近。我們推測，該書成書時，當是「洞真太上飛行羽經」和「洞真迴元九道飛行羽經」兩種經書，但二者内容或原本即有交叉。二經在流傳中文字均有散佚。卷三十二傳經年限品所引「洞真迴元九道飛行羽經」的末則文字，從内容看，應該與前兩則關係密切，但不見於現存各書；卷三十二衆聖傳經品所引「洞真迴元九道飛行羽經」文字末尾「真公于無量壽天以金羊銀雁，列帛華晨之下，奉受訣文，修之，以傳方諸青童君」，内容與前文甚密，但不見於各經書；卷一百洞冥寂品引「洞真迴元九道經」文字，總體也不見於現存各書。

今道藏「洞真太上飛行羽經九真升玄上記」經名後小字注「一名太上迴元九道飛行羽經」，或意味着今九真升玄上記當爲「洞真迴元九道飛行羽經」的内容。今道藏之太上飛行九晨玉經、洞真太上飛行羽經九真升玄上記、上清五常變通萬化鬱冥經乃摘節或抄集原洞真太上飛行羽經和洞真迴元九道飛行羽經而成，今三部經書與白羽黑翮靈飛玉符、洞真上清龍飛九道尺素隱訣及太上五星七元空常訣關係也甚爲密切，關係很難釐清。勞格文在統計時視「太上飛行九晨玉經」、「洞真太上飛行羽經九真升玄上記」爲兩種，將「洞真迴元九道飛行羽經」納入已佚經書，共計爲三種〔一〕，似欠妥。

（四）經中之經

所謂「經中之經」，指徵引時所標寫的名稱及文字均見於某經中。這種情況，統計時僅算大的經名一種，還是獨立出來，需區别對待。筆者以爲，若所在經書本自爲整體，非後世纂集而成，則可當作異名同經處理，不另算作一種。

例如，卷四十一投簡品引有兩段文字後分别標寫爲「元始靈寶告五嶽靈山除罪求仙上法」和「元始靈寶告九地土皇滅罪言名求仙上法」。今核查，其文在太上洞玄靈寶赤書玉訣妙經中，且兩段文字本相連，標寫用的是其所引部分内容的名稱，故不當另外視爲兩種，而只是太上洞玄靈寶赤書玉訣妙經一種。

又如，卷三十一遇經宿分品引「洞真消魔大王白神内祝文」，卷四十七受法持戒品引「洞真消魔

〔一〕 John Lagerwey, *Wu-shang pi-yao: Somme tao ste du Vie siècle*, p. 235, p. 251, p. 263.

金元百神内祝隱文」兩段文字，乃上清高上金元羽章玉清隱書經之「玉清消魔大王金玄百神内咒隱文」，不當爲獨立的經。卷三十一遇經宿分品引「洞真高上滅魔神慧隱文」，卷三十三輕傳受罰品引「洞真高上玉清刻名内文」，乃上清高上滅魔玉帝神慧玉清隱書之「高上玉清刻石隱銘内文」中的文字，也不當爲獨立的經。

有的地方雖現今仍見於某部經的一部分，但其所在經書本身乃纂集多種經書而成，故徵引時所據極可能爲獨立之一種，在統計時當另算作一種爲妥。

例如，卷二十仙歌品引「太上真人八素陽歌九章」十五首歌辭，據上清太上八素真經，該部分内容本位於地仙八素經經末，真誥卷二十翼真檢第二説：「掾書太素五神二十四神……及八素陰陽歌一卷。」表明其已爲獨立一種，即道藏闕經目録之洞真上清太上真人八素陽歌九章經。故在處理時，視爲單獨一種。

又如，卷九十三昇上清品下引「上清玉霞紫映内觀上法」，見於今洞真上清青要紫書金根衆經卷上。今金根衆經卷上與上清玉霞紫映内觀經關係極爲密切，如經中説：「紫書訣出上清玉霞紫映内觀經中篇。……紫書訣言：凡修上真之道，當行上清玉霞紫映内觀上法。」但從中可看出，二經雖關係密切，前者並非爲後者之一部分。且該經名在同期道經中多次出現，如太真玉帝四極明科經卷三：「上清玉霞紫映内觀隱書，青要帝君秘於紫微之宮三寶玄臺玉室之内。」真誥卷二：「真妃坐良久，乃命侍女發檢囊之中，出二卷書以見付。今寫之題如左：上清玉霞紫映内觀隱書、上清還晨歸童日暉中玄經。」而卷七善惡品引「洞真玉霞紫映内觀隱書」，文字不見今金根衆經。因此，在統計時，當視「洞真玉霞紫映内觀隱書」爲獨立一種。勞格文在統計時也是將之獨立出來納入已佚經書的〔一〕。

又如，卷三十經文出所品引「洞真中央黄老君八道秘言經」，今上清太上九真中經中有「中央黄老君八道秘言章」，但不見其所引文字，而「九真八道」在道經中常並提，有理由視「洞真中央黄老君八道秘言經」爲獨立經書。

又如，今道藏之「三奇寶文」之二「洞真太上素靈洞元大有妙經」和「洞真高上玉帝大洞雌一玉檢五老寶經」都是抄裁多種經書編纂而成。該書所引經名及文字，雖見於二部經書，但在統計時，筆者傾向獨立來算。例如，卷五、卷三十二、卷三十四分别以「洞真四宫雌一寶名玉訣經」、「洞真雌一内神寶玉名經」、「洞真四官内神寶名玉訣經」爲名徵引，文字均見於今大有妙經之「四宫雌真一内神寶名玉訣」，但卷五身神品所引「洞真四宫雌一寶名玉訣經」前，即以「洞真太上素靈大有妙經」引經，顯然視「洞真四宫雌一寶名玉訣經」爲單獨一種。勞格文在統計時没另算〔二〕，似可商。

又如，卷十七衆聖冠服品、卷三十經文出所品分别以「洞真玉晨明鏡雌一寶經」、「洞真玉晨明鏡

〔一〕John Lagerwey, *Wu-shang pi-yao: Somme tao ste du Vie siècle*, p. 262.
〔二〕John Lagerwey, *Wu-shang pi-yao: Somme tao ste du Vie siècle*, p. 242.

金華洞房雌一五老寶經」爲名徵引文句，卷七十四啓志願品引「洞真隱元五晨金華玉經」文字，卷八十七煉質品以「洞真太極帝君填生五藏上經」爲名引文。除卷七十六所引「洞真填生五藏經」文字不見外，其他諸處所引文字均見於今五老寶經中的相關經訣。由於今五老寶經乃纂集各訣而成，如「洞真隱元五晨金華玉經」的内容即今道藏之大洞金華玉經，故筆者傾向在統計時分別算爲一種。

又如，卷九十八、九十二、九十九分别以「洞真太極金字玉文九天陰符」、「洞真九真陽符」、「洞真九真陽符經」爲名，所引文字均見於太上玉佩金璫太極金書上經，可能當時已分出單行，故視爲獨立之一種；卷三十一遇經宿分品以「洞真元真洞飛二景寶經」徵引，也見於太極金書之「玄真洞飛二景寶經」部分，今道藏雖實有上清太霄隱書元真洞飛二景經，但全爲洞真上清開天三圖七星移度經的内容，内容雖竄奪，但可證當時確爲一種。勞格文將二者都納入到太極金書中，只視爲一種〔一〕，似可商。

卷五十一盟真齋品引「洞玄明真九幽玉匱罪福緣對拔度上品經」，見於洞玄靈寶長夜之府九幽玉匱明真科的一部分，但全書以「明真科」、「明真經」、「洞玄明真經」等名十九次引經，均不用該名，且其名乃完整經名，單獨視爲一種似更妥。勞格文没獨立另算〔二〕。

〔一〕John Lagerwey, *Wu-shang pi-yao: Somme tao ste du Vie siècle*, p. 226.

〔二〕John Lagerwey, *Wu-shang pi-yao: Somme tao ste du Vie siècle*, p. 260.

（五）經書類名

無上秘要引書有時還用類名。例如，該書卷二十一仙都宫室品用「洞真經」徵引七則文字，文字分别見於洞真上清七轉七變舞天經、太一帝君太丹隱書洞真玄經等七部經書，而以上各經均被單獨徵引，故不另算。

卷二十一仙都宫室品用「洞玄經」徵引數則經文，文字見於今太上諸天靈書度命妙經、太上靈寶諸天内音自然玉字卷二、元始五老赤書玉篇真文天書經卷中。可以看出，此處「洞玄經」乃對靈寶經的合稱。上三部經書在其他地方都以其名徵引過，也不另算。

卷之三十七授道德五千文儀品、卷三十九授洞玄真文儀品兩處用「靈寶經」引經，所引文字與稍前卷三十五授度齋辭宿啓儀品的内容基本相同，但後者却注明出金籙經，或二經本有交叉，或此處「靈寶經」即指金籙經，也不另計。

而全書用「洞神經」徵引文字多達八處，其中有四處分别見於今太上洞神行道授度儀、太上三皇寶齋神仙上録經中，另四處不見今各經書；還用「三皇經」徵引文字兩次，用「洞神三皇經」徵引文字一次。通觀全書，「洞神經」、「三皇經」等當是對三皇經系的類稱，很難認定爲一種，但上引多處到底出自幾部經書，已無從知曉。我們統計時暫作如下處理：見於今不同經書的，暫分别算作一種，其他則一律不計。

（六）内容亡佚之經名

有些徵引時所用經名在道藏中可找到相似的，但内容却見於其他經書，姑且當作一種經書處理。如卷四靈山品引「洞真太霄隱書」，包括三則文字，分别在洞真太一帝君太丹隱書洞真玄經、太上靈寶五符序、上清外國放品青童内文中找到相同或相近文字。今太上玉佩金璫太極金書上經和上清太霄隱書元真洞飛二景經均與「太霄隱書」之名關係密切，均無所引内容。此處「太霄隱書」或其中題注有缺佚或誤題，或該經乃雜集早期各經編纂而成，針對這種情況，統計時暫視爲一種。

又如，卷三十二傳經年限品引「洞真高上元始道章經」，文字見於今七轉七變舞天經，所引文字正與同卷同品稍前以「洞真七轉七變舞天經」所引文字總體相同，但却説出自另一部經，或爲誤抄，或後分出單行所致。今七轉七變舞天經有「高上元始玉皇道章第一」等十四章，我們推測或該部分内容分出單行時用第一章「高上元始道章」作經名，故統計時也權算作一種。

而對其他爲數衆多的内容已亡佚的經書，我們只能根據所引經名的相近程度來確定。例如，將「洞真素奏丹符靈文」、「洞真素奏丹靈六甲符經」視爲一種，視「洞真金籙簡文真一經」、「洞玄金籙簡文經」、「金籙經」、「金籙儀」爲一種，視「玉籙經」、「玉清戒」、「玉清誡」、「玉籙清誡」爲一種。

（七）題注已佚之内容

由於該書殘缺甚多，有些題注也缺佚，這種情況如何處理，也需區别對待。

若通過核對文字，能確定所缺題注爲何經，而該經在其他地方曾被徵引，則不另外計算。例如，該書卷五人壽品所引文字實見於太上諸天靈書度命妙經，卷五十二三元齋品引文實見於太上大道三元品誡謝罪上法，卷六劫運品引文見於太上洞玄靈寶真文要解上經；卷十五衆聖本迹品中所引文字雖不見於道藏，但敦煌道藏之太上洞玄靈寶真文度人本行妙經（伯三〇二二號背面）〔一〕恰好有該段佚文。由於上四經在該書其他地方被徵引過，故諸處缺佚之經不另計。

有的題注缺佚之處，通過檢索，發現該段文字僅見於某經，但該經在其他地方没被引及，儘管不能完全肯定其所在經名就是獨立一種，但爲了提供盡可能準確的資料，在統計時也暫視爲一種。例如，該書卷七十六鉺玄根品引文見於上清九天上帝祝百神内名經；卷八十四得太清道人名品、得太極道人名品引文見於洞玄靈寶真靈位業圖，只是次序恰好相反；卷九十七昇玉清品下引文見於上清回神飛霄登空招五星上法。故以上三經，權計爲三種。

當然，還有些題注已佚的引文在今天各書中不能找到準確出處，如卷四十授洞真上清儀品、卷五十塗炭齋品、卷五十五太真下元齋品、卷五十六太真中元齋品、卷五十七太真上元齋品等。儘管某些引文也能在今各經書中找到類似的文句，但總體上不能肯定其出處，這些地方，只能暫視闕如，一律不另外計算。

在謹慎處理以上問題後，我們得出的結論大致如下：全書共徵引經書一百二十二種，包括上清經七十一種、靈寶經三十四種、三皇經五種、天師道經書兩種、其他各類經書十種。其中，七十九種

〔一〕李德範輯敦煌道藏第四册，中華全國圖書館文獻縮微複製中心，一九九九年，第二二五四頁。

經書（含三種題注已佚尚可認定的）的經名及主要内容尚見於今道藏，其中有八種在無上秘要成書時本爲一種，在今道藏中分化成多種；另四十三種在今道藏中總體不存，但殘缺程度不一，其中有十種經書的主要内容見於今道藏某經或敦煌道藏中，另三十三種則總體亡佚。除此之外，還有四處文字，題注已佚，但核檢不出原經；另有用「洞神經」、「三皇經」、「洞神三皇經」徵引的七處文字也不知出處。

當然，由於該書殘缺甚多，加上道經檢索不便等因素，結論很難萬無一失。我們的統計數字總體與國外學者勞格文相近，證明這本二十世紀八十年代成書的國外論著有着很高的學術價值。在研究中，文字比對是確定經書的主要辦法，但也應當充分結合該書編纂時經書的存在狀況，將其所徵引的經書數量和這些經書有多少種見於現存道藏區分開來，從而得出更加可靠的結論。而這樣的結論的得出，對瞭解早期道經的總體面貌及無上秘要所反映的經教體系無疑是頗有價值的。

五、無上秘要的流傳、版本及整理

該書原本一百卷，正統道藏現存六十八卷，且存卷中又有缺品。舊唐書經籍志、新唐書藝文志、通志卷六十七道家類均著録「無上秘要七十二卷」。入宋，郡齋讀書志卷十六神仙類、文獻通考經籍考則著録「無上秘要九十五卷」，晁公武有注：「右題曰元始天尊説。藝文志止七十二卷，不知何時析出二十三通也。」崇文總目則説還有一卷本，但闕佚。可見，宋代還有一卷本、九十五卷本，惜乎不知此九十五卷本是真從原七十二卷本析出抑或爲更近乎一百卷的完整本。明萬曆寶顔堂藏有無上秘要一卷，明陳繼儒訂，彭好古輯入道言内外秘訣全書（叢書集成初編及藏外道書第六册均收），即今卷八十七尸解品的内容，文字總體與道藏本同，或本與道藏同出一源。

總體來看，現存無上秘要缺乏嚴格意義上的别本參照，但其作爲現存最早的道教類書，主要收録的是魏晉南北朝的道經，而這些道經大多數也保存在道藏中。因此，將無上秘要所徵引的章節片段與道藏原經比對參校，實乃整理該書的主要途徑。同時，輔以以下辦法：

一，用敦煌出土的無上秘要殘卷校補原經。

1伯二八六一，見本書附録，爲無上秘要目録，對瞭解該經原貌幫助極大。

2斯〇〇八〇，爲卷十地獄品的内容，原缺，據補。

3伯二六〇二，完整保留了卷二十九的内容，據校。

4斯五三八二，保留了卷三十一部分内容，據校。

5伯二三七一，幾乎完整保留了卷三十三的内容，可參校。

6北珍〇〇二〇，可參校卷五十二的部分内容。

7伯三三二七，當爲卷六十二攘災品的内容，原缺，據補。

8伯三七七三，可據校卷八十四得太清道人名品的部分内容；伯五七五一、伯三一四一，可參校同卷得太極道人名品的部分内容。

內容。

9俄藏敦煌文獻Дх〇〇一六九、Дх〇〇一七〇及Дх〇二六三二，三件可參校該書卷五的部分內容。

二，無上秘要所徵引經書今道藏已缺，但保存在敦煌道經中，校以敦煌經文。例如，伯二三九九、斯二九一五幾乎完整保留了已佚道經太上洞玄靈寶空洞靈章經的內容，可參校該書的五處引文。又如，伯二三二六、伯二四四五、伯二四七四、伯二七五〇、伯三三四一、俄Дх五一七、俄Дх二七六八、俄Дх九〇一等太上洞玄靈寶昇玄內教經殘卷，可據之參校書中的六處引文。再如，伯三〇二一背面所抄乃太上洞玄靈寶真文度人本行妙經殘卷，可據以校訂卷十五衆聖本迹品中的一處異文。當然，由於各種原因，利用敦煌文書還可能有漏失之處，這方面或尚需續作完善。

三，雲笈七籤、永樂大典等後世類書及其他文獻資料有無上秘要引文，據之參校。

迄今爲止，國內外尚無該書的整理本面世。本次整理，以明正統道藏所收無上秘要爲底本，參校道藏所收原經及敦煌道經等材料，旨在爲學界提供一可靠易讀的標點本。在整理中，將敦煌無上秘要目録的相關品目，補入今無上秘要的相關缺卷中，庶幾管窺全書原貌。如前所述，敦煌目録對我們瞭解全書原貌有很大幫助，將之與道藏原存目録對照，二者在品名、分合上多有差異，但總體上次序相同，可互相參照。但其中有一處差異關係到今無上秘要正文卷次的調整，故在此特作説明。

道藏本卷八十七至一百主要叙述得道成仙後的等級階梯，從「尸解品」至「昇無形品」，由低到高排列。其中，「昇太清品」在無上秘要卷九十九，居「昇上清品」及「昇玉清品」之後，在「昇無形品」前；而在敦煌無上秘要目録中，「昇太清品」則位於「昇上清品」及「昇玉清品」前，「昇無形品」前乃「昇玉京品」，而該品不見於道藏原目及正文中。在整理時，我們依據敦目，將原卷九十九「昇太清品」前移作爲卷九十的内容，而原本卷九十九當爲「昇玉京品」，内容缺佚。這樣處理的理由如下：

首先是目録中的内證。在道藏原目及敦煌目録中，叙述仙藥品級次序二者均爲「地仙藥品」、「天仙藥品」、「太清藥品」、「太極藥品」、「上清藥品」、「玉清藥品」；在叙述得仙道的人名時，敦目爲「得鬼官道人名品」、「得地仙道人名品」、「得地真道人名品」、「得九宫道人名品」、「得太清道人名品」、「得太極道人名品」、「得上清道人名品」、「得玉清道人名品」，道藏原目雖缺「得上清道人名品」和「得玉清道人名品」，但把「太清」置於「上清」、「玉清」前是清晰可見的。卷二十一至二十二仙都宫室品、三界宫府品從高到低排列的次序爲「大羅天宫臺」、「上上天宫」、「九天宫」、「玉清宫」、「上清宫」、「太極宫」、「太清宫」，「太清」位居「上清」、「玉清」後。可見，在編纂者看來，合理的仙階體系是，「太清」位次較低，「上清」、「玉清」更高，故在嗣後由低到高論述仙境等級時，「昇太清品」不可能位於「昇上清品」和「昇玉清品」後。

其次，在早期道經中，在有關「三清」等級的叙述中，次序均爲「太清」、「上清」、「玉清」。東晉上清太上八素真經述：

太上曰：昔謂太清不可登，而況於太極乎？乃謂上清不得聞，而況於玉清乎？明真中有高卑，玄中有階次也。……玉清宮之下真人，上清宮之上真人，太極宮之上〔一〕真人，乃上清宮之下真人，從此以下，次得九宮之飛仙也。……玉清、上清、太極、太清九宮，並各有官僚、公卿、大夫、侯伯，置署如一，更相管統，奉屬於上，宮闕次第類相似，但道有尊貴，德業有升降。

從上經可以看出，「太清」等次最低，受「上清」管轄，而「上清」則又聽命於「玉清」。太上飛行九晨玉經對各仙境儀仗的描寫更爲細緻：

玉清則上清之高真，上清則太清之高神，太清則飛仙之高靈。凡行玉清之道，出則諸天侍軒，給玉童玉女各三千人，建三七色之節，駕紫雲飛軒、十二瓊輪，前導鳳歌，後從玄鈞，六師啓路，飛龍翼轅，其位准高仙，列圖玉清。行上清之道，出則五宿侍衛，給玉童玉女各一千五百人，建紫毛之節，駕飛雲丹輿，前吹鳳鸞，後奏天鈞，玄龍啓道，五帝參軒，位准上清左右位卿。行太清之道，出則五帝侍衛，給玉童玉女各八百人，建五色之節，駕龍輿飛煙，前嘯九鳳，後吹八鸞，白虯啓道，太極參軒。故真中有高卑，玄中有階次也。玉清之道，玄遠絶邈，不比中真及飛仙之徒。

南朝之七域修真證品圖對得道昇仙的果位也有詳細區分：

第一初果，洞宮仙人。

〔一〕「上」，原無，據文意補。

第二次果，名山之上虚宫地真人。

第三次果，爲九宫真人。

第四次果，證位爲太清上仙【三元宫、太赤天太清境太清宫、丹臺紫閣】。太清上仙，初修前九轉之行，有四千善功。兼修中品，真道不備者，位爲太清上仙。其宫在太清境中，太上老君所治，得太清上仙者，賜五色之節，駕龍輿飛煙，群仙導從，給玉童玉女一萬人。

第五太極真人果位【三華府靈宫、太極宫、蕊珠宫、七映臺】。太極真人修前九轉之行，及三百戒，有六千善功。兼修上品，真道不備者，位爲太極真人，賜紫毛之節，衆神導從，給玉童玉女三萬人。其宫闕在太清之上、上清之下，老君所治。

第六果位，爲上清真人【青珠宫、清微天上清境明光宫、太華宫】。上清真人修前九轉，兼三百大戒，有八千善功。兼修三品真道者，位爲上清真人，賜七色之節，乘飛雲丹輿，群仙導從，鸞鳳驂軒，給玉童玉女六萬人。其所理在太極之上上清之境，太上玉晨大道君之所治也。

第七極果，爲玉清聖人【東華宫、真北宫、玉京金闕清微天紫微宫、玉清境七寶臺大有宫、西靈宫、南極宫】。玉清聖人，初修前九轉之行，及三百衆戒，有一萬善功，兼修太上之道及三品真經者，位爲玉清聖人。賜九色之節，乘三素之雲，萬靈導從，龍虎驂軒，駕紫雲飛軿、十二瓊輪，給玉童玉女九萬人，證種高尊，與衆聖齊位。非言象所及，與道混體，洞入自然，消則爲氣，息則爲人者也。

後序曰：天尊之好生，甚矣；道君之垂教，廣矣；老君之度人，至矣。三聖輪化，拯擢昏迷，皆欲使全血肉之形，比金石之永，延朝蘭之命，齊大椿之年。自凡而登仙，自仙而登真，自真而證聖。

可以看出，今無上秘要仙階體系的排列即可能受到七域修真證品圖的影響，尤其是卷一百「昇無形品」、「應變化品」、「會兼忘品」、「入自然品」、「洞冥寂品」似即對上文玉清境「非言象所及，與道混體，洞入自然，消則爲氣，息則爲人」的具體闡發。在該經中，道教「三清尊神」之元始天尊、太上大道君、太上老君分治「三清聖境」業已形成，道教「三十六天」形成後，又把「三清尊神」、「三清境」與「三十六天」結合起來。唐老君聖紀有云：「此即玉清境元始天尊，住在三十五天之上也。」「此即上清境太上大道君，住在三十四天之上也。」「太清境太極宫及太上老君，住在三十三天之上也。」

今無上秘要中「昇太清品」置於卷九十九，或是流傳中無意錯移，抑或在以太上老君爲道教最高神時有意爲之，與該書仙階體系本不相符。因此，整理時據敦煌目録，將該品前移，而該卷原本的内容，當即敦煌目録之「昇玉京品」。

「玉京」位於大羅天之上，卷二十一仙都宫室品所列最高者即「大羅天宫臺」，其「七寶玄臺」述曰：「右在大羅天中玉京山上，大劫周時，三洞神經並在其中，災所不及。」「玉京」乃仙界之「京畿」，等次最高的神仙住於此，至秘之天書雲笈藏於此，最爲盛大之仙界集會議於此。舊題葛洪元始上真衆仙記述：

玄都玉京七寶山，週迴九萬里，在大羅之上，城七寶宫，宫内七寶臺，上中下三宫，如一宫城，一面二百四十門。……上宫是盤古真人、元始天王、太元聖母所治，中宫太上真人、金闕老君所治，下宫九天真皇、三天真王所治。玉京有八十一萬天路，通八十一萬山嶽洞室。夫以得道大聖衆，並賜其宫第居宅，皆七寶宫闕，或在五嶽，或在名山，山嶽群真所居，都有八十一萬處。古今有言：九九八十一，是終天路玉京山也。

上經所述「元始天王」在道教發展中演變爲道教之最高神「元始天尊」，玉京也逐漸發展成爲道教等級最高的仙境。

洞玄靈寶玉京山步虚經對「玉京」情狀及功能的描述又有發展：

玄都玉京山在三清之上，無色無塵，上有玉京金闕七寶玄臺，紫微上宫中有三寶神經，山之八方，自然生七寶之樹，一方各生一株，八株彌滿八方，覆蓋諸天，色羅三界，爲無上大羅天，太上無極虚皇天尊之治也。……玉清上道、三洞真經、神真寶文、金書玉字、鳳篆龍編，並還無上大羅天中玉京之中七寶玄臺，災所不及，劫曆再開，混沌重判，傳授真聖，下化人間，其在五億五萬五千五百五十五重天之最上天也。……諸天仙人名此山，一曰蓋天首山，二曰彌玄上山，三曰羅玄洞虚山，四曰高上真元山，五曰衆寶幽劫刃山，六曰無色大寶山，七曰周觀洞玄山，八曰景華太真山，九曰不思議山，十曰太玄都玉京太山。知此山名，名入仙矣。

在靈寶派的大多經書中，「太玄都玉京七寶紫微宫」成爲了所有神仙的最高的朝拜集會之所，這在靈寶派經書中俯拾皆是，如元始五老赤書玉篇真文天書經卷下：

元始靈寶上元天大聖衆、至真尊神、无極大道、上下中央四面八方太上無爲大道諸君、丈人……東王公、西王母、日君、月后、五星真君、五星皇妃、璇璣玉衡星真君、衆仙、天官、大神等，常以月三十日，上會靈寶太玄都玉京七寶紫微宫。

綜上所述，將「昇太清品」前移後，據敦煌目録補「昇玉京品」，應當是合理的。

除了調整補全相關卷次的内容外，補充或訂正品名，訂正文字訛誤，指出他處異文，糾正錯簡，諟正或補充引文出處，則是本項整理的主要内容；同時，標出人名、地名、書名（經名）、朝代、年號等專名，便於閱讀。書後附有無上秘要徵引經書及引文位置對照表，所引經書按音序排列，讀者可以看出各經在無上秘要全書被稱引的具體細節，並據此查閱無上秘要引文在道藏原經中的位置及文本異同情況。

六、結語

我從二〇〇一年讀碩士起，開始接觸早期上清經，没想到自己後來會跟無上秘要這部書扯上關係。能把這部典籍整理成現在的模樣，是無心插柳的結果，也是水到渠成的收穫。我要感謝俞理明先生帶我走進道教文獻領域並一直提攜我成長，感謝朱越利先生的教誨和在序言中對後學的勉勵，感謝那些在我求學路上給予我教益的師長、學友，感謝西南民族大學的領導和同事對我工作、生活的關心與幫助。

儘管已經做了盡可能的努力，然囿於學識及所據資料的不足，整理中的缺點錯誤，在所難免，切望讀者指正。

周作明定稿於二〇一六年四月

參考書目

太平御覽，宋李昉等編，商務印書館，四部叢刊三編影印本。
太平廣記，宋李昉等編，中華書局，一九六一年。
中華道藏，張繼禹主編，華夏出版社，二〇〇〇年。
中國重玄學，盧國龍著，人民中國出版社，一九九三年。
文獻通考，元馬端臨，中華書局，二〇〇六年。
永樂大典（卷三千〇一），國家圖書館出版社，二〇〇四年。
抱朴子内篇校釋（增訂本），王明校釋，中華書局，一九八五年。
俄藏敦煌文獻，上海古籍出版社，一九九六年。
郡齋讀書志，宋晁公武，商務印書館，四部叢刊三編影印本。
真誥，梁陶弘景撰，趙益點校，中華書局，二〇一一年。
真誥校注，吉川忠夫、麥谷邦夫編，朱越利譯，中國社會科學出版社，二〇〇六年。
真靈位業圖校理，梁陶弘景纂，唐閭丘方遠校定，王家葵校理，中華書局，二〇一三年。
記纂淵海，宋潘自牧撰，中華書局影印本，一九八八年。

通志，宋鄭樵編，中華書局，一九八七年。
雲笈七籤，宋張君房編，李永晟點校，中華書局，二〇〇三年。
御定淵鑑類函，清張英等編，吉林出版集團，二〇〇五年。
敦煌古靈寶經與晉唐道教，王承文著，中華書局，二〇〇二年。
敦煌道教文獻研究——綜述·目録·索引，王卡著，中國社會科學出版社，二〇〇四年。
敦煌道經·目録編，大淵忍爾著，福武書店，一九七八年。
敦煌道經寫本與詞彙研究，葉貴良著，巴蜀書社，二〇〇七年。
敦煌道藏，李德範輯，中華全國圖書館文獻縮微複製中心，一九九九年。
道藏，文物出版社、上海書店、天津古籍出版社影印，一九八八年。
道藏分類解題，朱越利著，華夏出版社，一九九六年。
道藏提要（修訂本），任繼愈主編，中國社會科學出版社，一九九一年。
道藏源流考，陳國符著，中華書局，一九六三年。
登真隱訣輯校，梁陶弘景撰，王家葵輯校，中華書局，二〇一一年。
新唐書，中華書局標點本，一九七五年。
增注新修道藏目録，丁培仁編著，巴蜀書社，二〇〇八年。
藏外道書，胡道静主編，巴蜀書社影印，一九九四年。

舊唐書，中華書局標點本，一九七五年。

藝文類聚，唐歐陽詢編，汪紹楹校，上海古籍出版社，一九八一年。

叢書集成初編，中華書局，一九八五年。

叢書集成續編，上海書店，一九九四年。

Wu-shang pi-yao: Somme tao ste du Vie siècle, John Lagerwey, Ecole Fran aise d'Extrême-Orien, 1981.

無上秘要卷之一

大道品　一氣變化品〔一〕

闕

無上秘要卷之二

〔一〕「大道品」、「一氣變化品」，原無，據敦煌文書伯二八六一無上秘要目録（據李德範輯敦煌道藏第四册，見本書附録一，下文簡稱敦目）補。按，敦目分二百八十八品，義類品例四十九科，可據此窺知該書的完整内容。但敦目未分卷，故不能準確得知現存該經所缺卷次究竟對應敦目中的哪些内容。今試據敦目補足所缺卷次内容，雖不能如實復原，但可方便讀者閲讀。

大羅天品　三天品　九天品　三十二天品　三十六天品　十天品
八天品　九天相去里數品　三十二天相去氣數品〔一〕

闕

無上秘要卷之三

日品

南極上元君曰：日縱廣二千四十里，金分水精，暉於内流，光照於外，其中城郭人民，

〔一〕「大羅天品」、「三天品」、「九天品」、「三十二天品」、「三十六天品」、「十天品」、「八天品」、「九天相去里數品」、「三十二天相去氣數品」，原無，據敦目補。

七寶浴池，生〔一〕四種青、紅、黄、白蓮花。人長二丈四尺，衣朱衣，與四種花同衰同盛。故有春秋冬夏，四時行焉。日行有五氣〔二〕，一時風，二徑風，三勁風，四轉風，五行風。是故制御日月星宿，遊行虚無〔三〕，初不休息，皆風之梵其綱。

日月運度虧盈者，皆四時之會，藏伏冠帶故也。金門之上，日行通門〔四〕，金門之内，有金精冶鍊之池，在西關〔五〕之分。故立春之日，日受鍊魂於金門之内，曜其光明於金門之外。當此之時，則光景柔鮮，普天氣温。其年中一過，如此經四十五日乃止。

順行至洞陽宫。洞陽宫是日之上館，一名離羅，在浮黎之分。以立夏之日，於洞陽宫吐金冶之精，以灌洞陽之宫，更鍊八芒於流火之庭。當此之時，則日光昬盛，陽氣溢散，普天大暑。其年中一過，如此經四十五日乃止。

〔一〕「生」，該字下原有「於」字，據上清黄氣陽精三道順行經删。

〔二〕「氣」，三道順行經作「風」。

〔三〕「無」，三道順行經作「氣」。

〔四〕「門」，三道順行經作「明」。

〔五〕「西關」，三道順行經作「西關耶尼」。

順行至東井之上。東井是月通暉之徑，在于逯〔一〕之分。以立秋之日，日於東井之中，沐浴於景暈，收八素之氣，歸於廣寒之宮。當此之時，則天景高澄，普天氣涼。其年中一過，如此經四十五日乃止。

順行至廣寒宮。廣寒是月宮之上館，七星之華蓋，在鬱單之界。以立冬之日，日伏精〔二〕於廣寒之宮，更冠帶胎養。當此之時，日景陰翳〔三〕，普天大〔四〕寒。其年中一過，如此經四十五日乃止。一年日運周度，冠帶四鄉，合一百八十日，是日所經之分，餘一百八十日，屬月之度。二景離合，陰陽虧盈，名〔五〕分度之限也。

右出洞真黃氣陽精經。

〔一〕「逯」，原作「逮」，據三道順行經改。

〔二〕「精」，三道順行經作「日精」。

〔三〕「翳」，三道順行經無。

〔四〕「大」，三道順行經無。

〔五〕「名」，三道順行經作「各有」。

日中青帝，諱圓常无〔一〕，字照龍韜。

日中赤帝，諱丹靈峙，字緑紅〔二〕映　。

日中白帝，諱皓〔三〕鬱將　，字迴金霞。

日中黑帝，諱澄瀞渟〔四〕，字玄緑〔五〕炎。

日中黄帝，諱壽逸阜，字飈暉象〔六〕。

右出洞真太上玉晨鬱儀奔日經。

三天真人呼日爲圓光蔚。

〔一〕「无」，太上玉晨結璘奔日月圖作「元」。

〔二〕「紅」，奔日月圖及上清太上九真中經作「虹」。

〔三〕「皓」，上清太上九真中經絳生神丹訣作「浩」。

〔四〕「渟」，九真中經作「停」。

〔五〕「緑」，九真中經作「録」。

〔六〕「象」，九真中經、絳生神丹訣及上清洞真天寶大洞三景寶籙卷上作「像」。

九天真人呼日爲濯耀羅〔一〕。

玉賢天中呼日爲微玄〔二〕。

太素天中呼日爲眇景〔三〕。

太清天中諸仙呼日爲大明〔四〕。

皇上真人呼日爲九曜生〔五〕。

太極真人呼日爲圓明〔六〕。

〔一〕「三天真人呼日爲圓光蔚。九天真人呼日爲濯耀羅」，見雲笈七籤卷八三洞經教部中釋三十九章經第三章。

〔二〕「玉賢天中呼日爲微玄」，見雲笈七籤卷八釋三十九章經第二十一章。

〔三〕「太素天中呼日爲眇景」，見雲笈七籤卷八釋三十九章經之第十二章；「眇景」，雲笈七籤卷二十一天地部引作「眇景皇」。

〔四〕「太清天中諸仙呼日爲大明」，見雲笈七籤卷八釋三十九章經第十五章；「大明」，雲笈七籤卷二十一引作「太明」。

〔五〕「皇上真人呼日爲九曜生」，見雲笈七籤卷八釋三十九章經第十三章；「皇上真人」，雲笈七籤卷八作「皇上四老真人」，卷二十一引作「上清真人」。

〔六〕「太極真人呼日爲圓明」，見雲笈七籤卷八釋三十九章經第十六章。

東華真人呼日爲紫曜明，或復呼爲圓珠〔一〕。皇初紫元之天中，常有暉暉之光，鬱如薄霧，乃九日之所出，有如一日之照〔二〕。始暉〔三〕者，日出之鄉。

右出大洞玉經注〔四〕。

紫微夫人説阿母言曰：日圓形而方景，月方精而圓象，景藏形内，精隱象中。景赤象黄，是爲日月之魂。

右出洞真太丹隱書經。

〔一〕「東華真人呼日爲紫曜明，或復呼爲圓珠」，見雲笈七籤卷八釋三十九章經第三十四章。

〔二〕「皇初紫元之天中，常有暉暉之光，鬱如薄霧，乃九日之所出，有如一日之照」，見雲笈七籤卷八釋三十九章經第十七章；其中，「鬱如薄霧」，該經引作「鬱鬱如薄霞」。

〔三〕「始暉」，上清大洞真經卷五東華方諸宫高晨師玉保王青童君道經第三十四：「東華發始暉，高晨映上清。」

〔四〕「右出大洞玉經注」，原為「右出大洞正經注」，「正」當「玉」之訛。此處摘引的文句全見於雲笈七籤卷八三洞經教部之釋三十九章經部分。綜觀此處文字和其後靈山品所引玉真大洞玉經、神水品所引洞真大洞經及卷十九天帝衆真儀駕品、卷二十三真靈治所品所引洞真大洞玉經等多處文字，疑所出相同。北宋陳景元上清大洞真經玉訣音義多次引及道君玉注一卷，如在對「太虚空无景」作注時説：「按道君玉注云『太虚之天有火山，名曰空无景之山也。』」與秘要後靈山品所引文字相似，疑大洞玉經注、玉真大洞玉經、洞真大洞玉經即道君玉注。

月品

月縱廣千九百里，月暈圍七千八百四十里，白銀瑠璃，水晶映其内，炎光明照於其外。其中城郭人民，亦有七寶浴池、八騫之林，生乎其内。月中人長一丈六尺，悉衣青色之衣。月中人常以月一日至十六日，採白銀琉璃，鍊於炎光之冶，故月度盈則光明鮮。太素以十七日至二十九日，於騫林之下，採三氣之花，拂日月之光，故月度虧，其光微。玄景運行，亦五風梵其綱也。故制日月星宿，遊行虚无，初不休息。

春分之日，月宿金門之上。金門之上則有通靈之門。以其時，月於金精冶鍊之池，受鍊於石景水母，瑩飾於華光。當此之日，灌陽精於金門，納黄氣於玉泉。皇上真人、諸天人皆以其日，採騫樹之華，以拂日月之光，月以黄氣灌天人之容。故春分之日，萬氣温〔一〕，神景皆和，黄氣陽精降接之時。

夏至之日，月伏洞陽宫。洞陽宫是日之上館。以其時，月於流火之庭，冶鍊於八芒，

〔一〕「温」，上清黄氣陽精三道順行經作「氤氳」。

鮮明於月魂。當此之日，灌黄氣於洞陽，納陽精於火宫。諸天人皆以其日，採空青之林，以拂日月之光，以陽精灌天人之容。故夏至之日，景氣激，陽精降，陰納靈，二景接暉之時。

秋分之日，月宿東井〔一〕、廣靈之堂，沐浴東井之池，以鍊月魂，明八朗之芒。當此之日，月受陽精於日暉，吐黄氣於玉池。諸天人皆以其日，悉採環樹之花，以拂日月之光，月以黄氣灌天人之容。故秋分是天大會之日，黄氣陽精交降之時。

冬至之日，月伏廣寒之宫。廣寒之宫，則月之上館。以其時，育養月魂於廣寒之池〔二〕。當此之日，納黄氣於玉胞，吐陽精〔三〕於寒池。諸天人悉以其日，採青花之林，以拂日月之光，月以陽精灌天人之容。故冬至之日，運道履長，黄氣陽精納暉之時。

月度周流四鄉，故有朔望之期〔四〕。日道陽，月道陰，雖同運而轉，至於冠帶，各居四節。故日分一百八十日陽，月分一百八十日陰，數經三千六百度，與日合則陽氣激，陰氣

〔一〕「東井」，三道順行經作「東井之上」。
〔二〕「池」，原作「也」，據三道順行經改。
〔三〕「於玉胞，吐陽精」，原無，據三道順行經補。
〔四〕「故有朔望之期」，三道順行經作「故與日有朔望之期」。

否〔一〕。

右出洞真黄氣陽精經〔二〕。

太上曰：月中青帝夫人諱娥隱珠〔三〕，字芬豔嬰。

月中赤帝夫人諱翳逸寥，字婉筳虚〔四〕。

月中白帝夫人諱靈素蘭，字鬱連華。

月中黑帝夫人諱結連翹，字淳屬金。

月中黄帝夫人諱清營〔五〕襟，字炅容〔六〕。

〔一〕「否」，原作「石」，據文意改。

〔二〕「右出洞真黄氣陽精經」，無上秘要的次序爲春分、夏至、秋分、冬至，而相關内容在三道順行經則按秋分、冬至、春分、夏至排列。

〔三〕「娥隱珠」，太上玉晨鬱儀結璘奔日月圖作「朱隱娥」，上清九真中經絳生神丹訣作「娥隱朱」。

〔四〕「婉筳虚」，奔日月圖作「宛延虚」，絳生神丹訣、上清洞真天寶大洞三景寶籙卷上作「婉延虚」。

〔五〕「營」，奔日月圖作「榮」。

〔六〕「炅容」，奔日月圖、上清太上九真中經、三景寶籙作「炅定容」，絳生神丹訣作「玄定容」。

右出洞真結璘奔月經。

星品

太上曰：夫五星者，是日月之靈根，天胎之五藏。是以天精結纏，以成五星，天地賴以綜氣，日月繫之而明。若天氣不育，則三合虧盈，地氣不育，則萬物枯滯。虧盈則天震地動，列宿不守則日月薄蝕，五星亂度則二象失光。天地交泰〔一〕則五星映清，天精合則五星光明，上〔二〕照太虚，下朗萬兆。兆有得失則五度錯逆，兆有和吉則流行順道，映洞禍福，毫杪必彰〔三〕，玄照纖末，幽存功過者也。五帝上言於星中真皇，真皇奏於太上玉君。於是以辰光轉燭，以示萬生，傍行越位，以告災祥。地建五嶽之山，以象五行之星，人立五藏之

〔一〕「天地交泰」，上清太上八素真經作「天地泰」。
〔二〕「上」，該字前太上八素真經還有「星之靈道，太山上應，德神玉清」句。
〔三〕「毫杪必彰」，太上八素真經作「毫縷畢彰」。

神，以擬於五位〔一〕之用。三氣迴合，是以天地列備矣。星之爲精，上通衆精，下共光津，吐納三華，漱澤萬靈也。

歲〔二〕星圓鏡，木精玄朗東陽之陔。星中有九門，門中出九鋒芒，鋒芒光垂九百萬丈。一門輒有一青帝，凡九青帝備門，奉衛於中央青皇真君。

火星圓〔三〕鏡，丹精映觀南軒。星中有三門，門中出三鋒芒，鋒芒光垂三百萬丈。一門內輒有一赤帝，凡三赤帝備門，奉衛於南真上皇真君。

太白星圓鏡，金精煥曜西辰。太白星中有七門，門中出七鋒芒，鋒芒光垂七百萬丈。一門內各有一白帝，凡七白帝備門，奉衛於西真上皇道君。

辰星圓鏡，水精洞映北冥。辰星中有五門，門出五鋒芒，鋒芒光垂五百萬丈。一門各有一黑帝，凡五黑帝備門，奉衛於北真上皇君。

鎮星圓鏡，土精鎮蔭黄道。鎮星中有四門，門中有四鋒芒，鋒芒光垂四百萬丈。一門

〔一〕「位」，太上八素真經作「行」。

〔二〕「歲」，該字前原有「五」字，太上八素真經此句作「登飛木星之道。歲星圓鏡……」，據删。下文「辰星圓鏡」前也原有「五」字，同此删除。

〔三〕「圓」，太上八素真經作「玄」。

各有一黄帝，凡四黄帝備門，奉衛於鎮元黄真君。

右出洞真八素真經。

七星去地四十萬里，圍七百二十里，皆金精琉璃爲其郭〔一〕，七曜紫暉開〔二〕其光，其内則諸天人、衆真之遊館，廣寒則其華蓋。其一晝一夜，則運轉周天一度。亦如日月之輪，其内亦生七寶珠〔三〕林。如是，戌亥〔四〕之後，生氣之初，七星受鍊於廣寒之宫，明鮮紫景於七曜，焕落流精，竟天紫景，吐津以灌諸天〔五〕。於是衆真帝仙，皆以其時，莫不採七曜之暉、紫景之蘭。

右出洞真黄氣陽精經。

〔一〕「郭」，上清黄氣陽精三道順行經作「城郭」。

〔二〕「開」，三道順行經作「焰」。

〔三〕「珠」，三道順行經作「朱」。

〔四〕「戌亥」，三道順行經作「人定」。

〔五〕「七星受鍊於廣寒之宫」至「吐津以灌諸天」，在三道順行經作「七星受鍊於廣寒之宫，明鮮紫景於七曜之暉。當此之時，七曜焕落，流精竟天，紫景吐津以灌諸天」，秘要省「之暉當此之時七曜」字，考慮到其句意也可通，故不徑增。

第一天樞星，則陽明星之魂神。天樞星威〔一〕而不曜，光而不照，潛洞太虛，圍九百二十里，對陽明星之西北門。

第二天璇星，則陰精星之魂神也。天璇星景而遠映，照而不煥，潛洞太虛，圍五百五十里，對陰精星之西門。

第三天機〔二〕星，則真人星之魄〔三〕精。天璣星猛而不顯，煥而不暉〔四〕，潛洞太虛，圍七百七十里，對真人星之東南門也。

第四天權星，則玄冥星之魄精也。天權星微而隱，隱而洞〔五〕映，潛洞〔六〕太虛，圍八百里，對玄冥星之東門。

第五玉衡星，則丹元星之魂靈也。玉衡星大而默，踊而不煥，潛洞太虛，圍七百二十

〔一〕「威」，原作「滅」，據太上飛行九晨玉經及雲笈七籤卷二十三洞經教部改。
〔二〕「機」，九晨玉經及雲笈七籤作「璣」，上清河圖内玄經卷上同秘要。
〔三〕「魄」，原作「魂」，據九晨玉經、雲笈七籤、河圖内玄經改。
〔四〕「煥而不暉」，九晨玉經及雲笈七籤作「暉而不曜」。
〔五〕「洞」，九晨玉經及雲笈七籤作「同」。
〔六〕「洞」，九晨玉經及雲笈七籤作「煥」。

里，對丹元星東北門。

第六闓陽星，則北極星之魄靈也。闓陽星明〔一〕而潛照，暉而不焕，洞徹〔二〕太虚，圍七百七十里，對北極之下關〔三〕、北洞之門。

第七摇〔四〕光星，則天關星之魂大明〔五〕也。摇光星則光轉空洞，迴機〔六〕天關，潛焕太虚，圍九百里，上對天關星之南門，下對北極星。

第八洞明星，則輔星之魂精陽明。洞明星則光迴諸天，總輪上宿，流陽〔七〕太虚，圍九百九十里，上對輔〔八〕星西南門，在天關之上梁、北極之陽芒。

〔一〕「明」，九晨玉經及雲笈七籤作「朗」。
〔二〕「徹」，九晨玉經及雲笈七籤作「微」。
〔三〕「關」，九晨玉經及雲笈七籤作「開」，李永晟點校雲笈七籤作「對北極之下，開北洞之門」，誤。
〔四〕「摇」，河圖内玄經作「瑶」。後文「摇光星」同。
〔五〕「魂大明」，九晨玉經及雲笈七籤作「魂太明」，河圖内玄經作「魂精大明」。
〔六〕「機」，九晨玉經及雲笈七籤作「旋」。
〔七〕「陽」，九晨玉經及雲笈七籤作「暢」。
〔八〕「輔」原作「輪」，據九晨玉經、雲笈七籤、河圖内玄經改。

第九隱元星，則弼星之魄〔一〕明空靈。隱元星則隱息華蓋之下，潛光曜於空洞之中，圍九百九十里，上對弼星之東南門。

右出洞真飛行九晨玉經。

太上大道君告〔二〕北極真公曰：吾昔遊於北天，策駕廣寒，足踐華蓋，手排九元，逸景雲宮，遨戲北玄，逍遥羽〔三〕陰之館，息於洞臺之門〔四〕，眄璇〔五〕機以召運，促劫會以儛輪，歎萬物而〔六〕凋衰，俯天地而長存。乃悟〔七〕九星之奇妙，悟斗魁〔八〕之至靈。夫九星者，寔

〔一〕「魄」，九晨玉經及雲笈七籤作「魂」，河圖内玄經同秘要。
〔二〕「告」，原無，據太上飛行九晨玉經及雲笈七籤卷二十三洞經教部補。
〔三〕「羽」，九晨玉經、雲笈七籤作「朔」。
〔四〕「息於洞臺之門」，九晨玉經、雲笈七籤作「賞於洞毫之門」。
〔五〕「璇」，原作「遊」，據九晨玉經、雲笈七籤改。
〔六〕「而」，九晨玉經、雲笈七籤作「之」。下一「而」字同。
〔七〕「悟」，九晨玉經、雲笈七籤作「覺」。
〔八〕「斗魁」，原作「十魂」，據九晨玉經、雲笈七籤改。

九天之靈根，日月之明梁，萬品之淵宗。故天有九氣，則以九星爲其靈紐；地有九州，則以九星爲其主〔一〕；人有九孔，則以九星爲命府；陰陽九宫，則以九星爲其門户；五嶽四海，則以九星爲其淵府。故五九參爲〔二〕，綱維无窮，制御天宿，迴轉三辰，調理四氣〔三〕，致天地長〔四〕存，萬品〔五〕之所宗，神仙之所憑。夫天無九星，則無以爲〔六〕高清；地無九星，則無以爲至靈；人無九星，則九孔不明。上帝兼之以通真，神仙憑之以得成，五行乘之以致度，萬物禀之以得生也。天清地静，九星焕明；天激地否，則九星翳昏。

右出洞真迴元九道飛行羽經〔七〕。

〔一〕「主」，九晨玉經、雲笈七籤作「神主」。
〔二〕「爲」，九晨玉經、雲笈七籤作「列」。
〔三〕「氣」，九晨玉經、雲笈七籤作「五」。
〔四〕「長」，九晨玉經、雲笈七籤作「得」。
〔五〕「品」，九晨玉經作「神」。
〔六〕「爲」，原無，據九晨玉經、雲笈七籤及上下文補。
〔七〕「右出洞真迴元九道飛行羽經」，本則文字與上則文字均見於今太上飛行九晨玉經，但該書所標出處却不同，或表明今太上飛行九晨玉經與洞真迴元九道飛行羽經、洞真飛行九晨玉經關係密切。早期經書中，有關飛行羽經的經書關係複雜。

無上秘要卷之四

三界品

太極真人曰：夫修飛行三界之道，當使爲無不無，無有不有，能悟有無之間，緬然於其際而無際，自然得超三界，遊宴玉京，飛行十方〔一〕。

太黄皇曾天、太明玉完天、清明何童天、玄胎平育天、元明文舉天、七曜摩夷天〔二〕。

右六天欲界，陰陽胎生，年積萬歲。

〔一〕「太極真人曰」至「飛行十方」，洞真太霄琅書卷十有云：「太極大法師曰：五通乃尚在三界，此故未爲仙也。夫仙道無不無，有不有，能覺有無之間，湎然於其際無際，乃能自體六通，超三界也。」與此段文字近似。

〔二〕「七曜摩夷天」，洞真太霄琅書、靈寶無量度人上品妙經卷一及太上靈寶諸天内音自然玉字卷三作「上明七曜摩夷天」。

虚无越衡天、太極濛〔一〕翳天、赤明和陽天、玄明恭華天、曜明宗飄天、竺落皇笳天、虚明堂曜天、觀明端靖天、玄明恭慶天、太焕極瑶天、元載孔昇天、太安皇崖天、顯定極風天、始皇〔二〕孝芒天、太皇翁重天〔三〕、无思江由天、上揲阮樂天、无極曇誓天。

右十八天色界，陰陽有色，與欲界同，不相交接，人皆化生，年積億歲，不夭不傷。

皓庭霄度天、淵通元洞天、翰寵妙成天〔四〕、秀樂禁上天〔五〕。

右四天無色界，陰陽有形，身長數百里，不以爲累，能隱形入微，无復色欲，唯真相知。年歲積劫，雖不事學，而能行善，福報所畢。至於魔王，學道未極，亦遊此天，不得超三界，未免洪災。火運交周，二十八天，一時混淆如鼇。其中學真堪爲種人，王母迎之，登常融、玉隆、梵度、賈奕四天之上；其學聖真仙三界者，退還人道，經歷三塗，能超進者，常依功遷轉。

諸天之上，各有生門，中有空洞謡歌之章、魔王靈篇，辭參高真。

〔一〕「濛」，太霄琅書及上清元始譜録太真玉訣作「蒙」。
〔二〕「皇」，太霄琅書及諸天内音自然玉字作「黄」。
〔三〕「太皇翁重天」，太霄琅書作「翁重浮容天」，度人上品妙經、諸天内音自然玉字作「太皇翁重浮容天」。
〔四〕「翰寵妙成天」，太霄琅書、度人上品妙經、諸天内音自然玉字作「太文翰寵妙成天」。
〔五〕「秀樂禁上天」，太霄琅書、度人上品妙經、諸天内音自然玉字作「太素秀樂華上天」。

第一欲界飛空之音：

人道渺渺，仙道莽莽。鬼道樂兮，當人生門。天〔一〕道貴生，鬼道貴終。仙道常自吉，鬼道常自凶。高上清靈爽，悲歌朗太空。惟〔二〕願仙道成，不欲人道窮。北都泉曲府，中有萬鬼群。但欲遏人筭，斷絶人命門。阿人歌洞章，以攝北羅酆。束送妖〔三〕魔精，斬馘六鬼鋒。諸天炁蕩蕩，我道日興隆。

第二色界魔王之章：

落落高張，明氣四騫。梵行諸天，周迴十方。无量大神，皆由我身。我有洞章，萬遍成仙。仙道貴度，鬼道相連。天地渺莽，穢炁氛氛。三界樂兮，過之長存。身度我界，體入自然。此時樂兮，薄由我恩。龍漢蕩蕩，何能别真。我界難度，故作洞文。變化飛空，以試爾身。成敗懈退，度者幾人。笑爾不度，故爲歌音。

第三無色界魔王歌曰：

〔一〕「天」，度人上品妙經作「仙」。

〔二〕「惟」，度人上品妙經作「唯」。

〔三〕「妖」，度人上品妙經作「祅」。

三界之上，渺渺〔一〕大羅。上无色根，雲層峨峨。惟〔二〕有元始，浩劫之家。部制我界，統承〔三〕玄都。有過我界，身入玉虚。我位上王，匡御衆魔。空中萬變，穢氣紛葩。保真者少，迷惑者多。仙道難固，鬼道易邪。人道者心，諒不由他。仙道貴實，人道貴華。爾不樂仙道，三界那得過？其欲轉五道，我當復奈何。

右出洞玄度人經〔四〕。

九地品

道〔五〕運御世，開辟玄通；三色混沌，乍存乍亡；運推數極，三氣開光；氣清高澄，積陽

〔一〕「渺渺」，度人上品妙經作「眇眇」。

〔二〕「惟」，度人上品妙經作「唯」。

〔三〕「承」，度人上品妙經作「乘」。

〔四〕「右出洞玄度人經」，本則引文，只「諸天之上」後面的部分僅見於度人上品妙經，而「三十二天」的内容，度人上品妙經按東、南、西、北各八天排列；無上秘要按「三界」排列，與洞真太霄琅書的相似性更高。

〔五〕「道」，洞玄靈寶自然九天生神章經作「導」。

成天；氣結凝滓，積滯成地。

右出洞玄九天經。

第一壘名色潤地。

第二壘名剛色地。

第三壘名石脂色澤地。

第四壘名潤澤地。

第五壘名金粟澤地。

第六壘名金剛鐵澤地。

第七壘名水制澤地。

第八壘名大風澤地。

第九壘名洞淵無色剛維地。

右九壘之地，地各有四色土皇，正音土皇、行音土皇、遊音土皇、梵音土皇，極下洞淵洞源，綱維天下〔一〕，制使不落，下則无窮无境、无邊无際，皆綱維之元。九地九壘，直下九重，各三十六音、三十六土皇，上應三十六天，中應三十六國。如是土皇，位齊玉皇之號，但分氣各治，上下之別名耳。

九地相去里數品〔二〕

第一地去天九十億萬里。

第二地去第一壘地八十億萬里。

第三地去第二壘地一百二十億萬里。

第四地去第三壘地二十億萬里。

第五地去第四壘地二十億萬里。

第六地去第五壘地二十億萬里。

〔一〕「下」，上清外國放品青童内文卷下作「地」。

〔二〕「品」，原無，敦目作「九地里數品」，敦目中前還有九天相去里數品、三十二天相去氣數品，故增。

第七地去第六壘地二十億萬里。

第八地去第七壘地八十億萬里。

第九地去第八壘地八十億萬里。

右九壘之下，洞淵洞源，綱維天下〔一〕，制使不落。上則去第一壘地五百二十億萬里。

右出洞真外國放品經。

靈山品

酆都山在北方癸地，故東北爲鬼户死氣之根，山高二千六百里，周迴三萬里。

右出洞真天關三圖七星移度經。

南方伊沙陀國，外有長洲，一名青丘，其左右有風山〔二〕，其山恒震聲。又有炎洲，有火

〔一〕「下」，青童内文作「地」。

〔二〕「其左右有風山」，上清外國放品青童内文卷下作「左則有風山」。

林山，山中有光獸〔一〕。

右出洞真外國放品經。

玄壟山在崑崙山之東北〔二〕。鍾山所處，在弱水之北一萬九千里，山高萬二千里，其上方七千里，周迴三萬里，日月所不及照，光耀晝夜朗然，明十萬里外，皆星漢所不及〔三〕。聖人言：天缺西北，是鍾山照九陰之下。

崑崙山高平，地三萬六千里，上有三隅，面方萬里，形似偃盆。其一隅正北，主于辰星之精〔四〕，名曰閬風臺；一隅正西，名曰玄圃臺；一隅正東，名曰崑崙臺。又有北户山、承

〔一〕「光獸」，青童内文作「火光獸」。

〔二〕「玄壟山在崑崙山之東北」，此句見於今洞真太一帝君太丹隱書洞真玄經。

〔三〕「日月所不及照，光耀晝夜朗然，明十萬里外，皆星漢所不及」，太上靈寶五符序作「日月所不能照，鍾山光耀，晝夜朗然，照明十萬里外，皆星漢所不及」。

〔四〕「其一隅正北，主于辰星之精」，上清外國放品青童内文卷下作「其一角正北，干辰星之精」。

淵山，並是其枝幹〔一〕。上通璇璣，九天之澳，萬仙之宗根，天地纏度之柄〔二〕。

右出洞真太霄隱書〔三〕。

東華有雲波山，青童君時御圓珠之氣，登雲波之山，入東華之宫〔四〕。

扶桑際有九老京山，九老仙皇、太帝君二道君，時會九老之京，出靈户之符，召太真

〔一〕「枝幹」，青童内文作「支輔」。

〔二〕「上通璇璣，九天之澳，萬仙之宗根，天地纏度之柄」，青童内文作「上通璇璣，元氣流布，五常玉衡，普引九天之澳，灌萬仙之宗根，天地之紐，萬度之柄矣」。按，本則文字在海内十洲記有相似内容。

〔三〕「右出洞真太霄隱書」，今三則文字，實見於現存三種經文，不知洞真太霄隱書爲何經。今道藏收有上清太霄隱書元真洞飛二景經，但内容却爲洞真上清開天三圖七星移度經的一部分，或乃編修道藏時誤題，且今太上玉珮金璫太極金書上經也可稱太霄隱書。太霄隱書或確收有上三則文字，但經已佚，或此出處乃無上秘要編纂時誤題。

〔四〕「東華有雲波山，青童君時御圓珠之氣，登雲波之山，入東華之宫」，雲笈七籤卷八釋三十九章第三十四章：「青童君乘雕玉之軿，御圓珠之氣，登雲波之山，入東華之堂。」上清大洞真經卷五東華方諸宫高晨師玉保王青童君道經第三十四：「太一景中立，司命攝萬精。汎然雲波間，寂眄泥丸城。」

王，萬仙受事〔一〕。

太清天中有浮絶空山，三天神王所治，大道真氣之所結〔二〕。

太極天中有秀華山，山下有玉堂，五靈真君之所處〔三〕。此天中有寒童靈山〔四〕，仙真

〔一〕「扶桑際有九老京山，九老仙皇、太帝君二道君，時會九老之京，出靈户之符，召太真王，萬仙受事」，雲笈七籤卷八釋三十九章第三十五章：「榑桑太帝九老仙皇君曰：九老京者，山名也。在榑桑之際。九老仙皇處榑桑之際，治九老之京。太帝君治榑桑之杪，會方丈之臺也（按，「會方」乃臺名，「丈」字當衍）。二道君時乘合羽之車。合羽車者，雲沓之色。登榑桑之杪，會九老之京，出靈户之符，召大魔之王矣。」大洞真經卷六扶桑大帝九老仙皇君道經第三十五：「太帝九老京，校仙登扶桑。七轉召天帝，司命乘神綱。」

〔二〕「太清天中有浮絶空山，三天神王所治，大道真氣之所結」，雲笈七籤卷八釋三十九章第十五章：「太清大道君曰：太清天中有山名浮絶，三天神王之所治也。」上清道寶經卷二地品第四：「浮絶空山，太清天中，神王之所治，大道真氣之所結，保五神之符於浮絶之山，開明仙之暉於五日之華。」大洞真經卷三太清大道君道經第十五：「太清浮絶空，三天寶神符。」

〔三〕「太極天中有秀華山，山下有玉堂，五靈真君之所處」，上清道寶經卷二地品第四：「元景天中，下有玉堂，五靈真君所處。」大洞真經卷四太極道元景君道經第十六：「七玄解重結，累祖絡錦青。徘徊秀華下，俯仰要五靈。」

〔四〕「寒童靈山」，雲笈七籤卷八釋三十九章第十七章曰：「寒童者，山名矣。故曰：登寒童之嶽，會六淵之中矣。」大洞真經卷四皇初紫靈元君道經第十七：「拔朱巾緑霞，上回寒童靈。拔出五苦毒，超身過始青。」寒童靈山在皇初紫元之天，上清道寶經卷二：「寒童靈山，紫元天中，有圓華宮殿。」大洞真經旁小字釋爲「月名」，或乃另解。

之賓，常登此嶽。太微天中有玉壽山，黄老之所治，萬神之所會〔一〕。内景天中有紫空山，青精君常乘羽逸之車，攜玄景之童，時登此山〔二〕。

上清天中有虹映山〔三〕，乃九日之所出，月帝之所司，光氣之所散。又有金華便山，其巔有大老寢堂，八黄老君時登此山〔四〕。

〔一〕「太微天中有玉壽山，黄老之所治，萬神之所會」，雲笈七籤卷八釋三十九章第十九章：「中央黄老君曰：中央黄老君，三元之真皇也。圓華者，黄老之宫名也。玉壽者，太微天中之山名也。皆黄老君之理所。」大洞真經卷四中央黄老君道經第十九：「中央黄素氣，圓華玉壽靈。太張上玉門，伏雲三刃明。」

〔二〕「内景天中有紫空山，青精君常乘羽逸之車，攜玄景之童，時登此山」，雲笈七籤卷八釋三十九章第二十章：「紫空者，内景之山名也。青精君常乘羽逸之車，携玄景之童，登紫空之山，入玉室之内也。」大洞真經卷四青精上真内景君道經第二十：「神化玉室内，飛羽逸紫空。日爲三衿交，奉符登帝墉。」

〔三〕「虹映山」，大洞真經卷四皇清洞真道君道經第十一：「靈符命仙，五籍保生。虹映玉華，焕落上清。」然大洞真經旁小字釋爲「日帝」。上清道寳經卷二地品第四：「虹映山，上清天中五老真人所治，輔玉帝所司。」

〔四〕「又有金華便山，其巔有大老寢堂，八黄老君時登此山」，雲笈七籤卷八釋三十九章第三十三章：「上清八皇老君曰：上清之天在絶霞之外，有八皇老君運九天之仙，而處上清之宫也。乘廣琅之車，把鳳羽之節，登華便之山，入太老之堂。」大洞真經卷五洞精八景九玄老君道經第三十三：「晨登大老寢，夕宴金華便。」

玉虛天中有飛霞山〔一〕，能行大洞經，可入飛霞山。太一上元天中有金華山〔二〕，太一元禁君所處。

七晨天中有三寶山，有反生之香，反衝於此山，上皇真人所處〔三〕。

元晨天中有三秀山〔四〕，而元晨天中有黃景之氣，氣之所出，起於此山。

〔一〕「玉虛天中有飛霞山」，見雲笈七籤卷八釋三十九章第二十三章：「飛霞者，玉虛天中之山名。」大洞真經卷四九皇上真司命道君道經第二十三：「九皇上真氣，四司太仙宮。飛霞散天日，麗焕六合宮。」

〔二〕「金華山」，上清道寶經卷二地品第四：「金華山，太一元天中，有五道之宫。」大洞真經卷五太一上元禁君道經第二十五：「嬰兒爲赤子，混離生玉容。五道秀金華，位爲上清公。」

〔三〕「七晨天中有三寶山，有反生之香，反衝於此山，上皇真人所處」，雲笈七籤卷八釋三十九章第二十八章：「四斗中真七晨散華君曰：玉清天中有散華之臺，是四斗七晨道君之所治也。七晨天中有反生之香氣，反衝於三寶之山。山在四斗之中，上有金琅之館，名曰映清夷之宫。其中上皇真人皆項負寶曜，體映圓光，氣合三寶，靈洞五藏也。」大洞真經卷五四斗中真七晨散華君道經第二十八：「香風扇三寶，五藏映青夷。」

〔四〕「三秀山」，杜光庭洞天福地嶽瀆名山記之嶽瀆衆山：「三秀山在玉京之前，金華山在玉京之右。」大洞真經卷五晨中皇景元君道經第二十九：「晨中黃景氣，三秀登霄庭。滄臺飛羽輪，迎延道已成。」

太極天中有太上日空无景之山。其山太霞之中有彭室，太虚元君所處〔一〕。

太玄天中有空峰山〔二〕，乃神光之所秀出。

玉真天中有高元山，萬華先生時登此山，寢宴萬華之宮〔三〕。

玉清天中有玉根山，五老上真所處〔四〕。

〔一〕「太極天中有太上日空无景之山。其山太霞之中有彭室，太虚元君所處」，雲笈七籤卷八釋三十九章第三十一章：「太霞之中有彭彭之室。結白氣以造構，合九雲而立宇；紫煙重扉，神華所聚，故號曰彭彭之室，而太虚元君之所處焉。」大洞真經卷五太虚後聖元景彭室真君道經第三十一：「太虚空無景，霞中有彭室。九雲合重扉，帝君静幽密。」

〔二〕「空峰山」，大洞真經卷五太玄都九氣丈人主仙君道經第三十二：「太玄九氣上，煙迴太暉間。神光秀空峰，五道焕三天。駕景登絶霄，乘風蕩滯神。」大洞真經中「空峰」和「蕩滯神」銜接，故疑此句當與後文「九天上有蕩滯神山，九氣丈人時登此山」銜接。

〔三〕「玉真天中有高元山，萬華先生時登此山，寢宴萬華之宮」，雲笈七籤卷八釋三十九章第三十六章：「小有玉真天中有萬華之宮，小有先生主圖玉君之所治也。」大洞真經卷六小有玉真萬華先生主圖玉君道經第三十六：「乘景三素，北宴高元。號曰仙王，上清真人。」

〔四〕「玉清天中有玉根山，五老上真所處」，雲笈七籤卷八釋三十九章第十二章：「玉根者，玉清天中山名也，乃五老上真之所治。」大洞真經卷三高上太素君道經第十二：「高上宴紫霄，五老輔玉根。太素拂眇景，合符帝一前。」

又有廣霞山〔一〕，是五帝之所處，上皇之所遊。九天上有蕩滯神山，九氣丈人時登此山〔二〕。

太无之庭有太霞之嶽，名曰五間之山，太无晨中君所處。太无天中有峨嵋山，上有洞宮玉户〔三〕，諸得真仙道者，名刊於其上。

〔一〕「廣」，原誤作「黄」。雲笈七籤卷八釋三十九章第十三章：「廣霞者，玉清天中山名，乃九日之所出矣，日帝之所司也。」上清道寶經卷二地品第四：「廣霞山，玉清天中，九日所出，日帝所司，五帝之所處。」杜光庭洞天福地嶽瀆名山記之嶽瀆衆山：「峨眉山在玉京之前，廣霞山在玉京之右。」大洞真經卷三皇上四老道中君道經第十三：「廣霞參神天，五帝敷日精。」上清黄氣陽精三道順行經：「九曜生暉，焕芒玄樞。廣霞峨峨，寒宮悠悠。」洞真太上説智慧消魔真經：「六天失氣，九魔消摧。握日廣霞，萬煙入懷。」

〔二〕「九天上有蕩滯神山，九氣丈人時登此山」，雲笈七籤卷八釋三十九章第三十二章：「太玄都九氣丈人乘晨徊之風，登蕩滯之山，焕鬱然之煙，入太暉之宮。」秘要卷十九天帝衆真儀駕品之衆真儀駕引洞真大洞玉經曰：「九氣丈人時乘晨回之風，登蕩滯神山。」大洞真經卷五太玄都九氣丈人主仙君道經第三十二：「駕景登絶霄，乘風蕩滯神。」按，「蕩滯神山」，秘要原誤作「蕩滯神仙」。

〔三〕「太无之庭」至「上有洞宮玉户」，雲笈七籤卷八釋三十九章第三十八章：「太無晨中君刊峨嵋山中洞宮玉户太素君曰：太無在洞景之表，太素在幽玄之上，九宮列金門於大素之表。丹樓沓七重於大無之庭，乃太素三元君所遊也。」上清道寶經卷二地品第四：「太嶽之山，名五間之山，下有清淵池，方圓千里，太元晨中君所治處。」大洞真經卷六太元晨中君峨嵋洞室玉户太素君道經第三十八：「三真生太無，玉户映晨霞。」

右出玉真大洞玉經。

靈寶玄都玉京山處於上天之中心。

右出洞玄玉訣經。

録那羅衛之國須彌靈飛人鳥山，元始天王所别治，西王母初學道亦登此山。

右出洞玄隱注經。

西極西那玉國有鬱察山浮羅之嶽。

右出洞玄靈書度命經。

太上曰：人鳥山是天地之生根、元氣之所因，人〔一〕求其域，靈仙〔二〕仰其神。於是朝

〔一〕「人」，雲笈七籤卷八十符圖作「聖真」。
〔二〕「靈仙」，雲笈七籤作「仙靈」。

致五嶽，使役海神〔一〕。

右出洞玄五符經〔二〕。

太上曰：太玄都玉京山，冠八方諸羅天，諸天仙人謂此山有十名。

一曰蓋天首山。

二曰彌玄上山。

三曰羅玄洞虛山。

四曰高上真元山。

五曰衆寶幽結〔三〕劫刃山。

六曰無色大覺〔四〕山。

七曰周觀洞玄山。

〔一〕「海神」，雲笈七籤作「八溟」。

〔二〕「右出洞玄五符經」，文字見於今玄覽人鳥山經圖，該經又稱靈寶五符人鳥經。

〔三〕「結」，洞玄靈寶玉京山步虛經無。

〔四〕「覺」，步虛經作「寶」。

八曰景華太真山。

九曰不思議山。

十曰太玄都玉京太上〔一〕山。

右出洞玄玉京山經。

句曲山肺〔二〕間有金陵之地，方三十八〔三〕頃，是金壇之地〔四〕。地肥土良而井水甘，居肺地，必度世，見太平。河圖内元經曰：「乃有地肥〔五〕，土良水清。句曲之山，金壇之陵，可以度世。上昇曲成〔六〕。」又河圖〔七〕中篇曰：「句金之山，其間既有陵。兵病不往，洪

〔一〕「上」，步虚經無。

〔二〕「肺」，真誥卷十一稽神樞第一作「其」，下文「居肺地」也作「居其地」。

〔三〕「三十八」，真誥作「三十七八」。

〔四〕「金壇之地」，真誥作「金陵之地胏」。

〔五〕「肥」，真誥作「胏」。

〔六〕「成」，真誥作「城」。

〔七〕「圖」，真誥作「書」。

波不登。」此之謂也。金陵，古名之爲伏龍之地。福地誌〔一〕曰：「伏龍之地，在柳谷之西。金壇之右，可以高棲。」正金陵之福地也。句曲山又名爲句金之壇，以洞天内有金壇百丈，因以致名。

又有積金山，亦有金積以號壇矣。又名其源澤爲曲〔二〕句之穴。按山形曲折，後人合名爲句曲之山。後有三茅君來治其上，時父老人傳爲茅君之山〔三〕。三茅山隱峰〔四〕相屬，皆句曲山一名耳。時人因事而喻〔五〕，今故有支〔六〕條數十作别名。此山爲岡山也〔七〕，孔丘福地〔八〕云：「崗山之間有伏龍鄉，可以避水、避病。」

〔一〕「福地誌」，真誥作「名山内經福地誌」。
〔二〕「曲」，真誥作「水」。
〔三〕「時父老人傳爲茅君之山」，真誥作「時父老又轉名茅君之山」。
〔四〕「峰」，真誥作「嶂」。
〔五〕「喻」，真誥作「諭」。
〔六〕「支」，真誥作「枝」。
〔七〕「此山爲岡山也」，真誥作「上古名此山爲崗山」。
〔八〕「孔丘福地」，真誥作「孔子福地記」。

東方有三蓋山、三霍山、三臺山、二金山，並名山，句曲即金壇之一山。茅山北垂洞口，一山名良常山，本亦句曲相連，都一名耳。西去者是葛衍之山，别名葛衍，有山相連；西爲玄西山，東爲鬱絶根山，中央爲葛山。三山纏固，方三千里，高二千七百里，去崑崙七萬里，其間有高暉山，上有洞光如日，照葛衍、西玄、鬱絶根三山。

右出道迹經。

紫微夫人曰：方諸山正四方，故謂之方諸。一面長一千三百里，四面合五千二百里，上高九千萬〔一〕丈。又有長明大山、夜月高丘，各周迴百里。又有玄寒山。方諸東西南〔二〕面又各有小方諸山，去大方諸山三千里。小方諸亦方，面各三百里。

〔一〕「萬」，真誥卷九協昌期第一無。

〔二〕「南」，真誥卷九無。

大方諸對會稽之南看，去會稽岸七萬里，東北看則有暘谷鄉〔一〕，又去方諸十〔二〕萬里。

右出真迹經。

林樹品

東極蒼帝君曰：大浮黎國土有青林之樹，樹葉生自然紫書，風吹樹動，其樹聲音皆作洞章，靈音燦爛，朗徹太空。其上恒有九色鳳鳥，有得其羽，皆即飛行。

西極西那玉國，有七寶騫樹，樹生赤實白環，上有鳳凰、孔雀、金翅之鳥，晝夜六時吐其雅音。

右出洞玄靈書。

〔一〕「暘谷鄉」，真誥作「湯谷建木鄉」。

〔二〕「十」，原文及真誥卷九均作「六」，然真誥其後注云：「方諸是乙地，湯谷是甲地，則自寅至辰十萬里。方五隅七言之，邪角十四萬里，故去會稽七萬里也。」故朱越利譯真誥校注、趙益點校真誥均據改爲「十」，今從之。

太上曰：玉京山，自然生七寶之樹，一株彌覆一天，八樹彌覆八方羅天。

右出洞玄玉京山經。

東方呵羅提國，外有扶桑，在碧海之中，生林如桑，皆數千丈，大者三千圍，兩兩同根而生，有實，赤如桑椹，仙人所啖食，體作金色。其實皆九千歲一熟〔一〕，南方伊沙池之國，國外有青丘，地生大樹，長三千丈，大者三千圍。崑崙山上生金根之樹、瓊柯丹實之林，玉清以爲實。其樹悉刻題三十六國音，上棲紫鸞、鳳鸞、白雀、鶚鵙、雞鵠、赤烏、青鵲。

右出洞真外國放品經。

方諸青宮内有玉樹數百株，上有鬬雞〔二〕鳳凰九色之鳥，下有芝草。玉井有自然生泉，服之，壽同三光。

〔一〕「熟」，上清外國放品青童内文卷下作「生」。

〔二〕「鬬雞」，洞真上清青要紫書金根衆經作「鶡鷄」。

右出洞真青要紫書金根經。

日上館洞陽宮之内，有空青之林，得食其華，身生金光之色。月通暉之徑、東井之内有廣靈之宮，中生三華高環之樹，一劫則生自然三炁之華，似芙蓉之暉。得食一華，年同一劫。

月宮之上館廣寒之宮中，生青華之樹，樹高四千丈，其葉似竹而赤，其華似鏡而明，其子似李而無核，所謂絳樹丹實。得食其葉，壽長年〔一〕；得食其華，與月〔二〕同靈；得食其實，遊宴玉清。

右出洞真黄氣陽精經。

〔一〕「長年」，上清黄氣陽精三道順行經作「益萬年」。
〔二〕「月」，三道順行經作「日」。

仙果品〔一〕

老子西過大龜之山，見太真王母，食玉文之棗，其實如鉼〔二〕。又食碧桃紫梨。復北登空洞之嶺，見北華真公、四華仙人，食空洞靈瓜。其瓜四劫一熟。

安期生謂太真夫人曰：昔與女郎遊於安息〔三〕西海際，食棗異美。此間棗永不及。憶此未久，已〔四〕三千年矣。神女云：吾昔與君共食一枚，乃不盡，此小棗那得相比。

〔一〕「仙果品」，原無，下引文出處「右出仙果道迹經」，當爲「仙果品」與「道迹經」誤羼合，故前移，與敦目合。

〔二〕「老子西過大龜之山」至「其實如鉼」，藝文類聚卷八十七果部下棗及御定淵鑑類函卷四百〇二果部四棗二有類似的話；「鉼」，藝文類聚作「瓶」，御定淵鑑類函作「鉼」。

〔三〕「安息」，原作「息安」。本則文字在太平廣記卷五十七女仙二「太真夫人」作「遊安息國西海際」，御定淵鑑類函卷四百〇二果部四棗二作「遊息於西海之際」，記纂淵海卷九十二果食部作「遊於安息西母之際」，太平御覽卷九百六十五果部二棗及藝文類聚卷八十七果部下棗作「游息於西海之際」。「游息於西海之際」通，故文中「安」或衍，「息」錯位；但無上秘要「息安」作「安息」的可能性更大，故改。

〔四〕「已」，該字前原有「説」字，但太平廣記、御定淵鑑類函、太平御覽、藝文類聚均無，據删。

右出道〔一〕迹經。

右英夫人曰：交梨火棗，此即騰飛之藥，不比於金丹。

右出真迹經。

山洞品

五嶽及名山皆有洞室。

王屋山洞周迴萬里。

委羽山洞周迴萬里。

西城玉山洞周迴三千里。

青城山洞周迴二千里。

西玄三山洞周迴千里。

〔一〕「道」，該字前原有「仙果」二字，當爲「仙果品」誤羼入，删。

羅浮山洞周迴五百里。

赤城丹山洞周迴三百里。

林屋山洞周迴四百里。

句曲山洞周迴一百里。

括蒼山洞周迴三百里。

右出道迹經。

洞天品

小有清虚天、大有空明天、太玄總真天、三玄極真天、寶仙九室天、上玉清〔一〕平天、朱明耀〔二〕真天、金壇華陽天、左神幽虚天、成德隱玄天。

〔一〕「玉清」，雲笈七籤卷二十七洞天福地作「清玉」，洞天福地嶽瀆名山記與秘要同。

〔二〕「耀」，雲笈七籤作「輝」。

右出道迹經。

右大天之内地中洞天〔一〕。

神水品

玉清天中有萬津之海，其水波洶湧而連嶽〔二〕。

太初天中有慶元之河，號爲吉人之津。又有流汩之池，中有玉樹，周圍蓮花十丈，池

〔一〕「右大天之内地中洞天」，該句或當前移至「右出道迹經」前。

〔二〕「玉清天中有萬津之海，其水波洶湧而連嶽」，上清道類事相卷三寶臺品引大洞玉經三十九章：「又云：玉清天中有綺合臺，下有萬津之海也。」雲笈七籤卷八釋三十九章经第四章：「又玉清天中有綺合臺，下有萬津之海，其水波湧，如連嶽焉。」

廣千里，水乃香美。金華仙人，恒處蓮花之中，飲此流汨之水〔一〕。玄洲有三弱之津，非仙人而莫度越〔二〕。太无之庭有玉簡山，山有清淵之池，方圓千里。又有帝川池，在玄洲北，玉靈仙母、金華仙女常所經遊。

右出洞真大洞經。

元始天尊於大福棄賢世界鬱單國，國土皆凝水精，琉璃灌地而行。國有寒池，縱横五

〔一〕「太初天中有慶元之河」至「飲此流汨之水」，雲笈七籤卷八釋三十九章经第二十二章：「太初九素金華景元君曰：太初天中有華景之宮。宮有自然九素之氣。氣煙亂生，雕雲九色。入其煙中者易貌，居其煙中者百變。又有慶液之河，號爲吉人之津。又有流汨之池，池廣千里，中有玉樹。飲此流汨之水，則五臟明徹，面生紫雲。」其中，「慶元之河」作「慶液之河」。三洞群仙録卷十一引大洞玉訣文有類似文字。上清大洞真經卷四太初九素金華景元君道經第二十二：「慶元吉津，流汨西田。」

〔二〕「玄洲有三弱之津，非仙人而莫度越」，雲笈七籤卷八釋三十九章经第三十七章：「玄洲有三溺之津，非飛仙而莫越也。」「弱」作「溺」。大洞玉經卷下：「玄洲絶島之下，有三弱之津，即弱水也。」

百里。池有玉芝〔一〕，一國男女，飲食池水，面如玉脂，初無疾病，无有憂愁，壽三萬歲，無有中夭。命終之後，骸骨不灰，萬年亦无臭爛之氣〔二〕。

右出洞玄靈書。

〔一〕「玉芝」，太上諸天靈書度命妙經作「流精玉芝」。

〔二〕「氣」，度命妙經作「日」。

無上秘要卷之五

人品〔一〕

九天丈人告於三天玉童曰：夫天地交運，二象合〔二〕真，陰陽降炁，上應於九天〔三〕，流丹九轉，結氣爲精，精化成神，神變成人。故人象天地，炁法自然。自然之炁，皆是九天之精，化爲人身，含胎育養。九月炁盈，九天氣普，十月乃生。其結胎受化，有吉有凶，有壽有夭，有短有長，皆禀宿根。結炁不純，藏胃積滯，六府敗傷，形神不固，體不受靈，死炁入

〔一〕「人品」，此品内容完整地保存在永樂大典卷三千〇一。

〔二〕「合」，雲笈七籤卷二十九禀生受命部作「含」。

〔三〕「上應於九天」，上清九丹上化胎精中記經及雲笈七籤作「上應九玄」，永樂大典同秘要。

孔〔一〕，何由得存。

陽炁赤，名曰玄丹；陰氣黄，名曰黄精。陰陽既交，二炁降精，化神結胎，上應於九天〔二〕。九天之炁，則下布丹田，與精合凝，結會命門。要須九過，是爲九丹〔三〕，上化下凝，以成於人。一月受炁，二月受靈，三月合〔四〕變，四月凝精，五月首體〔五〕具，六月化成〔六〕形，七月神位布，八月九孔明，九月九天炁普，乃有音聲，十月司命勒籍，受命而生。故人皆禀九天之炁，降陰陽之精〔七〕，名曰九丹，合成人身。

〔一〕「孔」，胎精中記經及雲笈七籤作「竅」。

〔二〕「陰陽既交，二炁降精，化神結胎，上應於九天」，胎精中記經作「陰陽交，二氣降，精化神結，上應九天」，雲笈七籤作「陰陽交接，二氣降精，化神結胎，上應九天」，永樂大典與秘要同。

〔三〕「九丹」，原作「丹田」，據胎精中記經及雲笈七籤改。永樂大典與秘要同誤。

〔四〕「合」，胎精中記經及雲笈七籤作「含」。永樂大典同秘要。

〔五〕「首體」，胎精中記經與雲笈七籤作「體首」。永樂大典同秘要。

〔六〕「成」，胎精中記經無。

〔七〕「降陰陽之精」，原作「陽降陰之精」，據雲笈七籤改；胎精中記經無「降」字，也通。永樂大典與秘要同誤。

凡人受生結炁〔一〕，九丹上化於胞胎之中，而法九天之炁，炁滿神具，於胞〔二〕囊之内，而自識其宿命，知有本根，轉輪因緣。九天之炁，化成其身。既睹陽道，開曠三光，而自忘其所生所由之因爾者，皆由胞根結滯，盤固三關，五府不理，死炁塞門，致靈關不發，而忘其因緣。若靈真九炁〔三〕，含鍊瓊胎，槧經紫〔四〕户，運履人道，挺秀自然，耀景靚靈，便騰身於九天，非復結精受炁而爲人也。

凡人生皆禀九天之炁，炁凝爲精，精化成丹，丹變成人。結胎含秀〔五〕，法則〔六〕自然。假令七月生，則十月胎受波梨荅惒天之炁，十一月生則受梵摩迦夷天之炁，十二月生則受梵寶天之炁，正月生則受化應聲天之炁，二月生則受不驕樂天之炁，三月生則受寂然天之炁，四月生則受須延天之炁，五月生則受上上禪善无量壽天之炁，六月生則受鬱單无量天

〔一〕「炁」，胎精中記經和雲笈七籤均無，故斷爲「凡人受生，結九丹上化於胞胎之中」。

〔二〕「胞」，永樂大典作「胎」。

〔三〕「九炁」，胎精中記經及雲笈七籤作「託化」。

〔四〕「紫」，胎精中記經及雲笈七籤作「死」。永樂大典同秘要。

〔五〕「秀」，胎精中記經作「孕」。

〔六〕「則」，胎精中記經作「於」。

之炁。

凡人從十月結胎至於六月，則受九天之炁已滿，至七月，合十月，則天地炁盈，受太陽之運而生。

右出洞真九丹上化胎精中記經〔一〕。

太上曰：夫人受生，結精積炁，受胎斂血，黄白幽凝，丹紫合煙，所以凝骨吐津，散布流液，四度會化，九宫一結，五神命其形體，太一定其符籍，忽爾而立，恍爾而成，罔爾而具，脱爾而生。於是乃九神來入，安在其宫，五藏玄生，五神主焉。父母唯知生育之始我也，而不悟〔二〕帝君五神來適於其間。人體有尊神，其居无常，出入六虚。上下三田，迴易陰陽，去故納新，輾轉縈輸，流注元津，太神虚生内結，以成一身，濯質化鍊，變景光明。

右出洞真九真中經。

〔一〕「右出洞真九丹上化胎精中記經」，比較幾處文字，可看出，胎精中記經與雲笈七籤相似性高，秘要所引幾段文字的次序也與胎精中記經不同，當是編纂者根據需要摘引所致。

〔二〕「悟」，上清太上九真中經作「覺」。

夫人受生於天魂，結成於元靈，轉輪於九炁，挺命太一，關開[一]三道，積神幽宫，所以玄液七纏，流津敷澤，日月映其六虚，口耳[二]運其神器，雲行雨施，德擬天地，胞胎内帀，五因來具。立人之道，其如此也。故五因者，是五神也；故三道者，是三真也。

夫五神者，天之魂；三真者，天之道；九炁者，天之胎；太一者，天之源；日月者，天之眼；玄液者，天之淵[三]；六虚者，天之光；幽宫者，天之府；神器者，天之化；元靈者，帝之變。凡此言九天[四]者，乃混合帝君之變，變而化九，是謂九宫，九宫[五]混變而同一矣。夫兆欲修己求生，當從所生之宗，所生之宗，謂元父玄母也。元父主氣，化理帝先；玄母主精，變結胞胎。精炁相成，而[六]陰陽相生。雲行兆己，道合无名，數起三五，兆始禀形。七九既帀，兆體乃成，和合三五，七九洞冥，象帝之先，當須帝營。天皇之功，九變爲靈，功成

〔一〕「關開」，洞真太一帝君太丹隱書洞真玄經作「開關」。
〔二〕「耳」，太丹隱書洞真玄經作「目」。
〔三〕「淵」，太丹隱書洞真玄經作「潤」，永樂大典同秘要。
〔四〕「天」，太丹隱書洞真玄經作「氣」。
〔五〕「九宫」，太丹隱書洞真玄經無。
〔六〕「而」，太丹隱書洞真玄經作「如」。

人體，體與神并，神去則死，神守則生。是以三元爲道之始，帝君爲道之根，太一爲道之變，九天爲道之神，九宫爲道之宅，玄〔一〕液爲道之津，以熙三田〔二〕，以致神仙。朝適六合，夕守泥丸，堅執胎精，心中常歡。學道〔三〕之子，須此爲緣；見是經者，始可與言。九炁陶注，太一運神。

右出洞真太丹隱書。

天尊言曰：炁炁相續，種種生緣，善惡禍福，各有命根。非天非地，亦又非人，正由心也，心則神也。形非我有，我所以得生者，從虚无自然中來，因緣寄胎，受化而生。我受胎父母，亦非我始生父母也，真父母不在此。父母貴〔四〕重，尊高无上，今所生父母是我寄備〔五〕因緣，禀受育養之恩，故以禮報而稱爲父母焉。故我受形亦非我形也，寄之爲屋宅，

〔一〕「玄」，該字前太丹隱書洞真玄經中還有「玄田爲道之圃」句。

〔二〕「以熙三田」，太丹隱書洞真玄經作「修之三年，可以照鏡三田」。

〔三〕「學道」，太丹隱書洞真玄經作「後學」。

〔四〕「貴」，太上洞玄靈寶三元品戒功德輕重經作「愛」，永樂大典及太上濟衆經均同秘要。

〔五〕「備」，功德輕重經作「附」，永樂大典及太上濟衆經同秘要。

因之爲營室〔一〕，以舍我也。附之以爲形，示之以有无，故得道者无復有形也。及我无身，我有何患。我所以有患者，爲我有身。有身則百惡生，无身則入自然。立行合道，則身神一也。身神並一，則爲真身，歸於始生父母而成道也。

右出洞真三元品誡經〔二〕。

人之受生於胞胎之中，三元育養，九炁結形。故九月神布，炁滿能聲。聲尚神具，九天稱慶，太一執符，帝君品命，主録勒籍，司命定算，五帝監生，聖母衛房，天神地祇，三界備守。九天司馬在庭，東向讀九天生神章〔三〕九過，男則萬神唱恭，女則萬神唱奉；男則司命敬諾，女則司命敬順。於是而生。九天司馬不下命章，萬神不唱恭諾，終不生也。

〔一〕「室」，太上濟衆經作「構」。

〔二〕「洞真三元品誡經」，原作「洞玄諸天内音經」。經核，所引文字不見於今太上洞玄靈寶諸天内音自然玉字，當誤題。故據文字實際出處改。

〔三〕「章」，洞玄靈寶九天生神章經作「寶章」。

夫人得還生於人道，擢〔一〕形太陽，驚天駭地，貴亦難稱〔二〕，天真地神，三界齊臨，亦不輕也。當生之時，亦不爲陋也。所以能愛其形，保其神，貴其炁，固其根者，終不死壞，而得神仙，骨肉同飛，上登三清。是與〔三〕三炁合德，九炁齊并也。但人得生而不自能〔四〕尊其炁，貴其形，寶其命，愛其神，自取死壞，離其本真。

右出洞玄九天生神章經。

道曰：一切萬物，人最爲貴，人能使形无事，神无體，以清静致无爲之意，即與道合。

右出妙真經。

老子曰：神生形，形成神，形不得神而不能自生，神不得形而不能自成。故形神合同，更相生，更相成。

〔一〕「擢」，洞玄靈寶自然九天生神三寶大有金書作「濯」。
〔二〕「稱」，九天生神章經、三寶大有金書作「勝」。
〔三〕「與」，該字前原有「炁」字，據九天生神章經、三寶大有金書删。
〔四〕「不自能」，九天生神章經、三寶大有金書作「自不能」。

右出西昇經。

夫人是有生最靈者也，但人不能自知，而不守神以却[一]衆惡耳。知之者則不求祐於天神，止於其身則足矣。故云：一人之身，一國之象。胸腹之位，猶宮室也；四肢之列，猶郊境也；骨節之分，猶百官也；神猶君也，血猶臣也，炁猶民也。故知治身者，則知治國矣[二]。夫愛其民，所以安其國；悋[三]其炁者，所以全其身。民散則國亡，炁竭則身死[四]，亡者不可生[五]。是以[六]至人消[七]未起之患，治未病之疾，醫[八]之於无事之前，不追於既

〔一〕「却」，太上靈寶五符序卷下作「御」。
〔二〕「故知治身者，則知治國矣」，太清道林攝生論作「故知治民，則能固矣」。
〔三〕「悋」，攝生論作「愛」，抱朴子内篇之地真篇作「養」。
〔四〕「死」，攝生論作「滅」。
〔五〕「亡者不可生」，靈寶五符序作「亡者不可存，死者不可生」，攝生論作「滅者不可生也，亡者不可存也」，抱朴子作「死者不可生也，亡者不可存也」。
〔六〕「以」，原作「人」，據靈寶五符序、攝生論及抱朴子改。
〔七〕「至人消」，攝生論作「聖人銷」。
〔八〕「醫」，原作「堅」，據靈寶五符序、攝生論及抱朴子改。

逝之後。民之難養而易濁〔一〕。故審其威德，所以保其治〔二〕，割嗜欲，所以固血氣，然後真一存焉。

右出皇人經。

天老曰：人生於陰陽，長於元炁，未必盡備，感五常之性，得之者十未有一也。感其火者明，感其金者剛，感其水者清，感其木者王，感其土者仁，不感者亡。故天地五行，五五二十五行，人生感得其一者，可壽一百年；感得二者，可壽一百二十年；感得其三者，可壽一百三十年；感得其四者，可修術，壽一百四十年；感得其五者，可爲小道，可壽二百年；感得其六者，可爲大道，壽无訾；感得其七者，可知鬼靈之心；感得其八者，通明神意；感得其九者，通神祇；感得其十者，知聰明；感得十一者，終身无患；感得十二者，應其天心；感得十三者，五嶽來朝；感得十四者，得二十八宿護己；感得十五者，致得玉女；感得

〔一〕「民之難養而易濁」，攝生論作「民難安而易危也，氣難清而易濁也」，抱朴子作「民難養而易危也，氣難清而易濁也」，正文似當補全爲「民之難養而易危，氣之難清而易濁」，但考慮到靈寶五符也作「民之難養而易濁」，故不補。

〔二〕「治」，靈寶五符序作「理」，而攝生論及抱朴子此句則作「審威德所以保社稷」。

十六者，得爲聖人；感得十七者，致得西王母；感得十八者，致得東王父；感得十九者，召得太一；感得二十者，召得北君；感得二十一者，召得仙人；感得二十二者，身與天地俱；感得二十三者，神女來配；感得二十四者，與天地交；感得二十五者，與上皇爲友。

右出洞神監乾經。

身神品

腦神，名覺元〔一〕，字道都〔二〕。

髮神，名玄文〔三〕華，字道行〔四〕。

皮膚神，名通衆〔五〕，字道連。

〔一〕「覺元」，太微帝君二十四神回元經、洞玄靈寶二十四生圖經作「覺元子」，上清胎精記解結行事訣作「覺無子」。

〔二〕「道都」，太玄八景籙作「子道都」，「子」當屬前。

〔三〕「文」，二十四生圖經及解結行事訣作「父」，太玄八景籙作「天」。

〔四〕「道行」，二十四神回元經作「通衡」，二十四生圖經、太玄八景籙及解結行事訣作「道衡」。

〔五〕「通衆」，二十四生圖經、太玄八景籙及解結行事訣作「通衆仲」。

目神，名虚監生〔一〕，字道童。
項〔二〕神，名靈謨蓋，字道周。
脊〔三〕神，名蓋歷輔〔四〕，字道柱。
鼻神，名冲龍玉〔五〕，字道微。
舌神，名始梁峙〔六〕，字道岐〔七〕。
右上部八神君。
喉神，名百流放，字道通。
肺神，名素靈生，字道平。

〔一〕「虚監生」，二十四生圖經作「虚監」，太玄八景籙作「靈鑑生」，解結行事訣作「靈監生」。
〔二〕「項」，二十四神回元經、二十四生圖經、太玄八景籙及解結行事訣作「項髓」。
〔三〕「脊」，二十四神回元經、二十四生圖經、太玄八景籙及解結行事訣作「膂」。
〔四〕「蓋歷輔」，二十四神回元經、解結行事訣作「益歷輔」，二十四生圖經和太玄八景籙作「益歷轉」。
〔五〕「冲龍玉」，二十四生圖經作「仲龍王」，解結行事訣作「仲龍玉」。
〔六〕「始梁峙」，太玄八景籙作「始梁崎寂」。
〔七〕「岐」，二十四神回元經作「歧」。

心神，名煥陽昌，字道明。

肝神，名開君章〔一〕，字道青〔二〕。

膽神，名龍德拘，字道放。

左腎神，名春元直〔三〕，字道卿。

右腎神，名象他元〔四〕，字道主〔五〕。

脾神，名寶元〔六〕全，字道騫。

右爲中部八神君。

胃神，名同未〔七〕育，字道展。

〔一〕「章」，二十四神回元經、二十四生圖經、太玄八景籙及解結行事訣作「童」。

〔二〕「青」，二十四生圖經作「清」。

〔三〕「直」，二十四神回元經、二十四生圖經作「真」。

〔四〕「象他元」，二十四神回元經作「象地無」，二十四生圖經作「象他无」，太玄八景籙作「像无他元」。

〔五〕「道主」，二十四神回元經、太玄八景籙作「道生」，二十四生圖經作「道王」，解結行事訣作「道玉」。

〔六〕「元」，二十四生圖經作「无」。

〔七〕「未」，二十四神回元經、二十四生圖經、解結行事訣作「來」，八景録作「朱」。

窮腸神，名兆滕〔一〕康，字道還。

大小腸神，名逢〔二〕送留，字道厨。

胴神，名受辱〔三〕，字道虚。

胸鬲〔四〕神，名廣瑛宅〔五〕，字道神〔六〕。

兩脇神，名辟假〔七〕馬，字道成。

左陰左陽神〔八〕，名扶流起〔九〕，字道主。

〔一〕「滕」，二十四生圖經、解結行事訣作「騰」。

〔二〕「逢」，二十四神回元經、二十四生圖經、太玄八景籙及解結行事訣作「蓬」。

〔三〕「受辱」，二十四神回元經、二十四生圖經、太玄八景籙及解結行事訣作「受厚勃」。

〔四〕「鬲」，二十四神回元經、二十四生圖經、太玄八景籙及解結行事訣作「膈」。

〔五〕「廣瑛宅」，解結行事訣作「廣瑛」。

〔六〕「神」，二十四神回元經作「仲」，二十四生圖經、太玄八景籙、解結行事訣作「冲」。

〔七〕「假」，二十四神回元經作「瑕」。

〔八〕「左陰左陽神」，二十四生圖經、太玄八景籙作「左陽神」。

〔九〕「扶流起」，太玄八景籙作「扶流」。

右陰右陽神〔一〕，名色〔二〕表明，字道生。

右爲下部八神君。

右出洞真造形紫元二十四神經。

正月本命日及甲子、甲戌日平旦之時，帝君、太一、五神共混合，變化爲一大神，在人心之内，號曰天精君。

三月本命日及甲申日辰時，帝君、太一合會五神混化，内變爲一大神，大神分形散炁，盡布在諸骨中，號曰堅玉君。

四月本命日及甲午、丁卯日巳時，帝君、太一、五神混合，化生大神，大神又欻爾分形而爲黄炁，鬱鬱盡流入諸精血中，號曰元生君。

六月甲辰日、本命日、戊寅日午時，帝君、太一、五神，變化爲一大神，來入在人肝中，號曰青明君。

〔一〕「右陰右陽神」，二十四生圖經、太玄八景籙作「右陰神」。

〔二〕「色」，二十四神回元經、解結行事訣作「苞」，二十四生圖經、太玄八景籙作「包」。

七月三日及本命日、庚午日巳時，帝君、太一、五神混合，變化爲一大神，在於脾中，號曰養光君。

八月十五日及本命日、庚申日申時，帝君、太一、五神混合，變化爲一大神，在人肺中，號曰上元素玉君。

九月十九日及本命日、戊戌日酉時，帝君、太一、五神混合，變化爲一大神，大神忽爾又因分形爲二神，分坐散形，在人兩腎中，號曰玄陽君。

十月二十日及本命日、辛巳日午時，帝君、太一、五神混合，變化爲一大神，在人膽中，號曰合〔一〕景君。

十一月二十八日本命日、丙子日巳時，帝君、太一、五神混合，變化爲一大神，在泥丸紫房之中，號曰昌上皇君〔二〕。

右出洞真九真中經〔三〕。

〔一〕「合」，上清太上帝君九真中經作「含」。

〔二〕「昌上皇君」，九真中經作「帝昌上皇君」。

〔三〕「右出洞真九真中經」，所引文字見於俄藏無上秘要敦煌殘卷Дx 〇〇一六九和Дx 〇〇一七〇（見俄藏敦煌文獻第六册）。

兩眉間直上却入三分爲守寸雙田宫，却入一寸爲明堂宫，却入二寸爲洞房宫，却入三寸爲丹田宫，却入四寸爲流珠宫，却入五寸爲玉帝宫。明堂上一寸爲天庭宫，洞房上一寸爲極真宫，丹田上一寸爲玄丹宫，流珠宫上一寸爲太皇宫。

一頭有九宫。

玉帝宫，玉清神母居之。

天庭宫，上清真女居之。

極真宫，太極帝妃居之。

太皇宫，太上君后居之。

明堂宫，明竟神君、明童君、明女真君三君共居之〔一〕。

洞房宫，左无英子〔二〕、右白元君、中黄老君〔三〕三人居之。

〔一〕「明堂宫」云云，此句乃節引，洞真太上素靈洞元大有妙經作「明堂宫中，左有明童真君，右有明女真官，中有明鏡神君……三君共治之」。三君之名，上清素靈上篇、上清明堂玄丹真經與秘要同，上清握中訣卷下作「明堂真官、明鏡神君、明女真官」，登真隱訣卷上作「明童真君、明女真君、明鏡神君」。

〔二〕「子」，大有妙經、上清明堂玄丹真經、上清素靈上篇及登真隱訣卷上作「公子」。

〔三〕「君」，原作「魂」，據大有妙經、上清明堂玄丹真經、素靈上篇及登真隱訣改。

丹田宫，上元真一帝君、帝君之卿二〔一〕人居之。

玄丹宫，泥丸太一真君〔二〕居之。

流珠宫，流珠真神居之〔三〕，司命君之所行〔四〕。

右出洞真太上素靈大有妙經。

〔一〕「二」，大有妙經及上清素靈上篇作「三」，上清明堂玄丹真經也作：「丹田宫，上元真一帝君及二卿三人共居之。」按，「三」誤。「上元真一帝君」又作「上元赤子」，「帝君之卿」又作「帝卿」。大有妙經下文説：「上元赤子居在泥丸宫中……泥丸天帝上一赤子諱玄凝天……位爲泥丸天帝君，治在上一宫。其右有帝卿一人，坐相對……上一爲帝卿君，諱肇勒精……此二人共治泥丸宫中。」上清握中訣卷下「三寸爲丹田宫」注：「有上元赤子、帝卿二人居之。」登真隱訣卷上「丹田宫」注：「亦名泥丸宫，左有上元赤子帝君，右有帝君，凡二神居之。」

〔二〕「太一真君」，上清握中訣卷下爲「太乙真人」。

〔三〕「居之」，原無，大有妙經、上清素靈上篇原文確作：「丹田後却入一寸爲流珠宫，流珠真神。自别有經，司命之所行也。」然登真隱訣卷下及上清握中訣卷下「却入四寸爲流珠宫」均注：「有流珠真神居之。」故依秘要上下文，於「流珠真神」後補「居之」二字。

〔四〕「司命君之所行」，大有妙經及上清素靈上篇作「自别有經，司命之所行也」，洞真太上三元流珠經作「三元流珠經，司命之所行，其道妙大，五經之尊」，上清明堂玄丹真經作「流珠宫，此太極公卿司命所行之道也」。

赤子居上丹田宫，真人居中丹田宫，婴兒居下丹田宫〔一〕。

右出洞真四宫雌一寶名玉訣經。

凡人身中亦有三宫六府一百二十關節三萬六千神。人身行惡，身神亦奏之三官；人身行善，則度〔二〕其仙名。

生死罪福莫不先由身神，影響相應，在于自然。人稟炁而生，炁結成神。人能養炁，神則長存。內思守真，真不離身。

右出洞真三元品誡經。

頭髮神，字尋之〔三〕。

〔一〕「赤子居上丹田宫」云云，本句見於洞真太上素靈洞元大有妙經及金闕帝君三元真一經。

〔二〕「度」，原作「慶」，據太上洞玄靈寶三元品戒功德輕重經改。

〔三〕「尋之」，太上老君中經卷上作「禄之」、太上靈寶五符序卷上、太上元始天尊説北帝伏魔神呪妙經卷四作「尋長」。

兩目神，字英明〔一〕。

項上神，字東王父〔二〕。

顖户神，字泥丸君〔三〕。

眉間神，字元光〔四〕。

兩耳神，字嬌女。

人中神，字太一。

鼻孔神，字通盧〔五〕。

〔一〕「兩目神，字英明」，老君中經有「兩目神六人，日月精也，左目字英明，右目字玄光」。

〔二〕「項上神，字東王父」，神呪妙經作「項上神三人，字東王父」，老君中經作「頭上神三人，東王父也」，五符序作「項上神三人，東王父」。

〔三〕「顖户神，字泥丸君」，老君中經作「腦户中神三人，泥丸君也」，神呪妙經作「腦户神七人，字元光」，五符序作「腦户中神，南極元君，字元先」。

〔四〕「眉間神，字元光」，神呪妙經作「眉間神，字天君」，五符序作「眉間神，天靈君」。

〔五〕「人中神，字太一。鼻孔神，字通盧」，老君中經作「鼻人中神一人，名太一，字通盧，本天靈也」，神呪妙經作「鼻神，字通靈」，五符序作「鼻中神，字通盧」。

口中神，字丹珠〔一〕。

兩手神，字魂陰〔二〕。

上元神，字威成〔三〕。

中元神，字黄子〔四〕。

下元神，字命光子〔五〕。

肩背神，字朱雀。

兩胜神，字隱陰〔六〕。

〔一〕「珠」，老君中經、神呪妙經作「朱」。

〔二〕「兩手神，字魂陰」，原無，據俄藏敦煌文獻 Дх〇二六三二（俄藏敦煌文獻第六册）補。

〔三〕「威成」，老君中經作「威成子」。

〔四〕「黄子」，老君中經作「中黄子」。

〔五〕「命光子」，老君中經作「字明光子，一云字命光」。

〔六〕「兩胜神，字隱陰」，原經及 Дх〇二六三二均作「兩脾神，字隱」，老君中經作「兩胜神，字陰隱」，神呪妙經作「兩胜神，字陰陰」，五符序作「兩髀神，字陰陰」，而神呪妙經和五符序均言「脾神，字禆禆」，原經後文也有「脾，子丹母」，故改「脾」爲「胜」，並增「隱」字。

陰神，字窮英。女子，字丹成〔一〕。

兩膝神，字樞〔二〕公。

兩脛神，字隨孔子〔三〕。

兩足神，字戴天柱〔四〕。

右一十九神，兆姓爲姓〔五〕，名即字，字即名也。

肝，老子君〔六〕。

肺，太和君〔七〕。

〔一〕「英女子，字丹成」，「英」原作「史」，「女子，字丹成」原爲大字換行。老君中經有「陰神三人，上將軍也，萬神之精也，男子字窮英，女子字丹城」，五符序作「陰神，字窮英；女人神，字丹精」，ДХ〇二六三二爲「女子，丹成」小字接於「窮史」後，故改「史」爲「英」，並改「女子，字丹成」爲小字。

〔二〕「樞」，神呪妙經、五符序皆作「膒」。

〔三〕「兩脛神，字隨孔子」，五符序與秘要同，神呪妙經作「頸神，字隨朵」。

〔四〕「戴天柱」，老君中經、神呪妙經、五符序作「柱天力士」。

〔五〕「姓」，該字後原有「名」字，據俄藏無上秘要敦煌殘卷ДХ〇二六三二及文意删。

〔六〕「肝，老子君」，老君中經曰：「肝神七人，老子君也，名曰明堂宮蘭台府也。」

〔七〕「肺，太和君」，老君中經曰：「肺神八人，太和君也，名曰玉真宮尚書府也。」

心，太尉公〔一〕。

脾，子丹母〔二〕。

腎，司徒、司空、司命、司録、司隸、廷尉〔三〕。

膽，太上道君〔四〕。

胃，諫議大夫〔五〕。

臍，太一〔六〕。

大小腸，元梁使者〔七〕。

〔一〕「心，太尉公」，老君中經曰：「心神九人，太尉公也，名曰絳宫太始南極老人，元光也。」

〔二〕「脾，子丹母」，老君中經曰：「脾神五人，玄先玉女，子丹母也。」

〔三〕「腎，司徒、司空、司命、司録、司隸、廷尉」，老君中經曰：「腎神六人，司徒、司空、司命、司録、司隸、校尉，廷尉卿也。」

〔四〕「膽，太上道君」，老君中經曰：「膽神五人，太一道君也，居紫房宫。」

〔五〕「胃，諫議大夫」，老君中經曰：「胃神十二人，五元之炁，諫議大夫也。」

〔六〕「臍，太一」，老君中經曰：「臍中神五人，太一八人，凡十三人。」

〔七〕「大小腸，元梁使者」，老君中經曰：「大腸小腸神二人，爲元梁使者。」

玄谷，大將軍〔一〕。

三焦，左社、右稷、風伯、雨師、雷公、霹靂〔二〕。

右一十條，領一萬八千神。人存之，則一萬八千神不散。不散者，天降一萬八千神附身中，合三萬六千，俱舉一身，上昇三天，則成神仙，變化无窮矣。人法地則天，外形而〔三〕，神住則形成，神去則形壞。

凡人不知存神，動止任意，意愚事僻，神散形枯。仙真聖人，守神无替，常存自在，名在左契。志學之士，當知人身之中，自有三萬六千神，左三魂，右七魄，陰陽配合，共輔護識神。五行王相之君，周衛體内，一千二百形影、一萬二千精光，備守體外。日日存之，時時相續，念念不忘，長生不死。不能長存，八節勿替，能念身神，康强无病。病，三呼之，常衛子身。欲卧之時，左手撫心，右手撫臍，各二七陰咒曰：「欲具身神從頭起，經歷四肢至踝子。」呪竟存之，委悉乃眠，必得吉夢，髣髴見神君；有罪過，應致災厄，神來語人，或示形

〔一〕「玄谷，大將軍」，老君中經曰：「玄谷神五人，大將軍司馬也。」

〔二〕「三焦」至「霹靂」，老君中經曰：「三焦神六人，左社、右稷、風伯、雨師、雷電、霹靂也。」

〔三〕「而」，字後疑文字有缺損。

象，倚託物類，使人思惟；自解意趣，吉凶善惡，了然知之；避禍就福，所向諧也。

三魂：第一胎光，第二爽靈，第三幽精〔一〕。

七魄：第一尸狗，第二伏矢，第三雀陰，第四吞賊，第五蜚〔二〕毒，第六除穢，第七臭肺。

右出洞神經〔三〕。

人壽品

鬱單无量天，其天上人壽九百萬歲〔四〕。

〔一〕「第一胎光　第二爽靈　第三幽精」，三魂的次序，上清握中訣卷中、上清修行經訣、上清太極真人神仙經、太上靈寶昇玄内教經中和品述議疏的次序大多爲「爽靈」、「胎光」、「幽精」。

〔二〕「蜚」，皇天上清金闕帝君靈書紫文上經、上清太極真人神仙經、上清握中訣卷中作「非」，上清修行經訣與秘要同。

〔三〕「右出洞神經」，按所引之經已佚，當爲三皇經之一。

〔四〕「其天上人壽九百萬歲」，洞真太上太霄琅書作「其天上人壽九百萬歲，如世間五百歲」，高上太霄琅書瓊文帝章經表述相同，唯「壽」作「經」。

上上禪善无量壽天，其天上人壽三千六百萬〔一〕歲〔二〕。

上〔三〕監天，一名須延天，其天人經〔四〕一億五千二百萬歲。

兜術天，一名寂然天，其天上人壽六億八百萬歲。

不驕樂天，一名波尼密天〔五〕，其天上人壽二十三億四千萬歲。

化應聲天，一名他化自在天，其天上人壽九十二億〔六〕一千六百萬歲。

梵寶天，一名波羅尼耶拔天〔七〕，其天上人壽命一〔八〕劫。

〔一〕「萬」，原無，據瓊文帝章經、太霄琅書增。

〔二〕「其天上人壽三千六百萬歲」，瓊文帝章經作「其天人經三千六百萬歲，如世間人歷一千歲」，太霄琅書作「其天人壽三千六百萬歲，如世間人壽一千歲」。

〔三〕「上」，瓊文帝章經、太霄琅書作「梵」。經文有「上監天」的表述，如洞真太霄琅書云：「上監天王、直齋功曹、僕射百二十人出。」

〔四〕「經」，太霄琅書作「壽」。

〔五〕「波尼密天」，瓊文帝章經、太霄琅書作「波羅尼密天」。

〔六〕「億」，瓊文帝章經、太霄琅書作「萬億」，誤。

〔七〕「波羅尼耶拔天」，瓊文帝章經、太霄琅書作「波羅尼耶拔致天」。

〔八〕「一」，原作「七」，據瓊文帝章經、太霄琅書及上下文改。

梵摩迦夷天，一名梵衆天，其天上人壽命二劫。

波利〔一〕答恕天，一名大梵天，其天上人壽命三〔二〕劫。

右出洞真太霄琅書經。

東方極豪林之墟，其國音名呵羅提之國，人形長二丈，壽四百歲。

南方極洞陽之野，其國人皆形長二丈四尺，壽三百六十歲。

西方之外，極浩〔三〕素之壟，其國人形長一丈六尺，壽六百歲。

北方之外，極朔陰之庭，其國音則名旬他〔四〕羅之國。其國人形長一丈二尺，壽三百歲。

〔一〕「利」，瓊文帝章經、太霄琅書作「梨」。

〔二〕「三」，原作「四」，據瓊文帝章經、太霄琅書及上文改。

〔三〕「浩」，上清外國放品青童内文卷上作「皓」。

〔四〕「他」，原無，據青童内文補。

上方九方上〔一〕，清陽灰〔二〕空之内，无色无象，无形无影，空洞之銘元精青純〔三〕自然之國。其國人則高上玉皇、萬聖帝真受生之根，无壽无量，惟劫爲年。

中國直下極大風澤，去地五百二十億萬里。中國音則名大〔四〕和寶真无量之國。其國人形長九尺，壽一千二百歲。

右出洞真外國放品經。

大福堂國。太上道君曰：此土男女，自眼所照以來，七百五十萬劫，不覺國中之人形有衰老。

大浮黎國。九炁天君〔五〕曰：自入此境以來，經九百九十萬劫，初無學仙之人，皆自然不死。

〔一〕「上方九方上」，青童内文作「上方九天之上」。
〔二〕「灰」，青童内文作「虛」。
〔三〕「純」，青童内文作「沌」。
〔四〕「大」，青童内文作「太」。
〔五〕「九炁天君」，太上諸天靈書度命妙經作「蒼帝君」。

赤明國中。三炁天君曰：自住是境已來，經三百三〔一〕十萬劫，未聞是土有悲哀之聲，但見不老之人。

西那玉國。白帝天君曰：自入是境以來，經七百萬劫，不聞國人有悲慼之聲。

鬱單无量。五炁天君〔二〕曰：自入是境以來，經五百萬劫，此土男女，唯知受生，不知所從而來。

右出洞玄靈書經〔三〕。

〔一〕「三」，原作「六」，據度命妙經及下文劫運品之「赤帝天君在南極禪黎世界赤明國三百三十萬劫」改。

〔二〕「五炁天君」，度命妙經作「黑帝天君」。

〔三〕「右出洞玄靈書經」，原無，或由於與下文劫運品內容互爲補充、出處相同而省。文字實出於太上諸天靈書度命妙經，該經在秘要中以「洞玄靈書經」、「洞玄靈書度命經」、「洞玄靈寶經」三種簡稱出現，共被八次徵引，試補其出處。

無上秘要卷之六

劫運品

天尊言：龍漢之後，天地破壞，其中渺渺〔一〕，億劫无光，上无復色，下无復淵，風澤洞虚，幽幽冥冥，无形无影，无極无窮，混沌无期，號爲延康。逮至赤明開光，天地復位。一劫之周，天地又壞，復无光明。五劫之中，幽幽冥冥，三炁混沌，乘運而生。逮至開皇，天地復位。

太上道君在大福堂國長樂舍七百五十萬劫。

蒼帝天君〔二〕在東極碧落空歌大浮黎國九百九十萬劫。

〔一〕「渺渺」，太上諸天靈書度命妙經作「眇眇」。

〔二〕「蒼帝天君」，度命妙經作「蒼帝君」，也即前文「九炁天君」。

赤帝天君〔一〕在南極禪黎世界赤明國三百〔二〕三十萬劫。

白帝天君在西極衛羅大堂世界極樂國七百萬劫。

黑帝天君在元福棄賢世界鬱單國五百萬劫。

右出洞玄靈書經。

天真皇人上白〔三〕天尊：自受日月，隨運流遷，去來轉輪〔四〕，一光一冥，一滅一度，一死一生，身受破壞，一敗一成，經履天地，改易光明，幽幽眇邈，非可思議。自龍漢以來，已九萬九千九百萬重劫。

右出洞玄諸天内音經。

〔一〕「赤帝天君」，度命妙經作「赤帝三炁天君」，也即前文「三炁天君」。

〔二〕「三百」，原無，據度命妙經及上文人壽品之「經三百三十萬劫，未聞是土有悲哀之聲」補。

〔三〕「白」，原作「皇」，太上靈寶諸天内音自然玉字卷四此處作「天真皇人稽首上白天尊」，據改。

〔四〕「輪」，原作「特」，據諸天内音自然玉字改。

十方飛天神人告太上道君〔一〕曰：自周〔二〕三界之中，歷行三十二天，累經大運交周，天地成敗，隨運生死，非復一反。至今赤明開圖，已經九千七百億萬劫。

右出洞玄空洞靈章經。

道曰：天關在天西北之角，與斗星相御。北斗七〔三〕星則天關之綱柄，玉宸之華蓋，梵行九天十二辰之氣。斗綱運關則九天並轉。天有四候之門，九天合三十六候，一晝一夜則斗綱運關，經一候之門。晝夜三十六日，則經三十六候都竟。三十六候竟則是九天一轉〔四〕，三百六十輪爲九天一周。

九天一周則六天之氣皆還上上三天，三天〔五〕改運促會，以催其度，三千六百周則爲小

〔一〕「太上道君」，敦煌文書伯二三九九（李德範輯敦煌道藏第五册）太上洞玄靈寶空洞靈章經作「太上大道君」。

〔二〕「周」，空洞靈章經作「周旋」。

〔三〕「七」，三洞珠囊卷九劫數品及雲笈七籤卷二混元混洞開闢劫運部引上清三天正法經均作「九」。

〔四〕「轉」，三洞珠囊、雲笈七籤均作「輪」。

〔五〕「上上三天，三天」，三洞珠囊作「上上三天，天」，雲笈七籤作「上三天，三天」。

劫交〔一〕。

小劫交則九氣改正，萬帝易位，民亡鬼滅，善存〔二〕清治，六合寧一，九千九百周，爲大劫終。

大劫終則九天數盡，六天運窮。六天欲〔三〕窮則氣激於三五，羣妖凶横，因時而行，放毒威〔四〕民。此皆運窮數極，乘機而鼓，以致〔五〕於此。地機在東南之分、九泉之下，則九河之口，吐噏之靈機，上通天源之淘〔六〕注，旁吞九洞之淵奥〔七〕；十二時紀，推四會之水東迴。一晝一夜則氣盈，氣盈〔八〕並湊九河之機。晝夜三十三日機轉，西北迴，東北張，西南

〔一〕「交」，三洞珠囊、雲笈七籤均無。
〔二〕「存」，三洞珠囊、雲笈七籤作「好」。
〔三〕「欲」，三洞珠囊、雲笈七籤作「運」。
〔四〕「威」，三洞珠囊、雲笈七籤作「滅」。
〔五〕「致」，三洞珠囊、雲笈七籤作「至」。
〔六〕「淘」，三洞珠囊作「陶」。
〔七〕「奥」，三洞珠囊、雲笈七籤作「澳」。
〔八〕「氣盈」，三洞珠囊、雲笈七籤無。

噏；張則溢，噏則虧，周於四會，天源下流，九泉〔一〕涌波，是爲一輪〔二〕。三百三十輪爲一度。一度則水母促會於龍王，河侯受對〔三〕於三天。三千三百度謂之陰否，陰否則蝕，陰蝕水涌，水涌河決，山淪地没。九千三百度爲大劫之終、陰運之極。當此之時，九泉涌於洪波，水母鼓行〔四〕，山海冥一，六合坦然。此陰運之充、地氣之激也。

天圓十二綱，地方十二紀。天綱運關，三百六十輪爲一周；地紀推機，三百三十轉〔五〕爲一度。天運三千六百周爲陽勃，地轉三千三百度爲陰蝕。天氣極於太陽。陽極則勃，陰否則蝕，陰陽勃蝕，天地氣反。天地氣反，謂之小劫交〔六〕。小劫交則萬帝易位，九氣改度，日月縮運，陸地涌於九泉，水母決於五河，大鳥屯於龍門，五帝受會於玄都。當此之時，凶穢滅種，善民存焉。

〔一〕「九泉」，三洞珠囊、雲笈七籤無。

〔二〕「輪」及後「三百三十輪」之「輪」，三洞珠囊、雲笈七籤作「轉」。

〔三〕「對」，雲笈七籤作「封」。

〔四〕「水母鼓行」，三洞珠囊、雲笈七籤作「水母鼓於龍門」。

〔五〕「轉」，三洞珠囊、雲笈七籤作「輪」。

〔六〕「交」，三洞珠囊、雲笈七籤無。

天運九千九百周爲陽蝕，地轉九千三百度爲陰勃。天蝕則氣窮於太陽，地勃則氣謀於太陰〔一〕。故陽否則蝕，陰激則勃，陰陽蝕勃則天地改易，謂〔二〕之大劫交。大劫交，天翻地覆，海涌河決，人淪山没，金玉化消，六合冥一。

右出洞真三天正法經。

天地大劫之欲交，諸天至真尊神、妙行真人，下遊五嶽，遥觀天下至學之人，洪流彌〔三〕天，皆以五龍迎之，登〔四〕福地，令得與元始同没同生也。

右出洞玄玉訣經。

〔一〕「天蝕則氣窮於太陽，地勃則氣謀於太陰」，三洞珠囊作「陽蝕則氣窮於太陰，地勃則氣謀於太陽」、雲笈七籤作「陽蝕則氣窮於太陰，陰勃則氣極於太陽」。

〔二〕「謂」，此字前三洞珠囊、雲笈七籤還有「天地改易」四字。

〔三〕「彌」，空洞靈章經作「滔」。

〔四〕「登」，空洞靈章經作「上登」。

太上靈寶治玄都玉京山七寶玄臺，十方至真、妙〔一〕行真人、飛仙大聖衆，皆浮空燒香，散花遊〔二〕行。一日三周，手把十絶華旛，口誦洞章，日月交回，七星運關。三百三十日則天關回山一度，三百三十度則九〔三〕氣交，三千三百度天地氣交。天地氣交爲小劫交，九千九百度則大劫周。此時則天淪地没，九海溟一，金玉化消，毫〔四〕末無遺。

右出洞玄真文要解經〔五〕。

帝王品

黄帝曰：三皇者，則三洞之尊神，大有之祖氣也。天寶君者，是大洞太元玉玄之首

〔一〕「妙」，該字前太上洞玄靈寶真文要解上經有「自然」二字。

〔二〕「遊」，要解上經作「旋」。

〔三〕「九」，要解上經作「九天」。

〔四〕「毫」，要解上經作「豪」。

〔五〕「右出洞玄真文要解經」，原無。經核，文字實出太上洞玄靈寶真文要解上經；秘要卷三十二傳經年限品引此經作「洞玄真文要解經」，據補。

元；靈寶君者，是洞玄太素混成之始元；神寶君者，是洞神皓靈太虚之妙氣。故三元凝變，號曰三洞，氣洞高虚，在於大羅之分。故大洞處于玉清之上，洞玄則在于上清之域，洞神總號則在于太極。大洞之氣則天皇是矣，洞玄之氣則地皇是矣，洞神之氣則人皇是矣。

天皇主氣，地皇主神，人皇主生。三合成德，萬物化焉。故天皇起於甲子元建之始，治於太元三玄空天；地皇起於甲申太靈之始，治於三元素虚玉天；人皇起於甲寅虚成之始，治於七微浩鬱虚玉天。

天皇之神，先天而生，後改化治世，各一萬八千歲而昇。又有八帝次其治，即女媧、伏羲之前也。所受靈書妙術，佐聖輔治，凡有帝王之君，必應以濟世立教，其道行焉。

天皇之治，料理更始，開受皇文，以定後化。記盡開立之事，三千六百年，畢竟。天皇化去，地皇受紀，追攝政事，後上啓太極。後受地皇文，以定天地更始之化。所受大有之紀，以拔新化之物，一以平焉。

天皇受大有敕玄妙圖書皇文十四篇，召天地之神、九天高上，推校天地，更紀萬物更化之始，始之。

地皇修續其後，復上受皇文。又召會群神，以大有玄中玄妙圖書，推校今之鬼神、天地新化之種類，方面屬類，數之政定。又天地有福，地化而不流，物迫而不死，得在七百二十門中，化而不改容，因而易類而心不移，宿命存者正定。天皇、地皇各三千六百年，畢竟，各能化形爲神。

人皇復起，攝而行之，復上受大有之秘文，追召天地之神、九天高上諸神之父母，更以正定，所有所無，復更正定。七百二十門中之所化，天下萬品之取正焉。

三皇曰：天道廣大，賢愚混同，彊者在西，弱者在東，九天定横，九地合縱，下成君臣，以立國邦，順天者吉，不順者凶。

右出三皇經〔一〕。

道者，萬物之奥〔二〕。善人之寶，不善人所保。美言可以市，尊行可以加人〔三〕，人之不

〔一〕「右出三皇經」，傳授三洞經戒法籙略説引「三皇者，則三洞之尊神，大有之祖炁。天皇主炁，地皇主神，人皇主生，三合成德，萬物化焉」，謂出自太清太極宫經。

〔二〕「奥」，馬王堆帛書甲、乙本老子作「注」。鍾來因先生曾撰無上秘要與老子德經道經（學海一九九二年第一期）一文，推測秘要所據乃古本老子。有關老子的校注甚多，讀者自可參看，本書不詳校。

〔三〕「美言可以市，尊行可以加人」，河上公及王弼本如是作，據淮南子之道應訓、人間訓，當爲「美言可以市尊，美行可以加人」。

善，何棄之有？故立天子，置三公，雖有拱璧以先駟馬，不如坐進此道。古之所貴此道者何？不曰求以得，有罪以免邪。故爲天下貴。

右出老子德經。

洲國品

東方去中國九〔一〕萬里外，名爲呵羅提之國。國外有扶桑，在碧海之中，一面方萬里〔二〕，上有大真王之别治〔三〕。

又有生洲，在扶桑外，西接蓬萊，地面方二千五百里，去岸二十三萬里。上有仙家數萬人，地無寒暑，時節温和，多生神仙之〔四〕草。食之，飛空而行。

〔一〕「九」，上清外國放品青童内文卷下作「九十」。

〔二〕「一面方萬里」，青童内文作「地方萬里」。

〔三〕「上有大真王之别治」，青童内文作「上有太帝宫，太真王之别治」。

〔四〕「之」，青童内文作「芝」。

扶桑東有祖洲，在東海之中，地方五百里，去岸七萬里，上有不死之草。南方有伊沙陁國，去中國八萬一千里，名浮黎之國外〔一〕，極洞陽之野，一名火庭之國〔二〕。國外有長洲，一名青丘南海〔三〕。地方五千里。又有炎洲，在南海中央，地方二千里。西方尼維羅緑那之國，去中國六萬里外，極浩〔四〕素之壟、寒穴之野，國名尼維羅緑那國。國外則有流洲，在西海之南，地方三千里，去東岸十九萬里。鳳麟洲在海中央，地方一千五百里。北方旬陀〔五〕羅之國，去中國五萬里外，極朔陰鉤陳之庭〔六〕，國名天鏡之國。外則有玄洲，方七千二百里，四面是海，去岸三十六萬里。上有太玄都，仙伯真公所治。

〔一〕「名浮黎之國外」，青童内文作「名閻浮梨之外」。

〔二〕「火庭之國」，青童内文作「火庭天竺之國」。

〔三〕「青丘南海」，青童内文作「青丘南海辰巳」。

〔四〕「浩」，青童内文作「皓」。

〔五〕「陀」，青童内文作「他」。

〔六〕「庭」，該字後原有「國」字，據青童内文删。

又有元洲，地方三千里，去南岸十萬里。

上方元精清純〔一〕自然之國，九天之上，无色无象，无形无影，四覆諸天。唯有玉虚紫館，結空洞之煙，在〔二〕虚玄清純之内。

右出洞真外國放品經。

元始天尊告五方道君曰：此真文以龍漢之年出於此土，時與高上大聖玉帝，撰十部妙經，出法度人，因名此土爲大福堂國長樂之舍。其國皆以融〔三〕金灌地，四邊階道並是碧玉，琉璃寶飾，光明映徹。是故此土男女長壽，無有中夭，不履諸苦，不經八難。

東極碧落空歌大浮黎國，其地皆是碧玉，四邊階道皆以金銀寶飾，嚴整光明。是國男女，無有衰老，無有哀憂，不履苦毒，不履〔四〕愁惱，唯樂爲生〔五〕。

〔一〕「清純」，青童内文作「青沌」。
〔二〕「在」，原作「而」，青童内文此句作「在虚玄青沌之内」，據改。
〔三〕「融」，太上諸天靈書度命妙經作「熔」。
〔四〕「履」，度命妙經作「經」。
〔五〕「生」，原作「主」，據度命妙經改。

南極禪黎世界赤明國，其國土皆如丹脂，恒生赤氣，似如絳雲，四邊階道並是琉璃，光明焕赫，洞映一國。是土無有悲哀之聲，但見不老之人。

西極衛羅大堂〔一〕世界西那玉國，皆以白玉薦地，黄金爲階，四面珍寶，光明赫赫〔二〕，洞朗一國。是境唯聞雅樂〔三〕之音，不聞國人有悲慼〔四〕之聲。一土男女，皆面有金容。

北極元福棄賢世界鬱單之國，皆凝水精，琉璃灌地而行。國有寒池，縱廣五百里。一國男女飲食池水，面如玉脂，初無疾病，無有憂惱〔五〕，壽三萬歲，無有中殘〔六〕。命終之後，骸骨不灰。國無禮樂，唯知直心。又名此土爲無患之國。

右出洞玄靈寶經。

〔一〕「大堂」，度命妙經作「大福堂」。

〔二〕「赫赫」，度命妙經作「奕奕」。

〔三〕「雅樂」，度命妙經作「雅樂百和」。

〔四〕「慼」，原作「感」，據度命妙經改。

〔五〕「惱」，度命妙經作「愁」。

〔六〕「殘」，度命妙經作「夭」。

論意品〔一〕

以大居小，以富居貧，處盛卑之谷，遊大賤之淵。微爲之本，寡爲之根，恐懼爲之宇〔二〕，憂畏爲之門。福者禍之先，利者害之源，治者亂之本，存者亡之根。上德之君，質而無文，不視不聽，而抱其玄。无心意，若未生根〔三〕，執守虛无，而因自然，混沌爲一，歸於本根。

上意正於无形，理於无聲，起福於未有，絶禍於未生。故莫知其名。下德則不然，高尊富貴，顯榮好美，善樂功名，生禍而憂之，寇害而伐之，身辱而報之。生長有其力，布施有其福，事爲其方，曲爲其法，賞善罰惡，則僞善詐忠。如此乃自謂功名，見與道反。

右出妙真經〔四〕。

〔一〕「論意品」，原作「論意」，敦目作「論德品」，故增「品」字。

〔二〕「宇」，雲笈七籤卷九十七部語要作「宅」。

〔三〕「无心意，若未生根」，雲笈七籤作「無心無意，若未生焉」。

〔四〕「妙真經」，三洞奉道科戒營始有老子妙真經二卷，今佚。

王政品〔一〕

制殺生者天，順性命者人也；非逆天者勿伐，非逆人者勿殺。故王法當殺不殺縱天賊，當活不活殺天德。爲政如此，使後世絛長禁苛，興剋德之本。德莫大於活也。

天之道，利而不害；聖人之道，爲而不争。故與時争者昌，與人争者凶。是以有甲兵，無所陳之，以其不争。夫不祥者，人之所不争；垢辱者，人所不欲。能受人所不欲則足矣，得人所不争則寧矣。

勇於敢者，多權善決，安静樂能，傳國利民，不避彊大，威震百僚，摧傾境外。爲政如此，得善之半。

柔於不敢者，柔弱損退，恐懼慎言，深思遠慮，臨事計患務長，寬和博施。爲政如此，得善之半。

〔一〕「王政品」，敦目後還有「慎兵品」，「慎兵」即「王政」之一，内容在「王政品」中有體現，品名也似當與之置於一處，但不合全書體例；若置於「王政品」後，内容闕如，也與實際情況不符。

敢者奉天順地，莫神於至誠；仁以好施，義以制斷，禮以凱敬，智以除害，信以立事，德以無大，赦人如赦於己，法人如法其子。爲政如此，亦得善之善者也。

右出妙真經。

不尚〔一〕賢，使民不争；不貴難得之貨，使民不盜；不見可欲，使心不亂。聖人之治：虚其心，實其腹，弱其志，彊其骨。常〔二〕使民無知無欲，使夫知者不敢爲，則無不治。

右出老子道經。

治大國若亨小鮮。以道莅天下，其鬼不神。非其鬼不神，其神不傷人。非其神不傷人，聖人亦不傷人。夫兩不相傷，故德交歸。

小國寡民，使民有什佰之器而不用，使民重死而不遠徙，雖有舟輿，無所乘之，雖有甲兵，無所陳之，使民復結繩而用之。甘其食，美其服，安其處，樂其俗，鄰國相望，雞狗之聲

〔一〕「尚」，馬王堆甲、乙本作「上」。
〔二〕「常」，馬王堆甲、乙本作「恒」。

相聞，使民至老不相往來。

江海所以爲百谷王，以其善下之，故能爲百谷王。是以聖人欲上民，以其善下之；欲先民，以其身後之。是以處上而民不重，處前而民不害，是以天下樂推而不厭。以其不争，故天下莫與之争。

右出老子德經。

無上秘要卷之七

循物喪真品〔一〕

老子曰：天地構精，陰陽自化，災咎欲萌。淫於五色之變，視而不見禍福之形；失於五音之變，聽不聞吉凶之聲；失於五味之變，言不中是非之情；貪於財貨之變，慮不見邪正之傾。夫五色重而天下盲矣，五音調而天下聾矣，五味和而天下爽矣，珠玉貴而天下勞矣，幣帛通而天下傾矣。是故五色者，陷目之錐；五音者，塞耳之槌；五味者，截舌之斧；財貨者，射身之矢。凡此數者，變而相生，不可窮極，難明易滅，難得易失。此殃禍之宫，患害之室。是以聖人服無色之色，聽無聲之聲，味無味之味。名者，身之害也；利者，行之

〔一〕「循物喪真品」，原作「修真養生品」，據敦目改。敦目注説：「人之稟生，各有崖限，違分廣求，則乖理傷性。」但秘要文中該品並不能涵括其下所有内容，實包括「善惡品」、「衆難品」、「諸患品」、「陰陽交隘品」諸品。

穢也。是以動爲身税，爲榮而得小，爲善而得少。故有名之名，喪我之橐；無名之名，養我之宅。

視過其目，明不居；聽過其耳，精洩漏；愛過其心，神出去。牽於欲事汲汲遽，爲於利動惕惕懼。結連黨友以自助，此非真也。雖非道意，雖得之，天不祐也。

夫非其人而任之則廢，非其事而事之則廢，故代司殺者必受其咎，代大匠者必傷其手。有爲者效情縱欲，快心極意，志賤强求貴，居貧强求富，離本向末，殃禍不救。罪莫大於淫，禍莫大於貪，咎莫大於僭。此三者，禍之車也。小則亡身，大則殘家。

右出妙真經。

五色令人目盲；五音令人耳聾；五味令人口爽；馳騁畋獵令人心發狂；難得之貨，令人行妨。是以聖人爲腹不爲目。故去彼取此。

右出老子道經。

名與身孰親？身與貨孰多？得與亡孰病？甚愛必大費，多藏必厚亡。知足不辱，知止不殆，可以長久。

右出老子德經。

善惡品〔一〕

夫人之爲體，假合而成。本有神識，神識有氣，無始無終，自然而有，有精有麄，死生苦樂。修之習善，生樂常存；運之好惡，死苦屢滅。滅亡苦極，極則又生；生不習善，蹔樂不久。是以上士懃精勇猛，積善捨惡。

右出洞真玉霞紫映内觀隱書〔二〕。

動合天心，静得地意，無言而不從，謂之善也。善者，君子之所本，百行之所長，吉陽之所舍，萬福之所往來，流而不滯，用而不絶，百王所不變，異俗人之所不易。上以順天，

〔一〕「善惡品」，原無，今按正文内容依敦目補。

〔二〕「洞真玉霞紫映内觀隱書」，該經已佚。太真玉帝四極明科經卷二：「太玄都四極明科曰：上清玉霞紫映内觀隱書，青要帝君祕於紫微之宫三寶玄臺玉室之内。」真誥卷二運題象第二：「真妃坐良久，乃命侍女發檢囊之中，出二卷書以見付，今寫之題如左：上清玉霞紫映内觀隱書、上清還晨歸童日暉中玄經。」

下以順人，成萬物，覆載群生者，善也。

不識元首，不覩本根，詐天輕地，罔鬼欺神，屬辭變意，抱嫌履疑，謂之不善。不善者，動與天逆，静與地反，言傷人物，默而害鬼。

夫欺天罔地，輕侮鬼神，專己自是，動非聖人，當時雖善，惡氣歸流，事有邪僞而象真也。景煙類雲，而雹不爲之動，故天道不私。人人反行，非天也，而自誤耳。

右出妙真經。

天下皆知美之爲美，斯惡已；皆知善之爲善，斯不善已。故有無之相生，難易之相成，長短之相形，高下之相傾，音聲之相和，先後之相隨。是以聖人處無爲之事，行不言之教。萬物作而不辭，生而不有，爲而不恃，長而不宰，功成不居。夫唯不居，是以不去。

右出老子道經。

道言：此吉凶禍福，窈冥中來，禍災〔一〕非富貴者所求請而可避，非貧賤者所不欲而可

〔一〕「災」，太上靈寶昇玄内教經中和品述義疏作「殃」，太上洞玄靈寶中和經也有類似文字。

去。修善福應，爲惡禍來。

右出昇元經。

老子曰：百姓行善者我不知，行惡者我不知，行忠信者我不知。是以積善善氣至，積惡惡氣至。是故聖人言「我懷天下之始，復守天下之母」，而萬物益宗以活身，吾意尚不知，安能知彼行善惡焉。積善神明輔，天道猶祐於善人。

右出西昇經。

衆難品〔一〕

紫微夫人説王母言曰：聞道難也。非聞道之難，行道難也；非行道難，而終道難矣。

〔一〕「衆難品」，原無，按正文内容據敦目補。

右出洞真太丹隱書〔一〕。

凡生人道難，得爲男子難，生中國難，生王侯國師道士儒林家難，美容明才難，通道難，行道難，得道難。

右出道迹經。

道言：王侯道士民人，得生爲人、捨女作男難；既得爲男，才智明達、六情完具、形容端偉、聲有〔二〕玉音、氣若名〔三〕香、眼有日光、衆觀欣欣、恒如不足難。諸善已備，得生有道之國，君父賢明，篤尚道德難。貧窮而好道，常念施惠不懈難。

〔一〕「右出洞真太丹隱書」，本則文字不見於洞真太一帝君太丹隱書洞真玄經，而見於上清三真旨要玉訣及洞真西王母寶神起居經。

〔二〕「有」，敦煌文書伯二三五六（李德範輯敦煌道藏第五册）太上太極太虚上真人演太上靈寶威儀洞玄真一自然經訣作「如」。

〔三〕「名」，真一自然經訣似作「動」。

富貴而信尚道事〔一〕、尊奉經書不怠〔二〕難。

能受人之惡而不與計，得制身命使不死壞，得度世仙道難。

得見洞真、洞玄、洞神太上三洞寶經，宗奉諷讀〔三〕、供養燒香難。

得值見仙聖真人，説法教化，同相遇難〔四〕。

是爲八難矣，自非前世懃修道德，積善累功具足者，何緣得離愚癡三惡之道而當〔五〕斯靈會乎？

右出洞玄自然經訣。

真人周君曰：道可學也，思微實難；仙可求也，精至爲難；真人可見也，養志性爲難；

〔一〕「事」，真一自然經訣作「士」。
〔二〕「怠」，真一自然經訣作「殆」。
〔三〕「諷讀」，真一自然經訣作「讀誦」。
〔四〕「説法教化，同相遇難」，真一自然經訣作「説法教化之時，同志相遇難也」。
〔五〕「當」，原無，據真一自然經訣補。

玉女可使也，修清潔淑〔一〕爲難。

右出洞真洞房内經。

紫元大夫〔二〕曰：天下有五難：貧窮惠施難，豪富〔三〕學道難，得制命不死難，得見洞經難，生值聖世〔四〕難。

右出真迹經。

諸患品〔五〕

君曰：然則學道者有九患，皆人之大病。若審患病，則仙不遠。患人有志無時，有時

〔一〕「淑」，太上洞房内經序作「寂」。
〔二〕「紫元大夫」，上清衆真教戒德行經及真誥卷六甄命授第二作「紫元夫人」。
〔三〕「豪富」，教戒德行經作「富貴」。
〔四〕「聖世」，教戒德行經、真誥作「壬辰後聖世」。
〔五〕「諸患品」，原無，今按正文内容據敦目補。

無友，有友無志，有志不遇其師，遇師不悟〔一〕，悟師不懃，懃不守道，惑志不固，固不能久，皆人之九患也。人少而好道，守固一心，水火不能懼其心，榮華不能惑其志，修真抱素，久則遇師，不患無也。如此則不須友而成，亦不須感而動。此學仙之廣要〔二〕。

右出洞真太極寶籙上經。

真人曰：患人得生人道也，而不修德養性以全於命。

患聞經也，而不信。

患信經也，貪財而不受。

患受經也，而不講誦。

患講誦也，而不修其事。

〔一〕「悟」，真誥卷五甄命授第一作「覺」。下一「悟」字同。

〔二〕「君曰」至「此學仙之廣要」，此段文字總體同真誥，在七域修真證品圖有更詳細的表達，云：「太上道君道啰曰：學道者有九患，皆人之大病，若審知患病，則仙可得矣。九患者，一患有其志而無其時，二患有其時而無其友，三患有其友而無其志，四患有其志而無其師，五患有其師而不學，六患能學之而不勤，七患能勤而不能守道，八患能守道而志不固，九患能固其志而不能久。」

患修其事也，而不恒其道。

患奉師也，而不終其身。

患服藥也，而未應中殆〔一〕。

患道行不備也，而誇求昇騰。

患静齋讀經也，處幽山而不堪其憂。

此十患，在人之身也。若不戒之，身無濟理，所以云「有大患者，爲〔二〕我有身」也，斯之謂矣。可不思與？可不思與？

右出洞玄消魔經。

貴堅剛强，輕忽喜怒，福善出於門，妖孽入於户。故舌耳爲患，齒角不定。口舌者，患禍之宮，危亡之府；言語者，大命之所屬，刑禍之所部。言出患入，言失身亡。故聖人當言而懼，發言而憂，常如臨危履冰。

〔一〕「殆」，太上洞玄靈寶智慧本願大戒上品經作「怠」。

〔二〕「爲」，原作「及」，據智慧本願大戒上品經及老子改。

右出妙真經。

道陵曰：末世人民有三可畏，善詳焉。一者道義嫉妬可畏，二者誹謗可畏，三者貪慾可畏。道義嫉妬則經法不行，誹謗法師則使人〔一〕信道不濃，貪慾財色，人所棄薄。此三者，二在外，一在内。無〔二〕此三患，乃可傳道，當懃奉學。

右出昇元經。

寵辱若驚，貴大患若身。何謂寵辱〔三〕？寵爲下，得之若驚，失之若驚，是謂寵辱若驚。何謂貴大患若身？吾所以有大患，爲吾有身。及吾無身，吾有何患！

右出老子道經。

〔一〕「人」，唐朱法滿編要修科儀戒律鈔卷一作「百姓」。

〔二〕「無」，要修科儀戒律鈔卷一及俄藏昇玄内教經敦煌殘卷ДХ〇〇五一七（李德範輯敦煌道藏第四册）作「除」。

〔三〕「寵辱」，王弼本及馬王堆甲、乙本均爲「寵辱若驚」。

陰陽交隘品〔一〕

東方九氣青天，天有九元，九元運關，周回三十二〔二〕覆。晝夜三十日，天氣一交。一十二交爲一度。三百三十度，謂〔三〕天氣王於木，青帝用事。三千三百度，青氣勃，黄氣否，陽數之九；九者，天之極，謂小陽九。六天氣上，百官受會，謂小百六。九千九百度，青氣激，黄氣蝕，陽數九；九謂大陽九。六天氣反，百官收氣，謂大百六。

南方三氣丹天，運關三百三十度，謂天氣王於火，赤帝用事。三千三百度，赤氣勃，白氣否，此則赤帝小陽九、小百六，天氣勃於土宫。辰戌丑未之年，四氣驅除，兵災流行，土中生火，金玉自然，天下焦枯。九千九百度，赤氣激，白氣蝕，此赤帝大陽九、大百六，氣〔四〕

〔一〕「陰陽交隘品」，原無，今按正文内容據敦目補。
〔二〕「三十二」，原作「三十三」，據元始五老赤書玉篇真文天書經改，後文也有「五方運關，三十二覆」。
〔三〕「謂」，此則引文中幾處「謂天氣」之「謂」於玉篇真文天書經中作「諸」。
〔四〕「氣」，玉篇真文天書經作「天氣」。

激於水宮。亥子之年，火精〔一〕絶滅，萬里無煙，洪災彌〔二〕天，人獸得過，萬中遺一。

中央一氣黄天，運關三百三十度，謂天氣王於土，黄帝用事。三千三百度，黄氣勃，黑氣否，此則黄帝小陽九、小百六。九千九百度，黄氣激，黑氣蝕，此黄帝大陽九、大百六，天氣激於木宮。寅卯之年，九土崩陷，民無立踵〔三〕，萬疫驅除，萬無遺一。

西方七氣素天，運關三百三十度，謂天氣王於金，白帝用事。申酉之年，白帝真人下世教化。三千三百度，白氣勃，青氣否，此則白帝小陽九、小百六，天氣勃於水宮。亥子之年，金玉化消，横尸填於江海，人民相啖，海成血川。九千九百度，白氣激於火宮。巳午之年，金石自消，兵災驅除，人獸滅種。

北方五氣玄天，運關三百三十度，謂天氣王於水，黑帝用事。三千三百度，黑氣勃，赤氣否，此則黑帝小陽九、小百六，天氣勃於水宮。寅卯之年，禾稼傷死，林木大潰〔四〕，水涌

〔一〕「精」，原作「情」，據玉篇真文天書經改。
〔二〕「彌」，玉篇真文天書經作「至」。
〔三〕「踵」，原作「種」，據玉篇真文天書經改。
〔四〕「林木大潰」，玉篇真文天書經作「五穀大貴」。

河決，洪流彌天〔一〕，人民漂尸，骨血分離。九千九百度，黑氣激，赤氣蝕。此黑帝大陽九、大百六，天氣激於土宫。辰戌丑未之年，江海〔二〕枯竭，海底生塵，人民鳥獸，焦死無遺。

五方運關，三十二覆，九千九百度，周五方之氣，皆上運元始青陽之氣，回轉靈寶玄都玉京山中關，周回諸天日月星宿十空之外，九億九萬九千九百九十九度，氣〔三〕反，一劫之交〔四〕，天地萬生，山川江海，金石人民，一時化消。又陽氣則轉天關，陰氣則轉地機，九河之口，水之盈縮，皆應天分度。會亦如之。故陽數之九，謂之陽九；陰數之八，謂之八災。天地運度，人亦同然。

右出洞玄玉訣經。

道言：靈寶自然運度，有大陽九、大百六，小陽九、小百六。三千三百年爲小陽九、小百六，九千九百年爲大陽九、大百六。夫天厄謂之陽九，地虧謂之百六。

〔一〕「洪流彌天」，玉篇真文天書經作「洪水流天」。
〔二〕「海」，玉篇真文天書經作「河」。
〔三〕「氣」，玉篇真文天書經作「天氣」。
〔四〕「交」，玉篇真文天書經作「災」。

右出洞玄運度經。

安期先生謂太真王夫人曰：「下官先日往九河口見司陽君與西漢夫人共遊，見問以陽九百六之期，下官答：『以年稚不識運厄之紀。今既賜坐，請問此數。』夫人曰：『期運漫汗，非君所能卒知，天地有大陽九、大百六，小陽九、小百六；天厄謂之陽九，地虧謂之百六。此二災是天地之否泰、陰陽之勃蝕，大期九千九百年，小期三千三百年。而此運所鍾，聖主不能禳，至於滅凶遺吉，自後快耳。夫陽九者，天旱海涌而陸焦；百六者，海竭而陵淵。』」

右出道迹經。

無上秘要卷之八

天曹科第品　地司考録品　水官料簡品〔一〕

闕

無上秘要卷之九

〔一〕「天曹科第品」、「地司考録品」、「水官料簡品」，原無，據敦目補。秘要原目卷八尸解藥石品小字注云「此品舊本重出不録，今備見八十七卷」，而在正文標題「卷之九」下也注云「第八卷重出不録，今備見八十七卷」。今卷八十七確爲屍解品，舊本卷八或確與其相同而重複，實當據敦目補足相關品名，其内容已闕。下文卷九標題下小注亦删去，不再説明。

靈官昇降品

高上玉清太真帝皇，有犯明科之目，退編皇之録，降遊〔一〕散真皇，治太清中宮。百〔二〕年，隨格進號。

上清真人，不懃仙〔三〕事，在局替慢，虧廢真任，漏泄寶訣，降授非真，皆退上真之録，充五嶽都校之主。千年，隨格〔四〕進號。

受上元夫人之位、元君之號，不懃帝局，虧替正〔五〕事，降適過禮，朝晏〔六〕失節，輕泄天寶，降授不真，皆削真皇之録，退紫虚之位，置於中玄清微遊散靈官。七百年，隨懃

〔一〕「遊」，原作「道」，據太真玉帝四極明科經卷一改。
〔二〕「百」，四極明科經作「七百」。
〔三〕「仙」，四極明科經作「王」。
〔四〕「格」，四極明科經作「效」。
〔五〕「正」，四極明科經作「王」。
〔六〕「晏」，四極明科經作「宴」。

進號。

受太清仙人之號，不懃典局，稽替仙〔一〕事，虧廢真任，或泄露天科，傳降非所，削真仙之録，退充五嶽都校〔二〕主者。二千四百年，隨懃進號。

受五嶽飛仙之號，不任政〔三〕事，虧替仙局，輕慢道文，退正仙之録，充補三官都校之主。二千四百年，隨懃進號。

諸受五帝四司三官都校之位，不任正局，稽怠〔四〕虧略，替忽天典，廢闕政〔五〕事，糾罰不當，皆削正真之爵，退補都統書吏。三千六百年，有懃進號。

諸受上真玉札所掌門監玉郎、羽仙侍郎、上宫典格、都統玉〔六〕真、領仙侍郎、主禁大

〔一〕「仙」，四極明科經作「王」。

〔二〕「校」，四極明科經作「役」。

〔三〕「政」，四極明科經作「王」。

〔四〕「怠」，四極明科經作「殆」。

〔五〕「政」，四極明科經作「王」。

〔六〕「玉」，四極明科經作「正」。

夫、典仙羽童〔一〕、都官司正，各不任其局，稽廢正〔二〕事，虧略天科，皆削上真之札，責補三官書吏，統領鬼爽。七千年，有懃者，隨善進號。

右出四極明科。

衆聖會議品

高聖帝君曰：正月一日、三月三日、五月五日、七月七日、九月九日、十一月十一日，此一年六日，是天德值合之時。七聖定簡，五帝記名，西龜勒録，東華結篇。當此之日，天元合慶，四司羅兵，高上顯蓋，玉虛迴軿，九帝束帶，七聖齊靈，億真萬仙，皆浮位金庭，三晨翼軒，七元煥明，天地潔落，十界肅清。九天帝王遣監真使者，高上七聖遣定録左仙，西龜王母命五老仙伯、四皓中真，東華青童遣領仙玉郎，各部飛仙，挺〔三〕輪羽騎，周行十天、五

〔一〕「童」，原作「章」，據四極明科經改。

〔二〕「正」，四極明科經作「王」。

〔三〕「挺」，上清玉帝七聖玄紀迴天九霄經作「遊」。

嶽名山，陰察洞元已得道者、遊散仙官及後之學人〔一〕，名參簡録，身未昇騰，或玄記〔二〕無名，而苦行修懃，情冠玉虚，上感玉皇。諸以學身，當此之日，清齋燒香，棄諸異想，願合天心，存思苦念，修行靈文，爲五帝所舉，即勒注白簡，青録記名，即遣四極下降，授以上真。當此之日，如有輕慢天寶，泄漏〔三〕玄文，身犯七傷，爲四司所糾，有白簡之名者，皆勒落青録，注還鬼官。

右出洞真七聖元紀經。

正月六日日中。

二〔四〕月一日晡時。

三月七日夜半。

〔一〕「後之學人」，迴天九霄經作「後學之人」，道經中「後學之人」更常見。

〔二〕「記」，迴天九霄經作「紀」。

〔三〕「泄漏」，迴天九霄經作「漏泄」。

〔四〕「二」，原作「一」，據上清太上八素真經、洞真西王母寶神起居經、上清洞真天寶大洞三景寶籙、上清洞真解過訣改。

四月九日食時。
五月十五日夜半。
六月三日中時。
七月七日夜半。
八月四日中時。
九月二〔一〕日平旦。
十月一〔二〕日平旦。
十一月六日平旦〔三〕。
十二月十三〔四〕日夜半。

〔一〕「二」，八素真經作「二十」，起居經、三景寶籙、解過訣與秘要同。
〔二〕「一」，三景寶籙作「十一」，起居經、八素經、解過訣與秘要同。
〔三〕「平旦」，八素真經、起居經、三景寶籙、解過訣作「夜半」。
〔四〕「十三」，八素真經、三景寶籙、解過訣作「十二」，起居經作「二」。

此十二日〔一〕，五星中上皇太真道君，俱登上清〔二〕，見九玄太上道君。又，千真、三十六天帝，下逮〔三〕太清飛仙以上，普慶會太極上宮，論世上求真之懃懈，紀書學真者之玉名，當刻之金閣〔四〕，定書蕊簡。

右出洞真八素經。

元始靈寶五老尊神、諸天帝皇、妙行真人，常以正月、三月、五月、七月、九月、十一月，一歲六月會於上上〔五〕三天靈都宮元陽紫微之臺，集算天元，推校運度。諸天各下天帝太一〔六〕使者、日月星宿，部〔七〕三官考召、五嶽四瀆河海大神，周行天下，莫不糾察功過，揀

〔一〕「日」，八素真經、三景寶籙作「月」。

〔二〕「上清」，八素真經作「上清玉清」，三景寶籙作「上景玉清」。

〔三〕「逮」，三景寶籙作「遊」。

〔四〕「閣」，三景寶籙作「闕」。

〔五〕「月會於上上」，元始五老赤書玉篇真文天書經卷中作「會於太上」。

〔六〕「太一」，玉篇真文天書經作「太乙」。

〔七〕「部」，玉篇真文天書經作「三部」。

擇〔一〕種人。當此之月，天下地上，莫不振肅，執齋持戒，尊奉天真。學者以其月隨科修齋，功記三官，五帝列名。

元始靈寶西北天大聖衆、至真尊神、无極大道、上帝、真皇、老人，常以月一日，上會靈寶玄都西北玉京山〔二〕紫微上宫，奉齋朝天文，校地上人鬼功過。其日勑北斗下，與三官考召、四部刺奸，周行天下，糾察兆民，條列善惡，輕重上言。其日有奉修直齋〔三〕，不犯科律，三官除罪録〔四〕，列名玄都，萬神衛護，得爲種民；犯惡爲非，移名地官。

元始靈寶北天大聖衆、至真尊神、无極大道、太上老君、靈寶妙行真人，常以月八日，上會靈寶玄都北上玉京山陰元臺，奉齋朝天文，校地上兆民簿録、年命筭籍。其日勑北斗司殺鬼下，與八極司隸周行天下，司察〔五〕善惡功過，輕重列言。其日犯惡爲非，移付地官；執心奉齋，不犯科律，三官削除罪名，三天記上仙録，告下天神地祇，侍衛營護，萬災

〔一〕「揀擇」，玉篇真文天書經作「搜擇」。
〔二〕本段文字幾處「玉京山」，在玉篇真文天書經卷下多作「玉山」。
〔三〕「直齋」，玉篇真文天書經作「齋直」。
〔四〕「録」，玉篇真文天書經無。
〔五〕「司察」，玉篇真文天書經作「司殺」。

不干。

元始靈寶東北天大聖衆、至真尊神、妙行真人、无極大道、太上萬度萬生神皇、无上玄老君，常以月十四日，上會靈寶玄都玉京山通陽清〔一〕微宮，奉齋朝真〔二〕文，校天下學道年月功過及鬼神之事。其日勑太一〔三〕使者下，與北酆伯使者周行天地，司察人神功過深淺，列言上宫。有修齋立德，即勒録九天，記名仙籍，鬼神隨功進秩。人鬼有罪〔四〕，移還鬼府。

元始靈寶東天大聖衆、至真尊神、太清玄元上三天、无極大道、无上玄老、太上老君、太上丈人、皇上老君、皇上丈人、青靈上真、天帝君、天帝丈人、太帝君、太帝丈人、九老仙都君、九炁丈人等，百千萬重道氣、千二百官君、太清玉陛下、東極老人、青華大神、上相司馬青童、金闕後聖帝君、真陽始青神人、靈寶九仙君等，青和玉女、主仙玉〔五〕郎，常以月十五日，上會靈寶太玄都玉京山青華玉陛宫，奉齋朝天文，共集校定學仙人名、功過深淺。

〔一〕「清」，玉篇真文天書經作「青」。
〔二〕「真」，玉篇真文天書經作「天」。
〔三〕「太一」，玉篇真文天書經作「太乙」。
〔四〕「罪」，玉篇真文天書經作「犯」。
〔五〕「玉」，原作「四」，據玉篇真文天書經及其他道經中的用法改。

其日天帝自下，日月星宿、天上天下、地上地下、五嶽四瀆河海神靈，莫不慘然俱下，周行諸天下地上，察校學士兆民功過輕重，列言青宮。其日修齋奉戒，則五帝保舉，上言東華，生死爲仙，勒下三界，神靈侍衛，千災不干。有犯科律，移付地官。

元始靈寶東南天〔一〕大聖衆、至真尊神、无極大道、南上老君、丹靈南極真人、太和玉女，常以月十八日〔二〕，上會靈寶太玄都玉京山洞靈丹臺，奉齋朝天文，集校天民簿録，分别善惡。其日勑天一下，周行地上，司察兆民功過輕重，列言靈寶洞靈丹臺。其日修奉靈寶真經，燒香行道，齋戒願念，不犯科禁，則司命勒名生録，敕地祇營護，福慶日隆，萬願如心。有違科犯禁，削除生籍，移名鬼官。

元始靈寶南天大聖衆、至真尊神、无極大道、南上赤帝、丹靈〔三〕老子、太和玉女、長生

〔一〕「東南天」，按本則的内容，與玉篇真文天書經「南天」的内容總體同，而下文「南天」的内容則與該經的「東南天」的内容同。疑秘要編者或玉篇真文天書經刻寫時誤倒置。

〔二〕「常以月十八日」，「東南天」和「南天」的内容在秘要和玉篇真文天書經中相反，然「東南天」之「常以月十八日」及下文「南天」之「常以月二十三日」兩處文字，秘要和玉篇真文天書經又相符合。

〔三〕「靈」，玉篇真文天書經作「臺」。

司馬、注〔一〕生君、司命、司録、南極度世君、萬福君，常以月二十三日，上會靈寶太玄都玉京山洞靈元陽之館，奉齋朝天真，共集校天〔二〕民禄命長短，分别善惡。其日勑太一〔三〕八神使者下，與三官考召周行天下，司察天人，善惡列言。其日有修奉靈寶真經，燒香行道，齋戒願念，不犯禁忌，則司命、長生司馬注上生簿，延算益命，勒下地官，營衛祐護，别〔四〕爲善民。有違科犯戒，減算縮年。

元始靈寶西南天大聖衆、至真尊神、无極大道、天皇、老人、南極元真君、洞陽太靈君〔五〕，常以月二十四日，上會靈寶太玄都玉京朱宫，共集考校三官九府、五嶽北酆、太山〔六〕二十四獄罰〔七〕刑簿目，鬼神天人責役輕重之事。其日勑北辰下，與三官考召、北部勑奸周行天

〔一〕「注」，玉篇真文天書經作「好」。

〔二〕「天」，玉篇真文天書經作「人」。

〔三〕「太一」，玉篇真文天書經作「太乙」。

〔四〕「别」，玉篇真文天書經作「列」。

〔五〕「君」，原經無，據玉篇真文天書經補。

〔六〕「太山」，原作「太上」，據玉篇真文天書經之「泰山」及文意改。

〔七〕「罰」，玉篇真文天書經作「罪」。

下，覆校諸司，兼〔一〕察萬民，善惡列言。有修奉靈寶真經，燒香行道，執齋持法，則北辰列言善功，上宫記名，削除罪録，得爲種民。有違科犯律，則長充鬼役。

元始靈寶西天大聖衆、至真尊神、无極大道、西華金瑠〔二〕玉仙真母、金闕後聖上相帝君、四極真人，常以月二十八日，上會靈寶太玄都玉京山金闕七寶宫，奉齋朝天真〔三〕，共集推校日月星辰分度，并得道人名。其日勑太一下，歷校天宿，周行學人，善惡列言。其日〔四〕星宿璇璣玉衡，皆慘然俱會天闕之門。凡爲學者，能修齋奉戒，思仙念道，太一所舉，言名仙簿〔五〕，得爲種民〔六〕。違科犯法，三官所糾，長爲罪民。

元始靈寶下元天大聖衆、至真尊神、無極大道、下元玄黄洞淵洞靈萬仙、五帝、四司、真人，常以月二十九日，上會高皇天太玄都玉京黄房，奉齋朝天真，筭校五嶽四瀆河海水

〔一〕「兼」，玉篇真文天書經作「廉」。
〔二〕「瑠」，玉篇真文天書經作「堂」。
〔三〕「天真」，玉篇真文天書經作「天文」。
〔四〕「日」，玉篇真文天書經作「日月」。
〔五〕「太一所舉，言名仙簿」，玉篇真文天書經作「爲太一所舉言，書名仙簿」。
〔六〕「種民」，玉篇真文天書經作「真人」。

帝地靈神鬼之事、萬民罪簡深重。其日遣中太一〔一〕下，與三官九府、九部刺奸周行五嶽三官水府，條正鬼事，司人功過，罪簡所由，輕重列言。其日有奉修〔二〕靈寶真經，燒香行道，執齋奉戒，則爲三官九府所保，列言善功，削除罪簡，上名三天，神明衛護，千災不干。有違科犯禁，移名地官，長爲罪民。

元始靈寶上元天大聖衆、至真尊神、無極大道、上下中央四面八方太上無爲大道、諸君、丈人、最大至尊，無上無顛無極無窮普照普察無量洞明最上正真，無鞅數衆、道氣無先、寥廓無端、混沌無形、虛無自然太上元〔三〕根，冥寂玄通大智慧源〔四〕，正一盟威、太上無爲大道、道中之道神明君、無上初元〔五〕萬億〔六〕數、無鞅數道德諸君、丈人〔七〕，天地父母、

〔一〕「太一」，玉篇真文天書經作「太乙」。
〔二〕「奉修」，玉篇真文天書經作「修奉」。
〔三〕「元」，玉篇真文天書經作「無」。
〔四〕「源」，玉篇真文天書經作「原」。
〔五〕「初元」，玉篇真文天書經作「元初」。
〔六〕「萬億」，玉篇真文天書經作「萬萬億億」。
〔七〕「道德諸君、丈人」，玉篇真文天書經在此之後和「天地父母」之間還有數十個神仙名。

神仙所出、神仙所聚、東王父〔一〕、西王母、日帝〔二〕、月夫人〔三〕、五星真君、五星皇妃、璇璣玉衡、七星真君，衆仙天官大神等，常以月三十日，上會靈寶太玄都玉京七寶紫微宫，奉齋朝天真，萬帝衆神、諸天諸地，普集校筭〔四〕大劫小劫、大小百六、天地運度，料别善惡、學道應得神仙人名。其日遣上太一下，太一〔五〕自下，其中諸天星辰日月、璇璣北斗慘然俱下，與五帝、五嶽四瀆江河淮海〔六〕水帝、九部刺姦、三官考召、地上神祇，周行天下，司察善惡、功過輕重，列言上天。其日有能修奉靈寶真經，修齋奉戒，燒香念道，爲太一〔七〕所舉，列言善功，則名上仙簿，勑地神營護。有違科犯戒，移〔八〕付地官，長爲罪民。

〔一〕「父」，玉篇真文天書經作「公」。
〔二〕「日帝」，玉篇真文天書經作「日君」。
〔三〕「月夫人」，玉篇真文天書經作「月后」。
〔四〕「校筭」，玉篇真文天書經作「筭校」。
〔五〕「太一」，玉篇真文天書經作「上太一」。
〔六〕「海」，玉篇真文天書經作「濟」。
〔七〕「太一」，玉篇真文天書經作「太乙」。
〔八〕「移」，玉篇真文天書經作「移付」。

凡人本命之日，身中吏兵上計功過，三天監察下考得失。常以本命日攝齋燒香，太一使者皆録善功，奏上三天上帝，則除爲監天真人〔一〕。太玄上宫北帝常以庚申日制天民，三尸魂神條人罪狀，上奏帝君。當此日，能修齋奉戒，晝夜思神，則三尸不得上天言人之罪，地司奏人善功，列言帝君，太一歡喜，即記名左契，長爲種民。

太玄上宫至真尊神，常以甲子日遣太一中臺大使者下，周行諸天地〔二〕，檢校神祇，枝〔三〕散雜俗鬼精。有其日能攝〔四〕齋燒香，中臺大使者皆條善功，奏上三天上帝，即除爲監天，領地上鬼神。

八節之日，是上天八會大慶之日也。其日諸天大聖尊神、妙行真人，莫不上會靈寶玄都玉京山上宫，朝慶天真，奉戒持齋，遊〔五〕行誦經，各遣天真威神，周行天下四海八極、五

〔一〕「凡人本命之日，身中吏兵上計功過，三天監察下考得失。常以本命日攝齋燒香，太一使者皆録善功，奏上三天上帝，則除爲監天真人」，玉篇真文天書經無。
〔二〕「地」，玉篇真文天書經作「諸地」。
〔三〕「枝」，玉篇真文天書經作「驅」。
〔四〕「攝」，玉篇真文天書經作「設」。
〔五〕「遊」，玉篇真文天書經作「旋」。

嶽名山學人及得道〔一〕兆庶，糾察功過，輕重列言。其日諸〔二〕星宿、日月璇璣、地上神祇，莫不振肅。凡是修齋持戒，宗奉天文，皆爲五帝所舉，上天右〔三〕別，書名玉曆，記爲種民，告下三官，神靈侍衛，門户整肅，萬災不干。至學之人，三界司迎，神仙度世，上爲真人。爲惡犯戒，司考所糾，移付地官，長爲罪民。

右出洞玄元始五老赤書玉篇經。

〔一〕「道」，原無，據玉篇真文天書經補。

〔二〕「諸」，玉篇真文天書經作「諸天」。

〔三〕「右」，原作「又」，據玉篇真文天書經改。早期道經如高上太霄琅書瓊文帝章經、太真玉帝四極明科經卷二多見「右別」。

無上秘要卷之十

生死品〔一〕

闕

地獄品〔二〕

貸○○○○怨家窮困○結月弗枯魄我身○火鬼來○。焚燒割炙。○○○○吞火啖炭，輕重劫年。

〔一〕「生死品」，原無，據敦目補。

〔二〕「地獄品」，原無，據敦目補，並據無上秘要敦煌殘卷斯○○八○（李德範輯敦煌道藏第四册）補部分内容於此。

第四北岳恒山名溟涬之獄，黑帝主之。生世不知，好行邪見，信用魔言，訾毁正法，愚癡難訓，嗜酒酣迷，嫉妬勝己，抑絶賢明，欺罔幽顯，自任縱横，淫泆無已，忿恚肾潰，精竭身亡，死入此獄。土鬼來加，擔沙負石，揵汲溟波，鐵杖亂考，輕重劫年。

第五中岳嵩高山，名普掠之獄，黄帝主之。主世不信，好行妄語，口是心非，負違盟誓，誣罔人神，誑惑遐邇，幽顯所疾，陰陽共治，所向閉塞，臃腫沉疼，謬誤落漠，形彫脾朽，志廢身亡，死入地獄。木鬼來加，杖杵撞打，桎梏杻枷，風刀煮炙，衆考備嬰。掠時分碎，竟又成形，死而更生，生在鬼獄，受楚幽司，輕重劫年。

洞真四極明科〔一〕。

豐都山之北獄有十二掾吏，金頭鐵面，巨天力士，各千〔二〕四百人，手把金槌鐵杖。凡犯玄科，死魂各付所屬獄，身爲力士鐵杖所考。萬劫爲一掠，三掠乃得還補三途之責。

〔一〕「洞真四極明科」，原無。本卷體例同卷四十三至四十六，先説出處，再引正文。此出處原爲「洞玄智慧罪根」，但該則文字實見於太真玉帝四極明科經，故補。原出處「洞玄智慧罪根」下移。

〔二〕「千」，太真玉帝四極明科經卷一作「二千」。

洞玄智慧罪根〔一〕。

太上道君出遊八門，見諸地獄，幽閉重檻，及三河九江刀山劍樹，囚徒餓鬼，責役死魂，流曳徒炭，无復身形，不可忍視〔二〕。見之悲傷，故作苦神頌篇：

生落苦神界，輪轉五道庭。九幽閉長夜，累劫無光明。刀山多劍樹，毒刃互峥嶸。不見群鳥集，但聞苦魂驚〔三〕。迴風摇長條，哀響流寒庭。上有履山人，時刻無暫寧〔四〕。飢食曲泉炭，渴飲冶火精。流曳悠〔五〕塗中，豈識形與名。念爾不知命，苦哉傷人情。罪福各緣生〔六〕，善惡諒由心。輪轉不終滅，譬聲不絶音。九幽有元録，萬劫自相尋。寒冰无極

〔一〕「洞玄智慧罪根」，該出處原在上則文字「豐都山」前，下移至此。

〔二〕「視」，太上洞玄靈寶智慧罪根上品大戒經作「見」。該經中，本則散文在「苦神頌」後。

〔三〕「驚」，智慧罪根上品大戒經作「聲」。

〔四〕「寧」，智慧罪根上品大戒經作「停」。

〔五〕「悠」，智慧罪根上品大戒經作「三」。

〔六〕「緣生」，智慧罪根上品大戒經作「生緣」。

源，長夜閉〔一〕重陰。不見福德舍，但見窮鬼林。長河難閉塞〔二〕，苦魂攀嶺吟。孤聲赴絶劍，哀號落刀岑。此形非復形，痛哉傷人衿。

〔一〕「閉」，智慧罪根上品大戒經作「間」，當誤。
〔二〕「閉塞」，敦煌文書斯〇〇八〇原作「裨寒」，據智慧罪根上品大戒經改。

無上秘要卷之十一

聖應品　和光品

闕

無上秘要卷之十二

衆聖稱號品

闕

無上秘要卷之十三

真靈位行品

闕

無上秘要卷之十四

衆聖本迹品上〔一〕

闕

〔一〕「聖應品」、「和光品」、「衆聖稱號品」、「真靈位行品」、「衆聖本迹品上」諸品名，卷十一至十四本缺，據敦目補。

無上秘要卷之十五

十六同卷，原缺第十三、十四。

衆聖本迹品中

青靈始老君

道言：東方安寶華林青靈始老君，往在白氣，御運於金劫之中，蹔生鬱悦金映雲臺那林之天西婁无量玉國浩明玄嶽，厥名元慶。於此天中，大建功德，初無懈心，勳名仰徹，朱陵火宫書其姓名，記於赤簡。仙道垂成，而值國多婇女，元慶遂寄世散想。靈魔舉其濁目，朱宫輟其仙名。一退遂經三劫，中值火劫改運，元慶受氣，寄胎於洪氏之胞。上天以其先身好色，故轉爲女子。朱靈元年，歲在丙午，誕於丹童龍羅衛天洞明玉國朱〔一〕霍之

〔一〕「朱」，下文及雲笈七籤卷一百〇一紀之「青靈始老君紀」皆作「丹」。

阿，改姓洪，諱那臺。年〔一〕十四，敬好道法，心願神仙，恒市香膏，然燈照瞑〔二〕，大作功德。諸天所稱，名標上清。南極上靈〔三〕紫虛元君，託作庸〔四〕人，下世教化，見那臺貞潔，好尚至法，迴駕於丹霍之阿，授那臺靈寶赤書南方真文一篇。於是那臺志勵〔五〕殊懃，自謂一生作此女子，處於幽房，無由得道。因長齋持戒，思念願得轉身爲男。丹心遐徹，遂致感通上真下降。

元始天尊時於琅碧之谿扶摇之丘，坐長林扶〔六〕桑之下，衆真侍座。是日那臺見有五色紫光，曲照齋堂，於是心悟，疑是不常，仍出登牆四望。忽見東方桑林之下，華光赫奕〔七〕，

〔一〕「年」，敦煌文書伯三〇二二（李德範輯敦煌道藏第四册）背面所抄太上洞玄靈寶真文度人本行妙經作「厥年」。

〔二〕「瞑」，伯三〇二二作「冥」。

〔三〕「靈」，上清道寶經卷三死生品作「臺」。

〔四〕「庸」，雲笈七籤作「傭」。

〔五〕「志勵」，伯三〇二二作「志厲」，雲笈七籤作「勵志」。

〔六〕「扶」，雲笈七籤作「枯」。

〔七〕「赫奕」，伯三〇二二作「奕奕」。

非可勝名，去那臺所住數百里，中隔閡暘谷滄海之口。心懷踊躍，無由得往，因稽首〔一〕遥禮稱名：「那臺先緣不厚，致作女身，發心願樂，志期神仙，道高法妙，不可得攀，日夕思念，冀得滅度，轉形爲男。歷年無感，常恐生死，不得遂通，彌齡之運〔二〕，有於今日，天河隔礙，無由披陳。今當投身碧海，歸命十天〔三〕，冀我形魂早得轉輪，更建功德，萬劫之中，冀見道真。」言畢〔四〕，便從牆上投身擲空，命赴滄海極淵之中，紛然無落，即爲水帝神王以五色飛龍捧接。女身俄頃之間，已於懸中得化形爲男子，乘龍策虚，飛至道前。於是元始即命仙都錫加帝號，於火劫受命，輔於靈寶青帝玉篇。七百年中，火劫數極，青氣運行，隨元始〔五〕滅度。以開光元年，於彌梵羅臺霄絶寥丘〔六〕飛元雲根之都滄霞九雲之墟，元始又錫安寶華林青靈始老帝君，號丹靈真老君。

〔一〕「稽首」，雲笈七籤作「叉手」。
〔二〕「彌齡之運」，伯三〇二二自此後缺損。
〔三〕「歸命十天」，雲笈七籤作「没命于天」。
〔四〕「畢」，雲笈七籤作「訖」。
〔五〕「元始」，雲笈七籤作「元」。
〔六〕「彌梵羅臺霄絶寥丘」，上清道寶經作「梵那彌羅臺」。

丹靈真老君

道言：南方梵寶昌陽丹靈真老君者，本姓鄭，字仁安，大炎之胤，生於禪黎世界赤明天中。生仍有三氣之雲纏其形，朱鳥鼓翮覆其身〔一〕，三日能言，便知宿命。年及十二，面有金容玉顔，便棄世離俗，遠遊山林，於寒靈洞宫遇玄和先生，授仁安靈寶赤書五氣玄天黑帝真文一篇、智慧上品十誡而去。仁安於是奉誡而長齋，大作功德，珍寶布施，以拯諸乏，割肉飼〔二〕鳥，功名徹天。因於胄〔三〕那國遇天洪災，大水滔天，萬姓流漂。仁安於洪波之上，汎舟誦誡，書黑帝真文，以投水中，水爲開道百頃之地，鳥獸麞鹿，虎豹獅子，皆往依親，悉得無他。是時國王百口，登樓而漂淪〔四〕没，歎不能度。仁安見王垂没，乃汎〔五〕舟而往，以所佩真文授與國王。王敬而奉之，水劫即退，噏然得過。王既得免，真文於是即飛

〔一〕「三氣之雲纏其形，朱鳥鼓翮覆其身」，雲笈七籤作「三氣之雲纏其身，朱鳥鼓翮覆其形」。

〔二〕「肉飼」，雲笈七籤作「口飴」。

〔三〕「胄」，雲笈七籤作「西」。

〔四〕「淪」，雲笈七籤無。

〔五〕「汎」，雲笈七籤作「浮」。

去，入雲中，莫知所在。仁安失去真文，退仙一階，運應滅度，託命告終，死於北戎之阿，暴露死屍三十餘年，形骸不灰，光色鮮明，无異生時，露在〔一〕北戎長林之下。時國王遊獵，放火燒山，四面火匝。是時仁安死屍之間〔二〕，百步之内，火不得然，麞鹿虎豹，莫不依親。王怪而往，見此死屍上〔三〕有三色之光，雲霧鬱冥，鳥獸麞鹿，帀繞左右。王乃伐薪圍屍，放火熿燒死屍。屍於火中，鬱起成人，坐青煙之上，指點虛無，五色煥爛，左右侍者、仙童玉女三百餘人，肅然而至。於是禽獸依親之者，並在火中，皆得過度。仁安以赤明二年，歲在丙午，於𨚗摩坦婁於翳天中洞寥之嶽，改姓洞浮，諱曰極炎，受錫南單梵寶昌陽丹靈真老帝君號。

元靈元老君

道言：中央玉寶元靈老君者，本姓琨，字信然，蓋洞元之胤，中和之胄，生於善忍世界

〔一〕「露在」，雲笈七籤作「在于」。
〔二〕「是時仁安死屍之間」，雲笈七籤作「去其靈屍之間」。
〔三〕「此死屍上」，雲笈七籤作「靈屍之上」。

青元天中流生之丘。受生一劫，眹〔一〕然不語，混沌无心，食氣爲糧。天地未光，无常童子於无色之國，授信然靈寶赤書赤帝真文一篇。於是〔二〕時惟修一身，初不開張，廣度天人，善功未充，運應更滅於青元天中，命終流生之州，露屍絶丘之下。經一百餘年，死而不灰，常有黄氣覆蓋其上。至水劫流行，天下溟然，死屍四面，涌土達天〔三〕，遏塞水道。信然應化，鬱然而起，更生成人，改姓通斑，諱曰元氏。水過易位，天地開光，三象朗曜，七元高明。元始天尊以開冥〔四〕元年，歲在乙丑，於高桃厲沖龍羅天反魂林中，錫元氏玉寶元靈元老帝君號。

皓靈黄〔五〕老君

道言：西方七寶金門皓靈黄老君者，本乃靈鳳之子也。靈鳳以阿〔六〕羅天中生於衛羅

〔一〕「眹」，雲笈七籤卷一百〇二紀之「中天玉寶元靈元老君紀」作「默」。
〔二〕「是」，該字前雲笈七籤還有「是而言」，故文作「……真文一篇，於是而言。是時惟修……」，更恰。
〔三〕「死屍四面，涌土達天」，雲笈七籤作「靈骸四面，涌土連天」。
〔四〕「冥」，雲笈七籤作「光」。
〔五〕「黄」，雲笈七籤及敦目作「皇」，下「皓靈黄老君」之「黄」同。
〔六〕「阿」，雲笈七籤作「呵」。

大堂世界，衛羅國王取而畜之。王有長女，字曰配映，意甚憐愛，恒與共戲。於是靈鳳常以兩翼扇女子面上，十二年中，女忽有胎。經涉三月，王意怪之，因斬鳳頭，埋著長林丘中。女後生女，墮地能言：「我是鳳子，位應天妃。」王名曰皇妃，生得三日，有群鳳來賀，玄哺玉霜，洪泉曲水，八鍊芝英。年及八歲，執心肅操，超群拔俗〔一〕，常朝則謁日，暮則揖月。於重宮之内，王設厨膳，初〔二〕不味口。天作大雪，一年不解，雪深十丈，鳥獸餓死。王女思憶靈鳳往之遊好，駕而臨之於長林丘中，歎而歌曰：「杳杳靈鳳，綿綿長歸；悠悠我思，永與願違；萬劫無期，何時來飛。」於是王所殺鳳鬱然而生，抱女俱飛，逕入雲中。王女今於景霄之上，受書爲南極上元君，常乘九色之鳳。此女前生萬劫已奉靈寶，致靈鳳降形，得封南極元君之號。

皇妃功德遐徹，天真感降。以上暝〔三〕之年，歲在庚申，七月七日中時，元始天尊會於衛羅玉國鳳麟之丘，坐騫華之下，衆真侍座。是時皇妃所住室内，忽有日象，如鏡之圓，空

〔一〕「超群拔俗」，雲笈七籤作「超拔俗倫」。

〔二〕「初」，雲笈七籤作「物」。

〔三〕「暝」，雲笈七籤作「元」。

懸眼前。皇妃映見天真大神普在鏡中長林之下，一時〔一〕光明。於是自登通陽之臺，遥望西方，見鳳生丘上，紫雲鬱勃，神光煒爍，非可得名，去皇妃所住五百步許。逼以女限，處在宫内，無由得往。須臾，忽有神鳳來翔，集於臺上，皇妃白鳳言：「西方有道，心願無緣，不審神鳳可得暫駕見致與不？」於是鳳即敷翮，使上〔二〕翮上。一舉，遥至道前。元始天尊指金臺王母：「即汝師也，便可施禮。」皇妃叩頭上啓：「惟願衆尊，特垂哀矜，則朽〔三〕骸更生。」言畢，金母封其西靈玉妃之號，即命九光靈童，披霜羅之藴，出靈寶真文白帝一篇，以授皇妃。受號三百年中，仍值青刧改運，皇妃方復寄胎於李氏之胞。二年，於西那玉國金壟幽谷李樹之下而生，化身爲男，改姓上金，諱日昌。至開光元年，歲在壬申，元始錫西方七寶金門皓靈黄老帝君號。

五靈玄老君

道言：北方洞陰朔單鬱絶五靈玄老君者，本姓浩，字敷明，蓋玄皇之胤、大清之胄，生

〔一〕「時」，雲笈七籤作「室」。
〔二〕「上」，雲笈七籤作「坐」。
〔三〕「朽」，雲笈七籤作「枯」。

於元福棄賢世界始青天中。年至十二，性好幽寂，心翫山水，遠於家中，或去十日，時復一還。時天下大荒，人民餓死〔一〕，一國殆盡。敷明於地鏡山下遇一頃巨勝，身自採取，餉係窮乏，日得數過，救度垂死數千餘口。隨取隨生，三年不還〔二〕，他人往覓，莫知其處。是時辛苦，形體憔悴，不暇營身，遂至疲頓，死於山下。九天書其功德，金格記其玉名，度其魂神於朱陵之宮。帝遺〔三〕金翅大鳥恒敷兩翼以覆其屍。七百年中，屍形不灰。至水劫改運，水捧其屍，漂於無涯。水過，敷明屍落〔四〕貝渭邪源〔五〕初默天鬱單之國北壟玄丘。四十年中，又經山火大〔六〕行，熕燒屍形，屍於火中受鍊而起，化生成人〔七〕，五色之雲覆蓋其

〔一〕「大荒，人民餓死」，雲笈七籤作「大災，人民餓殍」。

〔二〕「還」，雲笈七籤作「訖」。

〔三〕「遺」，雲笈七籤作「遣」。

〔四〕「落」，雲笈七籤作「泊」。

〔五〕「源」，秘要卷三十二衆聖傳經品所引洞真高上金玄羽章經及雲笈七籤卷八十六水火蕩鍊屍形作「渠」，然雲笈七籤卷一百〇一所引此則文字也作「源」。

〔六〕「大」，雲笈七籤卷一百〇一作「盛」。

〔七〕「化生成人」，雲笈七籤作「化成真人」。

上。至開明元年，於北壟玄丘，改姓節，諱靈會，元始錫靈會洞陰朔單鬱絶五靈玄老帝君號。

南極上真〔一〕

道言：南極尊神者，本姓皇，字度明，乃閻浮黎國宛王之女也，生於禪黎世界赤明天中。生乃富貴，父爲國王，女居宫内，金牀玉榻，七色寶帳，明月雙珠，光照内外。王給妓女數千餘人，國中珍寶，無有所乏。恒欲布散，大建功德，志極山水，尋求神仙。逼限宫裏〔二〕，津路無緣，懆懆〔三〕不樂，心自愁煎。王意憐愍，慰喻百端，問女意故。女終不言，淚落如雨，初〔四〕無一懽。王加其妓樂，日日作唱。度明聞樂，恒如不聞，獨在一處，清浄燒香，長齋持誡，日中乃餐。王知其意，登於宫中，爲踊土作山，山高百丈，種植竹林。山上

〔一〕「南極上真」，原經及敦目均無，從内容看，本段文字已非「五靈玄老君」的内容，諸神名均源於段末一句，故據「……錫度明南極上真之號」補加。

〔二〕「裏」，雲笈七籤卷一百〇二紀之「南極尊神紀」作「禁」。

〔三〕「懆懆」，雲笈七籤作「志操」。

〔四〕「初」，雲笈七籤作「切」。

作臺，名曰尋真玉臺。度明棄於宮殿，登臺棲身，遏斷〔一〕道逕，人路不通。單影獨宿，一十二年，積感浩〔二〕蒼，天帝君遣朱宮玉女二十四人，乘雲駕鳳，下迎度明。當去之夕，天起大風雨，雷電激揚，地舍迴轉，驚動一宮〔三〕。王大振懼，莫知所從。天曉成〔四〕光，失去山臺，不見女身。帝迎度明於陽丘之嶽丹陵上舍柏林之中，朱鳳侍衛，神龍翼軒，玉童玉女三百餘人。王失其女，思憶煩怨，三日不食。於後大劫數交，天地易位，度明應在棄蕩之例。南上感其丹至，朱宮書其紫名，化其形骸於無始之胞〔五〕，一劫而生，得爲男身，於南丹洞陽上館明珠七色寶林，赤帝梵寶昌陽丹靈真老君錫度明南極上真之號。

赤明天帝

道言：昔禪黎世界隊王有女，字絓音，生乃不言。年至十四，王怪之焉，乃棄女於南浮

〔一〕「遏斷」，雲笈七籤作「遮遏」。
〔二〕「浩」，雲笈七籤作「昊」。
〔三〕「地舍迴轉，驚動一宮」，雲笈七籤作「地舍旋轉，驚動一國」。
〔四〕「成」，雲笈七籤作「分」。
〔五〕「無始之胞」，太上洞玄靈寶赤書玉訣妙經卷下作「元君之胞」。

長桑之阿空山之中。女乏無糧，食常仰日咽氣，引月服精，自然充飽，體不損常。行山周帀，忽與神人會於丹陵之舍柏林之下，執絓音右手，題赤石之上，語絓音曰：「汝雖不能言，可憶此也。」絓音私心自悼，受生不幸，口不能言，棄在窮山，誓心自願，得還人中，當作功德，無有愛惜。百劫之後，冀與願會。天爲其感，遣朱宫靈童下教絓音治〔一〕身之術，授其赤書八字之音，於是能言。絓音晨夕朝禮天文。道真既降，逆知吉凶，役使百靈，坐命十方，於山而出，還在國中。時天下大旱，人民燋燎，王大懼怖，祈請神明。絓音往白王言：「嘗聞山中，有女不言，能感天，王識之不乎？」王於是悟，識是王女，迎女還宫。見女能言，王有愧顔。女顯其道真〔二〕，爲王仰嘯，天降洪水，至十丈。於是化形隱景而去。仍更寄形洪氏〔三〕之胞，運未應轉，方又受生，還爲女身，父字福慶〔四〕，名女曰阿丘曾。

〔一〕「治」，雲笈七籤作「理」。
〔二〕「真」，雲笈七籤無。
〔三〕「洪氏」，雲笈七籤作「王氏」。
〔四〕阿丘曾的故事也略見於太上洞玄靈寳赤書玉訣妙經卷下，秘要卷六十五專誠品引，該經中其父名王福度。

然燈燒香，長齋幽室，丹誠積感〔一〕，道爲之降。以開光之〔二〕年，十方大聖尊神、妙行真人，同會南圃丹霍之阿三元洞室〔三〕青華林中，衆真侍座，香華妓樂，五千萬衆。真文奕奕，光明洞達，映朗内外，雲景煒爍，如星中之月，去阿丘曾所住舍數十里中。丘曾時年十六，見舍光明，内外朗照，疑似不常，乃出南向，望見道真。丘曾懽喜，叉手作禮，遥稱名曰：「丘曾今遭幸會，身覩天尊，非分之慶，莫知所陳。皈命十方，天中之天，惟蒙玄監，賜以誠言，萬劫滅度，冀得飛仙。」魔見丘曾發心大願，恐〔四〕過魔界，因託作五帝老人，往告丘曾：「我受十方尊神使命，來語汝曰：靈寶法興，吾〔五〕道方行。每欲使女〔六〕仁愛慈孝，恭奉尊長，敬承二親，如聞女父，當娉女身〔七〕，已相許和。受人之言，父母之命，不可不從，宜先從之。

〔一〕「積感」，雲笈七籤作「感積」。
〔二〕「之」，雲笈七籤作「元」。
〔三〕「三元洞室」，上清道寶經卷三死生品作「三光洞臺」。
〔四〕「恐」，雲笈七籤作「力」。
〔五〕「吾」，雲笈七籤作「五」。
〔六〕「女」，雲笈七籤作「人」。
〔七〕「如聞女父，當娉女身」，雲笈七籤作「如聞汝父，當娉汝身」。

人道既備，餘可投身。違父之教，仙無由成。」女答魔言：「我前身不幸，致作女身，晨夕尅勵，誓在一心。生由父母，命歸十天，誠違父教，不如君言。」魔見丘曾執心㬰正，於是便退。丘曾自云：「道既高邈，無緣得暢。」仍聚柴登壇，熕燒身形，冀我形骸，得成飛塵，隨風自舉，飛至道前。」於是火然。丘曾投身，紛爾無著，身如蹈空。俄頃之間，已見丘曾化成男子，立在道前。元始即命南極尊神爲丘曾之師，授丘曾十誡靈寶真文。元始又告南極尊神：「丘曾前生萬劫已奉靈寶，功德未備，致寄生輪轉。至于今日，化生人中，見吾出法，即得化形，當更度人九萬九千，乃得至真大神，當爲陽映〔一〕赤明天帝。」

右出本行經〔二〕。

〔一〕「陽映」，雲笈七籤作「洞陽」。

〔二〕「右出本行經」，原無，敦煌文書伯三〇二二背面所抄太上洞玄靈寶真文度人本行妙經乃該經「第八」，足見其卷帙頗豐。後世稱引時曾用「本行經」，故據之試補出處。

無上秘要卷之十六

衆聖本迹品下

三十六天王

鬱單无量天，天王姓混，諱霜蕚羅。

无形清微天，天王姓馮，諱提阿沙。

波羅摩耨天〔一〕，天王姓雲，諱金靈〔二〕。

无景〔三〕億羅天，天王姓王，諱阿衛。

〔一〕「波羅摩耨天」，上清外國放品青童内文卷下作「無精波羅褥天」。

〔二〕「金靈」，青童内文作「奎零」。

〔三〕「景」，青童内文作「羅」。

右四天王，在高上[一]玉清之上。四天王恒[二]以八節月朔之日，遊觀高上玉清无崖无極无形无色太空之顛，誦詠四天之音、飛玄之章。其日符四司周行天下。學仙之人，有齋戒誦經、朝禮諸天者，即刻名玄簡，注録青宫。

上上禪善无量壽天，天王姓荆[三]，諱霳霜[四]霸。

玄微自然上虚禹餘天，天王姓羅，諱波黎[五]茶。

上清[六]那首約諍天，天王姓梵，諱摩首波。

上清氣稽那邊浄天，天王姓騫，諱首苛。

右四天王，在高虚玉清之中。四天王恒以八節月朔之日，遊觀高虚无崖无極无名玄

〔一〕「上」，原作「一」，據青童内文及下文改。
〔二〕「恒」，本段文字幾處「四天王恒」之「恒」，在青童内文中作「常」。
〔三〕「荆」，青童内文作「祤」。
〔四〕「霜」，青童内文作「霿」。
〔五〕「黎」，青童内文作「梨」。
〔六〕「上清」，青童内文作「玄清上無」。

空之顛，誦詠四天之音、飛玄之章。其日遣〔一〕天真使者周行天下。有學仙，精苦齋戒〔二〕，誦飛玄之章，朝禮諸天，即奏名四天，刻書帝簡，壽同四天之人，九年飛行，上昇天宫。

極上虚延天，天王姓滓〔三〕，諱持〔四〕靊霾。

元精氣羅迦浄明〔五〕天，天王姓周，諱阿迦須。

元建〔六〕上靈赤天，天王姓丹地，諱清浄瑛〔七〕。

離忽行如天，天王姓固，諱分若。

右四天王，在玄虚玉清之下。四天王恒以八節月朔之日，遊觀玄〔八〕虚无崖无鞅空虚

〔一〕「遣」，青童内文作「符」，二者同義。

〔二〕「精苦齋戒」，青童内文作「清苦齋誡」。

〔三〕「滓」，青童内文作「澤」。

〔四〕「持」，青童内文作「靂」。

〔五〕「元精氣羅迦浄明天」，青童内文作「無精炁羅迦浮月天」。

〔六〕「達」，青童内文作「建」。

〔七〕「清浄瑛」，青童内文作「清浮玦」。

〔八〕「玄」，青童内文作「常」。

之中，誦詠四天之音、飛玄之章。其日遣太真使者周行天下。有學仙清齋、誦經朝禮者，即奏名四天，刻書帝録，上昇天宫。

玄洞寂然天，天王姓泮〔一〕，諱霝霙。

潘羅玄妙天，天王姓伯〔二〕，諱梨沐音。

芩〔三〕謾福德天，天王姓王，諱惟離〔四〕鉢離。

近懿除〔五〕淳天，天王姓朱，諱梨藹。

右四天王，在虚皇上清之上。四天王恒以八節月朔之日，遊觀虚皇上清无崖无極空洞之上，誦詠四天之音、飛玄之章。其日遣上仙玉監〔六〕周行天下。有學仙行道，朝禮諸

〔一〕「泮」，青童内文作「津」。
〔二〕「伯」，青童内文作「隨」。
〔三〕「芩」，青童内文作「答」。
〔四〕「離」，青童内文無。
〔五〕「除」，青童内文作「際」。
〔六〕「監」，原作「蓋」，據青童内文改。

天，燒香誦經，即奏名四天，刻録簡籍〔一〕。

玄上洞極无崖不驕樂天，天王姓凝，諱霞霔〔二〕。

梵玄青元精芩〔三〕恕近際天，天王姓阿，諱明秀。

梵行〔四〕紫虚上元首帶快見天，天王姓劉，諱旦〔五〕扇。

虚梵上清化靈須陁結愛天，天王姓彭，諱移那。

右四天王，梵行上靈〔六〕紫元之氣，在虚皇上清之中。四天王恒以八節月朔之日，遊觀虚皇上清无崖无極空洞之中，誦詠〔七〕四天之音、飛玄之章。其日遣玉真定仙周行天下。有學仙行道、朝禮諸天、燒香誦經之人，即奏名天王，刻書青録。

〔一〕「刻録簡籍」，青童内文作「刻書録簡」。

〔二〕「霞霔」，青童内文作「霣霔霒」。

〔三〕「元精芩」，青童内文作「無精筨」。

〔四〕「梵行」，青童内文作「行梵」。

〔五〕「旦」，青童内文作「且」。

〔六〕「靈」，青童内文作「虚」。

〔七〕「誦詠」，青童内文作「詠誦」。

上極元〔一〕景洞微化應聲天，天王姓暉〔二〕，諱䨱靏。

大梵九玄中元氣阿那給道德天，天王姓揵，諱尼姤。

行梵元清下靈氣須達天，天王姓周，諱難首。

極梵洞微九靈氣須帶阿那天，天王姓竺，諱明和。

右四天王，極寶梵上靈玄清之氣，在虛皇上清之下。四天王恒以八節月朔之日，周〔三〕遊虛皇上清无崖无極空洞之下，誦詠四天之音、飛玄之章。其日遣領真玉郎周行天下。有學仙行道、朝禮諸天、燒香誦經之人，即奏名天王，刻書玄文。

无名至極洞微寶梵天，天王姓精，諱霧雲霏。

微梵玄天氣帶扇給道德天，天王姓浴，諱須阿摩。

虛梵天氣蟬然識慧天，天王姓云，諱阿〔四〕陁。

〔一〕「元」，青童内文作「無」。
〔二〕「暉」，青童内文作「輝」。
〔三〕「周」，青童内文作「同」。
〔四〕「阿」，青童内文作「無」。

虚〔一〕梵中天績元伊檀天，天王姓朱，諱仲生。

右四天王，玄微上无〔二〕梵天之氣，在虚无太清之上。四天王恒以八節月朔之日，周〔三〕遊虚无太清无崖无極空无之上，誦詠四天之音、飛玄之章。其日遣中真八〔四〕靈仙人周行天下。有學仙行道、朝禮諸天、誦經念善之人，即奏名天王，刻書玄文。

太極无崖紫虚洞梵迦摩〔五〕天，天王姓玄，諱霳霐。

緑梵自然識慧入天，天王姓迦，諱䊩〔六〕文羅。

玄梵大行无景无所念慧天，天王姓伊，諱檀阿。

天雲梵上行維先阿檀天，天王姓仲，諱勳勃。

〔一〕「虚」，青童内文作「空」。
〔二〕「无」，青童内文作「元」。
〔三〕「周」，青童内文作「同」。
〔四〕「八」，原作「人」，據青童内文改。
〔五〕「梵迦摩」，青童内文作「幽梵迦摩夷」。
〔六〕「䊩」，青童内文作「釋」。

右四天王，清玄元靈〔一〕寶梵之氣，在虚无太清之中。四天王恒以八節月朔之日，周〔二〕遊虚无太清无崖无極空无之中〔三〕，誦詠四天之音、飛玄之章。其日遣上真司仙王周行天下。有學仙行道、朝禮諸天、誦經念善、齋戒〔四〕奉法之人，即奏名天王，刻書玄文。

无色玄清洞微波梨答惒天，天王姓王，諱靈霈。

洞微玄上梵氣阿竭含那天，天王姓桓〔五〕，諱墮世宗。

玄上録〔六〕梵滅然天，天王姓朱，諱陁雲彌。

極色上行梵泥維先若那文〔七〕天，天王姓袁，諱員〔八〕珠。

〔一〕「靈」，青童内文作「虚」。
〔二〕「周」，青童内文作「同」。
〔三〕「中」，青童内文作「上」。
〔四〕「戒」，青童内文作「誡」。
〔五〕「恒」，青童内文作「柏」。
〔六〕「録」，青童内文作「緑」。
〔七〕「文」，青童内文無。
〔八〕「員」，青童内文作「圓」。

右四天王，極元靈[一]洞无色梵之氣，在虛无太清、空洞玄漠之下[二]。四天王恒以八節月朔之日，周遊於虛无太清无崖无極空无无[三]色之上，誦詠四天之音、飛玄之章。其日遣上真玉司、四極仙王周行天下。有學仙行道、朝禮諸天、誦經念善、齋誡奉教之人，即奏名天王，刻書九天之録。

右出洞真外國放品經。

三十二天帝

太黄皇曾天，帝鬱鑑玉明。

太明玉完天，帝須阿那田。

清明何童天，帝元育齊京。

玄胎平育天，帝劉度内鮮。

元明文舉天，帝醜法輪。

〔一〕「元靈」，青童内文作「無虛」。

〔二〕「虛无太清、空洞玄漠之下」，青童内文作「虛无太清之下、空洞玄漠之中」。

〔三〕「无」，原作「色」，據青童内文改。

上明七曜摩夷天，帝恬懀延。

虚无越衡天，帝正定光。

太極濛翳天〔一〕，帝曲育九昌。

赤明和陽天，帝理禁上真。

玄明恭華天，帝空謡醜音。

曜〔二〕明宗飄天，帝重光明。

竺落皇笳天，帝摩夷妙辯。

虚明堂曜天，帝阿枷婁生。

觀明端靖天，帝鬱密羅千。

玄明恭慶天，帝龍羅菩提。

太焕極瑶天〔三〕，帝宛黎无延。

〔一〕「太黄皇曾天」至「太極濛翳天」八天，於靈寶无量度人上品妙經卷一乃「東方八天」。

〔二〕「曜」，度人上品妙經作「耀」。

〔三〕「赤明和陽天」至「太焕極瑶天」，於度人上品妙經乃「南方八天」。

元載孔昇天，帝開真定光。

太安皇崖天，帝婆婁阿貪。

顯定極風天，帝招真童。

始皇孝芒天，帝薩羅婁王。

太黄翁重浮容天，帝閔巴狂。

无思江由天，帝明梵光。

上揲阮樂天，帝勃勃監。

无極曇誓天〔一〕，帝飄弩穹隆。

皓庭霄度天，帝慧覺昏。

淵通元洞天，帝梵行觀生。

太文翰寵妙成天，帝那育醜瑛。

太素秀樂禁上天，帝龍羅覺長。

〔一〕「元載孔昇天」至「无極曇誓天」，於度人上品妙經乃「西方八天」。

太虚无上常融〔一〕天，帝總監鬼神。

太釋玉隆騰勝天，帝眇眇行元。

龍變梵度天，帝運上玄玄。

太極平育賈奕天〔二〕，帝大擇法門。

右出洞玄无量度人經。

三十六土皇

第一壘色潤地。

正音土皇姓秦，諱孝景椿。

行音土皇姓黄，諱昌上父〔三〕。

遊音土皇姓青，諱玄文基。

梵音土皇姓蜚，諱忠陣皇。

〔一〕「融」，度人上品妙經作「容」。

〔二〕「皓庭霄度天」至「太極平育賈奕天」，於度人上品妙經乃「北方八天」。

〔三〕「父」，上清外國放品青童内文卷下作「文」。

右第一壘色潤地四色土皇，地載周境〔一〕四垂不極不窮、无邊无際。其土皇常以立春之日，上詣鬱單无量天，奏地仙得道上學之人，言名於四天之王。

第二壘剛色地。

正音土皇姓成〔二〕，諱神父光〔三〕。

行音土皇姓鬱，諱黄母生。

遊音土皇姓玄，諱乾德維。

梵音土皇姓長，諱皇萌。

右第二壘剛色地四色土皇，地載周境四垂不極不窮、无邊无際。其土皇常以春分之日，上詣上上禪善无量壽天，奏地仙得道上學之人，言名於四天之王。

第三壘石脂色澤地。

正音土皇姓張，諱維神保。

〔一〕「周境」，本則文字幾處「周境」之「境」，青童内文皆作「竟」。

〔二〕「成」，青童内文作「戊」。

〔三〕「神父光」，青童内文作「坤文光」。

行音土皇姓周，諱伯上仁。

遊音土皇姓朱，諱明車子。

梵音土皇姓庚，諱父[一]敬士。

右第三壘石脂色澤地四色土皇，地載周境四垂不極不窮、无邊无際。其土皇常以立夏之日，上詣須延天，奏地仙得道上學之人，言名於四天之王。

第四壘潤澤地。

正音土皇姓賈，諱雲子高。

行音土皇姓謝，諱伯元无[二]。

遊音土皇姓已，諱父秦車[三]。

梵音土皇姓行，諱機正方。

右第四壘潤澤地四音土皇，地載周境四垂不極不窮、无邊无際。其土皇常以夏至之

〔一〕「父」，青童内文作「文」。

〔二〕「伯元无」，青童内文作「伯无元」。

〔三〕「父秦車」，青童内文作「文秦陣」。

日，上詣寂然天，奏地仙得道上學之人，言名於四天之王。

第五壘金粟澤地。

正音土皇姓華，諱延期明。

行音土皇姓黄，諱齡我容。

遊音土皇姓雲，諱深无〔一〕淵。

梵音土皇姓萠〔二〕，諱通八光。

右第五壘金粟澤地四音土皇，地載周境四垂不極不窮、无邊无際。其土皇常以立秋之日，上詣不驕樂天，奏地仙得道上學之人，言名於四天之王。

第六壘金剛鐵澤地。

正音土皇姓李，諱上少君。

行音土皇姓范，諱來力安。

〔一〕「深无」，青童内文作「探元」。

〔二〕「萠」，青童内文作「蔣」。

遊音土皇姓長，諱李季光〔一〕。

梵音土皇姓王，諱駟女容。

右第六壘金剛鐵澤地四音土皇，地載周境四垂不極不窮无邊无際。其土皇常以秋分之日，上詣化應聲天，奏地仙得道上學之人，言名於四天之王。

第七壘水制澤地。

正音土皇姓唐，諱初生映。

行音土皇姓吴，諱正法畐〔二〕。

遊音土皇姓漢，諱高文徹。

梵音土皇姓京，諱仲龍首。

右第七壘水制澤地四音土皇，地載周境四垂不極不窮、无邊无際。其土皇常以立冬之日，上詣梵寶天，奏地仙得道上學之人，言名於四天之王。

第八壘大風澤地。

〔一〕「光」，青童内文作「元」。

〔二〕「畐」，青童内文作「圖」。

正音土皇姓葛，諱玄昇光〔一〕。
行音土皇姓華，諱茂雲長。
遊音土皇姓羊，諱真洞玄。
梵音土皇姓周，諱尚敬原。
右第八壘大風澤地四音土皇，地載周境四垂不極不窮、无邊无際。其土皇常以冬至之日，上詣梵迦摩夷天，奏地仙得道上學之人，言名於四天之王。
第九壘洞淵無色綱維地。
正音土皇姓極，諱无上玄。
行音土皇姓斗〔二〕，諱雲无〔三〕浩。
遊音土皇姓趙，諱上伯玄。
梵音土皇姓農，諱懃无〔四〕伯。

〔一〕「光」，青童内文作「先」。
〔二〕「斗」，青童内文作「昇」。
〔三〕「雲无」，青童内文作「虚元」。
〔四〕「懃无」，青童内文作「勒元」。

右第九壘洞淵无色綱維地四音土皇，下則无窮无境、无邊无際，皆綱維之。其土皇常以三月一日、六月二日、九月三日、十二月四日，一年四過，上詣波黎答恕天，奏九地學道得仙人名，言於四天之王。

右出洞真外國放品經。

無上秘要卷之十七十八同卷。

衆聖冠服品上

道君冠服

元始天王建无極洞天之冠，披九色離羅之帔、飛森霜珠之袍，帶晨光日鈴育延之劍，左佩豁落，右佩金真。

右出洞真太極金書上經。

元始天王頭建九氣流精紫曜之冠，衣九色无縫赤斑自然虎帬，腰帶太山火玉。

高上玉皇頭建无上七曜寶冠，衣玉文明光飛雲之裙，佩丹皇玉章，帶治金飛精招山之劍。

右出洞真變化七十四方經。

九天丈人著九色斑文之裘，頭戴紫晨之冠，坐〔一〕紫虚之上、空玄之中。

右出洞真紫書金根上經。

中央黄老君佩龍玄之文、神虎之符，帶流金之鈴，執紫毛之節，巾金精巾，或扶華晨冠〔二〕。

右出洞真九真中經。

太帝君建七寶朱冠，披九色自然雲文之帔、飛羅耀光羽袍，腰帶鳳章、流金火鈴，手執命魔九色〔三〕之節，九老仙都擎〔四〕金精立空之案。

〔一〕「坐」，洞真上清青要紫書金根衆經卷上作「座」。

〔二〕「扶華晨冠」，上清太上九真中經卷上作「扶晨華冠」。

〔三〕「九色」，太上玉佩金璫太極金書上經無。

〔四〕「擎」，太極金書上經作「擎持」。

右出洞真太極金書上經。

玉珮魂精帝君披珠繡華帔，飛錦青裙，帶月銜日，首建紫冠，執玉珮立左。

金瑺魄靈帝君披紫繡珠帔，飛羅丹裙，帶日銜月，首建華冠，執金瑺立右。

右出上清寶文〔一〕。

高聖太上大道君佩九色離羅之帔，衣〔二〕飛霜珠錦之裙〔三〕，巾須臾百變之冠，帶晨光日齡育延之劍，豁落交帶，玉璽鳳章，流金耀虚，七精激旡，上詣九層七映朱宫。

右出洞真七聖元紀經。

〔一〕「上清寶文」，太真玉帝四極明科卷一：「洞玄靈寶上經，大劫小劫五符玉訣、上清寶文玄洞之道，自無玉骨玄圖，紫字録名，不得見聞。」太上九真明科：「玄都中品第六篇曰：凡學者受上清寶文，三洞秘文，而心懷賊害，手行暴虐。」可見，確有「上清寶文」之稱，太上玉佩金瑺太極金書上經中有「玉珮寶文」「金瑺寶文」之稱，「上清寶文」當即「太上玉佩金瑺太極金書上經」的異名。

〔二〕「衣」，原無，據上清玉帝七聖玄紀迴天九霄經補。

〔三〕「飛霜珠錦之裙」，迴天九霄經作「飛森霜珠之袍」。

元君冠服

白素右元君上著龍文白錦帔，下著白錦華裙〔一〕，頭建紫華芙蓉〔二〕冠，腰佩〔三〕神金二一虎符，左手執流金火鈴，右手執太上智慧經。

黄素中央元君上著黄錦雲帔，下著黄羅飛華裙，頭建紫華芙蓉冠，腰帶神金二一虎符，左手執火鈴〔四〕，右手執大洞真經。

紫素左元君上著虎錦紫帔〔五〕，下著紫華龍文裙，頭建紫晨扶華〔六〕冠，御紫晨雙珠蓋，腰帶流金火鈴；又佩神金明月〔七〕二一虎符，左手執太上消魔經，右手執金真玉光章。

〔一〕「華裙」，洞真高上玉帝大洞雌一玉檢五老寶經作「飛華裙」。
〔二〕「芙蓉」，五老寶經作「晨嬰」。
〔三〕「佩」，五老寶經作「帶」。
〔四〕「火鈴」，五老寶經作「流金火鈴」。
〔五〕「紫帔」，五老寶經作「紫華帔」。
〔六〕「扶華」，五老寶經作「芙蓉」。
〔七〕「明月」，五老寶經作「月明」。

右出洞真玉晨明鏡雌一寶經〔一〕。

太素三元君，乃一真之女子，則三素元君之母，頭建寶琅扶晨羽冠，服紫氣浮雲錦帔、九〔二〕色龍錦羽裙，腰帶流金火鈴、虎符龍書。

太素元君長女曰紫素元君，即无英君之母，頭建太真晨嬰之冠，三角結髮髻〔三〕，餘髮散之垂〔四〕腰，上著紫錦袷襹，下著飛霜羅裙，交〔五〕帶靈飛大〔六〕綬。

黄素元君，即太素之中女、中央黄老君之母，頭建太真晨嬰之冠，三角結〔七〕，餘髮散之

〔一〕「洞真玉晨明鏡雌一寶經」，即洞真高上玉帝大洞雌一玉檢五老寶經之玉晨明鏡金華洞房雌一五老寶經。
〔二〕「九」，該字前上清三元玉檢三元布經有「著」字。
〔三〕「三角結髮髻」，玉檢三元布經作「三角髻」。
〔四〕「垂」，玉檢三元布經作「隨」。
〔五〕「交」，玉檢三元布經作「又」。
〔六〕「大」，玉檢三元布經作「之」。
〔七〕「結」，玉檢三元布經作「髻」。

垂〔一〕腰，上著黄錦袷襹，下著五色飛青錦裙，佩鳳文琳華之綬，腰帶流黄揮精之劍。白素元君，即太素元君之少女，白元君之母，頭建太真晨嬰之冠，三角結〔二〕，餘髮散之垂〔三〕腰，上著白錦光明袷襹，下著飛霜緑錦飛裙，佩六山火玉之珮，鳳文〔四〕之綬，腰帶日延耀暉之劍。

右出洞真三元玉檢布經。

五極帝君冠服

上清瓊宫東極玉真青帝君，頭建九氣通精之冠，衣青錦帔、碧羅飛裙，腰帶流金鳳章，手執甲乙通靈青精玉符。

上清瓊宫南極玉真赤帝君，頭建三氣進賢之冠，衣丹錦帔、緋羅飛裙，腰帶火精鍊身之劍，手執丙丁通靈赤精玉符。

〔一〕「垂」，玉檢三元布經作「隨」。
〔二〕「結」，玉檢三元布經作「髻」。
〔三〕「垂」，玉檢三元布經作「隨」。
〔四〕「鳳文」，玉檢三元布經作「鳳文琳華」。

上清瓊宫西極玉真白帝君，頭建七氣通天寶冠，衣白錦帔、素羅飛裙，腰帶金光日延之劍，手執通靈白精玉符。

上清瓊宫北極玉真玄帝君，頭建五氣玄寶之冠，衣玄錦帔、玄羅飛裙，腰帶七元丹章，手執壬癸通靈玄精玉符。

上清瓊宫中極玉真黄帝君，頭建通元五炁之冠，衣黄錦帔、黄羅飛裙，腰帶中元命神之章，手執戊己通靈黄精玉符。

右出洞真瓊宫靈飛六甲經〔一〕。

五帝玉司君冠服

青帝玉司君，衣飛青羽衣、九色鳳章，頭戴九元寶冠，手執九色之節，治東太明陽臺洞天。

赤帝玉司君，衣絳章單衣、九色鳳章，頭戴平天飛神玉冠，手執九色之節，治南朱陽之

〔一〕「右出洞真瓊宫靈飛六甲經」，按道藏所收上清瓊宫靈飛六甲左右上符、上清瓊宫靈飛六甲録没有上述文字，該經有殘佚。

臺洞天。

白帝玉司君，衣素華明光白錦之衣、七色鳳章，頭戴飛精曜天寶冠，手執七色之節，治西羽之野洞天。

黑帝玉司君，衣皂文衣、五色鳳章，頭戴玉精通天寶冠，手執五色羽節，治玄陰大〔一〕冥洞天。

中央黄帝玉司君，衣黄文〔二〕之裘，備九色之章，頭戴通天玉寶晨冠，治太玄中宫，主統无上无下无内无外无表无裏无鞅數劫无崖之天。

右出洞真四極明科。

五方帝冠服

東方安寶華林青靈始老，號曰蒼帝，頭戴青精玉冠，衣九炁青羽飛衣。

南方梵寶昌陽丹靈真老，號曰赤帝，頭戴赤精玉冠，衣三氣丹羽飛衣。

〔一〕「大」，太真玉帝四極明科經卷四作「太」。

〔二〕「文」，原作「衣」，據太真玉帝四極明科經卷五改。

中央玉寶元靈元老，號曰黄帝，頭戴黄精玉冠，衣五色飛衣。

西方七寶金門皓靈皇老，號曰白帝，頭戴白精玉冠，衣白羽飛衣。

北方洞陰朔單鬱絶五靈玄老，號曰玄〔一〕帝，頭戴玄精玉冠，衣玄羽飛衣。

右出洞玄赤書玉篇真文經。

靈童衣〔二〕服

九氣青天中有元始青靈童，衣青羽衣，手執青麾侍文。

三氣丹天中有元始赤靈童，衣赤羽衣，手執赤節侍文。

中央黄天中有元始黄靈童，衣黄羽衣，手執黄鉞侍文。

七氣素天中有元始素靈童，衣白羽衣，手執白旗侍文。

〔一〕「玄」，元始五老赤書玉篇真文天書經卷上作「黑」。

〔二〕「衣」，敦目作「冠」。

五氣玄天中有元始玄〔一〕靈童，衣玄羽衣，手執烏〔二〕幢侍文。

右出洞玄赤書玉訣經。

三天玉童，頭建三華寶曜洞天冠，衣青黄七變錦袍，帶朱精禁天之章，佩七曜流金之鈴。

右出洞真變化七十四方經。

洞天混化君冠服

太上神仙洞天元洞元明元曜延靈〔三〕元君，頭冠飛晨寶冠，衣青錦單裙。

太上神仙洞天元洞青耀少陽啓明天君，頭冠青〔四〕晨玉冠，衣青綾之裙。

〔一〕「玄靈童」及後「玄羽衣」之「玄」，太上洞玄靈寶赤書玉訣妙經卷上及洞玄靈寶五老攝召北酆鬼魔赤書玉訣作「黑」。

〔二〕「烏」，赤書玉訣妙經、攝召北酆鬼魔赤書玉訣作「黑」。

〔三〕「靈」，洞真太上素靈洞元大有妙經作「靈耀」。

〔四〕「青」，該字下原有「建」字。大有妙經「青」後有「冠」字，可斷爲「頭冠青冠，建晨玉冠」，但語意重複。然本經「頭冠青建晨玉冠」也不辭，據上下文，當作「頭冠青晨玉冠」，衍「建」字。

太上神仙洞天元洞黄靈太丹炎薰光大赫太陽君，頭冠三[一]玄寶冠，衣黄靈[二]錦裙。

太上神仙洞天元洞東陽[三]太歲重華耀靈大[三]仙元命君，建[五]飛晨玉冠，衣單青飛裙。

太上神仙洞天元洞東極太元皇靈寶魂耀魄君，建[六]青精玉冠，衣飛青羽裙。

太上神仙洞天元洞歲星延崖青要[七]常陽玉女，作[八]飛雲髻，衣青羅飛裙。

太上神仙洞天元洞太陽耀靈南極丈人絳宫玉童[九]，頭作三角雲髻，衣青[一〇]飛裙。

〔一〕「三」，大有妙經無。
〔二〕「靈」，大有妙經作「雲」。
〔四〕「陽」，大有妙經作「華」。
〔四〕「大」，大有妙經作「太」。
〔五〕「建」，大有妙經作「冠」。
〔六〕「建」，大有妙經作「冠」。
〔七〕「要」，大有妙經作「腰」。
〔八〕「作」，大有妙經作「頭作」。
〔九〕「童」，原作「臺」，據大有妙經改。
〔一〇〕「青」，大有妙經作「青羽」。

太上神仙洞天元洞景陽東皇青陽翠靈仙童，頭作三建雲髻，衣青文裙〔一〕。

太上神仙洞天元洞赤皇延齡娥容太丹赤圭玉女，頭作頹雲髻，衣朱文飛〔二〕裙。

洞地混化君冠服

太上神仙洞地洞真大〔三〕熒惑大洞元生大靈機皇君，頭冠〔四〕朱寶三梁之冠，絳章單衣。

太上神仙洞地洞真南陽炎域元執法延壽司録君，頭冠玄雲寶冠，衣單紋〔五〕裙。

太上神仙洞地洞真中耀五陽五陰中皇洞極玄天太虚君，頭冠遠遊冠，衣丹錦裙。

太上神仙洞地洞真三天都録司命司録司危司度洞生君，冠玄晨玉冠，衣朱文飛裙。

〔一〕「裙」，大有妙經作「羽裙」。

〔二〕「飛」，大有妙經作「羽」。

〔三〕「大」，大有妙經作「太」。

〔四〕「冠」，大有妙經作「戴」。

〔五〕「紋」，大有妙經作「文」。

太上神仙洞地洞真南極大赤星靈寶魂耀魄君，冠玉精寶冠，衣絳章單裙〔一〕。

太上神仙洞地洞真皇衡赤陽絳璋〔二〕通靈仙童，冠通天玉寶之冠，衣絳紋〔三〕飛裙。

太上神仙洞地洞真大鎮元黄太素皇機執忠五靈〔四〕玉童，頭作飛角髻，衣黄羅裙。

洞淵混化君冠服

太上神仙洞淵洞玄太白子留金城耀耀元精元導大〔五〕仙君，冠玄晨玉寶冠，衣素錦飛裳。

太山神仙洞淵洞玄太白皓〔六〕素天機星光君，冠遊雲寶冠，衣素文飛裙。

太上神仙洞淵洞玄太白耀金光少陰昊元素上皇白人君，冠玄晨冠，衣白錦飛裙。

〔一〕「裙」，大有妙經作「衣」。

〔二〕「璋」，大有妙經作「章」。

〔三〕「紋」，大有妙經作「文」。

〔四〕「忠五靈」，大有妙經作「中五」。

〔五〕「大」，大有妙經作「太」。

〔六〕「皓」，大有妙經作「浩」。

太上神仙洞淵洞玄大〔一〕辰玄洞元陰五耀延靈元華鬱單君，冠通天之冠，衣玄雲錦裙。

太上神仙洞淵洞玄耀烏洞玄門太極五〔二〕仙君，冠玄晨冠，衣玄文單裙。

太上神仙洞淵洞玄北極大〔三〕仙元皇寶魄耀魂君，冠通天冠，衣玄衣。

太上神仙洞淵洞玄玄〔四〕耀陰輝元神太極元皇耀靈元化玉童，作飛雲三建髻，衣素文裙。

太上神仙洞淵洞玄陰景西皇素陰靈〔五〕玉童，作三建〔六〕頹雲髻，衣玄錦飛裙。

太上神仙洞淵洞玄太白延影九導大洞承翼玉門金樓玉女，作頹雲髻，衣白羅之袿〔七〕。

右出洞真素靈大有妙經。

〔一〕「大」，大有妙經作「太」。

〔二〕「耀烏洞玄門太極五」，大有妙經作「耀黑洞玄門太極五岳」。

〔三〕「大」，大有妙經作「太」。

〔四〕「玄」，大有妙經作「素」。

〔五〕「陰靈」，大有妙經作「靈仙」。

〔六〕「三建」，大有妙經無。

〔七〕「袿」，大有妙經作「裙」。

無上秘要卷之十八

衆聖冠服品下

日帝冠服

日中青帝，衣青玉錦帔、蒼羽飛華〔一〕裙、翠容扶晨冠〔二〕。

日中赤帝，衣絳玉錦帔、丹羽飛華〔三〕裙，建丹扶露五明之冠〔四〕。

日中白帝，衣素玉錦帔、白羽飛華裙，建皓靈扶蓋之冠。

〔一〕「蒼羽飛華」，上清太上帝君九真中經卷下作「蒼華飛羽」。

〔二〕「翠容扶晨冠」，九真中經作「首建翠蓉扶晨冠」，更恰。

〔三〕「丹羽飛華」，九真中經作「丹華飛羽」。

〔四〕「丹扶露五明之冠」，九真中經作「丹扶靈明冠」。

日中黑帝，衣玄玉錦帔、黑羽飛華裙，建玄山扶容〔一〕冠。

日中黄帝，衣黄〔二〕錦帔、黄羽飛華裙，建扶靈紫〔三〕冠。

月夫人冠服

月中青帝夫人，衣青華鎮〔四〕錦帔、翠龍鳳文飛羽裙。

月中赤帝夫人，衣丹蕊玉錦帔、朱華鳳絡飛羽裙。

月中白帝夫人，衣白珠四〔五〕龍錦帔、素羽變飛〔六〕章華裙。

月中黑帝夫人，衣玄琅九道雲錦帔、烏〔七〕羽龍文飛華裙。

〔一〕「扶容」，九真中經作「芙蓉」。

〔二〕「黄」，九真中經作「黄玉」。

〔三〕「紫」，九真中經作「紫蓉」。

〔四〕「華鎮」，九真中經作「瓊」。

〔五〕「珠四」，九真中經作「琳四出」。

〔六〕「變飛」，九真中經作「鸞」。

〔七〕「烏」，九真中經作「黑」。

月中黄帝夫人，衣黄雲山文錦帔、緑羽鳳華繡裙〔一〕。

九星〔二〕君冠服

陽明星，天之太尉，司正〔三〕主非。上總九天上真，中監五嶽飛仙，下領後學真人。天地神靈，功過輕重，莫不隸焉。號曰九晨君，頭建九晨玉冠，衣青羽飛裳，手執斗中玄圖，坐玉樓之上〔四〕。

陰精星，天之上宰，主禄位。上總天宿，下領萬靈及學仙之人。諸以學道及兆民宿命禄位，莫不隸焉。號曰北上晨君，頭建玄精玉冠，衣玄羽飛裳，手執五色羽節，坐玉樓之中。

真人星，天之司空，主神仙。上總九天高真，中監五嶽靈仙，下領學道之人。真仙之

〔一〕「緑羽鳳華繡裙」，九真中經作「黄羽龍文飛華裙」。

〔二〕「星」，敦目作「皇」。

〔三〕「正」，太上飛行九晨玉經作「政」，上清河圖内玄經卷上也作「正」。

〔四〕「上」，九晨玉經作「中」。

官〔一〕，莫不隸焉。號曰主仙華晨君，頭建飛晨寶冠，衣青羽飛裳，手執斗中青録，坐玉樓之中。

玄冥星，天之遊擊，主伐逆。上總九天鬼神，中領北帝三官，下監萬兆，伐逆不臣，莫不隸焉。號曰玄上飛蓋晨君，頭建三華寶晨冠，衣丹錦飛裳，手執命靈之節，坐玉樓之中。

丹元星，天之斗君，主命録〔二〕籍。上總九天譜〔三〕録，中統鬼神簿〔四〕目，下領學真兆民〔五〕命籍。諸天諸地，莫不總統。號曰金剛〔六〕七晨君，頭建七寶飛天冠，衣白錦飛裙，手執青元籙簿〔七〕，坐金樓之中。

北極星，天之太常，主昇進。上總九天上真，中統五嶽飛仙，下領學者之身。凡功勳

〔一〕「官」，九晨玉經作「流」。
〔二〕「命録」，河圖内玄作「禄命」，上清河圖寶籙作「命籙」。
〔三〕「譜」，河圖内玄、河圖寶籙作「諸」。
〔四〕「簿」，九晨玉經作「部」，河圖内玄、河圖寶籙與秘要同。
〔五〕「民」，九晨玉經、河圖内玄、河圖寶籙作「真」。
〔六〕「剛」，九晨玉經、河圖内玄、河圖寶籙作「魁」。
〔七〕「簿」，九晨玉經、河圖内玄、河圖寶籙作「籍」。

將進〔一〕道，轉輪階級，悉總之焉。號曰北晨飛華君，頭建精〔二〕華冠，衣紫錦飛裳，手執九斗玉策，坐玉樓之中。

天關星，天之上帝，主天地機運，如四時長短，天地否泰劫會〔三〕，莫不隸焉。號曰總靈九蓋北晨君〔四〕，頭建九元寶冠，衣九色錦裳，手執靈暉之章〔五〕，坐玉樓之中。

輔星，玉帝之星也；曰常者〔六〕，常陽；主飛仙。上總九天，下領九地。五嶽四瀆，神仙之官，悉由之焉。號曰帝尊九晨君，頭建飛精玉冠，衣九色鳳衣，手執火鈴，坐玉樓之中。

弼星，太帝真星也；曰〔七〕空者，恒空隱也；主變化无方。號曰帝真元君〔八〕，頭建飛天

〔一〕「將進」，九晨玉經作「得」。

〔二〕「精」，九晨玉經、河圖内玄、河圖寶籙作「飛精」。

〔三〕「如四時長短，天地否泰劫會」，河圖寶籙作「四時長短，否泰劫會」，更理順。

〔四〕「總靈九蓋北晨君」，九晨玉經作「總雲九元北蓋晨君」，河圖内玄經和河圖寶籙作「總靈九元北蓋晨君」。

〔五〕「靈暉之章」，九晨玉經作「暉神之章」，河圖内玄經作「暉神之策」，河圖寶籙作「暉神之印」。

〔六〕「曰常者」，原作「日帝者」，九晨玉經作「曰常。常者，常陽」，據改。有道經名爲太上五星七元空常訣，即是。

〔七〕「曰」，原作「日」，據九晨玉經改。

〔八〕「元君」，九晨玉經、河圖内玄、河圖寶籙作「元晨君」。

玉冠，衣〔一〕九天龍衣，手執帝章，坐紫館之中。

九星内妃冠服

斗第一星中名太上宫，宫中有帝君變隱廿元内妃，著黄錦帔、丹青飛裙，頽〔二〕雲髻。

第二星中名中元宫，宫中有帝君保胎化形内嬪，著青錦帔、緑羽飛〔三〕裙，頽雲髻。

第三星中名真元宫，宫中有帝君六遁七隱元聖母〔四〕，著青錦帔、繡羽華裙，頽雲髻。

第四星中名紐幽宫，宫中有帝君匿形〔五〕藏光中元内妃，著紫錦帔、黄華羽裙，頽雲髻。

第五星中名剛神宫，宫中有帝君變體易景斗中大女，著朱錦帔、紫青飛裙，頽雲髻。

第六星中名紀明宫，宫中有帝君隱迹散衆〔六〕斗中中女，著朱錦帔、青繡飛裙，頽雲髻。

〔一〕「衣」，原無，據九晨玉經補。

〔二〕「頽」，本則文字中九處「頽雲髻」，上清太上九真中經絳生神丹訣作「鬤雲髻」。

〔三〕「飛」，絳生神丹訣作「飛華」。

〔四〕「元聖母」，絳生神丹訣作「上元丹母」。

〔五〕「形」，絳生神丹訣作「景」。

〔六〕「衆」，原作「散」，據絳生神丹訣改。

第七星中名闢會宫，宫中有帝君分景萬形斗中少女，著丹錦帔、青華羽裙，頹雲髻。

第八星中名帝席宫，宫中有帝君化日月水火斗中高皇左夫人，著紫錦帔、繡羽飛丹〔一〕裙，頹雲髻。

第九星中名上尊宫，宫中有帝君化金石山河斗中高皇右夫人，著緑錦帔、翠羽華裙，頹雲髻。

右出洞真九真中經〔二〕。

九星夫人冠服

第一天樞星，其星則號魁精玄上真皇夫人，頭作〔三〕飛雲華頹之髻，衣紫黄青三色之

〔一〕「丹」，絳生神丹訣無。

〔二〕日帝冠服、月夫人冠服見於九真中經，九星内妃冠服見於上清太上九真中經絳生神丹訣，可見二者原實爲一體；而九星君冠服不見於九真中經、絳生神丹訣，而與後九星夫人冠服等數則文字出處相同，疑九星君冠服本與九星夫人冠服相連屬下。

〔三〕「頭作」，本則文字幾處「頭作」在太上飛行九晨玉經作「頭建」，從文意看，九晨玉經應誤。

裙〔一〕。

第二天璇星，其星則號靈〔二〕精上玄皇夫人，頭作飛雲華頹之髻，衣飛錦羅裙、鳳文錦帔。

第三天機〔三〕星，其星則號靈妃元皇夫人，頭建晨嬰寶冠，衣飛雲明光錦裙。

第四天權星，其星則號上靈神妃華皇夫人，頭建七稱玉〔四〕冠，衣緋羅鳳文之裙。

第五玉衡星，其星則號北上金蓋中皇夫人，頭建紫晨飛華之冠，衣九色之裙。

第六闓陽星，其星則號安上晨華元皇夫人，頭建玉晨進賢之冠，衣飛青羽裙。

第七揺〔五〕光星，其星則號玉華靈皇夫人，頭建飛華雲頹之髻，衣七色夜光雲錦之裙、九色錦帔。

第八洞明星，則號常陽大明常皇夫人，頭作飛雲華頹之髻，衣飛羅文裙。

〔一〕「裙」，本則文字幾處「裙」字在九晨玉經作「襹」。在上清五常變通萬化鬱冥經中，除此處「裙」作「帔」外，其餘幾處「裙」也作「襹」。

〔二〕「靈」，九晨玉經作「虚」。

〔三〕「機」，九晨玉經及鬱冥經作「璣」。

〔四〕「玉」，九晨玉經作「之」。

〔五〕「揺」，鬱冥經作「瑶」。

第九隱元星，則號空玄變靈上皇夫人，頭建飛天〔一〕七稱玉冠，衣青文錦裙。

五星帝君冠服

東方歲星陽元宫中真皇君，頭建青精〔二〕玉冠，衣青羽飛裙〔三〕。

南方熒惑星洞陽宫中真皇君，頭建朱精玉冠，衣絳羽飛衣。

西方太白星素明宫中真皇君，頭建金精玉冠，衣白羽飛衣。

北方辰星玄斗宫中真皇君，頭建玄精玉冠，衣玄羽飛衣。

中央鎮星上樞宫中真皇君，頭建黄精玉冠，衣黄羽飛衣。

五星夫人冠服

東方陽元宫中有真皇帝君皇夫人，衣青錦帔、緑羽飛裙，頹雲髻。

南方洞陽宫中有真皇帝君皇夫人，衣丹錦帔、丹羽飛裙，頹雲髻。

〔一〕「天」，九晨玉經作「雲」。

〔二〕「精」，原無，據上清五常變通萬化鬱冥經補。

〔三〕「裙」，鬱冥經作「衣」。

西方素明宫中有真皇帝君皇夫人，衣素錦帔、紫羽飛裙，頽雲髻。

北方玄斗宫中有真皇帝君皇夫人，衣玄錦帔、翠羽飛裙，頽雲髻。

中央上樞宫中有真皇帝君皇夫人，衣黄錦帔、黄羽〔一〕飛裙，頽雲髻。

右出洞真迴元九道飛行羽經〔二〕。

五帝冠服

東方青帝君，頭建九元通天冠，衣青錦帔、碧錦〔三〕飛裙，佩太上九氣命靈之章，帶翠羽文〔四〕靈之綬。

南方赤帝君，頭建三氣玄梁寶冠，衣緋雲錦袍丹文之裙，佩南極制陽之符，帶朱宫八光之劍。

〔一〕「羽」，鬱冥經作「華」。

〔二〕「右出洞真迴元九道飛行羽經」，洞真太上飛行羽經九真升玄上記、太上飛行九晨玉經、上清五常變通萬化鬱冥經三經多相交叉，但上三則文字合在一起則僅見於上清五常變通萬化鬱冥經。

〔三〕「錦」，太上九赤班符五帝内真經作「飾」。

〔四〕「文」，九赤班符作「交」。

西方白帝君，頭建七氣明光寶冠，衣白錦雲光之袍、素錦飛裙，佩素靈之綬、龍淵漫延〔一〕之劍。

北方黑帝君，頭建五氣黑〔二〕晨之冠，衣黑錦之袍、五色飛裙，佩七元流鈴，帶文身通神之劍。

中央黄帝君，頭建黄晨通天玉冠，衣黄錦之袍，玄黄飛雲錦裙，佩黄神〔三〕越元之策，帶靈飛紫綬。

五嶽君冠服

東嶽泰山君，頭建三寶九光夜冠，衣青羽章裙〔四〕，披九色斑〔五〕裘，帶上皇命神之篆〔六〕。

〔一〕「延」，九赤班符作「涎」。

〔二〕「黑晨」及後「黑錦」中的「黑」，九赤班符作「玄」。

〔三〕「神」，九赤班符作「帝」。

〔四〕「裙」，原無，據九赤班符及上下文補。

〔五〕「斑」，九赤班符作「班」。

〔六〕「篆」，原作「傳」，據九赤班符改。

南嶽衡山君，頭建八朗寶光玉冠，衣赤錦飛裙，披神光緋文之裘〔一〕，帶封靈制魔之章。

西嶽華山君，頭建六丁〔二〕通神飛冠，衣白錦飛裙，披素錦之裘，帶受〔三〕靈素綬。

北嶽恒山君，頭建五氣寶晨玉冠，衣黑錦飛裙，披玄文明光之裘，帶文〔四〕靈紫綬。

中嶽嵩山君，頭建中元黄晨玉冠，衣黄錦飛裙，披玄黄文裘，帶黄神中皇之章。

四海神王冠服

東海水帝神王，頭建大〔五〕晨寶明之冠，衣青文翠羽飛裙，七色獅〔六〕子虎頭鞶囊。

南海水帝神王，頭建大晨寶明之冠，衣赤錦文裙，帶交靈紫綬、九色鞶囊。

西海水帝神王，頭建大晨寶明之冠，衣素錦飛裙，帶素靈命神之章，九色獅子虎頭鞶

〔一〕「裘」，九赤班符作「表」。

〔二〕「丁」，九赤班符作「元」。

〔三〕「文」，九赤班符作「交」。

〔四〕「文」，九赤班符作「交」。

〔五〕「大」，本則幾處「大晨」之「大」，於九赤班符作「太」。

〔六〕「獅」，九赤班符作「師」。本則以下幾處同。

囊，乘素霞飛輿。

北海水帝神王，頭建大晨寶明之冠，衣黑〔一〕錦飛裙，帶豁落七元、五色虎頭鞶囊。

右出洞真五帝内真經。

魔王冠服

大魔王，衣玄文之裘，頭戴横天之冠，腰帶龍頭之劍。

東方青帝大魔王，頭戴横天之冠，衣青羽之裘，腰帶青綬、虎頭鞶囊，或著絳章單衣，或化爲青赤二色之光。

西方白帝大魔王，頭戴横天素冠，衣白羽之裘，腰帶素靈之綬、五色虎頭鞶囊，或著皂紈單衣，或化爲老嫗，巾白巾，手持板〔二〕，或化爲紫蒼二色之光。

南方赤帝大魔王，頭戴横天朱冠，衣赤〔三〕羽之裘，腰帶丹靈之綬、虎頭鞶囊，或著羅黄

〔一〕「黑」，九赤班符作「玄」。

〔二〕「持板」，上清高上金元羽章玉清隱書經作「執金板」。

〔三〕「赤」，玉清隱書經作「青」。

之衣，或爲人頭鳥身，身如鳳凰，或化爲黑〔一〕黄二色之光。

北方黑帝大魔王，頭戴横天黑〔二〕冠，衣黑羽之裘，腰帶黑靈之綬、虎頭鞶囊，或著青紗單衣，或爲人身蛇頭，或爲青白二色之光。

西北方皓〔三〕帝大魔王，頭戴横天紫冠，衣紫羽之裘，腰帶紫綬、虎頭鞶囊，或著白紗單衣，或爲女子，作飛雲髻，手執金杖，或化爲紫白二色之光。

東南方昊帝大魔王，頭戴横天黄冠，衣黄羽之裘，腰帶黄綬、虎頭鞶囊，或著紫紗單衣，或爲人頭蛇身，口銜素綬，或化爲蒼緑二色之光。

東北方蒼帝大魔王，頭戴横天青冠，衣青羽之裘，腰帶青綬、虎頭鞶囊，或著緑紗單衣，或爲龍頭人身，手執節〔四〕，或化爲火精。

西南方黄帝大魔王，頭戴横天緑冠，衣緑羽之裘，腰帶緑綬、虎頭鞶囊，或著黄紗單

〔一〕「黑」，玉清隱書經作「玄」。

〔二〕「黑冠」及後「黑羽」、「黑靈」之「黑」，於玉清隱書經作「玄」。

〔三〕「皓」，玉清隱書經作「浩」。

〔四〕「節」，玉清隱書經作「青節」。

衣，或爲一人九頭，手執金戟，或化爲紫絳〔一〕二色之光。

右出洞真玉清隱書。

〔一〕「絳」，玉清隱書經作「皂」。

無上秘要卷之十九

天帝衆真儀駕品〔一〕

衆真儀駕

行玉清之道，出則諸天侍軒，給玉童玉女各三千人，建三七色節，駕紫雲飛軿〔二〕、十二瓊輪，前導鳳歌，後從天〔三〕鈞，六師啓路，飛龍翼轅，位准高仙，列圖玉清。

行上清之道，出則五帝〔四〕侍衛，給玉童玉女各一千五百人，建紫毛之節，駕飛雲丹輿，

〔一〕「天帝衆真儀駕品」，敦目作「衆聖儀駕品」，敦目無下文「衆真儀駕」四字。

〔二〕「軿」，太上飛行九晨玉經作「軒」。

〔三〕「天」，九晨玉經作「玄」。

〔四〕「帝」，九晨玉經作「宿」。

前吹鳳鳴〔一〕，後奏天鈞，玄龍啓道，五帝參軒，位准上清左右公〔二〕卿。行太清之道，出則五帝侍衛，給玉童玉女各八百人，建五色之節，駕龍輿飛煙，前嘯九鳳，後吹八鸞，白虯啓道，太極參軒。

右出洞真八素經〔三〕。

真皇所乘三素之輿，左御絳鸞，右御靈鳥〔四〕。中央黄老君駕鬱華飛龍，乘三素之雲。

右出洞真九真中經。

〔一〕「鳴」，九晨玉經作「鸞」。

〔二〕「公」，九晨玉經作「位」。

〔三〕「右出洞真八素經」，此段文字從内容上看與上清太上八素真經對「上清」、「玉清」、「太清」的區分相吻合，但却不見於今上清太上八素真經、洞真太上八素真經服食日月皇華訣及其他五部與八素經有關的妙訣中，疑誤竄入太上飛行九晨玉經，或二經有交叉。

〔四〕「左御絳鸞，右御靈鳥」，上清太上九真中經的類似文字作「玄母所乘，三素之輿；元父所控，赤羽飛車；左御絳鸞，右轡靈鳥」。

元始天王與改生，共乘碧霞九靈流景雲輿，上登太空瓊臺騫靈紫殿黄華英房。

右出洞真變化七十四方經。

元始天王與太帝君，共乘碧霞流飆紫輦，上登九玄之崖、无色之端，徘徊洞天，逍遥无極〔一〕，流眄縱體，適意浮輪。

右出洞真太極金書上經。

上清九天玄神〔二〕八聖，遊於空雲〔三〕，足超靈堂〔四〕，景浮氣〔五〕澄，大宴〔六〕太玄玉帝，

〔一〕「无極」，太上玉珮金璫太極金書上經作「極元」。
〔二〕「神」，上清元始變化寶真上經九靈太妙龜山玄籙卷中作「都」。
〔三〕「雲」，龜山玄籙作「虚」。
〔四〕「足超靈堂」，龜山玄籙作「靈足超於玉堂」。
〔五〕「氣」，龜山玄籙作「紫」。
〔六〕「大宴」，龜山玄籙無。

戲參九鳳、龍車玉輿，乘九〔一〕色飛雲，從十二龍駕、仙官玉女各二十四人。又八鸞白鵠，九鳳齊〔二〕鳴，雲陳九色之節，十絶華幡，三天寶蓋，九天乘騎，飛遊虛〔三〕空，逕造五嶽名山。

右出洞真龜山元籙經。

高聖太上大道君，乘碧霞九靈八景流雲之輿，從飛仙羽蓋、桑林千真、紫虛之童三十萬人，顯蓋九霞，迴天傾光，天丁前驅，六師屬天〔四〕，奔雷〔五〕揚精，四明扶輪，九靈啓路〔六〕，五老通津，飛旍瓊塗，流眄高清，上詣九層七映朱宫。

右出洞真七聖元紀經〔七〕。

〔一〕「九」，龜山玄籙作「五」。

〔二〕「齊」，龜山玄籙作「飛」。

〔三〕「虛」，龜山玄籙作「太」。

〔四〕「屬天」，上清玉帝七聖玄紀迴天九霄經作「厲鋒」。

〔五〕「雷」，迴天九霄經作「電」。

〔六〕「四明扶輪，九靈啓路」，迴天九霄經作「四明扶靈啓路」。

〔七〕「洞真七聖元紀經」，原作「洞真靈書紫文上經」，今實見於前者，當誤題或竄奪所致，據改。

元陽元皇玉帝君時乘碧霞九鳳飛轝、瓊輪羽蓋，從桑林千真萬乘億騎飛行。九天丈人時乘飛鳳玄龍，遊於白水，涉明空山之上〔一〕。

右出洞真青要紫書金根經。

青精君常乘羽逸之車，攜玄景之童，登紫空之山〔二〕。

玉華三元君乘神回之車，登雲飆之宫，入流逸之房〔三〕。

〔一〕「遊於白水，涉明空山之上」，洞真上清青要紫書金根衆經卷上作「遊於白水沙州、空山之上」。

〔二〕「青精君常乘羽逸之車，攜玄景之童，登紫空之山」，雲笈七籤卷八釋三十九章經第二十章：「青精上真内景君曰：青精之宫有上華之室。室中有自然青氣，號曰返香之煙，逆風聞三千里。紫空者，内景之山名也。青精君常乘羽逸之車，攜玄景之童，登紫空之山，入玉室之内也。」上清大洞真經卷四青精上真内景君道經第二十：「青精上華氣，太微玄景童。神化玉室内，飛羽逸紫空。」

〔三〕「玉華三元君乘神回之車，登雲飆之宫，入流逸之房」，雲笈七籤卷八釋三十九章經第二十四章：「天皇上真玉華三元君曰：天皇上真者，是上清真人之典禁主，玉華仙女之母，故號曰玉華三元君也。乘神徊之車，登雲飆之宫，入流逸之室。神徊者，是真人一輪車名。」上清大洞真經卷四太皇上真玉華三元君道經第二十四：「雲飇流逸，八景浮清。併羽大帝，攜帶寒庭。」

太極元君乘淩羽之車，上宴上清，執震靈之符，召萬魔之王〔一〕。

九氣丈人時乘晨回之風，登蕩滯神山〔二〕。

八皇老人時乘廣琅之車，把鳳羽之節，登華便之山，入大老之室〔三〕。

〔一〕「太極元君乘淩羽之車，上宴上清，執震靈之符，召萬魔之王」，雲笈七籤卷八釋三十九章經第二十七章：「太極主四真人元君曰：太極元君乘淩羽之車，結雲氣以雕華，控九龍以齊驟，揚威于高上之天，轉轂於太明之丘，鳴鐘于朱火之臺。」上清大洞真經卷五太極主四真人元君道經第二十七：「太極主四真，淩羽逸上清。七轉召司命，太一揚威明。司録促謁位，三舉登震靈。魔王來受事，仙官束鬼精。」

〔二〕「九氣丈人時乘晨回之風，登蕩滯神山」，雲笈七籤卷八釋三十九章經第三十二章：「太玄都九氣丈人主仙君曰：太玄都九氣丈人乘晨徊之風，登蕩滯之山，煥鬱然之煙，入太暉之宫。」上清大洞真經卷五太玄都九氣丈人主仙君道經第三十二：「神光秀空峰，五道煥三天。駕景登絶霄，乘風蕩滯神。」

〔三〕「八皇老人時乘廣琅之車，把鳳羽之節，登華便之山，入大老之室」，雲笈七籤卷八釋三十九章經第三十三章：「上清八皇老君曰：上清之天在絶霞之外，有八皇老君運九天之仙而處上清之宫也。乘廣琅之車，把鳳羽之節，登華便之山，入太老之堂。」上清大洞真經卷五洞精八景九玄老君道經第三十三：「晨登大老寢，夕宴金華便。羽節命太一，錦旗招萬神。」

青童君乘玉雕之輧，御圓珠之氣，登雲波之山，入東華之室〔一〕。

九老仙皇太帝君乘合羽之車，上登扶桑之杪，會九老之京，萬仙受事〔二〕。

萬華先生時乘三素之景、羽明之輧，北登高元之嶽，宴寢萬華之室〔三〕。

司禁真伯上帝王君，時乘日月之輧，上登重漢之山，入宴羽景之堂，濯纓帝川之池，會

〔一〕「青童君乘玉雕之輧，御圓珠之氣，登雲波之山，入東華之室」，雲笈七籤卷八釋三十九章經第三十四章：「東華方諸宫高晨師玉保王青童君曰：東華者，仙真之州也，在始暉之間，高晨玉保王所治也。東華真人呼日爲紫曜明，或曰圓珠。青童君乘雕玉之輧，御圓珠之氣，登雲波之山，入東華之堂。」上清大洞真經卷五東華方諸宫高晨師玉保王青童君道經第三十四：「東華發始暉，高晨映上清。焕洞圓珠蔚，琅琅紫曜明。七神回帝席，五老飛玉輧。太一景中立，司命攝萬精。汎然雲波間，寂眄泥丸城。」

〔二〕「九老仙皇太帝君乘合羽之車，上登扶桑之杪，會九老之京，萬仙受事」，參卷四靈山品「扶桑際有九老京山」條註。

〔三〕「萬華先生時乘三素之景、羽明之輧，北登高元之嶽，宴寢萬華之室」，雲笈七籤卷八釋三十九章經第三十六章無類似文字，引文見於上清道寶經卷四駕乘品及太平御覽道部十九輿輦引大洞玉經。

仙絶空之宫〔一〕。

右出洞真大洞玉經。

上聖太上大道君、高上玉帝、十方至真，並乘五色瓊輪、琅輿碧輦、九色玄龍、十絶羽蓋、三素流雲。

諸天大聖、妙行真人，皆乘碧霞九靈流景飛雲玉輿，神霞焕爛，流眄太无，五帝神仙、

〔一〕「司禁真伯上帝王君，時乘日月之軿，上登重漠之山，入宴羽景之堂，濯纓帝川之池，會仙絶空之宫」，雲笈七籤卷八釋三十九章經第三十七章：「玄洲二十九真伯上帝司禁君曰：玄洲有三溺之津，非飛仙而莫越也。又有羽景之堂，在太無之庭。又有絶空之宫，在五雲之中，玉靈仙母、金華仙女常所游也。司禁真伯上帝玉君時乘日月之軿，披虎文之裘，登重漠之山，入宴羽景之堂，濯纓帝川之池，會仙絶空之宫也。」大洞真經卷六玄洲二十九真伯上帝司禁君道經第三十七：「玄洲絶三津，羽景大無庭。迴霄飛重漠，委化混萬精。五雲鬱絶空，七霞落圓明。朗朗幽寥子，梵昌濟黄寧。五老揮絳華，散香攜五靈。金質濯帝川，緑煙藹流瓊。」按，「重漠」，秘要原訛作「重漢」，上清道寳經駕乘品第七也引「時乘日月之軿，上登重漠之山」，大洞玉經卷下：「羽景，堂名。重漠，山名。」據改。

桑林千真玉真〔一〕，嘯命十方天衆〔二〕，上詣上清紫微上宫，建天寶羽服，詣元始天尊金闕之下，請受元始靈寶赤書五篇真文。

右出洞玄赤書經。

太上大道君以上皇元年九月十日，西遊玉國龍崛山中，與太真、真王、夫人共座一嵎華林之下。時有元始天尊，忽乘碧霞緑輿、二素飛雲、神仙羽蓋，三十二天上帝、玉真、飛仙、玉女十億萬人，建九色之節、十絶靈幡，散華燒香，浮空而來，前導鳳歌，後從天鈞，獅子白鵠，嘯歌邕邕，五老啓塗，太極參軒，衆真並降於龍崛山中。

右出洞真金籙簡文真一經。

上皇元年九月二日，後聖李君出遊西河，歷觀八方〔三〕，值元始天王乘八景玉輿，駕九

〔一〕「玉真」，元始五老赤書玉篇真文天書經卷上無。

〔二〕「十方天衆」，玉篇真文天書經作「十天」。

〔三〕「方」，洞玄靈寶二十四生圖經作「門」，太玄八景籙同秘要。

色玄龍，三素飛雲，導從群仙，手把華幡，浮空而來，同會西河之上。

右出洞玄二十四生圖。

三十六土皇儀駕

第一壘四音土皇，常以立春之日，乘青龍之車，執青〔一〕色之麾，從青帝胡老之官、巨獸〔二〕之騎九千人，上詣鬱單无量天，奏地仙得道上學之人，言名於四天之王。

第二壘四音土皇，常以春分日，乘黄碧二色之雲〔三〕、十二玄龜，執神皇九光之策，從青帝胡老之官、飛行甲騎八千人，上詣上上禪善无量壽天，奏地仙得道上學之人，言名於四天之王。

第三壘四音土皇，常以立夏之日，乘絳霞之雲、十二鳳凰，執五色之節，從越老之官、飛行武騎八千人，上詣須延天，奏地仙得道上學之人，言名於四天之王。

第四壘四音土皇，常以夏至之日，乘絳霞雲輿、十二朱鳥，執命魔之幡，從越老仙官、

〔一〕「青」，上清外國放品青童内文卷下作「九」。
〔二〕「獸」，青童内文作「鱗」。
〔三〕「雲」，青童内文作「氣」。

飛行武騎八千人，上詣寂然天，奏地仙得道上學之人，言名於四天之王。

第五壘四音土皇，常以立秋之日，乘素雲之輿、十二白虎，執命靈九元之章，從玄〔一〕老仙官、飛天雷〔二〕騎六千人，上詣不驕樂天，奏地仙得道上學之人，言名於四天之王。

第六壘四音土皇，常以秋分之日，乘素雲飛輿、十二白虎，執九色制神之幡〔三〕，從玄〔四〕老仙官、飛天虎騎六千人，上詣化應聲天，奏地仙得道上學之人，言名於四天之王。

第七壘四音土皇，常以立冬之日，乘黑〔五〕雲飛輿、二十四玄龍〔六〕，執五色命魔靈幡〔七〕，從羌老仙官、騰天之騎五千人，上詣梵寶天，奏地仙得道上學之人，言名於四天之王。

〔一〕「玄」，青童内文作「氐」。
〔二〕「雷」，青童内文作「虎」。
〔三〕「幡」，青童内文作「麾」。
〔四〕「玄」，青童内文作「氐」。
〔五〕「黑」，青童内文作「玄」。
〔六〕「龍」，青童内文作「武」。
〔七〕「命魔靈幡」，青童内文作「命靈之幡」。

第八壘四音土皇，常以冬至之日，乘黑〔一〕雲飛輿、五色飛驎〔二〕，執九色之節，從羌老仙官、騰天之騎五千人，上詣梵摩迦夷〔三〕天，奏地仙得道上學之人，言名於四天之王。第九壘之地，極下洞淵洞源，綱維天下〔四〕，制使不落。九壘土皇常以三月一日、六月二日、九月三日、十二月四日，一年四過，乘五色雲輿、九色飛龍，執中元命神之章，從傖老仙官、耀天羽騎萬二千人，上詣波梨答惒天，奏九地學道得仙之人，言於四天之王。

右出洞真外國放品經。

十〔五〕方神王儀駕

東方无極飛天神王。

南方无極飛天神王。

〔一〕「黑」，青童内文作「玄」。
〔二〕「驎」，青童内文作「麟」。
〔三〕「梵摩迦夷」，青童内文作「梵迦摩夷」。
〔四〕「下」，青童内文作「地」。
〔五〕「十」，該字後敦目有「勾」字。

西方无極飛天神王。

北方无極飛天神王。

東北无極飛天神王。

東南无極飛天神王。

西南无極飛天神王。

西北无極飛天神王。

上方无極飛天神王。

下方无極飛天神王。

右十方至真飛天神王，並乘飛雲、丹輿緑輦，羽蓋瓊輪，参駕朱鳳、五色玄龍，建九色之節、十絶靈幡，前嘯九鳳齊唱，後吹八鸞同鳴，五老啓塗，群仙翼轅，億乘萬騎，浮空而行〔一〕。

右出洞玄无量度人經。

〔一〕「行」，靈寳無量度人上品妙經卷一作「來」。

八方消魔大王儀駕

北臺金玄洞微玉清消魔大王，時乘碧霞九色流鈴〔一〕、飛輿紫蓋，從桑林千真，上昇太虚，遊宴玉清。大魔王常乘羽輪之車，飛行雲中。

東方青帝消魔大王，常以春分之日，駕乘青輪羽車，飛行雲中，遊宴五嶽。

南方赤帝消魔大王，常以夏至之日，駕乘赤輪羽車，飛行雲中，遊宴五嶽。

西方白帝消魔大王，常以立秋〔二〕之日，駕乘白輪羽車，飛行雲中，遊宴五嶽。

北方黑帝消魔大王，常以冬至之日，駕乘黑輪羽車，飛行雲中，遊宴五嶽。

西北方皓〔三〕帝消魔大王，常以立冬之日，駕乘紫輪羽車，飛行雲中，遊宴五嶽。

東南方昊帝消魔大王，常以立夏之日，駕乘黄輪羽車，飛行雲中，遊宴五嶽。

東北方蒼帝消魔大王，常以立春之日，駕乘蒼輪羽車，飛行雲中，遊宴五嶽。

〔一〕「鈴」，原作「靈」，據上清高上金元羽章玉清隱書經改。

〔二〕「立秋」，玉清隱書經作「秋分」，該經西方白帝消魔大王在南方赤帝消魔大王前。

〔三〕「皓」，玉清隱書經作「浩」。

西南方皇〔一〕帝消魔大王，常以秋分〔二〕之日，駕乘緑輪羽車，飛行雲中，遊宴五嶽。

右出洞真金玄羽章玉清隱書。

五嶽帝君儀駕

東嶽太〔三〕山君，常以春分日，乘青霞〔四〕飛輿、九色蒼龍，奏真仙名録，上言高上帝君。

南嶽衡山君，常以夏至日，乘赤霞飛輪，奏真仙名録，上言高上帝君。

西嶽華山君，常以秋分日，乘素霞飛輪，奏真仙名録，上言高上帝君。

北嶽恒山君，常以冬至日，乘黑〔五〕霞飛輪，奏真仙名録，上言高上帝君。

中嶽嵩山〔六〕君，常以三月、六月、九月、十二月戊辰、戊戌、乙丑、己未之日，乘黄霞飛

〔一〕「皇」，玉清隱書經作「黄」。

〔二〕「立秋」，玉清隱書經作「秋分」。

〔三〕「太」，太上九赤班符五帝内真經作「泰」。

〔四〕「霞」，九赤班符作「雲」。

〔五〕「黑」，九赤班符作「玄」。

〔六〕「嵩山」，九赤班符作「嵩高山」。

輪，奏真仙名録，上言高上帝君。

右出洞真九赤班符五帝内真經。

五老君儀駕

東方安寶華林始老，號曰蒼帝，駕蒼龍，建鴇〔一〕旗。

南方梵寶昌陽丹靈真老，號曰赤帝，駕丹龍，建朱旗。

中央玉寶元靈元老，號曰黄帝，駕黄龍，建黄旗。

西方七寶金門皓靈皇老，號曰白帝，駕白龍，建素旗。

北方洞陰朔單鬱絶五靈玄老，號曰黑帝，駕玄〔二〕龍，建皂旗。

右出洞玄元始五老赤書經。

〔一〕「鴇」，元始五老赤書玉篇真文天書經卷上作「鶉」。

〔二〕「玄」，玉篇真文天書經作「黑」。

五方帝儀駕

東方靈威仰，號曰蒼帝，其神甲乙，服色尚青，駕蒼龍，建青〔一〕旗。

南方赤飄弩，號曰赤帝，其神丙丁，服色尚赤，駕赤龍，建朱旗。

中央含樞紐，號曰黄帝，其神戊己，服色尚黄，駕黄龍，建黄旗。

西方耀魄寶，號曰白帝，其神庚辛，服色尚白，駕白龍，建素旗。

北方隱侯局，號曰黑帝，其神壬癸，服色尚黑〔二〕，駕黑龍，建皂旗。

右出洞玄五符經。

四海神王儀駕

東海水帝神王，常以立春、春分之日，乘碧輦飛龍，上詣高皇玉帝，削罪簡，注仙録，列言上帝之前。

南海水帝神王，常以立夏、夏至之日，乘蛟龍飛行雲輪，上詣高皇玉帝，削罪簡，注仙

〔一〕「青」，原作「鴇」，據太上靈寶五符序卷上及上下文改。

〔二〕「黑」，太上靈寶五符序卷上作「玄」。

録，列奏玉帝之前。

西海水帝神王，常以立秋、秋分之日，乘素霞飛輿，上詣高皇玉帝，削罪簡，注仙録，列奏玉帝之前。

北海水帝神王，常以立冬、冬至之日，乘黑〔一〕霞飛輿，上詣高皇玉帝，削罪簡，注玉篇，列言上清玉皇帝前。

右出洞真五帝内真經〔二〕。

〔一〕「黑」，太上九赤班符五帝内真經作「玄」。

〔二〕「洞真五帝内真經」，原作「洞真飛行羽經」，誤，卷十八「四海神王冠服」也出自太上九赤班符五帝内真經，與此「四海神王儀駕」乃一段文字，據改。

無上秘要卷之二十

仙歌品

靈〔一〕綱落天紀，九斗翠玉虚。紫蓋重霄嶺，玄精明〔二〕八嵎。上有九晨賓，吟詠隱羽〔三〕書。飛步遨北漢，長齡天地居。

控轡玄羽臺，飛行九元所。洞靈〔四〕深幽邃，雲綱垂〔五〕空舉。下有採真士，仰招玉晨

〔一〕「靈」，太上飛行九晨玉經作「雲」。

〔二〕「明」，九晨玉經作「朗」。

〔三〕「羽」，九晨玉經作「與」，誤。

〔四〕「靈」，九晨玉經作「虚」。

〔五〕「垂」，九晨玉經作「乘」。

旅〔一〕。三周陽明上，九迴入洞野。高步登帝尊，長歌龍飛語。

玉霄映北朔，瓊條翠隱柯。空生九靈臺，煥精曜太霞〔二〕。天關運重冥，劫會屢經過。乘我羽行駕，飛步織女河。保靈空常化，永忘天地多。

此三章出玉清上宫，九陽玉童〔三〕、九華玉女皆恒歌誦之於華晨之上，和形魂之交暢，啓靈真於幽關。凡修飛步七元，行九星之道，無此歌章，皆不得妄上天綱，足躡玄斗。

右出洞真迴元九道經。

元始天王授南極司命君上清變化七十四方於雲房之内，時三元監真〔四〕上元无英帝君歌上元洞門變真内章之曲，其辭曰：

三素流五雲，宛轉〔五〕九領阿。朱靈啓碧室，金暉煥東霞。三晨朗太虚，上清鬱嵯峨。

〔一〕「仰招玉晨旅」，九晨玉經作「仰照玉晨府」。

〔二〕「霞」，九晨玉經作「遐」。

〔三〕「童」，原作「章」，九晨玉經此處作「諸九陽玉童」，據改。

〔四〕「三元監真」，上清道寶經卷三節引上清變化七十四方作「三元真玉」。

〔五〕「五雲，宛轉」，上清道寶經卷三作「五河，雲轉」。

瓊門纏曲宇，飛層互參差。森此萬帝宮，真真各有家。元氣本玄一，一變奚孰多。結號周百圖，儵化生根牙。散靈九度外，飾容非朝華。固〔一〕此萬劫庭，結秀億椿柯。南極啓冥疇，妙挺拔世羅。冒禁不容隱，輕藴當奈何。

中元黄老帝君歌中元洞化内真章曲曰：

落落三真布，分流九靈〔二〕氣。玉虚列八座，輪化无軌逮。結號萬帝縱，運生有无際。瓊宫〔三〕森太霞，金響〔四〕洞幽藹。玉臺霄上立〔五〕，流精曜紫蓋。皇人據靈墟，飛層茂霞太。含〔六〕真三丹府，散靈九員外。氣變无端緒，儵忽應靈會。誰能測冥化，迴容反老艾。南極襲冥鳳，故使結中帶。

〔一〕「固」，上清道寳經作「同」。
〔二〕「靈」，上清道寳經作「雲」。
〔三〕「宫」，上清道寳經作「室」。
〔四〕「響」，上清道寳經作「鄉」。
〔五〕「立」，上清道寳經作「玄」。
〔六〕「含」，上清道寳經作「合」。

下元白元帝君歌下元洞虚〔一〕化真章曲曰：

嵯〔二〕峨太霞闕，金門纏九重。丹暉曜瓊天，飛霄鬱玄穹〔三〕。神變无跡庭，真號有本蹤。散氣九靈户，分爲萬帝宫。帝帝各有鄉，真真各有方。寂寂生霞上〔四〕，翳翳太虚中。輪轉自有運，萬劫乃一終。洞化丹靈窟，寥寥九玄通。冥思攜寂室，八景可飛空。盤迴變化鄉，妙哉元始公。南極苦心發，故能迴神峰。眇眇躡景遷，遂起萬仙宗。

右出洞真變化七十四方經。

高聖玉帝命上宫玉女徐法容、蕭慧忠、田〔五〕四非、李雲門等，彈雲鈞之璈，合聲齊唱，歌大洞高清玄誡之章、三塗五苦之詩。其辭曰：

〔一〕「虚」，上清道寶經作「靈」。
〔二〕「嵯」，上清道寶經作「峨」。
〔三〕「穹」，上清道寶經作「梁」。
〔四〕「生霞上」，上清道寶經作「綵霞生」。
〔五〕「田」，太真玉帝四極明科經卷一作「由」。田四非還見於洞真太上神虎隱文及洞真太上説智慧消魔真經卷二，「田」是。

大洞總三倫〔一〕，元化有无形。寂若无根教，肅若〔二〕有威靈。哀哉三塗中，憂苦從是生。至學順〔三〕茲戒，積〔四〕善窮劫齡。劫盡化生天，身與日月并。愚癡隨世好，浮學以自〔五〕榮。宣化无綱紀，輕漏天寶經。冒〔六〕科入死門，四極結爾名。魂神履九難，五苦長爾嬰。食火踐刀山，艱辛无蹔寧。歎此禍福原〔七〕，悠悠中甚明。

高上遺嚴誡〔八〕，禍福令人歎。仙道本由運，冥中亦已判。无運亦不啓，既悟長苦晏〔九〕。

〔一〕「倫」，四極明科經作「輪」。

〔二〕「肅若」，原作「蕭茗」，據四極明科經改。

〔三〕「順」，四極明科經作「勤」。

〔四〕「積」，原作「精」，據四極明科經改。

〔五〕「自」，四極明科經作「求」。

〔六〕「冒」，原作「目」，據四極明科經改。

〔七〕「原」，四極明科經作「源」。

〔八〕「誡」，四極明科經作「戒」。

〔九〕「晏」，原作「最」，四極明科經此處作「常苦晏」，更合韻脚，據改。

若能崇玄科，自然超霄漢。苟貪愛獄〔一〕累，何爲彊敖〔二〕翫。居罪結四明，死魂履九難〔三〕。流曳五苦庭，三塗結不散。沉靈九幽下〔四〕，萬劫无待旦。悲此元始教，能不使人惋〔五〕。

寥寥九玄上，翳翳初化始。无形亦无影，无深亦无測。二儀啓運彰，結氣以成滓。三晨朗元〔六〕室，五九有綱紀。禍福由人生，善惡竟孰在。若能悟玄教〔七〕，超然淩高起〔八〕。苟執伐命斧，積舋盈心地〔九〕。沉罪結四明，宿罰良有已。生身負風刀〔一〇〕，五苦無窮解。

〔一〕「獄」，四極明科經作「欲」。
〔二〕「敖」，四極明科經作「傲」。
〔三〕「死魂履九難」，四極明科經作「生死履八難」。
〔四〕「下」，四極明科經作「掠」。
〔五〕「惋」，四極明科經作「怨」。
〔六〕「元」，四極明科經作「玄」。
〔七〕「教」，四極明科經作「覺」。
〔八〕「淩高起」，四極明科經作「陵高嶷」。
〔九〕「地」，四極明科經作「裏」。
〔一〇〕「風刀」，四極明科經作「刀山」。

七祖〔一〕填幽夜，萬劫方一紀。流〔二〕連三塗中，未悟有生死。

右出洞真四極明科。

陽歌九章。

控景飆玄階，澄真宴紫清。丹袂揮圓霄，龍帔登大明。解駕高空外，四老迴錦軿。萬仙朝帝房，香煙乘虚生。瑶臺列元人，金書期玉庭。攜昇天上寢，飛華焕秀靈。體窮無算期，神濟億運寧。流浪引明曜，方與日待傾。

流風駕八軿，乘欻眄九垂。傾旂靈絶上，霞峰帶天彌。手攜西皇真，玉晨爲我師。仰嗡瓊珠華，乃覺明關開。虎裙玉堂内，眇與兩景飛。

結駕出九玄，金房蕭寥閑。龍軿乘三雲，神風扇飛煙。濯浪織女河，攜宴高元真。併羅景曜儛，常爲空中賓。徘徊二无際，内觀自纏綿。靈運九霞外，永保億萬椿。

夕宿西華堂，朝朝扶桑公。寥朗眄太虚，神塗無圓方。紫轡總五雲，披霄躡靈風。迴

〔一〕「祖」，四極明科經作「玄」。
〔二〕「流」，四極明科經作「留」。

軿窈窕丘，龍軒啓真皇。左録廣暉賢，右命四海童。靈鳳唱金籥，神虎羅天鍾。常與玄景元，逍遥晨霞中。

騰旂扇廣寒，摇蕩魁晨宫。紫曜流景躍，九霞藹太空。朝入希林宇，夕宴丹微房。三氣合飛甍，重樞運神風。歌唱消魔篇，四座吟靈章。棲鎮宴椿外，宅形萬劫中。

嗽嘈太微觀，崚嶒九玄所。中有執寂賢，洞簫静冥〔一〕處。西有六領師，尋暉與曉語。來非皇人賓，去非飛仙侣〔二〕。我超騰羽蓋，徘徊清泠渚。豁虚八極上，高煙淩景〔三〕舉。

控飆適三天，長宴玄房永。北辰結朱館，嶷峙九虚嶺。飛駕侍霞峰，龍裙拂高景。八風揚錦軿，六氣發玉井。暉赫圓輪焕，五霄翳耀炅。棲憩无終劫，虚轡豈暇静。

策駕玄中漠，轡素扶希林〔四〕。妙微混沌遘，長扇迴五煙〔五〕。八景停玉輪，清軒覽明

〔一〕此首辭訣見紫陽真人内傳，「賢，洞簫静冥」作「賓，洞嘯静寒」。

〔二〕「侣」，紫陽真人内傳作「旅」。

〔三〕「高煙淩景」，紫陽真人内傳作「清煙淩飄」。

〔四〕「轡素扶希林」，紫陽真人内傳作「庇素扶琋林」。

〔五〕「長扇迴五煙」，紫陽真人内傳作「長翻朱煙岑」。

真。左躡〔一〕飛行遊，右顧淩八天。洞豁登〔二〕協晨，仰攜皇中人〔三〕。至暢玄理〔四〕會，靈妙體神〔五〕珍。

朝宴南華門，夕拜玉晨庭。眇眇寂中駕，八景扇雲軿。玄臺結九霞，丹排落翠精。隱芝羅幽階，鳳腦曜五城。三元軒緑旂，終風揚威明。上延空中仙，攝我朱火鈴。十絶命萬魔，永保順氣生。

真人歌章，太上四華宫中及玄關瑶臺閬風玄丘房中神童玉女所歌者，亦以下教當得道之人應爲仙者，使聞詠之。

陰歌六章。

飛飆沫玄濤，滄浪始暉崖。連波嶸嶽岑，淵瀾邁九垂。超濯溺津際，容與天刃溪。飛浪乘扶摇，雲水灑玄梯。汜然上華童，晨遊四方臺。迴景太玄妃，攜帶結纏彌。應運乃高

〔一〕「躡」，紫陽真人内傳作「攝」。

〔二〕「登」，紫陽真人内傳作「辨」。

〔三〕「仰攜皇中人」，紫陽真人内傳作「仰感發皇人」。

〔四〕「玄理」，紫陽真人内傳作「理自」。

〔五〕「神」，紫陽真人内傳作「豈」。

會，相命促中期。萬劫爲一契，千椿未始離。

命駕出三玄，流零飛雲漢〔一〕。賓皇大〔二〕和庭，鬱儀清虚觀。結璘絶煙際，尋暉七虚〔三〕焕。素敖凌紫天，洞遊无名館。龍旂迴瓊輪，四朗應景散。聊且期時通，温之至道日。

二玄絶崿嶸，玉臺奇浪粲。九氣纏隱芝，萬齡結翹蔓。寥寥太素景，靈暉曜晨漢。足步二玄間，仰攜圓精運。玉丹享神真，年與无億算。時翳九靈室，動周二度變。晨宴景陽宮〔四〕，攀暉德所鍾。徘徊重玄嶺，翻翻〔五〕降飛龍。齊驤八落外，高步閶闔房〔六〕。

〔一〕「流零飛雲漢」，紫陽真人内傳作「流鈴飛漢賓」。
〔二〕「賓皇大」，紫陽真人内傳作「皇皇太」。
〔三〕「虚」，紫陽真人内傳作「靈」。
〔四〕「晨宴景陽宮」，紫陽真人内傳作「晨應載景陽」。
〔五〕「翻」，紫陽真人内傳作「焉」。
〔六〕「齊驤八落外，高步閶闔房」，紫陽真人内傳作「參騰八紘外，翺翔閶闔方」。

散〔一〕風生丹室，雲合窈窕〔二〕中。逸域研標子，鍊〔三〕素潛太空。長綿中有景，龍煙帶山容〔四〕。空絶廣寒宅，至靈道妙同〔五〕。積静玄八〔六〕豁，素阿蒙長通。我登陽寥内，虚飆駕神風〔七〕。

雲臺曜北玄，龍泉邃幽嶺。玉津迴冥澗，白華空洞頂。咀嚼龍房氣，神胎九天永。高玄定金書，二曜披霄穎。凝駕太漠内，寥寥適長静。

西玄鬱絶根，高暉拂耀明〔八〕。眇眇流霞〔九〕澄，育光披〔一〇〕浩清。房素重離裹，安妙寄

〔一〕「散」，紫陽真人内傳作「蕠」。

〔二〕「窕」，紫陽真人内傳作「寥」。

〔三〕「逸域研標子，鍊」，紫陽真人内傳作「迭域谷希子，值」。

〔四〕「長綿中有景，龍煙帶山容」，紫陽真人内傳作「長錦中有景，永煙被山容」。

〔五〕「至靈道妙同」，紫陽真人内傳作「混洞道沌同」。

〔六〕「玄八」，紫陽真人内傳作「八朗」。

〔七〕「我登陽寥内，虚飆駕神風」，紫陽真人内傳作「我汎陽寥景，虚煙動清風」。

〔八〕「高暉拂耀明」，紫陽真人内傳作「高耀拂輝明」。

〔九〕「霞」，紫陽真人内傳作「遐」。

〔一〇〕「披」，紫陽真人内傳作「拔」。

蘭生。命駕飛八景，扇〔一〕集迴南傾。淩厲陽明上，虎〔二〕嘯八極城。萬里何〔三〕云遐，暫〔四〕超不稽靈。高會有妙〔五〕娱，端駕講所精。至道深朗豁，智來温慧經〔六〕。

太上真人八素靈陰三和歌曲六章，以調紫皇玉妃玄鈞瓊笙安節之音矣。

右陰歌、陽歌，凡有一十五章，太上玉晨大道君命太素真人、中華公子、太極紫陽公路虚成造，以唱八素之真。能恒諷詠者，使人精魂合樂，五神諧和，萬邪不侵。

此歌曲之美，是太極紫陽公〔七〕陽歌九章，以曜九晨之道；陰歌六章，以利六氣之精。詠之者凝三神，有之者除不祥。

〔一〕「扇」，紫陽真人内傳作「迅」。

〔二〕「陽明上，虎」，紫陽真人内傳作「陽羽野，結」。

〔三〕「何」，紫陽真人内傳作「誰」。

〔四〕「暫」，紫陽真人内傳作「我」。

〔五〕「高會有妙娱」，紫陽真人内傳作「誘會有素」。

〔六〕「至道深朗豁，智來温慧經」，紫陽真人内傳作「至道方朗豁，知來温新齡」。

〔七〕「太極紫陽公」，本當在此點斷，疑後有文字缺佚。

右出太上真人八素陽歌九章〔一〕。

正一真人告趙昇曰：九天帝王命素女陰歌九章，以和陽歌。學士行道誦詠之。東遊蓬嶽標，西之九河津。飛梵承虚上，振聲光于天。棲憩華林際，何憂不長年。北遊遨海島，南適登林墟。重萌欝以赫，朱鳳引鳴雛。既忘榮耀契，何不賓仙居。陰歌悲且吟，諷詠高仙子。放浪嵩嶽峰，起虚登霄裏。詠歌八音停，揚妙隨風起。徘徊清林中，仙賢相攜跱。清肅八音詠，微風梵皇靈。閑夜動哀唱，雙陰交來鳴。織婦吐歸吟，悽切感思生。自非高仙子，何由保賢真。眇眇靈霄林，仙飛昇玄圖。九五難常居，八音何足慕。宫商五絃悲，須得九陽顧。始聽孤魂悲，未樂幽玄户。玄梵飛虚上，璨璨引高靈。但患無志契，不患心不精。既入空洞室，何憂道不成。峨峨皇極觀，赫赫瓊林房。流來飛霞照，雙雙表玉容。飛鳳銜素籍，高唱怡元功。

〔一〕「太素真人八素陽歌九章」，道藏闕經目録著録洞真上清太上真人八素陽歌九章經；真誥卷二十翼真檢第二説：「掾（許翽）書太素五神二十四神並回元隱道經一卷，及八素陰陽歌一卷。」

遊景揚梵氣，飛歌停玉真。零陰歌誦妙，西曲入二便。陽歌陰來和，雙儛何翩翩。當寫榮耀旅，高仙結我親。逍遥遊何境，出入衆妙門。玉京灑慈澤，金闕布洪恩。相隨龜山館，歌笑扶桑林。長棲太一宇，歸命禮三尊。

右出三皇經。

龍旂儛太虚，飛輪五嶽阿。所在皆逍遥，有感興冥歌。无待愈有待，相遇故得和。滄浪奚足遼，玄井不爲多。鬱絶尋步間，俱會四海羅。豈若絶明外，三劫方一過。駕欻發西〔一〕華，无待有待間。或眄五嶽峰，或躍〔二〕天河津。釋輪尋虚舟，所在皆纏綿。芥子忽萬頃，中有蓬萊山〔三〕。小大固无殊，遠近同一緣。彼作有待來，我作无待觀〔四〕。

〔一〕「西」，真誥卷三運題象第三作「虚」。
〔二〕「躍」，真誥作「濯」。
〔三〕「蓬萊山」，真誥作「須彌山」。
〔四〕「觀」，真誥作「親」。

九華安妃歌。按真誥前首中侯夫人歌〔一〕。

无待太无中，有待大有際。大小同一波，遠近齊一會。鳴絃玄霄顛，金簫〔二〕運八氣。奚不酣靈酒，眄目娱九裔。有无得玄運，二待亦相蓋。

方諸青童君歌。此太虚南嶽真人歌〔三〕。

控飆扇太虚，八景飛高清。仰浮紫晨外，俯看絶落冥。玄心空同間，上下弗留停。无待兩際中，有待无所營。體无則能死，體有則攝生。東賓會高唱，二待奚足争。

中侯夫人歌。此紫元夫人歌。

玄感妙象外，和聲理自招〔四〕。靈雲蔚〔五〕紫晨，蘭風扇緑軺。上真宴瓊臺，邈爲地仙

〔一〕「中侯夫人歌」，核查真誥，「龍旍儛太虚」乃中侯夫人歌，據此處幾首歌訣體例，應在「三劫方一過」後標「此中侯夫人歌」。

〔二〕「金簫」，真誥作「吟嘯」。

〔三〕此首確爲太虚南嶽真人歌，該首在真誥中與方諸青童歌之「偃息東華静」首相鄰，編者或初誤題，後又自注「太虚南嶽真人歌」。

〔四〕「理自招」，真誥卷四運題象第四作「自相招」。

〔五〕「蔚」，真誥作「鬱」。

標。所期貴遠邁，故能秀穎翹。翫彼八素翰，道成初不遼。人事胡可豫，使爾形氣消〔一〕。

南嶽夫人歌。

右出真迹經。

四真人降南嶽夫人，於是太極真人乃發扇〔二〕空之歌。其辭曰：

丹明焕上清，八風鼓〔三〕太霞。迴我神霄輦，遂造玉嶺阿。咄嗟天地外，九圍皆吾家。上採日中精，下飲黄月華。靈觀空无〔四〕中，鵬路无間邪。顧見魏賢安，濁氣傷爾和。懃研玄中思，道成更相過。

次，方諸青童又歌曰：

太霞扇神暉，九氣无常形。玄轡飛霄外，八景乘高清。手把玉皇袂〔五〕，攜我晨中生。

〔一〕「消」，真誥作「銷」。

〔二〕「扇」，雲笈七籤卷九十六讚頌歌作「飛」。

〔三〕「鼓」，上清道寶經卷三作「散」。該首辭訣還見於諸真歌頌，文字與秘要同。

〔四〕「无」，上清道寶經作「天」。

〔五〕「袂」，諸真歌頌作「被」。

眄〔一〕觀七曜房，朗朗亦冥冥。超哉魏氏子，有心復有情。玄挺自嘉會，金書東華名。賢安密所研，相期陽洛汫〔二〕。

次，扶桑神王又歌曰：

晨啓太帝堂〔三〕，越超〔四〕匏瓜水。碧海飛翠波，連岑亦嶽峙。浮輪雲濤際，九龍同轡起。虎旂鬱霞津，靈風幡〔五〕然理。華存久樂道，遂致高神擬。拔徙三緣外，感會乃方始。相期陽洛宮，道成攜魏子。

次，清虛真人又歌曰：

駕欻控清虛，徘徊西華館。瓊輪既晨杪〔六〕，虎旂遂煙散。惠〔七〕風振丹旍，明燭朗八

〔一〕「眄」，雲笈七籤卷九十六讚頌歌、上清道寶經卷三、諸真歌頌作「盼」。

〔二〕「汫」，雲笈七籤卷九十六、諸真歌頌作「汧」

〔三〕「堂」，雲笈七籤卷九十六、諸真歌頌作「室」。

〔四〕「越超」，雲笈七籤卷九十六、諸真歌頌作「超越」。

〔五〕「幡」，雲笈七籤卷九十六、諸真歌頌作「翻」。

〔六〕「瓊輪既晨杪」，諸真歌頌作「瓊林既神杪」。

〔七〕「惠」，雲笈七籤卷九十六、諸真歌頌作「慧」。

煥。解襟墉〔一〕房裏，神鈴鳴倩璨。棲景若林柯，九絃玄中彈。遺我積世憂，釋此千年歎。怡盼无極已，終夜復待旦。

又歌曰：

紫霞儛玄空，神風无綱嶺。欻然滿九〔二〕區，晃〔三〕爾豁虚静。八窗无常朗，有冥亦有炯〔四〕。洞觀三丹田，寂寂生形影。凝神泥丸内，紫房何蔚炳。太帝命我來，有似應神挺。相遇女弟女，雲姿車轢整〔五〕。愧夫郢石運，益彼自然穎〔六〕。懃密攝生道，泄替結災眚。靈期自有時，攜袂乃俱騁〔七〕。

〔一〕「墉」，雲笈七籤卷九十六、諸真歌頌作「庸」。
〔二〕「九」，雲笈七籤卷九十六、諸真歌頌作「八」。
〔三〕「晃」，雲笈七籤卷九十六、諸真歌頌作「祝」。
〔四〕「炯」，雲笈七籤卷九十六、諸真歌頌作「炅」。
〔五〕「凝神泥丸内，紫房何蔚炳。太帝命我來，有似應神挺。相遇女弟女，雲姿車轢整」，雲笈七籤卷九十六、諸真歌頌作「凝神挺相遇，雲姿卓轢整」。
〔六〕「愧夫郢石運，益彼自然穎」，雲笈七籤卷九十六、諸真歌頌作「愧無郢石運，蓋彼自然穎」。
〔七〕「騁」，雲笈七籤卷九十六、諸真歌頌作「上」。

於是夫人受錫事畢，王母及金闕聖君、南極元君、後九微元君、龜山王母、三元夫人馮雙禮朱〔一〕、紫陽左仙公石路成、太極高仙伯延蓋公子等，爾乃靈酣終日，講寂研无，上真徊景，羽蓋參差，各命侍女陳曲成之鈞，金石揚響，衆聲紛亂，鳳吹迴風，鸞吟琳振，九雲合節，八音零璨。於是白王母，徘徊起立，折腰俯唱，錦袂攝霄，雲裙乘空，流鈴煥射，衽帶琳琅，左佩龍書，右帶虎章，澄形容放，窈窕四暢。徐乃擊節而歌曰：

駕我八景輿，欻然入玉清。龍旍〔二〕拂霄漢，虎旂攝朱兵。逍遥玄津際，萬流無蹔停。哀此去留會，劫盡天地傾。當尋无中景，不死亦不生。體彼自然道，寂觀合太冥。南嶽挺

〔一〕「馮雙禮朱」，後文作「馮雙禮珠」，墉城集仙録卷二「三元馮夫人」條：「三元夫人者，姓馮名雙禮珠，乃上清高真也，亦主監盟、初仙及證度得道當爲真人元君者也。以晉穆帝聃永和五年己酉，夫人與西王母、南極元君、九微元君、紫陽左仙公石路成、太極高仙伯延蓋童子、西城總真王方平、太虚真人南嶽赤松子、桐柏真人右弼王王子喬會於小有清虚上宮絳房之内，宴南嶽紫虚元君魏夫人華存，設以神餚，奏以鈞樂，九靈合節，八音玲璨，王母起舞乃擊節而歌。歌畢，夫人自彈雲傲而答，歌曰：玉清出九天，神綰飛霞外。……回我大椿羅，長謝朝生世。歌畢，衆真各奏陽歌陰歌之辭，覽内修證道之旨，或叙積功累行之美，或歌金液霜華之要，與洞神陽歌之曲小異，蓋天真之微辭也。」

〔二〕「旍」，原書及雲笈七籤卷九十六讚頌歌、諸真歌頌均作「帬」，然雲笈七籤卷一百一十四西王母傳、墉城集仙録卷一金母元君、歷世真仙體道通鑑後集卷一作「旍」，更合文意，據改。

真幹，玉暎曜穎精。有任靡其事〔一〕，虚心自受靈。嘉會絳阿内〔二〕，相與樂未央。

三元夫人馮雙禮珠〔三〕彈雲璈而答歌曰：

玉清出九天，神館飛霞外。霄臺焕嵯峨，靈夏秀翳蔚〔四〕。五雲興翠華，八風扇緑氣。仰吟消魔詠，俯研智與慧。萬真啓晨〔五〕景，唱期絳房會。挺穎德音子，神暎乃高拂〔六〕。

〔一〕「有任靡其事」，雲笈七籤卷九十六、諸真歌頌作「有任靡期事」，雲笈七籤卷一百一十四、歷世真仙體道通鑑後集卷一作「在任靡其事」，墉城集仙録卷二同秘要。

〔二〕「阿内」，雲笈七籤卷九十六、諸真歌頌作「河内」，雲笈七籤卷一百一十四、墉城集仙録卷二、歷世真仙體道通鑑後集卷一作「河曲」。

〔三〕「珠」，該字原經後還有「紫陽」二字，據墉城集仙録卷二述「歌畢，夫人自彈雲傲而答」，諸真章頌、雲笈七籤卷九十六在「玉清出九天」辭訣前的章題均爲「雙禮珠彈雲璈而答歌」。洞玄靈寶真靈位業圖第三左位有「太極左真人紫陽左仙公中華公子」，故經文中「紫陽」當涉後而爲「紫陽左仙公石路成」。故衍。

〔四〕「靈夏秀翳蔚」，雲笈七籤卷九十六、諸真歌頌作「靈夏秀蔚翳」，墉城集仙録卷二三元夫人作「靈㕓秀鬱翳」。

〔五〕「晨」，墉城集仙録卷二作「神」。

〔六〕「高拂」，雲笈七籤卷九十六、諸真歌頌、墉城集仙録卷二作「拂沛」。

天嶽淩空構〔一〕，洞臺深幽邃。遊海悟井隘，履真覺世穢。儛輪宴重室〔二〕，筌魚自然廢。迴我大椿羅，長謝朝生世。

右出道迹經。

靈樂品〔三〕

高〔四〕聖帝君以九玄建氣之始，空靈分判，上登九層七映朱宮，徘徊明霞之上，蕭條九空之中，西妃擊節，天女羅錚，龍嘯虎吹〔五〕，鸞儛鳳鳴，四真合唱，八音齊聲，雲璈激朗，傾駭三清。

〔一〕「構」，諸真歌頌作「棟」。

〔二〕「室」，雲笈七籤卷九十六、諸真歌頌、墉城集仙録卷二作「空」。

〔三〕「靈樂品」，三字原無。下則引文出處原爲「右出靈樂洞真七聖元紀經」，實爲「右出洞真七聖元紀經」，「靈樂」二字爲品名；敦目也有「靈樂品」。據敦目補。

〔四〕「高」，上清玉帝七聖玄紀迴天九霄經作「上」。

〔五〕「龍嘯虎吹」，迴天九霄經作「龍吟虎嘯」。

右出洞〔一〕真七聖元紀經。

上清西華紫妃及西王母乃命侍女王延賢、于廣暉等彈雲琅〔二〕之璈，又命侍女安德音、范曲〔三〕珠擊昆明之缶〔四〕，又命侍女左抱容、韓龍〔五〕賓吹鳳鸞之簫，又命侍女趙運子、李慶玉拊流金之石。

右出大洞真經。

南極夫人曰：小方諸上仙人常多吹九靈簫，以自娱樂。能吹〔六〕者，聞四十里。簫有

〔一〕「洞」，該字前原有「靈樂」二字，實爲「靈樂品」，删。
〔二〕「雲琅」，雲笈七籤卷九十六讚頌歌作「雲林琅玕」。
〔三〕「曲」，雲笈七籤作「四」。
〔四〕「缶」，雲笈七籤作「筑」。
〔五〕「龍」，雲笈七籤作「能」。
〔六〕「吹」，真誥卷九協昌期第一作「吹簫」。

三十孔，竹長二三尺。九簫同唱，百獸抃舞，鳳鳥來和簫聲〔一〕。

右出真誥。

西王母爲茅盈作樂，命侍女王上華彈八琅之璈，又命侍女董雙成吹雲和之笙，又命侍女石公子擊昆庭之金，又命侍女許飛瓊鼓震靈之簧，又命侍女琬絶青拊吾陵之石，又命侍女范成君拍洞陰之磬，又命侍女叚安香作纏便之鈞。於是衆聲徹合，靈音駭空。王母命侍女于善賓、李龍孫歌玄雲之曲。其辭曰：

大象雖云寥，我把九天户。披雲汎八景，儵忽適下土。大帝唱扶宫，何悟風塵苦。

太真王夫人時自彈琴，琴有一絃而五音並奏，高朗響激，聞于數里。衆鳥皆聚集於岫室之間，徘徊飛翔，驅之不去。殆天人之樂，自然之妙音。

四真降南嶽夫人静室，乃延引夫人，問以曲狹世間之業、女典之法，雖曰高神，无不該

〔一〕「鳳鳥來和簫聲」，真誥作「鳳凰數十來至，和簫聲」。

覽。於是言宴粗悉，四真吟唱。太極真人乃先命北寒玉女宋德消〔一〕彈九氣之璈，方諸青童又命東華玉女煙景珠擊西盈之鍾，扶桑暘谷神王又命雲林玉女賈屈庭吹鳳唳之簫，清虛真人又命飛玄玉女鮮于靈金拊九合玉節。

右出道迹經。

太上道君清齋持誡於西那玉國鬱察山浮羅之嶽。元始天尊乘八景玉輿、三素飛雲，瓊輪羽蓋，五色華光，神風玄鼓，迴儛旍蓋，瓊林振響，玉支激籟，雲歌空奏，鳳鳴玄大，天鈞洞響，衆音亂會，神妃合唱，群仙容裔。又命西華金靈上宮飛玄玉女、景皇真人，彈五合之琴、景龍雲璈，吹九鳳之簫，鼓神州之笙，諸天各奏神龍伎樂，无鞅數衆〔二〕。

右出洞玄空洞靈章。

〔一〕「宋德消」，雲笈七籤卷九十六四真人降魏夫人歌作「宋聯消」，太平廣記卷五十八魏夫人、太平御覽之道部作「宋聯消」。

〔二〕「衆」，敦煌文書（李德範輯敦煌道藏第五册）伯二三九九太上洞玄靈寶空洞靈章作「種」。

無上秘要卷之二十一

仙都宫室品[一]

大羅天宫臺

七寶玄臺[二]。

右在大羅天中玉京山上，大刧周時，三洞神經並在其中，災所不及。

〔一〕「仙都宫室品」，敦目無，僅有「大羅天宫臺」等細目。

〔二〕「七寶玄臺」，太上諸天靈書度命妙經：「其玉清上道，三洞神經、神真虎文、金書玉字、靈寶真經，並出元始，處於二十八天無色之上。大刧周時，其文並還無上大羅中玉京之山七寶玄臺，灾所不及。」

通真房〔一〕。

右皇崖天中内音書於其内。

始陽臺。

右阮樂天中内音書於其上。

上上天宫

靈都宫元陽紫微臺〔二〕。

右在上上三天，五老尊神、諸天帝皇、妙行真人，歲六會於其上，集算天元，推校運度。

右出洞玄經〔三〕。

〔一〕「通行房」，此處及下「始陽臺」宫室，見於太上靈寶諸天内音自然玉字卷二。

〔二〕「靈都宫元陽紫微臺」，元始五老赤書玉篇真文天書經卷中：「元始靈寶五老尊神、諸天帝皇、妙行真人常以正月、三月、五月、七月、九月、十一月，一歲六會於太上三天靈都宫元陽紫微之臺，集算天元，推校運度。」

〔三〕「洞玄經」，乃上三部靈寶經合稱。

九天宫

大有宫〔一〕。

右宫内有上清寶經三百卷，玉訣九千篇，符圖七千章，祕於其所。

九宫〔二〕。

右宫中有神，謂之天皇，九神各治一宫。

玄靈臺玉房〔三〕。

右五老寶經及十二願玄母八簡、三十九章經，藏於其内。

〔一〕「大有宫」，洞真上清神州七轉七變舞天經：「凡上清寶經三百卷，符圖七千章，皆出元始高上玉帝，禀承自然之章、玄古之道。學者得其篇目，立登真皇。其道秘在九天之上大有之宫」。

〔二〕「九宫」，洞真太一帝君太丹隱書洞真玄經：「九天九宫中有九神，是謂天皇。九魂變成九氣，化爲九神，各治一宫，故曰九宫。」

〔三〕「玄靈臺玉房」，洞真太上素靈洞元大有妙經：「夫洞真高上玉帝大洞雌一玉檢五老寶經、上願十二玄母八間……大洞真經三十九章者，乃秘在九天之上大有之宫太玄靈臺玉房之中。」太上九真明科及太真玉帝四極明科經有類似文字。

金臺玉室素靈房〔一〕。

右三九素語、玄丹上化三真洞玄之道，藏於其内。

靈都宮金房曲室〔二〕。

右太微天帝君祕心丹上仙文之所，元始五老又祕五篇真文於其内。

金臺玉室九曲丹房〔三〕。

右高上藏三元玉檢三元布經於其内。

五靈玉都金華紫房〔四〕。

右五老秘文藏於其内。

〔一〕「金臺玉室素靈房」，洞真太上素靈洞元大有妙經：「太上素靈洞元大有妙經、三九素語、元丹上化三真九洞之道，本與元氣同存，元始俱生……乃秘在九天之上大有之宫金臺玉室素靈房中。」

〔二〕「靈都宫金房曲室」，此三宫室内容，所出不詳。

〔三〕「金臺玉室九曲丹房」，上清三元玉檢三元布經：「高上三元布經，乃上清三大真書……如是寶篇，高上皆刻金丹書，設以自然雲錦之囊，封以三元寶神之章，藏於九天之上大有之宫金臺玉室九曲丹房，南極上元君主之。」

〔四〕「五靈玉都金華紫房」，上清元始變化寶真上經九靈太妙龜山玄籙：「此五老秘文，藏於九天之上五靈玉都金華紫房，侍文五帝靈童、五帝玉華玉女，各五十人。」

无鞅玄臺〔一〕。

右鬱單无量天王治於其内。

玉國珠林七寶瓊臺。

右上上禪善天王治於其内。

玉京靈都宫。

右須延天王治於其内。

朱〔二〕宫瓊臺。

右寂然天王治於其内。

元映丹宫〔三〕九層玉臺。

右不驕樂天王治於其内。

瓊林宫朱映房。

〔一〕「无鞅玄臺」，高上太霄琅書瓊文帝章經：「第一鬱單無量天王……治天無映玄臺紫户之内，左右侍真玉女九萬人。」此處「鞅」作「映」。以下幾處宫室均見於該經，文字叙述相仿，不再引述。

〔二〕「朱」，瓊文帝章經作「珠」。

〔三〕「元映丹宫」，瓊文帝章經作「無映丹房」。

右化應天王治於其內。

七映宫。

右梵寶天王治於其內。

九玄玉城紫瓊玉臺〔一〕。

右迦摩天王治於其內。

崚嶒玉京大有妙宫九曲房。

右波黎答惒天王治於其內。

九層玉臺〔二〕。

右在九天天闕之上，臺上有太真高帝玉名及後聖爲真人簿録，太虚玉晨監典之。

六層玉臺。

右在九天天圖之上，臺上有金簡玉札及紫鳳丹章十萬篇，太上直玉郎〔三〕典之。

〔一〕「九玄玉城紫瓊玉臺」，瓊文帝章經作：「第八梵摩迦夷天王……治天九玄鳳城紫瓊玉臺。」文字略異。

〔二〕「九層玉臺」及後文「六層玉臺」、「三層玉臺」，均見於洞真上清開天三圖七星移度經，上清青要紫書金根衆經卷下也引該經文字，亦見其文。

〔三〕「太上直玉郎」，七星移度經作「太上監真玉郎」。

三層玉臺。

右在九天天闕之上，臺上有太清寶經三百卷及真人學仙簿録簡目，太帝監真玉司郎典之。

右出洞真經〔一〕。

九天玉闕〔二〕。

右江由天中内音書於其内。

右出洞玄經。

玉清宮〔三〕

真陽宮。

〔一〕「洞真經」，乃對諸洞真上清部經書的合稱。

〔二〕「九天玉闕」，太上靈寶諸天内音自然玉字卷二：「江由天中，上四字書九天玉闕之上，主四時之氣，定陰陽之數。其下四字則書明真之臺，主滅度之録，領更生之人。」

〔三〕「玉清宮」至「散華堂」，不知所出何經。

右玉皇之所處。

太老寢堂。

右八皇老君時入此室。

會方宫。

右九老仙皇所處。

散華堂。

右四斗七晨道君治於其上。

瑶臺瓊房〔一〕。

右高上玉帝藏金玄羽章隱音於其内。

七映紫臺。

右躡步天綱空常内名藏於其内

綺合臺、龍山臺、秀朗臺、大暉。

〔一〕「瑶臺瓊房」，上清高上金元羽章玉清隱書經：「如是羽章玉清隱書，萬靈隱音，高上玉帝藏之玉清上宫瑶臺瓊房之内。」

右地皇上真人所遊處。

三華房。

右陽安元君之所處。

玉清宮。

右高上玉帝、元始天王、太真之館。

紫瑤宮丹瓊府〔一〕。

右北玄高上虚皇君所居。

納靈宫化生府。

右南朱高上虚皇君所居。

光音宮〔二〕八坦府。

右西華高上虚皇君所居。

〔一〕「紫瑶宫丹瓊府」，上清元始變化寶真上經九靈太妙龜山玄籙卷下：「北玄高上虚皇君，元玉皇之氣，形長五千萬丈……修行北玄之道，當以立冬之日入室，北向……思虚皇君隨四時形影在玉清紫瑶宫丹瓊府金相鄉三皇里中。」以下宫室均見於該經，叙述方式相類。

〔二〕「光音宫」，龜山玄籙作「音光宫」。

紫微宫朱雀府。

右東明高上虚皇君所居。

金靈宫鳳嘯府。

右中央〔一〕中舍虚皇君所居。

鳳生宫洞光府。

右五靈上〔二〕明混生高上君所居。

明範宫輝〔三〕華府。

右三元元〔四〕上玄老虚皇元辰君所居。

七瑶宫北元府。

右玄寂元无〔五〕上虚皇君所居。

〔一〕「中央」，龜山玄籙作「中元」。

〔二〕「上」，龜山玄籙作「七」。

〔三〕「輝」，龜山玄籙作「耀」。

〔四〕「元」，龜山玄籙作「无」。

〔五〕「元无」，龜山玄籙作「九元」。

鬱林〔一〕宮八冥府。

右大〔二〕明靈輝中真无上君所居。

雲霧〔三〕宮霄上府。

右三元四極玄上元靈君所居。

洞霄宮演真府。

右三元晨中黄景虚皇元臺君所居。

反香宮風滯〔四〕府。

右三元紫映暉神虚生真元胎君所居。

瓊容〔五〕宮太丹府。

右青精上真内景君所居。

〔一〕「林」，龜山玄籙作「森」。

〔二〕「大」，龜山玄籙作「太」。

〔三〕「霧」，龜山玄籙作「琳」。

〔四〕「滯」，龜山玄籙作「舞」。

〔五〕「容」，龜山玄籙無。

瓊光〔一〕宫通靈府。

右太陽九氣王〔二〕賢元君所居。

右出洞真經。

雲宫〔三〕。

右玉隆天中内音書於其内。

陽臺〔四〕。

右賈奕天中内音書於其上。

右出洞玄經。

〔一〕「光」，龜山玄籙無。

〔二〕「玉」，龜山玄籙作「元」。

〔三〕「雲宫」，太上靈寶諸天内音自然玉字卷二：「玉隆天中，上四字書玉清雲宫，主衆聖上朝之儀典，主雲霞而聚雲也；其下四字書紫陽上館，主自然之音。」此處「雲宫」和「陽臺」或本與前「九天玉闕」相連。

〔四〕「陽臺」，諸天内音自然玉字：「賈奕天中，上四字書玉清上宫太極陽臺，主虚無自然生真之號；其下四字書北闕玄牝之户，主六梵之炁。」

無上秘要卷之二十二

三界宮府品〔一〕

上清宮

黄金殿焕明臺崚嶒室。

右南極長生司命君當登上清，經于金池，進禮玉庭，遇見元始天王、高上玉皇、三天玉童，共處此殿室，得受七十四方、三元玉檢檢仙衆文之所。

太空瓊臺鶱林紫殿黄華英房。

右元始天王命五老上真、仙都左公，出解形之道、三元布經，授南極長生司命君

〔一〕「三界宮府品」，敦目無，僅有「上清宮」等細目。

之所。

蕊珠日闕館七映紫房〔一〕。

右太上高聖玉晨道君所居。

瑶臺金房玉室〔二〕。

右元始天王藏白羽中林飛天九符於其内。

紫雲屋黄金殿鳳闕〔三〕。

右青要帝君所居。

琳琅都月上館。

右元始天王出皇民譜録於其内。

〔一〕「蕊珠日闕館七映紫房」，上清高聖太上大道君洞真金元八景玉録：「於是受書玉虚，眺景上清，位爲太上高聖玉晨大道君，治蕊珠日闕館七映紫房。」

〔二〕「瑶臺金房玉室」，太上九赤班符五帝内真經：「九赤班符，一名羽中林飛天九符，元始天王藏之於上清瑶臺金房玉室之中。」

〔三〕「紫雲屋黄金殿鳳闕」，洞真上清青要紫書金根衆經：「青要帝君者，乃九陽元皇玉帝之弟子……方還清齋雲房之間，以紫雲爲屋，青霞爲城，黄金爲殿，白玉爲牀，五氣交結，高臺連甍，玉陛文階，鳳闕四張。」

六合紫房。

右太上祕三天正法於其内。

清微上館。

右元始天王結飛玄之炁，以歷頌三天之所。

洞真臺〔一〕。

右元始天王、太上高聖君説觀身大誡之所。

七映房。

右太上大道君付仙都左公，藏黄素之書於其内。

寒靈丹殿〔二〕。

右元始天王下教，命五老仙都出玉珮金璫寶經，以傳高聖玉晨大道君之所。

〔一〕「洞真臺」，上清洞真智慧觀身大戒文：「智慧觀身大戒，流景散漫，映焕太虚，積三千餘劫，其文乃是元始天王受之太上高聖道君，於是相與登洞真之堂，説而誦之。」「臺」作「堂」。

〔二〕「寒靈丹殿」，太上玉珮金璫太極金書上經：「至中皇元年三月一日庚寅，天德值合之時，元始下教於寒靈丹殿瓊臺黄房之内，命五老仙都披霜羅雲錦之韞、鬱森之笈，出玉珮金璫太霄隱書、玄真洞飛二景寶經，以傳高聖玉晨太上大道君。」

九幽紫室〔一〕。

右太上玉帝藏天書玉字、十二玄歌之曲於其内。

廣靈堂〔二〕。

右太素三元君所處。

晨燈臺〔三〕。

右元始天王刻書紫微玄宫飛天檢文於其上。

金墉臺〔四〕。

右元始天王刻書元始玄空飛天中書三元玉檢文於其上。

〔一〕「九幽紫室」，上清元始變化寶真上經九靈太妙龜山玄籙卷中：「與太上玉帝真人於洞室金堂，以緑瓊皙天，得寫洞文，刻名天書玉字……得九天真符、天書玉字、十二鳳玄歌之曲，分爲上下二卷，藏以金臺之上九天紫室之中。」

〔二〕「廣靈堂」，上清三元玉檢三元布經：「太素三元君，處於高上上清之宫廣靈之堂。」

〔三〕「晨燈臺」，玉檢三元布經：「紫微玄宫飛天檢文，刻書晨燈之臺。」

〔四〕「金墉臺」，玉檢三元布經：「元始玄空飛天中書三元玉檢文，元始天王刻書金墉之臺，經萬劫一傳。」

鳳生臺〔一〕。

右九天父母書太真金書、九天上空隱文於其上。

三元玄臺〔二〕。

右經八千劫，則三天九靈上微隱文一見於其上。

明真宮靈暉府〔三〕。

右太初九素金華景元君所居。

紫耀宮七寶府。

右九皇上真司命君所居。

通妙宮定微府。

〔一〕「鳳生臺」，玉檢三元布經：「太真金書九天上空洞隱文，九天父母書之鳳生臺。」

〔二〕「三元玄臺」，玉檢三元布經：「檢仙真書，一名太真陰陽靈録三元章，乃三天九靈上微隱書，天地有大劫之數，經八千劫，其文則一見三元玄臺。」

〔三〕「明真宮」至後「高皇府」，均見於上清元始變化寶真上經九靈太妙龜山玄籙卷下，文字叙述方式相同。此處原文爲：「太初九素金華景元君，元皇靈之氣，形長九千萬丈……修行金華景元精之道，當以冬至之日及太歲之日……思景元君隨四時形影在上清明真宮靈暉府天權鄉遊樂里。」

右天皇上真玉華三元君所居。

天皇宫玉虚府。

右太一上元禁君所居。

金華宫紫生府。

右元虚皇〔一〕房真晨君所居。

四明宫八朗府。

右太極四真人元君所居。

華晨宫魁元府。

右四斗中真玉〔二〕晨散華君所居。

七靈宫機玄府。

右辰〔三〕中黄景元君所居。

〔一〕「皇」，龜山玄籙作「黄」。

〔二〕「玉」，龜山玄籙作「七」。

〔三〕「辰」，龜山玄籙作「晨」。

金闕宫玉真府。

右後聖太平李真天帝上景君所居。

无量宫玄闕府。

右太虚後聖无影〔一〕彭室真君所居。

太玄宫玉〔二〕堂府。

右太玄都九氣丈人主仙君所居。

清虚宫洞清府。

右上清八景老君所居。

方諸宫青元府。

右高晨師王〔三〕青童君所居。

清元宫暘谷府。

〔一〕「影」，龜山玄籙作「景」。

〔二〕「玉」，龜山玄籙作「王」。

〔三〕「王」，龜山玄籙作「玉保王」。

右扶桑大帝、九老仙皇君所居。

金靈〔一〕宫通氣府。

右小有玉真萬華先生主圖玉君所居。

司空宫仙都府。

右玄洲二十七〔二〕真伯上帝司禁君所居。

玄洞宫太〔三〕生府。

右太元〔四〕晨中君所居。

寶素宫九玄府。

右龜山九靈真仙母所居。

常陽宫九生府。

右上始少陽青帝君所居。

〔一〕「靈」，龜山玄籙作「雲」。

〔二〕「七」，龜山玄籙作「九」。

〔三〕「太」，龜山玄籙作「六」。

〔四〕「元」，龜山玄籙作「无」。

洞陽宫朱陵府。

右通陽納陰赤帝君所居。

金門宫通光府。

右少陰西金白帝君所居。

廣靈宫北黄府。

右通陰〔一〕太陽黑帝君所居。

黄元宫高皇府。

右總靈高黄帝君所居。

太微靈都瓊宫玉房〔二〕。

右太上道君藏神虎真符於其内。

〔一〕「陰」，原作「陽」，據龜山玄籙改。

〔二〕「太微靈都瓊宫玉房」，洞真太上神虎玉經：「神虎真符，太真九天父母所出，太真丈人以傳東海小童，九天真王以傳太上道君，太上道君常所寶秘，藏於太微靈都瓊宫玉室之裹。」

七映朱房〔一〕。

右高聖太真玉帝藏上真寶符於其上。

金華室〔二〕。

右太上大道君所居。

朱臺瓊宫玉京闕。

右太微天帝君所居。

九玄虚生臺〔三〕。

右太微天帝君所登。

〔一〕「七映朱房」，太真玉帝四極明科經卷五：「右上真寶符十五首，乃高聖太真玉帝所寶祕，藏於高上七映朱房瓊林紫户。」

〔二〕「金華室」，上清九天上帝祝百神内名經：「大道君閑居於協晨玉虚之房金華之室，下籍九玄，右濟六領。」

〔三〕「九玄虚生臺」，洞真太上紫度炎光神元變經：「太微天帝君受氣之始，玄象初分，登九玄虚生之臺。」也見於太微天帝君金虎真符。

鳳臺瓊房曲室〔一〕。

右五靈登室步虚保仙符在其内。

洞真殿玉室金華房〔二〕。

右太微天帝君清齋於其内。

西華宫〔三〕。

右諸學真人得受以素真經者，則未生之前已書名於此宫。

太玄上臺。

右得受玉清隱書者，則於此臺上皆有玉名。

南陽瓊宫。

右南極上元君所居。

〔一〕「鳳臺瓊房曲室」，紫度炎光神元變經：「五鈴登空步虚保仙上符，一名火鈴。太微天帝君受氣之始，玄象初分……晻藹鳳臺之上瓊房曲室之内。」

〔二〕「洞真殿玉室金華房」，紫度炎光神元變經：「帝君方清齋太空瓊臺洞真之殿玉室金華之房。」

〔三〕「西華宫」，上清太上八素真經：「諸學真之人而受此書，皆有太帝目名。西華宫有琅簡蕊書與紫宫，當爲真人者，乃得此文也，乃是子未生之前五千歲已有玄名定録，當遇此經也。」

崚嶒之臺九曲之房〔一〕。

右太真丈人、太上大道君所居。

金洞素靈館。

右九靈金母、太素三元君所居。

會月宫。

右中黄太一上帝所居。

太素瓊臺玄雲羽室〔二〕。

右中央黄老君、南極上元君藏高聖八景玉籙於其内。

南極紫房〔三〕。

〔一〕「崚嶒之臺九曲之房」，洞真上清神州七轉七變舞天經：「上登始天元景玉京陵層之臺九曲之房，太真丈人、太上大道君受三天正法。」

〔二〕「太素瓊臺玄雲羽室」，上清高聖太上大道君洞真金元八景玉録：「中華上仙曰太上高聖八景玉録，中央黄老君、南極元君藏録二經於太素瓊臺玄雲羽室。」

〔三〕「南極紫房」，洞真上清開天三圖七星移度經：「金闕帝君以付上相青童君，使教後學應爲真人者。依玄科，七百年内聽得三出，上元君以西華玉女九千人，衛在南極紫房之内。」

右上相青童君藏七星移度經於其内。

玄臺〔一〕。

右曲素訣辭憂樂之曲出於其上。

九玄臺七寶琳房明霞館〔二〕。

右太真雲霧子清齋於其所。

東華方諸青宫有六門，門内周迴三千里。

東門名青華玉門，主學仙簿録所經出入〔三〕。

南門名神華玉門，主真人神仙所經出入〔四〕。

〔一〕「玄臺」，上清高上玉晨鳳臺曲素上經：「高上玉晨鳳臺曲素上經……結九元正一之氣，以成憂樂之辭，明於玄臺之上。」

〔二〕「九玄臺七寶琳房明霞館」，高上太霄琅書瓊文帝章經：「雲務子者，蓋元皇玉虚之胤，太帝之中子也……上登九玄之臺大有之宫紫鳳玉京七寶珠房，於明霞之館，清齋玉軒，靈瑞告感，項負圓光，夜照神獨，自明瓊堂。」

〔三〕「出入」，洞真上清開天三圖七星移度經無。

〔四〕「所經出入」，七星移度經作「出入所經」。

西門名玉洞門，主高上衆真玉皇、三十九帝、二十四玉真、西龜王母所經〔一〕出入。

北門名玉陰門，主真仙及始學者糺犯退降所經出入〔二〕。

東南門名天關門，主宿命因緣簿録得仙所由出入〔三〕。

東北門名寒水門，主鬼爽轉叙所經出入〔四〕。

右六門内有三宫：一名方諸青宫；二名玉保〔五〕青宫，三名玉華青宫。内各有宫殿瓊房。

方諸青宫。

右上相青童君治於其内。宫中北殿上有玉架〔六〕，架上有學仙簿録及玄名年月日

〔一〕「經」，七星移度經無。

〔二〕「糺犯退降所經出入」，七星移度經作「犯糺退降所經」。

〔三〕「所由出入」，七星移度經作「所經」。

〔四〕「出入」，七星移度經無。

〔五〕「保」，七星移度經此處及下文皆作「寶」。

〔六〕「玉架」，七星移度經作「金格」。其後「架上」也作「格上」。

深淺[一]，金簡玉札有十萬篇，領仙玉郎典之。

玉保青宫。

右玉保王上相大司馬高晨師治於其内。宫中北殿上有金架，架上[二]有金章鳳璽玉札、丹青羽蓋、昇仙法服，給成真之人。又有學仙品目進叙及退降簿録，侍仙玉晨典之。

玉華青宫。

右東海青華小童治於其内。宫中東架架上[三]有寶經三百卷、玉訣九千篇，主學仙簿録，應爲真人者授之，玉晨監仙侍郎典之[四]。

金闕宫有四門，門内周迴七千里。

〔一〕「年月日深淺」，七星移度經作「年深深淺」。
〔二〕「金架」及「架上」之「架」，七星移度經作「格」。
〔三〕「東架架上」，七星移度經作「東殿玉格上」。
〔四〕「之」，七星移度經作「者」。

東門名玉景金融門，高上玉清虚皇大〔一〕真之賓所經出入〔二〕。
南門名洞寶瓊雲門，主真人飛仙遊宴八極、周行五嶽出入之所經。
西門名玄景〔三〕玉寶門，主學仙受署真人進叙簿録出入所經〔四〕也。
北門名朔陰極雲門，主真人犯非退降皇任〔五〕、學仙素簡所經出入〔六〕也。
右四門，門有兩闕。金闕在左，玉闕在右，並高九千丈。金闕以黄金爲柱，刻金題〔七〕衆真飛仙之號；玉闕以青玉爲柱，緑雲爲蓋，刻玉題上皇真人〔八〕之號。他〔九〕闕悉如是。闕上有九層金臺，虚上玉晨領仙君所居。

〔一〕「大」，七星移度經作「太」。
〔二〕「所經出入」，七星移度經作「出入之所經」。
〔三〕「景」，七星移度經作「京」。
〔四〕「簿録出入所經」，七星移度經作「録簿所由經」。
〔五〕「皇任」，七星移度經作「偏皇之任」。
〔六〕「學仙素簡所經出入」，七星移度經作「學素簡所經由」。
〔七〕「題」，七星移度經作「題闕」，下文「刻玉題」也作「刻玉題闕」。
〔八〕「真人」，七星移度經作「太真」。
〔九〕「他」，七星移度經作「八」。

金輝紫殿瓊房玉室〔一〕。

右後聖金闕帝君所居。

青精宫上華室。

右室中有青氣自生，號爲反香之煙，逆風三千里，而此香氣猶徹聞。

西田夜臺。

右太帝君所居。

瓊臺丹靈雲宫九折洞室。

右上清總真主録、南極長生司命君藏七十四方、三元玉檢檢仙衆文等經於其内。

九玄玉房〔二〕。

右大洞真經三十九章祕於其上。

玉虚七映紫房〔三〕。

〔一〕「金輝紫殿瓊房玉室」，七星移度經：「金闕宫處在中央，中有金輝紫殿、瓊房玉室，後聖金闕帝君所住。」

〔二〕「九玄玉房」，太真玉帝四極明科經卷三：「大洞真經三十九章……秘於高上大有之天九玄玉房之内。」

〔三〕「玉虚七映紫房」，太真玉帝四極明科經卷一：「四極明科百二十條律，上檢天真，中檢飛仙，下治罪人。如是玉文，皆出高聖，上宰所注，藏於高上玉虚七映紫房。」

右藏四極明科於其上。

玉晨宫：瓊闕、七靈臺、金晨華闕。

太和殿、寥陽殿、蕊珠闉、長錦樓。

右玉晨道君所居。

太微觀、玉闕紫宫。

右太微天帝所居。

雲飆宫、流逸房。

右玉華三元君所處。

瓊琳宫室。

右玉華玉女所居。

紫碧玄臺。

右在絶空之中，南極長生司命君修道之日，得自然降授太霄琅書瓊文帝章等一十二法之所。

絶空宫。

右在五雲之中，司禁真伯上帝玉君會仙之所。

羽景臺。

右在太无之庭，司禁真伯上帝玉君時宴於此堂。

洞宮、峨嵋宮。

右在太无天峨嵋山，諸得真仙道者，名刊於此宮。

洞觀堂。

右懸在太无之中，萬華先生時寢此堂。

晨輝宮。

右在玉虛天中，玉虛司命所處。

萬華宮。

右在玉真天中，小有先生、主圖玉君之所治。又藏玉帝之寶經、玉清之隱書。

華景宮。

右在太初天中，宫内自生九素之氣，氣煙亂化，祥雲九色。入其煙中者易貌，居其煙中者百變。

黄闕紫房〔一〕。

右在崑崙，天帝之所出入。

紫微宫〔二〕。

右在北溟外羽明野玄隴山，紫微夫人之所居。

洞元三瑶宫。

右在委羽山，甯先生、金仙石公、晃夜童子之所居。

墉城金臺、流精闕、光碧堂、瓊華室、紫翠丹房〔三〕。

右在崑崙山，西王母治於其所。

墉臺、墉宫、西瑶上臺。

右在崑崙山上，西王母所居。

〔一〕「黄闕紫房」，洞真太一帝君太丹隱書洞真玄經：「常侍天帝出入紫微，正在昆侖黄闕紫房。」

〔二〕「紫微宫」，洞真太上紫度炎光神元變經：「太極真人時登北漠外羽明野玄隴山紫微宫，見紫微夫人間居寂室。」「北溟」作「北漠」。

〔三〕「墉城金臺」至「紫翠丹房」，上清外國放品青童内文卷下：「中國四周百二十億萬里……昆侖處其中央，又有墉城金臺，玉樓相似如一，流精之闕、光碧之堂、瓊華之室、紫翠丹房，景雲燭日，朱霞九光，西王母之所治。」

紫府宮〔一〕。

右在青丘之左風山上，天真神仙玉女遊觀之所。

九靈館、金丹流雲宮、暉景室。

右在崑崙山，西王母及真仙女之所遊處。

玉殿。

右在玄羽野西隴山，王母、三元君所居。

青琳宮西華堂丹微房。

右在白玉龜山上，西王母所居。

扶桑宮、明真殿、素林臺、積霄房。

右在八渟山，太帝君所居。

丹闕黄房、雲景闕、琳霄室、那拂臺。

右在方諸東華山，青童君所居。

〔一〕「紫宮府」，上清外國放品青童内文卷下：「國外有長洲，一名青丘……左則有風山，山常震聲，上有紫府宮，天真神仙玉女所遊觀。」

太丹宫。

右在勃陽丹海長離山，上保南極元君所居。

白山宫。

右在白水沙洲中山，上傅太素真君所居。

總真宫。

右在西城山，上宰王君所居。

紫桂宫。

右在玄洲，太上丈人所居。

雲林宫。

右在東海滄浪山，右英王夫人所居。

方丈臺。

右在東海方丈山，昭靈李夫人所居。

清靈宫。

右在西玄山，真人裴君所居。

紫陽宫。

右在葛衍山，真人周君所居。

金庭宫。

右在桐柏棲山，右弼王真人所居。

太元府、定録府、保命府。

右在句曲山，三茅君所居。

紫清宫。

右内傅妃，領東宫，中侯真人所居。

紫清上宫。

右九華真妃所居。

七宫〔一〕。

右在神洲三山，其宫七變，朝化爲金，中化爲銀，暮化爲銅，夜化爲光，或化爲山，或化爲水，或化爲石。

〔一〕「七宫」，真誥卷五甄命授第一：「君曰：大洞者，神州是也。神州别有三山，三山有七宫，七宫有七變，朝化爲金，日中化爲銀，暮化爲銅，夜化爲光，或化爲山，或化爲水，或化爲石，謂之七變。」

右出洞真經及道迹、真迹經。

紫微上宫。

右在玄都西北玉京山。元始靈寶西北天大聖衆、至真尊神、无極大道、上帝、真皇、老人，常以月一日會於其上，奉朝天帝〔一〕，推校地上人鬼功過。

陰元臺。

右在玄都北玉京山。元始靈寶北天大聖衆、至真尊神、无極大道、太上老君、妙行真人，常以月八日會於其上，推校地上兆民簿録、年命算籍。

通陽青微宫。

右在玄都東北玉京山。元始靈寶東北天大聖衆、至真尊神、妙行真人、无極大道、太上萬度萬生神皇、无上玄老、元靈老君，常以月十四日會於其中，推校天下學道年月功過及鬼神之事。

青華玉陛宫。

〔一〕「奉朝天帝」，元始五老赤書玉篇真文天書經卷下：「奉齋朝天文。」

右在玄都東玉京山。元始靈寶東天大聖衆、至真尊神、太清玄元上三天、无極大道、无上玄老、太上老君、太上丈人、皇上老君、皇上丈人、青靈上真、天帝君、天帝丈人、太[一]帝君、太帝丈人、九老仙都君、九炁丈人，百千萬道炁、千二百官君、太清玉陛下、東極老人、青華大神、上相司馬青童君、金闕後聖帝君、真陽始青神人、靈寶九仙君等，青和玉女、主仙四部，常以月十五日會於此宫，校定學仙人功過深淺。

洞靈丹臺[二]。

右在太玄都玉京山。元始靈寶東南天大聖衆、至真尊神、无極大道、南上老君、南極真人、太和玉女，常以月十八日會於此臺，集校民人[三]簿録，區别善惡。

洞靈元陽館。

右在太玄都玉京山。元始靈寶南天大聖衆、至真尊神、无極大道、南上赤帝、丹

〔一〕「太」，原作「百」，據玉篇真文天書經及其他道經所記「太帝君」改。

〔二〕「洞靈丹臺」，該則文字在玉篇真文天書經中與後「洞靈元陽館」一則錯位，即「洞靈丹臺」在「南天」，而「洞靈元陽館」在「東南天」，見卷九「衆聖會議品」注。

〔三〕「民人」，玉篇真文天書經在「南天」中作「人民」。

靈〔一〕老子、太和玉女、長生司馬、好生君、司命、司録、南極度世君、萬福君，常以月二十三日會於此館，集校天〔二〕民禄命長短。

朱宫。

右在太玄都玉京山。元始靈寶西南天大聖衆、至真尊神、无極大道、天皇、老人、南極元真君、洞陽大靈〔三〕，常以月二十四日會於此宫，考校三官、九府、五嶽、北酆、太山二十四獄罪刑簿目。

金闕七寶宫。

右在太玄都玉京山。元始靈寶西天大聖衆、至真尊神、无極大道、西華金堂玉仙真母、金闕後聖、上相帝君、四極真人，常以月二十八日會於此宫，奉朝天真〔四〕，推校日月星辰分度并得道人名。

黄房。

〔一〕「靈」，玉篇真文天書經在「東南天」中作「臺」，太上大道三元品誡謝罪上法也有「丹靈老子」。
〔二〕「天」，玉篇真文天書經在「東南天」中作「人」。
〔三〕「靈」，玉篇真文天書經作「靈君」。
〔四〕「真」，玉篇真文天書經作「文」。

右在太玄都玉京山。元始靈寶下元天大聖衆、至真尊神、无極大道、下元玄黄洞淵洞靈萬仙、五帝四司真人，常以月二十九日會〔一〕於其内，奉朝天真，筭校五嶽四瀆河海水帝、地靈鬼神之事。

七寶紫微宫。

右在太玄都玉京山。元始靈寶上天大聖衆、至真尊神、无極大道、上下中央四面八方太上无爲大道、諸君、丈人，衆仙天官大神等，常以月三十日會於其内，考召地上神祇，周行天下，司察善惡，功過輕重，列言上天。

雲宫黄房〔二〕。

右元始天尊時閒居養素於此房内七寶幃中。

玄都元陽七寶紫微宫〔三〕。

右元始天尊恬神安漠、寂然无爲思念萬兆之所。

〔一〕「會」，原作「每」，依玉篇真文天書經和上下文文意改。

〔二〕「雲宫黄房」，洞玄靈寶自然九天生神章經：「元始天尊，時静處閑居，偃息雲宫黄房之内七寶幃中。」

〔三〕「玄都元陽七寶紫微宫」，太上洞玄靈寶智慧定志通微經：「爾時，靈寶天尊静處玄都元陽七寶紫微宫，恬神玄漠，寂然無爲。」

上清太玄玉都、廣寒〔一〕丹殿。

右太上大道君、高上玉帝、十方至真等至此宫内，建天寶羽服，詣元始天尊金闕之下，請受元始靈寶赤書五篇真文之所。

太空金臺玉寶殿九光華房〔二〕。

右元始天尊命引衆真入於其内。

靈都紫微上宫〔三〕。

右元始天尊令太上道君衆真等視天音於金格，取俯仰於神王之所。

六合玄臺〔四〕。

右藏真一勸誡法輪妙經於其内。

〔一〕「廣寒」，玉篇真文天書經卷下作「寒靈」。

〔二〕「太空金臺玉寶殿九光華房」，玉篇真文天書經卷下：「於是天尊命引衆真入太空金臺玉寶之殿九光華房。」

〔三〕「靈都紫微上宫」，玉篇真文天書經：「君自可詣靈都紫微上宫，視天音於金格，取俯仰於神王也。」

〔四〕「六合玄臺」，太上洞玄靈寶真一勸誡法輪妙經：「太上高玄太極三官法師玄一真人説太上洞玄靈寶真一勸誡法輪妙經，舊文藏於太上六合玄臺。」

長樂舍〔一〕。

右元始天尊説靈寶真文、出法度人之所。

南丹洞陽上館柏陵舍〔二〕。

右太上道君請元始天尊智慧罪根之所。

金臺七寶紫闕〔三〕。

右在鍾山，天帝治於其上。

玄都長樓〔四〕。

右皇曾天中内音書於其上。

〔一〕「長樂舍」，太上諸天靈書度命妙經：「元始天尊於長樂舍中説靈寶真文，出法度人，始於此國。」

〔二〕「南丹洞陽上館柏陵舍」，太上洞玄靈寶智慧罪根上品大戒經：「太上道君時于南丹洞陽上館柏陵舍，稽首禮問元始天尊。」

〔三〕「金臺七寶紫闕」，太上灵宝五符序：「其幽滯鍾山，弱水之北一萬九千里……上有金臺七寶紫闕，元氣之所舍，天帝君所治處也。」

〔四〕「玄都長樓」，從此處至末尾「南陽上宫紫臺」，均見於太上洞玄靈寶諸天内音自然玉字卷一、卷二。此處的文字爲：「皇曾天中，第一、第二、第三三字皆仰書玄都長樓之上。」下略注。

天西北玉闕。

右玉完天中内音書於其上。

金華上宫、北元玄闕〔一〕。

右何童天中内音書於其上。

太極上宫、洞元臺。

右平育天中内音書於其上。

融生臺、紫陽館。

右文舉天中内音書於其上。

紫微臺、北靈館。

右七曜天中内音書於其上。

元始玄臺、九夜臺。

右越衡天中内音書於其上。

〔一〕「玄闕」，諸天内音自然玉字作「玄闕」。該經述：「何童天中，第一、第二二字題金華上宫……其次第五、第六二字題九靈館……其次第七、第八二字題北元玄闕之上。」後文兩處宫名以上者皆類此。

北斗玄臺、南斗長生宫。

右太極濛翳天中内音書於其上。

洞陽館、南極上宫。

右赤明和陽天中内音書於其上。

玉京玄臺、南極上元宫。

右玄明恭華天中内音書於其上。

龍澤山黄房室。

右耀明宗飄天中内音書於其上。

紫微上宫、寒靈窗。

右皇笳天中内音書於其上。

玉京九層臺。

右堂耀天中内音書於其上。

南宫福堂。

右皇崖天中内音書於其上。

玄都紫房。

右極風天中内音書於其上。

南上朱陵闕。

右孝芒天中内音書於其上。

玄都九層長樓、北靈上館。

右翁重天中内音書於其上。

明真臺。

右江由天中内音書於其上。

紫微臺、南陽臺。

右阮樂天中内音書於其上。

玄都玉臺。

右曇誓天中内音書於其上。

扶桑司靈館、東井華林堂。

右元洞天中内音書於其上。

紫微長樓。

右禁上天中内音書於其上。

紫微大靈〔一〕館、南陽上宮紫臺。

右梵度天中内音書於其上。

右出洞玄經。

太極宫

委華玉堂。

右五靈真君之所處。

紫微玄琳殿。

右中央黄老君所居。

丹玕殿。

右金闕聖君所居。

太清宫

太素宫。

〔一〕「大靈」，諸天内音自然玉字作「太虚」。

右太素君所居。

太和宫。

右太和君所居。

金華樓。

右仙真玉籙皆在樓中。

右出洞真經。

天官〔一〕宫

紫微宫、元黄太極左宫、洞白太極右宫。

右天官三宫，宫有三府，府有十二曹，並在元陽之上、太空之中，自然之號，考官所治，並統上真〔二〕。

〔一〕「官」，敦目作「曹」。

〔二〕「右天官三宫」以下，太上洞玄靈寶三元品戒功德輕重經：「上元一品天官三宫，左右中三府，府統一十二曹，合三十六曹，普治元陽之上、太空之中，自然之號，普統上真。」

地官〔一〕宫

洞空清虛宫、南洞陽宫、北酆宫。

右地官三宫，宫有三府，府有一十四曹，並在山洞空玄之中，皆自然之號，考官所治，普統地上五嶽、四維八極神仙真人神靈〔二〕。

洞官〔三〕宫

易遷館、含真臺。

右在洞天中，女人得道者所居〔四〕。

童初府、蕭閑堂。

〔一〕「官」，敦目作「司」。

〔二〕「右地官三宫」以下，功德輕重經：「中元二品地官三宫，左右中三府，府統一十四曹，合四十二曹，並治山洞空玄之中，皆自然之號，普統地上五嶽、四維八極神仙真人神靈。」

〔三〕「官」，敦目作「天」。

〔四〕「女人得道者所居」，真誥卷十二稽神樞第二：「洞中有易遷館、含真臺，皆宫名也……含真臺是女人已得道者，隸太元東宫中，近有二百人。此二宫盡女子之宫也。」

右在洞天中，處男子之學者〔一〕。

休明總靈洞宫、玄司重正宗虚〔二〕宫。

統仙昇靈希微宫、正真紹〔三〕靈宛司天宫。

雲樓玉紀明朗宫〔四〕、崇虚赤映雲曲〔五〕宫。

右在酆都山洞中，總領萬神生死。

紂絶陰天宫。

右北帝君治於此，總主諸六天宫。凡人初死，皆先詣此宫受事。

泰殺〔六〕諒事宗天宫。

右西明公所治。主殺鬼，卒暴死亡所。

〔一〕「處男子之學者」，真誥卷十二稽神樞第二：「又有童初、蕭閑堂二宫，以處男子之學也。」

〔二〕「虚」，太上元始天尊説北帝伏魔神咒妙經卷一作「靈」。

〔三〕「紹」，上清高上滅魔玉帝神慧玉清隱書、神咒妙經作「邵」。

〔四〕「雲樓玉紀明朗宫」，神咒妙經作「雲婁玉紀明宫」。

〔五〕「曲」，玉清隱書作「由」，神咒妙經作「田」。

〔六〕「泰殺」，道迹靈仙記、登真隱訣卷中作「太殺」，真誥卷十協昌期第二作「泰煞」。

明晨耐犯武城天宫。

右南明公所治，主賢聖去世，於此受事。

恬照罪氣天宫。

右北斗君所治，主禍福吉凶，續[一]命罪害，應生應死，皆悉由之。

宗靈七非天宫。

右東明公所治，主在世事俗、信道不篤，死經於此。

敢司連宛屢天宫。

右北明公所治，主諸學道破戒不悔、假道希榮、託法貪利，或受正教而事邪俗、殺生淫祀、判道入魔，或無所信順、闇任肆心，屬於此。

水官宫

暘谷宫，一號青華方諸宫。

清靈宫，一號南水會宫。

〔一〕「續」，靈仙記作「宿」，真誥卷十五闡幽微第一同秘要。

北酆都宫，一號羅酆宫。

右水官三宫，宫有三府，府有一十四曹，並在九江洞室，皆自然之號，考官所治，普統水府一切神靈。

右出洞玄經及真迹經。

無上秘要卷之二十三

真靈治所品〔一〕

五老上真人治於玉清天中玉根山〔二〕。

三天神王治於太清天中浮絶空山之上〔三〕。

真晨仙君治於元虛皇房〔四〕。

〔一〕「品」，敦目無。

〔二〕「五老上真人治於玉清天中玉根山」，參卷四靈山品「玉清天中有玉根山」條。

〔三〕「三天神王治於太清天中浮絶空山之上」，參卷四靈山品「太清天中有浮絶空山」條。

〔四〕「真晨仙君治於元虛皇房」，雲笈七籤卷八釋三十九章經第二十六章：「元虛黄房真晨君曰：元虛黄房者，是真晨仙君之所治也。」上清大洞真經卷五：「元靈黄房内，中有黄寧童。左有堅玉君，右有帝常皇。」大洞玉經卷下也作「元虛皇房」，道經中「虛」和「靈」常通用。

四斗七晨道君治於玉清天中散華臺〔一〕。

九老仙皇處於扶桑之際，治在九老京〔二〕。

太帝君治於扶桑之杪、會方之臺〔三〕。

小有先生主圖玉君治於玉真天萬華宫〔四〕。

右出洞真大洞玉經。

北方旬他羅之國，外有玄洲，四面是海，上有太玄都山〔五〕，仙伯真公治所。

崑崙墉城是西王母治所。

右出洞真外國放品經。

〔一〕「四斗七晨道君治於玉清天中散華臺」，參卷四靈山品「七晨天中有三寶山」條。

〔二〕「九老仙皇處於扶桑之際，治在九老京」，參卷四靈山品「扶桑際有九老京山」條。

〔三〕「太帝君治於扶桑之杪、會方之臺」，參卷四靈山品「扶桑際有九老京山」條。

〔四〕「小有先生主圖玉君治於玉真天萬華宫」，參卷四靈山品「玉真天中有高元山」條。

〔五〕「山」，上清外國放品青童内文卷下無。

上相青童君治在方諸青宫之内、金殿瓊房之裏。

玉寶王上相大司馬高晨師治在玉保清〔一〕宫。

東海青華小童治在玉華清〔二〕宫。

右出上清青要紫書經。

太上无極虚皇大道君〔三〕治在玉京山七寶樹。

右出太上玉京山經。

玄中有三太空，即三官所治，上三官治〔四〕太玄之上玉虚太空之中；中三官治上清太空；下三官治於太極太空。九府在五嶽玄虚洞室之中，善惡罪罰，莫不由於三官九府之司。

〔一〕「保清」，洞真上清青要紫書金根衆經卷下作「寶青」。

〔二〕「清」，金根衆經作「青」。

〔三〕「大道君」，洞玄靈寶玉京山步虚經作「天尊」。

〔四〕「治」，秘要原文及太真玉帝四極明科經卷一均無，據上下文補。

右出洞真四極明科。

高上玉晨大道君治於玄都九曲崚嶒鳳臺，結自然鳳氣，以成瓊房，處於九天之上、玉京之陽。

右出洞真曲素訣辭經。

太微中有三皇一帝〔一〕，一曰皇君，二曰皇天，三曰皇老。此即三元之炁、混沌之真，出入上清太素太和之宫。

右出洞真太微黄書經。

緑那羅衛之國須彌靈飛〔二〕人鳥之山，元始天王所别治，七寶室〔三〕，高臺陵〔四〕天。

〔一〕「帝」，洞真太微黄書九天八籙真文作「帝皇」。
〔二〕「須彌靈飛」，上清太極隱注玉經寶訣作「崑崙」。
〔三〕「室」，太極隱注玉經寶訣作「宫室」。
〔四〕「陵」，太極隱注玉經寶訣作「凌」。

右出洞玄隱注經。

鬱單无量天王治化之天有无鞅玄臺紫户之内〔一〕。

上上禪善无量壽天王所治之天天有玉圃朱〔二〕林七寶瓊臺。

須延天王所治之天有玉京靈都宫。

寂然天王所治之天有朱〔三〕宫瓊臺。

不驕樂天王所治之天有无映丹房、九層玉臺。

化應聲天王所治之天有瓊林上宫、朱映之房。

梵寶天王所治之天有南上七映之宫。

梵摩迦夷天王所治之天有九玄鳳城、紫瓊玉臺。

〔一〕「治化之天有无鞅玄臺紫户之内」，高上太霄琅書瓊文帝章經作「治天無映玄臺紫户之内」；據下文，秘要原文或當爲「治化之天有无鞅玄臺紫户」，「鞅」或誤。

〔二〕「圃朱」，瓊文帝章經作「國珠」。

〔三〕「朱」，瓊文帝章經作「珠」。

波黎〔一〕答秵天王所治之天有崚嶒玉京大有妙宫九曲之房。

九天丈人治於鬱單〔二〕无量天。

九天真王治於无量天〔三〕。

元始天王治於上〔四〕監天。

元始先生〔五〕治於兜術天。

高上元皇治於不驕樂天。

虚皇玉帝治於化應聲天。

萬始先生治於梵寶天。

紫虚帝君治於梵摩迦夷天。

太真王治在波黎答秵天。

〔一〕「黎」，瓊文帝章經作「梨」。

〔二〕「鬱單」，瓊文帝章經無。

〔三〕「无量天」，瓊文帝章經作「無量壽天」。

〔四〕「上」，瓊文帝章經作「梵」。

〔五〕「先生」，瓊文帝章經作「天王」，誤。

右出洞真太霄琅書經。

正一炁治品〔一〕

太上以〔二〕漢安二年正月七日日中時下二十四治，上八、中八、下八，應天二十四炁，合二十八宿，付天師張道陵，奉行布化。

上皇元年七月七日，无上大道老君所立上品〔三〕治八品。

陽平治，上應角宿。治在蜀郡界。

〔一〕「品」，敦目無。

〔二〕「以」，原無，據三洞珠囊卷七二十四治品、雲笈七籤卷二十八二十四治、受籙次第法信儀補。

〔三〕「品」，後文有「中治八品」「下治八品」，此處無「品」字更恰，三洞珠囊卷七正無「品」字，然雲笈七籤卷二十八也作「上品治八品」，意也可通，故不删除。

鹿堂治〔一〕，上應亢宿，治〔二〕上有仙臺，古人度世之處。昔永壽元年，太上老君將張天師於此治，與四鎮太歲大將軍、川廟百鬼，共折石爲約〔三〕，皆從正一盟威之道。亦在蜀郡界。

鶴鳴山治〔四〕，上應氐宿，其山與青城天國〔五〕山相連，亦言尹先生主之。亦在蜀郡界。昔永壽元年，太上老君將張天師於此治，與四鎮太歲大將軍、川廟百鬼，共折石爲約，皆從正一盟威之道。亦在蜀郡界。

〔一〕「鹿堂治」，三洞珠囊、雲笈七籤作「鹿堂山治」，太上正一盟威法籙之太上二十四治氣籙也作「鹿堂治」。

〔二〕「治」，該字下原有「在」字，據文意删。按，「鹿堂治」後的敘述文字與三洞珠囊、雲笈七籤總體一致，「治上有仙臺」，三洞珠囊爲「治在蜀郡繁縣界北鄉，去成都三百里，上有仙室仙臺」，雲笈七籤爲「治在漢州綿竹縣界北鄉，去成都三百里，上有仙室仙臺」。在敘述二十四治的位置時，三洞珠囊、雲笈七籤敘述更詳，且緊承治名，而無上秘要則更簡略，並置於最後。

〔三〕「約」，三洞珠囊、雲笈七籤作「要」。

〔四〕「鶴鳴山治」，三洞珠囊作「鶴鳴神山太上治」，雲笈七籤作「鶴鳴神山上治」，太上正一盟威法籙作「鵠鳴治」。

〔五〕「國」，原作「固」，據三洞珠囊、雲笈七籤改。洞玄靈寶五嶽古本真形圖：「青城山真形，在蜀郡界，一名天國山，周迴二千七百里。」然宋李思聰洞淵集卷六「鶴鳴山治，山頂與青城山、天相山相連，去成都二百里」中又作「天相山」，且與青城山似爲二山，或誤。

漓沅山治，上應房宿，與鹿堂山〔一〕相連，上有果松神草〔二〕。亦在〔三〕蜀郡界。

葛蹟山治，上應心宿，與漓沅山相連，上有松〔四〕栗，山高六百丈〔五〕。亦在蜀郡界。

更〔六〕除治，上應尾宿，治山去平地三百九十尺〔七〕，時有仙人往來，可以度厄養性，昔張力士〔八〕得道之處。山有二石室，三龍頭。在廣漢界。

〔一〕「鹿堂山」，三洞珠囊、雲笈七籤作「鹿堂山治」。

〔二〕「果松神草」，原無，三洞珠囊、雲笈七籤敘述該治時均謂「與鹿堂山治相連，其間八十里，去成都二百五十里。上有果松神草，服之昇仙」，據補。洞淵集卷六謂「上有百果靈松神草」，也爲其意。

〔三〕「亦在」，原無，據前後文例補。

〔四〕「松」，原作「相」，據三洞珠囊、雲笈七籤改；洞淵集卷六謂「山上生金粟、玉芝」，也爲其意。

〔五〕「高六百丈」，原無，據三洞珠囊、雲笈七籤、洞淵集補。

〔六〕「更」，三洞珠囊、雲笈七籤、太上正一盟威法籙作「庚」，洞淵集卷六作「庚除山治」。「更除治」、「庚除治」在道書中互有用例。

〔七〕「尺」，三洞珠囊、雲笈七籤、洞淵集作「丈」。

〔八〕「張力士」，三洞珠囊、雲笈七籤作「張力」，洞淵集同秘要。

秦中治，上應箕宿，其山昔韓衆於其上得仙〔一〕。在廣漢郡界。

真多治，上應斗宿，其山高二百八十丈，上有芝草神藥。亦在廣漢郡界。

无極元年十月五日，正真〔二〕无極太上立中治八品。

昌利治，上應牛宿，昔李八百初學道處，遊行蜀中諸名山，常日日〔三〕出戲於成都市，暮宿於青城山。其山南有一石室，前有三龍門。亦在廣漢郡界。

隸上治，上應女宿，昔季子先生〔四〕學道飛仙在此。山有二石室，有一神泉〔五〕，白鹿、白鳩、白鵠〔六〕，時來飲之。亦在廣漢郡界。

〔一〕「其山昔韓衆於其上得仙」，三洞珠囊、雲笈七籤作「其山浮，昔韓衆於上得仙」，然洞淵集作「其山昔韓衆真人於此得道」，與秘要相似。

〔二〕「正真」，雲笈七籤作「真正」。

〔三〕「日日」，雲笈七籤作「自」。

〔四〕「季子先生」，原作「李子先生」，三洞珠囊、雲笈七籤作「山季子先生」（「山」疑衍），洞淵集作「季子先生」，故改爲「季」。

〔五〕「泉」，三洞珠囊、雲笈七籤、洞淵集作「井」。

〔六〕「鵠」，三洞珠囊、雲笈七籤、洞淵集作「鶴」。

涌泉治〔一〕，上應虚宿，昔馬明生學道得仙，太上老君至此，化形往此治。上有泉水〔二〕，治萬民疾病，无不除〔三〕愈，時世之人，遂傳爲呪水。治在遂寧郡界。

稠稉治，上應危宿，治去汶山江水九里，山高去平地一千七百丈，昔軒轅黄帝學道之處也。其治左右皆連，山岡相續。其山西北有沬江〔四〕水，山亦有芝草神藥。在犍爲郡界。

北平治，上應室宿，山上有池，山縱廣二百步，中有芝草神藥〔五〕，昔王子喬得仙之處。亦在犍爲郡界。

本竹治，上應壁宿，山高一千三百丈，上有一水，有香林在治〔六〕北，有龍穴地道，通峨

〔一〕「涌泉治」，三洞珠囊、雲笈七籤作「涌泉山治」。

〔二〕「泉水」，三洞珠囊作「靈泉」。

〔三〕「除」，三洞珠囊、雲笈七籤作「差」。

〔四〕「沬江」，三洞珠囊、雲笈七籤、洞淵集作「味江」。

〔五〕「芝草神藥」，三洞珠囊、雲笈七籤、洞淵集作「神芝藥草」。

〔六〕「治」，該字三洞珠囊、雲笈七籤後有「陌」，故前後點斷爲「有香林在治陌，北有龍穴地道」，更恰。洞淵集同秘要。

眉山，昔郭聲子〔一〕得道之處。亦在犍爲郡界。

蒙秦治，上應奎宿，山高一千丈，昔伊尹於此山學道。上有芝英金液草，服之得度世。在越嶲郡界。

平蓋治，上應婁宿，前山下有玉人，長一丈三尺，昔吴郡崔孝通於此山學道，遂得飛仙。亦在犍爲郡界。

无極上皇〔二〕二年正月七日，无爲道君玄老〔三〕立下治八品。

雲臺治〔四〕，上應胃宿，昔張天師將諸弟子三百七十人住山治上，教化二年，白日昇天。其後一年，天師夫人復昇天。此即趙昇取桃之處是也。在巴西郡界。

〔一〕「郭聲子」，原作「郭子」，同書卷八十三得地仙道人名品、得太清道人名品均有「郭聲子」，這兩處於真靈位業圖也作「郭聲子」，真誥卷五甄命授、真誥卷十二稽神樞、元始上真衆仙記、洞天福地嶽瀆名山記、華陽陶隱居集、太極葛仙公傳、太平御覽道部均有「郭聲子」，據改。然三洞珠囊、雲笈七籤、洞淵集均爲「郭子聲」，上清衆經諸真聖秘也曰：「郭子聲爲閬風真人。」其名或入唐始訛。

〔二〕「无極上皇」，三洞珠囊、雲笈七籤作「無上」。

〔三〕「无爲道君玄老」，三洞珠囊、雲笈七籤作「无爲大道玄真」。

〔四〕「雲臺治」，三洞珠囊、雲笈七籤作「雲臺山治」。

濜口治，上應昴宿，昔陳安世於此山學道得仙。山一名平元山。在漢中郡界。

後城治，上應畢宿，昔夏〔一〕子然於此山上學道得仙。一名黄陵山。在漢中郡界。

公慕治，上應觜宿，蘇子玉〔二〕於此山學道得仙。一名北逢仙山。在漢中郡界。

平剛治，上應參宿，昔李阿於此山學道得仙。在犍爲郡界。

主簿治，上應井宿，昔王興於此山學道得仙。一名秋長山。在犍爲郡界。

玉局治，上應鬼宿，昔永壽元年正月七日，太上老君乘白鹿，張天師乘白鵠〔三〕，來此坐局腳玉牀，即名玉局治。在成都南門左。

北邙治〔四〕，上應柳宿，昔務成子於此山學仙得道。在京兆郡界。

〔一〕「夏」，三洞珠囊、雲笈七籤作「憂」，然洞淵集、洞天福地嶽瀆名山記也作「夏」。

〔二〕「玉」，三洞珠囊、雲笈七籤、洞淵集無，雲笈七籤卷十九贊詩詞「蘇子跡已往」注「云蘇耽是也」。洞天福地嶽瀆名山記、宋陳葆光三洞群仙録卷二十引續仙傳也作「蘇子玉」。未詳孰是。

〔三〕「鵠」，三洞珠囊、雲笈七籤、洞淵集作「鶴」。

〔四〕「北邙治」，三洞珠囊、雲笈七籤作「北邙山治」。

天師以漢安元年七月七日，立四〔一〕治，付嗣師，以備二十八宿。

剛互治〔二〕，在蘭武山，以應星宿。

白石治，在玄極山，以應張宿。

具山治，在飯陽山，以應翼宿。

鍾茂治，在元東山，以應軫宿。

右已上四治，並在洪陽郡界〔三〕。

嗣師以建安二〔四〕年十月五日，天師所布，立八品配。

漓沅治，在玄昌山。

利里治，在高堂〔五〕山。

〔一〕「四」，原作「二十四」，据三洞珠囊改。雲笈七籤曰：「右此四治是張天師所加，充前二十四治，合成二十八治，上應二十八宿。」

〔二〕「剛互治」，雲笈七籤作「岡氏治」，洞淵集作「正互治」。

〔三〕「右已上四治，並在洪陽郡界」，雲笈七籤引地圖云：「此四治在京師東北。」

〔四〕「二」，三洞珠囊作「三」。

〔五〕「堂」，原作「掌」，據三洞珠囊改。

平公治，在牛〔一〕頭山。

公慕治，在身雄山。

天台治，在黄牛山。

瀨鄉治，在小世山。

撙領治，在單方山〔二〕。

代元治，在上黨〔三〕山。

係天師以太元二年正月七日所立八品遊治。

峨嵋治，在蜀郡界。

青城治，在蜀郡界。

太華治，在京兆郡界。

黄金治，在蜀郡界。

〔一〕「牛」，原作「中」，據三洞珠囊改。

〔二〕「撙領治，在單方山」，原無，據三洞珠囊增。

〔三〕「黨」，三洞珠囊作「堂」。

慈母治，在城山郡〔一〕界。

河逢治，在上黨郡界。

平都治，在巴郡界。

吉陽治，在魏〔二〕郡界。

右出正一炁治圖。

〔一〕「城山郡」，三洞珠囊作「城布山」。

〔二〕「魏」，三洞珠囊作「蜀」。

無上秘要卷之二十四

三寶品

天寶君者，則大洞之尊神，天寶丈人則天寶君之祖炁。丈人是混洞太无元上玉皇〔一〕之炁，九萬九千九百九十億萬炁。後至龍漢元年，化生天寶君，出書，時號高上大有玉清宫。

靈寶君者，則洞玄之尊神，靈寶丈人則靈寶君之祖炁。丈人是赤混太无元上玉虚〔二〕之炁，九萬九千九百九十九萬炁。後至龍漢開圖，化生靈寶君。經一劫，至赤明元年，出書度人，時號上清玄都玉京七寶紫微宫。

〔一〕「元上玉皇」，洞玄靈寶自然九天生神章經作「元高上玉虚」。

〔二〕「元上玉虚」，九天生神章經作「元玄上紫虚」。

神寶君者，則洞神之尊神，神寶丈人則神寶君之祖炁。丈人是冥寂玄通无上玉虚〔一〕之炁，九萬九千九百九十萬炁。後至赤明元年，化生神寶君。經二劫，至上皇元年，出書，時號三皇。洞神、太清、太極宫，此之三號，雖年殊號異，本同一也，分爲玄、元、始三炁而治。三寶皆三炁之尊神。

右出洞玄九天經。

夫三寶者，一曰道寶，二曰太上經寶，三曰法師〔二〕寶。又云三尊者，一曰道尊，二曰太上經尊，三曰法師尊。

右出洞玄請問經。

夫我有三寶，保而持之：一曰慈，二曰儉，三曰不敢爲天下先。夫慈，故能勇；儉，故能廣；不敢爲天下先，故能成器長。今捨慈且勇，捨儉且廣，捨後且先，死矣。夫慈，以戰

〔一〕「无上玉虚」，九天生神章經作「元无上清虚」。

〔二〕「法師」，太上洞玄靈寶本行宿緣經作「師」。後文「法師尊」之「法師」也作「師」。

則勝，以守則固。天將救之，以慈衛之。

右出老子德經

真文品

元始天尊時與五老上帝、十方大聖衆、无極至真、諸君、丈人，於赤明世界柏陵舍，坐香園之中、長桑之下。天尊回駕，諸天降席。是時雲霧鬱勃，四景冥合，三日三夜，玄陰不解，天地无光，有如龍漢之前，幽幽冥冥。五老上帝前進作禮，上白天尊：今日侍坐，所未嘗經。天尊出遊則諸天傾駕，上帝高真、神仙玉女、日月星宿、璇璣玉衡、三界官屬、五嶽山神、河海水帝，一切神靈，莫不振肅，侍衛天真。天朗炁清，風不摇條，地無飛塵，河海静默，山嶽藏煙，時和氣定，生死同歡。而〔一〕閉天光明，白日晝陰，天人惶怖，不審何故，所緣如是。願垂告誨，令衆見明，饒益一切，普得安全。

〔一〕「而」，原無，據太上靈寶諸天内音自然玉字卷三及文意補。

天尊告曰：今日同座〔一〕，歡樂難遇，諸天發瑞，靈應自然，玉字焕爛，障蔽天光，未通之始，致如〔二〕晝冥，日慶時合，希所常〔三〕有。今當普爲四衆開天妙瑞，度一切人。咸令四座閉眼〔四〕伏地。於是大〔五〕聖衆同時閉眼，伏地聽命。俄頃之間，天炁朗除，冥闇〔六〕豁消，五色光明，洞徹五方。忽〔七〕有天書，字方一丈，自然而見空玄之上五色光中，文彩焕爛，八角垂芒，精光亂眼，不可得看。

天尊普問四座大衆：靈書八會，字無正形，其趣宛奥，難可尋詳。天既降應，妙道宜明，便可注筆，解其正音，使皇道既暢，澤被十方。

〔一〕「座」，諸天内音自然玉字作「坐」。

〔二〕「如」，原作「始」，據諸天内音自然玉字改。

〔三〕「常」，諸天内音自然玉字作「嘗」。

〔四〕「眼」，諸天内音自然玉字作「目」。

〔五〕「大」，諸天内音自然玉字作「天」。

〔六〕「闇」，諸天内音自然玉字作「晻」。

〔七〕「忽」，諸天内音自然玉字作「忽然」。

天皇真人稽首作禮，上白天尊曰：隨運生死〔一〕，展轉億劫，屢經侍座，未有今日。遭值聖道，開諸法門，見天書自然至真。斯八會之炁，合五和之音，非愚情短思所能洞明。今既厠座，次仰覩玄妙，被命狼狽，不敢藏情，逆用振〔二〕惶。若無神守，輒竭所見，解注其音，冀萬有一合，開示來生。不及之體，惟蒙曲愍〔三〕。於是靈妃〔四〕按筆，太真拂筵，玉女執巾，金童揚香，月宫散花，日精灌津，五老監試，三界衛真。

天真皇人曰：天書玉字，凝飛玄之炁，以成靈文，合八會以成音，和五合而成章。大運啓期，琳琅自生，神炁〔五〕虚奏，韶響洞鳴，焕于諸天之上，朗曜太幽之中。與龍漢而俱化，

〔一〕「死」，諸天内音自然玉字作「化」。

〔二〕「振」，諸天内音自然玉字作「張」。

〔三〕「愍」，諸天内音自然玉字作「憫」。

〔四〕「靈妃」，原無，據諸天内音自然玉字及文意補。

〔五〕「炁」，太上靈寶諸天内音自然玉字卷一作「風」。本段文字「天真皇人曰：天書玉字」至「難可名焉」前後的文字在諸天内音自然玉字卷三緊鄰，該段文字乃插引其間。

披赤明於延康，錬水火於生死，歷〔一〕億劫而長存，開八坦〔二〕於幽細〔三〕，植露〔四〕光於太陽。二儀待〔五〕之以判，三景待之以分，上聖乘之以无〔六〕，五嶽寶之以靈，一切得之以生〔七〕，國祚享之以安。落落大範，巍巍高尊，有中生无，爲天地之根。得之者不死，奉之者長存，寶之者真降，修之者神仙。度死骸於長夜，錬生魂於朱宮。妙化之文，出於自然。高秀太虛，萬帝之宗；威靈恢廓，難可名焉。

天真皇人曰：大梵隱語无量之音，天有飛玄自然之炁，合和五音，以成天中无量洞章。

〔一〕「歷」，諸天内音自然玉字作「與」。

〔二〕「坦」，諸天内音自然玉字作「垣」。從意義上看，「八垣」爲勝，洞真太微黄書九天八録真文：「太微黄書凡有八卷，太微八垣四門高上經第一。」但道經中「八坦」也多見，如上清高聖太上大道君洞真金元八景玉録：「玉虛四司，激攄八坦。」上清元始變化寶真上經九靈太妙龜山玄籙卷中：「右一玄龍乘紫雲造空唱讃記及此八坦八門。」同經卷下：「四虛皇君隨四時形影在玉清音光宫八坦府四明鄉極微里中。」

〔三〕「細」，諸天内音自然玉字作「紐」。

〔四〕「露」，諸天内音自然玉字作「靈」。

〔五〕「待」，諸天内音自然玉字作「持」，後「三景待之」之「待」也作「持」。

〔六〕「无」，諸天内音自然玉字作「光」。

〔七〕「生」，原作「炁」，據諸天内音自然玉字改。

上演諸天之玄奥，讚大有之開明；中理自然之炁，普度學仙之人；下度生死之命，拔出長夜之魂。元始妙法，億劫長存。其音既朗，其道行焉。大法開明，諸天稱慶。无極大聖衆、至真諸君、丈人、五老上帝、十方尊神、神仙玉女，一時行香，旋行三帀，而作頌曰：

天尊回玉駕，降席香園中。至真大聖衆，无極天中王。神仙導日月，鬱鬱披雲宫。五帝翼華轅，三界備十方。日慶衆真座，歡樂難爲雙。妙會自然感，靈瑞發空洞。焕爛啓幽期，障蔽日月光。玄陰不解夜，四衆並虔恭[一]。靈運自應圖，倏歘朗太空。靈書八會字，五音合成章[二]。天真解妙韻，琅琅大有通。玉音難爲譬，普成天地功。上植諸天根，落落神仙宗。中演玄洞府，坦然[三]八幽房。開度生死命，拔出長夜公[四]。地獄五苦解，刀山不生鋒。五道无對魂，億劫並少童。堂堂大乘化，一切不偏功。天尊開大有，落落諸天明。妙哉龍漢道，八會結成形。焕爛飛空内，流光三界庭。神圖啓靈會，玉書應景生。天真通妙趣，五和合成經。琅琅玉音響，飄飄翬上清。開度无終劫，九幽受光明。巍巍大法

〔一〕「四衆並虔恭」，太上靈寶諸天内音自然玉字卷三作「四象並安恭」。

〔二〕「章」，諸天内音自然玉字作「文」。

〔三〕「然」，諸天内音自然玉字作「明」。

〔四〕「公」，諸天内音自然玉字作「亡」。

門，教導一切生。斯功不可勝，歡樂慶〔一〕萬齡。

是時惠澤普流，恩被十方，信向不死，皆得長年，老者還少，病者即康，枯骨生炁，死魂還人，五苦咸解〔二〕，地獄寧閑，預以有心，皆得神仙。

天尊告四衆至真：今日同座，一劫之中，開天靈奧，自然玉書，度一切人。其福弘普，廣益衆生。大法既陶，恩无不帀，无極世界，皆受光明。九幽開宥，長夜赦魂，生者歡樂，死者蒙還。諸天人民，宿對種親，是男是女，善惡命根，无始以來，至於今生，生死展轉，殃對相牽，天地成敗，功過難明。今一依大宥〔三〕，普告諸天，日月星宿、璇璣玉衡、南斗北斗、司命、司殺、韓君主録、南昌上〔四〕宫、諸地諸水、五嶽靈山、三官九署、十二河源、長夜之府、

〔一〕「慶」，諸天内音自然玉字作「度」。
〔二〕「咸解」，諸天内音自然玉字作「解脱」。
〔三〕「今一依大宥」，諸天内音自然玉字作「今依大有」。
〔四〕「上」，原作「土」，據諸天内音自然玉字及其他道經之「南昌上宫」改。

九幽之中、四司五帝，一切神靈，探〔一〕筭録籍，推校本原〔二〕，无善无惡，輕重之根，生死右〔三〕別，條名列言，一切削除，斷絶因緣，普同一慶〔四〕。以今爲新，令此一劫，咸得道真，大福所普，勿使有偏。天尊有命，諸天敬從。於是四衆同起作禮，舉手指上，俛手指下，无上无下，无極无窮，无深无遠，无幽无隱，无大无小，无始〔五〕无終，一切普度，同受光明。彈指告衆，一切咸聞。是時四衆同時抗手，仰天稽首〔六〕，三十二天，日月星宿，一時俱明；地下九幽，无極之底，光景洞徹，无復闇冥。幽隱普見，地藏露形，山川溪澗，一等緬平。冬華結實，枯樹發榮，慶加一切，功載衆生，魚龍湧〔七〕躍，鳥獸欣鳴，靈歌交會，路无悲聲。天靜地默，三宮潛寧，簡對休息，五道不生，人神歡泰，聖道太平。

〔一〕「探」，諸天内音自然玉字作「採」。

〔二〕「原」，諸天内音自然玉字作「源」。

〔三〕「右」，原作「有」，據諸天内音自然玉字改。道經中「右別」習見。

〔四〕「慶」，諸天内音自然玉字作「度」。

〔五〕「始」，原作「數」，據諸天内音自然玉字改。

〔六〕「稽首」，諸天内音自然玉字作「彈指」。

〔七〕「湧」，諸天内音自然玉字作「踊」。

右出洞玄諸天内音經。

元始洞玄靈寶赤書五〔一〕篇真文，生於元始之先，空洞之中，天地未根，日月未光，幽幽冥冥，无祖无宗，靈文晻曖〔二〕，乍存乍亡，二儀待之以分，太陽待之以明，靈圖革運，玄象推遷，乘機應會，於是存焉。天地得之而分判，三景得之以發光，靈文鬱秀，洞映上清，發乎始青之天，而色無定方，文勢曲折，不可尋詳。元始鍊於洞陽之館，冶於流火之庭，鮮其正文，瑩發光芒，洞陽氣赤，故號赤書。靈圖既煥，萬帝朝真，飛空步虚，旋行上宫，燒香散花，口詠靈章。是時天降十二玄瑞，地發二十四應，上慶九天之靈奥，下〔三〕讃三天之寶明〔四〕。神風既鼓，皇道咸暢，元始登命太真按筆，玉妃拂筵，鑄金爲簡，刻書玉篇，五老掌録，祕於九天靈都之宫。玉女典香，太華執巾，玉童侍衛，玉陛朝軒。九天上書，非鬼神所聞。天寶之以致浮，地祕之以致安，五帝掌之以得鎮，三光乘之以高明，上聖奉之以致真，

〔一〕「五」，元始五老赤書玉篇真文天書經作「玉」。
〔二〕「曖」，玉篇真文天書經作「藹」。
〔三〕「下」，原無，據玉篇真文天書經補。
〔四〕「明」，玉篇真文天書經作「文」。

五嶽從之以得靈，天子得之以致治，國祚享之以太平。寶靈文之妙德，標〔一〕天地之玄根，威靈恢廓，普加无窮，蕩蕩大化，爲神明之宗。其量莫測，巍巍乎太空。

除災群。

東方九炁青天真文〔二〕。

東方九炁，始皇青天。碧霞鬱壘，中有老人。總校圖籙，攝炁舉仙。

右二十四字，主召九天上帝，校神仙圖籙。學仙道士，常以本命甲子立春之日，青書二十四字於白刺上，記姓名年月於刺下，投靈山之嶽。九年，仙官到，身得飛仙。

歲星輔肝，角亢鎮真。氐房心尾，四景迴旋。箕主七辰，正〔三〕斗明輪。承炁捕非，掃除災群。

〔一〕「標」，玉篇真文天書經作「乃」。

〔二〕「東方九炁青天真文」，以下文字與太上洞玄靈寶赤書玉訣妙經卷上幾乎完全相同，各篇「真文」中的秘文及其他文字雖也多見於元始五老赤書玉篇真文天書經，但玉篇真文天書經的解釋文字與之多有不同，且該經中的秘文乃用符篆寫出。故下文的内容似當以太上洞玄靈寶赤書玉訣妙經爲其出處，或乃由於後者是在前者基礎上衍生出來所致。按，每篇真文的一百多字秘文也見於太上求仙定録赤素真訣玉文和太上洞玄靈寶授度儀。

〔三〕「正」，靈寶授度儀作「玉」。

右三十二字，主召天宿星官，正天分度。諸以東方〔一〕星宿越錯，朱書三十二字於青紙上，露於中庭，九日九夜，夕夕依法別呪。訖，以火燒文，散灰於青煙之中，并刻書三十二字於青石上，埋東方。天災自消，星宿復位。東山神呪，攝召九天。赤書符命，制會酆山。東魔送鬼，所誅无蠲。悉詣木宮，敢有稽延。

右三十二字，主攝鬼魔，正九天炁。行此法，朱書青木刺上，以文向東北，而依別呪文。三呪，鬼自束形，萬妖自滅，精心行之。水府開道，通徑百千。上〔二〕帝赤文，風下制東河，溟海水神。大劫洪災，蛟龍負身。水府開道，通徑百千。上〔二〕帝赤文，風火无間。

右三十二字，攝東海水帝，大劫天災之數，召蛟龍及水神事。遇水災及欲度〔三〕大水，皆黄書三十二字於青紙上，依別呪，以投水中，身自得過，蛟龍負載〔四〕，河伯奉迎，

〔一〕「東方」，太上洞玄靈寶赤書玉訣妙經卷上作「天災」。
〔二〕「上」，靈寶授度儀作「青」。
〔三〕「度」，赤書玉訣妙經作「渡」。
〔四〕「載」，原作「難」，據赤書玉訣妙經改。

水下可行。

南方三炁丹天真文。

南方丹天，赤帝玉堂。中有大神，號曰赤皇。上炎流煙，三炁勃光。神仙受命，應運太陽。

右三十二字，主九天神仙圖籙宿名。學仙道士，常以本命甲子立夏之日，朱書三十二字於白刺上，記姓名年月於刺下，投靈山之嶽。九年，仙官到，身得飛仙。

熒惑輔心，井鬼守房。柳星張翼，抗[一]御四鄉。軫總七宿，迴轉天常。召運促會，正道驛行。

右三十二字，主召星官，正天分度。諸以南方星宿越錯，有諸災異，當朱書青紙上，露於中庭，三日三夜，夕夕依別呪。訖，刻書三十二字於赤石上，埋南方。天災自消，星宿復位。

〔一〕「抗」，赤書玉訣妙經作「犺」。

赤文命靈，北攝酆山。東送魔宗，斬滅邪根〔一〕。符教所討〔二〕，明列罪原〔三〕。南山神呪，威伏八方〔四〕。群妖滅爽，萬試摧亡。

右四十字，主制北酆，正鬼氣。行以此法，黄書赤木刺上，以文向東北而依〔五〕呪文。三行此法，鬼精自滅，萬魔束形，宜精心行之。

南河水帝，太伯龍王。神呪流行，普掃不祥。洪水飛災，上召蛟龍〔六〕。開除水逕，千道萬通。敢有干試，攝送火宫。赤書所告，莫有不從。

右四十八字，主〔七〕南海水帝，大運交期〔八〕，洪水四出，召蛟龍水神事。遇此災及

〔一〕「根」，靈寶授度儀作「原」。
〔二〕「討」，靈寶授度儀作「誅」。
〔三〕「原」，赤書玉訣妙經、靈寶授度儀作「源」。
〔四〕「八方」，赤書玉訣妙經作「百千」，靈寶授度儀作「萬方」。
〔五〕「東北而依」，赤書玉訣妙經作「東北而依別」。
〔六〕「上召蛟龍」，赤書玉訣妙經、靈寶授度儀作「止蛟召龍」。
〔七〕「主」，赤書玉訣妙經作「主攝」。
〔八〕「交期」，赤書玉訣妙經作「交」。

度大水，皆黄書四十八字於青紙上，依别呪，以投水中，身自得過，水官奉迎。

中央黄天真文。

中央總靈，黄上天元。始生五老，中皇〔一〕高尊。攝炁監真，總領群仙。典録玄圖，宿簡玉文。推運保炁〔二〕，普告萬神。

右四十字，主神仙玉簡宿名，總歸仙氣。學仙道士，常以本命甲子春分夏至秋分冬至之日，黄書四十字於白刺上，記姓名年月於刺下，投靈山之嶽。九年仙官到，身得神仙。

鎮星輔脾，徊度北元。魁魁主非，截邪斬根〔三〕。魋魒魓魆，掃穢除氛。魒正玄斗，明度天關。九天符命，金馬驛傳。

右四十字，主攝星官，正天度數。諸以中央星宿越錯，生諸災異，當以朱書四十

〔一〕「皇」，赤書玉訣妙經、靈寶授度儀作「黄」。
〔二〕「推運保炁」，赤書玉訣妙經、尺素真訣玉文及靈寶授度儀作「催運上炁」。
〔三〕「根」，靈寶授度儀作「奸」。

字於青紙上，露於中庭，十二日十二夜，夕夕向王依別呪法。訖，以火燒文，散之於青煙之中，并刻書四十字於黄石上，埋中央。天災自消，星宿復位。敕攝北帝，遏塞鬼門。剪除不祥，莫有當前。

右十六字，主攝北帝，正天炁，檢鬼精。行此法，白書十六字於黄木剌上，以文向東北，而依別呪文。三行此法，鬼精自滅，天魔束形，宜精心行之。

中山神咒，召龍上雲。制會黄河，九水河源。不得怠〔一〕縱，善惡悉分。千妖萬姦，上對帝君。莫〔二〕有干試，太陽激焚。赤書玉字，宣告普聞。

右四十八字，主攝中海水帝，四泉〔三〕之水，洪災涌溢之數，召水神，止蛟龍事。如遇洪水之災及度大水，皆黄書四十八字於青紙上，依法別呪，投水中，身自得過，水官奉迎。

〔一〕「怠」，尺素真訣玉文、靈寶授度儀作「殆」。
〔二〕「莫」，尺素真訣玉文作「敢」。
〔三〕「泉」，赤書玉訣妙經作「源」。

西方七炁素天真文。

西方素天，白帝七門。金靈皓映，太華流氛。白石峨峨，七氣氤氳〔一〕。上有始生，皇老大神。總領肺炁，主校九天。檢定圖籙，制召上仙。

右四十八字，主召仙炁。學仙道士常以本命甲子立秋之日，書四十八字於刺上〔二〕，記姓名年月於刺下，投靈山之嶽。九年仙官到，身得神仙。

太白檢肺，奎婁守魂。胃昴畢觜，主制七關。參總斗魁，受符北元。

右二十四字，主白帝星官，正明天度。諸以西方星宿越錯，有諸災異，當以朱書青紙上，露於中庭，七日七夜，夕夕向西方，依別呪法。訖，以火燒之，散灰於青煙之中，并刻書二十四字於白石上，埋西方，天災自消，星宿復位。

赤書玉字，九天正文。攝召萬炁，普歸帝君。

右十六字，攝六天鬼炁。行此法，墨〔三〕書十六字於白木〔四〕上，以文向東北，而依

〔一〕「氤氳」，靈寶授度儀作「烟熅」。
〔二〕「書四十八字於刺上」，赤書玉訣妙經作「白書四十八字於白刺上」，更恰。
〔三〕「墨」，赤書玉訣妙經作「黑」。
〔四〕「木」，赤書玉訣妙經作「刺」。

别呪文。七過行之，鬼精自滅，萬魔束形，宜精心行之。西山神呪，八威七傳。符水上龍，召山送雲。在此校録〔一〕，同到帝門。輔衛上真，斬滅邪源。若有不祥，截以金關。赤書符命，風火驛傳。

右四十八字，主攝西海水帝及水中萬精，召雲龍以防水災。欲知水中精物，及洪水彌天，欲度此災，皆黄書四十八字於青紙上，依别呪法，投文水中，知水中萬精形象，蛟龍負身，以度水災，水官奉迎。

北方五炁玄天真文。

北方玄天，五炁徘徊。中有黑帝，雙皇〔二〕太微。總領符命，仙鍊八威。青裙羽褥〔三〕，龍文鳳衣。上帝所舉，制到玉階〔四〕。

右四十字，主諸真人神仙圖籙。學仙道士，常以本命甲子立冬之日，黑書四十字

〔一〕「在此校録」，赤書玉訣妙經作「在此授得」，尺素玉訣真文作「在所校録」。
〔二〕「皇」，赤書玉訣妙經作「黄」。
〔三〕「褥」，赤書玉訣妙經作「褐」。
〔四〕「上帝所舉，制到玉階」，赤書玉訣妙經作「上帝所降，制列玉階」。

白刺上，記姓名年月於刺下，投靈山之嶽。五年，仙官到，名上仙籍。北辰輔晉，斗牛衛扉。女虚危室，豁落四開。壁〔一〕總七星，執凶糾非。却災掃穢，明道洞輝。

右三十二字，主北方星官，正天炁。諸以北方星宿越度〔二〕，有諸災異，當以朱書三十二字於青紙上，露於中庭，五日五夜，夕夕向北方，依別呪法。訖，以火燒文，散灰於青煙之中，并刻書三十二字於黑石上，埋北方。天災自消，星宿復位。

北山神咒，激陽起雷。流鈴煥落，玃天振威。北酆所部，萬妖滅摧。

右二十四字，主攝天魔、北帝鬼事。行此法，青書二十四字於黑木刺上，以文向東北，而依別呪文。五過行之，鬼精滅形，宜精心行之。

九河傾訖〔三〕，鳥母群飛。蛟龍通道，水陌〔四〕洞開。赤文玉書〔五〕，驛龍風馳。

〔一〕「壁」，原誤作「璧」，靈寶授度儀作「辟」。
〔二〕「度」，赤書玉訣妙經作「錯」。
〔三〕「訖」，赤書玉訣妙經及尺素真訣玉文作「竭」。
〔四〕「陌」，赤書玉訣妙經作「脉」。
〔五〕「書」，尺素真訣玉文作「字」。

右二十四字，主北海水帝，制水中萬精，召蛟龍以負身。欲度大水洪災及遇水難，知水中萬物，黄書二十四字於青紙上，依别呪文，投水中，立知水中萬精物像，身得度水災，蛟龍開水道，水官出迎。

右出洞玄赤書經。

回天九霄白簡青籙，上聖帝君受於九空，結飛玄紫炁、自然之字，玄紀〔一〕後學得道之名。靈音韻合，玉朗稟真，或以字體，或以隱音，上下四會，皆表玄名空生，刻書廣靈之堂。舊文有十萬玉〔二〕言，字无正類，韻无正音，自非上聖，莫能意通。積七千年，後題崑崙之室、北洞之源，字方一丈，文蔚焕爛，四會〔三〕垂芒，虚生晻曖〔四〕，若存若亡，流光紫炁拂其穢，金精治鍊瑩其文。遂經累劫，字體鮮明。至中皇元年九月七日，七聖齊靈，清齋其〔五〕

〔一〕「紀」，上清玉帝七聖玄紀迴天九霄經作「記」。

〔二〕「玉」，原作「五」，據迴天九霄經改。

〔三〕「會」，迴天九霄經作「合」。

〔四〕「晻曖」，迴天九霄經作「菴藹」。

〔五〕「其」，迴天九霄經作「長」。

宫，青金〔一〕盟天，跪〔二〕誓告虔，奉受靈文。高上解其曲滯，七聖通其妙音，記爲迴天九霄得道之篇，刻以白銀之簡，結以飛青之文，藏於雲錦之囊，封以啓命之章，付於五老仙都左公，掌録瓊宫。

右出洞真七聖元紀〔三〕。

太上曰：總三寶爲奇文，結三炁爲高章。其妙不可測，高不可攀，深不可極，巍巍微哉。斯玉篇之德矣〔四〕。子能勤思，則白日昇天，不死之道，極於靈文也。

右出洞真素靈大有妙經〔五〕。

〔一〕「青金」，迴天九霄經作「金青」。

〔二〕「跪」，迴天九霄經作「䠒」。

〔三〕「右出洞真七聖元紀」，原標於下則文字後，但下則文字實出自洞真太上素靈洞元大有妙經，由於下則文字的出處缺佚而誤題。

〔四〕「斯玉篇之德矣」，洞真太上素靈洞元大有妙經作「斯玉篇之有大德矣」。

〔五〕「右出洞真素靈大有妙經」，原爲「右出洞真七聖元紀」，實誤，據實際出處改。

天瑞品

元始開圖，上告〔一〕十二靈瑞：

一者，是時无天无地，幽幽冥冥，靈文闇〔二〕藹，无有祖宗，運推自來，爲萬炁之根，空洞結真，炁清高澄，成天廣覆，倏欻自玄。

二者，是時二象分儀，炁流下凝，開張厚載，一時成形。

三者，是時三萬六千日月，一時同明，照耀諸天，无幽不徹。

四者，是時上聖大神、妙行真人，无鞅數衆，朝禮玉庭，旋行太空〔三〕，讚誦靈文。

五者，天發自然妓樂，百千萬種，一時同作，激朗雲宫，上慶神真。

六者，靈風百詠，空生十方，宫商相和，皆成洞章。

〔一〕「告」，元始五老赤書玉篇真文天書經卷上作「啓」。

〔二〕「闇」，玉篇真文天書經作「晻」。

〔三〕「空」，玉篇真文天書經作「虚」。

七者，璇璣停關，星宿不行，天无晝夜，四運齊晨。
八者，紫雲吐暉，流灑諸天，一切萬物，普受光明。
九者，春秋冬夏，不暑不冰，四炁柔和，枯朽皆生。
十者，五鎮安立，符圖經文，一時開張，表見玄虛，普教〔一〕教无窮。
十一者〔二〕，是時玄〔三〕下七寶神奇，以散諸地，資生兆民。
十二者，七寶奇林，一時空生，光明垂蔭，彌覆十天。
右出洞玄赤書經。

地應品

赤書真文，地發二十四應，上慶神真：

〔一〕「虛，普教」，原殘損，據玉篇真文天書經補。
〔二〕「十一者」，原殘損，據玉篇真文天書經補。
〔三〕「玄」，玉篇真文天書經作「懸」。

一者，是時天元〔一〕混沌，未有光明，晨雞啓旦，四景玄〔二〕清，天朗〔三〕地張，成生五行。

二者，三萬六千日月，於上下同明，光向幽夜〔四〕，照耀无窮。

三者，青鳥銜書，以告五帝，正天分度。

四者，白虎吐金，安鎮五靈。

五者，青龍捧符，以告水帝，制會促運，江海開張。

六者，瓊鳳〔五〕銜璽，以獻帝王，安國保祚，五鎮長存。

七者，鸞嘯鳳唱，飛鳴邕邕。

八者，群鳥翔舞，飛欣〔六〕天端。

九者，蛟龍踊躍，鼓洋淵澤。

〔一〕「元」，元始五老赤書玉篇真文天書經卷上作「氣」。

〔二〕「玄」，玉篇真文天書經作「朗」。

〔三〕「朗」，玉篇真文天書經作「玄」。

〔四〕「於上下同明，光向幽夜」之「光」，原作「兀」，玉篇真文天書經作「於上下同光，明向幽夜」，據改。

〔五〕「鳳」，玉篇真文天書經作「龍」。

〔六〕「欣」，玉篇真文天書經作「掀」。

十者，河水停流，魚鱗交會。

十一者，甘露自生，芝英滂沱。

十二者，冬不冰霜，枯木並榮。

十三者，林木禾稼，冬夏生華，結實繁茂，無有凋傷。

十四者，四炁調和，災疫不行，天人悦慶，無有夭年。

十五者，毒螫閉齒，不生害心。

十六者，師〔一〕子猛獸，依人爲鄰。

十七者，天下男女，盲聾跛痾，一時復形，无有傷疾，皆得康强。

十八者，老年反少，少年不老，華容偉貌，精采光明。

十九者，鳥獸六畜，懷胎含孕，已生未生，皆得生育，无有折傷。

二十者，婦人懷孕〔二〕，普天生男。

二十一者，地藏發泄，金玉露形，散滿道路，无有幽隱。

〔一〕「師」，玉篇真文天書經作「獅」。

〔二〕「孕」，玉篇真文天書經作「姙」。

二十二者，天震地裂，枯骨更生，沉尸飛魂，普起成人，天下歌唱，欣國太平。

二十三者，地生蓮華，天人稱慶，莫不欣欣。

二十四者，五嶽洞開，符經並出，教導天人。是時學者，莫不飛仙。

其十二靈瑞、二十四應，上讚元始之靈圖〔一〕，欣五老之開明。靈文既振，道乃行焉：天地開張，正法興隆，神風遐著，萬炁揚津；五帝輔翼，驅策天仙，御役〔二〕神官，運導陰陽，固三景於玄根，保天地以長存，鎮五嶽於靈館，制劫運於三關，建國祚以應圖，導五炁以育民，敷弘天元，普教十方，威靈恢廓，无幽不開。神奇堂堂，難可稱焉。

右出洞玄赤書經。

〔一〕「圖」，原作「圗」，據玉篇真文天書經改。

〔二〕「御役」，玉篇真文天書經作「役御」。

無上秘要卷之二十五

三皇要用品

天皇文曰：所以爲乾，淳陽之精，日月垂光，二十八星。有知此文，與吾共并。第一之要，先求長生；第二之要，當求藏形；第三之要，當避世榮。解此三要，道乃成長生，以得游於華嶽，藏身以訖，天食其禄，棄榮去禄，天致金玉。若欲去求入深山者，當語乾皇内經，必當相成。

黄帝曰：地皇文者，乃生萬物，無所不育。家有此文，富貴之首。求仙行約，此是其母。千變萬化，皆地所受。包含穢匿，能爲土主。

黄帝曰：人皇文者，皆知死生之録，識百鬼之名，記萬神姓名。

三皇天文大字

黄帝得神圖天文字，以知九天名山、川靈之字。若能按文致諸神者，可以長生，可令召司命削死籍，必爲人除之，然後修道求術，必得神仙矣。若欲求昇仙，皆當絶陰陽，乃可求見玉女；不能求昇仙，不能絶陰陽者，但可召致素女，以自匡輔徊旋。當髣髴有人形像，當聞琴樂之音，即爲是也。自是之後，必享延壽三百餘年。此地録天文，不可妄傳也。若欲傳授子孫，先當伏思七日，令身无咎，乃可傳之。家欲昇仙，當求此文。能修此文，萬術之真，生於皇道，克定乾坤，九天以下，五嶽四瀆，神皆可問。吉凶富貧，齋而行之。劇事嚴君，不得傲慢，自害其身。若有妄召，罪及先人。

天文曰：諸欲致九天九地、五嶽四瀆、三河四海、太一北君、日月諸神、五帝父母、諸女録吏、刺姦、諸禁官，皆當如此法召之。若有疾病，時毒疫流行，有官急之事，皆可爲之。

第一，三十字，是九天印文，不可妄觸訶也，可召九天校事刺姦吏。若病者乃可召之耳。

第二，一十二字，召都官司命。

第三，二十字，召九天父母、夫人、女。

第四，一十字，召五帝父母、夫人、女。
第五，一十字，召太一父母、夫人、女。
第六，一十字，召北君父母、夫人、女。
第七，五字，召五嶽父母、夫人、女。
第八，一十字，召四瀆父母、夫人、女。
第九，五字，召三河父母、夫人、女。
第十，九字，召三公父母、夫人、女。
凡有急召天地諸神父母、夫人、女，以爲致任，則終身无患。
第十一，四字，召西王母。
第十二，五字，召東王父。
第十三，七字，召老子，一名老彭。
第十四，十五字，召日月將軍父母、夫人、女。
第十五，一十字，召河侯君，以問水事。
第十六，九字，是九天之名也。

天皇文第一法

第一，一十八字，召天帝，以救急難。書著緋絳，上圓一尺，著好地，西向，叉手屏炁，五十息，天帝必來，見勿得畏恐，怱怱徐徐。設有急所患，請救，必得脱矣。

第二，一十八字，召天神以救刑獄。罪法應見備罪，如上法請救，必吉。

第三，一十九字，召高上。若家有大病，若犯天神，不能自知病者，如知四肢重炁之者，當召高上請救，北向如上法，吉。

第四，一十七字，召太一君。若家欲求高遷官爵，所求連年不得，當召太一求遷。白黑書著皂上，圓二尺，北向，如上法，太一必付司禄平與官爵位矣。

第五，一十八字，召北君。身恐有水厄，若水病者，如太一法，北君必來勑語，意如言，必无患也。若但書此北君字，著衣中，行舟萬里，風波不起，船不沉，便可試驗。

第六，一十字，召司命。若家有急，命盡病困，可以書著紙上，東南向著地。訖，以五綵，廣五分，長二尺，著紙前，須臾，司命必來語其意者，必吉矣。

第七，一十四字，召司禄。若欲求昇仙，致行厨者，書青上，圓二尺，東北向，如天帝法，司禄將來。求天禄行厨，避世昇仙，潔齋而百日，必致行厨，得昇仙。諸不得爵禄者，求之必得矣。

第八，二十字，召司危。若家不和争鬬，相疑不相信，内外不同者，書此文著紙上，以和日書之，合日召之，司危必來和合，家無所患，國無所苦，如一人，必吉矣。

第九，三字，召天丞相，書繒上，圓九寸，著好地。若犯天文，若求願不從，亦當作此法召丞相，求所願必得矣。

第十，一十三字，召六丁。若家有邪病厭夢，忤過鬼刺，心腹絞痛，蜚尸入藏。此法著紙上，召六丁問意。六丁叩頭，將爲人治之，收諸亭長，自相牓，吉矣。

第十一，十二字，召日月將軍。若家有耳目卒聾盲者，便書此字，著日中，夜著月中，无日月，不爲。日月將軍來問意，必爲人治之愈也。

第十二，一十一字，召飛廉。若家有小口卒病，若久病者，書此法，著紙上，西向召，問意，必愈。

第十三，七字，召日游。若家有乳婦過疾，書此法著紙上，問意，即愈矣。

第十四，一十二字，召御吏。若欲遠行避惡，道路不通，書此法，召御吏問意，道路即通。餘字召將軍月殺。若家居宅舍葬埋，犯將軍月殺者，書此法召之，問意，即吉无患也。

地皇文第二法

第一，一十一字，召土公。若家有病黄疸，身體腫，若欲動土者，書此法著黄布上，圓二尺，以墨書之，須臾來語意，吉矣。

第二，一十八字，召社公。若家有犯社者，若他家有社者，若欲移社樹，若伐社，書此法著紙上，西向，須臾，社公來敕之，即吉。

第三，五字，召司陰。若家有陰匿病者，若他陰謀欲圖己者，書此法著紙上，召司陰問意，即吉矣。

第四，二十字，召阡陌亭長游激。有忤道中，卒得病者，書此法著道中，亭長游激來問意，即吉矣。

第五，九字，召問門丞户尉、百邪之長，書紙北向，須臾，門丞户尉即來，勑之及以百邪汝護我家，必吉矣。

第六，二十八字，可召百鳥。

第七，一十三字，可召蛇虺蟲鼠，各有名，在天文中。

第八，四字，召西嶽。

第九，一十字，召北嶽。
第十，一十一字，召南嶽。
第十一，一十二字，召中嶽。
第十二，六字，召東嶽。
第十三，五字，召四瀆。
第十四，一十二字，召三河，餘字召百獸麒麟之所主所在，皆至要，在天文中。
凡欲知古戸喪處所，當問阡陌亭長，即可知處所也。

人皇文第三法。
第一，一十二字，召百鬼，制六丁。
第二，一十二字，召司命、司録、太一、天一。
第三，一十二字，召地中百精，金銀銅鐵、璧玉寶物，問皆知所在，欲取者取，不取復止。
第四，一十二字，召家中魂魄鬼、諸要八獄吏，皆可致之。
第五，六十二字，召九天録吏，令削死籍，除生録。餘字注在天文中。

三皇内音

朱官青胎之符。

是九天父母所受於西王母。大月旦吞赤書者，小月旦吞黑書者，皆宿昔燔香行禮，然後服之。既令人不飢，又益精補腦，使人身輕美色，延年无窮。道士不見此文，服炁行道，徒自苦耳。

九天發兵内符。

出人皇第七十字。始此符可以服虎狼豹獸。道士入山不帶此符，惡獸不畏人，而或犯人。

金光自來内音符。

出天皇第六十五字。始道炁星精之首目矣，皆是五星之炁，金玉之精，炁入人身，精入人骨，如金玉，身如星辰。道士服食，不吞此符，終不得仙矣。

天水飛騰内符。

出大字第九十三字中。天有常數三千歲，大水一出，諸道士有仙籍者，无此符，不得過。若大水，帶此符，著頭上，可入靈山，江河神、山精爲人開道，必過凶難矣。一歲輒一服，服用壬子日，墨書之，令人不飢。方一尺紙上，水服之，令書，大水日，子在其中，過此水則除去。

神仙昇天大券文。

出人皇中第六十八字。此券與印同受。不受三天大券，有所封，水三官及山川土地神靈不畏人。忽行有所封，亦反受其殃。千二百章，无券不行，所有券不受，亦不行。

三皇内書秘文

仙人之要第一者，以劾召萬神，萬神從之焉。欲召法，丹書白素，齋戒百日，不交同類，於山林之中獨處，夜召之也。以文向北，布著地。道士佩九天發兵符，須臾一食頃，萬神至。若鬼物皆從背後來，若神皆前來，其時意中亦自有所解。

三皇傳文

道士无此傳文，不得見仙人。

五嶽陰符。

一名色天生胎經。人有五嶽圖，无此陰符，則五嶽不遣五神衛子矣。

太上長存符。

出太上經天文中篇。八節日齋，平旦丹書服之。服之三年，太上丈人除削死籍，拔度長存籙中。道士无此符，徒學道，則故不免死。

大字下篇符。

道士暮欲求萬福，應見仙人，或欲知吉凶，丹書方三寸，吞之，静思而卧，便知明日吉凶事。

高上名，召高上〔一〕太和。食頃，立形見至。

〔一〕「上」，洞神八帝妙精經作「士」。

天皇上〔一〕名，召司命。青書〔二〕一尺，清齋七日，著庭，食頃，司命形見，可問吉凶。

高天名，可召司録。

太上名，可召司陰。帶此符，辟兵。

皇天名，可召司危。赤書青，著盛屋中，司危立至，可問吉凶。

蒼天名，可召山〔三〕神。書素五寸，以丹著室中。

高皇名，可召河伯。著水中，河伯立至，可問水事〔四〕。

上帝名，可召天〔五〕丞相。丹書黄，著室中，立至，可問立身可否。

天帝名，可召九天父母。丹書，問我後世及求願，帶此，无疾傷。

右出洞神經。

〔一〕「上」，洞神八帝妙精經無。

〔二〕「青書」，洞神八帝妙精經作「青書絳」。

〔三〕「山」，洞神八帝妙精經作「天」。

〔四〕「事」，洞神八帝妙精經作「旱」。

〔五〕「天」，洞神八帝妙精經作「大」。

無上秘要卷之二十六

靈寶符效品

東方青帝靈寶赤書玉篇文。

上二十四字，書九天元臺，主召九天上帝，校神仙圖籙。其下三十二字，書紫微宮東華殿，主召星官，正天分數。其下三十二字，書東桑司靈之館，主攝鬼魔，正九天炁。其下三十二字，書九天東北玉闕丹臺，主攝東海水帝，大劫洪災之數，召蛟龍及水神事。合一百二十字，皆元始自然之書。

東方青帝符靈寶九炁天文，化生赤帝炁。

少陽炁，化生太陽三炁丹天，主小劫巳、大劫午。運交周〔一〕，赤帝行。佩此文，度其

〔一〕「交周」，元始五老赤書玉篇真文天書經卷上作「周」。

災。以朱書青繒，三〔一〕寸。

東方安寶華林青靈始老君符命。

元陽之炁，生九炁青天，玉寶東方青帝治〔二〕。九九八十一周，則九天炁交，爲大劫更始〔三〕。佩此文，則與運推移，度洪災。青筆書文。

南方赤帝靈寶赤書玉篇文。

上三十二字，書九天洞陽之館，主九天神仙圖籙金名。其下三十二〔四〕字，書三炁丹臺，主召星官，明度數，正天分。其下四十〔五〕字，制北酆，正鬼炁。其下四十八字，主南海

〔一〕「三」，玉篇真文天書經作「九」。

〔二〕「治」，原作「始」，據玉篇真文天書經及下文改。

〔三〕「始」，原作「治」，據玉篇真文天書經改。

〔四〕「三十二」，原作「三十六」，秘要卷二十四真文品的内容與本部分互爲表裏，作「三十二」，玉篇真文天書經也爲「三十二」，據改。此處誤爲「三十六」，當是沿襲太上洞玄靈寶赤書玉訣妙經卷上的錯誤所致。在赤書玉訣妙經中，將下則呪文的「赤文命靈」屬上，誤爲「三十六」，呪文均爲偶數的四言韻語，「三十六」誤。

〔五〕「四十」，原作「三十二」，如上所述，由於赤書玉訣妙經中誤將「赤文命靈」上移，且缺「斬滅邪原」四字，故變爲「三十二」，誤。

水帝，大運交周〔一〕，洪水四出，召蛟龍水神事。題於西南陽正玉闕。合一百五十二〔二〕字，皆南方梵寶昌陽丹靈真老君自然之書。

南方赤帝符靈寶三炁天文，化生黃帝氣。

太陽之炁，化生中元，主小劫丑未、大劫辰戌。九天炁交，黃帝行。佩此文，防陽九。黃書三寸絳繒上。

南方梵寶昌陽丹靈真老君符命。

洞陽之炁，生三氣丹天，梵寶南方赤帝治。九天運周，陽炁激，大劫終。佩此文，度災横，見太平。丹筆書文。

中央黃帝靈寶赤書玉篇文。

上四十字，書太玄玉寶玄臺，主神仙玉簡宿名，總〔三〕仙炁。其下四十字，主攝星官，正

〔一〕「周」，玉篇真文天書經無。

〔二〕「一百五十二」，原作「一百四十八」，據玉篇真文天書經改。

〔三〕「總」，玉篇真文天書經作「總歸」。

天度數。其下十六字，攝北帝，正天氣，檢鬼精。其下四十八字，攝中海水帝、四泉之水，洪災涌溢之數，召水神，止蛟龍事。此文皆題玄都之臺四壁。合一百四十四字，皆中央玉寶元靈元老君自然之書。

中央皇帝符靈寶一炁天文，化生白〔一〕帝炁。

元一之氣，化生少陰七炁素天，主小劫申、大劫酉。大運交會，洪災掃天，白帝行。佩此文，得過大陽九。白書黄繒上，三寸。

元高皇〔二〕之炁，生元一黄炁之天，中央黄帝治。九九運終，陽炁激，陰炁勃，大災涌水，彌天掃穢。佩此文，度天災，見太平君。黄筆書文。

西方白帝靈寶赤書玉篇文。

上四十八字，書九天素靈宫北軒之上，主〔三〕仙炁。其下二十四字，題金闕之玄窗，主

〔一〕「白」，原作「黄」，據玉篇真文天書經及文意改。
〔二〕「元高皇」，玉篇真文天書經作「元皇」。
〔三〕「主」，玉篇真文天書經作「主召」。

攝白帝星官，正明天度。其下十六字，攝六天鬼炁。其下四十八字，主攝西〔一〕海水帝及水中萬精，召雲龍，以防水災。此文皆題九天金闕三圖之館。合一百三十六字，皆西方七寶金門皓靈皇老君自然之龍書。

西方白帝符靈寶七炁天文，化生玄〔二〕帝炁。

少陰之炁，化生太陰五炁玄天，主小劫亥，大劫子。陽氣之極，百六乘九，玄〔三〕帝行。佩此文，度甲申大水洪災。以墨〔四〕書白繒七寸佩身。

西方七寶金門皓靈皇老君符命。

元陰之炁，生七炁素天，靈寶西方白帝治。九九陰炁涌，陽炁否，九天炁交，爲大陽九之災。佩此文，其行時則宴鴻毛而高翔，觀洪波於天際也。當白筆書文。

〔一〕「西」，原作「四」，據玉篇真文天書經改。
〔二〕「玄」，玉篇真文天書經作「黑」。
〔三〕「玄」，玉篇真文天書經作「黑」。
〔四〕「墨」，玉篇真文天書經作「黑」。

北方黑帝靈寶赤書玉篇文。

上四十字，出鬱單无量玄元紫微臺北軒之書，主諸真人神仙圖籙。其下三十二字，是北元玄斗中書，主北方星官，正天炁。其下二十四字，主攝天魔、北帝萬鬼事。其下二十四字主北海水帝，制水中萬精，召蛟龍以負身，皆書北朔鬱絶元之臺。合一百二十四字，皆北方洞陰朔單鬱絶五靈玄老君自然之書。

北方黑帝符靈寶五炁天文，化生青帝炁。

太陰之炁，化生少陽九炁天，主大劫寅、小劫卯〔一〕。陰炁勃，天地周，青帝行。佩此文，度洪流大水之災。以青書繒五寸佩身。

北方洞陰朔單鬱絶五靈玄老君符命。

洞陰之炁，生五炁玄天，靈寶北方黑帝治。九九大運交，陰炁勃，陽炁激，九天炁交，爲天地大災。佩此文，則免洪流萬癘之中。當墨〔二〕筆書文。

〔一〕「大劫寅，小劫卯」，玉篇真文天書經作「小劫亥、大劫子」。

〔二〕「墨」，玉篇真文天書經作「朱」。

元始五老出五帝真符，以度五帝真人。天光開陽，出此文玄都宮。

元始青帝真符。召直符更生，守靈寶天文，道士吞之，靈炁鎮肝，生青精寶華九葉，神爲役使，通靈，致神仙。道士命屬東嶽，青書絳繒佩身，并本命日朱書，向東服之九枚。

元始赤帝真符。召直符昌中，守靈寶天文，道士吞之，靈炁鎮心，生丹精寶華三葉，神爲役使，通靈，致神仙。道士命屬南嶽，赤書黄繒上，佩身，并本命日朱書，向南服之三枚。

元始黄帝真符。召四方直符，守靈寶天文，道士吞之，靈炁鎮脾，生黄精寶華十二葉，神爲役使，通靈，致神仙。道士命屬中嶽，自可黄書白繒佩身，并本命日朱書，向王〔一〕服之十二枚。

元始白帝真符。召直符曲正，守靈寶天文，道士吞之，靈炁鎮肺，生白精寶華七葉，神爲役使，通靈，致神仙。道士命屬西嶽，白書黑繒佩身，并本命日朱書，向西服之七枚。

元始黑帝真符。召直符尹豐，守靈寶天文，道士吞之，靈炁鎮腎，生黑〔二〕精寶華五葉，神爲役使，通靈，致神仙。道士命屬北嶽，黑書青繒佩身，并本命日朱書，向北服之五枚。

〔一〕「王」，原似「壬」，據玉篇真文天書經改。

〔二〕「黑」，玉篇真文天書經作「玄」。

右出洞玄元始五老赤書玉篇經下〔一〕。

三天太上召伏蛟龍虎豹山精八威策文，此是赤精受天炁後，其文明於南丹洞靈枯〔二〕林之下。

佩元始上三天太上大道君制六天總地八威策文，召天下神，攝地束靈，封山呼靈，制河上龍。

九天太素陽生符。

丹書白素，方五寸。清齋百日，入室思日精，含而吞之，與日同壽，天地俱存，思靈念真，形自能飛。存濁炁於口，符即出而死也。一名生真券，一名八威龍書。

三天太玄陰生符。

黑書黄繒，方五寸。清齋百日，入室思月精，含而吞之，與月同壽。道士欲尸解者，黑

〔一〕「下」，所引文字在今元始五老赤書玉篇真文天書經卷上。

〔二〕「枯」，元始五老赤書玉篇真文天書經卷中作「槔」。

書木刀劍，把〔一〕之而卧，即爲代人形而死也。行此宜精，他念穢濁于口，符即出，身即死。此符一名化形券，一名九陰靈書。

九天玉真長安神飛符。

朱書白素上，以佩身。履太〔二〕陽九、大百六，大劫之交，洪災四〔三〕會，佩之，千毒不加，身過水火之難，得見太平，爲聖君種民。

三天真生飛神符。

黑書黄繒上，以佩身。履小陽九、小百六，小劫之交，萬災四充，佩之，千害不加，身過萬癘之中，得見太平，爲聖君種民。

東方安寶華林青靈始老帝君出下元符命。小陽九巳、小百六午，其年天災降民〔四〕，以此文固天炁，安國，存種民，度陽九百六之會。青書白繒。

大陽九申、大百六酉，其年天災激，林木禾稼，一時消滅，驅除兆民。出此文以固天

〔一〕「把」，玉篇真文天書經作「抱」。

〔二〕「太」，玉篇真文天書經作「大」。

〔三〕「四」，玉篇真文天書經作「三」。

〔四〕「天災降民」，玉篇真文天書經作「大災驅除」。

炁，安鎮存國，以度種人，大災出。青書白繒。

大劫交[一]，天地改易，金玉山海、人民鳥獸，一時消滅，天地溟涬，无復光明。以此文固天元始之炁，佩之皆即得化生始分之中。刻書金札以佩身。

南方梵寶昌陽丹靈真老帝君出下元符命。

小陽九辰戌、小百六丑未，其年土中生火，金玉自然，天下焦[二]燒，萬民自死。出此下元符，固天炁，禳此災，度陽九百六之會。赤書黑繒。

大陽九亥、大百六子，其年火精消滅，萬里无煙，洪水四出，天災蕩民。中元出此文，固天炁，禳此災。赤書黑繒。

大劫交[三]，天地改易，金玉山海、人民鳥獸，一時消滅，天地溟涬，无復光明。以此文固天元始之炁，佩之皆即得化生始分之中。刻書金札以佩身。

中央玉寶元靈元老帝君出下元符命。

〔一〕「交」，玉篇真文天書經作「交周」。

〔二〕「焦」，玉篇真文天書經作「燋」。

〔三〕「交」，玉篇真文天書經作「交周」。

小陽九申、小百六酉，其年土中〔一〕出霧，障炁障天，晝夜不分，七年除民。出此下元符，固天炁，禳此災，度陽九百六之會。黄書青繒。

大陽九寅、大百六卯，其年山陵〔二〕丘壟，土地陷没，民无立錐〔三〕。中元出此文，固地炁，禳此災。黄書青繒。

大劫交〔四〕，天地改易，金玉山海、人民鳥獸，萬物一時消滅，天地溟涬，无復光明。以此文固天元始之炁，佩之即得化生始分之中。刻書金札以佩身。

西方七寶金門皓靈皇老帝君出下元符命。

小陽九亥、小百六子，其年金玉化消，人民水居，飄尸洪流，血爲海川。出此下元符，固天炁，禳此災，度陽九百六之會。白書赤繒。

大陽九巳、大百六午，其年金石自消，兵災蕩民。中元出此文，固天炁，禳此災。白書赤繒。

〔一〕「中」，玉篇真文天書經作「下」。
〔二〕「陵」，玉篇真文天書經作「岡」。
〔三〕「錐」，玉篇真文天書經作「踵」。
〔四〕「交」，玉篇真文天書經作「交周」。

大劫交〔一〕，天地改易，金玉山海、人民鳥獸，萬物一時消滅，天地溟涬，无復光明。以此文固天元始之炁，佩之即得化生始分之中。刻書金札以佩身。

北方洞陰朔單鬱絶五靈玄老帝君出下〔二〕元符命。

小陽九寅、小百六卯，其年洪水四出，水與天連〔三〕，人民流散，死者无遺。出此下元符，固天炁，禳此災，度陽九百六之會。黑書黄繒。

大陽九辰戌、大百六丑未，其年天地枯旱，江海竭乾，海底揚塵，人民焦〔四〕死，萬无遺一。中元出此文，固天炁，以禳此災。黑書黄繒。

大劫交〔五〕，天地改易，金玉山海、人民鳥獸，萬物一時消滅，天地溟涬，无復光明。此文固天元始之炁，佩之即得化生始分之中。刻書金札以佩身。

〔一〕「交」，玉篇真文天書經作「交周」。

〔二〕「下」，原作「三」，據玉篇真文天書經改。

〔三〕「水與天連」，玉篇真文天書經作「水災連天」。

〔四〕「焦」，玉篇真文天書經作「燋」。

〔五〕「交」，玉篇真文天書經作「交周」。

右出洞玄元始五老赤書玉篇經下〔一〕。

東方赤書玉文十二字，則九炁青天之名。導引青帝九炁，服食青牙，皆朱書白紙上，存思訖而頓服之，則九炁不招而自降〔二〕，青帝應聲而見形，五〔三〕牙堅固於東嶽，肝府玉芝而自生。靈童齎真文於寢側，青腰輔翼而使令。九年積感，變化立成，神仙度世，萬劫不傾。

南方赤書玉文十二字，則三炁丹天之名。導引赤帝三炁，服食丹牙，皆赤書白紙上，存思訖而頓服之，則引赤炁而流〔四〕溢，芳芝玄注於絳宫，赤帝降真於存思。受赤文於靈童，保丹牙以永固，食〔五〕三炁於祝融，策赤珪〔六〕以通靈，運五篇以召神。長齋感於太寂，

〔一〕「下」，所引文字實出自元始五老赤書玉篇真文天書經卷中。

〔二〕「九炁不招而自降」，太上洞玄靈寶赤書玉訣妙經卷下作「引九炁而自降」。

〔三〕「五」，赤書玉訣妙經作「青」。

〔四〕「流」，赤書玉訣妙經作「充」。

〔五〕「食」，赤書玉訣妙經作「餐」。

〔六〕「珪」，赤書玉訣妙經作「圭」。

上天書名於南窗，可謂坐致之而不難，永享之而无窮也。

中央赤書玉文十六字，則中黄天名〔一〕。導引黄帝十二炁，服食黄牙，皆赤書白紙上，存思訖，頓而服之。則上引元炁於九天，下注玄膺於妙門，太倉无糧而自充，脾府不澳而自薰〔二〕，黄老應響以玄和，靈童披禁〔三〕而告文。黄素運走，給命東西。妙哉玉訣，爲萬仙之端。

西方赤書玉文十二字，則西方七炁素天之名。導引白帝七炁，服食素牙，皆赤書白紙上，存思訖，頓而服之。七炁天神，玄注素暉，以灌溉明石，自生玉芝，以澳〔四〕肺宫，開明而納真，太倉〔五〕不哺而自薰〔六〕，素靈應響而驅策，參承〔七〕九天之門。飡之不休，壽與元始

〔一〕「中黄天名」，赤書玉訣妙經作「中央黄天之名」。

〔二〕「薰」，赤書玉訣妙經作「熏」。

〔三〕「禁」，赤書玉訣妙經作「襟」。

〔四〕「以澳」二字，赤書玉訣妙經無，該經作「七炁天神，玄注素暉，灌溉明石，自生玉芝，肺宫開明而納真」，更理順。

〔五〕「太倉」，原作「大食」，據赤書玉訣妙經改。

〔六〕「薰」，赤書玉訣妙經作「熏」。

〔七〕「承」，原經太上洞玄靈寳赤書玉訣妙經卷下確作「承」，然秘要卷七十六服五氣品及靈寳無量度人上經大法卷十八均引作「乘」，似更恰。

同年。北方赤書玉文十二字，則北方五炁玄天之名。導引黑帝五炁，服食玄牙，皆赤書白紙上，存思訖，頓而服之。則玄老負籍於朱陵〔一〕，靈童題簡於赤文，五炁流芝，澳於枯宅，玉泉滂沱，生於端門，神鎮靈闕，腎府生薰〔二〕，太玄玉女，役使東西，萬劫不衰，玄老同存。

右出洞玄靈寶玉訣妙經下。

老子〔三〕曰：東方歲星太帝勾芒靈寶東稱符，字通明。東嶽泰山官屬四千三百人，姓劉，字孟卿，直符青要〔四〕玉女主之。於肝於體，主兩目、左手脅，王東方。其時春，其行木，其音角，其色青，其數九，法天少陽之炁。其獸青龍，其日甲乙。諸道士欲求神仙，長生不老，役使萬神，以青繒爲地，朱書爲文，盛以青囊，著左肘。修德行道，其神自詣諸百姓。取

〔一〕「陵」，赤書玉訣妙經作「宫」。
〔二〕「薰」，赤書玉訣妙經作「熏」。
〔三〕「老子」，太上無極大道自然真一五稱符上經卷上作「老君」，以下幾處同。
〔四〕「要」，自然真一五稱符上經作「腰」。

青石，朱刻符文，鎮東方。

老子曰：南方熒惑星赤帝太皓〔一〕靈寶南稱符，字太〔二〕陽。南嶽衡山官屬九百九十人，姓黄，一姓陳，字幼林，直符赤〔三〕圭玉女主之。於心於體，主口脣舌胸，王南方。其時夏，其行火，其音徵，其色赤，其數三，法三光太陽之炁。其獸朱雀，其日丙丁。諸道士欲求神仙，長生不老，役使神靈，以赤繒爲地，黄筆爲文，盛以赤囊，著心前。修德行道，其神自詣諸百姓。取赤石，黄刻符文，鎮南方。

老子曰：西方太白星帝少皓〔四〕靈寶西稱符，字通陰，西嶽華山官屬千人，姓周，字元起，直符素女〔五〕主之。於肺於體，主兩耳、右手脅，王西方。其時秋，其行金，其音商，其色白，其數七，法七星少陰之炁。其獸白虎，其日庚辛。諸道士欲求神仙，長生不老，役使萬神，以白繒爲地，墨筆爲文，盛以白囊，著右肘。修德行道，其神自詣諸百姓。取白石，墨

〔一〕「太皓」，自然真一五稱符上經作「大臨」，誤。

〔二〕「太」，自然真一五稱符上經作「通」。

〔三〕「赤」，自然真一五稱符上經作「直」，誤。

〔四〕「帝少皓」，自然真一五稱符上經作「白帝少昊」。

〔五〕「素女」，自然真一五稱符上經作「白素玉女」。

刻符文，鎮西方。

老子曰：北方辰星帝〔一〕顓頊靈寶北稱符，字通神。北嶽恒山官屬二千人，姓徐，字子雅，直符玄女〔二〕主之。於腎於體，主腰、臍、陰、兩足，王北方。其時冬，其行水，其音羽，其色黑，其數五，法太陰之炁。其獸玄武，其日壬癸。諸道士欲求神仙，長生不老，役使萬靈，以墨繒爲地，青筆爲文，盛以黑囊〔三〕，著背上，令當心。修德行道，其神自詣諸百姓。取黑石青刻符文，鎮北方。

老子曰：中央鎮星帝〔四〕文昌靈寶中稱符，字萬福。中嶽嵩高山官屬九百人，姓武，字太倉，直符黄素玉女主之。於脾於體，主腹〔五〕，王中央，治四季。其行土，其音宫，其色黄，其數一，法地中和之炁。其獸螣蛇，其日戊己。諸道士欲求神仙，長生不老，役使萬神，以

〔一〕「帝」，自然真一五稱符上經作「黑帝」。

〔二〕「玄女」，自然真一五稱符上經作「太玄玉女」。

〔三〕「盛以黑囊」，原無，據自然真一五稱符上經及上下文補。

〔四〕「帝」，自然真一五稱符上經作「黄帝」。

〔五〕「腹」，該字後原有「其」字，據自然真一五稱符上經删。

黄繒爲地，白筆爲文，盛以黄囊，著衣領中，令緣頸，亦可頭上。修德行道，其神自詣諸百姓。取黄石，白刻符文，鎮中央。

右出洞玄自然真一五稱經。

無上秘要卷之二十七

上清神符品

佩此符可以經危冒嶮，越山跨海，召神制鬼，封掌靈嶽，所之所向，千妖伏側〔一〕，萬靈〔二〕束形，群仙侍衛，身生異光。

右出洞真神虎内真符。

佩此符者，威制天地，訶〔三〕叱群靈，控景駕龍〔四〕，位司高仙。瓊音既震，則玉華侍側，

〔一〕「側」，洞真太上神虎玉經作「匿」。

〔二〕「靈」，神虎玉經及洞真太上金篇虎符真文經作「魔」。

〔三〕「訶」，洞真太微金虎真符、玉景九天金霄威神王祝太元上經作「呵」。

〔四〕「控景駕龍」，太微金虎真符、威神王祝太元上經作「控駕景龍」。

金真衛兵，千妖喪眸，萬鬼滅形。

右出洞真金虎真符。

佩太極帝君三元真符，盛以錦囊，佩於頭上，勿履污穢。服符五年，得與真〔一〕相見；九年，通靈徹視，坐在立亡，役使六甲，天給玉童玉女各十二人，乘雲駕龍，遊宴玉宮。

佩太上寶章符，朱書素，佩右〔二〕肘，勿污〔三〕。佩之八年，三一俱見矣。三一相見之後，以金爲質，長九寸，廣四寸，厚三分，刻而書之，以封山川之邪神，掌五嶽之真精也〔四〕。

右出洞真素靈大有妙經〔五〕。

白紙雌黄書之，本命日日中，南向服之。畢，以白紙丹筆書之，以本命日暮，向本命服

〔一〕「真」，洞真太上素靈洞元大有妙經、上清明堂玄丹真經作「真人」。

〔二〕「右」，大有妙經作「左」。

〔三〕「污」，大有妙經作「經洿穢」。

〔四〕「九寸，廣四寸，厚三分，刻而書之，以封山川之邪神，掌五嶽之真精也」，原無，據大有妙經及登真隱訣卷上補。

〔五〕「右出洞真素靈大有妙經」，原無，此二則文字實見於大有妙經中，秘要漏題或傳抄時脱落，據補。

之[一]。

太一制三魂七魄寶命符，常以本命之月、本命之日、本命之時，朱書白紙，北向服之。若不知生月日時者，唯取[二]知一耳。亦可以戊午日日中時服之。

太上寶神招帝君符，以八節日日中時，朱書白紙服之。

帝君太一内精神符，合十二首，皆太上元精之氣也，至真至祕，不得妄傳也。其別復有太一外訣符文。

右出洞真太丹隱書經。

雲精玉景飛玄生符。行事，朱書青紙服之，朱書青繒佩之。五霞之精，能知五霞，上昇[三]金華。行之七年，同景曜羅。

命河九源寶章符。行事，墨書白紙服之，墨書白素佩之。此洪波玉精之炁，能知九河

〔一〕「白紙雌黄書之」至「何本命服之」，此則文字見於洞真太一帝君太丹隱書洞真玄經之五籍五符混化必生券，依上下文體例，或當於「白紙雌黄書之」前補「五籍五符混化必生券」。

〔二〕「取」，太丹隱書洞真玄經作「所」。

〔三〕「昇」，洞真上清神州七轉七變舞天經作「清」，誤。

内名，變化分形，上遊九源，下沈水靈。行之五年，萬變立成。此龍精九化之炁，能知龍胎，變龍胎保精符。行事，黄書白紙服之，黄書白繒佩之。

景昇崖，上遊九玄，下戲九嶷〔一〕。行之五年，歷劫不期〔二〕。此雷電始凝之精，此道極妙，分解形七變符。行事，青書黄紙服之，青書黄繒佩之。

景〔三〕散形，流光萬化，與真合冥。七元耀靈玉符。行事，朱書青紙服之，朱書青〔四〕繒佩之身。此七星之精，變化隱藏，昇景玉庭。

右出洞真七轉七變舞天經。

内觀開明玉符。當以朱書白紙投水中，東向叩齒三通，祝。修之八年，紫雲覆兆身，

〔一〕「嶷」，七轉七變舞天經作「疑」。

〔二〕「期」，七轉七變舞天經作「衰」。

〔三〕「景」，七轉七變舞天經作「影」。

〔四〕「青」，原作「黄」，據七轉七變舞天經改。

自朗〔一〕徹視，洞觀九天，體生奇光，縱景萬變，飛行太空。此道至妙，傳已成真人，不行於世。

流霞開明洞觀玉符。東向朱書白紙上，叩齒十二通，祝。修行九年，尅得上仙，白日昇天，遊宴玉京〔二〕。

黄炁陽精洞明靈符。東向以黄〔三〕書青紙上，叩齒十二通，祝。修行九年，尅得上仙，白日昇天，遊造帝房。

大劫度厄寶命長存符。大陽九之會，洪水滔天，當以青書白絹，佩之頭上，浮翔清波之上，萬災不能傷，保身長命，久佩神仙。

小劫度厄寶命長存符。小陽九之周，水火交横，萬災並興，當以朱書白絹，佩之左肘，入淵不沉，入火不然〔四〕，萬害〔五〕不能害，保身長命，與天同壽，久佩神仙。

〔一〕「自朗」，洞真上清青要紫書金根衆經卷上作「目明」。

〔二〕「玉京」，金根衆經作「玉宫」。

〔三〕「黄」，金根衆經作「黄筆」。

〔四〕「然」，金根衆經作「燃」。

〔五〕「害」，金根衆經作「災」。

右出洞真青要金根衆經。

天帝君受九天丈人九天玉文。

當以壬癸日，刻青石，墨〔一〕書文，埋所住嶽東方，東向叩齒九通，祝曰。制萬魔，致神仙，真人來見，玉女衛形。

當以甲乙日，刻赤石，青書文，埋所住嶽南方，南向叩齒九通，祝曰。制萬魔，致神仙，真人來見，玉女衛形。

當以戊己日，刻白石，黄書文，埋所住嶽西方，西向叩齒九通，祝曰。制萬魔，致神仙，真人來見，玉女衛形。

當以庚辛日，刻黑石，白書文，埋所住嶽北方，北向叩齒九通，祝曰。制萬魔，致神仙，真人來見，玉女衛形。

當以丙丁日，刻黄石，赤書文，埋所住嶽中央，向王〔二〕叩齒九通，祝曰。制萬魔，致神

〔一〕「墨」，洞真太上三九素語玉精真訣作「黑」。

〔二〕「王」，原作「壬」，三九素語玉精真訣作「本命」，「本命」之方即「王」方，故改。

仙，真人來見，玉女衛形。

真訣自明，白日昇天，祕慎勿傳。

右出洞真三九素語玉精真訣。

太上甲乙入木九炁班符。朱書，立春之日平旦，東向服之。又以正月二月甲寅、乙卯之日，青書桐板之上，令廣九寸，長一尺二寸，埋之所住東嶽，令深九尺。甲乙〔一〕唯一日也。如此法，三年一埋，不年年也。但存思服御，依節行之爾。九年，青帝及泰山君无不感降，監映兆身也。

太上丙丁入火三炁班符。朱書，立夏之日正中，南向服之。又以四月五月丙午丁巳〔二〕之日，朱書桐板之上，令廣八寸，長一尺二寸，埋之所住南嶽，令深三〔三〕尺。丙丁惟一日也。如此法，三年一埋，不年年也。但存思服御，依節行之爾。九年，赤帝君及霍〔一〕

〔一〕「甲乙」，原缺，據太上九赤班符五帝内真經及上下文補。

〔二〕「丙午丁巳」，原作「丁巳丙午」，據九赤班符改。

〔三〕「三」，九赤班符作「八」。

山君无不降見於兆形也。

太上庚辛入金七炁班符。朱書，立秋之日晡時，西向服之。又以七月八月庚申辛酉之日，朱書桐板之上，令廣六寸，長一尺二寸，埋之所住西嶽，令深七〔二〕尺。庚辛唯一日也。如此法，三年一埋，不年年也。但存思服御，依節行之爾。九年，白帝君及華山君无不降見於兆形也。

太上壬癸入水五氣班符。朱書，立冬之日夜半，北向服之。又以十月、十一月壬子癸亥〔三〕之日，朱書桐板之上，令廣五寸，長一尺二寸，埋之所住北嶽，令深五尺。壬癸惟一日也。如此法，三年一埋，不年年也。但存思服御，依節行之爾。九年，黑帝君及恒山君无不降見於兆形也。

太上戊己入土一炁班符。朱書，太歲之日日中後，向四季服之。又以三月、六月、九月、十二月戊辰、己未、戊戌、己丑〔四〕之日，朱書桐板之上，令廣三寸，長一尺二寸，埋之所

〔一〕「霍」，九赤班符作「霍」。
〔二〕「七」，九赤班符作「六」。
〔三〕「壬子癸亥」，原作「癸亥壬子」，據九赤班符改。
〔四〕「戊辰、己未、戊戌、己丑」，九赤班符作「戊辰、戊戌、己丑、己未」。

住中央，令深一尺二寸。四季惟〔一〕一日也。如法，三年一埋，不年年也。但存思服御，依日而行之。九年，黄帝君及嵩高山君无不降見於兆形也。

太上九源〔二〕青炁班符。常以立春春分之日平旦，朱書青紙上，東向服之。行事訖，朱書符桐板上，記年月日子〔三〕某郡某縣某鄉某里〔四〕某嶽先生某甲〔五〕年若干歲某月生於符下，以青石九兩，青絲纏之，著符，投之東流之水。

太上洞源赤炁班符。常以立夏夏至之日正中，朱書青紙上，南向服之。行事訖，朱書符桐板上，記年月日子〔六〕某郡某縣某鄉某里某嶽先生某甲〔七〕年若干歲某月生於符下，以赤石八兩，赤絲纏之，著符，投於南流之水。

〔一〕「惟」，該字後原有「四」字，據九赤班符删。

〔二〕「源」，九赤班符作「元」。

〔三〕「年月日子」，九赤班符作「某年某月某日子」。

〔四〕「某郡某縣某鄉某里」，九赤班符作「某郡縣某鄉里」。下幾處同。

〔五〕「甲」，九赤班符無。

〔六〕「年月日子」，九赤班符作「某年某月某日子」。

〔七〕「甲」，九赤班符無。

太上洞淵白炁班符。常以立秋秋分之日晡時，朱書青紙上，西向服之。行事訖，朱書符桐板上，記年月日子〔一〕某郡某縣某鄉某里某嶽先生某甲〔二〕年若干歲某月〔三〕生於符下，以白石六兩，白絲纏之，著符，投於西流之水。

太上洞川玄〔四〕炁班符。以立冬冬至之日夜半時，朱書青紙上，北向服之。行事訖，朱書符於桐板上，記年月日子〔五〕某郡某縣某鄉某里某嶽先生某〔六〕甲年若干歲某月生於符下，以黑石五兩，黑絲纏之，著符，投於北流之水。

右出洞真九赤班符經。

〔一〕「年月日子」，九赤班符作「某年某月某日」。
〔二〕「甲」，九赤班符無。
〔三〕「月」，九赤班符作「日」。
〔四〕「玄」，九赤班符作「黑」。
〔五〕「年月日子」，九赤班符作「某年某月某日」。
〔六〕「某」，九赤班符作「姓某」。

飛靈玉符，太極真人所受。服之一年，與神同體〔一〕，萬變縱横，形藏玉房。其有秘諱，不得文書〔二〕。立春之日，東北〔三〕向服符，先微呼八景陰名。

飛靈玉符，服之二年，能乘虛駕晨。其有秘名，不可語人。春分之日，東向服符，先微呼八景陰名。

飛靈玉符，服之三年，隱淪玄霄。當以立夏日，東南向服符，先微呼八景陰名。

飛靈玉符，服之四年，運身玄虚，出幽入无。當以夏至之日，南向服符，先微呼八景名諱。

飛靈玉符，服之五年，遊宴八宫，出入虛房。當以立秋之日，西南向服符，先微呼八景名諱。

飛靈玉符，服之六年，解形爲萬，化身爲千。當以秋分之日，西向服符，先微呼八景名諱。

〔一〕「體」，上清丹景道精隱地八術經卷上作「軀」。
〔二〕「文書」，隱地八術經作「書文」。
〔三〕「東北」，隱地八術經作「東」。

飛靈玉符，服之七年，則上宴太清，迴化五晨，參〔一〕龍登虛。當以立冬之日，西北向服符，先微呼八景陰名。

飛靈玉符，服之八年，則登玉清，任適周遊〔二〕。當以冬至之日，北向服符，先微呼八景陰名。

右出洞真隱地八術經。

高上玉晨命魔靈幡。白書青繒上，主制東方。青帝魔靈大王咸保負某嶽先生某〔三〕甲體真合仙，俯仰遺東嶽仙官羽輪奉迎甲身，上登玉清宮紫鳳臺。如九天信。

高上玉晨命魔靈幡。黑書絳繒上，主制南方。赤帝魔靈大王咸保負某嶽先生某甲體真合仙，俯仰遺南嶽仙官羽輪奉迎甲身，上登玉清宮紫鳳臺。如九天信。

高上玉晨命魔靈幡。朱書白繒上，主制西方。白帝魔靈大王咸保負某嶽先生某甲體

〔一〕「參」，隱地八術經作「驂」。

〔二〕「遊」，隱地八術經作「旋」。

〔三〕「某」，上清高上玉晨鳳臺曲素上經作「王」，下文幾處同。

真合仙，俯仰遺西嶽仙官羽輪奉迎甲身，上登玉清宫紫鳳臺。如九天信。

高上玉晨命魔靈幡。黄書黑繒上，主制北方。黑帝魔靈大王咸保負某嶽先生某甲體真合仙，俯仰遺北嶽仙官羽輪奉迎甲身，上登玉清宫紫鳳臺。如九天信。

高上玉晨命魔靈幡。青〔一〕書黄繒上，主制中央。黄帝魔靈大王咸保負某嶽先生某甲體真合仙，俯仰遺中嶽仙官羽輪奉迎甲身，上登玉清宫紫鳳臺。如九天信。

曲素訣辭、玄丘大真書隱文，朱書白繒佩身，以威六天之鬼，役衆精之神，命五帝，制〔二〕五嶽，符川澤，召百鬼。素經以攝召山之虎豹〔三〕，御百川之蛟龍，驅〔四〕使萬邪之訣文。

〔一〕「青」，原作「黄」，據鳳臺曲素上經及文意改。

〔二〕「制」，原作「札」，據上清曲素訣辭籙改。按，本段文字並不見於鳳臺曲素上經，而見於曲素訣辭籙，表明二經或原爲一體，曲素訣辭籙乃獨立原曲素訣辭中的符篆而成經。

〔三〕「素經以攝召山之虎豹」，曲素訣辭籙作「訣辭以攝名山之虎豹」，更恰。

〔四〕「驅」，原作「駐」，該句在曲素訣辭籙作「使萬鬼，驅萬邪」，據改。

九天鳳炁丘真書命魔靈幡。連書九尺素繒上，投〔一〕書佩身。若絶世出〔二〕居，則書五方色繒，畫命魔靈幡，置五方也。則制萬靈，御〔三〕天魔，致仙官。

青精保命秘符。青書白紙，男先服保命符，後服化生丹霞靈符。

化生丹霞靈符。朱書白紙，女先服丹霞靈符，後服青精保命符。

朱明保身長存秘符。朱書白紙，男先服，後服中原黄精符。

中原黄精符。黄書白紙，女先服，後服朱明保身長存符。

中元度命保魂秘符。黄書白紙，男先服，後服金光自然秘〔四〕符。

金光自然秘符。白書白紙，女先服，後服中元度命保魂符。

素靈召神保命秘符。白書白紙上，男先服，後服玄陰生形上化符。

玄陰生形上化秘符。墨書白紙上，女先服，後服素靈召神保命秘符。

〔一〕「投」，鳳臺曲素上經作「授」。

〔二〕「出」，鳳臺曲素上經作「上」。

〔三〕「御」，原作「仰」，據鳳臺曲素上經改。

〔四〕「秘」，鳳臺曲素上經作「飛」，誤。

通靈長命秘符。黑〔一〕書白紙，男先服，後服飛仙騰化秘符。

飛仙騰化秘符。青書白紙，女先服，後服通靈長命秘符。

右出洞真鳳臺曲素經。

八鍊金冶化仙真符。以立春之日，黄書青紙，投水中，沐浴則通身鍊化，招日月之玄暉，降真人於玉庭。并黄書青綵〔二〕，佩身八年，與真人交言，降致雲輿，飛昇金門之上，受鍊於金冶之池。

八鍊丹胎玉符。以立夏之日正中，丹書黄紙上，投水中，沐浴則内外鍊化，招飛〔三〕根於陽精，致黄炁於黄華，迴日月以玄映，感真人於玉字。又丹書黄繒，佩身八年，真人下降，授兆真文〔四〕，飛行太空〔五〕，上昇洞陽之宫。

〔一〕「黑」，鳳臺曲素上經作「墨」。

〔二〕「綵」，上清黄氣陽精三道順行經作「繒」。

〔三〕「飛」，原作「仙」，據三道順行經及其他道經用例改。

〔四〕「文」，原作「人」，據三道順行經改。

〔五〕「太空」，三道順行經作「空玄」。

龍景九鍊之符。以立秋之日晡時，青書白紙上，投水中，沐浴則骨髓鍊變，招玄暉於紫景，致陽精於飛根，納黄炁於水母，降真人於紫軒。又青書白繒，佩身八年，頭有日圓之明，飛行太空，上昇廣靈之堂。

日魂鍊精陰符。以立冬之日夜半，黑〔一〕書青紙上，投水中，沐浴一身，血精並被鍊化，致日精於紫景，降飛華於八騫，鍊五符於玉池，運兆身於廣寒。又黑〔二〕書青繒，佩身八年，身發金光，項有圓明，真人下降，授兆真文，飛行太空，上昇廣寒之宫。

右出洞真黄炁陽精經。

太上洞文龜山真符。以青書紫繒上。此符服之九年，閉目存思，一旦一夕，當見九天仙屬乘龍駕虯，飛遊紫虚，上造玉庭，身〔三〕與仙真，不得與世同遊，永得長安。

東明通真變景陽霞符。春三月行道，思神招靈，以黑書青紙，東向服之，百日通靈，千

〔一〕「黑」，三道順行經作「墨」。

〔二〕「黑」，三道順行經作「墨」。

〔三〕「身」，上清元始變化寶真上經九靈太妙龜山玄籙卷中作「永」。

日見神，徹視萬里，坐覩自然，役使青真玉女九人，致青宫寶書、神仙真文。又青書黄繒上，安所卧〔一〕席東面，以青錦衣之。百日則致青老降座，青帝神官侍衛神文，營護行符者身；九年，自致青霞之雲，載兆飛行，所謂精感神降，坐致飛仙。

南光八鍊丹景四玄〔二〕符。夏三月行道，思神招靈，以青書赤紙，南向服之，百日通靈，千日見神，萬日飛仙，役使太丹玉女八人，致流金火鈴、登仙丹章。又赤書白繒上，安所卧席南面，以赤錦衣之。百日則致赤〔三〕老降房，赤帝神官侍衛神文，營護行符者身；八年則致絳霞之雲，載兆身。

西精皓靈化景扶文〔四〕符。秋三月行道，思神招靈，以黄書白紙，西向服之，百日通靈，千日見神，上真下降，與神接顏，役使太素玉女六人，致金精日華治鍊芝〔五〕英。又白書青

〔一〕「卧」，龜山玄籙卷下作「坐卧」。下則文字中的「卧」同。
〔二〕「玄」，龜山玄籙作「朗」。
〔三〕「赤」，龜山玄籙作「絳」。
〔四〕「西精皓靈化景扶文」，龜山玄籙作「西精浩靈化景扶希」。
〔五〕「芝」，原作「之」，據龜山玄籙改。

繒上，安所座〔一〕卧席西面，以白錦衣之。百日，白老降房，白帝神官侍衛神文，營護行符者身；六年，則致三素雲軿，降覆〔二〕兆身。

北玄鬱真鍊景蕭風符。冬三月行道，思神招靈，以白書黑紙，北向服之。百日通靈，千日能徹視幽微，與神接〔三〕顏，役使太玄玉女五人，致五星上妃、夫人、靈真、斗〔四〕中玄圖、神仙寶文。又黑書絳繒上，安所座卧席北面，以玄錦衣之。百日，玄老降房〔五〕，黑帝神官侍衛神文，營護行符者身；五年則致玄雲降覆兆身。

中央四季之時，行道招靈，以赤書黄紙，向王〔六〕服之。百二十日，通靈徹視，逆知吉凶；千日，天真下降，與神交顔，役使黄素玉女十二人，致黄上八道交真玄録、飛仙鳳衣、九天靈章。又黄書黑繒上，安著所座卧席中央，以黄錦衣之。百日，黄老詣房，黄帝神官侍

〔一〕「座」，龜山玄籙作「坐」。下幾處「座」同。
〔二〕「覆」，龜山玄籙作「載」。
〔三〕「接」，龜山玄籙作「交」。
〔四〕「斗」，龜山玄籙作「昇」。
〔五〕「玄老降房」，龜山玄籙作「黑帝降席」。
〔六〕「王」，龜山玄籙作「季王」。

衛神文，營護行符者身；十二年，致黄雲降覆兆形，玉輿羽輪，昇兆飛行，上入太玄之宫。

右出洞真龜山元録經。

上元檢天大録。以青筆書九尺黄繒上。佩身，當詣本命之嶽，祭天真，告九玄，盟五靈，然後佩焉。九年，道未降，當繕書一通，如法登嶽，更祭天。畢，便燒之，餘灰揚青煙之霄。一通埋之本命之嶽，令深九尺，所謂上告九天，下告五靈〔一〕，中告萬神，永得長生。

三元玄臺玉檢紫文。受者當以黄筆書青繒上，同祭之於本命之嶽，然後佩身。九年未昇，當又書一通，燒之，令灰揚於青煙之霄。又書一通，埋之本命之嶽，令深三尺。佩此文，以遊八方，涉五嶽，履河源，制地靈，使萬神。九年，得乘三元之輧，上昇三元之宫，不得冒穢入殗，觸忤天真，輕告宣靈〔二〕，七祖充責，身亡〔三〕失仙。

右出洞真三元玉檢布經。

〔一〕「五靈」，上清三元玉檢三元布經作「五嶽靈山」。

〔二〕「靈」，玉檢三元布經作「露」。

〔三〕「亡」，原作「主」，據玉檢三元布經改。

高聖帝君曰：金闕〔一〕之内有隱書玉名。有知者，飛昇〔二〕金閣，騰景上清；佩之者則金閣刻玉簡，注仙名〔三〕，四瀆五嶽靈仙〔四〕營衛送迎。九年，得乘飛雲，役〔五〕玉女十二人。丹書白繒。

高聖帝君曰：上清金書玉籙上文。有知者飛昇上清，位齊四真；佩之者則上清刻書，金簡注名，神仙告下五嶽，以仙官扶迎。青書白繒。

高聖帝君曰：太極白簡文〔六〕。有知者飛昇太極宫，騰景金闕之中；佩之者，太極刻書於簡文，注名於神仙，四極營衛；九年飛行。青書白繒。

高聖帝君曰：方諸玄素紫名隱文。知者飛昇方諸宫；佩之則方諸刻書玄素紫名；九年飛行，神仙衛迎，五嶽記名。青書白繒。

〔一〕「闕」，上清玉帝七聖玄紀迴天九霄經作「閣」。

〔二〕「有知者，飛昇」，原無，迴天九霄經作「有知者，飛昇金闕，騰景上清」，故據補。

〔三〕「金閣刻玉簡，注仙名」，迴天九霄經作「金閣刻書，玉簡注名」。

〔四〕「仙」，原作「山」，據迴天九霄經及文意改。

〔五〕「役」，迴天九霄經作「役使」。

〔六〕「白簡文」，迴天九霄經作「白簡青文」。

高聖帝君曰：太清玉籍絳名隱文。知者飛昇〔一〕太清，騰景瓊宮；佩之者，太清刻書絳名於玉籍；九年通神飛行，給玉童十二人。丹書白繒。

高聖帝君曰：太素瓊簡金書〔二〕隱文。知者飛昇太素宮，上朝三元君；得佩之者，大〔三〕素刻書瓊簡；九年降致飛雲，白日昇天。黄書白繒。

高聖帝君曰：南極有丹文紫籙上文。知者白日飛昇，上謁南極上元君；得佩之者，則南極注名於紫籙；九年，三元下降，授子真書，白日昇天。丹書白繒。

高聖帝君曰：玄宫上元青金赤書隱文。知者飛昇玄〔四〕宫，騰景上清；佩之者，目見上元真形；九年，降兆之房，授兆真書，即得神仙。青書白繒。

高聖帝君曰：玄都丹臺白玉金字隱文。知者白日飛〔五〕玄都；佩之者，刻書丹臺之名；九年，乘空景而行。黄書白繒。

〔一〕「昇」，迴天九霄經作「行」。

〔二〕「書」，迴天九霄經作「名」。

〔三〕「大」，迴天九霄經作「太」，更恰。

〔四〕「玄」，迴天九霄經作「雲」。

〔五〕「飛」，迴天九霄經作「飛昇」。

高聖帝君曰：三元宫琳札青書隱文。知者白日昇天，上翔三元宫〔一〕；得佩之者，刻名瓊琳之札；九年，三元詣房，授兆真文，神仙飛行。青書白繒。

高聖帝君曰：玄斗之中玄名籙籍隱文。知者得昇玄斗之中，飛行上清之宫，刻書玄斗之名；九年，神人下降，授兆真書，行之神仙。黑書白繒。

高聖帝君曰：五嶽有丹書瓊簡紫籙之名。知者白日昇天，飛行五嶽；佩之，五嶽仙官防衛兆身，五帝刻名於五嶽之簡；九年，乘空飛行，上昇玄宫。青書白繒。

右出洞真七聖元紀經〔二〕。

太上六甲素奏丹符〔三〕。

甲子素奏丹符。朱書白繒佩之，以甲子日平旦朱書，東向服之，願祝悉目存直甲玉女執符在前。

〔一〕「上翔三元宫」，迴天九霄經作「上拜三元君」。
〔二〕「右出洞真七聖元紀經」，原誤置於下則文字末，下則文字當出於靈飛六甲經，故前移至此。
〔三〕「太上六甲素奏丹符」，本符内容見於上清佩符文白券訣。

甲午素奏丹符。朱書白繒佩之，以甲午日平旦朱書，東向服之。

甲戌素奏丹符。朱書白繒佩之，以甲戌日平旦朱書，東向服之。

甲辰素奏丹符。朱書白繒佩之，以甲辰日平旦朱書，東向服之。

甲申素奏丹符。朱書白繒佩之，以甲申日平旦朱書，東向服之。

甲寅素奏丹符。朱書白繒佩之，以甲寅日平旦朱書，東向服之。

六甲丹書符文，依甲子日醮受而佩身，命神召靈，攝海封山，遊行五嶽，萬神敬迎，役使六甲，上天入淵，分形散景，七十四方，所願立得，所向立成。修之九年，降〔一〕致三元，乘空飛行。

靈飛六甲左右玉女内名玉符〔二〕。

甲子太玄宫、甲戌黄素宫、甲申太素宫，三部。左靈飛玉女，頭並頹雲三角髻，餘髮散垂之至腰，手中並執玉精神虎之符。

甲午絳宫、甲辰精宫、甲寅青要宫，三部。右靈飛玉女，頭並頹雲三角髻，餘髮散垂之

〔一〕「降」，原作「除」，據上清佩符文白券訣改。

〔二〕「靈飛六甲左右玉女内名玉符」，本則以下文字見於上清瓊宫靈飛六甲左右上符。

至腰，手中並執玉精金虎符。

太極玉精真訣上符，以甲子日始，二日服，一以平旦服，八節日日中又服之。

太極玉精真訣上符，以乙丑日，如二日服，一以平旦服，八節日夜半又服之。

此二符是靈飛六甲之宗符也。服，先齋六日乃服，服之六十日乃得服六十玉女符也。主招神開靈，通達萬精，長服不廢，飛仙長生。既服六十玉女符，故當兼修之也。男女各符，隨名而用之。每至甲子及餘甲日，服上清大符十枚，又服太陽符十枚。先服太陰也，勿令人見之。陽符朱書，陰符黑書。

右出洞真瓊宮靈飛六甲經〔一〕。

東方始青陽霞寶真玉符。兆欲致青帝玉司君，當以立春春分之日，黑書青紙，東向服之，并墨〔二〕書青繒佩之。九年，玉司削兆死過，度兆生宮，遣青霞緑軿迎兆之身。

〔一〕「右出洞真瓊宮靈飛六甲經」，原無。該段文字前半見於上清佩符文白券訣，而上清佩符文白券訣纂輯時即説「右出靈飛六甲經」，後半部分確見於今上清瓊宮靈飛六甲左右上符，故知本兩部分文字源於原始靈飛六甲經。故據書中該經的稱名試補。

〔二〕「墨」，太真玉帝四極明科經卷五作「黑」。

西方少陰皓靈通真玉符。兆欲致白帝玉司君，當以立秋秋分之日，黄書白紙，西向服之，并黄書白繒佩之。九年，玉司削兆死過，度兆生宫，遣飛霞素〔一〕雲迎兆之身。

南方太陽丹靈洞天玉符。兆欲致左宫赤帝玉司君，當以立夏夏至之日，青書赤紙，南向服之，并青書絳繒佩之。九年，玉司削兆死過，度兆生宫，遣丹霞絳軿下迎兆身。

北方太陰玄精玉符。兆欲致玄〔二〕帝玉司君，當以立冬冬至之日，白書黑紙，北向服之，并白書黑繒佩之。九年，玉司削兆死過，度兆生宫，遣黑雲緑軿下迎兆身。

九河玄靈龍章〔三〕玉符。兆欲去離負石填河之役，當以本命之日，青書黄紙服之，三年，宿罪滅根，九年，河伯出迎，入水不沉，洪泉萬丈，翱翔青淵。大妙之道，非真不傳。

清微九玄神生洞元之符。兆欲不經清微之天左右三〔四〕官，當以月生三日、本命之日，青書白紙服之，青書白繒佩身。清微天官下衛兆身，九年尅致飛蓋下迎兆身。

禹餘玄精保神玉符。兆欲不經禹餘天左右三官，當以月生十五日、本命之日，黄書青

〔一〕「素」，四極明科經作「青」。

〔二〕「玄」，四極明科經作「黑」。下文「黑雲」也作「玄雲」。

〔三〕「章」，原作「嶠」，據四極明科經改。

〔四〕「三」，四極明科經於此處及以下三處均作「二」，誤。據四極明科卷一，此三天中都有三官。

紙服之，黃書青繒佩之。禹餘天官下衛兆形，九年尅致黃霞玄蓋下迎兆身。

赤陽洞炎玄精生身玉符。兆欲不經大赤天左右三官，當以月末生十五日〔一〕、本命之日，朱書白紙服之，朱書帛〔二〕佩之。赤天之官下衛兆身，九年，尅致丹霄飛輿下迎兆身。

右出洞真四極明科。

〔一〕「月末生十五日」，四極明科經作「月生二十五日」。

〔二〕「帛」，四極明科經作「白繒」，更恰。

無上秘要卷之二十八

九天生神章品

天尊告飛天神王：此九天之章，乃三洞飛玄之炁，三會成音，結成真文，混合百神，隱韻内名。故太一試觀，攝生十方，領會洞虚，啓誓丹青。自无億劫因緣、宿命帝圖，不得參見。得眄篇目，九祖同仙。

鬱單无量天生神章第一。

帝真胞命元元一黄演之炁。

混合空洞炁，飛爽浮幽寥。延康无期劫，眇眇離本條。苦魂沉九夜，乘晨希陽翹。大有通玄户，鬱單降晨霄。黄雲凝靈府，陰陽炁象交。胞元結長命，惡根應化消。桃康合精延，二帝秀玉標〔一〕。灌溉胞命元〔二〕，精鍊神不凋。九天命靈章，生神神自超。元君遏死路，司馬誦洞謡。一唱萬真和，九遍諸天朝。稽首恭劫年，慶此榮舊苗。

上上禪善无量壽天生神章第二。

帝真胞〔三〕命元洞冥紫户之炁。

无量結紫户，炁尊天中王。開度飛玄爽，凝化輪空洞。故根離昔愛，緣本思舊宗。幽夜淪遐劫，對盡大運通。帝真始明精，號曰字元陽。嬰〔四〕兒史百華，結胎守黄房。斬根斷死户，熙頤養嬰童。禪善導靈炁，玄哺飛天芳。華景秀玉質，精鍊自成容。務玄育尚生，羅列備明堂。太虚感靈會，命我生神章。一唱動九玄，二誦天地通。混合自相和，九遍成人功。大聖慶元吉，散華禮太空。諸天並歡悦，一切稽首恭。

〔一〕「標」，洞玄靈寶自然九天生神章經作「飄」。
〔二〕「元」，九天生神章經作「門」。
〔三〕「胞」，九天生神章經作「胎」。
〔四〕「嬰」，九天生神章經作「孾」。下幾處「嬰」同。

梵監須延天生神章第三。

帝真魂命元長靈明仙之炁。

須延總三靈，玄元始炁分。落落大範〔一〕布，華京翠玉尊。明梵飛玄景，開度長夜魂。遊爽赴期歸，炁炁反〔二〕故根。太帝號陽堂，字曰八靈君。九開回禄〔三〕道，胎炁生上元。陵梵度命籍，太一輔精延。泥丸敷帝席，三部八景分。魂生攝遊炁，九轉自成仙。琅琅九天音，玉章生萬神。三遍列正位，炁参八晨〔四〕門。玄關遏死户，靈鎮津液源。應會感靈數，明道潛迴輪。慶此嬰兒蜕，稽首讚洞文。

寂然兜術天生神章第四。

帝真魄命元陽尸冥演由之炁。

寂然无色宗，兜術抗大羅。靈化四景分，萬條翠朱霞。遊魄不顧反，一逝洞群魔。神

〔一〕「範」，九天生神章經作「梵」。
〔二〕「反」，九天生神章經作「返」。
〔三〕「回禄」，九天生神章經作「禄回」。
〔四〕「晨」，九天生神章經作「辰」。

公攝遊炁，飄飄鍊〔一〕素華。榮秀椿劫期，乘運應靈圖。空洞生神章，瓊音逸九霞。一唱萬真會，騫爽合成家。九轉景靈備，鬱鬱曜玉葩。兜術開大有，一慶享祚多。上聖迴帝駕，嬰兒欻以歌。不勝良晨會，一切稽首和。

波羅尼密不驕樂天生神章第五。

帝真藏府命元五仙中靈之炁。

翻翻五帝駕，飄飄玄上門。遊步黄華野，回靈驕樂端。採集飛空景，舊爽多不存。太微迴黄旗，无英命靈幡。攝召長夜府，開度受生魂。公子輔黄寧，總録具形神。玉章洞幽靈，五轉天地分。炁鍊元藏府，紫户自生仙。數周衆真會，啓陽應感繁。玉女灌五香，聖母慶萬年。三界並歡樂，稽首禮天尊。

洞元化應聲天生神章第六。

帝真靈府命元高真沖融之炁。

〔一〕「鍊」，九天生神章經作「練」。

應聲无色界，霄映冠十方。回化輪无影，冥期趣道場。靈駕不待轡，朗然生神章。空洞諒无崖，玄爽亦爲强。練胎反本初，長乘[一]飛玄梁。蕲畜喪天真，散思候履常。斬伐胞樹滯，心遊超上京。願會既玄玄，悟我理兼忘。介福九天端，交禮地辰良。混化歸元一，高結元始王。稽首儔靈運，長謝囂塵張。

靈化梵輔天生神章第七。

帝真元府命元高仙洞笈之炁。

玄會統无崖，混炁歸梵輔。務猷運靈化，潛推无寒暑。乘數構真條，振袂拂輕羽。瓊房有妙韻，汎登高神所。圓輪无停映，真仙森[二]列序。上上霄衢邈，洞元深萬巨。秀葉翳翠霞，停蔭清冷渚。邀翫怡五神，繁想嘯明侶。五難緣理去，沖心自怡處。爽魂隨本根，亹亹空中佇。七誦重關開，豁滯非神武。運通由中發，高唱稽首舉。

〔一〕「乘」，原似「乖」字，據九天生神章經及同書卷一百所引改。

〔二〕「森」，九天生神章經作「參」。

高虛清明天生神章第八。

帝真華府命元真靈化凝之炁。

清明重霄上，合期慶雲際。玉章散沖心，孤景要靈會。煥落景霞布，神襟〔一〕靡不邁。玉條流逸響，從容虛妙話。靈音振空洞，九玄離幽裔。感爽无凝滯，去留如解帶。明識生神章，高遊无終敗。玄景曜雲衢，跡超神方外。應感无方圓，聊以運四大。研心稽首誦，衆聖並稱快。

无想无結无愛天生神章第九。

帝真嶽〔二〕府命元自然玄照之炁。

无結固无情，玄玄虛中澄。无〔三〕化無方序，數來亦叵乘。誰云无色平，峨峨多丘陵。冥心縱一往，高期清神徵。良遇非年歲，劫數安可稱。浮爽緣故條，反〔四〕胎自有恒。靈感

〔一〕「襟」，九天生神章經作「衿」。
〔二〕「嶽」，九天生神章經作「神」。
〔三〕「无」，九天生神章經作「輪」。
〔四〕「反」，九天生神章經作「返」。

洞太虛，飛步霄上冰。津趣鼓萬流，潛凝真神登。无愛故无憂，高觀稽首昇。

右出洞玄九天生神章經。

九天瓊文品

太霄琅書，乃九天王飛霄之曲；瓊文帝章，乃九天之上文。並以元始之初，生於自然虛洞之中，虛皇玉帝受之，於是天王仍記名焉。

鬱單无量天王瓊文第一。

太霄空洞炁，結炁成雲營。我王挺神匠，有化若无形。无形中有真，有真无中生。眇莽玄虛上，蕭蕭元始精。法景朗妙覺，玄運來相征。列宿羅玉宇，飛霞超緑瓊。焕〔一〕落三晨曜，流光鬱紫清。攜衿玉晨臺，解憩戲鳳城。迴霄登九嶺，以啓不窮齡。誰能同此遊，

〔一〕「焕」，洞真太霄琅書卷一作「煙」。

可來尋余名。余名甚易知，安在東華庭。自可朝〔一〕玄都，精微思帝靈。棄去雲外念，專一守黄寧。披誦太霄章，三闕自當明。玄降徘徊輦，虚遺飛霞軿。九天雖云〔二〕遐，妙想安爾形。

上上禪善无量壽天王瓊文第二。

靈運啓空洞，金真秀瓊胎。法景大〔三〕寂庭，玄化自相推。歷劫淪九冥，與真契幽期。三晨告元始，運通自來綏。匡轡明霞上，流精耀玉支〔四〕。顧眄无中有，混合似嬰兒。父寧與母精，逍遥戲鳳臺。落景遊雲房，獨妙誰能知。合慶離羅門，解褉紫霄崖。若欲相尋索，精研琅書辭。迴轉瓊文章，天王自當知〔五〕。洞存帝一尊，以爲求仙基。絶念棄外想，

〔一〕「朝」，高上太霄琅書瓊文帝章經作「超」。

〔二〕「云」，瓊文帝章經作「玄」。

〔三〕「大」，太霄琅書、瓊文帝章經作「太」。

〔四〕「支」，太霄琅書、瓊文帝章經作「枝」。

〔五〕「知」，原經及太霄琅書作「之」，瓊文帝章經作「知」，據改。

常使心神夷。積〔一〕感致真降，鬱然焕羽儀。拔度七祖根，咸同登雲階。玉章映高靈，瓊文難尋思。二妙以相和，各稱本不齊。子欲戲九玄，但誦太霄詩〔二〕。萬劫在俄頃，勿憂天應遲。

梵監天王瓊文第三。

澄清无毫穢，結炁成紫暉。丹霄映監天，羅布西〔三〕南迴。三晨明列宿，七轉朗太微。靈風迅奇香，玉籟聲何悲。神鳳翔瓊林，群仙振羽衣。天王乘運征，握節總萬機。虚輪擲〔四〕空洞，遼朗九天扉。攜提霄中賓，解衿入瓊帷。敷爛扶晨炁，耀羅焕玉階。陵梵映朱日，干〔五〕景翼靈暉。飆飆〔六〕元化内，玉輦正徘徊。公子命虎符，總攝萬神歸。拔滅七祖

〔一〕「積」，瓊文帝章經作「精」。
〔二〕「詩」，瓊文帝章經作「書」。
〔三〕「西」，太霄琅書、瓊文帝章經作「迺」。
〔四〕「擲」，瓊文帝章經作「振」。
〔五〕「干」，原作「千」，據瓊文帝章經改。「干景」乃神名。
〔六〕「飆飆」，太霄琅書、瓊文帝章經作「飄飄」。

根，窮魂皆仙飛。琅書慶雲庭，瓊文洞虛微。精研道日鮮，億劫靈不衰。萬化隨運遷，乃知妙者希。

寂然天王瓊文第四。

宴景太寂鄉，迴風迅瓊輪。丹霄翼緑輿，神公輔帝尊。翳翳九化外〔一〕，離離開趣門。徘徊金羅上，嘯歌慶靈雲。三唱朗玄覺，五迴道乃分。金房焕嵯峨，流精何紛紛。左顧見无英，右眄覩白元。履昌度黄籙，太一挺命根。爲我記仙籍，授我度命文。清唱運天真，静息〔二〕理百關。帝一鎮靈宫，法服飛青裙。相與契何許〔三〕，合會九天端。有日若无期，皇華正四員〔四〕。至念〔五〕棄餘念，道從玄中傳。靈感各有運，至學故多全。

〔一〕「九化外」，太霄琅書、瓊文帝章經作「九玄化」。

〔二〕「息」，太霄琅書、瓊文帝章經作「思」。

〔三〕「許」，瓊文帝章經作「計」。

〔四〕「員」，原作「貞」，太霄琅書、瓊文帝章經作「圓」，「圓」與「員」同，「貞」乃形訛字。

〔五〕「念」，太霄琅書、瓊文帝章經作「感」。

不驕樂天王瓊文第五。

空中生紫煙，鬱勃翳華宮。流明順運迴，丹霄映緑房。翼輔虛中景，耀靈煥十方。萬帝由真運，莫若九天王。體結自然秀，含炁挺虛宮。理化正四維，號爲衆帝宗。落景乘八煙，總統輪空同〔一〕。朝遊西臺館，夕憩扶桑宮。攝板〔二〕玄圖〔三〕録，拔度華青童。桃康定命籍，明初保劫功。流眄无崖際，萬化隨運通。飛步誦太霄，幽尋元始蹤。積思感至寂，以致登玄聰〔四〕。宿基流餘慶，七祖返南宮。五苦非所履，結友在太空。靈嶽非常宅〔五〕，飛雲是我龍。結攜九巔〔六〕真，偶景以成雙。何爲坐囂穢，婆娑待命窮。

化應聲天王瓊文第六。

〔一〕「同」，太霄琅書、瓊文帝章經作「洞」。

〔二〕「板」，瓊文帝章經作「校」，更恰。

〔三〕「圖」，原作「國」，據文意改。

〔四〕「聰」，太霄琅書作「總」，瓊文帝章經作「窗」。「窗」恰。

〔五〕「宅」，瓊文帝章經作「宫」。

〔六〕「巔」，太霄琅書、瓊文帝章經作「嶺」。

高靈秀空洞，凝炁結朱煙。摇〔一〕節迴九霄，飄飄天帝真。瓊臺耀巖阿，紫鳳鬱玉麟。虚〔二〕歌逸幽宫，蕭條雲上人。攜契七映房，金羅焕中田。天王正九色〔三〕，飛仙有億千。洞陽鬱靈標，爲兆度命年。丹華朗朱日，流芳灌〔四〕兆身。仰掇〔五〕月中漿，九源降液津。永保不終劫，内外洞虚鮮。積思感太空，洞〔六〕得无極淵。形與混合同，遊宴莫能旋。

梵寶天王瓊文第七。

三晨朗幽夜，流霞耀金日。丹房焕嵯峨，靈香繞瓊室。公子合慶堂，履昌〔七〕攜帝一。

〔一〕「摇」，太霄琅書、瓊文帝章經作「握」。
〔二〕「虚」，太霄琅書、瓊文帝章經作「靈」。
〔三〕「九色」，太霄琅書、瓊文帝章經作「有九」。
〔四〕「灌」，太霄琅書、瓊文帝章經作「觀」。
〔五〕「掇」，太霄琅書、瓊文帝章經作「歠」。
〔六〕「洞」，瓊文帝章經作「動」。
〔七〕「昌」，太霄琅書經作「唱」。

三元混合宫，微言甚幽密。兆欲度命年，静思勿〔一〕雜匹。寂若雖云无，真從空中逸。慶加靡不周，七玄自蒙拔。積福有重基，宿根咸消滅。瓊文有妙章，斯篇慎忘失。存念至靈諱，道降同玄一。

梵摩迦夷天王瓊文第八。

九玄洞元炁，紫素淩玉霄。靈秀焕金門，神融茂瓊條。豁落紫虚館，慶雲隨化消。淵響叩靈機，法鼓振太幽。宴景玄晨闕，流迴薄靈飆。匡轡九天外，運駕以逍遥。徘徊紫霞峰，容冶玉皇朝。萬劫不俄頃，倏欻一象交。虚庭无稽遲〔二〕，去來順運寥。大化不改度，三晨洞靈標。琅書慶神室，瓊文理清謡。含〔三〕秀自玄挺，反容非華翹。

波梨答恕天王瓊文第九。

〔一〕「勿」，瓊文帝章經作「無」。
〔二〕「遲」，太霄琅書、瓊文帝章經作「逮」。
〔三〕「含」，太霄琅書、瓊文帝章經作「合」。

玄炁結九霄，紫虚朗太陽。飛瓊淩華英〔一〕，流精凝玉霜。天真乘運迴，薄雲茂玄梁。冥會自相感，丹霄映輕行。幽期高晨府，攜契朝玉京。靈化沖漠裹，寥寥冥運鄉〔二〕。流芬〔三〕翳朱日，迴風迅奇香。焕爛金門上，瓊臺吐玉英。蘭芝盈玄谷，仰噏六胃〔四〕昌。神逸感寂宫，幽思徹洞鄉。執契太霄館，歸真瓊帝〔五〕章。

太霄琅書瓊文帝章，皆以九玄微辭，九天王於空洞之中、元始之先，玄歌理命，遊慶霄庭，音句虚微，玄中而生，神真寶訣，故著靈篇。得行此道，位同九天，微思至諱，存神念真，靈垂〔六〕告感，自然登晨。

右出洞真太霄琅書瓊文帝章。

〔一〕「英」，太霄琅書、瓊文帝章經作「芒」。
〔二〕「鄉」，太霄琅書、瓊文帝章經作「彰」。
〔三〕「芬」，瓊文帝章作「芳」。
〔四〕「胃」，太霄琅書作「位」。
〔五〕「帝」，太霄琅書、瓊文帝章經作「文」。
〔六〕「垂」，太霄琅書、瓊文帝章經作「瑞」。

道教典籍選刊

無上秘要

中

周作明 點校

中華書局

無上秘要卷之二十九[一]

三十二天讚頌品

太上道君清齋持戒於西那玉國鬱察山浮羅之嶽，敷黄金薦地，白玉緣階，七寶瓔珞[二]，光明焕日，黄雲四纏，紫霞三帀。

元始天尊皆[三]諸天大聖、十方至真、无極神王、天仙、飛仙、地仙、五帝真人，浮空降席，流光朗徹，三景冥合。太上道君不勝喜悦，前進作禮，上白天尊：「今日衆聖迴降空山，

〔一〕「無上秘要卷之二十九」，敦煌文書伯二六〇二（李德範輯敦煌道藏第四册）題作「無上秘要卷二十九」，全文保留了本卷内容。本卷所收空洞靈章經，還見於敦煌文書洞玄靈寶空洞靈章經（伯二三九九、斯二九一五，見敦煌道藏第五册）。

〔二〕「瓔珞」，伯二六〇二作「纓絡」，

〔三〕「皆」，伯二六〇二作「從」。

群真歡樂，不比於常。伏願天尊賜命西宫上玄真人，披空洞之弦，和自然之靈章，使未見者見，未聞者聞。」天尊歡喜〔一〕而言：「空洞靈章，諸天玉音，上宫所重，祕不下傳。今既良讌，歡樂難稱，運非常會，理不容藏。今當普告三十二天，齊真合和，披誦靈章。」於是道君稽首稱慶，諸天歡喜而各作頌曰：

太黄皇曾天頌。

梵行冠大羅，淳風抗玄紀。无〔二〕形有常存，觀世翻然理。屢踐不終劫，探幽度生死。三乘通便路，清虚无塵滓。長夜息對魂，地獄五苦解。劍樹不摇條，刀山不傷體。門有浩劫公，地无夭年子。今日慶期〔三〕會，諸天並歡喜。不勝情欣悦，高唱稽首禮。

太明玉完天頌。

〔一〕「歡喜」，伯二六〇二作「含笑」。
〔二〕「无」，原作「天」，據伯二六〇二、伯二三九九改。
〔三〕「期」，伯二六〇二、伯二三九九作「斯」。

晏〔一〕景玉完上，遊輪躑玄都。逍遥太明中，長燈焕〔二〕翠羅。靈風拂重雲，龍皐鬱嵯峨。上有飛天人，羽衣互紛葩。下有龍漢民，皆是浩〔三〕劫家。五道息對魂，九幽罷三塗〔四〕。天馬運東井，長源无巨沙。不聞孤魂聲，但作興樂歌。斯樂今无極，當奈來運何。

清明何童天頌。

无色何童上，梵元〔五〕理太清。華綺麗玉京，黄雲纏四軿。紫林翠南皐，飄〔六〕風振朱瓊。鳳嘯長夜開，十轉九幽明。烏母遏天河，龍負寒井餅。五道絶對根，三塗不羈兵。迴旗徵天魔，黄幡校北營。洞章度幽魂，三界無謡聲。上有福德宫，下有更生形。是爲元始法，妙哉空洞經。喜慶稽首誦，高唱歡萬齡。

〔一〕「晏」，伯二六〇二、伯二三九九作「晏」。

〔二〕「焕」，伯二三九九作「燒」。

〔三〕「浩」，伯二六〇二作「晧」。

〔四〕「塗」，本卷中該字，伯二六〇二、伯二三九九絶大多數作「徒」。

〔五〕「元」，伯二三九九作「炁」。

〔六〕「飄」，伯二三九九作「飆」。

玄胎平育天頌。

平育抗三層，迴神度十方。上披長夜户，下朗九幽房。苦魂乘慶歸，飛行入福堂。山无對怨人，但有浩〔一〕劫公。元始迴玉駕，黄旗召靈風。掃除五道場，緣對乘運通。飛天並歡樂，慶我長生宫。

元明文舉天頌。

圓綱儛空洞，紫輪偉玉庭。文舉敷丹暉，三便理玉清。離羅曜長庚〔二〕，九夜焕高明。三界无死魂，億劫皆成靈。巍巍十聖公，梵行飛天經。一誦諸天禮，十轉枯骨生。七玄昇朱宫，享福入无形。

上明七曜天誦。

〔一〕「浩」，伯二六〇二、伯二三九九作「晧」。
〔二〕「庚」，伯二六〇二、伯二三九九作「更」。

乘景遊三素，高奔日月宫。七耀焕上清，鬱儀晞琳房。消魔非洞友，結璘〔一〕以我朋。迴度十天人，齊啜飛華皇〔二〕。朝飡五雲炁，夕噏三晨光。魔夷无世界，偏无五道場。億劫並皇民〔三〕，稱爲福德堂。

虚无越衡天頌。

虚无梵大羅，飛綱儛天關。推度總元紀，四炁晝夜分。九會非常運，號曰越衡門。天地理自定，歡樂豈常存。此爲福德界，自生不惡根。奈何來運促，代謝不齊辰。慶〔四〕今悼來生，故誦哀樂文。

太極濛翳天頌。

〔一〕「璘」，伯二六〇二作「鄰」，伯二三九九作「驎」。
〔二〕「皇」，伯二三九九作「黄」。
〔三〕「民」，伯二三九九作「人」。
〔四〕「慶」，原作「度」，據伯二六〇二、伯二三九九改。

濛翳焕重虚，曜靈映朱扉。三十二天童，錦帔〔一〕飛青衣。把幡執命籍，攝召苦魂歸。長夜披五户，朗朗九幽開。太極長生宫，名入並仙飛。法門度天人，億劫自相隨。七祖離苦根，長歌昇紫微。

赤明和陽天頌。

赤明開元圖，陽和迴上虚。元始敷靈篇，十部飛天書。開度九幽祖，萬遍道自居。玉皁秀琳宫，生死福德廬。自无黄籙簡，苦根焉得除。長齋誦靈章，五靈互〔二〕相扶。功成天地基，世世慶有餘。

玄明恭華天頌。

〔一〕「帔」，原作「披」，據伯二六〇二、伯二三九九改。

〔二〕「互」，伯二六〇二作「玄」。

恭華十方經，迴解諸天音。敷行遍五〔一〕道，拔度好尚心。黄麾〔二〕徵大〔三〕魔，赤書滅寒〔四〕林。三界通玄路，天無〔五〕悲魂吟。拔過八難庭，逍遥玉綺岑。身入衆梵行，長樂七寶林。永享无極慶，劫劫自相尋。

曜明宗飄天頌。

曜明高映，宗飄通玄。元始開圖，敷落〔六〕五篇。赤童掌〔七〕録，黄雲四纏。八威備衛，靈獸侍真。華光飾發，反香拂塵。綺合長阜，遊迴十天。高唱〔八〕空洞，飛步入玄。枯魂昇

〔一〕「遍五」，伯二三九九作「万遍」。
〔二〕「麾」，原作「魔」，據伯二三九九改。
〔三〕「大」，伯二三九九作「天」。
〔四〕「寒」，原作「高」，據伯二六〇二、伯二三九九改。
〔五〕「無」，原作「心」，據伯二六〇二、伯二三九九改。
〔六〕「落」，伯二三九九作「絡」。
〔七〕「掌」，伯二六〇二、伯二三九九作「賞」。
〔八〕「唱」，伯二三九九作「昌」。

陽，灰骸還人。神王度命，乘虚駕煙。禮誦靈章，與劫同年。

竺落皇笳天頌。

皇笳攝元，竺落總神。白簡度品，青籙定仙。黄江迴靈，赤書招真。靈風鼓旗，十絶繞騫。日精鍊魂，枯骸生津。十轉拔〔一〕難，功登飛天。洞章命魔，稽首上玄。滅落九夜，斷絶〔二〕胞根。名度南玄〔三〕，保命三便。

虚明堂曜天頌。

虚明大梵，梵行大館。元公臨正，司命執算。是日嘉慶，五道披散。錦雲仰迴，月華下灌〔四〕。朱童度苦，靈章拔難。七玄昇軒，十轉登漢。七寶林中，歡樂璀璨。

〔一〕「拔」，原作「八」，據伯二六〇二、伯二三九九改。
〔二〕「絶」，伯二三九九作「除」。
〔三〕「玄」，伯二六〇二、伯二三九九作「宫」。
〔四〕「灌」，伯二三九九作「觀」。

觀明端靖[一]天頌。

端靖理運，十迴觀明。龍漢蕩蕩，五欲不生。下有沌[二]民，上有三靈。滅度九道，轉輪魂形。五帝監度，魔王保明。休息宿對緣，來運乘福生。歡樂无終已，逍遥三界庭。諸天齊十聖，稽首誦洞經。

玄明恭慶天頌。

玄明洞虚，流暉九霞。恭慶承梵，靈風散華。長魔[三]迴仙，赤文攝魔。召龍負水，烏母畢河。九幽開夜，休息三塗。五苦長解，地獄清和。斬根絶對，反生王家。

太焕極瑶天頌。

〔一〕「靖」，伯二六〇二、伯二三九九作「静」，後文「端靖」同。

〔二〕「沌」，伯二六〇二作「淳」，伯二三九九作「純」。

〔三〕「魔」，原作「魔」，據伯二六〇二、伯二三九九改。

太焕既振，極瑶〔一〕承浮。開清九門，三便飛流。長更續夜〔二〕，玉燈朗嵎。圓華營瑛〔三〕，黄雲四敷。迴風混合，百神召无。公子執籍，太一度符。司命拔死，生骸起灰。逍遥七寶，林中熙遊。十聖齊真，飛天同儔〔四〕。出入法門，萬劫何憂。

元載孔昇天頌。

元載衆梵炁，孔昇綱八羅。敷雲迴金門，虹〔五〕映焕朱霞。上有授〔六〕生童，飛天互參差。食炁長皐〔七〕穴，讌津黄水華。開夜拔朽體〔八〕，還童反素牙。身入不死劫，名繼〔九〕玉

〔一〕「瑶」，伯二六〇二作「摇」。
〔二〕「夜」，原作「庚」，據伯二六〇二、伯二三九九改。
〔三〕「營瑛」，伯二六〇二、伯二三九九作「瑩映」，更恰。
〔四〕「儔」，伯二三九九作「疇」。
〔五〕「虹」，伯二六〇二、伯二三九九作「江」。
〔六〕「授」，伯二六〇二、伯二三九九作「採」。
〔七〕「皐」，原作「息」，據伯二六〇二、伯二三九九改。
〔八〕「體」，伯二六〇二、伯二三九九作「骸」。
〔九〕「繼」，伯二三九九作「係」。

靈都。神王定仙籙，五帝符大魔。保明三界難，世世爲仙家。

五老攜賓駕，宴〔一〕景西鬱察。上有八會炁，靈風鼓慶室。太安皇崖天，紫微映朱日。金童敷帝席，神公輔太一。命靈盟五符，攝魔度仙秩。寒庭開夜窗，對魂被〔二〕幽出。萬萬善緣生，億億惡根絶。天有福堂賓，地无牢獄結。不勝三界清，五神歡且悦。

太安皇崖天頌。

極風羅八員，碧雞啓扶摇。風轉八員迴，長更朗幽遼。天通九夜清，衆聖命羽飄〔三〕。飛步七寶園，大小悉逍遥。高唱誦靈章，一遍諸天朝。十轉衆生度，苦魂返舊條。朗朗大有明，惡緣應神消。斯運真難喻，奈何來運凋。

顯定極風天頌。

〔一〕「宴」，伯二六〇二、伯二三九九作「晏」。

〔二〕「被」，伯二六〇二、伯二三九九作「披」。

〔三〕「飄」，伯二三九九作「飆」。

始皇孝芒天頌。

始皇〔一〕元一炁，上梵玄中精。運周塵沙劫，開化度衆生。龍漢承康界，開圖號赤明。妙哉元始公，倏欻敷三靈。五帝承符會，赤書朗長冥。十部大乘門，衆聖讚洞經。飛步旋玄都，三周〔二〕繞宫城。神王稽首唱，魔王伏真形。三徒息不掠，朽骸自然榮。南堂多福賓，世爲歡樂庭。但恐塵沙訖，福盡天地傾。運來非時求，苦哉難爲情。

太黄翁重天頌。

太黄翁重天，德爲三界宗。上有鑒天君，總領鬼神宫。開度生死户，安置善惡方。緣對互相尋，勞心總陰陽。諸天並〔三〕慶集，歡樂不比常。於是三塗解，罷除五難場。刀山落

〔一〕「皇」，伯二三九九作「黄」。
〔二〕「周」，原作「洞」，據伯二六〇二、伯二三九九改。
〔三〕「並」，伯二三九九作「普」。

鋒〔一〕刃，九幽開夜光。苦魂拔重幽〔二〕，飆飆〔三〕昇福堂。輪我三乘門，世世生仙王。

无思江由天頌。

无思无色界，眇眇元始初。江由映高玄，焕落〔四〕五篇舒。十天緑羅室，羲和皎〔五〕重虚。五老滄〔六〕圓宫，妙童滄靈墟。仰噏長更井，練胎反嬰孩。太一保命録，南陵拔夜居。九幽无死魂，門有更生軀。宿對五苦斷，劫劫生仙廬。諸天並稱慶，蕭條誦靈書。

上揲阮〔七〕樂天頌。

〔一〕「鋒」，伯二六〇二、伯二三九九作「峰」。

〔二〕「幽」，伯二六〇二、伯二三九九作「出」。

〔三〕「飆飆」，伯二六〇二、伯二三九九作「飃飃」。

〔四〕「落」，伯二三九九作「洛」。

〔五〕「皎」，伯二六〇二、伯二三九九作「晈」。

〔六〕「滄」，伯二六〇二、伯二三九九作「食」。

〔七〕「阮」，伯二三九九作「玩」。後文「阮樂」之「阮」同。

阮樂飛玄景，丹雲敷三羅。迴旗徵萬靈，鍾鼓召天魔。掃通九幽逕，龍鳥〔一〕負長河。飄飄无色上，清元蕩難波。紫微焕七臺，鶱樹秀玉霞。衆聖集琳宫，金母命清歌。雙成陽妙曲，一唱飛天和。十唱五苦解，夜魂披重羅。七神返靈胎，朽骨還更華。福堂饒清賓，地獄无對家。運役自然炁，於是息三塗。一暢萬劫感，慶賀西玉那。

无極曇誓天頌。

曇誓高澄，虚落十迴。青精始周，元炁敷暉。大有通明，赤帝徘徊。五符流焕，元公放威。萬靈伏爽，群魔消摧。天清地除，九幽廓開。億劫苦對，承運各歸。斬〔二〕根絶胞，死尸生輝。七祖受靈，皆得仙飛。滅度无極，福慶巍巍。

皓庭霄度天頌。

皓庭映十，素暉西浮。朱童振杖，策靈九丘。飛步攝魔，制靈召无。總炁御運，元始

〔一〕「鳥」，伯二六〇二作「馬」。
〔二〕「斬」，伯二三九九作「斷」。

熙遊。倏欻四八，大象交周。歷度開生，五帝焕符。十轉迴玄，法澤滂流。地藏發泄，金玉滿隅。死魂競歸，白骨生軀。逍遥高臺，飛天爲儔〔一〕。

淵通元洞天頌。

元洞皓明，太白上精。金仙黄母，號曰素靈。右俠月女，左帶扶生。七元吐光，日童擲鈴。威振淵通，焕赫奔星。總歸萬方〔二〕，受度仙庭。炁不繞〔三〕死，梵行生生。金闕積簡，上有劫名。功滿昇度，月宫鍊形。欲得羽衣，當識〔四〕朱嬰。朱嬰相度，簡入華青。五帝攜〔五〕别，降致飛軿。七祖同歡，俱登〔六〕上清。

〔一〕「儔」，伯二三九九作「疇」。
〔二〕「總歸萬方」，伯二六〇二、伯二三九九作「總監萬萬」。
〔三〕「繞」，伯二六〇二、伯二三九九作「統」。
〔四〕「識」，原經字跡模糊，似作「妙」，今據伯二六〇二作「識」。
〔五〕「攜」，伯二六〇二作「鑴」。
〔六〕「登」，伯二三九九作「行」。

翰寵妙成天頌。

妙成上京，玄範化通。周迴梵行，彌落〔一〕十方。无形乘運，觀世大公。左日右月，項〔二〕有威光。一明天地，生死普隆。諸苦拔難，長離北酆。冠帶南冶，沐浴〔三〕朽容。朽骸起步〔四〕，飛登太空。逍遥玄虚，衣食福堂。元始同緣，世世仙王。

秀樂禁上天頌。

秀樂劫運，禁上迴神。周歷諸天，三十二關。輪儛〔五〕空洞，倏欻上軒。諸聖朝慶，齊禮玉門。飛行步虚，蕭條靈篇。慶霄流明，反香拂〔六〕塵。月水瑩華，日精鍊仙。飛景四

〔一〕「落」，伯二六〇二作「絡」。
〔二〕「項」，原作「德」，據伯二六〇二、伯二三九九改。
〔三〕「沐浴」，原作「林落」，據伯二六〇二、伯二三九九、斯二九一五改。
〔四〕「朽骸起步」，伯二三九九作「枯骸起灰」。
〔五〕「儛」，斯二九一五作「轉」。
〔六〕「拂」，原作「瑞」，據伯二六〇二、伯二三九九、斯二九一五改。

滂，金玉纏旋。大運冥會，萬劫蒙遷。生死同樂，熙怡欣欣。飛天攜提，遊宴〔一〕紫晨。握運留年，永享自然。

無上常融天頌。

常融灌靈炁，諸天承其真。集採日月華，奔景步結璘〔二〕。上啜无上道，長更續暮年。不樂騰天飛，取度經北玄。蕩蕩龍漢始，无有惡對民。但患仙者苦，樂爲遊方圓。飄飄乘運歸，亦不爲苦辛。經古履來會，今得同天賓。齊景西那都，肆歡善因緣。常融無地官，皆是聖皇臣。生死三色上，斯樂豈可陳〔三〕。

玉隆騰勝天頌。

〔一〕「宴」，伯二六〇二、伯二三九九、斯二九一五作「晏」。

〔二〕「璘」，伯二六〇二、伯二三九九、斯二九一五作「鄰」。

〔三〕「常融無地官，皆是聖皇臣。生死三色上，斯樂豈可陳」，原無。原經「肆歡善因緣」與後「開度七祖奔」（「龍變梵度天」的文字）相連，誤脱多文。今據伯二六〇二（秘要卷二十九殘卷）補，並校以伯二三九九、斯二九一五。

玉隆何崔〔一〕嵬，騰勝萬道基。三炁生沓煙，紫微焕鬱儀。無色飛空上，眇眇難可思。中有不死神，姓桃字迴孩。自非玄都民，色内莫能知。爲人正命籍，勒筭延康期。運爲長樂世，相與同一時。自以開皇去，萬劫各何〔二〕之。雖是不終界，下世將難治。諸天欲拔苦，懃禮七寶臺〔三〕。

龍變梵度天頌。

龍變重霄上，梵度行〔四〕劫端。三羅飛天界，總開十仙門。眇眇入定炁，唯有帝一君。運度諸天紐〔五〕，長迴億劫關。大會元始交，玉臺簡靈魂。上聖遊七寶，飛天〔六〕誦靈文。

〔一〕「崔」，伯二三九九、斯二九一五作「確」。
〔二〕「各何」，斯二九一五作「何各」。
〔三〕「玉隆騰勝天頌」至「懃禮七寶臺」，原無，據伯二六〇二補。
〔四〕「度行」，伯二三九九作「行度」。
〔五〕「紐」，伯二三九九作「鈕」。
〔六〕「天」，伯二三九九、斯二九一五作「行」。

一唱衆仙和，十轉生死分。拔出無窮幽〔一〕，開度七祖奔。萬始〔二〕集福堂，冠帶飛天裙〔三〕。振翮洪波上，麾我度命幡。俄頃二儀判，倏欻謁帝尊。

太極賈奕天頌。

眇眇大羅天，太極玉清畿。賈奕沌〔四〕元氣，八通〔五〕坦幽微。梵行无景色，高固无傾危。數盡大劫交，獨爲澄清暉。天地並化消，衆聖皆競歸。旋繞七寶臺，躡空振羽衣。遨遊玉園圃，瓊林何萋萋。熙怡不悟〔六〕朝，倏欻大運迴。此時樂何樂，靈寶煥真儀。五文

〔一〕「龍變梵度天頌」至「拔出無窮幽」，原無，據伯二六〇二補。
〔二〕「始」，伯二六〇二作「劫」。
〔三〕「裙」，原作「群」，據伯二三九九、斯二九一五改。
〔四〕「沌」，伯二三九九作「純」。
〔五〕「通」，伯二六〇二作「道」。
〔六〕「悟」，伯二六〇二、伯二三九九、斯二九一五作「覺」。

植〔一〕玄根，豁落諸天開。生過〔二〕大羅界，大小悉仙飛〔三〕。今日衆真會，元始難常希。撫掌和空洞，弦歌一何悲。高唱稱萬劫，太上命長麾。

右出洞玄空洞靈章經。

〔一〕「植」，伯二六〇二、伯二三九九、斯二九一五作「殖」。
〔二〕「過」，伯二六〇二、伯二三九九、斯二九一五作「遇」。
〔三〕「仙飛」，原作「飛仙」，據伯二六〇二、伯二三九九、斯二九一五改，方押韻。

無上秘要卷之三十

經文出所品

九天之〔一〕王，萬炁之本宗，衆帝之祖先，乃九炁之精源，以天地未凝，三晨未明，結自然而生於空洞之内、溟涬之中。歷九萬劫，而分炁各治，置立九天。日月星辰，於是而明。萬炁流演，結成道真。元始上皇、高上玉虛，並生始天之中，三十九帝、二十四真，遂有宫闕次序之官。上皇寶經，皆結自然之章，以行長生之道、不死之方；符章玉訣，皆起於九天之王，傳於代代〔二〕之真。至三五改運，九靈應期，後聖九玄道君推校本元，以歷九萬億九千累劫，上皇典格，多不相參。道君以中皇元年九月一日於玉天瓊房、金闕上宫，命東華

〔一〕「之」，高上太霄琅書瓊文帝章經、洞真太霄琅書卷一作「九」。

〔二〕「代代」，瓊文帝章經、太霄琅書作「世代」。

青宮尋俯仰之格，揀〔一〕校古文，改定撰集靈篇，集爲寶經三百卷，以付上相青童君。太霄琅書，乃九天王飛霄之曲；瓊文帝章，乃九天之上文。並以元始之初，生於自然虛〔二〕洞之中，虛皇玉帝受之於九玄。太微黄書八卷素訣，乃合於九天玄母，結文空胎，歷稔劫數，以成自然之章。太皇中年歲〔三〕。

右出洞真太霄琅書妙經。

洞真金真玉光八景飛經。

元始天王名之八景飛經。

廣生太真名之八素上經。

〔一〕「揀」，瓊文帝章經、太霄琅書作「録」。

〔二〕「虛」，瓊文帝章經、太霄琅書作「空」。

〔三〕「太微黄書八卷素訣」云云，此段文字不見於瓊文帝章經、太霄琅書，當爲太微黄書中的文字，該段文字末有缺佚。按，下文「洞真金真玉光八景飛經」至「右出洞秘神籙經」，從内容上看當屬「經符異名品」，而其後「在西旬，九月上甲之日」段文字當屬「經文出所品」，但也有缺佚。疑本部分内容在傳抄中有缺佚錯位。

青真小童名之豁落七元。
太上大道君名曰隱書玉訣金章。
右出洞真金真玉光八景飛經。

洞真大洞真經。
東華上仙曰太上八素隱書。
南華上仙曰大洞真經。
北華上仙曰蕭條九曜豁落七元上經。
玉皇中仙〔一〕曰太上高聖八景玉籙。
右出洞真大洞真經。

洞真太上九真中經。

〔一〕「中仙」，本則文字見於上清高聖太上大道君洞真金元八景玉録，「中仙」於其中作「中華上仙」。

一名天〔一〕上飛文。

一名外國放品。

一名神州靈章。雖有四號〔二〕，故一書耳。

右出洞真太上九真中經。

洞真玉晨明鏡金華洞房雌一五老寶經。

一名三元玉晨法〔三〕。

一名雌一隱玄經。

右出洞真玉晨明鏡金華洞房雌一五老寶經。

洞真中央黄老君八道秘言經。

〔一〕「天」，上清太上帝君九真中經卷上作「太」。

〔二〕「號」，九真中經作「名」。

〔三〕「法」，洞真高上玉帝大洞雌一玉檢五老寶經作「經」。

太虛真人南嶽赤松子曰：此經或名九素上書，或名太極中真玉文，或名八道金策。

右出洞真中央黄老君八道秘言經。

洞秘神籙經。

小有經下記曰：三皇治世，各受一卷，以治天下，有急召天上神、地下鬼，皆敕使之，號曰三墳。

後有八帝，次三皇而治，又各受一卷，亦以神靈之教治天下，上三卷曰三精，次三卷曰三變，次二卷曰二化，凡八卷，號曰八素。

右出洞秘神籙經。

洞玄真文赤書玉訣經。

東方九炁青天真文赤書

一名生神寶真洞玄章。

一名東山神咒八威策文。

南方三炁丹天真文赤書

一名南雲通天寶靈衿。

一名九天神咒。

一名赤帝八威策文。

中央黄天真文赤書

一名寶劫洞清九天靈書。

一名黄神大咒。

一名黄帝威靈策文。

西方七炁素天真文赤書

一名金真寶明洞微篇。

一名西山神咒。

一名八威召龍文。

北方五炁玄天真文赤書

一名元神生真寶洞文。

一名北山神咒。

右出洞玄真文赤書玉訣經〔一〕。

在西甸，九月上甲之日，放梵寶王國之天，神化奇挺，法運皇篇，靈圖隱方，結成真文〔二〕。

紫度炎光神玄變經者，非紫度炎光有本文，乃是神經自生空虛之中，凝炁成章，玄光炎映。積七千年，其文乃見。太微天帝君以紫簡結其篇目，金簡書其正文〔三〕，仍記爲紫度炎光神玄變經者，從玄中變而名焉。

右出洞真紫度炎光神元變經〔四〕。

〔一〕「右出洞真文赤書玉訣經」，原位於下文「稟承自然之章、玄古之道」後。但下面數則文字見於多部上清經，且没標出處。故前移於此。
〔二〕「在西甸」至「結成真文」，本則文字出處不詳，或有缺佚。
〔三〕「書其正文」，原作「正書其文」，據洞真太上紫度炎光神元變經改。
〔四〕「右出洞真紫度炎光神元變經」，原無，據上下文體例補。

九天丈人告三天玉童曰：九丹上化胎精中記，乃生九玄之初，結太空自然之炁，以成寶文，二十四真、三十九帝，悉所修行。

右出洞真九丹上化胎精中記經〔一〕。

隱地八術乃紫清帝君遊隱之道、去〔二〕變之訣，舊文乃有八卷，變化八方，藏形隱景之事。

右出洞真隱地八術經〔三〕。

外國放品經，皆玄古空洞〔四〕之書、自然之章，謂〔五〕是上真、帝皇以下及學仙得道，莫

〔一〕「右出洞真九丹上化胎精中記經」，原無，據上下文體例補。

〔二〕「去」，上清丹景道精隱地八術經卷下作「玄」。

〔三〕「右出洞真隱地八術經」，原無，據上下文體例補。

〔四〕「空洞」，原爲「洞空」，據上清外國放品青童内文卷下改。

〔五〕「謂」，青童内文作「悉」。

不受音於太空〔一〕。

右出洞真外國放品經〔二〕。

太上黄素四十四方，皆九天之上書、八會之隱文也。是以太上大道君命上清高仙、太極真人，科集品目，陳其次序，合爲黄素神方四十四首。

右出洞真黄素四十四方經〔三〕。

太上九赤班符五帝内真經，乃九天〔四〕之炁，飛玄羽章，結成玉文。

右出洞真九赤班符五帝内真經〔五〕。

〔一〕「空」，青童内文作「真」。

〔二〕「右出洞真外國放品經」，原無，據上下文體例補。

〔三〕「右出洞真黄素四十四方經」，原無，出於上清太黄素四十四方經，據上下文體例補。

〔四〕「天」，太上九赤班符五帝内真經作「元」。

〔五〕「右出洞真九赤班符五帝内真經」，原無，據上下文體例補。

太上神虎真符，太真九天父母所出。

右出洞真太上神虎玉經〔一〕。

太微天帝君金虎玉精真符，乃太元上景自然金章之音〔二〕。

右出洞真太微天帝君金虎真符〔三〕。

太上神宗玉綬神虎内真符，太真九天父母所出〔四〕。

高上玉晨鳳臺曲素，如是九鳳文憂樂之曲、玄丘太真，皆九天自然之炁結而成焉。

又高上玉晨憂樂之曲，空生鳳臺之上，靈文明於五方，金音逸朗於十天，九曲上真皆

〔一〕「右出洞真太上神虎玉經」，原無，據上下文體例補。

〔二〕「音」，洞真太微金虎真符作「内音」。

〔三〕「右出洞真太微天帝君金虎真符」，原無，據上下文體例補。

〔四〕「太上神宗玉綬神虎内真符，太真九天父母所出」，本則文字與前則「太上神虎真符」相近，卷三十四法信品也用「洞真太上玉綬神虎真符」來指洞真太上神虎玉經。

鑄金爲簡，紫筆書文。

右出洞真鳳臺曲素上經〔一〕。

八素真經乃玄清玉皇之道。又有地仙，自復有八素經，論服王氣吐納之道也。又有九素經，論召鬼使精、行厨、檢魂魄之事。

右出洞真八素真經〔二〕。

神州七轉七變舞天經，凡上清寶經三百卷，玉訣九千篇，符圖七千章，皆出元始高上玉帝，稟承自然之章、玄古之道。

右出洞真神州七轉七變舞天經〔三〕。

〔一〕「右出洞真鳳臺曲素上經」，原無，上二則文字出上清高上玉晨鳳臺曲素上經，據上下文體例補。

〔二〕「右出洞真八素真經」，原無，文字見於上清太上八素真經，據上下文體例補。

〔三〕「右出洞真神州七轉七變舞天經」，原無，據上下文體例補。

三九素語玉精真訣。

上相青童君曰：三九素語，出於九帝三真，命呪之辭，理旡停年，開解靈關，五藏華鮮。

右出三九素語玉精真訣。

龍景九文紫鳳赤書。

太上閒居峻嶒之臺、金華九曲之房，説龍景九天紫鳳赤書。

瓊宫五帝靈飛六甲内文。

太上六甲素奏丹符。

五帝内真通靈之文。

靈飛左右六十上符。

右並生於九玄之中，結清陽之炁，以成玉文。

右出龍景九文紫鳳赤書。

玉珮金璫太極金書。

元始天王與太帝君欣[一]靈瑞於太空，請[二]上法於九天，啓誓告靈，清齋霄庭。是日忽天光昏翳，日月晝冥，三日三夜。碧雞啓晨，時有九日，煥明東方，玄光朗耀，天元復真[三]，青鳥來翔，口銜紫書，集于玉軒，飛空下降，玄授天王、太帝二君。對齋[四]高天，奉受真文。

右出玉珮金璫太極金書[五]。

青要紫書金根衆經，乃九天真王受空玄自生之章。

三天正法，乃與元始俱生，太上所受。

石精金光藏景録形神經，乃是高聖玉帝所出。

〔一〕「欣」，太上玉珮金璫太極金書上經作「祈」。

〔二〕「請」，太極金書上經作「講」。

〔三〕「真」，太極金書上經作「有」。

〔四〕「對」，原作「剋」，此句太極金書上經作「於是二君對齋高天，奉制真文」，據改。

〔五〕「右出玉珮金璫太極金書」，原位於後文「金真玉光太上隱書，太上大道君所受，九玄之精」後，但下四則文字實見於太真玉帝四極明科經卷三，故前移於此。

金真玉光太上隱書，太上大道君所受，九玄之精。

右出洞真四極明科〔一〕。

大洞真經三十九章。

此經之作，乃自古玄微十方元始天王所運〔二〕。

右出大洞真經三十九章。

洞玄赤書經。

元始洞玄靈寶赤書五〔三〕篇真文，生於元始之先、空洞之中。

又云五老靈寶五篇真文、元始天書，生於空洞之中，爲天地之根。

又云元始赤書五篇真文，上清自然之書，九天始生之玄札、空洞之靈章，成天立地，開

〔一〕「右出洞真四極明科」，原無，上四則文字見於今太真玉帝四極明科經卷三，據上下文體例補。

〔二〕「此經之作，乃自古玄微十方元始天王所運」，文字與洞真高上玉帝大洞雌一玉檢五老寶經「能知大洞真經，一名九天道德經。此經之作，乃自玄微十方元始天尊所運氣撰集也」相似。

〔三〕「五」，本則文字幾處該字，元始五老赤書玉篇真文天書經卷上及卷下作「玉」，從經名看，「玉」更恰。

張萬化〔一〕。

右出洞玄赤書經。

洞玄智慧大戒經。

元始天尊以開皇元年七月一日，於西那玉國鬱察〔二〕山浮羅之嶽長桑林中，授太上大道君智慧上品大戒法文。

右出洞玄智慧大戒經。

洞玄通微定志經。

天尊曰：「卿並還坐，吾欲以思微定志旨訣告之，其要簡易，從易得悟，不亦快乎？」二真曰：「思微定志，爲有經耶〔三〕？」天尊曰：「都无文字。」二真曰：「斯徒觕〔四〕壁，无底大

〔一〕「化」，玉篇真文天書經作「真」。

〔二〕「察」，太上洞真智慧上品大誡作「刹」。

〔三〕「耶」，原作「也」，據太上洞玄靈寶智慧定志通微經改。

〔四〕「觕」，智慧定志通微經作「觸」。

癡，如无文字，何從得悟？」答曰：「即時一切經書本无文字也〔一〕。今日之言，不亦經乎？」

右出洞玄通微定志經。

經符異名品

洞真黄庭内景經。

一名太上琴心文。

一名東華玉篇。

右出洞真黄庭内景經〔二〕。

〔一〕「即時一切經書本无文字也」，智慧定志通微經作「即時一切經書本有文字耶」。道教主張，「神授天書，不立文字」。

〔二〕「右出洞真黄庭内景經」，本則文字見於黄庭内景玉經訣序。

洞真高上滅魔玉帝神慧隱書經高上滅魔殺鬼上法。
一名九天命靈文。
高上九天驅除玉帝神慧。
一名九天驅除神呪内法。
右出洞真高上滅魔玉帝神慧隱書經。
洞真金根經上上清玉霞紫映内觀上法。
一名金精石景水母玉胞經。
一名採服日根招霞之道。
右出洞真金根經上。
洞真九赤斑符五帝内真經。
一名白羽中林飛天九符。
右出洞真九赤斑符五帝内真經。

洞真丹景道精隱地八術經。

一名乘虚馭空。

一名隱輪飛霄。

一名飛靈八方。

一名解形遁變。

一名迴晨轉玄。

一名隱地舞天。

右出洞真丹景道精隱地八術經。

洞真三元玉檢三元布經。

一名三元玄臺玉檢紫文。

一名九天真書元始檢地之録。

一名三元虎書。

一名飛天上真。

一名檢仙真書。

一名太真陰陽靈籙三元章。

右出洞真三元玉檢三元布經。

洞真黄氣陽精三道順行經。

一名藏天偃月〔一〕。

右出洞真黄氣陽精三道順行經。

洞真九丹上化胎精中記。

一名瓊胎靈曜。

右出洞真九丹上化胎精中記。

洞真太丹隱書。

一名帝君七化變景九形。

〔一〕「藏天偃月」，上清黄氣陽精三道順行經作「藏月隱日」。

一名太一三度帝寶五精。

右出洞真太丹隱書。

洞真玉珮金璫太極金書上經。

玉珮以九天魂精，九天之上名曰晨燈。一名太上隱玄洞飛寶章。

金璫以九天魄〔一〕靈，九天之上名曰虹映。一名上清華蓋陰景之內真。

右出洞真玉珮金璫太極金書上經。

洞真瓊宫左右靈飛六甲上符。

一名玉精真訣。

一名景中之道。

一名白羽烏〔二〕翮。

〔一〕「魄」，原作「魂」，據太上玉珮金璫太極金書上經改。

〔二〕「烏」，上清瓊宫靈飛六甲左右上符作「黑」。

右出洞真瓊宫左右靈飛六甲上符。

隱元上經。

洞真經三十九章高上元皇道君元始自然玉章。

一名太真道經。

一名三天龍書。

右出隱元上經〔一〕。

洞真七轉七變舞天經。

一名藏景匿形。

一名出有入无。

右出洞真神州七轉七變舞天經。

〔一〕「隱元上經」，不詳何經，所引文字見於太真玉帝四極明科經卷三。

洞真太微黃書八坦上經。

第一名八坦〔一〕四門高上經。

第二名九靈中華紫素。

第三名玉虛寶章〔二〕。

第四名玉室寶雲中曜。

第五名三氣九變水火母。

第六名太微中神五道步空飛行。

第七名石景金陽素經。

第八名九天八録交帶真文。

一名八威制天文〔三〕。

〔一〕「坦」，洞真太微黃書九天八籙真文作「垣」。

〔二〕「玉虛寶章」，原作「上元録金安明」，不詳所云，據九天八籙真文改。

〔三〕「一名八威制天文」，此則文字疑有缺佚，九天八籙真文不見此文，而元始五老赤書玉篇真文天書經卷上有「北方黑帝靈寶赤書玉篇……一名元神生真文，一名北山神呪，一名八威制天文」，疑是。

右出洞真太微黄書八坦上經〔一〕。

洞玄太極隱注經。

太上玉經隱注曰：上清之高旨，極真之微辭、飛仙之妙經也。靈寶經或曰洞玄，或云太上昇玄經，皆高仙之上品、虚无之至真、大道之幽賨也。三皇天文或云洞神，或云洞仙，或云太上玉策。此三洞經符，道之綱紀，太虚之玄宗、上真之首經矣，豈中仙之所聞哉。

右出洞玄太極隱注經。

〔一〕「右出洞真太微黄書八坦上經」，洞真太微黄書九天八録真文在前引八經名後説：「右太微黄書八卷，其第一、第二、第三、第四不行於世，其第五、第六、第七傳當爲真人，其第八，此則是也。」説八垣四門高上經尚未行世，而秘要此處却作爲出處，據此，八名乃同經異名，但隨後可能分出單行，道藏中還有洞真太微黄書天帝君石景金陽素經。

無上秘要卷之三十一

經德品

五老靈寶五篇真文，元始天書，生於空洞之中，爲天地之根，靈尊妙貴，法教威嚴，三元開張，德冠諸天，有一十四德。

一者其德如太虛，空无蕩蕩，爲元始之宗〔一〕。

二者其德如虛无，无中生有，有中歸无。

三者其德如大道，威靈恢廓，爲神明之寶。

四者其德如天，澄清高虛，廣覆无邊。

〔一〕「德如太虛，空无蕩蕩，爲元始之宗」，元始五老赤書玉篇真文天書經卷下作「德如太空，無形蕩蕩，爲無始之宗」。

五者其德如地，開張廣納，无毫不載。
六者其德如三光，照[一]耀諸天，普受光明。
七者其德如高真，敷演玄教，爲天中之尊。
八者其德如神人，廣度一切，普受自然。
九者其德如大[二]玄，清開廣置，爲神仙之都。
十者其德如雲雨，一切萬物，普受其蔭潤。
十一者其德如風，一切萬物，受其施洩。
十二者其德如四時，一切萬物，受其成生[三]。
十三者其德如泰山，保固元祚，安靈鎮神[四]。
十四者其德如大江，蕩蕩无礙，莫不開容。

〔一〕「照」，玉篇真文天書經作「五」。
〔二〕「大」，玉篇真文天書經作「太」。
〔三〕「成生」，玉篇真文天書經作「生成」。
〔四〕「安靈鎮神」，玉篇真文天書經作「安寧神器」。

靈文妙重，斯一十四德，其德如之，巍巍高範，量難可勝，嶽蔭神流〔一〕，萬劫无窮，開明元化，莫不由焉。

右出洞玄赤書經。

老子〔二〕曰：太上靈寶，常先天地始生，從本无〔三〕數劫來，混沌自然。道，真者也。在道爲道本，在法爲法先，十方神人〔四〕，皆始於靈寶。

老子曰：混沌之初，微妙之源，開闢以前，如有靈寶自然真文，象帝之先，吾爲靈寶大道之淵門，受其精妙，即爲天地人之神。

老子曰：太上靈寶，生乎天地，萬物无象〔五〕。空洞，大道之常，運于无極，无爲而混成

〔一〕「嶽蔭神流」，玉篇真文天書經作「垂蔭福流」。

〔二〕「老子」此處及以下幾處，太上無極大道自然真一五稱符上經卷下均作「老君」。

〔三〕「无」，自然真一五稱符上經作「無鞅」。

〔四〕「在法爲法先，十方神人」，自然真一五稱符上經作「在教爲教先，十方之教」。

〔五〕「萬物无象」，自然真一五稱符上經作「萬物之先，乘於無象」。

自然，貴不可稱，尊無有上，故曰太上。大无不包，細无不入〔一〕，理妙叵尋，天地人所由也。在天，五星運炁，日月耀光；在地，五嶽致鎮，山高海淵；在人，五體安全。

夫天无靈寶，何以耀明；地无靈寶，何以表形；人无靈寶，何以得生。是故萬物芸芸，以吾爲根，以我爲門。何以爲根門，吾有靈寶文。

老子曰：蛇得靈寶，化爲神龍；鳥得之，變爲鳳凰；凡獸得之，改爲麒麟；凡夫得之，號曰聖人。何謂聖人？子有通聖真文，能服之，遊戲五嶽，逍遥于〔二〕空，改易五内，變化形容，役使〔三〕鬼神，通微〔四〕十方，隱見无常，登高乘雲，遠遊高清。

老子曰：靈者，通道〔五〕也。能通大道，至靈致〔六〕，役萬神。寶者，能與天地相保，故曰靈寶。太上，道之極尊。

〔一〕「入」，自然真一五稱符上經作「經」。
〔二〕「于」，自然真一五稱符上經作「太」。
〔三〕「役使」，自然真一五稱符上經作「執役」。
〔四〕「微」，自然真一五稱符上經作「徹」。
〔五〕「通道」，自然真一五稱符上經作「道通」。
〔六〕「致」，自然真一五稱符上經作「使」。

老子曰：國之將興，修致此文。人欲富貴不老，能致靈寶。天子得之，鳳凰來儀，五星合度，日月光耀[一]，四方賓伏，天下清晏[二]，妖惡不生，諸侯同歸，壽與天地，萬兆不衰。諸侯得之，列宿合光，利國宜家，位主[三]昇遷，長生久視，終保无殃。大夫得之，長延无窮，貴位重禄，昇進王侯。

右出洞玄五稱經。

高上三元布經，乃上清三天真書，上真玉檢飛空之篇：上元檢天大録、下元檢地玉文、中元檢仙真書。

三元篇曰：玉檢之文，出於九玄，空洞之先[四]，結自然之炁，以成玉文。九天分判，三道演明。天无此文，則三光昏翳，五帝錯位，九運翻度，七宿奔精。地无此文，則九土淪淵，五嶽崩潰，山河倒傾。學无此文，仙官不降，地官不營，九天之上，不書玄名，徒勞爲

[一]「耀」，自然真一五稱符上經作「輝」。
[二]「晏」，自然真一五稱符上經作「安」。
[三]「主」，自然真一五稱符上經作「至」。
[四]「先」，原作「仙」，據上清三元玉檢三元布經改。

學，道无由成。其法高妙，三元秘篇；有得其文，位加仙卿。

右出洞真三元玉檢經。

道言：昇玄經者，蓋天地之要，道德之宗，上聖所尊貴，鬼神所畏服。其高則出九天之上，其深則通九地之下，千變萬化，道盡於此。

太上曰：吾前世爲求神仙，鍊石服芝，正得延年。雖壽千年萬歲，死輒更苦；雖有力能移山駐流，懷藏日月，故不免三塗八難。後遇无上天尊，得聞靈寶經並齋法，按經修行，千有七載，得成真道，遂見過去、將來、現在三世善惡之事。

道陵曰：不審昇玄以何義故？願垂哀念，分別解說，使將來有緣，得了幽奥。

道言：汝所諮問，甚爲真要，吾當判説，諦聽勿忘。夫昇者，上也，是諸十方大聖，不生不死，真人得道者，莫不昇度三界，上登金闕，身生水火，與空合德，彌綸至精，遼豁无窮，上包諸天，羅於无涯，下入无底，妙於細微，昇上无形，湛體自然。玄者，无光之象，无物之狀，迎之无首，追之无後，近不可以親，遠不可以疏，總統大妙，天中之天，真中之真，神中之神。有得之者，即名昇玄。

道陵曰：弟子成真以來，身登玄宫，經今九載，方得受聞昇玄妙經。

右出昇玄經。

高上老子曰：道家經之大者，莫過五千文、洞玄、洞真之詠也。此書虛遠，誦之致大聖爲降，雲車寶蓋，馳騁龍駕，白日昇天。五千文是道德之祖宗、真中之真。不聞穢賤，終始可轉讀，敷演妙義，則王侯致治。齋而誦之，則身飛仙。

右出洞玄請問經。

經文存廢品

天尊言：我歷觀諸天，從億劫以來至于今日，上天得道高聖大神及諸天真人、九宮〔一〕五嶽飛仙之人，莫不悉從靈寶受度而得爲真。斯經尊妙，度人无量，大劫交周，天崩地淪，四海溟〔二〕合，金玉化消，萬道勢訖，而此經獨存，其法不絕。凡是諸雜法，導引、養生、法

〔一〕「九宮」，太上諸天靈書度命妙經作「三清九宮」。
〔二〕「溟」，度命妙經作「冥」。

術、變化經方及散雜俗，並係六天之中、慾界之內，遇小劫一會，其法並滅，无復遺餘。其是太清雜化符圖、太平道經、大〔一〕小品經，並周旋上下十八天中，在色界之內。至大劫之交，天地改度，其文仍没，无復遺餘。其玉清上道、三洞神經、神真虎文、金書玉字、靈寶真經，並出元始，處於二十八天无色之上，大劫周時，其文並還无上大羅天中玉京之上七寶玄臺，災所不及。

右出洞玄靈書度命經。

道言：吾法輪妙經，從无數劫來，有如塵沙，歷劫不足爲譬〔二〕，天地成敗，非可勝數。衆經盡消，而吾經不滅，隨運轉輪〔三〕，開化日隆，廣度无極。經中之尊，猶如諸天開化，无

〔一〕「大」，度命妙經作「諸」。
〔二〕「有如塵沙，歷劫不足爲譬」，太上玄一真人説妙通轉神入定經作「如洹沙之劫，不足爲譬」。
〔三〕「轉輪」，妙通轉神入定經作「輪轉」。

有是經，其法不行。如是一切施張教化〔一〕，此經最爲其先〔二〕。如衆星普耀，此經如月盛〔三〕，最爲其明，照耀十方；猶如三界，闇〔四〕冥不消，是經如日之出，普照諸天，无不朗清；猶如萬川之流，是經如湯谷之淵，爲巨海之源，无不歸宗；猶如須彌〔五〕之高，是經如玉京之山，无不包藏。此經微妙，與天地長存，諸天元王、高仙上真，无億數量，莫不奉命此經。如是普濟衆生，學與不學，廣開法門，上理三光，中調陰陽，下開萬生，皆從受覆蔭，拔度七祖，開濟〔六〕窮魂，生死傷敗，莫不成就，輪轉不滅，如船渡〔七〕人。

右出洞玄法輪妙經。

〔一〕「施張教化」，妙通轉神入定經作「開張法教」。
〔二〕「先」，妙通轉神入定經作「元」。
〔三〕「盛」，妙通轉神入定經作「盛光」。
〔四〕「闇」，妙通轉神入定經作「晻」。
〔五〕「須彌」，妙通轉神入定經作「崑崙」。
〔六〕「濟」，妙通轉神入定經作「轉」。
〔七〕「渡」，妙通轉神入定經作「度」。

遇經宿分品

七聖玄紀迴天上文，或以韻合，或支類相參，或上下相〔一〕會，以成字音，或標其正諱，或單複相兼，皆出玄古空洞之中，高聖撰集，以明靈文。後學之士，名參其篇，得受寶訣，自然上仙。然有六合，復有七傷，寶之則合，忽之則亡。有分之身，勤加精誠，長齋靈阜〔二〕，遠尋幽山，燒香行禮，晨夕誦經，棄諸雜想，心注太真，尅得玄降，白日飛騰。

凡後學之士，或名不書玄簡，而備得寶經者，皆以己身有宿世重德，豐柯垂蔭，慶〔三〕逮其身。或身有冥功，志分出群，單心苦行〔四〕，上感玉皇，四極所奏，五嶽記名，致遇經師，得受寶文。如使精勤，不犯七傷，則致〔五〕真人下降，授其真文。得見上聖玄紀之文者，皆以

〔一〕「相」，上清玉帝七聖玄紀迴天九霄經作「四」。
〔二〕「阜」，迴天九霄經作「屺」。
〔三〕「慶」，迴天九霄經作「度」，誤。
〔四〕「行」，迴天九霄經作「尚」。
〔五〕「致」，迴天九霄經作「使」。

玄古〔一〕有飛仙之分，尅書於未〔二〕生之象，逆注於玄虚之篇。既禀人道，青宫疏〔三〕名，四司所保，五帝所證〔四〕，玉虚結藏，紫絡植根，骨有奇光，舉形合仙，四極潛降，陰授〔五〕寶文，太一定籍，司命改〔六〕年，魂固魄安，六骨〔七〕結真，萬神總具，尅成上仙。

高聖帝君曰：凡得七聖玄紀迴天九霄，雖未昇騰，皆青宫疏〔八〕名，告下五嶽，符〔九〕諸靈山，河海司官，防衛其身，玉童玉女各十二人，侍衛靈文，奉經行真。此玄挺應會，理

〔一〕「古」，迴天九霄經作「分」。

〔二〕「尅書於未」，迴天九霄經作「刻書於來」。

〔三〕「疏」，迴天九霄經作「揀」。

〔四〕「證」，迴天九霄經作「詮」。

〔五〕「四極潛降，陰授」，迴天九霄經作「四司潛降，陰受」。

〔六〕「改」，迴天九霄經作「與」。

〔七〕「骨」，迴天九霄經作「胃」。

〔八〕「疏」，迴天九霄經作「揀」。

〔九〕「符」，迴天九霄經作「付」。

合〔一〕自然，上聖皆以逆注青〔二〕籙，位准仙卿。須以道備，四真詣房，降下靈〔三〕輿，白日登晨。俯仰之格，隨品進仙。此道遐妙〔四〕，非以常學所可窺聞。

高聖帝君曰：凡有玉骨丹文，列名帝圖，得見七聖玄紀。凡有金髓紫臟，名題金札，得見隱書内文。凡有神奇異毛，紫胞玉絡，名標上清，得見白簡上篇。諸有流精紫光，内照外纏〔五〕，寶藏金容，名書玉虛，得見青籙之文。諸有神挺應圖，瓊胎紫虛，名題東華，得見七傷檢文。

高聖帝君曰：後學有好尚、務〔六〕勤修，人〔七〕和行柔，包〔八〕弘四大，觸類有容。如此之

〔一〕「合」，迴天九霄經作「會」。
〔二〕「青」，迴天九霄經作「真」。
〔三〕「靈」，迴天九霄經作「雲」。
〔四〕「妙」，迴天九霄經作「眇」。
〔五〕「内照外纏」，迴天九霄經作「内映外靈」。
〔六〕「務」，迴天九霄經無。
〔七〕「人」，迴天九霄經作「仁」。
〔八〕「包」，迴天九霄經作「色」。

人，皆玄名題於帝籍，紫字結於玉篇，納炁〔一〕啓於神圖，德尚顯於合仙，内則太極監映，外則總大匠之宗，功滿道備，則自然白日昇天。

右出洞真七聖元紀經。

紫微夫人説王母言曰：九炁陶鑄〔二〕，太一運神。子既得爲人，人亦衆矣。自无太一靈簡，三元金名，司命隱符，五老紫籍，雖受天炁而生，皆不得聞見至道。

子又无玄宫紫札、上皇寶名、太一玉籙、東華隱圖、三元銘神、太帝参魂者，雖受天之性，既得暫聞至道，亦不能修爲，爲不能久，久如〔三〕不固，固而不專，專不能洞，適可隱存五嶽，登行常生之塗耳。不得八景超霄，浮煙控暉，飛騰靈〔四〕羽，踊躍太无。

〔一〕「炁」，迴天九霄經作「元」。

〔二〕「鑄」，洞真太一帝君太丹隱書洞真玄經作「注」，無上秘要敦煌殘卷斯五三八二同秘要。

〔三〕「如」，太丹隱書洞真玄經作「而」，斯五三八二同秘要。

〔四〕「靈」，太丹隱書洞真玄經作「虚」，斯五三八二同秘要。

又无瓊臺羽札、流雲〔一〕五板〔二〕、太一金閣、五皇隱籙、後聖七符、空山石函、丹臺素章、玄黄五〔三〕行、天母抱圖、太上圖〔四〕名、保真秀景〔五〕、光〔六〕鍊神軀之録者，皆不得見洞真玄經，覩帝君〔七〕之變；又不得聞消魔神虎智慧〔八〕之詠，又不得聞太上隱書八素之辭，又不得聞大洞真經三十九章、金真玉光豁落七元。

右出洞真太丹隱書經〔九〕。

諸學真之人而受此書，皆有太帝目名西華宫，有琅簡蕊書於紫宫，當爲真人者，乃得

〔一〕「雲」，太丹隱書洞真玄經及斯五三八二作「靈」。

〔二〕「板」，太丹隱書洞真玄經作「校」，斯五三八二同秘要。

〔三〕「五」，太丹隱書洞真玄經作「玉」。

〔四〕「圖」，太丹隱書洞真玄經作「圓」。

〔五〕「景」，太丹隱書洞真玄經作「炁」。

〔六〕「光」，太丹隱書洞真玄經作「九」，斯五三八二同秘要。

〔七〕「君」，太丹隱書洞真玄經作「一」。

〔八〕「慧」，原作「梵」，據太丹隱書洞真玄經及斯五三八二改。

〔九〕「右出洞真太丹隱書經」，原在下則文字之後，但下則文字見於另經，故前移於此。

此文。乃是子未生之前五千歲已有玄名定録，當遇此經。子勿以始受此書而謂非宿命之分。

右出洞真八素真經〔一〕。

凡名參上清金書玉籙者，得見太上衆文籙。

凡名參太極白簡青文者，得見除六天文三天正法。

凡名參方諸玄素紫名者，得見太微靈都婉轉真文。

凡名參金闕玉名者，得見九老仙都玄流紫極元君真書。

凡名參太清玉籍絳名者，得見清和宫天帝君真書。

凡名參太素瓊簡金字者，得見紫微玄宫玉帝飛天真書。

凡名參玄都丹臺白玉金字者，得見玄洲仙伯開天萬仙真書。

凡名參南極丹文紫籙者，得見崑崙墉臺飛天真文。

凡名參玄宫青金赤書者，得見蓬萊高上真書。

〔一〕「右出洞真八素真經」，原無，據補。斯五三八一也無，出處在唐前已脱落。

凡名參三元宫琳札青書者，得見天帝丈人黄上真書。

右出洞真三天正法經〔一〕。

若有金名東華，緑字存上清〔二〕者，得遇此符。

右出洞真神虎内符。

非有瓊籙玉名，刻簡三清者，皆不得金虎内符及聞太上之玉篇。

右出洞真太微天帝君金虎真符。

自无金名蘭臺、丹〔三〕字紫房，不得見聞此書。

右出洞真金元羽章玉清隱書。

〔一〕「右出洞真三天正法經」，所引文字，今太上三天正法經有類似叙述，如「得佩太微靈都婉轉真三方文，給直符三十人、玉女十二人，侍衛佩者身」，但角度不同，原始三天正法經今有缺佚。

〔二〕「緑字存上清」，洞真太上神虎玉經作「録字上清」。

〔三〕「丹」，上清高上金元羽章玉清隱書經作「玉」。

有金名玉字列圖〔一〕者，骨藏生華，當得此文。

右出洞真消魔大王白神内祝文。

若有金骨玉名，名參清〔二〕宫，得有此文。

右出洞真高上滅魔神慧隱文。

若有玄圖帝簡，緑字上清、金骨玉藏，當得此文。

凡有金名帝簡，紫字上清，得受此文，皆宿挺應仙，青宫記名。

右出洞真金房度命内真經〔三〕。

兆身无奇炁特鍾，自然合神，神光内照，羽暉映玄，太素生五藏，七靈入泥丸，骨有五

〔一〕「列圖」，上清高上金元羽章玉清隱書經作「列圖朱軒」。

〔二〕「清」，上清高上滅魔玉帝神慧玉清隱書作「青」。

〔三〕「右出洞真金房度命内真經」，原位於首則文字「當得此文」後，核查兩則文字，實都見於洞真金房度命緑字迴年三華寶曜内真上經，故後移於此。

帝之玉暉，血有流金之浩泉。如此，皆天仙之相。自无此天相，亦終不與此經師相遇〔一〕。

右出洞真高聖金元八景玉籙經。

上相青童曰：凡有金骨玉體〔二〕，名參青宫，得有此文。

右出洞真素靈大有妙經。

自非有金闕玉名及録字東華〔三〕，皆不聞見此二章之篇目。

又云：自非宿有飛玄天仙之骨録者，莫得而見聞。

右出洞真鬱儀奔日赤景玉文太上玉晨結璘奔月黄景玉章。

若有金書東華，得見此文，則宿運應仙。

〔一〕「遇」，上清高聖太上大道君洞真金元八景玉録作「遭遇」。

〔二〕「體」，洞真太上素靈洞元大有妙經作「髓」，道經中「玉髓」更恰。

〔三〕「金闕玉名及録字東華」，太上玉晨鬱儀結璘奔日月圖作「金閣玉名及録字東華」。

又云自非金名玉格，莫得聞見。求仙之夫，无五符佩身，五嶽仙官不衛兆形。

右出洞真紫度炎光神元經。

若有骨相值合[一]，精求苦念，感徹上清，得見此[二]文。其名便已逆注青宫。依科奏簡，便成真明[三]矣。

右出洞真青要紫書金根衆經。

玄映上道、玉清高靈之文，皆授宿有玄名、九天刻簡來生、金書玉籙琅虬瓊文、應爲真人者。

右出洞真迴元九道飛行羽經。

[一]「骨相值合」，洞真上清青要紫書金根衆經卷下作「骨炁相宜」。

[二]「此」，金根衆經作「上」。

[三]「明」，金根衆經作「人」。

若有金名東華，録字紫庭，得受妙篇，位登玉清。又云，子有玉骨，得見此文。

右出洞真三九素語經。

若有玄圖帝簡，録字紫清〔一〕，金骨玉髓，名書青宫，九天王自當遣四極真人下授兆身瓊文帝章也。若有宿緣，遭遇明師，玄挺運會，應得此文，剋〔二〕成上仙。

右出洞真太霄琅書瓊文經。

夫有宿命應得見此文，皆玄挺開會，必有神仙定分。

右出洞真黄炁四十四方經。

有金名玉骨，寶字上清，得有此符。佩之三年，便得爲五嶽真人。

右出洞真九赤斑符五帝内真經。

〔一〕「清」，高上太霄琅書瓊文帝章經作「書」。
〔二〕「剋」，瓊文帝章經作「克」。

宿有玉名，應爲神仙真人者，有能究其篇者，有金名東華、書字鳳闕，乃得見此文。

右出洞真玉晨鳳臺曲素上經。

若有金名玉字，列奏玄圖，應得此文。

右出洞真黄炁陽精三道順行經。

南極上元寶祕玉檢之文，自无金骨玉髓、玄名帝圖，不得見其篇第。

右出洞真三元玉檢布經。

有骨相合仙，名書帝籙之人，乃得有其文。

右出洞真九丹上化〔一〕胎精中記經。

當傳骨相合仙之人。有得見者，太極書名，奏之上清。

〔一〕「化」，原作「仙」，據上清九丹上化胎精中記經改。

右出洞真玉佩〔一〕金璫太極金書上經。

有金名列於上清，精丹感於九天，得見此經。

右出洞真元真洞飛二景寶經。

〔一〕「佩」，經名「太上玉珮金璫太極金書上經」作「珮」。

無上秘要卷之三十二

衆聖傳經品

黄帝曰：大洞玉清之文，皆皇上高真所修，不傳地上之士；洞玄上清之經，時當下教，以授至學之士；洞神三皇之書，傳訓下世，鎮化佐國，扶濟兆民。

右出洞神經。

高上帝君〔一〕告上相青童君曰：凡諸天文、三十六國九地之音，皆玄古空洞〔二〕之書、

〔一〕「帝君」，上清外國放品青童内文卷下無。

〔二〕「空洞」，原作「洞空」，據青童内文改。

自然之音，諸天〔一〕上真、帝皇以下及學仙得道，莫不受音於太空〔二〕，佩文以遊行。

右出洞真外國放品經。

結九元正一之炁，以成憂樂之辭，明於玄臺之上，字方一丈，文蔚焕爛，洞明九天，七寶華光，流曜上清。玄都丈人受之於太空，後以鳳文真書玄授於太上大道君。道君傳太極真人，太極真人以傳東海方諸青童大君。

右出洞真鳳臺曲素上經。

神虎真符，太真九天父母所出，太真丈人以傳東海小童，九天真王以傳太上道君。

右出洞真神虎真符。

高上玉帝以傳太微天帝，太微天帝以授後聖太平道君。

〔一〕「音，諸天」，青童内文作「章，悉是」。
〔二〕「空」，青童内文作「真」。

右出洞真高上神慧隱書。

上相青童君曰：九天丈人、三天玉童同時傳太帝君，太帝君以傳南極上元君，上元君以傳西王母，西王母以傳太微天帝君，天帝君以傳金闕聖君[一]，金闕聖君以傳上相青童君，青童君傳西城王君，使付後學應爲真人者。

右出洞真三元素語玉精真訣。

太霄琅書者，乃九天仙[二]王飛霄之曲；瓊文帝章者，乃九天之上文。並以元始之初，生於自然虛[三]洞之中，虛皇玉帝受之於九玄。經萬劫，傳於太真王，太真王以傳太華真

〔一〕「九天丈人、三天玉童同時傳太帝君，太帝君以傳南極上元君，上元君以傳西王母，西王母以傳太微天帝君，天帝君以傳金闕聖君」，洞真太上三九素語玉精真訣作「九天丈人、三天玉童同時傳太帝君、天帝君、太微天帝君，太帝君以傳南極上元君，天帝君以傳西王母，太微天帝君以傳金闕聖君」。

〔二〕「仙」，高上太霄琅書瓊文帝章經及洞真太霄琅書卷一均無。

〔三〕「虛」，瓊文帝章經、太霄琅書作「空」。

人、三天長生君、太和真人、東華老子、南極總司禁君、西臺中侯、北帝中真、九靈王〔一〕子、太靈真妃、赤精玉童、玄谷先生、南嶽赤松、中山王喬、紫陽真人、西城王君、中皇先生趙伯玄等，並修受此經。

右出洞真太霄琅書經。

金璫太霄隱書玄真洞飛二景寶經，以傳高聖玉晨太上大道君、三天玉童、西龜王母、紫精〔二〕太素三元君、中央黃老帝〔三〕、太帝〔四〕，以傳天帝君、太微帝君、南極上元禁君、皇天上清金闕帝君。

右出洞真玉佩金璫經。

〔一〕「王」，瓊文帝章經作「玉」。

〔二〕「精」，太上玉珮金璫太極金書上經作「清」。

〔三〕「帝」，太極金書上經作「君」。

〔四〕「太帝」，太極金書上經作「太帝君」。

太真九都上皇太極四真人〔一〕，受之於太上〔二〕玉晨高聖道君。

右出洞真靈飛六甲内文經。

九天丈人曰：九丹上化胎精中記，太帝君以傳南極夫人，南極夫人以傳太微帝君〔三〕，太微帝君以傳後聖金闕帝君，金闕帝君以傳上相青童君，青童君更撰集施用，上下次第，付西城真人。

右出洞真胎精中記。

太上玉晨高聖君受之於九玄，七千年，乃傳太極真人、東華大神、方諸青童、扶桑暘谷神王、清虚真人，告盟於上清，裂金以誓身。有其文者，即隱淪八方；有修其術，則乘虚駕

〔一〕「太真九都上皇太極四真人」，上清瓊宫靈飛六甲左右上符作「太極九部上皇太極真人」。

〔二〕「太上」，靈飛六甲左右上符無。

〔三〕「太微帝君」，上清九丹上化胎精中記經作「太微天帝君」，後接文「太微帝君」同。

空〔一〕。口口而受〔二〕，不得妄傳。

右出洞真丹景道〔三〕精隱地八術經。

凡上清寶經三百卷、玉訣九千篇、符圖七千章，皆出高上玉帝〔四〕，禀承自然之章、玄古之道。其道祕在九天之上大有之宫，相傳玉文，以付上相青童君。

右出洞真七轉七變僲天經。

八素真經者，乃玄清玉皇之道也。上皇天帝以此書授太微天帝君、三元紫精道君、真陽元老君。此三君受書，施行道成後，以付太上道君，太上道君以傳後聖李君，李君以付太虚真人南嶽赤松子〔五〕，使下授學道宿有金名者。

〔一〕「空」，上清丹景道精隱地八術經卷上作「景」。
〔二〕「受」，隱地八術經作「授」。
〔三〕「道」，原誤作「通」，據該經經名改。
〔四〕「高上玉帝」，洞真上清神州七轉七變舞天經作「元始高上玉帝」。
〔五〕「赤松子」，上清太上八素真經作「赤君」。

服日月皇華之道，元始以經傳高上玉皇、九天王〔一〕、九天丈人於空玄之中，表文〔二〕於西龜之山，玄授於西王母。太上大道君受之於九玄，以傳扶桑大〔三〕帝君；金闕帝君受之於北元，以傳上相青童君；太帝以傳四極真人。玄古之道，炁炁相胤，真真相傳。

右出洞真太上八素真經〔四〕。

太帝、天帝〔五〕、太微天帝三君，昔受玄丹上經於太上大道君，施行道成，上補玉帝之真。臨昇霄之日，太帝以經傳西王母，太上天帝君以經傳南極上元君，太微天帝君以經傳金闕聖君，聖君傳上相青童君，青童君傳涓子。

右出洞真太微天帝君玄丹上經。

〔一〕「王」，洞真太上八素真經服食日月皇華訣作「帝王」。

〔二〕「文」，服食日月皇華訣作「之」。

〔三〕「大」，服食日月皇華訣作「太」。

〔四〕「右出洞真太上八素真經」，按兩則文字出自今兩部經書，但出處相同，表明上清太上八素真經和服食日月皇華訣原本爲一體，或爲原始八素經的不同傳本。

〔五〕「太帝、天帝」，洞真太上道君元丹上經作「太帝君、太上天帝君」，後文「太帝以經傳西王母」之「太帝」同。

太上寶章，傳於太帝君，太帝君傳天帝君，天帝君傳太微天帝君，太微〔一〕天帝君傳金闕帝君，金闕帝君付東海青童君。

右出洞真素靈大有妙經。

九赤者，乃九天〔二〕之炁，飛玄羽章，結成玉文。元始丈人以傳太上大道君，元始天王以傳南極上元君，太上以傳扶桑太帝，太帝以傳太微天帝君，太微天帝君以傳後聖金闕帝君，金闕帝君以傳上相青童君，青童君以傳南極上元君，上元君以傳洪崖先生，洪崖先生以傳太極四真人，皆炁炁相傳。

右出洞真九赤斑符内真經。

如是九天鳳文憂樂之曲、玄丘太真，皆九天自然之炁結而成焉，靈文表異於空玄之

〔一〕「太微」，原缺，據洞真太上素靈洞元大有妙經補。

〔二〕「天」，太上九赤班符五帝内真經作「元」。

中。經九萬之劫，玄都丈人受之於太靈〔一〕，以傳太上大道君，道君傳太極真人，真人以傳東海方諸青童君。

右出洞真鳳臺曲素上經。

昔上元夫人以隱文授太和玉女，太和玉女授幼陽君。

右出洞真玉清隱書經。

玄都仙王昔受之於太微三老，西城王君昔受之於龜山王母。

右出洞真太微黃書經。

青要，紫清帝君之别號，受元皇帝〔二〕紫書妙訣，皆衆經之要秘、九天之上書、八會之隱

〔一〕「靈」，上清高上玉晨鳳臺曲素上經作「空」。

〔二〕「帝」，洞真上清青要紫書金根衆經卷上作「玉帝」。

文也。玉帝命高上總仙君〔一〕科集寶目，合爲衆經，以紫筆繕〔二〕文，金簡爲篇，皆出上皇玄古之道。高聖所撰集以成〔三〕，傳於青要帝君，帝君傳上虛皇九〔四〕靈道君，道君傳太素高靈洞耀道君，道君傳南極上元君，上元君傳天帝君，天帝君傳太微天帝君，天帝君傳後聖九玄帝君，帝君傳上相青童君。

披九天三關之大法，太帝之上篇，以傳天帝君，天帝君以傳南極上元君，上元君以傳太微天帝君，太微天帝君以傳金闕帝君，金闕帝君以傳上相青童君，使教後學應爲真人者。

右出洞真青要紫書經。

〔一〕「總仙君」，金根衆經作「值真總仙君」。
〔二〕「筆繕」，原作「光繒」，據金根衆經改。
〔三〕「以成」，金根衆經作「集以成卷」。
〔四〕「九」，金根衆經作「元」。

金真玉光八景飛經，乃生九天之上、元景之先，玄光流映，若亡〔一〕若存，玄〔二〕精晻靄，洞耀瓊宫。積七千餘劫，其文甚明，仰著空玄之上、太虚之中，覽之〔三〕不測，毁亦不亡。於是九天丈人以建始元年，受之於空玄，以傳元始天王、廣生太真、太上大道君、青真小童、五老上真、三十九帝、上皇先生、萬始道君、南極上元、紫素三元君、西龜王母、太素三元君、太真夫人。上皇先生以傳紫清帝君，元始天王〔四〕以傳黄石先生、三天玉童，太上太道君以傳東海小童、紫微夫人、後聖九玄金闕帝君，以付〔五〕上相青童君、太極四真人、西城王君。如是寶訣，皆上真口口相傳。

右出洞真金真玉光八景飛經。

如是寶文，太帝君常所寶祕，以傳天帝君，天帝君以傳南極上元君，南極上元君以傳

〔一〕「亡」，上清金真玉光八景飛經作「无」。

〔二〕「玄」，八景飛經作「懸」。

〔三〕「之」，八景飛經作「亦」，更恰。

〔四〕「元始天王」，八景飛經作「萬始道君」。

〔五〕「以付」，八景飛經作「帝君以付」，句意銜接更明。

太微天帝君，太微天帝君以傳金闕聖君，金闕聖君以付上相青童君，使教應仙之人。

右出洞真天關三圖七星移度經。

八天虚皇帝君受之於九空，太上〔一〕以傳玉清帝君，帝君以傳消魔大王，大王以傳五帝〔二〕上真君，真君以傳高上玉皇，玉皇以傳太帝，太帝以傳太上大道君，大道君以傳太微天帝君，天帝君以傳後聖九玄金闕帝君，帝君以付上相青童君。

玉清鬱悦郝〔三〕林昌玉臺天九暉大晨隱書金玄内文，文〔四〕始先生所佩，以傳鬱羅〔五〕真人。

玉清高桃厲沖龍羅天觀靈元晨隱書金玄内文，九老仙都所佩，以傳廣靈丈人。

〔一〕「太上」，上清高上金元羽章玉清隱書經無。
〔二〕「帝」，原作「常」，據玉清隱書經改。
〔三〕「郝」，玉清隱書經作「那」。
〔四〕「文」，原作「元」，據玉清隱書經及其他道經用例改。
〔五〕「羅」，玉清隱書經作「絶」。

玉清碧落空歌浮黎〔一〕天總晨九極隱書金玄内文，玉清高〔二〕元君所佩，以傳南極上元君。

玉清𨚗摩坦婁于翳天沓曜旋根隱書金玄内文，九天真王所受，以傳太上大道君。

玉清扶刀蓋華浮羅天玄景晨平隱書金玄内文，太素三元君受之於元始天王，以傳太和玉女。

玉清具渭耶渠初默天合暉晨命隱書金玄内文，扶桑大帝受之於大霄真王，以傳太微天帝君。

玉清沖容育欝敵〔三〕沙天齊暉晨玄隱書金玄内文，西王母受之於北極皇上先生，以傳赤精上真君。

玉清單緑察寶輪法天高上龍煙隱書金玄内文，後聖九玄金闕帝君受之於高元虛皇淳〔四〕景君，以傳上相青童君。

〔一〕「浮黎」，玉清隱書經作「餘梨」。

〔二〕「高」，玉清隱書經作「高上」。

〔三〕「敵」，玉清隱書經作「離」。

〔四〕「淳」，玉清隱書經作「停」。

右出洞真高上金玄羽章經。

太上大道君告北極真公曰：九星上法、玄映之道，吾昔受之於元始，于今七億萬劫。經天地成敗，萬品衰滅，而其道獨存。今猶修之於雲景之上，而不能忘之於時節者，意玩此道高妙，愛樂夫人之接遇也。況來生始學飛鷃〔一〕之舉，而不知幽尋步空之法，何由得披〔二〕重霄之門，觀天地之始終？子既無此道，特與九晨乖域，夫人絶遊也。徒有玄名帝録，超卓高騰，正可得策駕雲龍，遊眄五嶽，但不死而已矣。如望踐斗魁，遊〔三〕步華晨，騰景玉清，當未期也。當匡御劫運，封掌十天，科簡玄籙，理判神仙，宜受此法，以綜萬生。今出相付，子秘而修焉。真公於无量壽天以金羊銀雁列帛華晨之下，奉受訣文。修之，以

〔一〕「鷃」，太上飛行九晨玉經作「晏」。
〔二〕「披」，原無，據九晨玉經補。
〔三〕「遊」，九晨玉經作「旋」。

傳方諸青童君〔一〕。

右出洞真迴元九道飛行羽經。

太上大道君昔受飛行羽經、九真昇玄上記、寶言紫文緑金之字、超空躡虚〔二〕浮景之道於玄清上宫虚皇真道君〔三〕，後太上道君以其要傳上清帝君〔四〕，帝君傳上元太素君，又傳太微天帝君。帝君施行真秘，以傳晨中黄景君，黄景君以傳皇初紫靈君，紫靈君以傳中央

〔一〕「真公」至「以傳方諸青童君」，文字不見於太上飛行九晨玉經，但與之關係甚密的上清五常變通萬化鬱冥經有類似文字，云：「太上大道君以上皇元年二月一日甲子於無量天告盟傳度飛行羽經、空常變化隱文，以付北極真公。……道君裂帛華晨之下，授訣金口之中……北向祝曰……金羊銀雁，禮獻上清……此道與元始俱生，九元虚皇以傳太上大道君，大道君以傳後聖金闕帝君及太帝君、太微天帝君、北極真公，使付東華青童大君。」

〔二〕「超空躡虚」，洞真太上飛行羽經九真昇玄上記及上清五常變通萬化鬱冥經作「超虚躡空」。

〔三〕「玄清上宫虚皇真道君」，九真昇玄上記作「玉清上宫虚皇高真道君」，鬱冥經作「玉清上宫虚皇高上道君」。

〔四〕「上清帝君」，九真昇玄上記、鬱冥經作「上清玉帝君」。

黄老君，黄老君以傳九微太真玉保〔一〕金闕上相大司命高晨師青童大君〔二〕，以此文教授當爲真人者。

右出洞真太上飛行羽經。

上清清微天始青正法六天文，元始傳九天父母、萬始先生。

三天真書，一名金陽洞靈文，三天玉章〔三〕所出，傳皇上先生。

太上衆文籙，太上傳金闕帝君；三元玄臺告六天符，傳太上玄老。

三天正法傳，鬱絶真王。

三天九微玄都太真陰陽靈籙上元章，太帝丈人受之於太虛无上真君。

太微靈都宛轉真炁〔四〕三方文，九天真王以授太上丈人。

〔一〕「玉保」，九真昇玄上記、鬱冥經作「玉保王」。

〔二〕「九微太真玉保金闕上相大司命高晨師青童大君」，此乃「青童君」一神名，九真昇玄上記、鬱冥經於「青童大君」後還有「梵渭」二字，乃其名諱。

〔三〕「章」，疑當爲「童」字之誤。

〔四〕「宛轉真炁」，上清大洞九微八道大經妙籙作「婉轉真人」。

九老仙都玄流紫極真元君受之於三天玉童；軀虎豹符，九炁丈人受之玄和[一]陰陵上帝。

清和宮天帝君皇熙真書，太上元君以授黄軒。

紫微玄宫玉飛天真書，太清元始天王以授西王母。

玄洲仙伯開天萬仙真書，東海小童以授得道人。

崑崙墉臺靈飛天真[二]，太上大夫以授衆仙得道者。

蓬萊高上真書，玄成清天上皇[三]以傳甯封。

右出洞真三天正法經。

南極上元君受之於高上，投盟天[四]空，以傳太微天帝君，帝君傳西龜王母，王母傳金闕帝君，帝君以付上相青童君，使授後學。

〔一〕「和」，原作「私」，據九微八道大經妙籙改。

〔二〕「靈飛天真」，九微八道大經妙籙作「飛天太真」。

〔三〕「皇」，該字後原還有「上皇」二字，據九微八道大經妙籙删。

〔四〕「天」，上清黄氣陽精三道順行經作「太」。

右出洞真黄氣陽精經。

太極高仙王公〔一〕。口口而已，不書於文。

智慧觀身大誡，元始天王、太上高聖君相與登洞真之堂，説而誦之，以傳太微天帝及

右出洞真觀身大誡經。

智慧隱經道行大〔二〕願上誡寶真品，太上虚皇傳太上大道君，道君傳太微帝君，帝君傳

九微太真，太真傳太極大法師，及傳太極高仙王公，不告諸中仙。

右出洞玄安志經。

太上玄一真人曰：太上真一勸誡法輪妙經，太上虚皇昔傳太上大道君，道君傳太微天

〔一〕「王公」，上清洞真智慧觀身大戒文作「天王」。

〔二〕「大」，太上洞玄靈寶智慧本願大戒上品經作「本」。

帝君，天帝君傳後聖金闕上帝君，命〔一〕付仙卿、仙公、仙王、已成真人，不傳中仙。

右出洞玄法輪經。

傳經年限品

凡上清寶經三百卷，玉訣九千篇，符圖七千章，舊科皆萬劫一傳。自六天罷退，三道正明，運度相促，至道應行，改科，七千年聽傳。若七百年内有至心，骨相應玄、録字上清者，皆得依盟而傳。

右出洞真七轉七變儛天經。

諸有太上飛行羽經昇玄九道〔二〕者，聽三千年六傳。遇其人，一日頓授之。依九天格，九萬年一出。太上大道君又告青童君曰：九天有禁，萬劫一傳。今運度交

〔一〕「命」，太上洞玄靈寶真一勸誡法輪妙經作「令」。

〔二〕「道」，洞真太上飛行羽經九真昇玄上記、上清五常變通萬化鬱冥經作「真」。

周，旡反上清，道運應行於金臺。依玄科，七百年有其人，聽三傳〔一〕。

太上羽經躡步天綱、九晨君及九星夫人空常内名、步玄隱化高虚上道及高皇玉帝之禁書也，依九天格，萬劫一出。自開皇以來，推運歷數，其運度促，皇上出命，使太上大道君傳於後學應爲真人者。九千年，聽三傳；若九千之中有其人，聽頓傳。傳授限竟，不得復出〔二〕。

右出洞真回元九道飛行羽經。

百年之中，有上學真人，未見是文，聽傳二人。

右出洞真三元玉檢布經。

洞真天關三圖七星移度經，七百年一出。

〔一〕「依九天格」至「聽三傳」，此則文字只見於今上清五常變通萬化鬱冥經。

〔二〕「太上羽經躡步天綱」至「不得復出」，此則文字今不見於現存各經書，僅可視爲上清五常變通萬化鬱冥經或洞真上清龍飛九道尺素隱訣相關段落的改寫。

右出洞真天關三圖七星移度經〔一〕。

依四極明科，使七百年中得傳三人。

右出洞真黄素四十四方經。

依上皇之初，舊經萬劫一傳。三天立正，改七千年聽得三傳；七百年内，有其人，亦聽三傳。

右出洞真太上素靈大有妙經。

初令三百年得宣傳一人，却七百年乃復得傳一人。

右出洞真九真中經。

〔一〕「右出洞真天關三圖七星移度經」，原無，原經誤將該則文字與下合爲一體，標爲出自洞真黄素四十四方經。據補。

依四極明科，七百年内聽三傳；百年内有其人，聽再傳。

右出洞真元始變化寶真上經。

玉清隱書有四卷，乃高上玉皇昔受之於玉玄太皇道君，禁書。玉皇〔一〕所寶妙，祕〔二〕以付太極四真人，使掌祕藏之。五千年内，聽三授，授於上清之真人〔三〕。若一年中遇三人，亦聽授之。限過〔四〕，不得復傳。

右出洞真太上隱書經。

依科，七千年有骨相合仙、名書帝録之人，得傳。今有其人，七百年中聽得傳三人。

右出洞真九丹上化胎精中記經。

〔一〕「玉皇」，上清太上八素真經作「玉皇君」。

〔二〕「祕」，太上八素真經無。

〔三〕「真人」，太上八素真經作「玉真人」。

〔四〕「過」，太上八素真經作「訖」。

太上素靈大有〔一〕玉篇九真明科，皆傳骨相合真之人。依上皇之初，舊經萬劫一傳；三天立正，改七千年聽得三傳；七百年内有其人，亦聽三傳。

右出洞真雌一内神寶玉名經。

九赤者，乃九天上炁〔二〕，飛玄羽章，結成玉文，其道至妙。依科，七千年一傳。

右出洞真九赤斑符内真經。

靈文表異於空玄之中，經九萬之劫，玄都丈人受之於太虚〔三〕，後青童君傳宿有玉名、應爲神仙者。七百年三傳；百年有可授者，聽傳二人。

右出洞真高上曲素上經。

昔上元夫人以隱文授太和玉女，七百年，當授合真通玄之人。

〔一〕「大有」，原作「有大」，據洞真太上素靈洞元大有妙經改。

〔二〕「九天上炁」，太上九赤班符五帝内真經作「九元之炁」。

〔三〕「虚」，上清高上玉晨鳳臺曲素上經作「空」。

右出洞真玉清隱經。

洞真高上金玄羽章經，依科，皆七百年聽傳合仙之人〔一〕。

四真人曰：依四極明科，七百年内傳三人當爲真者。

右出洞真神丹籙形靈丸〔二〕經。

洞真青要紫書經，依玄科，七百年内聽三傳〔三〕。舊科皆經萬劫一傳。自六天罷退，三道正明，運度相促，至道應行。改科，七千年聽傳，若七百年内有至心、骨相應玄、録字上

〔一〕「洞真高上金玄羽章經，依科，皆七百年聽傳合仙之人」，此句明確提及洞真高上金玄羽章經，今上清高上金元羽章玉清隱書經有類似句子，但作「七千年聽傳合仙之人」，疑「七千年」誤，或當補出處「右出洞真金玄羽章玉清隱書」。但考慮到下文洞真神丹籙形靈丸經今殘佚，可能確收有這兩則文字，姑不妄補。

〔二〕「丸」，原作「九」，據真誥卷十四稽神枢第四及雲笈七籤卷八十四録形靈丸改。今按，洞真神丹籙形靈丸經疑即雲笈七籤卷八十四所收石精金光藏景録形經。太真玉帝四極明科經卷三云：「太玄都四極明科曰：石精金光藏影録形神經，乃高聖傳，今封一通於峨眉山中，有玄名合真之人，七百年内聽得三傳。」

〔三〕「洞真青要紫書經，依玄科，七百年内聽三傳」，這部分文字雖提及青要紫書經，但實出自洞真上清青要紫書金根衆經。

清者，皆得依盟而傳〔一〕。

右出洞真高上元始道章經〔二〕。

三天頌文，三天元始祕於三素之房九曲瓊室，千年一傳。

青童君曰：自唐之後，得此文乃七千人，皆得馭飛龍而玄昇，晏鴻翮而騰翔，或託形輪化，潛引而飛空也。如此不可具記。依三天格制，七百年一出。

右出洞真三天正法經〔三〕。

洞真太霄琅書，經萬劫，傳於太真王。

〔一〕「舊科皆經萬劫一傳」至「皆得依盟而傳」，這部分文字與本品首則文字相同，但前文標出處爲洞真七轉七變舞天經。

〔二〕「洞真高上元始道章經」，如上注，所引文字實見於今二經，且今各經目中也不見該經名。但今洞真上清神州七轉七變舞天經確有高上元始玉皇道章第一之一篇，也不排除確有洞真高上元始道章經，且文字上與洞真上清青要紫書金根衆經和洞真上清神州七轉七變舞天經有交叉。

〔三〕「右出洞真三天正法經」，按今各與三天正法有關的經書不見上述文字，當有缺佚。

右出洞真太霄琅書瓊文帝章〔一〕。

太虚真人曰：此太上之靈文，登辰〔二〕妙道，七百年聽三傳。上宰王君曰：百年之内有二人，可授之。

太上曰：修行五星之道，出傳之始，七百年中得三傳。限盡，藏之五嶽，不復得出。

右出洞真八素真經。

奔日月之道，上清太極九皇四真人之所寶祕，玄虚元君之玉章，三百年得傳〔三〕一人，却後七百年仍復得傳一人。

右出洞真結璘奔月經。

〔一〕「右出洞真太霄琅書瓊文帝章」，原無，文字實見於高上太霄琅書瓊文帝章經，據補。
〔二〕「辰」，上清太上八素真經作「晨」。
〔三〕「傳」，太上玉晨鬱儀結璘奔日月圖作「宣傳」。

此皆太上之書，皆有定科，七百年中得三傳，過此不得復出。

右出洞真金書玉字上經。

依科，七百年内，若有金名東華、紫字上清，合真之人，聽得三傳。自無此骨，祕之玉闕〔一〕，萬劫不宣。

紫書丹字月魂隱音，百年之内，有金名、帝圖録字者，得傳一人。

右出洞真黄氣陽精三道順行經。

招靈致真豁落七元之符，上古之科，萬劫一傳。今有其人，七百年中聽得三傳。

右出洞真金真玉光八景飛經。

迴天九霄，得道之篇，五老仙都左公掌録瓊宫。依四極明科，萬劫一傳。

右出洞真七聖元紀回天九霄經。

〔一〕「闕」，上清黄氣陽精三道順行經作「關」。

祕於九天之上太微靈都之宫，依四極明科，萬劫一傳。若有玄圖録字、骨命值仙，七百年聽三傳。

右出洞真太微黄書經。

太上太極真人曰：學道者受此經後四十年，傳一人；已延壽者，四百年傳一人；得地仙者，四千年傳一人；得天仙者，四萬年傳一人；得无上洞寂太上至真者，四萬劫傳一人。

太〔一〕上靈寶大法，傳授法科備矣。

右出洞玄五稱文經。

太上大道君曰：吾昔受之於元始天王，使授仙王、仙卿、上真〔二〕、真人，不傳中仙。自無玄圖帝簡，玉名上清，不得見聞。九天禁書，四萬劫一傳。

右出洞玄真文要解經。

〔一〕「太」，該字前原有「得」字，據太上无極大道自然真一五稱符上經卷下删。

〔二〕「真」，太上洞玄靈寶真文要解上經作「清」。

洞玄智慧經，千年三傳。

右出洞玄智慧經〔一〕。

洞玄法輪經，九天有命，皆四萬劫一出。

右出洞玄法輪經〔二〕。

天尊告飛天神人曰：明真格，四萬劫一行。今冒禁相付，子慎〔三〕之。又云：七百年，依盟而傳。

右出洞玄九天經。

洞玄安志經，千年三傳。

〔一〕「右出洞玄智慧經」，原無，文字見於太上洞玄靈寶智慧本願大戒上品經，據補。

〔二〕「右出洞玄法輪經」，原無，今文字實見於太上洞玄靈寶真一勸誡法輪妙經，據補。

〔三〕「慎」，洞玄靈寶自然九天生神章經作「祕」。

右出洞玄安志經〔一〕。

太虚真人告太極左仙公曰：依太上大法，四萬劫得傳一人。吾受經得成真，已授五十四人，仍子五矣。

右出洞玄自然經〔二〕。

依明真大科，四萬劫一行。又云：四百年中有其人，聽傳。

右出洞玄黄籙簡文經。

〔一〕「右出洞玄安志經」，原無，今三洞奉道科戒營始卷四有「太上洞玄靈寶安志本願大戒上品消魔經」，當是。秘要以「洞玄安志經」、「洞玄安志消魔經」及「洞玄定志經」等名稱引多次，文句却均在太上洞玄靈寶智慧本願大戒上品經中，疑即後者，或後者與「安志經」多所交叉。另，敦煌文書伯二四六八、斯六三九四、伯二四〇〇，即太上消魔寶真安志智慧本願大戒上品殘卷。

〔二〕「洞玄自然經」，當即太上太極太虚上真人演太上靈寶威儀洞玄真一自然經訣，敦煌文書有殘卷三件，但不見上述文字。

無上秘要卷之三十三三十四同卷。

輕傳受罰品〔一〕

扶桑大帝當以經傳太極四真人，諮於西龜王母。王母告大帝曰：上皇之年，所以爲學得見寶文便位登玉清者，皆由密脩〔二〕，寶道祕靈，不宣於口，不形於人，潛感至寂，以致上真。故道貴隱寂，化于無形，出于無聲，自我受真經於九空，已經累億之劫，未傳三人。至中皇元年末，乃到北元天中，經西那之國〔三〕靈鏡人鳥之山耆〔四〕萊之岫，於靈宫之中，凝九

〔一〕「輕傳受罰品」此卷内容總體保存於敦煌文書伯二三七一（李德範輯敦煌道藏第四册）。

〔二〕「脩」，洞真太上八素真經服食日月皇華訣作「修」。

〔三〕「乃到北元天中，經西那之國」，服食日月皇華訣作「乃刻北元天中，録那之國」。

〔四〕「耆」，服食日月皇華訣作「闍」。

玄正一之炁，結而成字。後聖九玄金闕帝君來見靈文，使命仙都運毫〔一〕，寫而盟天。修行道成，位登金闕。高上以我輕洩天寶，削我真元之號，退降遊〔二〕散靈官。五百年中，方得復於本真。元始所以置四司五帝之官，部於神兵者，正以欲檢於漏洩，罰於風刀。如此，可不慎哉？後學如林，無一人得仙，何意？皆由輕〔三〕洩道文，流放天真。道既不降，天罰潛彰，進退失志，獨死空山，徒勞無獲，痛恨可〔四〕言？道非懃而不告，非密〔五〕而不行。得見真經，當密行求靈，神真易感，計日成仙。

右出洞真八素真經。

上清天皇、地皇、人皇大字，皆大有清虛妙法、洞玄〔六〕寶文，自無金名方諸青宮，不得

〔一〕「使命仙都運毫」，服食日月皇華訣作「使命仙都運筆」。

〔二〕「遊」，原無，據服食日月皇華訣補。

〔三〕「輕」，服食日月皇華訣作「形」。

〔四〕「可」，服食日月皇華訣作「何」。

〔五〕「密」，原作「懃」，據服食日月皇華訣改。

〔六〕「玄」，太真玉帝四極明科經卷一及敦煌文書伯二三七一作「元」。

知聞。有其文者，傳非其人，冒殗〔一〕履穢，不恭有靈〔二〕，違犯其禁，七祖受考，責充右官，經山〔三〕食火。經一掠，化生非人之道〔四〕。

洞玄靈寶上經、大劫小劫五〔五〕符玉訣、上清寶文、玄洞之道，自無玉骨玄圖，紫字録〔六〕名，不得見聞。有其文者，而不崇奉，穢慢真文，輕露宣洩，流放非真；有犯其禁，七祖充責，考屬右官，罰以刀山火鄉之難，三塗五苦。三掠得過，生非人之道。

高上大洞真經三十九章、素靈大有妙經、雌一玉檢五老寶經、金華洞房紫書上文、龜山元籙、白簡〔七〕金根上經〔八〕、太霄琅書瓊文帝章、上宮寶篇，凡三十一卷。此獨立之訣，

〔一〕「殗」，伯二三三七一作「淹」。
〔二〕「靈」，四極明科經作「露」，誤。
〔三〕「山」，四極明科經作「刀山」。
〔四〕「道」，四極明科經作「體」。
〔五〕「五」，原無，據四極明科經補。
〔六〕「録」，四極明科經作「録」。
〔七〕「白簡」，四極明科經作「青籙白簡」。
〔八〕「經」，原作「清」，據四極明科經改。

乃高上玄映之道、洞天玉清寶文，授〔一〕於已成真人。有金骨〔二〕玉藏，名書帝簡，籙札紫庭，得受此經。不恭科怠慢〔三〕，不信天真，輕洩聖文〔四〕，使世見聞，爲玉童所奏，七祖父母被考。

右出洞真四極明科。

紫書丹字月魂隱文，妄説以告三人，死没鬼官，不得成仙。

右出洞真黄炁陽精經。

太上曰：洩漏天文隱書，已告天帝，誅其三祖。又，下三官，絶其身命，生被水火，死爲下鬼。

右出洞真太上八素真經。

〔一〕「授」，原作「極」，據四極明科經改。

〔二〕「骨」，原作「官」，據四極明科經及伯二三七一改。

〔三〕「不恭科怠慢」，四極明科經作「受而不恭，虧科怠慢」，是。

〔四〕「輕洩聖文」，四極明科經作「輕泄寶訣，宣露聖文」。

高聖君曰：凡受七聖玄紀回天九霄白簡青籙之文，師授不盟，輕洩寶文，弟子受而無信，竊[一]披玉篇，同被風刀之考，七祖充責，三塗五苦，萬劫不原。五帝神兵，恒[二]糾漏洩。明慎奉行。

右出洞真七聖元紀經。

受曲素訣辭之法，不交人物，求感冥應，必可授者，乃得傳之。傳非其人，妄洩寶經，則七祖父母受冥拷於地獄。

右出洞真曲素訣辭經。

夫有宿命應見此文者，必有神仙定録也。玉帝寶祕，不傳於世。妄説之者，則九天刺姦奏於帝君，言子之罪，太上使五帝神兵罰子之身，七祖父母受考[三]水官。

[一]「竊」，上清玉帝七聖玄紀迴天九霄經作「窮」，伯二二三七一同秘要。

[二]「恒」，迴天九霄經作「常」。

[三]「考」，洞真上清青要紫書金根衆經卷上作「拷」。

右出洞真青要紫書經。

自無玄名於丹臺，緑〔一〕字於玉清，不得而輕傳。自非神挺異骨，登玄嶽而告盟，列金青以誓靈，此文不可得而授，其音不可得而聞。輕洩，七祖充責，己身殞喪，負考三塗。

右出洞真玉珮隱元洞飛内文經。

太上道君曰：夫有宿命應得見此文者，皆玄挺開會，必有神仙定分。此之神經，不傳於世，又妄〔二〕説之者，則三天刺姦上聞帝君，告子之罪，以爲宣漏之愆。

右出洞真黄素四十四方經。

傳之違科，負盟三祖，考于水官，已無仙冀，死爲下鬼。

右出洞真藏景録形神經。

〔一〕「緑」，太上玉珮太極金書上經作「録」。
〔二〕「妄」，上清太上黄素四十四方經作「道」。

合真之人，當得此文。得者寶祕，勿妄輕傳。洩漏靈篇，九祖被考[一]，充[二]責鬼官。

右出洞真太霄琅書經。

傳授之法，皆師及弟子[三]相授，以崇玄祕[四]。授非其人，不遵法度，爲洩宣天寶[五]，漏慢違誓，死爲下鬼，及七祖受[六]風火之罪。自非同契[七]，寧當閉口。

右出洞真九真中經。

師不依年限而授弟子，則身受風刀之考。

〔一〕「考」，高上太霄琅書瓊文帝章經及洞真太霄琅書卷一作「拷」。

〔二〕「充」，瓊文帝章經作「永」，洞真太霄琅書卷一同祕要。

〔三〕「師及弟子」，上清太上帝君九真中經卷下作「師友」。

〔四〕「祕」，九真中經作「科」。

〔五〕「洩宣天寶」，九真中經作「宣泄天文」。

〔六〕「及七祖受」，九真中經作「乃七祖考受」。

〔七〕「契」，九真中經作「氣」。

右出洞真變化寶真上經。

九赤者，乃九天〔一〕之氣，飛玄羽章，結成玉文。輕洩宣露，傳非其人，七祖獲考，身没河源。

又曰：受者不關天靈，侍經玉童玉女列奏高上，罰以五帝神兵。輕洩者，罰於九祖，考滅己身。受而不盟，殃延七祖〔二〕，身被風刀〔三〕，自然失〔四〕經。故上元君告於五帝曰：經非盟而不告，受不關而失真。彼此死生之責〔五〕，學者宜依文而奉焉。

右出洞真九赤斑符五帝内真經。

〔一〕「天」，太上九赤班符五帝内真經作「元」。
〔二〕「殃延七祖」，伯二三七一作「殃逮七玄」。
〔三〕「刀」，九赤班符作「火」，伯二三七一同秘要。
〔四〕「失」，原作「天」，據九赤班符改。
〔五〕「彼此死生之責」，九赤班符作「彼此皆有生死之責」。

輕洩寶文，失盟形〔一〕殘，七玄之祖，受考鬼官。

右出洞真龍景九文赤書經。

傳非其人，身入風火，七祖父母長考〔二〕于水官。

右出洞真金虎真符。

傳非其人，爲北帝所奏，殃延七祖，長充鬼責，身没形殘。

右出洞真高上玉清刻名内文。

〔一〕「形」，伯二三三七一作「刑」。

〔二〕「考」，洞真太微金虎真符作「拷」。

無上秘要卷之三十四

師資品

太上曰：汝等將來世欲流通靈寶内教者，有十一事信著萬民，爾可得宣傳此經：一者奉誡〔一〕完具，内無毁滅；二者賑給孤老貧窮，有慈愍心；三者勸人遠惡修善，殷勤如父子；四者不求名譽，稱虧〔二〕若一也；五者幽隱之處，勤行禮拜，修諸功德，如處大衆；六者不欺，使民信之，如四時；七者怱〔三〕棄榮華，位不加身；八者捨遠妻子，獨處閑静；九者親

〔一〕「誡」，原作「誠」，唐朱法滿要修科儀戒律鈔卷一引文作「戒」，「誠」乃「誡」訛。
〔二〕「虧」，要修科儀戒律鈔卷一作「毁」。
〔三〕「怱」，要修科儀戒律鈔卷一作「總」。

近賢智，博問善道；十者道在幽冥，不可固必〔一〕，與賢者論議，莫自專執；十一者，常行謙卑，恭敬於人。是爲十一事，通内教行，當勤奉學。

太上告子明曰：學道之人聞法，如饑欲食；見可師之人，如病得醫。何惜謙下？當如世間貧窮之民，爲衣食故，債〔二〕力自役，爲人給使，不辭勤劇，不避貴賤長幼，唯財是與。學道之人，亦復如是。求法事師，莫擇貴賤，勿言長幼。言我年以大，而彼年少；彼是賤人，我是高〔三〕士。夫若生此心者，故懷死生俗間之態，不解至真平等之要。此人學道，徒望〔四〕其功耳。人无貴賤，有道則尊。所謂長老〔五〕不必耆年，要當多識多見，以爲先生。不得言彼學在我後，我學在前，云何更〔六〕反師？彼作此念者，是愚癡嫉妬之黨，非吾弟

〔一〕「道在幽冥，不可固必」，要修科儀戒律鈔卷一作「雖在幽冥，不可孤心」。

〔二〕「債」，敦煌文書伯二四四五（李德範輯敦煌道藏第四册）作「賃」。

〔三〕「高」，伯二四四五無。

〔四〕「望」，伯二四四五作「忘」。

〔五〕「老」，伯二四四五作「幼」。

〔六〕「更」，伯二四四五作「便」。

子。道當謙下，推能讓德，唯善是從，不得自高慢物，獨是非彼。此是學道深病，汝等教〔一〕將來世，慎之慎之。

太上曰〔二〕：弟子受道雖多，猶應敬其本師。本師亦應謙下弟子。所以然者，夫得道度世，莫不由師。學之有師，亦如樹之有根；緣有根故，枝條扶疏。夫學道之人，亦以本師爲基，漸次成就大智。大智既能成就，復能成就小智，如樹由根生子，子復生根，展轉相生，則種類不絶。從師受道，漸漸增益，德過於師，還教於師。所謂道貴人賤，義類如此。

道陵曰：若如尊教，本師者復爲弟子之義，若其受道，義〔三〕軌法式，當復云何？先師後師，誰應施敬？

太上曰：先師後師，並皆有敬。所以爾者，本師者，學之根也，譬如爲山，由于一匱之土，漸漸得其高大。本〔四〕師者亦復如是，乃爲發蒙之基。後師者，備成也。喻如嚴裝服

〔一〕「教」，該字前伯二四四五有「明」字。

〔二〕「太上曰」，後文見於俄藏敦煌文書ДХ○二七六八和ДХ○○九○一抄本（李德範輯敦煌道藏第四册），但兩件抄本首尾殘缺，當係伯二四四五的缺損文字，同爲升玄内教經殘卷，與秘要此處引文可互爲補充。

〔三〕「義」，ДХ○二七六八和ДХ○○九○一作「儀」。

〔四〕「本」，ДХ○二七六八和ДХ○○九○一作「先」。

飾，衆事已辦，唯未加冠，不可以行人事。後師亦復如是，學道雖久，上法未備，不能得道。

右出昇玄經。

陰君曰：惟余垂髪，少好道德，棄家隨師，東西南北，委放五經，避世自匿。二十餘年，名山之側，寒不遑衣，饑不暇食，思不敢歸，勞不敢息，奉事聖師，承顔悦色，面垢胼胝，乃見哀識齒。

右出道迹經。

善人，不善人之師；不善人，善人之資。不貴其師，不愛其資，雖知之〔一〕迷，是謂要妙。

右出老子道經。

老子曰：學不得明師，焉能解疑難。吾道如毫毛，誰當能明分。上世始以來，所更如

〔一〕「之」，各本老子作「大」。

沙塵。動則有載劫，自惟甚苦勤。

右出西昇經。

太上玄一真人曰：師者，寶也。爲學无師，道則不成，非師不度，非師不仙。故師，我父也。子不愛師，道則不降，魔壞爾身，八景龍輿，焉可得馭？太極玉闕，焉可得登？子今學上清之道，希求昇騰，永享无量之福。慢師行道，求肉飛之舉，謂投之夜光，失爾一往也。

太上玄一真人鬱羅翹告太極左仙公曰：子積劫念行，損身救物，開度有生，惠逮草木，託身林阜，守情忍色，恭禮師宗，勞〔一〕弗厭極，苦志篤勵〔二〕，乃有至德，致紫蘭臺金闕上清宫有瓊文紫字，功德巍巍，行合上仙。太上命太極真人爲子三洞大法師〔三〕，今復命我來爲子作第一度師。子可復座，我當告子開度法輪勸誡要訣。

〔一〕「勞」，太上洞玄靈寶真一勸誡法輪妙經作「存」。

〔二〕「勵」，勸誡法輪妙經作「厲」。

〔三〕「太上命太極真人爲子三洞大法師」，勸誡法輪妙經作「太上命太極真人徐來勒保汝爲三洞大法師」，意義不同。

太上玄一第二真人光妙音告左仙公曰：子輪轉〔一〕生死，與善結緣，歷劫積稔，代代不休，棄榮委禄，投身幽阜，饑寒嶮巇，念道不言，欽仰師寶，恒如對神，仁和心柔，坐起欣欣，長齋苦思，時不敢虧〔二〕，精感凝〔三〕徹，故名標上清。太上命我爲子第二度師，當具告子三塗五苦生死命根勸誡要訣。

太上玄一第三真人真定光告左仙公曰：子七世有惠，割口救窮，仁及鳥獸，潤灑子身。子又積勤，躬奉師寶，寒不思裘，饑不爽口，艱苦林岫，注心不替，紫藏納真，項生奇光。致高上曲降，錫加仙卿，以酬昔德，豈不巍巍乎？太上今命我爲子第三度師，今當告子无量妙通轉神入定勸誡要訣。

右出洞玄法輪經。

〔一〕「輪轉」，勸誡法輪妙經作「轉輪」。
〔二〕「敢虧」，勸誡法輪妙經作「虧間」。
〔三〕「凝」，勸誡法輪妙經作「遐」。

夫經〔一〕，不師受，則神不行。若世無法師，又無籙傳者，當以法信投清冷〔二〕，或可密室啓玄師者。君北向三拜，然後以物布〔三〕施於饑乏之人，平等一心而用經。世有師，不須用〔四〕此法。

右出洞玄隱注經。

中元玉籙簡文神仙品曰：奉師威儀，經師則經之始，故宜設禮，三曾之宗。籍師則師之師，故宜設禮，生死録籍所由。度師則受經之師，度我五道之難，故應設禮。爲學不尊三師，則三寶不降，三界不敬，鬼魔害身。

下元黄籙簡文靈仙品曰：功德威儀，奉師之法，當爲經師開度弟子，三人受法，師皆即

〔一〕「經」，上清太極隱注玉經寶訣作「道經」。

〔二〕「清冷」，太極隱注玉經寶訣作「靖治」。

〔三〕「布」，該字後原有「地」字，據太極隱注玉經寶訣删。

〔四〕「用」，太極隱注玉經寶訣作「按」。

爲列功諸天。功名既建，則交遊三界，五帝爲賓〔一〕。

黄籙簡文靈仙品曰：功德威儀，奉師之法，當爲籍師開度弟子，七人受法，師皆即爲列功諸天，言名仙品，遷上七祖，進昇天堂〔二〕。

黄籙簡文靈仙品曰：功德威儀，奉師之法，當爲度師開度弟子，九人受法，師即爲列功諸天，言名白簡，功德之大，九祖同昇，皆得逍遥七寶林中〔三〕。

黄籙簡文靈仙品曰：爲三師開度弟子，若經師已昇，當并度籍師，籍師復昇，當并度師。依科條列功名，言奏諸天。若三師並昇，當開度三人，付同學有德之人。同學具依科旨，列言諸天，不得闕略。

〔一〕「賓」，該字後敦煌文書伯三一四八（李德範輯敦煌道藏第四册）太上洞玄靈寶下元黄籙簡文威儀經還有「功德玄名，由明威曹」句。
〔二〕「堂」，該字後伯三一四八還有「善功上由明威曹」句。
〔三〕「中」，該字後伯三一四八還有「功名上由明威曹」句。

右出洞玄金籙簡文經〔一〕。

太上中經曰：夫師因經業，故稱之曰生；受者習焉，以同其誠，纏綿憂樂，義齊死生。於是始驗剋終，俱朝〔二〕仙庭。爾乃東〔三〕拜諮受，修盟曲室，尊卑以顯，三契〔四〕分别。孜孜之心，寶經藏密，施〔五〕行要言，誠存專一，保敬師經，方寸敢墜？如此始可與言神靈之交、道德之契矣。奉經而祕其道，行事而遵其誓，則上以刊〔六〕名於玉簡，書帝録於太極。

右出洞真太丹隱書經。

〔一〕「洞玄金籙簡文經」，按敦煌遺書中已發現此經殘本殘本七件，其中，伯三一四八、伯三六六三存文最多，大淵忍爾敦煌道經目録編擬定經名爲太上洞玄靈寶金録簡文三元威儀自然真經，王卡敦煌道教文獻研究認爲當擬定爲洞玄靈寶下元黄録簡文威儀經。

〔二〕「朝」，洞真太一帝君太丹隱書洞真玄經作「期」。

〔三〕「東」，太丹隱書洞真玄經作「奉」。

〔四〕「契」，太丹隱書洞真玄經作「潔」。

〔五〕「施」，太丹隱書洞真玄經作「慎」。

〔六〕「刊」，太丹隱書洞真玄經作「列」。

法信品

飛天神人曰：受靈寶真文十部妙經，以金龍三枚投於水府及靈山所住宅中，合三處，爲學仙之信。

又曰：當以文〔一〕繒五方之綵各四十尺，以關五帝，爲告誓〔二〕之信。

又曰：法用上金五兩，以盟五嶽，爲寶經之信。

又曰：法用金錢二萬四千〔三〕，以質二十四〔四〕生官，爲重真之信。無金錢者，銅亦可准。

又曰：天文秘重，非信不寶。故上聖以信效心，無信則爲賤道，無盟則爲輕寶。

又曰：受經之身，先信未備〔五〕，後遇賢人，齎信請受，皆當以所受之信，充備先師之

〔一〕「文」，洞玄靈寶長夜之府九幽玉匱明真科作「紋」。

〔二〕「誓」，玉匱明真科作「盟」。

〔三〕「二萬四千」，玉匱明真科作「二百四十」。

〔四〕「二十四」，玉匱明真科作「二十四炁」。

〔五〕「備」，玉匱明真科作「佩」。

服〔一〕，餘者可爲身法用。

又曰：受經法信，當十分。折二以送祖師，又二散乞貧人山棲道士，餘信營己法用，燒香然燈，爲弟子立功。

又曰：天〔二〕王帝主，禳災度厄，用五色〔三〕紋繒，隨方丈〔四〕數，龍用上金，命繒用紫紋；庶民用縵繒，龍用中金，然燈請乞，同如上法。

右出洞玄明真經。

天尊曰：大〔五〕道何？其責人財寶，强使作功〔六〕。故觀其慳心，質求其意，有而弗〔七〕

〔一〕「充備先師之服」，玉匱明真科作「完補先師之限」。

〔二〕「天」，玉匱明真科作「國」。

〔三〕「色」，玉匱明真科作「方」。

〔四〕「丈」，玉匱明真科作「尺」。

〔五〕「大」，太上洞玄靈寶三元品戒功德輕重經作「天」。

〔六〕「功」，功德輕重經作「功德」。

〔七〕「弗」，功德輕重經作「不」。

散，將何求哉？窮而發心，志意堅明，勤苦師門，勞不爲憚，道已鑒之。如此之輩，則功感諸天，故施財以對心，推心以對財，其功等爾。古人求心，末世求財；古人非心不仙，末世非財不度。所以爾者，末世貴財而不貴道。以黄金萬斤、仙經一部，施於窮山，末世乃當貪取此金，豈貪仙經？黄金剋爲身患，仙經剋得命長，亦公〔一〕知如此，只自不能免於慳貪。既自不能免於慳貪〔二〕，安得名爲道〔三〕耶？故「非道弘人」，此之謂也。

右出洞玄三元品誡經。

太上曰：法信以營齋供養，經道香油，爲一切作福田及施散山林寒棲道士、世間窮厄六疾者，法師不得私用。其罪甚重，誤人學道。學道之士，慎之慎之。

右出洞玄自然經。

〔一〕「公」，功德輕重經作「合」。
〔二〕「慳貪」，功德輕重經作「貪慳」。
〔三〕「安得名爲道」，功德輕重經作「安得爲究道」。

天尊告左玄真人曰：卿授此經，當依冥典，法信用金錢紋繒等物，皆令如式。此法出自虛无浩素元君之凝思，五方元老常所寶修。受者齋上金五分，素絲五兩，以贍五方元老之靈；本命紋繒，上壽百二十歲，計歲餘一。公王一疋，中人一丈，貧者一尺。此三種物，慎不可闕。闕而强受，受者有罪。其中增降，貧富量之。

右出洞玄思微定志經。

真人〔一〕曰：五千文，仙人傳授之科，素與靈寶同限。高才志士，好諷誦求自然飛仙之道者，具法信紋繒五十〔二〕尺，與靈寶一時於名山峰上受之。

仙公曰：世有高德人，欲諷誦期昇仙者，當與靈寶同時受之。

右出洞玄敷齋經。

太微天帝君告上相青童君、西城王君曰：其心好道樂真，勤心注玄者，無吝財物。輕

〔一〕「真人」，太極真人敷靈寶齋戒威儀諸經要訣作「太極真人」。
〔二〕「十」，齋戒威儀諸經要訣作「千」。

物〔一〕貴道，道無不存。如此之士，始可與言。内愛財寶，外心浮好者，道亦〔二〕已照，閉之玉笈，加以〔三〕金闕。昇度之後，藏之名山。

右出洞真太上神虎玉經。

傳授真諱隱術，依四極明科，盟：紫金八兩、丹文錦〔四〕八十尺。

右出洞真丹景道精隱地八術經。

凡經師之受盟物，當施散於寒窮，救貧病之急厄〔五〕，拯山川之餓夫，營神靈之公用。若私割以自贍，貪濫以爲利者，則經師之七祖受長考於地獄，身入風刀〔六〕。

〔一〕「物」，洞真太上金篇虎符真文經作「財」。
〔二〕「亦」，金篇虎符真文經在「赤」。
〔三〕「加以」，洞真太上神虎玉經作「藏於」。
〔四〕「丹文錦」，上清丹景道精隱地八術經卷下作「丹紋」。
〔五〕「厄」，上清太上帝君九真中經卷下作「戹」。
〔六〕「刀」，九真中經作「火」。

右出洞真高聖金玄經。

凡受大洞真經三十九章、太上大道君八景玉籙、八風徘徊帝一之道、太丹隱玄迴元五通十二上願玄母八間〔一〕、先進洞房、金華雌一、九玄列紀、靈書紫文、填〔二〕生五藏琅玕華丹，當啓〔三〕鐶割繩，乃得傳之。節度如左：

紫金爲環〔四〕，環徑一寸，截破一環，分爲兩半，經師及弟子當各帶一半，終身佩之。青絲爲繩，繩〔五〕長九尺，各割半以纏繞，縛此半環。又合帶之，青錦一尺八寸，各分半爲囊，

〔一〕「太丹隱玄迴元五通十二上願玄母八間」，當爲一部經，但包括「迴元五通」、「十二上願」及「玄母八間」三個部分。洞真高上玉帝大洞雌一玉檢五老寶經有太丹隱玄玉晨金華玉經八間十二願、帝君十二願篇目、玄母八間篇、九天帝君十二願九靈玄母八間神祝等内容。大洞金華玉經云：「九天帝君十二上願九靈玄母八間神門文，迴元五通，禳除世殃，上福七祖，身致神仙。」洞真太上八素真經服食日月皇華訣云：「太上大道玉晨君受九玄太空靈文、日月皇華之法、帝君十二上願玄母八門行簡醮禮之氣，上告九天之明晨、醮氣之招神也。」

〔二〕「填」，上清高聖太上大道君洞真金元八景玉録作「鎮」。

〔三〕「啓」，洞真金元八景玉録作「破」。

〔四〕「環」，本段中該字於洞真金元八景玉録作「鐶」。

〔五〕「繩」，洞真金元八景玉録作「綖」。

以盛此金半鐶及青絲繩。分環〔一〕各畢，弟子三拜受經。

右出洞真大洞真經。

受太上素靈大有玉篇、九真明科，案〔二〕科，齎上金三兩、紫紋百尺、青繒二十七尺、赤絲五兩、沉香一斤、丹一兩，詣師，以爲盟信。

右出洞真四宫〔三〕内神寶名玉訣經。

五色錦各五十尺，以請五帝仙官。紫金五兩，以脆誓五方之信。沉香五斤，以上聞三元宫。真珠一斤〔四〕，以爲盟丹之信〔五〕。書刀子一枚，以斷死炁之路。金珠七枚，以奉請

〔一〕「環」，洞真金元八景玉録作「鐶繩」。
〔二〕「案」，洞真太上素靈洞元大有妙經作「按」。
〔三〕「宫」，原作「官」，此經即大有妙經之四宫雌真一内神寶名玉訣，據改。
〔四〕「斤」，大有妙經作「兩」。
〔五〕「信」，大有妙經作「誓」。

七元之精。絳紋七十尺，以爲炎光之信〔一〕。

右出洞真紫度炎光神玄變經。

凡受玄丘大真書隱文者，白絹四十尺、青纅一十〔二〕尺、金鐶三雙、香九兩。白絹以代曲素之歃血。青纅以爲七百年三傳之信〔三〕。金環〔四〕以爲誓〔五〕心不洩之約。脆香以爲明靈之盟。

凡受曲素訣辭之法，用丹帛四十尺〔六〕，金鈕〔七〕兩雙，以爲帝〔八〕玄真之信。

〔一〕「信」，大有妙經作「炁」。

〔二〕「一十」，上清高上玉晨鳳臺曲素上經作「二七」。

〔三〕「信」，鳳臺曲素上經作「誓」。

〔四〕「環」，鳳臺曲素上經作「鐶」。

〔五〕「誓」，鳳臺曲素上經作「抱」。

〔六〕「丹帛四十尺」，洞真太上丹景道精經作「丹錦三十尺」。

〔七〕「鈕」，丹景道精經作「鐶」。

〔八〕「帝」，丹景道精經作「帝君」。

右出洞真曲素訣辭經。

凡紫書丹字之文，弟子齋上金七兩、黄紋四十尺，青縹[一]三十二尺，告盟而傳。

右出洞真黄炁陽精經。

凡傳授招靈致真攝魔豁落七元之符者，依明科之法，弟子齎金龍玉魚各一枚、紫紋百尺、上金三兩，以奉有經之師，誓於九天之信。

右出洞真金真玉光八景飛經。

古者盟誓，皆歃血斷髮，立壇告天，以爲不宣求[二]信之約。今自可以金青[三]之陳，以代髮膚之體，列於别静，祝啓上皇。法用金鐶三枚，鮮明赤而有光者；青帛三十九尺[四]，

〔一〕「縹」，上清黄氣陽精三道順行經作「繒」。

〔二〕「求」，洞真太一帝君太丹隱書洞真玄經在「示信人之約」，上清太一帝君太丹隱書解胞十二結節圖訣作「示」。

〔三〕「金青」，解胞十二結節圖訣作「金青絲」。

〔四〕「青帛三十九尺」，太丹隱書洞真玄經作「青帛三十九尺」，解胞十二結節圖訣作「青繒九尺」。

以代三契之盟，亦可相連爲二十七尺。盟物備録，不得私用以自營。

右出洞真太丹隱書經。

凡受七聖玄紀回天九霄白簡素〔一〕籙之文，弟子齎上金七兩、紫紋七十二尺〔二〕、上朱七兩，詣師，北向命〔三〕高聖，盟天而傳。

右出洞真七聖玄紀經。

凡受九真玄經者，皆先歃血累壇，剪髮立盟，爲不宣不洩〔四〕之信誓。後聖以歃血犯生炁之傷，剪髮違膚毁之犯〔五〕，謹以黄金代刺血之信〔六〕，青柔之帛〔七〕三十二尺當割髮之

〔一〕「素」，上清玉帝七聖玄紀迴天九霄經作「青」。

〔二〕「七十二尺」，迴天九霄經作「七十丈」。

〔三〕「命」，迴天九霄經作「告命」，更恰。

〔四〕「不宣不洩」，洞真太上飛行羽經九真昇玄上記作「不宣洩」。

〔五〕「犯」，上清五常變通萬化鬱冥經作「禮」。

〔六〕「謹以黄金代刺血之信」，九真昇玄上記作「謹以黄金二鎰代割血之信」，鬱冥經作「謹以黄金三兩代刻血之信」。

〔七〕「青柔之帛」，鬱冥經作「青紋之繒」。

約。師受信〔一〕物，不得散爲私利，藉以濫用，皆當施山棲高隱、單棲貧道〔二〕者。

右出洞真太上飛行羽經。

凡受大有妙經者，齎上金三兩，紫紋百尺，青繒二十七尺，赤絲五兩，沉香一斤，丹一兩，詣師求受。

右出洞真素靈大有妙經。

凡受胎精中記經，齎上金一斤、白絹八十尺、丹一斤，以代列誓〔三〕。北向脆〔四〕盟而傳，不得輕盟無信〔五〕。

右出洞真九丹上化胎精中記經。

〔一〕「信」，鬱冥經作「誓」。
〔二〕「單棲貧道」，九真昇玄上記作「單侶貧道」，鬱冥經作「單貧道士」。
〔三〕「列誓」，上清九丹上化胎精中記經作「列誓之信」。
〔四〕「脆」，胎精中記經作「跪」。
〔五〕「不得輕盟無信」，胎精中記經作「不得輕傳，無盟無信」。

凡受九赤斑符經，弟子齎上金三兩，五色紋〔一〕繒各五十尺、錦繒三十尺〔二〕、上香一斤，詣五色〔三〕之巖，告五帝而傳。

右出洞真上清九赤斑符經。

凡受紫鳳赤書，弟子齎金虎札各一枚，紫紋九十尺、朱一斤，共告祝盟而傳。

右出洞真龍景九文紫鳳赤書經。

凡受金虎真符者，齎金虎玉鈴、素錦玄羅各三十尺，以爲金真之誓，盟於天地，不宣之約。

右出洞真太微天帝君金虎真符。

〔一〕「紋」，太上九赤班符五帝内真經作「文」。

〔二〕「錦繒三十尺」，九赤班符作「錦四十尺」。

〔三〕「色」，九赤班符作「嶽」。

凡受真虎符者，齎上金十兩，以爲神真之信，錦九十尺，以誓九天，青繒三十尺，以盟其心。好道樂真，勤心注玄，無吝財物。

右出洞真太上玉綬神虎真符。

凡受八素真經者，䞋有經之師白絹四十尺、銀鐶二雙。

凡受修五通之事者，䞋有經之師青布三十二尺，爲終身不洩之約。

右出洞真八素真經。

凡受三元玉檢，弟子齎上金五兩、鳳文之羅九十尺、緑[一]文之繒三十二尺，詣師，共登本命之嶽，受經。

右出洞真三元玉檢布經。

〔一〕「緑」，上清三元玉檢三元布經作「緑」，當是。

凡受寶真上經，弟子齋上金九兩、丹地黄〔一〕錦四十七尺、青布二十二、金魚玉龍〔二〕各一枚，登盟，北向告九天而傳。

右出洞真元始變化寶真上經。

凡受黄庭經者，經〔三〕盟立誓，期以勿洩。古者用玄靈〔四〕之錦九十尺、金簡文鳳之羅四十尺、金鈕九雙，以代割髮歃血勿洩之約。此物是神鄉之奇帛，非赤縣之所有。今錦可用白絹，羅可用青布，鈕可用金鐶，亦足誓信九天，制告三官，皆奉有經之師。

右出洞真黄庭内景經。

凡受外國放品經，弟子齋上金九兩、緑文〔五〕之繒三十六尺爲信。

〔一〕「黄」，上清元始變化寶真上經九靈太妙龜山玄籙卷下作「絳」。
〔二〕「金魚玉龍」，龜山玄籙作「金龍玉魚」。
〔三〕「經」，黄庭内景玉經訣序作「結」。
〔四〕「靈」，黄庭内景玉經訣序作「雲」。
〔五〕「紋」，上清外國放品青童内文卷下作「文」。

右出洞真外國放品經。

凡受紫書者，依九真玄科，修行法度，案盟齎信，金魚玉龍〔一〕各一枚，紫繒百尺，青紋四十尺，詣經師，䠊而授之。

右出洞真青要紫書經。

凡受金書者，弟子齎上金二兩、青紋四十尺、白羅九十尺，告盟而傳。

右出洞真玉珮金璫太極金書上經。

凡受太上黄素四十四方經，盟用玉札一枚，長一尺五分，廣一寸四分，以䠊四極上真之盟。又用黄素四十尺，金鐶兩雙，以代歃血敢宣之約。

右出洞真黄素四十四方經。

〔一〕「金魚玉龍」，洞真上清青要紫書金根衆經卷上作「金龍玉魚」。

凡受七星移度者，齎青紋三十一尺、赤繒七十尺、鳳紋之羅九十尺、金鈕七雙、金魚玉龍各一雙，以爲告盟〔一〕之信。

右出洞真天關三圖七星移度經。

凡受太霄琅書，受者齎上金九兩、紫紋〔二〕九十尺，以誓九天之信，師然後盟傳。

右出洞真太霄琅書。

授度品

凡傳授之時，有經之師當先求感應，然後傳之。當入室燒香，密願神明，乃心拜經前，微祝之曰：「太上元君，仙都大神。今日吉日，八願開陳。欲傳某〔三〕上法，敢告靈元。未

〔一〕「盟」，洞真上清開天三圖七星移度經作「誓」。
〔二〕「紋」，高上太霄琅書瓊文帝章經作「文」。
〔三〕「某」，原作「其」，據上清太上黄素四十四方經改。

知可否，須應乃宣。」祝畢便寢，必獲靈應。子自知其善否之心，審可授之方。

凡經師授經之法，先心拜四方，以祈〔一〕神明，爲宗師之主。徐〔二〕乃執經起立，仰天而祝，告誓神靈，以爲玄科之約。當説受經者之姓名，并啓大神，陳授〔三〕經之品目，爲之科條。銘策〔四〕，令麗文傳辭〔五〕而陳之。祝畢，弟子再拜跪受。受畢，又再拜。此真人告神之盟内法，不必盡存割血爲盟〔六〕敢漏之約。

凡經師傳授之時，皆當如法。清齋別處，不交人事，先啓告神明，求諸密感，徐〔七〕乃傳之。若真應横錯，所感非祥者，此天靈顯報〔八〕，不使傳也。若子不慎〔九〕神明，違而傳二

〔一〕「祈」，四十四方經作「感」。
〔二〕「徐」，四十四方經作「餘」。
〔三〕「授」，四十四方經作「受」。
〔四〕「銘策」，四十四方經作「銘策告誓」。
〔五〕「令麗文傳辭」，四十四方經作「合麗文傳諱」。
〔六〕「盟」，四十四方經無。
〔七〕「徐」，四十四方經作「爾」。
〔八〕「報」，四十四方經作「根」。
〔九〕「慎」，四十四方經作「順」。

人，依黄素之科，子受冥考，七祖魂魄，長閉地獄，身亦將亡，仙安可〔一〕冀？

右出洞真黄素四十四方經。

太上曰：道陵當知，欲受法人有十相，可與此經：一者好近賢智，无疑〔二〕行；二者好求勝法，從善如流；三者聰喆，賞别真僞；四者謹慎，言不過行；五者柔和，少无過惡；六者能師勝己，无憍慢心；七者敬師重教，如貧得寶；八者能奉師長，不辭勤勞；九者已於先師，有報復心；十者殷懃請受，晝夜不懈。是爲十相。

子明啓太上曰：若將來世有學真道士，未見真經，忽於山巖，或於異學道士、外道諸邪見家得此經者，披尋首尾，知是真要，无師可受〔三〕，便得奉行，得傳度以否〔四〕？

〔一〕「可」，四十四方經作「所」。

〔二〕「疑」，唐朱法滿要修科儀戒律鈔卷一引文作「猜疑」。

〔三〕「受」，敦煌文書伯二四四五（李德範輯敦煌道藏第四册）作「度」。

〔四〕「否」，伯二四四五作「不」。

太上曰：便得奉行，身自修之，一如經至〔一〕。不得以傳授餘人。所以者〔二〕何？學當師受。學不師受，不可以教人。何以故？一者恐誤後學；二者既不師受，人或不信，儻生不信，便有誹謗，故不得傳。要須覓師〔三〕，受而傳之。若使四海之内推求无師者，便於静室關啓，伏誓修行。若見至信之人，具上十相，來欲請受，殷懃慊苦，先責信金䟽〔四〕素，試之無退，心愈堅固，亦可傳授。若四海之内，人跡所及，求師可得者，要須得師，不應妄傳。

子明復啓曰：若後末世中，諸學真道士已受靈寶外教券契，奉行五篇，未見此内教。若其後見，便可得傳與奉修不〔五〕？

太上答曰：要須受此方素七十二字契經之盟、无上大籙，然後可與經〔六〕。何以故？

〔一〕「至」，伯二四四五作「文」。
〔二〕「者」，該字前伯二四四五有「爾」字。
〔三〕「師」，該字後伯二四四五有「受」字。
〔四〕「䟽」，伯二四四五作「詭」。
〔五〕「不」，原無，據伯二四四五補。
〔六〕「經」，該字前伯二四四五有「此」字。

二教經契，无有十方太上大祝，故十方官屬、天神地祇、天〔一〕龍鬼神等，不來爲經作營護契〔二〕力。

右出昇玄内教經。

〔一〕「天」，伯二四四五無。

〔二〕「契」，伯二四四五作「勢」。

無上秘要卷之三十五原缺三十六。

授度齋辭宿啓儀品〔一〕

諸行道，皆用御製新儀。其用日數：十戒一日，五千文三日，三皇五日，真文七日，上清九日。先須沐浴清浄，齎香火，詣師，禮三拜，叩頭長跪，授辭。投辭文：

某郡縣鄉里男女。

若受十戒、五千文、三皇，可云清信弟子某甲，年若干。

若受真文，可云洞神弟子某甲，年若干。

若受上清，可云洞玄弟子某甲，年若干。

若不次第，直受真文、上清者，可云清信弟子某甲，年若干。

〔一〕「宿啓儀品」，敦目作「啓品」。本品内容與卷四十八靈寳齋宿啓儀品及卷五十塗炭齋品内容多相近。

若五等同場共受者，可云清信弟子某甲若干人、洞神弟子某甲若干人、洞玄弟子某甲若干人等，稽首乞道。辭：今日之日，流映已蹉，恒恐微炁，奄同彼昧，昧而无曉，長夜難脱，孤爽困苦，求免無所。伏聞天尊大聖所演，有：

若受十戒，可云十戒十四持身之品；若受五千文，可云道德五千文經；若受三皇，可云洞神三皇符圖玉字；若受真文，可云靈寶真文符圖玉字；若受上清，可云洞真上清符圖玉字。

若五等同場共受，可總録前五等法，云：文簡事要，无細不度，肉人專專，實希奉受，朝受夕没，永无責恨。輒自罄竭，辨信如法。叩頭稽首，奉辭以聞，唯乞成就。謹辭。

太歲某甲某年某月某日奉辭。

次，入道場密祝法。

四上功曹、龍虎使者、正一生炁、侍靖素女，夜有所啓請，得開明童子、上玄少女，與我俱入黄房之裹，通達所啓，皆使上聞。

右出金籙經。

次，入静，思三師法。

先思經師所在之方，心拜三過，願師得仙道，我身升度。

次思籍師所在之方，心拜三過，願師得飛仙，爲我開度七祖父母早升天堂。我得真道〔一〕，升入无形。

次，思度師所在之方，心拜三過，願〔二〕師得升度，上登高仙，爲我開度五道〔三〕八難，名入仙籙，永成真人。

右出玉籙經。

次，發爐法。

无上三天玄元始三炁太上老〔四〕君，召出某等身中三五功曹、左右官使者、左右捧香、驛龍騎吏、侍香金童、侍香〔五〕玉女、五帝直符各三十六人出，關啓此間土地里域真官正神，

〔一〕「真道」，洞玄靈寶玉籙簡文三元威儀自然真經作「道真」。

〔二〕「願」，玉籙簡文三元威儀自然真經作「願念」。

〔三〕「道」，玉籙簡文三元威儀自然真經作「苦」。

〔四〕「老」，洞玄靈寶長夜之府九幽玉匱明真科作「道」。

〔五〕「侍香」，玉匱明真科作「傳言」。

臣今正爾燒香宿啓。願得太上十方正真之炁來入某身中，所啓速達，逕御太上无極大道昊天〔一〕玉皇上帝几〔二〕前。

右出明真科〔三〕。

次，啓事法。

太上靈寶无上三洞弟子某嶽先生某甲等，上啓太上三寶、十方至真，某等宿命因緣，生值道化，玄真啓拔，得入信根。先師盟授三洞寶經，供養尊禮，修行齋直。但受法之日，要當竭其愚短，奉宣法化，教導一切，使未聞者聞，未見者見。願元始之風，咸被於十方，太上慈澤，普沾於幽顯。凡有歸向，敢不上聞。謹言。

右出金籙經。

〔一〕「昊天」，玉匱明真科作「至尊」。

〔二〕「几」，玉匱明真科作「御」。

〔三〕「右出明真科」，該段「發爐辭」還習見於太上洞玄靈寶授度儀、太上洞玄靈寶衆簡文、洞玄靈寶自然券儀、洞玄靈寶三洞奉道科戒營始卷六、太上洞玄靈寶二部傳授儀等衆多經書，略異。

次，讀辭。

某甲等辭情殫苦，翹募勇猛，今齋信求受。

若受十戒，可云十戒十四持身之品。

若受五千文，可云道德五千文經。

若受三皇，可云洞神三皇符圖玉字。

若受真文，可云靈寶真文符圖玉字。

若受上清，可云洞真上清符圖玉字。

若五等同埸共受，可總録前五等法，永爲身寶。謹依法，清浄燒香行道，明旦爲始，并按威儀舊典詮舉職僚，宣告科禁，令諸學者咸服法教。恩惟太上衆尊、三寶威神、監齋大法師、侍經衆真，垂神監映，省覽所言，勑下三界官屬及此間土地里域真官營衛某甲等身，使宅舍清浄，消滅妖穢，所向必感，請如所陳。明旦晨曉，依法行道，續更啓聞〔一〕。

〔一〕「續更啓聞」，本卷凡「次」字提領的文字均爲法師的另一行爲，皆有出處，故從「次讀辭」至此，似也當另有出處。按内容，也可能出自金籙經。

次，智慧詠三首〔一〕。

智慧起本无，朗朗〔二〕超十方。結空峙玄霄，諸天挹流芳。其妙難思議，虛〔三〕感真實通。有有竟不〔四〕有，无无无不容〔五〕。智慧恒觀身，學道之所先。眇眇入〔六〕玄肆〔七〕，自然録我神。天尊常擁護，魔王爲保〔八〕言。晃晃金剛軀，超超〔九〕太上仙〔一〇〕。

〔一〕「智慧詠三首」，此三首辭訣在後卷四十八靈寶齋宿啓儀品、卷五十塗炭齋品重現，不再校。
〔二〕「朗朗」，洞玄靈寶齋説光燭戒罰燈祝願儀作「玄玄」。
〔三〕「虛」，祝願儀作「靈」。
〔四〕「竟不」，上清洞真智慧觀身大戒文作「無不」，太上靈寶智慧觀身經作「有非」。
〔五〕「容」，觀身經作「無」。
〔六〕「入」，觀身大戒文作「任」。
〔七〕「肆」，觀身經、洞玄靈寶三洞奉道科戒營始卷六作「津」，祝願儀作「思」。
〔八〕「爲保」，觀身經作「衛寶」。
〔九〕「超超」，祝願儀、科戒營始作「迢迢」。
〔一〇〕「仙」，觀身大戒文、祝願儀作「前」，科戒營始作「清」。

智慧生戒根，真道戒爲主。三寶由是興，高仙〔一〕所崇受。泛此不死舟，倏欻濟大有。當可〔二〕説戒時，諸天並〔三〕稽首。

右出玉清戒。

次，歸命一切天尊。

至心歸命北方玄上玉晨天尊。

至心歸命東北方度仙上聖天尊。

至心歸命東方玉寶皇上天尊。

至心歸命東南方好生度命天尊。

至心歸命南方玄真萬福天尊。

至心歸命西南方太靈虚皇天尊。

〔一〕「仙」，祝願儀、科戒營始作「聖」。

〔二〕「可」，觀身大戒文、觀身經、祝願儀、科戒營始作「此」。

〔三〕「並」，觀身大戒文、觀身經、祝願儀作「來」。

至心歸命西方太妙至極天尊。
至心歸命西北方无量太華天尊。
至心歸命上方玉虚明皇天尊。
至心歸命下方真皇洞神天尊。
至心歸命過去高上玉皇天尊。
至心歸命見在元始天尊。
至心歸命未來太極天尊。
至心歸命玉京玄臺紫微上宫。
至心歸命一切真仙得道聖衆。

右出金籙經。

次，師西面，平坐説戒。諸衆伏受。

天尊告太上道君曰：今當普告，宣通法音，開悟群生，爲諸男女解災却患，請福度命，拔諸苦根，使生者見道，身脱八難，死者歡樂，飲食天堂，早生人中，轉輪聖王。修齋求道，皆當一心，請受〔一〕十戒，諦受勿忘，專心〔二〕默念，洞思自然，勿得〔三〕雜想，擾亂形神。能如是者，便當静聽。

第一戒者，心不惡妬，无生陰賊，檢口慎過，想念在法。

第二戒者，守仁不殺，愍濟群生，慈愛廣救，潤及一切。

第三戒者，守貞讓義〔四〕，不婬不盜，常行善念，損己濟物。

第四戒者，不色不欲，心无放蕩，貞潔守慎，行无玷汙。

第五戒者，口无惡言，言不華綺，内外中直，不犯口過。

第六戒者，斷〔五〕酒節行，調和氣性，神不損傷，无犯衆惡。

第七戒者，不嫉人勝己，争競功名，每事遜讓，退身度人。

〔一〕「受」，太上洞真智慧上品大誡、洞玄靈寶齋説光燭戒罰燈祝願儀作「奉」。按，此十戒，在本書卷四十六洞玄智慧十戒、卷四十八靈寶齋宿啓儀品、卷五十塗炭齋品再現，文字差異多由於所本不同，後不再詳校。

〔二〕「心」，罰燈祝願儀作「情」。

〔三〕「得」，智慧上品大誡作「生」。

〔四〕「讓義」，智慧上品大誡作「推讓」。

〔五〕「斷」，智慧上品大誡作「減」。

第八戒者，不得評論經教，訾毁聖文，躬心承法，恒如對神。

第九戒者，不得鬪亂口舌，評議〔一〕四輩，天人咎恨，傷損神炁。

第十戒者，舉動施爲，平等一心，人和神穆，行常使然。

天尊言：建齋行道，四天帝王皆駕飛雲緑軿、八景玉輿，從真人玉女，手把華旛，前導鳳謌，後從天鈞，白鵠〔二〕獅子，嘯謌和鳴〔三〕，燒香散華，浮空而來，瞻禮〔四〕行道，觀聽法音。天王下降，萬靈朝焉。如是豈可不盡其法也？當先受十戒，然後行道，庠序雅步，静心閉〔五〕意，坐起卧息，不離儀格。天王歡悦，列名上清，可謂得道方寸之間〔六〕。

右出大戒經。

〔一〕「議」，罰燈祝願儀作「詳」。
〔二〕「鵠」，智慧上品大誡、罰燈祝願儀作「鶴」。
〔三〕「和鳴」，智慧上品大誡作「雝雝」，罰燈祝願儀作「邕邕」。
〔四〕「禮」，罰燈祝願儀作「履」。
〔五〕「閉」，罰燈祝願儀作「閑」。
〔六〕「方寸之間」，智慧上品大誡作「在方寸之間」。

次，署衆官。

署高功大法師，當舉高德，玄解妙〔一〕義。

次署都講法師，當舉才智精明，閑練法度。

次署監齋，當舉司察衆違〔二〕，彈糺愆失。

次署侍經，當須營侍經文〔三〕，整理巾藴。

次署侍香，當須料理鑪器，使香火不絶。

次署侍燈，當須景臨西方，備辦燈具。

次署侍座，當令四坐席地，拂飾齊整。

次，科罰愆失三十六條。

若到齋堂，鞋履不正。

〔一〕「妙」，洞玄靈寶齋説光燭戒罰燈祝願儀作「經」。

〔二〕「違」，罰燈祝願儀作「過」。

〔三〕「經文」，罰燈祝願儀作「尊經」。

若唱善聲不齊。

若法服巾冠不正。

若於法座垂髮。

右件各罰禮十拜。

若坐起揖讓失儀。

若侍燈，燈火中滅。

若不注念清虚，爲衆所悟。

若於法座睡眠。

右件各罰禮二十拜〔一〕。

若鐘聲已絶，不及行仵。

若不及朝師。

若禮拜上下不齊。

若侍香，香煙中絶。

〔一〕「若鐘聲已絶，不及行仵」，卷四十八靈寶齋宿啓儀品作「若鍾聲中絶，不及行伍」，「仵」通「伍」。

右件各罰禮三十拜。

若都講不讚唱。

若出入去來，不禮三寶。

若讀經忽亂，請問敗句。

若馳步，不庠序。

右件各罰禮四十拜。

若讚詠不唱善。

若起居，出齋堂，不相關白。

若聽經，倚據坐不正。

若反著法服。

右件各罰禮五十拜。

若巡行，不次第。

若都講鳴鐘，早晚失時。

若登壇越級。

若監齋見過不彈，爲衆所糾。

右件，各罰禮六十拜。

若著褐衣及行道，巾冠出入。

若翻覆香爐燈火。

若燒香不洗手。

若臨事與外人語。

右件各罰禮七十拜。

若唱静，思訖後至。

若侍座不整飾，觸事有問。

若言語及世務。

若因起出不還。

右件各罰禮八十拜。

若於法座戲笑。

若於法座綺語。

若闕一時不赴。

若於齋限，高聲厲色。

右件各罰禮九十拜。

右出敷齋經。

次，宣科訖，各禮師再拜。

次，東向長跪，啓請仙官：

太上靈寶无上三洞弟子某嶽先生某甲等，上啓虚无自然元始天尊、无極大道、太上道君、高上玉皇、已得道大聖衆、至真諸君、丈人、三十二天帝、玉虚上帝、玉帝、大帝、東華南極西靈北真、玄都玉京金闕七寶玄臺紫微上宫靈寶至真、明皇道君，某等宿命因緣，生值道化，玄真啓拔，得入信根。先師盟授三寶神經，供養尊禮，立功爲先。今謹有某甲等傳度。

若受十戒，可云十戒十四持身之品。

若受五千文，可云道德五千文經。

若受三皇，可云洞神三皇符圖玉字。

若受真文，可云靈寶真文符圖玉字。

若受上清，可云洞真上清符圖玉字。

若五等同塲共受，可總録前五等法，沐浴清淨，燒香然燈，轉經行道，依法上請諸天仙、飛仙、地仙、真人、神人、聖人、三十二天監齋直事、侍香金童、散華玉女、五帝直符，各三十二人，傳言奏事、飛龍騎吏等，一合來下，監臨齋堂。捻香願念，應口上徹。須行事竟，啓還仙官。

右出明真科〔一〕。

次，復爐法。

香官使者、左右龍虎君，侍香諸靈官，當令静室之中自然生金液丹精芝英，衆真百靈，交會在此香火之前。願甲等受福，天下蒙恩，十方玉童玉女，侍衛香煙，傳奏所言，逕御太上无極道前。

右出明真科〔二〕。

〔一〕「右出明真科」，此處所引文字不見於今洞玄靈寶長夜之府九幽玉匱明真科，或今明真科有缺佚，但從該段内容看，似與前金籙經文字近似，疑出處誤題。

〔二〕「右出明真科」，此段「復爐辭」本書中多次出現，除見於洞玄靈寶長夜之府九幽玉匱明真科外，還總體見於太上洞玄靈寶衆簡文、太極真人敷靈寶齋戒威儀諸經要訣、正一法文經護國醮海品衆經中，略異。

次，奉戒頌。

道爲〔一〕无心宗，一切作福田。立功无定主〔二〕，本願各由人。虛已應衆生，注心莫不匀〔三〕。大聖弘至〔四〕教，亦猶〔五〕雨降天。高陵靡不周，常卑故成淵。海爲百川王，是能舍龍鱗。萬劫保智〔六〕用，豈但在厥年。奉戒不暫虧〔七〕，世世善結緣。精思念大乘，會當體道真。

右出仙公請問經〔八〕。

〔一〕「爲」，太上洞玄靈寳本行宿愿經作「以」。
〔二〕「主」，太上洞玄靈寳授度儀作「準」。
〔三〕「匀」，本行宿愿經、靈寳授度儀及三洞奉道科戒營始卷六作「均」。
〔四〕「弘至」，靈寳授度儀作「崇正」。
〔五〕「猶」，本行宿愿經、靈寳授度儀、科戒營始作「由」。
〔六〕「智」，本行宿愿經作「制」。
〔七〕「虧」，本行宿愿經作「停」。
〔八〕「右出仙公請問經」，所引辭訣在後文多次出現，後文不再出校。

次，出道場密祝法。

玄上太陰，八窗開明。向有所啓，少女通靈。事畢復位，萬神潛寧。

右出金籙經。

無上秘要卷之三十六

授十戒品〔一〕

闕

無上秘要卷之三十七 三十八同卷。

授道德五千文儀品〔二〕

受五千文法信。

〔一〕「授十戒品」，卷三十六原缺，品名乃據敦目補。

〔二〕「授道德五千文儀品」，敦目作「授五千文品」。

人須齎白綾五十尺，金龍一枚。

若有功行，貧窮不堪獨辦者，宜隨分量之，不可依經爲准。

右出隱注經。

初，入道場密祝法。

四明功曹、通真使者、傳言功曹、侍靖玉女，爲我通達道室，正神上元生炁入我身中。

右出金籙經。

次，唱静念如法。

次，思三師法。

先，思經師所在之方，心拜三過，願師得仙道，我身升度。

次思籍師所在之方，心拜三過，願師得飛仙，爲我開度七祖父母早昇天堂，我得真道，升入无形。

次思度師所在之方，心拜三過，願師得升度，上登高仙，爲我開度五道八難，名入仙籙，永爲真人。

右出玉籙經〔一〕。

次，發爐法。

无上三天玄元始三炁太上老君，召出某等身中三五功曹、左右官使者、左右捧香、驛龍騎吏、侍香金童、傳言散華玉女、五帝直符各三十六人出。出即嚴裝。關啓此間土地里域真官正神，臣今正爾燒香授度，願得太上十方正真之炁來入某等身中，臣今所啓速達。逕御太上无極大道至真玉帝几前。

右出明真經〔二〕。

次，禮三寶法。

至心稽首太上无極大道。

至心稽首三十六部尊經。

〔一〕「右出玉籙經」，此段文字也見於本書卷三十五授度齋辭宿啓儀品，見前校。

〔二〕「右出明真經」，文字同本書卷三十五授度齋辭宿啓儀品，前者標出處爲「明真科」。

至心稽首玄中大法師。

右出金籙儀。

次，師徒長跪，讀盟文。

太歲甲乙某月甲乙朔某日甲乙，某郡縣鄉里，清信弟子某甲，年若干，某等既耳目貪於聲色，身心染於榮寵，常存有欲，无由自返。伏聞皇老以无極元年七月甲子日將欲西度，函關令尹喜，好樂長生，欲從明師，受一言之書。老子曰：「善哉，子之問也。吾道甚深，不可妄傳。生道入腹，神明皆存，百節關孔，六甲相連，徘徊身中，錯綜无端，胎息守中，上與天連，行之立仙，拜爲真人。傳不得法，殃及其身，身死名滅，下流子孫。」某既肉人无識，竊好不已，專志顒顒，實希奉受，今具依明科，齎信誓心，詣某郡某州某縣某里三洞法師某嶽先生某甲，求受道德五千文，修行供養，永爲身寶，斷金爲盟，違科犯約，幽牢長夜，不敢有言。

右出傳授五千籙儀。

次，師執經，各鳴法鼓三十六通。

存思法：先思[一]左青龍、右白虎、前朱雀、後玄武、足下八卦神龜、三十六獅子，伏在前，頭巾七星，五藏生五炁，羅文覆身上，三一侍經，各從千乘萬騎衛之[二]。

右出隱注經。

次，作傳經誦一首。

飄飄太虛嶺，流景在上玄。終[三]始无終劫，常[四]保天地人。世主學致梵[五]，道士誦得仙[六]。賢者今奉受，依法以相傳。時无至真人[七]，寶[八]祕不妄宣。宗之昇太清，棄之

〔一〕「思」，上清太極隱注玉經寶訣作「存」。

〔二〕「衛之」，太極隱注玉經寶訣作「天地各有萬八千玉女玉童衛之」，更恰。

〔三〕「終」，上清太極隱注玉經寶訣作「經」。

〔四〕「常」，太極隱注玉經寶訣作「長」。

〔五〕「梵」，太極隱注玉經寶訣作「堯」。

〔六〕「仙」，原作「之」，據太極隱注玉經寶訣改。

〔七〕「至真人」，太極隱注玉經寶訣作「至德子」。

〔八〕「寶」，太極隱注玉經寶訣作「保」。

墮九玄。我説无爲道，恬静得自然〔一〕。

右出傳授五千文籙儀。

次，師付經，弟子跪受，乃還本位。都迄。各禮師三拜。

次，歸依一切尊道。

至心歸命北方玄上玉晨天尊。

至心歸命東北方度仙上聖天尊。

至心歸命東方玉寶皇上天尊。

至心歸命東南方好生度命天尊。

至心歸命南方玄真萬福天尊。

至心歸命西南方太靈虚皇天尊。

至心歸命西方太妙至極天尊。

至心歸命西北方无量太華天尊。

〔一〕「恬静得自然」，太極隱注玉經寶訣作「清静德自然」。

至心歸命上方玉虚明皇天尊。
至心歸命下方真皇洞神天尊。
至心歸命過去高上玉皇天尊。
至心歸命見在元始天尊。
至心歸命未來太極天尊。
至心歸命玉京玄臺紫微上宫。
至心歸命一切真仙得道聖衆。
右出靈寶經〔一〕。

次，詠三首，旋行一周〔二〕。

大賢樂經戒，受之爲身寶。就學恒苦晚，治身恨不早。比〔三〕當披幽賾，倏忽〔四〕年已

〔一〕「右出靈寶經」，該則文字與本書卷三十五授度齋辭宿啓儀品總體相同，但前者題出處爲「金籙經」。
〔二〕「周」，原作「用」，據文意改。
〔三〕「比」，原作「皆」，據太上洞玄靈寶智慧本願大戒上品經和太上洞玄靈寶授度儀改。
〔四〕「忽」，靈寶授度儀作「欻」。

老。執卷吸爾極，將更死痛惱。吾故及弱齡，棄世以學道。學仙行爲急，奉誡制情心。虚夷正氣居，仙聖自相尋。若不信法言，胡〔一〕爲棲山林。

右出消魔經〔二〕。

學仙絶華念，念念相因積。去來亂我神，神躁靡不歷。滅念停虚閑，蕭蕭入空寂。請經若飢渴，持志如〔三〕金石。保子飛玄〔四〕路，五靈度符籍。

右出太極隱注經。

次，師東面，還仙官法。

〔一〕「胡」，原作「故」，據本願大戒上品經、靈寶授度儀、洞玄靈寶三洞奉道科戒營始卷六改；後接卷授洞神三皇儀品也收有該首，也作「胡」。

〔二〕「右出消魔經」，上二首，於本願大戒上品經、靈寶授度儀中，「大賢樂經戒」首在「學仙行爲急」首之後。二首還見於後文。

〔三〕「如」，上清太極隱注玉經寶訣作「猶」，洞玄靈玉京山步虚經、太上洞玄靈寶二部傳授儀同秘要。

〔四〕「玄」，玉京山步虚經作「仙」。

太上靈寶无上三洞弟子某嶽先生某甲等，上啓虛无自然元始天尊、无極大道、太上道君、高上玉皇、已得道大聖衆、至真諸君、丈人、三十二天帝、玉虛上帝、玉帝、大帝、東華南極西靈北真、玄都玉京金闕七寶玄臺紫微上宫靈寶至真、明皇道君，某等宿命因緣，生值道化，玄真啓拔，得入信根。先師盟授三寶神經，供養尊禮，立功爲先，以去某月某日謹與某甲等傳經行道，建立齋直，燒香懺願。今傳授事畢，所請天仙、地仙、飛仙、真人、神人、聖人、監齋直事、侍香金童、散花玉女、五帝直符、傳言奏事、飛龍騎吏等監臨齋所，營衛勤勞，各隨功受賞，進品上秩，復諸天位。謹上啓聞。

次，復爐法。

香官使者、左右龍虎君、侍香諸靈官，當令静室之中自然生金液丹碧芝英、衆真百靈交會在此香火之前。願某甲等受道已後，衆神擁衛，早得仙真。皇帝萬福，天下蒙恩〔一〕，十方玉童玉女，侍衛香煙，傳奏所言，逕御太上无極道前。

〔一〕「皇帝萬福，天下蒙恩」，如前三十五授度齋辭宿啓儀品注，此段文字見於多經，其中，在正一法文經護國醮海品中有「皇帝受福，天下蒙恩」一句，與此處相近。

右出明真經。

次，作奉戒頌一首。

大道爲无心宗，一切作福田。立功无定主，本願各由人。虚已應衆生，注心莫不均。大聖弘正教，亦由雨降天。高陵靡不周，常卑故成淵。海爲百川王，是能舍龍鱗。萬劫保智用，豈但在厥年。奉戒不暫虧，世世善結緣。精思念大乘，會當體道真。

右出仙公請問經。

次，出道場密祝法。

玄上太陰，八窗開明。向有所啓，少女通靈。事畢復位，萬神潛寧。

右出金籙經。

無上秘要卷之三十八

授洞神三皇儀品〔一〕

設壇法。

次，設壇，宿露壇，縱廣三丈二尺，亦可二丈四尺，高下廣狹隨人多少作之。開三門，天皇門在子，地皇門在申，人皇門在寅。各施牌，題之欄纂，燈火以意消息，出入當從人皇門行也。

右出靈寶齋經。

〔一〕「授洞神三皇儀品」，敦目作「授三皇品」；該品内容除末尾「學仙行爲急」歌訣外，總體見於太上洞神行道授度儀中。

三皇鎮坐法。

天皇鎮坐綵，皂繒一十八。

地皇鎮坐綵，白繒一十六〔一〕。

人皇鎮坐綵，青繒一十六。

右出靈寶齋經。

三皇本命信。

本命隨年數，天子用疋數，公侯用丈數，庶人用尺數。三坐亦爾，天子用紫綾〔二〕，自他用絹〔三〕，隨方色悉置人皇案上；金龍三枚，庶人用金環。

右出靈寶齋經。

〔一〕「一十六」，太上洞神行道授度儀作「一十八」，後文「青繒一十六」同此。

〔二〕「綾」，太上洞神行道授度儀作「紋」。

〔三〕「絹」，行道授度儀作「縵」。

三皇法信。

信用白絹四百尺，貧者四十尺，其鎮坐本命及信三種。若有功行，貧窮不堪辦者，可隨分量力爲之，不可以此爲准。

右出靈寶齋經。

次，入壇燒香發爐法。

香煙之女，上白皇君，小兆真人姓名甲，清齋絶塵，期靈五通，上願成真，滅禍生福，上昇三天。

右出靈寶齋經。

次，北向再拜天皇真君。

次，向西南再拜地皇真君。

次，向東北再拜人皇真君。

次，以所受經首二尺，舒之於案上，俱再拜。弟子在西面東伏，師西面長跪〔一〕，稱位號：「三洞弟子小兆真人姓名甲上啓太上元君、仙都大神、三皇真君，今欲授某郡縣鄉里某甲等三皇寶文，未知可否。」伏地，須告命〔二〕，便伏一時，頃〔三〕无風，便起再拜。

弟子又伏地，師長跪讀盟文：「太歲某乙某月某朔某日某乙某郡縣鄉里，清信弟子某甲年若干歲，今詣師某嶽先生姓名甲，受三皇内文、天文大字并及衆符，齎信如法，約以長生，丹水爲盟，畫一爲信。某甲授道，不得隱真出僞；某甲受道，當承師之盟誓，不得不孝不仁、不忠不良、貪淫凶勃，妄傳非其人，咎師怨道，口是心非。得道之後，背叛本師，謗訕真正，當身受大殃，延及子孫。」

次，共喻丹水，以朱筆共畫一於盟文之下。

次，弟子對信伏地，師執經長跪，存思三宫神。

存思三宫各有一真人，如嬰兒之狀，不著衣，口吐紫炁，以熏經師徒衆。

〔一〕「弟子在西面東伏，師西面長跪」，行道授度儀作「弟子南向伏，師北向長跪」，當是。
〔二〕「伏地，須告命」，行道授度儀作「伏須告命」。
〔三〕「頃」，行道授度儀作「須」。

次，傳經詠。

太上之天文，傳說天地初。皇人宣玄旨，是爲至真書。賢者今奉受，志願昇太虚。

右出太極隱注經〔一〕。

次，弟子長跪受經，訖。禮師再拜，訖。師徒各再拜三皇君訖。

次詠陽謌三首三周。

青角陽謌梵，飄飄激十方。青青方世〔二〕曜，攜我造九重。西絃抗音調，感悟東皇〔三〕公。

元洞啓運首，始陽萌萬芽。和風振瓊條，高林曜雲羅。勾芒勸農業，日羽焕東霞〔四〕。仙賢遊玄圃，飛梵起鳴笳。

〔一〕「右出太極隱注經」，所引文字確見於上清太極隱注玉經寶訣，但也見於太上洞神行道授度儀。

〔二〕「方世」，太上洞神行道授度儀作「萬卉」。

〔三〕「皇」，行道授度儀作「王」。

〔四〕「霞」，行道授度儀作「遐」。

控景太霞室，齊輪九天庭。衆仙抗飛梵，陽謌時時鳴。自非靈人億，焉能禮化員〔一〕。

右出洞神經。

次，還仙官法。

太上靈寶无上三洞弟子某嶽先生某甲等，上啓虚无自然元始天尊、无極大道、太上道君、高上玉皇、已得道大聖衆、至真諸君、丈人、三十二天帝、玉虚上帝、玉帝、大帝、東華南極西靈北真、玄都玉京金闕七寶玄臺紫微上宫靈寶至真、明皇道君，某等宿命因緣，生值道化，玄真啓拔，得入信根。先師盟授三寶神經，供養尊禮，立功爲先，以某月某日，謹與某等傳經行道，建立齋直，燒香懺謝。今傳授事畢，所請天仙、地仙、飛仙、真人、神人、聖人、監齋直事、侍香金童、散華玉女、五帝直符、傳言奏事、飛龍騎吏等監臨齋所，營衛勤勞，各隨功受賞，進品上秩，復諸天位。謹上啓聞。

〔一〕「員」，行道授度儀作「貞」。

右出明真經〔一〕。

次，復爐法。

香煙之女，上白皇君，小兆真人姓名甲，清齋絶塵，期靈五通，上願成真，滅禍生福，上昇三天。

次，遊誦一首而出。

學仙行爲急，奉誡制情心。虚夷正炁居，仙聖自相尋。若不信法言，胡爲棲山林。

右出消魔經。

〔一〕「右出明真經」，此段文字前文已現，確見於洞玄靈寶長夜之府九幽玉匱明真科，但太上洞神行道授度儀也有類似文字。

無上秘要卷之三十九四十同卷。

授洞玄真文儀品〔一〕

設壇宿露法。

靈壇之法，壇縱廣二丈四尺，亦可三丈二尺，隨人多少作之。四面纂各長九尺，作五門，廣五尺，亦可四尺；餘纂各長七尺，青繩兩道，連門牓。牓廣三寸二分，長三寸四分。青華元陽門在東方，朱書青牓。洞陽太光門在南方，黄書赤牓。通陰金闕門在西方，黑書白牓。陰生廣靈門在北方，青書黑牓。元黄高晨門在王門下，四季上，白書黄牓。上仙衆真門在王門上，紫書黄牓。

右六門，從省而用。若用重壇十門者，自依黄籙經中安置。中央門在四時王門下，四

〔一〕「授洞玄真文儀品」，敦目作「授真文品」。

季上；衆真門，王門上，四孟上。春王在卯，中央門在丑，衆真門在巳。夏王在午，中央門在辰，衆真門在申。秋王在酉，中央門在未，衆真門在亥。冬王在子，中央門在戌，衆真門在寅。王无别門，春用青華，夏用洞陽，秋用通陰，冬用陰生，取此以爲王門。出入從衆真門行。

次，六等信物法。

五色綵五疋爲五帝信。金龍九枚，以爲九天之信，各官秤一兩。金龍五枚，以爲五嶽之信，各官秤一兩。金錢二萬四千，以爲二十四生炁之信。

本命綵，隨年數。天子用疋，公王用丈，庶民用尺數。經科如此。若不堪獨辨者，可衆共出之；若衆不能辨者，隨貧富量之。

次，設案法。

五門各安一案，案置一香火，一龍一綵，隨方色。一案盛經，丹巾在下，青巾覆之，置尊像前。一案啓奏度事，於師前。一案置九龍金錢等信，置尊像前。

次，宿露入壇發爐法。

无上三天玄元始三炁太上老君，召出某等身中三五功曹、左右官使者、左右捧香、驛龍騎吏、侍香金童、傳言散花玉女、五帝直符各三十六人出，出即嚴裝，關啓此間土地里域真官正神，正爾燒香，宿露壇上，黄繒表章，願得太上十方正真之炁來入某等身中，令臣所啓速達，逕御太上无極大道至真玉皇上帝几前。

次，讀黄繒章法。

太上靈寶无上三洞真人某嶽先生姓名等稽首再拜。上言：元始五老上帝、至真大聖尊神玉陛下，某素質下世，生值因緣，九天之劫，轉輪不滅，宿慶福祚，延流今身，得生法門。昔以某年某月某朔某日甲乙，承先師三洞真人某嶽先生某甲奉受靈寶洞玄經符圖玉字，修行佩身。今有上學道士某甲，年若干，某甲等信向精勤，齋信自誓，求受洞玄靈寶經文符圖玉字五卷，若更有經卷，隨多少載。修行供養，永爲身寶。察某等心翹勤好尚，宿福所鍾，得參靈文，披盻篇目，宜極道真。但恐某甲先无玄名善功，三界不舉，五帝不明。今按明科，露文中壇，合法以傳。謹伏地啓奏，上聞九天，願高聖尊神，曲照所陳，垂愍丹心，仰惟九天至真大道、无極尊神，分别哀憐。伏須告報。某等誠惶誠恐，稽首再拜以聞。

臣姓某屬某郡縣。

无上元始大道君、洞玄靈寶五老玉帝大聖玉陛下。

太歲甲乙某月某日某郡縣鄉里中拜上。

右出明真經〔一〕。

次，復爐法。

香官使者、左右龍虎君、侍香諸靈官，當令静室之中自然生金液丹碧芝英，衆真百靈交會在此香火之前。願某等衆神擁衛，早得仙真，皇帝萬福，天下蒙恩，十方玉童玉女侍衛香煙，傳奏所言逕御太上无極道前。

右出明真經。

次，奉戒頌。

道爲无心宗，一切作福田。立功无定主，本願各由人。虚己應衆生，注心莫不均。大聖弘正教，亦猶雨降天。高陵靡不周，常卑故成淵。海爲百川王，是能舍龍鱗。萬劫保智用，豈但在厥年。奉戒不暫虧，世世善結緣。精思念大乘，會當體道真。

右出請問下經。

〔一〕「右出明真經」，按，今洞玄靈寶長夜之府九幽玉匱明真科不見上述文字，疑出處有誤，或該經有缺佚。

次，出道場密祝法。

玄上太陰，八窗開明。向有所啓，少女通靈。事畢復位，萬神潛寧。

右出金籙經。

次，明旦度事，於户外密祝法。

四明功曹，通真使者，傳言玉童，侍靖玉〔一〕女爲我通達，道室正神、上元生炁入我身中。

右出金籙經。

次，發爐法。

无上三天玄元始三炁太上老君，召出某等身中三五功曹、左右官使者、左右捧香、驛龍騎吏、侍香金童、傳言散花玉女、五帝直符各三十六人出，出即嚴裝，關啓此間土地里域真官正神。臣今正爾燒香，爲某等度事，願得太上十方正真之炁來入臣等身中，令臣所啓

〔一〕「玉」，此則文字見於洞玄靈寶八節齋宿啓儀，其中該字作「素」。

速達，遥御太上无極大道至真玉帝几前。

次，禮三寶。

至心稽首太上无極大道。

至心稽首三十六部尊經。

至心稽首玄中大法師。

次，師西面長跪，讀盟文。弟子對信而伏。

太歲某年某月某朔某日甲乙某嶽先生甲乙，本命某年某月生，某天領籍炁，係某天君，今於某炁天，從師某嶽先生某甲，受符圖四十三章、玉文九百二十四字。七靈鎮真〔一〕，金繒誓心，告靈盟天，約爲身寶，奉承大法，俯仰真〔二〕典，上告三十二天，監真度文。命侍經仙郎、韓司主録、飛天真人、三界神王，落某死籍，勒上仙名金格玉籙三元品中。依大

〔一〕「七靈鎮真」，按本段文字多見於太上靈寶諸天内音自然玉字卷一，此四字作「七寶鎮靈」。

〔二〕「真」，諸天内音自然玉字作「舊」。

宥〔一〕威儀，降下真仙之炁入某身中。三十三天監仙司馬、典經羽郎各依格遣玉童玉女、神真之炁，各一合來下，侍衛靈文，奉給某甲身。普關諸天諸地、无極世界、日月星宿、三界官屬、五嶽名山、九江水府、三官司署，九幽長夜泉曲之中，无影无色，无形无名，无音无響，无大无小，无高无下，无尊无卑，一切神靈，咸各明某甲身奉大法，佩帶天文，名入仙籙三元品中。出入遊行，依具司迎〔二〕，一月〔三〕三朝，如紫微上宮，削落地簡、九幽目録，滅絶宿對，斬息惡根，不得拘〔四〕逮，億劫无連，七祖同福，皆得上昇，逍遥玄都七寶林中，魂受鍊度，時得更生。某甲約承奉大法，一如明真，檢身順〔五〕誡，生死成仙，五帝交友，遊戲諸天。愆盟負誓，泄漏天文，傳非年限，生死謝對，長負河源，風刀萬劫，填〔六〕夜揵山。罪福對報，悉如盟文。

〔一〕「宥」，諸天内音自然玉字作「囿」。
〔二〕「依具司迎」，諸天内音自然玉字作「依舊伺迎」。
〔三〕「月」，諸天内音自然玉字作「日」。
〔四〕「拘」，原作「俱」，據諸天内音自然玉字及文意改。
〔五〕「順」，諸天内音自然玉字作「慎」。
〔六〕「填」，諸天内音自然玉字作「鎮」。

次，師鳴法鼓三十六通。師徒各心存五藏五色，令備具合成寶蓋之雲，羅覆經師徒衆。

右出明真經〔一〕。

次，作傳經詠一首。

天書簡不煩，道德自備足。修之必神仙，當復何所欲。文耀太无間，焕然而朗〔二〕郁。傳授悉依法，泄慢墮地獄。

次，弟子於師前長跪，受經及神杖策板訖，各復位，禮師三拜。

其安杖中符及策板法：若人少，可依後文咒法安置；若人多者，宜於齋中，悉内符，封訖，與經一時付度。

右出隱注經。

〔一〕「右出明真經」，按所引文字有幾處不見於今洞玄靈寶長夜之府九幽玉匱明真科，疑出處誤，或該經有改動。

〔二〕「朗」，上清太極隱注玉經寶訣作「玄」。

次，禮十方法。
歸命一切天尊。
至心歸命北方玄上玉晨天尊。
至心歸命東北方度仙上聖天尊。
至心歸命東方玉寶皇上天尊。
至心歸命東南方好生度命天尊。
至心歸命南方玄真萬福天尊。
至心歸命西南方太靈虛皇天尊。
至心歸命西方太妙至極天尊。
至心歸命西北方无量太華天尊。
至心歸命上方玉虛明皇天尊。
至心歸命下方真皇洞神天尊。
至心歸命過去高上玉皇天尊。
至心歸命見在元始天尊。
至心歸命未來太極天尊。

至心歸命玉京玄臺紫微上宮。

至心歸命一切真仙得道聖衆。

右出靈寶經〔一〕。

次，詠三真人頌。

太上大道君，出是靈寶篇〔二〕。高妙難爲喻，猶彼玄中玄。自然十方土，共仰无上仙〔三〕。大乎洞虚經，安坐朝諸天。上寶紫微臺，下藏諸名山。焕爛龍鳳文，戢耀在无〔四〕間。妙哉太上道，无爲常自然。王侯及凡庶，所貴唯忠〔五〕賢。宿命有福慶，卓拔在昔緣。

〔一〕「右出靈寶經」，所引文字全見於本書卷三十五授度齋辭宿啓儀品，但前標出處説出自「金籙經」，與此處不同。

〔二〕「篇」，太上洞玄靈寶授度儀作「經」。本首辭訣在敦煌文書伯二四五二（敦煌道藏第五册）太上太極太虚上真人演太上靈寶威儀洞玄真一自然經訣殘損多。

〔三〕「自然十方土，共仰无上仙」，靈寶授度儀作「自然無爲道，學之得高仙」，洞玄靈寶玉京山步虚經同秘要。

〔四〕「无」，步虚經作「其」。

〔五〕「忠」，步虚經作「貴」，伯二四五二同秘要。

法師輪〔一〕相授，寶信劫數年。廣念〔二〕度一切，大福報爾身。供養必得道，奉行成至真。大道无彼我，傳當得其〔三〕人。

虛无常自然，彊名字大道。緬邈无邊際，衆妙歸靈寶。閉眼存至真，精思降十老。昇仙永无爲，靈顔恒〔四〕妙好。渴飲玉池醴，饑食金光〔五〕草。浄慧〔六〕度八難，濟世諸苦惱。

衆妙出洞玄〔七〕，焕爛耀太清。奉者號仙人，體无永〔八〕長生。逍遥戲玄虛〔九〕，宫殿羅

〔一〕「輪」，靈寶授度儀、步虛經作「轉」。

〔二〕「念」，步虛經作「心」。

〔三〕「其」，步虛經作「至」。

〔四〕「恒」，靈寶授度儀、步虛經作「常」。

〔五〕「光」，步虛經作「花」。

〔六〕「慧」，步虛經作「世」。

〔七〕「衆妙出洞玄」，按，在靈寶授度儀、步虛經及伯二四五二中，該首均在「虛无常自然」首前面，其中「玄」在上三處作「真」。

〔八〕「无永」，步虛經作「元永」，伯二四五二作「无求」。

〔九〕「虛」，伯二四五二作「臺」。

无〔一〕形。蒨璨七寶林，晃朗日月精。龍麟交横馳，鳳凰〔二〕翔悲鳴。太上治紫臺，衆真誦洞經。捻〔三〕香稽首禮，旋行繞宫城。三周歸高座，道王〔四〕爲應聲。人主弘〔五〕至道，天下普安寧。

次，師東面長跪，還仙官。

太上靈寶无上三洞弟子姓名等上啓虚无自然元始天尊、无極大道、太上道君、高上玉皇、已得道大聖衆、至真諸君、丈人、三十二天帝、玉虚上帝、玉帝、大帝、東華南極西靈北真、玄都玉京金闕七寶玄臺紫微上宫靈寶至真、明皇道君：某等宿命因緣，生值道化，玄真啓拔，得入信根。先師盟授三寶神經，供養尊禮，立功爲先，以去某月日，謹與某甲等，傳經行道，建立齋直，燒香懺願。今傳授事畢，所請天仙、地仙、飛仙、真人、神人、聖人、監齋直事、侍香金童、散華玉女、五帝直符、傳言奏事、飛龍騎吏等監臨齋所，營衛勤勞，各隨功

〔一〕「无」，步虚經作「其」。
〔二〕「凰」，伯二四五二作「鳥」。
〔三〕「捻」，靈寶授度儀作「楪」。
〔四〕「王」，原作「玉」，據靈寶授度儀、步虚經及伯二四五二改。
〔五〕「弘」，靈寶授度儀作「宏」。

受賞，進品上秩，復諸天位。謹上啓聞。

右出自然經訣〔一〕。

次，復爐法。

香官使者、左右龍虎君，侍香諸靈官，當令壇靖之中自然生金液丹碧芝英、衆真百靈交會在此香火案前，願某受道已後，衆神擁衛，早得仙真。皇帝萬福，天下受恩，十方玉童玉女，侍衛香煙，傳奏所啓，逕御太上无極道前。

右出明真經。

次，詠奉戒頌。

道爲无心宗，一切作福田。立功无定主，本願各由人。虚己應衆生，注心莫不均。大聖弘正教，亦猶雨降天。高陵靡不周，常卑故成淵。海爲百川王，是能舍龍麟。萬劫保智

〔一〕「右出自然經訣」，按所引文字三首辭訣見於玉京山步虚經，後面部分在同書多次出現，均説見於明真經，但此處標爲「自然經訣」，即太上太極太虚上真人演太上靈寶威儀洞玄真一自然經訣，表明各經内容多有交叉。

用，豈但在厥年。奉戒不暫虧，世世善結緣。精思念大乘，會當體道真。

右出請問下經。

次，出道場密祝法。

玄上太陰，八窗開明。向有所啓，少女通靈。事畢復位，萬神潛寧。

右出金籙經。

無上秘要卷之四十

授洞真上清儀品〔一〕

先設壇，廣長二丈四尺，或三丈二尺，高下大小，隨人多少。作之四方，標纂立四角之門。門廣四尺，不正面，法天門。

次，須金龍明鏡鎮綵本命布設法。金九兩，每兩作一龍。安中央案上。明鏡五面。以鎮五方案上。五色繒各四十尺。以鎮五方案上。

〔一〕「授洞真上清儀品」，敦目作「授上清品」，該品内容總體見於洞真太上八素真經登壇符札妙訣，由於同爲傳授三洞經書科儀，故其内容也多見於太上洞玄靈寶授度儀中。

本命繒，依年數，隨方色。天子用疋數，王公用丈數，庶人用尺數。天子、王公用綾，庶人用繒，置隨本命色案上。

次，安置案法。

一案盛經，置丹青二色巾中壇。一案置中央，安九龍。五案具香火及綵鏡，置五方。

次，夜静宿露壇。

夜布置壇中既了，師與弟子從西北天門入，叩齒三十六通，思紫氣覆冠一壇，五帝神兵十萬人來迎兆身，便祝曰：「神真出遊，萬帝駭驚。玉虚〔一〕玄衛，天宿倒傾〔二〕。五嶽司官〔三〕，莫不輔靈。制〔四〕召十方，驅策天兵。率天已下，咸到皇庭。令我登仙，洞得道精。

〔一〕「虚」，洞真太上八素真經登壇符札妙訣作「靈」，太上洞玄靈寶授度儀同秘要。
〔二〕「天宿倒傾」，登壇符札作「五嶽司迎」。
〔三〕「五嶽司官」，登壇符札作「天丁力士」。
〔四〕「制」，登壇符札、靈寶授度儀作「命」。

審知不祥，通幽究冥。所向所陳，悉合玉清。」

次，入壇，旋行一周，東向叩齒三十六通，發爐祝法。

无上三天玄元始三炁太上道君，召出某等身中虚无自然飛仙功曹、神仙使者、左右飛龍、太真玉女、五帝直符各三十六人，關啓此間土地真官正神，臣今正爾燒香宿露，令所啓速達，逕御无極玉帝至真高上萬聖几前。

次，北向叩齒三十六通，誦制魔祝法。

天魔〔一〕乘空發，萬精駭神庭。託化〔二〕謡謌章，隨變入无名。嚻炁何紛紛〔三〕，穢道當

〔一〕「魔」，登壇符札作「精」，上清金真玉光八景飛經、太上洞玄靈寶授度儀同秘要。

〔二〕「化」，登壇符札作「仙」。

〔三〕「紛紛」，登壇符札作「紛紜」。

塗生。雲中舍〔一〕朱宫，北帝勇〔二〕神兵。鼓洋〔三〕自知〔四〕道，玄運來相征〔五〕。上景宴〔六〕飛轡，迅〔七〕駕檢雲營。促校北帝籙，收攝〔八〕群魔名。豁落張天羅，放威擲流鈴。金真捕〔九〕空洞，玉光焕八冥。金玄守上宫，神虎戮天精。翦滅萬妖炁，億億悉齊平。上承九天信，嘯命靡不傾。招真究三洞，慧誦朗且清。八道望玄霞，七轉緯天經。混合帝一真，拔度七祖程。削滅五苦根，反魂更受榮。金光輝〔一〇〕寂室，神燭自然生。華香散玉宇，煙炁徹

〔一〕「舍」，八景飛經作「合」。
〔二〕「勇」，登壇符札、靈寶授度儀、八景飛經作「踊」。
〔三〕「洋」，八景飛經作「翔」。
〔四〕「知」，登壇符札作「智」。
〔五〕「征」，登壇符札作「迎」。
〔六〕「宴」，八景飛經作「按」，靈寶授度儀作「御」。
〔七〕「迅」，八景飛經作「飛」。
〔八〕「攝」，靈寶授度儀作「執」。
〔九〕「捕」，八景飛經、靈寶授度儀作「輔」。
〔一〇〕「輝」，登壇符札、八景飛經作「耀」，靈寶授度儀作「曜」。

玉京。帝遣徘徊輦，三元降緑軿。迅駕騰九玄，朝我〔一〕玉皇庭。

次，迴心西北九拜。

至心稽首鬱單无量天尊。

至心稽首上上禪善天尊。

至心稽首梵監須延天尊。

至心稽首寂然兜術天尊。

至心稽首波羅不驕樂天尊。

至心稽首洞元化應聲天尊。

至心稽首靈化梵輔天尊。

至心稽首高虛清明天尊。

至心稽首无憂天尊。

〔一〕「我」，登壇符札、八景飛經作「禮」。

次，迴心東南下方再拜。

至心稽首下方九地玉皇真尊。

至心稽首下方洞淵得道衆聖。

次，即北向長跪，叩齒九通，讀啓文法。

玄都大洞三景弟子小兆真人某嶽先生姓某甲上啓高上元皇〔一〕、九天靈神〔二〕，上真玄遐，首〔三〕幽瓊軒。三五運推，七宿改晨。虚皇控轡，玉〔四〕帝定仙。青宫採〔五〕籙，符命靈山。是日元吉，萬真開陳。上學甲乙，宿命因緣，得遇神經，上清靈篇〔六〕。謹於靈壇〔七〕，

〔一〕「皇」，靈寶授度儀作「始」。

〔二〕「神」，登壇符札、靈寶授度儀作「尊」。

〔三〕「首」，登壇符札作「邈」，靈寶授度儀作「道」。

〔四〕「玉」，靈寶授度儀作「五」。

〔五〕「採」，登壇符札作「簡」，靈寶授度儀作「總」。

〔六〕「上清靈篇」，登壇符札、靈寶授度儀作「上皇寶篇」。

〔七〕「靈壇」，登壇符札、靈寶授度儀作「玄嶽」。

上盟九天，下告五帝，十二河源，乞丐記領，奏上高晨。普告萬靈，浮〔一〕位皇壇，營衛滅試，案如大〔二〕真。須到明日，令御啓傳〔三〕。即露啓文案上。

次，東向平立，叩齒三通，復爐祝法。

五嶽五帝、神仙使者、三元正真、左右龍虎、天仙、地仙、飛仙、五靈香官，當令招致十方正炁，自然金液、丹碧芝英、九玄玉真交會壇中，洞灌某等身，使某等求道得道，求仙得仙，飛行太空，騰景九天，玉童玉女，侍衛香煙，奏達所啓，上御高上无極大道玉皇上帝几前〔四〕。

次，旋行頌一周。

〔一〕「浮」，靈寶授度儀作「列」。
〔二〕「大」，登壇符札、靈寶授度儀作「太」。
〔三〕「令御啓傳」，登壇符札作「以合當傳」，靈寶授度儀作「御合啓傳」。
〔四〕「五嶽五帝」至「上御高上无極大道玉皇上帝几前」，此段文字總體見於洞真太上八道命籍經。

大道洞玄微，高虚總三輪。金仙啓靈扇〔一〕，焕若九天分。文華散紫宫〔二〕，八真映素雲。玄母結上願，行間〔三〕之八門。萬慶交靈會，揚煙唱下元。妙誦感重〔四〕虚，得結高仙群。旋行禮空洞，稽首朝帝君。

便於東南地户出。

登壇度法儀。

宿露既畢，明旦度法。若旦起有風雨，經云：聽室中度之。師徒俱詣西北天門，叩齒三十二通，思紫炁覆冠一壇，五帝神兵十萬人來迎兆身，便密祝曰：「神真出遊，萬帝駭驚。玉虚玄衛，天宿倒傾。五嶽司官，莫不輔靈。命召十方，驅策天兵。率天已下，咸到皇庭。令我登仙，洞得道精。審知不祥，通幽究冥。所向所陳，悉合玉清。」

〔一〕「扇」，上清諸真章頌所收「上清旋行讚」作「扉」。
〔二〕「文華散紫宫」，諸真章頌作「太華散紫空」。
〔三〕「間」，諸真章頌作「簡」。
〔四〕「重」，諸真章頌作「沖」。

次，入壇東向，叩齒三十六通，發爐祝法。

无上三天玄元始三炁太上道君，召出某等身中虛无自然飛仙功曹、神仙使者、左右飛龍、太真玉女、五帝直符各三十六人，關啓此間土地真官正神，正爾燒香，度經，令臣所啓速達，逕御无極玉帝至真高上萬聖几前。

次，北向叩齒三十六通，誦制魔祝法。

天魔乘空發，萬精駭神庭。託化謡謌章，隨變入无名。嚚炁何紛紛，穢道當塗生。雲中舍朱宮，北帝勇神兵。鼓洋自知道，玄運來相征。上景宴飛轡，迅駕檢雲營。促校北帝籙，收攝群魔名。豁落張天羅，放威擲流鈴。金真捕空洞，玉光焕八冥。金玄守上宮，神虎戮天精。翦滅萬妖炁，億億悉齊平。上承九天信，嘯命靡不傾。招真究三洞，慧誦朗且清。八道望玄霞，七轉緯天經。混合帝一真，拔度七祖程。削滅五苦根，反魂更受榮。金光耀寂室，神燭自然生。華香散玉宇，煙炁徹玉京。帝遣徘徊輦，三元降緑軿。迅駕騰九玄，朝我玉皇庭。

次，向上方九拜，如前法。

次，長跪叩齒九通，啓：某今傳弟子某甲等九天寶經、至上玉諱，清高宿奏，旡命合真，乞願下監真玉仙、典籙侍郎、衛靈司馬，下監盟文，所啓所付，必得上聞。

次，向下方再拜，跪，又啓高上元始天：今上願八會，日吉時清，謹於靈〔一〕……闕後。

〔一〕「謹於靈」以下，登壇符札有云：謹於玄嶽，盟度上經，乞丐告下五帝靈山，監臣盟誓，早得神仙，得乘飛軿，上升帝庭。」可據補上文内容。靈寶授度儀中文字總體同。

無上秘要卷之四十一

策杖品

洞玄玉訣上經。

元始五老出五帝真符，以度五帝人。天光開陽，出此文玄都宫。

元始青帝真符，召直符吏〔一〕更生守靈寳天文。道士吞之，靈炁鎮肝，生青精寳華九葉，神爲役使，通靈致神仙。

右上始天光文，出青帝真文篇，以安東方九炁之天。青帝受此文，以鎮東嶽，封一通九靈洞室，四萬劫一開。道士命屬東嶽，青書絳繒佩身。又當青書絳文，内神杖上節中，衣以神衣。青腰玉女九人侍衛，勿不精，有考吏。

〔一〕「吏」，元始五老赤書玉篇真文天書經卷上無。

元始赤帝真符，召直符昌中守靈寶天文。道士呑之，靈炁鎮心，生丹精寶華三葉，神爲役使，通靈致神仙。

右上陽明文，出赤帝真文篇，以安南方三炁之天。赤帝受此文，以鎮南嶽，封一通南霍之阿，四萬劫一開。道士命屬南嶽，赤書黄繒上，佩身。又當赤書黄繒，内神杖，次青帝下節中。太丹玉女三人侍衛，勿不精，有考吏。

元始黄帝真符，召四方直符守靈寶天文，无中央正吏。道士呑之，靈炁鎮脾，生黄精寶華十二葉，神爲役使，通靈致神仙。

右總靈文，出黄帝真文篇，以安中央五〔一〕炁之天。黄帝受此文，天炁中開，運應轉輪，此文始見。天關停輪，无復晝夜。元始收其本文，還於上元之炁。黄帝中嶽，則闕此一文。今所以書於舊經者，爲使存之不絶。四帝共典衛於上宫，無正吏可守。道士命屬中嶽，自可黄書白繒佩身。又黄書白繒，内神杖，次赤帝下節中。道士所以偏得佩此文者，直以有黄帝主〔二〕人，使以應天之炁。雖爾，亦闕，无守吏。勿不精，有考吏。

〔一〕「五」，玉篇真文天書經作「一」。

〔二〕「直以有黄帝主」，玉篇真文天書經作「值以有黄帝生」。

元始白帝真符，召直符曲正守靈寶天文。道士吞之，靈炁鎮肺，生白精寶華七葉，神爲役使，通靈致神仙。

右光元靈文，出白帝真文篇，以安西方七炁之天。白帝受此文，以鎮西嶽，封一通於金穴九掖洞中，四萬劫一開。道士命屬西嶽，白書黑繒佩身。又當白書黑繒，内神杖，次黄帝下節中。太素玉女七人侍衛，勿不精，有考吏。

元始黑帝真符，召直符尹豐守靈寶天文。道士吞之，靈炁鎮腎，生黑〔一〕精寶華五葉，神爲役使，通靈致神仙。

右通明文，出黑帝真文篇，以安〔二〕北方五炁之天。玄〔三〕帝受此文，以鎮北嶽，封一通於玄陰洞室，四萬劫一開。道士命屬北嶽，黑書青繒佩身。又當黑書青繒，内神杖，次白帝下節中。太玄玉女五人侍衛，勿不精，有考吏。

五帝真符，上精在天爲五星，中精在人身中爲五藏，下精在地爲五嶽。故三元之炁，

〔一〕「黑」，玉篇真文天書經作「玄」。
〔二〕「安」，原無，據玉篇真文天書經及上下文意補。
〔三〕「玄」，玉篇真文天書經作「黑」。

各有所屬。天无五文，三光不明；人无五文，无以立形；地无五文，五嶽不靈。五帝真符，以元始同生。舊文今祕於玄都紫微宮，侍真五帝神官五億萬人，諸天皆一月三朝真文。有火水陰陽官考，禁於漏泄。元始天尊封於神杖之中，恒〔一〕以隨身，所〔二〕爾者，祕掌〔三〕天真，不欲離形須臾爾。

元始神杖，用靈山太陽之竹，七節五符，以次置中央。空下一節，空上一節，以應天象地也。

當取靈山向陽之竹，令長七尺〔四〕，有七節，作神杖。使上下通直，甘竹乃佳。書黑帝符，著下節二節中；白帝符，第三節中；次黄帝符，第四節中；次赤帝符，第五節中；次青帝符，第六節中。空上一節以通天，空下一節以立地。蠟封上節，穿中印以元始之章；蠟

〔一〕「恒」，玉篇真文天書經作「常」。
〔二〕「所」，玉篇真文天書經作「所以」。
〔三〕「掌」，原作「償」，據玉篇真文天書經改。
〔四〕「向陽之竹，令長七尺」，太上洞玄靈寶赤書玉訣妙經卷上作「向王之竹，全長七尺」。

封下節，穿中印以五帝之章。絳文〔一〕作韜，長短大小足容杖。卧息坐起，恒〔二〕以自隨。行來可脱杖衣，隱以出入，每當別著浄處。以杖指天，天神設禮；指地，地祇司迎；以杖指東北，萬鬼束形。乘杖行來，及欲施用，當叩齒三十六通，思五帝直符吏各一人，衣隨方色，有五色之光，流焕杖上，五帝玉女各一人，合共衛杖左右。微呪曰：「太陽之山，元始上精。開張天地〔三〕，甘竹通靈。直符守吏，部衛〔四〕神兵。五色流焕，朱火〔五〕金鈴。輔翼上真，出幽入冥。召〔六〕天天恭，攝地地迎。指鬼鬼滅〔七〕，妖魔束形。靈符神杖，威制百

〔一〕「文」，赤書玉訣妙經作「紋」。
〔二〕「恒」，赤書玉訣妙經作「常」。
〔三〕「開張天地」，上清修行經訣、上清修身要事經、太上洞玄靈寳授度儀、雲笈七籤卷八十四屍解神杖法作「開天張地」。
〔四〕「衛」，赤書玉訣妙經、修身要事經、靈寳授度儀、雲笈七籤作「御」。
〔五〕「火」，修行經訣、修身要事經作「衣」。
〔六〕「召」，修行經訣、修身要事經、靈寳授度儀作「招」。
〔七〕「滅」，靈寳授度儀作「死」。

方〔一〕。與我俱滅〔二〕，與我俱生。萬劫之後，以代我形。景爲五〔三〕解，神昇上清。承符告命，靡不敬聽。」畢，引五方炁，二十五咽，止。

行此道九年，精謹不慢，神真見形，杖則載人，乘空飛行也。

若欲尸解，杖則代形，倏欻之間，已成真人。月朔、月望、本命、八節日，當燒香左右，朝拜此杖，則神靈感降，道則成矣。

右出洞玄玉訣上經〔四〕。

〔一〕「方」，靈寶授度儀作「精」。

〔二〕「滅」，原作「成」，據修行經訣、雲笈七籤改；「與我俱成」於靈寶授度儀作「典攝群方」。

〔三〕「五」，雲笈七籤作「吾」。

〔四〕「右出洞玄玉訣上經」，按「以應天象地」前的文字見於元始五老赤書玉篇真文天書經，「當取靈山」後的文字則見於太上洞玄靈寶赤書玉訣妙經（也全見於雲笈七籤卷八十四屍解神杖法），但從文意上看，二者却銜接甚密。赤書玉訣妙經本是對玉篇真文天書經修行方法的闡述，反映了二經的密切關係。也或「當取靈山」前漏標出處。

策版〔一〕品

當朱書三天太上召伏蛟龍虎豹山精文，著一金版〔二〕上，又書記年月、師姓諱，著一版〔三〕上。合二版，内囊裏。朱書次文，著一版〔四〕上，著囊外。凡三版，合封爲神策，如傳之狀。

版悉用櫰木，長一尺四寸，廣二寸四分，以絳文〔五〕之繒作囊，令長一丈二尺，衣之封外，版上下頭印口中元始五老之章。

〔一〕「版」，敦目作「板」。
〔二〕「金版」，太上洞玄靈寶赤書玉訣妙經卷上作「銀木板」。
〔三〕「版」，赤書玉訣妙經作「板」。
〔四〕「版」，赤書玉訣妙經作「板」。
〔五〕「文」，赤書玉訣妙經作「紋」。

當以柏〔一〕函，絳紋作衣，函以盛諸策文〔二〕，著别室，燒香左右，精心供養，受以佩身。天下神靈，奏名〔三〕朝門，給五帝玉童玉女各一十二人。出入遊行，五帝侍衛，三界司迎，生死无復三惡之難，不經泰山，逕昇九天，衣飲〔四〕自然，位同太極，要自成仙。

受〔五〕學道士佩此文，施行神呪，以策文指天，天神下〔六〕；指地，地祇朝拜，三界束帶；指神，神禮；指鬼，鬼自滅爽；指水，水神通道。大劫一交，洪災四會，以策召龍爲負〔七〕。長修積感，神靈交會，所在施召，舉〔八〕嚮立到，千變萬奇，適意所從，出入行來〔九〕，位

〔一〕「柏」，赤書玉訣妙經作「柏木」。
〔二〕「函以盛諸策文」，赤書玉訣妙經作「衣函，以請策文」。
〔三〕「奏名」，赤書玉訣妙經作「朝夕」。
〔四〕「飲」，赤書玉訣妙經作「食」。
〔五〕「受」，赤書玉訣妙經作「至」。
〔六〕「下」，赤書玉訣妙經作「設禮」。
〔七〕「以策召龍爲負」，赤書玉訣妙經作「以策召龍，龍爲負身」。
〔八〕「舉」，赤書玉訣妙經作「降」。
〔九〕「來」，赤書玉訣妙經作「年」。

准〔一〕太極，皆前從飛龍，後導天鈞，鳳嘯鸞鳴，十二華光，建三七色節命靈之旛。精思九年，天儀自備。

靈寶八威神呪曰：「元始太真，五〔二〕靈高尊。太華〔三〕皓映，洞朗八門。五老告命，无幽不關〔四〕。上御九天，中制酆山。下領河海，十二水源。八威神呪，靈策玉文。召龍負水，收炁聚雲〔五〕。束魔送鬼，掃蕩妖群。萬精摧落，所誅無躅。日月五星，北斗七元。諸天諸地，諸水諸山。玉真所部，冥靈〔六〕大神。仙王遊宴，五帝仗〔七〕旛。天丁前驅，金虎後奔。

〔一〕「准」，赤書玉訣妙經作「唯」。

〔二〕「五」，上清修行經訣作「素」。

〔三〕「華」，修行經訣、上清修身要事經作「帝」。

〔四〕「關」，修行經訣、修身要事經作「聞」。

〔五〕「雲」，修行經訣作「靈」。

〔六〕「冥靈」，赤書玉訣妙經作「溟泠」。

〔七〕「仗」，赤書玉訣妙經、修身要事經作「杖」。

玃天猛獸，備衛〔一〕四門。所呼立到，所召立前。赤書焕落，風火无間。有所〔二〕攝驗〔三〕，金龍驛傳。」畢，叩齒九通，仰天三噏〔四〕，引天炁三咽，以策杖〔五〕指所告之地，閉炁九息而止。

右出洞玄玉訣上經〔六〕。

投簡品

上相青童君曰：後聖衆真，莫不先奏金簡於東華，投玉札於上清，然後得受大洞真經。

〔一〕「備衛」，赤書玉訣妙經、修行經訣、修身要事經作「羅備」。

〔二〕「有所」，赤書玉訣妙經作「所有」。

〔三〕「驗」，修行經訣作「録」。

〔四〕「噏」，赤書玉訣妙經、修行經訣、修身要事經作「嘯」。

〔五〕「杖」，赤書玉訣妙經作「文」。

〔六〕「右出洞玄玉訣上經」，原爲「右出洞真青要紫書金根經」。文字實見於太上洞玄靈寶赤書玉訣妙經卷上；上清修行經訣引施用神策法十一，後注「出靈寶真文經下卷」，可證，據改。「洞真青要紫書金根經」實下文「投簡品」中的出處，誤前移於此。

精齋苦修〔一〕，上爲真人。末學之徒，而青宫无有金簡之籙，玉格无有玄編之名，神經亦不可得而披〔二〕，天魔亦不可得而收，真靈終亦不降，玉女亦不衛子之身。今故稟上皇之科，抄集品次，以爲後學開津之逕。有心者，宜加清齋督志，勤尚注念，玄真感徹，玉皇奏簡青宫，便得誦詠神經，通釋幽窮〔三〕。太上剋遣丹輦〔四〕飛軿，來迎兆身，上登玉清。然此禁尤重，非真不傳。

太上常以正月一日、七月七日、九月九日，一年三遣玉晨元皇、太極真人、領仙玉郎，詣東華青宫，校定真仙簿録。其有金簡玉名者，即奏〔五〕三元，隨學深淺，玉童玉女防衛其身。若有泄漏〔六〕，輕真慢法，爲玉童所奏，雖有金簡，即被削除，移名鬼官，身被風刀之

〔一〕「修」，洞真上清青要紫書金根衆經卷下作「行」。
〔二〕「披」，金根衆經作「授」。
〔三〕「窮」，金根衆經作「玄」。
〔四〕「輦」，金根衆經作「輿」。
〔五〕「奏」，金根衆經作「言奏」。
〔六〕「泄漏」，金根衆經作「漏泄」。

考〔一〕，七玄之祖，運蒙山之石，填積夜之河。

凡修〔二〕學之士，每以其日，當夷心寂室，清香〔三〕静念，散香左右，朱書金簡八通，紫繩結編〔四〕，以奏高上玉皇東華青宫，玉札八枚，以奏三元。先於靖〔五〕内，東向叩齒九通，讚禮一通。畢，謹上啓太上高上玉皇、三十九帝、二十四真，某甲受生末世，久染囂塵，幸緣〔六〕先慶，福祚〔七〕所鍾，得覩靈都〔八〕。今奏金簡，言名玉清，封付靈嶽，長爲天臣，乞丐高上，記名三元，賜給玉童玉女侍衛，身乘飛霞，上昇帝宫。畢，起，再拜。

〔一〕「考」，金根衆經作「栲」。
〔二〕「修」，金根衆經作「積」。
〔三〕「香」，金根衆經作「齋」。
〔四〕「編」，金根衆經作「篇」。
〔五〕「靖」，金根衆經作「室」。
〔六〕「幸緣」，金根衆經作「感荷」。
〔七〕「祚」，金根衆經作「德」。
〔八〕「靈都」，金根衆經作「真文」。

奏簡文品〔一〕

奏高上玉皇篇。

某嶽先生某甲〔二〕，本命某〔三〕，某月生，某年某月某朔某日某子〔四〕，奏金簡紫籙玉籍文，上詣太上高上玉皇、三十九帝、二十四高真。金簡紫輝，玉景瓊宫。

右書紫文上，一尺，連金簡投〔五〕。

係高上虚皇玉清東華青宫真人某甲〔六〕稽首再拜。

右書一簡上。

〔一〕「奏簡文品」，敦目無。

〔二〕「某甲」，金根衆經作「王甲，字某甲」。

〔三〕「某」，金根衆經作「某子」。

〔四〕「某年某月某朔某日某子」，金根衆經作「某年某月朔日子」。

〔五〕「投」，金根衆經作「頭」。下幾處「連玉簡投」、「連簡投」同此。

〔六〕「某甲」，金根衆經作「王甲」。

奏言。

右書一簡上。

高上虚皇、玉晨太上大道君、二十四玉皇、三十九帝尊，某甲季世小臣，忝染餘慶，福祚所充，得參上真，謹依玄格，正月一日，上奏金簡，記名東宫〔一〕，乞賜編録，降下真靈，得乘飛霞，上昇帝晨，身登金闕，朝謁玉皇。謹奏。

右三簡上，令足〔二〕。

某郡某縣某鄉里某嶽學士某甲〔三〕，年如干歲，字某甲。

右書一簡上。

某子生，某月子，命屬某嶽某帝某里。

右書一簡上。

太歲某子正月某子朔一日某子，於某郡縣鄉里中，封某嶽奏。

〔一〕「宫」，金根衆經作「華」。
〔二〕「令足」，原作「合是」，據金根衆經改。
〔三〕「學士某甲」，金根衆經作「道士王甲」。

右書一簡上。

合用金簡八枚，紫繩編之，北向讀簡一過。畢，起，執簡再拜。

奏三元君。

某嶽先生某甲〔一〕，字某甲，本命某子，某月生，某年正月某朔一日某子，奏金簡玉札、仙簿録籍文〔二〕，上詣白素元君、黄素元君、紫素元君三元紫蓋金輝洞房宫。

右書一尺白文〔三〕上，連玉簡投。

係三元玉清始學真人某甲〔四〕稽首再拜。

右書一札上。

奏言〔五〕

右書一札上。

〔一〕「某嶽先生某甲」，金根衆經作「某甲先生王甲」。

〔二〕「文」，金根衆經作「符」。

〔三〕「文」，原無，據金根衆經補。

〔四〕「某甲」，金根衆經作「王甲」。

〔五〕「言」，金根衆經作「上」。

太素三元君，甲昔有因緣，福慶所鍾〔一〕，得受神經，未敢披看。謹依青〔二〕華玄格，奉奏玉札，記名青宫，上言三元，乞賜編録，降下真靈，得昇帝晨，上朝玉真。謹奏。

右書三札上。

某郡某縣某鄉里某嶽始學真人某甲〔三〕，年如干，字某甲。

右書一簡〔四〕上。

某子生，某月子，命屬某嶽帝某里。

右書一札上。

太歲某子，正月某朔一日某子，於某郡某縣鄉里中，封某嶽奏。

右書一札上。

合用玉札八枚，以紫繩編之，西向讀玉札一過。畢，謹上啓〔五〕太素元君、黄素元君、紫

〔一〕「鍾」，金根衆經作「種」。

〔二〕「青」，金根衆經作「東」。

〔三〕「某甲」，金根衆經作「王甲」。

〔四〕「簡」，金根衆經作「札」。

〔五〕「謹上啓」，金根衆經作「口祝上答」。

素元君：「甲昔蒙真師盟授真經，金簡〔一〕玉札，記名三清，乞賜給玉童玉女，真靈降身，得乘紫霞，上登帝宮。」畢，起，再拜。

奏東華青宮篇。

某嶽先生某甲〔二〕，字某甲，本命某子某月生，某年正月某朔一日某子，奏金簡青籙仙籍文，上詣玉寶〔三〕金闕上相高晨師東海青童君東華方諸青宮。

右書青文一尺上，連簡投。

係高上玉清青宮〔四〕上相始學真人某甲〔五〕稽首再拜。

右書一簡上。

奏言。

右書一簡上。

〔一〕「金簡」，金根衆經作「今奏」。
〔二〕「某甲」，金根衆經作「王甲」。
〔三〕「玉寶」，金根衆經作「玉寶王」。
〔四〕「宮」，金根衆經作「童」。
〔五〕「某甲」，金根衆經作「王甲」。

甲沉染〔一〕下俗，慶運充加〔二〕，福祚下流，得生人道，參真係炁，志在絶跡，棲身林阜，託蔭靈嶽。謹案玄科，奉奏金簡，記名上宫，乞賜上編玉清，降下神真，得離下世，上昇金闕，進謁〔三〕玉皇。謹奏。

右書三簡上。

某郡縣鄉里某嶽始學真人某甲〔四〕，年如干，字丙丁〔五〕。

右書一簡上。

某子生某月子，命屬某嶽某帝里〔六〕。

右書一簡上。

〔一〕「染」，原作「深」，據金根衆經改。
〔二〕「充加」，金根衆經作「所充」。
〔三〕「謁」，金根衆經作「朝」。
〔四〕「某甲」，金根衆經作「王甲」。
〔五〕「丙丁」，金根衆經作「某甲」。
〔六〕「里」，金根衆經作「某星」。

太歲某子正月某朔一日某子，於某郡縣鄉里中，封〔一〕某嶽奏。

右書一簡上。

合用金簡八枚，以紫繩編〔二〕之，東向讀簡一過。畢，謹上啓〔三〕太清玉寶金闕上相高晨師東海青童君：「某乙幸緣宿福，慶充後代〔四〕，蒙真師成就，得受上經。謹奏金簡，記名青宫，乞賜編録，掌付玉郎，普告諸天諸地、洞清洞淵洞源五嶽衆仙，咸見右别，降以真靈，得乘飛霞，上昇三清。」畢，起再拜。

三面奏簡都畢，還東向叩齒九通，呪曰：「元綱玄邈，天真幽冥。蒙受先慶，福加未〔五〕生。昔緣真師，誠授寶經。敢告三元，上奏玉清。金書東華，録籍記名。長爲帝臣，希降真靈。賜給玉童，玉女衛形。得乘飛霄，上昇金闕，拜謁玉庭。」畢，仰咽液九過，止。

都訖，以簡札埋於所屬嶽，令玉皇篇在北，三元篇在西，青宫篇在東，入土三尺，堅築

〔一〕「封」，金根衆經作「封付」。

〔二〕「編」，金根衆經作「結」。

〔三〕「謹上啓」，金根衆經作「口祝上啓」。

〔四〕「某乙幸緣宿福，慶充後代」，金根衆經作「甲宿緣福慶，充流後代」。

〔五〕「未」，金根衆經作「來」。

其上。畢。北向伏地，叩齒九通，又呪曰：「名奏玉格，録字上清。金簡玉札，結篇皇庭。高上玄遐，三元幽冥。真官未〔一〕降，謹關有靈。封簡神嶽，録奏三清。列上東華，著我玉名。得乘玄輦〔二〕，飛霞緑軿。上造三元，騰身帝晨。」訖，起再拜。

元始天王所受太上投簡求仙上法，三奏簡札，九年之内，玉皇剋降丹精玉芝、金〔三〕璽鳳章，太極真人降子之房，三元剋遣玉童玉女三十六人，上相青童剋告五嶽，給以仙官，飛霞之〔四〕蓋，迎子之身，上昇金闕之宫。

右出洞真青要紫書金根經〔五〕。

靈寶某帝先生某甲，年如干歲，某月生，願神願仙，長生不死，三元同存，九府水帝，十

〔一〕「未」，金根衆經作「來」。
〔二〕「輦」，金根衆經作「輿」。
〔三〕「金」，金根衆經作「龍」。
〔四〕「之」，金根衆經作「玄」。
〔五〕「右出洞真青要紫書金根經」，原無，而誤置於前文「策版品」末，今移補於此。

二河源，江海淮澤〔一〕，溟泠大神，乞削罪名，上聞九天，請詣水府，金龍驛傳。

某歲某月朔如干日某子〔二〕於某國告文。

右朱書籙簡〔三〕上，以青紙裹簡，青絲纏之。金龍負簡，以投三河之淵。初用金鈕九隻，連簡沉之，後投不須，三過都止。投簡，當於清泠之淵，北向叩齒三通，讀文竟，呪曰：「元始五老，上帝高尊。十方至真，太華靈仙。赤文告命，无幽不關〔四〕。上御九天，請下告〔五〕文。日月五星，北斗七元。中告五嶽，四方靈山。下告河海，十二水〔六〕源。九府水帝，真靈〔七〕大神。今日上告，萬願開陳。請投玉簡，乞削罪名。千曾萬祖，九族種親。罪

〔一〕「江海淮澤」，太上洞玄靈寶赤書玉訣妙經卷上作「江河淮濟」。

〔二〕「某歲某月朔如干日某子」，赤書玉訣妙經作「太歲某年某月某朔某日某時」。

〔三〕「籙簡」，赤書玉訣妙經作「銀木簡」。

〔四〕「赤文告命，无幽不關」，赤書玉訣妙經作「赤書告命，无幽不聞」。

〔五〕「告」，赤書玉訣妙經作「玉」，當是。

〔六〕「水」，赤書玉訣妙經作「泉」。

〔七〕「真靈」，赤書玉訣妙經作「溟泠」。

名〔一〕連染，及得我身。普蒙削除，絶滅種根。記名水府，言上帝前。七祖父母，去離八難。上登九天，衣飯〔二〕自然。我罪釋散，萬神咸聞。請以金鈕，關盟〔三〕水官。請如所〔四〕陳，金龍驛傳。」

右出洞玄玉訣上經。

靈寶某帝先生某甲，年如干歲，某月生，命屬赤〔五〕帝，名係霍〔六〕山，願神願仙，長生度世，飛行上清。五嶽真人、至神至靈，乞削罪籍，上盟〔七〕九天。請詣靈山，金龍驛傳。

〔一〕「名」，赤書玉訣妙經作「根」。
〔二〕「飯」，赤書玉訣妙經作「食」。
〔三〕「盟」，赤書玉訣妙經作「明」。
〔四〕「所」，赤書玉訣妙經作「斯」。
〔五〕「赤」，太上洞玄靈寶赤書玉訣妙經卷上作「某」。
〔六〕「霍」，赤書玉訣妙經作「泰」。
〔七〕「盟」，赤書玉訣妙經作「聞」。

某年某月朔如干日某子〔一〕，於某嶽告文。

右朱書銀〔二〕簡，青紙裹之，青絲纏之，金鈕九隻，金龍一枚〔三〕，埋本命之嶽。悉如上法。於本命之嶽，東向叩齒九通，讀簡竟，呪曰：「玄上開明，元始監真。上帝五老，赤書丹文。天地本始，總領三元。攝炁召會，催促舉〔四〕仙。高上符命，普告十天。日月星宿，五嶽靈山。天下地上，冥靈〔五〕大神。監生主録，南上三門。開領玉簡，勒名丹編〔六〕。削落罪書，上補帝臣。億〔七〕曾萬祖，九族種親。皆蒙解脱，五道八難。去離三惡，魂升九天。生死開度，萬劫長存。今日上告，萬神咸聞。請以金鈕，關盟真官。請如所告，金龍驛傳。」

〔一〕「某年某月朔如干日某子」，赤書玉訣妙經作「太歲某甲子某月某朔某日某時」。
〔二〕「銀」，赤書玉訣妙經作「銀木」。
〔三〕「一枚」，赤書玉訣妙經作「負之」。
〔四〕「舉」，赤書玉訣妙經作「降」。
〔五〕「冥靈」，赤書玉訣妙經作「溟泠」。
〔六〕「編」，赤書玉訣妙經作「篇」。
〔七〕「億」，赤書玉訣妙經作「千」。

右出元始靈寶告五嶽靈山除罪求仙上經〔一〕。

靈寶赤〔二〕帝先生某甲，年如干歲，某月生，命係九天，南〔三〕斗領籍，願神願仙，長生度世，飛行上清。中皇九地、戊己黄神、土府五帝，乞削罪録，勒上太玄，請詣中宫，投簡記名，金鈕自信，金龍驛傳。

某年某月朔日某子〔四〕，於某鄉里中告文。

右朱書銀〔五〕簡，青紙裹之，青絲纏之，金鈕九隻，金龍一枚〔六〕，埋所住宅中〔七〕。悉如

〔一〕「經」，赤書玉訣妙經作「法」。按，所引文字實與上則文字緊密相連，均爲太上洞玄靈寶赤書玉訣妙經的内容，元始靈寶告五嶽靈山除罪求仙上法及後則文字所出之元始靈寶告九地土皇滅罪言名求仙上法均爲該經内容。

〔二〕「赤」，太上洞玄靈寶赤書玉訣妙經卷上作「某」。

〔三〕「南」，赤書玉訣妙經作「東」。

〔四〕「某年某月朔日某子」，赤書玉訣妙經作「太歲某甲子某月某朔某日某時」。

〔五〕「銀」，赤書玉訣妙經作「銀木」。

〔六〕「一枚」，赤書玉訣妙經作「負之」。

〔七〕「宅中」，赤書玉訣妙經作「中宫」。

上法。於中庭向王叩齒十二通，讀簡竟，呪曰：「天開地張，九炁分靈。三元同符，十方朗清。五老上帝，開真領生。丹書赤文，元始上精。普告天下，九土皇靈。今日上告，萬仙定生。我願我仙，請投玉名。土府太皇，勒除罪刑。奏簡上宫，列簿華青。早得飛騰，天地同靈。九祖種親，腐骸更榮。魂昇南宫，受化仙庭。日吉告命，萬種〔一〕咸聽。請以金鈕，表盟至情。請如所告，金龍驛傳〔二〕。」

右出元始靈寶告九地土皇滅罪言名求仙上法。

〔一〕「種」，赤書玉訣妙經作「神」。

〔二〕「傳」，赤書玉訣妙經作「呈」。

無上秘要卷之四十二

事師品

詣師，有所請求，規問法事，當先禮經師、籍師，各一拜。畢。再拜，啓度師而自陳。

詣師，當夙〔一〕昔齋戒，嚴裝法服，端恭待旦，載馳載忻〔二〕。

詣師，當正己趨行，稽首俯仰，安徐容序，懼若〔三〕對神。

詣師，每當重掌併〔四〕足，警行斂手，心存上真。

詣師，每當一心，恭修禮敬，斂手直視〔五〕，注念分明。

〔一〕「夙」，洞玄靈寶玉籙簡文三元威儀自然真經作「宿」。

〔二〕「忻」，玉籙簡文三元威儀自然真經作「欣」。

〔三〕「懼若」，玉籙簡文三元威儀自然真經作「歡然」。

〔四〕「併」，玉籙簡文三元威儀自然真經作「累」。

〔五〕「直視」，玉籙簡文三元威儀自然真經作「信禮」。

詣師，當專心正己，意志玄虚，恭修〔一〕禮拜，動止安徐。

詣師，揖讓禮拜，崇向无爲，歡樂玄虚，喜慶交至。

詣師，當濯〔二〕洗手足，衣服素潔〔三〕，體有香熏，炁合神景。

詣師，施問訊畢〔四〕，當入齋堂，燒香願念，禮於三寶。

詣師，當正理〔五〕法服，科次左右，端詳聽思，中外應承。

詣師，當振喜交集，正顔直視，祗畏悚惕〔六〕，如履薄冰。

詣師，當執手平坐，儼然无虧，爲衆所觀。

詣師，修禮既畢，當思己身受生所犯，念自改〔七〕勵。

〔一〕「修」，玉籙簡文三元威儀自然真經作「肅」。

〔二〕「濯」，玉籙簡文三元威儀自然真經作「澡」。

〔三〕「素潔」，玉籙簡文三元威儀自然真經作「潔素」。

〔四〕「施問訊畢」，玉籙簡文三元威儀自然真經作「施禮問訊」。

〔五〕「正理」，玉籙簡文三元威儀自然真經作「施」。

〔六〕「惕」，玉籙簡文三元威儀自然真經作「息」。

〔七〕「改」，玉籙簡文三元威儀自然真經作「舉」。

詣師，念罪既畢，當静思清虚，存念神炁，不相遠離。

詣師，諸念既畢，當起掃灑内外，奉宣功勤，效於恭禮〔一〕。

詣師，有所啓〔二〕稽顙，當起施禮，然後還坐，陳啓心事〔三〕。

詣師，當安徐聲氣，吐納柔和，勿得高剛，傷忤真氣。

詣師，當擇言而道，言以法意〔四〕，勿得輕忽，妄及私否〔五〕。

詣師，當正行直造〔六〕，勿得遊過，彷徨二心。

詣師，當正己求真，勿得懷挾〔七〕，向背〔八〕不專。

〔一〕「禮」，玉籙簡文三元威儀自然真經作「敬」。
〔二〕「啓」，玉籙簡文三元威儀自然真經無。
〔三〕「心事」，玉籙簡文三元威儀自然真經作「所心」。
〔四〕「意」，玉籙簡文三元威儀自然真經作「音」。
〔五〕「否」，玉籙簡文三元威儀自然真經作「鄙」。
〔六〕「正行直造」，玉籙簡文三元威儀自然真經作「勤行直道」。
〔七〕「挾」，原無，據玉籙簡文三元威儀自然真經補。
〔八〕「向背」，玉籙簡文三元威儀自然真經作「背向」。

詣師，當清虚心口，以注正真，勿得飲酒，濁亂神炁。
詣師，當持戒自檢，守死不移，勿得雜念，勞[一]務塵濁。
詣師，當令同氣，形心齊平，勿廣招引異類之人。
詣師，宿止卧息，當著衣服，思真安定，勿得解脱露形。
詣師，冠帶[二]每令整頓，不得露頭，輕慢尊貴。
詣師，當懽心欣喜，如對大聖，勿得瞋恚忿怒[三]。
詣師，當念施忠孝仁義[四]，勿行嫉妬，懷抱不道。
詣師，當藏惡宣善，每弘[五]四輩，勿得毁謗，抑遏賢良[六]。
詣師，當思開化，廣度天人，勿得閉匿，遏塞頑人。

〔一〕「勞」，玉籙簡文三元威儀自然真經作「榮」。
〔二〕「冠帶」，玉籙簡文三元威儀自然真經作「冠帶巾幘」。
〔三〕「勿得瞋恚忿怒」，玉籙簡文三元威儀自然真經作「勿得瞋怒，忿恚四輩」，更恰。
〔四〕「仁義」，玉籙簡文三元威儀自然真經作「仁慈篤義」。
〔五〕「弘」，玉籙簡文三元威儀自然真經作「引」。
〔六〕「賢良」，玉籙簡文三元威儀自然真經作「頑短」。

詣師，開悟愚短，令入法門，勿得蔽道隱真，自取功名。

詣師，當念普天同見法門，勿得異念，存想邪徑。

詣師，當念師家普得飛行，身得侍從，上登大聖。

師有哀憂，弟子皆當抱憂慼，出入无喜〔一〕。

師有疾苦，弟子皆當侍近左右，視〔二〕炁息，有如父母。

師有災厄，弟子皆當率請〔三〕同學，建齋祈請，以立功德。

弟子與師別，經年月朔，皆冠帶執板，禮三拜，長跪問訊。訖，復再拜，合五拜。別亦如此。明識之，不得抹略，取爾無敬。弟子經宿行，皆再拜長跪；別還亦如此。

若同姓、兄弟、宗祖、祠祀、衰麻同者，皆不得相爲師宗；所以爾者，受度日皆證其三曾五祖、七世父母來監臨子孫所受；若違盟負約，九祖代其受罪，皆殃及受法身，是故不合。

弟子若云爲所作及出入行止，每先諮啓所爲，不得專輒自恣。弟子與師共行，不得踐

〔一〕「喜」，玉籙簡文三元威儀自然真經作「懽」。
〔二〕「視」，玉籙簡文三元威儀自然真經作「親視」。
〔三〕「請」，玉籙簡文三元威儀自然真經作「諸」。

師影。

弟子與師共坐，不受他人跪拜；所以爾者，座无二尊。

弟子與師同坐室席，師若出入，起居行止，弟子皆起下地，倚不爾俱伏，不得安然端坐。

弟子始詣師，諸受道法，皆當冠帶執板，謙苦求請，不得取爾抹略，安然而說。

弟子捧師書，皆置書於案上，燒香再拜，竟，開書看之，對句稱爾；竟，復再拜。與師書、答師書，皆如之。

弟子不得犯師名諱，若有人問師名諱，三問不止，皆逼齒。

弟子不得搪揬師左右，左右皆有司察之官〔一〕。

右出洞玄金籙簡文經〔二〕。

〔一〕「弟子與師，別經年月朔」至「左右皆有司察之官」，不見於玉籙簡文三元威儀自然真經，或可補該經之缺。

〔二〕「右出洞玄金籙簡文經」，按引文見於今道藏之洞玄靈寶玉籙簡文三元威儀自然真經，然本書卷三十四師資品所引文字雖出處相同，却不見該經。三洞奉道科戒營始卷六靈寶中盟經目有靈寶上元金籙簡文一卷、靈寶下元黃籙簡文一卷，不詳其與現存經書是如何分合的。

修學品

太上曰：凡學，當從下上，案次而修，不得越略，虧天科條。經有三品，道有三真。三皇内文，天文大字，九天之籙，黄白之道，亦得控轡玄霄，遊涉〔一〕五嶽，故爲下品之第。靈寶洞玄，亦元始俱生，淵賾〔二〕深奥，妙趣同〔三〕源，齋淨芳蘭，五稱映玄，拔度七祖，解釋罪根，亦致真人下降，飛騰上〔四〕清。中品之妙，不妨〔五〕地仙。上清道經，太丹隱書，凡三百寶名，玉訣九千。此上真之首目，玉帝之内篇，得之者名

〔一〕「涉」，洞真太上素靈洞元大有妙經作「盤」。
〔二〕「賾」，大有妙經作「泉」。
〔三〕「同」，大有妙經作「洞」。
〔四〕「上」，大有妙經作「太」。
〔五〕「不妨」，大有妙經作「下方」。

參玉簡，録字青宮，白日昇晨，上造帝堂。上品之訣。

太上曰：人之爲學，皆有先勤〔一〕而末怠，垂〔二〕成而中替，悉由有志而不堅，堅而不固，便致不應。天不誣〔三〕人，示之以響；地不欺人，應之以影。影響不至，神便遠也。此豈天真不驗，由於子身耳。

右出洞真太上素靈大有妙經。

夫仙者心學，心誠則成仙；道者内求，内密則道來；真者修寂，洞静則合真；神者須感，積感則靈通。常能守此，則去仙日近。若夫心競神驚〔四〕，體和不專，動静喪精，耳目廣

〔一〕「勤」，大有妙經作「志」。
〔二〕「垂」，大有妙經作「初」。
〔三〕「誣」，大有妙經作「欺」。
〔四〕「驚」，上清紫精君皇初紫靈道君洞房上經作「務」。

明者，徒積念〔一〕索道，道愈遼也〔二〕。

導引服炁之法、胎息閉心存念之術、幽神中篇、金匱隱音、黄庭内外、太清守記，凡如此道，數千餘事，皆流傳俗間。兆所知聞，自中世以來，軒轅之後，以此諸道而登度者，人以嶽積，不可勝數。此勤心至矣，守精篤矣，秉操堅矣，志尚定矣。行此四德，余將爲兆破券〔三〕昇仙也。至於不固之人，有爲之者，或彌年歷紀，不得其益，何也？或服炁〔四〕呼吸，不得其理；或爲他物所惑，將成而敗；或蹔得其益，遇疾則止；或師將告之，而不知别；或心不能專，精神紛錯；或種〔五〕罪作咎，以犯天忌；或虚增經方，以意損益。凡如此者，往

〔一〕「念」，皇初紫靈道君洞房上經作「稔」。

〔二〕「夫仙者心學」至「道愈遠也」，此段文字見於上清紫精君皇初紫靈道君洞房上經，而真誥卷十八握真輔第二説：「『仙者心學』出二十四神經。」二十四神經當即太上二十四神迴元經。今上清紫精君皇初紫靈道君洞房上經乃合編太上二十四神迴元經等經而成，雖今太上二十四神迴元經不見「仙者心學」段文字，但上清紫精君皇初紫靈道君洞房上經「仙者心學」段文字後正是太上二十四神迴元經的内容，故有理由懷疑該段文字本爲太上二十四神迴元經的内容，在經書分合時誤上移而脱落。秘要注認爲其與下段同出於洞真太上隱書經，待證。

〔三〕「券」，洞真太上説智慧消魔真經卷一作「魔」。

〔四〕「炁」，智慧消魔真經作「引」。

〔五〕「種」，智慧消魔真經作「積」。

往相尋。此皆浮華之人、慠〔一〕穢之士，爲有虚言，不可教也。故使大道不布〔二〕於天下，真仙希遊於世間，皆人之深責，非吾黨之咎累矣。

右出洞真太上隱書經〔三〕。

真人周君曰：人生自然爾者少，生而知道者寡〔四〕，修而行之，學而精之。老子曰：「上士聞道，勤而行之。」信哉言也。

右出洞真洞房内經。

〔一〕「慠」，智慧消魔真經作「傲」。
〔二〕「布」，智慧消魔真經作「帀」。
〔三〕「洞真太上隱書經」，按除此處外，本書六十六叩齒品及卷八十七屍解品分别有兩次、一次引及，前兩次均見於上清紫精君皇初紫靈道君洞房上經，後一次見於洞真上清太微帝君步天綱飛地紀金簡玉字上經。在道經中，上清金真玉光八景飛經、上清太上八素真經及步天綱飛地紀金簡玉字上經均可稱爲「太上隱書」，且歷代經目也不見此經。或確有此經包括上述内容，但「洞真太上隱書經」乃泛稱的可能性更大。此處後則文字見於洞真太上説智慧消魔真經，但智慧消魔真經中却没有「太上隱書」之語，或出處脱落。
〔四〕「人生自然爾者少，生而知道者寡」，太上洞房内經序作「人生自然知道者寡」。

三皇曰：夫欲修道，與三天同命者，當忽彼奢廣，樂此儉約，輕彼榮貴，安此賤辱，惡彼錦繡，被褐懷玉，不戚戚於貧鄙，不孜孜於勢禄。此延命之要也。

又曰：夫爲道者，退有所滯，進有所由，烏白異品，清濁分流；无善不拔，无賢不抽，天愛不止，神敬不休。此修道之長也。

又曰：浩浩三天，並育萬物，人好其華，我取其實；人取其文，我受其質。静心隱止，不勞家室。此益壽之道也。

又曰：世剛則順，當柔其心，外藏其翼，内竄其鱗，榮不累己，寵不加身，幽光匿景，違世守真，存其目光，還思五神。此增年之大要也。

天老曰：俗人修道，心懷萬端，目見華色，意亂心煩，五神失主，道君不還。小人修之，不經日旬，謂之立至；手執口宣，未得一文，謂可全身。但見涓流之激速，未知江海之洸深，覩進趣之末利，未知懷道以養神。

黄帝曰：兆得三皇天書，皆有宿名玄録，既受，神文必行其法。當先匡濟帝王，解除禍患，使國寧民安，然後乃得隱靖修學。

右出洞神監乾經。

脩之身，其德乃真；脩之家，其德有餘；脩之鄉，其德乃長；脩之國，其德乃豐；脩之天下，其德乃普。故以身觀身，以家觀家，以鄉觀鄉，以國觀國，以天下觀天下。吾何以知天下之然哉？以此。

右出老子德經。

夫道德，治之於身，則心達志通，重神愛炁，輕物賤名，思慮不惑，血炁和平，肌膚潤澤，面有光瑩，精神專固，身體輕彊，虚實相成，鬢髮潤光，佼好難終。治之於家，則父慈子孝，夫信婦貞，兄宜弟順，九族和親，耕桑時得，福實積殷，六畜繁廣，事業修治，常有餘矣。治之於鄉，則動合中和，睹正綱紀，白黑分明，曲直異理，是非自得，姦邪不起，威嚴尊顯，奉上化下，公如父子，愛敬信向，上下親喜，百姓和集，官无留負，職修名榮，没身不殆。治之於國，則主明臣忠，朝不隱賢，士不妬功，邪不蔽正，讒不害公，和睦順從，上下无怨，百官皆樂，萬事自然，遠人懷慕，天下向風，國富民實，不伐而彊，宗廟尊顯，社稷永康，陰陽和合，禍亂不生，萬物豐熟，界内大寧，鄰家託命，後世繁昌，道德有餘，與天爲常。

右出妙真經。

大道雖无心，可以有情求。佇駕空洞中，回盻翳滄流。浄明三界外，蕭蕭玉京遊。自无玄挺運，誰能悟冥趣。落落天漢澄，俯仰即虚柔。七玄散幽夜，反胎順沉浮。冥期苟潛凝，陽九无虞〔一〕憂。覩此去來會，時復爲淹留。外身而身存，真仙會良儔。

右出洞玄九天經。

真人〔二〕曰：夫學道之爲〔三〕人也，先孝於所親，忠於所君，愍於所使，善〔四〕於所友，信〔五〕而可復，諫惡揚善，无彼无此，吾我之私，不違外教，能事人道也；次絶酒肉、聲色、嫉

〔一〕「虞」，原作「娯」，據洞玄靈寶自然九天生神章經改。

〔二〕「真人」，太上洞玄靈寶智慧本願大戒上品經作「太極真人」，太清五十八願文同秘要。

〔三〕「爲」，本願大戒上品經無，五十八願文同秘要。

〔四〕「善」，本願大戒上品經作「信」，五十八願文作「言」。

〔五〕「信」，本願大戒上品經作「言」，五十八願文同秘要。

妬、殺害、奢貪、驕恣〔一〕也；次斷五辛、傷〔二〕生滋味之肴也；次令想念兼〔三〕冥，心覩清虚也；次服食休糧，奉持大戒，堅質勤志，導引胎息，吐納和液，修建功德。學仙行爲急，奉戒制情心。虚夷正旡居，仙聖自相尋。若不信法言，胡爲棲山林。太賢樂經戒，受之爲身寶。就學恒苦晚，治身恨不早。此當披幽賾，倏忽年已老。執卷吸爾極，將更死痛惱。吾故及弱齡，棄世以學道。

右出洞玄安志經。

老子〔四〕曰：子若行吾道〔五〕，當持〔六〕上慧源。智亦不獨生，皆須對因緣。各有行宿

〔一〕「恣」，本願大戒上品經、五十八願文作「怠」。
〔二〕「傷」，本願大戒上品經、五十八願文作「肥」。
〔三〕「兼」，五十八願文作「幽」。
〔四〕「老子」，西昇經卷上作「老君」。
〔五〕「子若行吾道」，原無，據西昇經及文意補。
〔六〕「持」，西昇經作「知」。

本，命禄之所聞。同道道得之，同德有德根。宿世不學問〔一〕，今復與失鄰。是以故得失，不樂於道文。

右出西昇經。

太上大道君曰：夫陰丹内御房中之術、黄道赤炁交接之益、七九朝精吐納之要、六一回丹雌雄之法，雖獲仙名，而上清不以比德；雖均致化，而太上不以爲貴。此穢仙濁真，固不得闚於玉闈矣。且嶮巇履冰，多見側〔二〕車之敗，縱有全者，臭亂之地仙耳。

右出洞真太上説智慧消魔經。

清靈〔三〕真人曰：黄赤之道、混炁之法，是張道陵受教施化，爲種子之一術，非真人之事。吾數見行此而絶種，未見種此而得生。百萬之中，莫不盡被考〔四〕者矣；千萬之中，誤

〔一〕「學問」，西昇經作「問學」。

〔二〕「側」，洞真太上説智慧消魔真經卷一作「倒」。

〔三〕「靈」，真誥卷二运象篇第二作「虚」。

〔四〕「考」，真誥作「考罰」。

有一人得之，得之遠至於不死。張道陵承此以教世耳。道陵之變舉，亦不行此爾。慎言濁生之下道，壞真霄之正炁也。思懷淫慾、存心色觀而以兼行上道者，適足明三宮之罰〔一〕。所謂抱玉赴火，以金棺葬狗。色觀謂之黃赤，上道謂之隱書。人之難曉，乃至於此。

紫微夫人曰：黄書赤界，雖長生之秘要，實得生之下術，非上宮天真、流軿宴〔二〕景之夫所得言也。此道在於長養分生而已，非爲上道。有懷於婬炁，兼以行乎隱書者，適足摇三官〔三〕之筆，鳴三官之鼓。玄挺亦不可得恃，解謝不可得賴。要而言之，貞則靈降，專則神使矣。

右英夫人曰：夫學道者，當得專道注真，情无散念，撥奢侈，保沖白，寂焉〔四〕如密有所

〔一〕「三宮之罰」，真誥作「三官之考罰」。

〔二〕「宴」，真誥作「晏」。

〔三〕「摇三官」，真誥作「握水官」。

〔四〕「焉」，真誥卷七甄命授第三作「然」。

覩，希〔一〕然如潛有所得，兢兢〔二〕似臨深谷，戰戰如履冰炭。始得道之門，猶未得道之室。所謂爲難者，學道也；所謂爲易者，學道也。寂玄沉味，保和天真，注神棲靈，耽研六府，惜精閉牝，无視无聽，此道之易。即是不能行此者，所以爲難。

右英夫人曰：自古及今，死生有津，顯默異會，藏往滅智，與世同之，皆得道之行。若夫瓊丹一御，九華三飛，雲液晨酣，流黄徘徊。仰咽金漿，咀嚼玉蕤者，立便控景登空，玄昇太微。自世事乖互〔三〕，期〔四〕業未就。便當躄履太陰，潛生冥鄉。外身棄質，養胎虚宅，陶炁絶籥，受精玄漠。故改容於三陰之館，童顔於九鍊之户，然後知神仙爲奇，死而不亡，去來之事，理之深也。

後東卿司命曰：夫爲道者，精則可矣。有精〔五〕不勤，則无所能爲；勤而不專，亦不能

〔一〕「希」，真誥作「熙」。

〔二〕「兢兢」，真誥作「專專」。

〔三〕「互」，真誥卷四运象篇第四作「玄」。

〔四〕「期」，真誥作「斯」。

〔五〕「精」，真誥卷二运象篇第二作「情」。

有成也。要當令吝心消豁，穢〔一〕疾開散。

定録君曰：違内負心，三魂失真。真既錯散，魂乘其間〔二〕。夫爲道者，當使内心〔三〕鏡徹，宫商相應，靈感於中，神降於外，信不虚也。

玄清夫人曰：爲道者猶木在水，得〔四〕流而行，亦不左觸岸，亦不右觸岸，不爲人所取，不爲鬼神所遮，又不腐敗，吾保其入海矣。人爲道，不爲穢慾所惑，不爲衆邪所誑，精進不疑，吾保其得道矣。

定録、中侯曰：爲道者，常淵淡以獨往〔五〕，每棲神以遊閑，安飲啄以自足，无祈〔六〕眄

〔一〕「穢」，陶弘景在真誥中於此字後注：「此後人黵作『穢』字，不可復識。」秘要正作「穢」，或乃沿襲其誤，但「穢疾」符合文意，或秘要編者所據經書與陶氏不同，「穢」即其是本文。

〔二〕「間」，原作「開」，據真誥卷七甄命授第三改。

〔三〕「心」，真誥作「外」。

〔四〕「得」，真誥卷六甄命授第二作「尋」。

〔五〕「往」，真誥卷二运象篇第二作「處」。

〔六〕「祈」，真誥原經作「旂」，字跡模糊，陶注「謂應作『祈』」，正是。

於籠網[一]。哀樂所以長去，夭閼无所由臻[二]乎？

稟志各有所宅，資性咸有其韻，豈可履逐物之邪蹤，矯我之正業！何不肆天摽之極蹤，適求真之内娱？從幽浄以怡[三]心，援[四]所託以棲意，處東山以晦跡，握玄筌於妙嶺，保隋[五]珠以含照，遣五難於胸心[六]！

司命君曰：爲道當令三關恒調，是積[七]精固骨之道。三關者，口爲天[八]關，足爲地關，手爲人關，謂之三關。三關調則五藏安，五藏安則舉體[九]无病。

紫微夫人告曰：爲道者，譬彼持火入冥室中，其冥即滅，而明獨存。學道存正，愚癡即

〔一〕「網」，真誥作「樊」。

〔二〕「无所由臻」，真誥作「何由而臻」。

〔三〕「怡」，真誥作「熙」。

〔四〕「援」，真誥作「綏」。

〔五〕「隋」，真誥作「隨」。

〔六〕「心」，真誥作「次」。

〔七〕「積」，真誥卷五甄命授第一作「根」。

〔八〕「天」，真誥作「心」，當誤。

〔九〕「體」，真誥作「身」。

滅，而正常存。太上問道陵〔一〕曰：「人命在幾間〔二〕？」或對曰：「在數日之間。」太上曰：「子未能爲道。」或對曰：「人命在食飲〔三〕之間。」太上曰：「子去矣，未謂爲道。」或對曰：「在呼吸之間。」太上曰：「善哉！可謂爲道者矣。」吾昔聞此言，今以告子，子善學道，庶可免此呼吸。弟子雖去吾數〔四〕千萬里，心存吾戒，必得道矣。精研玉經寶書，必得仙也。處吾左側者，意在邪行，終不得道也。人之爲道，讀經行事〔五〕者，譬若食蜜，遍口皆甜，六府皆美而有餘味。能行如此者，得道矣。

右出真誥。

〔一〕「道陵」，真誥卷六甄命授第二、上清衆真教戒德行經作「道人」。
〔二〕「幾間」，真誥作「幾日間」，上清衆真教戒德行經作「幾許間」。
〔三〕「食飲」，真誥作「飯食」，德行經作「飲食」。
〔四〕「數」，真誥作「教」，字跡模糊，陶注：「謂應作『校』字，皆猶差懸也。」今德行經也作「數」，從文意及語法看，「數」是。
〔五〕「讀經行事」，真誥作「讀道經，行道事」，德行經作「讀經，行道事」。

清靈真人説寶神經曰：夫注心道真，玄想靈人，冥冥者亦具鑒〔一〕其意也。若外難未披，假詠兼存，實復未能回西榆之年，還髮玄童矣。苟耽玄篤，志之勤也〔二〕，縱令牙彫面皺、頂生素華者，我道能變之爲嬰兒在須臾之間耳。但問志之何如？老少之學，无所在也。吾即其人也。

右出道迹經。

〔一〕「鑒」，真誥卷九協昌期第一、上清太極真人神仙經作「監」。

〔二〕「也」，原作「灺」，據真誥和太極真人神仙經改。

無上秘要卷之四十三四十四同卷。

修道冠服品

三皇道士法服

洞神三皇經。

受道之身，改易世衣者，身之章號，爲法服人，或有衣玄、青及白三色爲科，存甲子、甲寅、甲申之炁，固身形也。玄冠烏巾、青縹單衣、白芒草屣，謂爲法服。得道昇天，文衣自至。

凡兼參三洞，通服裙褐，履板冠巾，共得用取。

靈寶道士法服

洞玄真一自然經訣。

太極真人言：受道執經，法衣巾褐，褐皆長三尺六寸三十二條；若鹿皮巾褐至佳，皮褐无條數也，黄裳對之，足下草履皮履彊可著耳。

洞玄太極隱注經。

注曰：轉經坐小牀，上高五尺，廣長悉等，巾鹿皮巾，披鹿皮帔〔一〕，不須著褐也。无皮用布，帔著草履。

太極真人讀經法服：披離羅九光錦帔、丹羅寶曜之巾，足下獅子文履。今道士讀經，勤苦於法事；鹿皮〔二〕帔服，後得道日，天帝授子離羅九光之帔、天寶纓絡飛仙法服，以酬佳德。

洞玄請問經下。

〔一〕「巾鹿皮巾，披鹿皮帔」，上清太極隱注玉經寶訣作「但巾帔」。

〔二〕「鹿皮」，太極隱注玉經寶訣作「麤其」。

夫學道，常浄潔衣服，别静〔一〕燒香，安高座〔二〕，盛經禮拜，精思存真，吐納導養，悔謝七世父母及今世前世重罪〔三〕惡緣，布施立功，長齋幽静，定其本願。當令心虚意玄，然後其〔四〕道可成也。善備巾褐、單裙、讀經帔衣〔五〕，法制則不得妄借人、著不浄處，名曰法服，恒有三神童侍之。

昔有一賢者，迎待〔六〕道士。道士不得往，即以帔褐付〔七〕之。行至家，其人敬信，燒香禮之，如見道士。神童見形云：「道士使我來也。」主人于時不知是神童。主人病者即除愈，家門无恙。神童語主人：「病者已愈，道士无煩復來，賢者可送法服還道士也。」主人如

〔一〕「静」，太上洞玄靈寶本行宿緣經作「靖」。

〔二〕「座」，本行宿緣經作「香座」。

〔三〕「罪」，原作「非」，據本行宿緣經改。

〔四〕「其」，本行宿緣經作「真」。

〔五〕「讀經帔衣」，本行宿緣經作「讀經被衣服」。

〔六〕「待」，本行宿緣經作「一」。

〔七〕「付」，本行宿緣經作「赴」。

其語，送至道士。主人問曰：「一日病苦，奉請先生齋，先生多事，但遣信〔一〕，竟不見顧齋。病人今已愈，奉送法服。」道士愕然駭聽。言畢，答曰：「貧道一日須法事竟往，賢者更不來，貧道是以不去，非爲負信，亦无人可遣。又不知君家室病愈。此乃當由主人心盡所至。」問：「往人形貌何似？」答曰：「年可十五六，姿容端正，佳麗出人〔二〕。」道士思惟：「我弟子都無此人，恐神人降耳。」故法服當必令浄潔，制作得法。不爾，鬼反害人。若敗壞〔三〕，當自衣之，不得他用也。

昇玄經。

有一仙人竇子明，著黄褐，戴玄巾，即前作禮行讚，繞太上七帀。

〔一〕「信」，本行宿緣經作「僊童」。

〔二〕「佳麗出人」，本行宿緣經作「似書生人」。

〔三〕「敗壞」，本行宿緣經作「朽敗」。

上清道士法服〔一〕

洞真四極明科。

凡修上清道經大洞真經三十九章，入室之日，當身冠法服，作鹿皮之巾，葛巾亦可〔二〕；當披鹿皮之帔，無有〔三〕，紫青可用。當以紫爲衣〔四〕，青爲裹，帔令廣四尺九寸，以應四時之數；長五尺五寸，以法天地之炁。表裹一法，表當令二十四縫〔五〕，裹令一十五條，内外三十九條，以應三十九帝真之位。身備〔六〕帝皇之章〔七〕，便應冠帶帝皇之服故也。無有此符，不得妄動寶經，詠一句則響徹九天，九真侍〔八〕位，所應不輕。單衣誦經，天魔侵

〔一〕「服」，該字後原有「品」字，據敦目及上下文删。

〔二〕「葛巾亦可」，太真玉帝四極明科經卷四作「不者，葛巾亦可」。

〔三〕「有」，四極明科經作「者」。

〔四〕「衣」，四極明科經作「表」。

〔五〕「縫」，四極明科經作「條」。

〔六〕「備」，四極明科經作「被」。

〔七〕「章」，原作「帝」，據四極明科經改。

〔八〕「侍」，四極明科經作「扶」。

景，萬精亂音，神喪炁散，死入幽泉，又不得仙。有此服者〔一〕，給玉童玉女各二〔二〕人，典衛侍真，不得妄借異人，輕慢神服。五犯，身無復仙冀；十犯，被拷左官〔三〕。

凡女子學上清白日昇天之法，受靈寶〔四〕玉訣，騰〔五〕行大洞，皆充元君夫人之位。入室之日，當冠元君之服，用紫紗作褐〔六〕，令用二〔七〕丈四尺，身袖長促〔八〕，就令取足。當使兩袖〔九〕作十六條，身二十三〔一〇〕條。又作青紗之裙，令用四十五尺，作八幅，幅長四尺九

〔一〕「有此服者」，四極明科經作「有此法服威章」。
〔二〕「二」，四極明科經作「十二」。
〔三〕「被拷左官」，四極明科經作「被考左右二官」。
〔四〕「靈寶」，四極明科經作「寶經」。
〔五〕「騰」，四極明科經作「修」。
〔六〕「用紫紗作褐」，四極明科經作「披紫紗之褐」。
〔七〕「二」，四極明科經作「三」。
〔八〕「身袖長促」，四極明科經作「身幅長短」。
〔九〕「袖」，四極明科經作「幅」。
〔一〇〕「二十三」，原作「二十二」，四極明科經作「二十三」，且其後文有「合三十九條」，故據改。

寸，餘作襻〔一〕腰，分八幅，作三十二條。此作〔二〕飛青之裙、元君之服也。身冠此服，萬靈〔三〕束帶，千魔滅形，給玉童玉女各十二人，典掌法服也。無此服，不得詠於上清寶經；輕以常服誦詠上經，天魔侵景，萬精亂音，神散炁離，又不得仙。

讀經軌度品

真迹經〔四〕。

列紀曰：侍文玉童玉女，並司察有書之道士，言功糾罪，上聞玉清玄中先師，大過被拷於三官，小過奪紀以促年，大罪禍及於三祖，小罪止身以受殃。輕慢則神去，汙穢則文藏。學仙者開視靈文，皆當起拜燒香。天靈司察，可不慎敬？諸非傳授，皆不得妄説篇目，説

〔一〕「襻」，四極明科經作「攀」。
〔二〕「作」，四極明科經作「則」。
〔三〕「靈」，四極明科經作「真」。
〔四〕「真迹經」，按下所引文字見於皇天上清金闕帝君靈書紫文上經，題注或誤，或二經有交叉。

則犯泄漏天文之科。

洞真黄素四十四方經。

凡道士修受上法，欲有所誦讀經文，發帙〔一〕之時，皆當燒香，心拜經前，叩齒五通〔二〕，乃微呪曰：「玉帝上法，上聞三清。吉日齋戒，敢開神經。萬試隱伏，所向皆成。玉童侍護，玉華散馨。上告三元，與我長生。」呪畢開經，然後乃得誦讀之。

此名爲大帝開經之法，令玉女玉童侍守燒香，啓降神靈，上聞九天。

洞真四極明科。

學士入室誦經，皆五帝束帶，四司浮〔三〕位，不得臨經住音，與外人交言，失略言句，稽誕天真，想念不專。三〔四〕犯，伐功斷事，不得成仙；十犯，身被左官拷。

〔一〕「帙」，上清太上黄素四十四方經作「篋」。
〔二〕「叩齒五通」，四十四方經作「啄齒三通」。
〔三〕「浮」，太真玉帝四極明科經卷四作「扶」，洞真太上太霄琅書作「陪」。
〔四〕「三」，四極明科經作「五」。

入室誦經，當令言句相屬，不得越略天音。失一句，更却百言而讀；失二句，却還二百言；失五句，却五百言始就。誦失一句，便誦一篇〔一〕而補之。十犯至三十犯，廢功斷事，不得成仙；五十犯至百犯，延〔二〕七祖，己身並被左右官考，罰刀山、食火、二十四獄三塗之役。

入室誦經，當令目注經文，心念神真，不得臨經他念異想，以亂天音。十犯至三十犯，伐功斷事，不得成仙。

入室誦經，千言以下，不得臨經進飲；千言以上至五千言，得一進飲；五千以上至萬言，得二進飲；萬言以上，得三進飲。不得妄進飲食，以充炁音。五犯至十犯，伐功斷事，不得成仙。

入室誦經，萬言疲極，得聽中住消息，後得讀句竟徧。雖爾，不得經宿殘句，虧廢天度。五犯至十犯，伐功斷事，不得成仙。

入室誦經，若有男女同學，亦得同室，但男女異牀。北向誦經，當令男在東，女在西。

〔一〕「便誦一篇」，四極明科經作「更誦一遍」，太霄琅書同秘要。

〔二〕「延」，四極明科經作「上延」。

不得座〔一〕起卧息，混同一席。三犯，斷功廢事，不得成仙；五犯，身被左官所拷〔二〕。

讀大洞真經三十九章、回風混合帝一百神寶名、玉檢雌一五老寶經、洞玄素靈大有妙經、大丹隱書上品高真之文，北向心拜四方，叩齒三十六通，存五藏之內，生有五色之光，氣注五星之精。然後先讀神州七轉之道，次讀百神内名，乃得誦大洞真經。誦經當令心目相應，不得雜念異想，錯亂真神。當使偏句畢了〔三〕，不得中住，越略言句，左官所執。三犯，不得成〔四〕仙。

讀上清寶經三十一卷獨立之訣，存思修行，皆北向心拜四方，叩齒二十四通，咽液二十四過，存五星、日月三精，玄注於兆身，然後誦經行事。當令心口相應，无有異念。披卷，悉令言句周竟，不得中止，疑聽越略。三犯，乃〔五〕不得仙；五犯，七祖、父母、己身並爲

〔一〕「座」，四極明科經及太霄琅書作「坐」。
〔二〕「拷」，四極明科經作「考」。
〔三〕「了」，原作「子」，據太真玉帝四極明科經卷一改。
〔四〕「成」，四極明科經作「入」。
〔五〕「乃」，四極明科經作「萬」。

左〔一〕官所執。

凡誦靈寶經，或洞玄，或昇玄之經，皆東向叩齒十二通，咽液十二過，再拜，存紫雲之炁，覆冠兆身，然後誦經。當令心目相應，目无他視，心无異念。披卷，言句周竟，不得中住，越略天音。三犯，萬不得仙；五犯以上，考屬左官。

凡讀天皇、地皇、人皇大字，修行其道，皆向南〔二〕再拜，叩齒十二通，咽氣十二過，存天皇君身長九寸，披青帔，著青錦裙，頭戴九光寶冠，手執飛仙玉策在左；人皇君身長九寸，披黄帔，著黄錦裙，頭戴七色寶冠，手執上皇保命玉策在右；地皇君身長九寸，披白錦帔，著素錦之裙，頭戴三晨玉冠，手執元皇定録之策在後。三皇真君在兆左右，然後披卷行事。修此道，不得交接陰陽，履殗入穢，輕慢天文，觸犯真靈，身被左右〔三〕官之考。

〔一〕「左」，四極明科經作「左右」。
〔二〕「向南」，四極明科經作「南向」。
〔三〕「左右」，四極明科經作「左」。

誦經品

洞玄空洞靈章經。

善信男女，香燈供養，見世光明，身入无爲，受福自然。若能長齋，誦經靈章，萬徧道成，身生水火，立致飛行。其道高妙，不得漏泄。

洞玄玉京山經。

兆若能長齋久思，諷誦道德洞經，而叩齒咽液，吐納太和，身作金[一]色，項負圓光，頭簪日華、月英玄景[二]，手把靈符、十絶之幡。斯德巍巍，道之至尊，无窮[三]玄化，太上之真人矣。將感太无、動天老、致飛龍、降天仙也。

〔一〕「金」，四極明科經作「金華」。

〔二〕「月英玄景」，原位於「靈符」前作「手把月英玄景靈符」，據洞玄靈寶玉京山步虚經前移。

〔三〕「无窮」，步虚經作「愔愔」。

洞玄九天神章。

九天生神章，乃三洞飛玄之炁，合成至音〔一〕，結成靈文，混合百神，隱韻内名，生炁〔二〕結形，自然之章。天寶誦之以開天地之光，靈寶誦之以開九幽長夜之魂，神寶誦之以制萬靈，太一誦之以具身神，帝君誦之以結形，九天誦之以生人，學士誦之以昇天，鬼神聞之以昇遷，凡夫聞之以長存，幽魂聞之以開度，枯朽聞之以發煙，嬰孩聞之以能言，死骸聞之以還人。三寶神奥，萬品生根，故非鬼神所知，凡夫所聞。三元宫中，宿有金名紫字，刻書來生，應爲三清神仙之人，當得此文。誦之一過，聲聞九天；誦之二過，天地設恭；誦之三過，三界禮房；誦之四過，天王降仙；誦之五過，五帝朝真；誦之六過，魔王束身；誦之七過，星宿停關；誦之八過，幽夜光明；誦之九過，諸天下臨，一切神靈，莫不衛軒。一過徹天，胞源〔三〕宣通；二過響地，胎結解根；三過神禮，魂門鍊仙；四過天王降鑒，幽夜開關〔四〕；五

〔一〕「合成至音」，洞玄靈寶自然九天生神章經、靈寶自然九天生神三寶大有金書作「三合成音」。

〔二〕「炁」，原作「死」，據九天生神章經、三寶大有金書改。

〔三〕「源」，九天生神章經、三寶大有金書作「原」。

〔四〕「天王降鑒，幽夜開關」，九天生神章經、三寶大有金書作「天王降仙，魄户閉關」。

過五帝朝真，藏府清涼；六過魔王伏諾，胃管生津；七過星宿朗明，孔竅開聰〔一〕；八過幽夜顯光，三部八景，整具形神；九過諸天下臨，三關五藏、六府九宫、金樓玉室、十二重門、紫户玉閣、三萬六千關節、根源本始，一時生神。九過爲一徧。一徧周竟，三界舉名，五帝友别，稱爲真人；十徧通炁，制御萬靈，魔王保舉，列上諸天；百徧通神，坐致自然，太一度符，元君受生；千徧通靈，坐在立亡，仙童玉女，役使東西；萬徧道備，馳騁龍駕，白日登晨。

洞玄五稱經。

太上玄一真人曰：道德五千文，經之至微〔二〕，宣道之意，正真之教，焕乎奇文。誦之千日，虚心注玄，白日昇仙，上爲西華真人。此高仙之宗也，亦能致慶於七祖。

洞玄无量度人經。

〔一〕「聰」，生神章經作「聽」，三寶大有金書同秘要。

〔二〕「微」，太上無極大道自然真一五稱符上經卷下作「賾」。

道言：上學之士，修誦是經，皆即受度，飛昇南宫。世人受誦，則延壽長年，後皆得作尸解之道，魂神暫滅，不經地獄，即得返形，遊行太空。此經微妙，普度无窮，一切天人，莫不受慶。无量之福，生死蒙恵。

本命之日，誦詠是經，魂神澄正，萬炁長存，不經苦惱，身有光明，三界侍衛，五帝司迎，萬神朝禮，名書上天。

道言：夫末學道淺，或仙品未充，運應滅度，身經太陰。臨過之時，同學至人，爲其行香，誦經十徧〔一〕，以度尸形。如法，魂神逕上南宫，隨其學功，計日而得更生，轉輪不滅，便得神仙。

道言：夫天地運終，亦當修齋，行香誦經；星宿錯度，日月失昏，亦當修齋，行香誦經；四時失度，陰陽不調，亦當修齋，行香誦經；國主有災，兵革四興，亦當修齋，行香誦經；疫毒流行，兆民死傷，亦當修齋，行香誦經；師友命過，亦當修齋，行香誦經。夫齋戒誦經，功德甚重，上消天災，保鎮帝王，下禳毒害，以度兆民，生死受賴，其福難勝。故曰无量，普度天人。

〔一〕「徧」，靈寶无量度人上品妙經卷一作「過」。

道言：凡有是經，能爲天地帝主。兆民行是功德，有災之日，發心修齋，燒香誦經十過，皆諸天記名，萬神侍衛。

道言：此諸天中大梵隱語无量之音，舊文字皆廣長一丈，天真皇人昔書其文，以爲正音。有知其音，能齋而誦之者，諸天皆遣飛天神王下觀其身，書其功勤，上奏諸天，萬神朝禮，地祇侍門，大勳魔王，保舉上仙，道備尅得遊行三界，昇入金門。

洞真金房度命經。

此經，高上之玉章、大洞〔一〕之靈篇，羅列〔二〕一形之内。誦之一徧，妙理自解〔三〕；誦之十徧，反容童顔；誦之百徧〔四〕，内化胎仙；誦之千徧，坐在立亡；萬徧道備，白日登晨。長齋寂處，不關風塵，道无弗〔五〕降，計日昇仙。

〔一〕「大洞」，洞真金房度命緑字迴年三華寶曜内真上經作「太帝」。
〔二〕「列」，三華寶曜内真上經作「分」。
〔三〕「解」，三華寶曜内真上經作「鮮」。
〔四〕「徧」，原作「篇」，據三華寶曜内真上經改。
〔五〕「弗」，三華寶曜内真上經作「不」。

誦經十過爲一徧〔一〕，徧〔二〕則服金房保命符各一枚，十遍便十服符，限遍〔三〕。此則通神致真，坐見八方，條〔四〕理百關，節節〔五〕納靈，萬炁總歸，則能長生，壽極天地，三光同年。

洞真龍景紫鳳赤書經〔六〕。

赤書九十一言，是西城真人所受。别抄舊文旨，所修求仙之本，乃鳳氣之隱音。得佩之者神仙，行之成真，凡人奉之者禳患。若能長齋苦行，棲身幽阜，誦詠萬徧，則策龍駕虛，上登玉清，隱在人間。佩文誦音，神官來朝，誦詠一徧，神朗氣清，千妖束身，萬魔滅形。

〔一〕「誦經十過爲一徧」，三華寶曜内真上經作「誦經十遍爲一過」。
〔二〕「徧」，三華寶曜内真上經作「迄」。
〔三〕「限遍」，三華寶曜内真上經作「隨遍之限」。
〔四〕「條」，三華寶曜内真上經作「調」。
〔五〕「節節」，三華寶曜内真上經作「節度」。
〔六〕「洞真龍景紫鳳赤書經」，經佚，下引文字部分見於上清佩符文青券訣，其文後説「右出紫鳳赤書經」，可證。

洞真素靈大有妙經。

太極真人曰：太上素靈洞玄〔一〕妙經，與〔二〕元始同生。靈文既存，衆真詣座，燒香禮經。遊〔三〕行誦此二十一篇之章，以慶於神庭也。玉音激朗，清澈九天，其句幽微，妙趣傍通。誦詠一過，萬神啓靈，恒當〔四〕究習，與帝合真，解宿對之重責，拔七玄於幽宫，釋五苦於愁魂，度身上於三天〔五〕。妙乎微哉，斯之靈文也。

洞真三天正法經。

三天頌文，凡受此文，誦之於别室，千徧通神，萬徧通真。通神則與神交言，逆知吉凶；通真則與元始覩顔，入水不沉，入火不然，經災履厄，騰景三清。

〔一〕「玄」，洞真太上素靈洞元大有妙經作「元」。
〔二〕「與」，大有妙經作「以」。
〔三〕「遊」，大有妙經作「旋」。
〔四〕「恒當」，大有妙經作「常能」。
〔五〕「度身上於三天」，大有妙經作「度身生于上天」。

洞真太霄琅書瓊文帝章經。

凡修衆經，以瓊文爲先。誦詠寂室，静慶霞軒〔一〕，群魔伏使〔二〕，萬試敢前。隨意所修，乃得道真，萬徧道備，騰身太清。

洞真智慧觀身大戒經。

太微天帝君曰：道學〔三〕不奉觀身大戒，而誦經萬徧，隱處山林，昇仙之舉，恐未可希耶。

洞真外國放品經。

當燒香静〔四〕室，禮願修行。詠之一徧，萬真交會，五老降〔五〕形，天魔仰伏〔六〕，招仙

〔一〕「軒」，高上太霄琅書瓊文帝章經及洞真太上太霄琅書卷一作「庭」。
〔二〕「使」，瓊文帝章經、太霄琅書作「袂」。
〔三〕「學」，上清洞真智慧觀身大戒文作「舉」。
〔四〕「静」，上清外國放品青童内文卷上作「寂」。
〔五〕「降」，青童内文作「朝」。
〔六〕「仰伏」，青童内文作「伏首」。

致真。

洞真三元玉檢布經。

玉清上宮瓊瑤蕭條之唱，乃九十章，三元君主之。元君恒詠其曲，以和於形魂之氣，慶於九府之真。行三元道〔一〕，當諷誦其唱，求感至靈，招於玄虛〔二〕，降之津路。

洞真素奏丹靈六甲符經。

上清瓊宮玉女皆以金簡刻書上宮歌章，各聲合唱，逸朗玉清，上慶神真，解滯常陽。有得此文，六甲降形，能常清齋，詠誦靈音，剋乘白鸞，上昇瓊宮。學失此道，徒損形神，天真不降，無由成仙。

凡修六甲之道，每以甲日入室服符，誦詠六宮歌章。六年通感，玉女降房，與兆面言，運龍飛霄，上昇兆身。祕則靈降，泄則受殃。

〔一〕「三元道」，上清玉檢三元布經作「三元之道」。

〔二〕「虛」，玉檢三元布經無，故作「招於玄降之津路」。

洞真玉清隱書經。

大洞玉清隱呪九天上文，出自高上口訣，解滯散怨〔一〕。大洞真經三十九章，理極於此。上則引致高靈之霞映，下則滅於萬魔之凶殃。誦之一徧，開明幽關，三十九户，納受玉津，死氣沉塞，百神内歡。百神既暢，則聲達九玄，氣朗紫霄，響叩玉晨，五帝束帶，萬靈朝軒，生生來歸，七祖昇遷，身致羽翼，駕景乘雲，飛行玉清，位參〔二〕紫賓。此高玄之妙道，玉清之秘篇。

〔一〕「怨」，原作「源」，據上清太上玉清隱書滅魔神慧高玄真經改。

〔二〕「參」，高玄真經作「齊」。

無上秘要卷之四十四

洞真三元品誡儀〔一〕

上元品誡

上真禪號高下尊卑功過儀典。

上真衆聖朝禮旋行功過儀典。

〔一〕「洞真三元品誡儀」，敦煌無上秘要目録無，而是取其細目「上元品誡」、「中元品誡」、「下元品誡」爲品，秘要正文也有「上元品誡；中元品誡；下元品誡」，與後文「玉清下元戒品」、「玉清中元戒品」、「玉清上元戒品」更合，疑當以敦目爲是。本卷出自太上洞玄靈寶三元品誡功德輕重經，末尾不見出處，故疑「洞真三元品誡儀」本爲出處，與卷四十三先標出處後引内容相符。

上真大聖遊宴從駕功過儀典〔一〕。

上真總校生死圖籙功過〔二〕。

上真總領生死命籍筭録功過。

上真總領生死功德輕重功過。

上真總領鬼神功德報叙〔三〕輪轉功過。

上真總領鬼神幽責開度功過。

上真總領昇度死魂更生輕重功過。

上真總領死魂受鍊安靈〔四〕功過。

上真總領神仙得道年月品秩功過。

上真總領萬魔謡調之音功過。

〔一〕「典」，該字後太上洞玄靈寶三元品誡功德輕重經還有「上真中聖遊宴從駕功過儀典」。

〔二〕「上真總校生死圖籙功過」，從此句至後文「謡調之音功過」的句中的「功過」後，功德輕重經均有「儀典」二字。

〔三〕「叙」，功德輕重經作「對」。

〔四〕「安靈」，功德輕重經作「更生」。

學上道不信經誡懷疑兩心罪〔一〕。

學上道輕慢聖文評論經典罪。

學上道輕慢師主違背盟誓罪。

學上道毁謗師父不崇大〔二〕義罪。

學上道竊取經書无有師宗罪。

學上道學无師而授弟子罪。

學上道誘〔三〕取經書而傳弟子罪。

學上道得經書无師盟度罪。

學上道受經不依經科年月傳授罪。

學上道受經傳授非其人罪。

學上道受法師門无開度之功罪。

〔一〕「學上道不信經誡懷疑兩心罪」，從此句始至本卷末，所有句中的「罪」在功德輕重經中作「之罪」。

〔二〕「大」，功德輕重經作「天」。

〔三〕「誘」，功德輕重經作「傍」。

學上道无功而傳授弟子罪。
學上道傳法宿奏不合而傳罪。
學上道傳經不宿奏五帝罪。
學上道受經无信賤道罪。
學上道遏斷賢路自取功名罪。
學上道月朔月望八節不禮師〔一〕罪。
學上道不修齋直之罪。
學上道齋直不精之罪。
學上道誦經越略之罪。
學上道旋行越次諍競罪。
學上道恚怒師父罪。
學士〔二〕及百姓子攻擊善人罪。

〔一〕「師」，功德輕重經作「師尊」。
〔二〕「學士」，從此句始至卷末，所有句中的此兩字在功德輕重經中作「學者」。

學士及百姓子惡口赤舌罪。

學士及百姓子評論師主〔一〕罪。

學士及百姓子飲酒失性罪。

學士及百姓子殺生陰賊罪。

學士及百姓子貪欲驕逸罪。

學士及百姓子穢濁道法罪。

學士及百姓子咒詛神鬼罪。

學士及百姓子殺害衆生罪。

學士及百姓子綺語兩舌不信罪。

學士及百姓子姦婬穢濁罪。

學士及百姓子盜竊人物罪。

學士及百姓子嫉賢妬能罪。

學士及百姓子背師恩愛罪。

〔一〕「師主」，功德輕重經作「師主百姓」。

學士及百姓子欺師背道罪。

學士及百姓子泄漏天文罪。

學士及百姓子毀謗經法罪。

學士及百姓子修經中悔罪。

學士及百姓子不忠於上罪。

學士及百姓子罔略於下罪。

學士及百姓子欺罔同學罪。

學士及百姓子欺罔百姓罪〔一〕。

學士及百姓子口善心惡罪。

學士及百姓子説人過惡罪。

學士及百姓子輕慢三光罪。

學士及百姓子穢慢神鬼罪。

右六十條罪，由天官一宫中府十三曹、地官一宫中府十四曹、水官一宫中府十四曹風

〔一〕「學士及百姓子欺罔百姓罪」，此句功德輕重經無。

刀考官主之。

中元品誡

學士及百姓子媢妬同學罪。

學士及百姓子浮華妄語罪。

學士及百姓子貪利入己无厭罪。

學士及百姓子積祿重寶，不施散罪。

學士及百姓子樂人寶物入己罪。

學士及百姓子願人傷敗流散罪。

學士及百姓子私畜刀杖兵器罪。

學士及百姓子屠割六畜殺生罪。

學士及百姓子射刺〔一〕野獸飛鳥罪。

學士及百姓子燒山捕獵罪。

〔一〕「射刺」，功德輕重經作「刺射」。

學士及百姓子捕魚張筌〔一〕罪。

學士及百姓子金銀器食罪。

學士及百姓子貪樂榮禄酷〔二〕政罪。

學士及百姓子燒敗見物成功罪。

學士及百姓子飲食投水中罪。

學士及百姓子貪濁滋味肥葷罪。

學士及百姓子貪食五辛罪。

學士及百姓子草書僞意罪。

學士及百姓子合聚群衆罪。

學士及百姓子圖謀人婦女罪。

學士及百姓子心謀〔三〕國事罪。

〔一〕「捕魚張筌」，功德輕重經作「張筌捕魚」。

〔二〕「酷」，功德輕重經作「虐」。

〔三〕「心謀」，功德輕重經作「評論」。

學士及百姓子圖謀人家物事〔一〕罪。

學士及百姓子以粗物易好物罪。

學士及百姓子交關天子王侯〔二〕罪。

學士及百姓子干知〔三〕天時星宿罪。

學士及百姓子燒田野山林罪。

學士及百姓子斫伐樹木、採草華〔四〕罪。

學士及百姓子與惡人交遊親近〔五〕罪。

學士及百姓子交關流俗華競罪。

學士及百姓子在人中獨食〔六〕罪。

〔一〕「人家物事」，功德輕重經作「人財物」。

〔二〕「天子王侯」，功德輕重經作「權貴侯王」。

〔三〕「干知」，功德輕重經作「妄説」。

〔四〕「採草華」，功德輕重經作「採摘華草」。

〔五〕「親近」，功德輕重經作「親近異類」。

〔六〕「在人中獨食」，功德輕重經作「在人中獨食不思飢餒」。

學士及百姓子放逸〔一〕世間伎樂罪。
學士及百姓子面譽世人、陰毁人〔二〕罪。
學士及百姓子説人尊上善〔三〕惡罪。
學士及百姓子泄漏人陰惡私鄙罪。
學士及百姓子攻擊善人、横生无端罪。
學士及百姓子妄視人書疏私微〔四〕罪。
學士及百姓子與女人獨〔五〕行邪語罪。
學士及百姓子男女同座群居罪。
學士及百姓子男女共食、交錯衣服〔六〕罪。

〔一〕「逸」，功德輕重經作「蕩」。
〔二〕「人」，功德輕重經作「善人」。
〔三〕「善」，功德輕重經作「過」。
〔四〕「妄視人書疏私微」，功德輕重經作「窺人書疏察微」。
〔五〕「獨」，功德輕重經作「邪」。
〔六〕「服」，功德輕重經作「物」。

學士及百姓子男女教化不善罪。
學士及百姓子與世間交關婚事罪〔一〕。
學士及百姓子自貴驕色〔二〕罪。
學士及百姓子因恨報怨〔三〕罪。
學士及百姓子離別家室罪。
學士及百姓子落子傷胎罪。
學士及百姓子疏宗族親異姓罪。
學士及百姓子毒藥投水傷生罪。
學士及百姓子婬〔四〕愛弟子罪。
學士及百姓子收〔五〕集人衆罪。

〔一〕「學士及百姓子與世間交關婚事罪」，此句功德輕重經無。
〔二〕「色」，功德輕重經作「逸」。
〔三〕「因恨報怨」，功德輕重經作「因公報冤」。
〔四〕「婬」，功德輕重經作「匿」。
〔五〕「收」，功德輕重經作「聚」。

學士及百姓子投書讚世人罪。

學士及百姓子自許[一]用性罪。

學士及百姓子妄作忌諱罪。

學士及百姓子希人物[二]罪。

學士及百姓子評論師友長短罪。

學士及百姓子輕慢經教法言罪。

學士及百姓子薄賤天[三]人老病罪。

學士及百姓子棄薄乞人罪。

學士及百姓子承威勢以淩世間[四]罪。

學士及百姓子阿黨所親罪。

學士及百姓子父母兄弟别離各居罪。

〔一〕「許」，功德輕重經作「恃」。

〔二〕「物」，功德輕重經作「事物」。

〔三〕「天」，功德輕重經作「他」。

〔四〕「間」，功德輕重經作「人」。

右六十條罪，由天官左宮左府十二曹、地官左宮左府十四曹、水官左宮左府十四曹太陽水[一]官考吏主之。

下元品誡

學士及百姓子恚責[二]弟子罪。

學士及百姓子恚責世[三]人罪。

學士及百姓子不放生度死罪。

學士及百姓子富貴忘師罪。

學士及百姓子諸天齋日不念道罪。

學士及百姓子信人言恚[四]師主罪。

〔一〕「水」，功德輕重經作「火」。

〔二〕「恚責」，功德輕重經作「嗔恚」。

〔三〕「世」，功德輕重經作「善」。

〔四〕「信人言恚」，功德輕重經作「嗔恚」。

學士及百姓子唱論人惡事〔一〕罪。

學士及百姓子笑人頑闇貧賤罪。

學士及百姓子親人爲惡事〔二〕罪。

學士及百姓子禁人作善事罪。

學士及百姓子快人過失罪。

學士及百姓子去就背向〔三〕罪。

學士及百姓子五嶽三河無簡名罪。

學士及百姓子汙穢〔四〕五嶽三河罪。

學士及百姓子奪人所欲〔五〕罪。

學士及百姓子馳騁流俗求競世間罪。

〔一〕「唱論人惡事」，功德輕重經作「論人過惡」。

〔二〕「親人爲惡事」，功德輕重經作「勸人爲惡」。

〔三〕「去就背向」，功德輕重經作「去就背向非道」。

〔四〕「汙穢」，功德輕重經作「穢汚」。

〔五〕「欲」，功德輕重經作「好」。

學士及百姓子慶弔世間求悦衆人罪。

學士及百姓子認[一]他人之功爲己德罪。

學士及百姓子言人飲食好惡[二]罪。

學士及百姓子驚怛[三]百姓衰厄罪。

學士及百姓子驚怛[四]鳥獸促著窮地罪。

學士及百姓子驚怖老小[五]罪。

學士及百姓子輕凌官長有司罪。

學士及百姓子論議世間曲直罪。

學士及百姓子妄論國家衰盛[六]罪。

〔一〕「認」，原作「仍」，據功德輕重經改。

〔二〕「言人飲食好惡」，原作「召人飲食惡」，據功德輕重經改。

〔三〕「怛」，功德輕重經作「懼」。

〔四〕「怛」，功德輕重經作「懼」。

〔五〕「小」，功德輕重經作「少」。

〔六〕「衰盛」，功德輕重經作「盛衰」。

學士及百姓子施惠追悋罪。

學士及百姓子遨遊無度罪。

學士及百姓子登高望〔一〕下罪。

學士及百姓子籠飛鳥走獸罪。

學士及百姓子快人家喪禍罪。

學士及百姓子以棘刺横人行道罪。

學士及百姓子拜禮鬼神〔二〕罪。

學士及百姓子裸形〔三〕三光罪。

學士及百姓子呵罵風雨罪。

學士及百姓子换借不還罪。

〔一〕「望」，功德輕重經作「罔」。

〔二〕「拜禮鬼神」，原作「不拜禮鬼神」，功德輕重經作「拜禮神鬼」，該書卷四十五與本卷内容多相仿，作「道學不得向鬼神禮拜，道學不得教人向鬼神禮拜」，據改。

〔三〕「形」，功德輕重經作「露」。

學士及百姓子罔人求〔一〕榮稱罪。

學士及百姓子傲慢三寶、輕忽天尊罪。

學士及百姓子謀人君長師父罪。

學士及百姓子勸〔二〕人不孝父母兄弟罪。

學士及百姓子矯稱自異號〔三〕真人罪。

學士及百姓子信用外道雜術邪見罪。

學士及百姓子無經師託學欺詐神人罪。

學士及百姓子衣服盈餘弗散窮人罪。

學士及百姓子竊寫人經戒輕慢〔四〕罪。

學士及百姓子榮飾衣褐華麗罪。

學士及百姓子不潔浄上高座罪。

〔一〕「求」，功德輕重經無。

〔二〕「勸」，原作「觀」，據功德輕重經改。

〔三〕「號」，功德輕重經作「號爲」。

〔四〕「輕慢」，功德輕重經作「慢露」。

學士及百姓子穢慢師門不恭罪。

學士及百姓子有哀憂不建齋請〔一〕罪。

學士及百姓子棄師父追世盛〔二〕罪。

學士及百姓子師豪貴隨逐希望〔三〕罪。

學士及百姓子師疾厄不侍省罪。

學士及百姓子遠厄急逐寬樂罪。

學士及百姓子出入道户不關啓罪。

學士及百姓子妄與他人入道户語〔四〕罪。

學士及百姓子齋請不爲三官遷功罪。

學士及百姓子自愁家門不念他人窮厄罪。

學士及百姓子家有喪疾怨道咎師罪。

〔一〕「請」，功德輕重經作「禱」。

〔二〕「棄師父追世盛」，功德輕重經作「棄忘師父逐世盛名」。

〔三〕「師豪貴隨逐希望」，功德輕重經作「師得豪貴希望豐榮」。

〔四〕「語」，功德輕重經作「交語」。

學士及百姓子得師經道而自稱己得罪。

學士及百姓子傳師道法不折送功〔一〕信罪。

學士及百姓子八節不請師〔二〕言名五帝罪。

右六十條罪，由天官右宮右府十二曹、地官右宮右府十四曹、水官右宮右府十四曹太陰水官考吏主之。

三部品誡，部有六十條，合一百八十條誡，合有陰陽、左右、水火、風刀考官典之。

〔一〕「功」，功德輕重經作「盟」。

〔二〕「請師」，功德輕重經無。

無上秘要卷之四十五

玉清下元戒品

道學不得煞〔一〕生蠕動之蟲。

道學不得教人煞生蠕動之蟲。

道學不得飲酒。

道學不得教人飲酒。

道學不得綺語兩舌不信。

道學不得教人綺語兩舌不信。

道學不得婬犯百姓婦女。

〔一〕「煞」，此處及下句中的該字，上清洞真智慧觀身大戒文作「殺」。

道學不得教人婬犯百姓婦女。
道學不得盜竊〔一〕人物。
道學不得教人盜竊人物。
道學不得嫉賢妬能。
道學不得教人嫉賢妬能。
道學不得背師恩愛。
道學不得教人背師恩愛。
道學不得不忠其上。
道學不得教人不忠其上。
道學不得誷〔二〕其下。
道學不得教人誷其下。
道學不得欺誑同學未解之人。

〔一〕「盜竊」，此處及下句中的該字，觀身大戒文作「竊盜」。
〔二〕「誷」，此處及下句的該字，觀身大戒文作「罔」。

道學不得教人欺誑同學未解之人。
道學不得輕慢弟子。
道學不得教人輕慢弟子。
道學不得口善心懷陰惡。
道學不得教人口善心懷陰惡。
道學不得説人惡過[一]。
道學不得教人説人惡過。
道學不得重積七寶不施散[二]四輩。
道學不得教人重積七寶不施散四輩。
道學不得樂人錢財雜物爲己重擔[三]。
道學不得教人樂人錢財雜物爲己重擔。

[一]「惡過」，此處及下句之該字，觀身大戒文作「過惡」。
[二]「施散」，此處及下句之該字，觀身大戒文作「散施」。
[三]「擔」，此處及下句之該字，原似作「檐」，據觀身大戒文改。

道學不得畜刀杖〔一〕兵器。

道學不得教人畜刀杖兵器。

道學不得養六畜。

道學不得教人養六畜。

道學不得金銀器食飲，死厚葬骸骨。

道學不得教人金銀器食飲，死厚葬骸骨。

道學不得貪樂榮禄王位〔二〕。

道學不得教人貪樂榮禄王位。

道學不得燒敗世間寸土〔三〕之物。

道學不得教人燒敗世間寸土之物。

道學不得以世間堪食之物投水火中。

〔一〕「杖」，此處及下句之該字，觀身大戒文作「仗」。

〔二〕「王位」，此處及下句之該字，觀身大戒文無。

〔三〕「寸土」，此處及下句之該字，觀身大戒文作「寸寸」。

道學不得教人以世間堪食之物投水火中。
道學不得貪世滋味。
道學不得教人貪世滋味。
道學不得貪食五辛。
道學不得教人貪食五辛。
道學不得爲草書。
道學不得教人爲草書。
道學不得以麤物易人好物。
道學不得教人以麤物易人好物。
道學不得知預軍國事物。
道學不得教人知預軍國事物。
道學不得設權變謀。
道學不得教人設權變謀。
道學不得无故見天子王侯。
道學不得教人无故見天子王侯。

道學不得干知天時，指論星宿。
道學不得教人干知天時，指論星宿。
道學不得以火燒田野山林。
道學不得教人以火燒田野山林。
道學不得无故摘衆草之華。
道學不得教人無故摘衆草之華。
道學不得親近惡人。
道學不得教人親近惡人。
道學不得无故伐樹木。
道學不得教人无故伐樹木。
道學不得人中多語言，參豫〔一〕流俗。
道學不得教人人中多語言，參豫流俗。
道學不得人中獨食。

〔一〕「豫」，此處及下句之該字，觀身大戒文作「預」。

道學不得教人人中獨食。

道學不得與〔一〕世間婚姻事。

道學不得教人與世間婚姻事。

道學不得習世間伎樂。

道學不得教人習世間伎樂。

道學不得泄人陰惡私鄙。

道學不得教人泄人陰惡私鄙。

道學不得妄求視〔二〕人書疏。

道學不得教人妄求視人書疏。

道學不得與女人獨語獨行。

道學不得教人與女人獨語獨行〔三〕。

〔一〕「與」，此處及下句之該字，觀身大戒文作「預」。

〔二〕「視」，此處及下句之該字，觀身大戒文作「窺」。

〔三〕「不得教人與女人獨語獨行」，觀身大戒文作「不得與女人同行，行必有宗」。

道學不得與女人同座，男女群居。

道學不得與女人同食，交借〔一〕衣物。

道學不得親教女人。

道學不得説人祖父母〔二〕善惡。

道學不得面譽世人。

道學不得以毒藥投淵池江海中。

道學不得教人以毒藥投淵池江海中。

道學不得疏〔三〕宗族。

道學不得親異姓。

道學不得落子傷胎。

道學不得教人離别家室。

〔一〕「借」，觀身大戒文作「錯」。

〔二〕「祖父母」，觀身大戒文作「祖宗」。

〔三〕「疏」，在觀身大戒文中作「親」，下句之「親」在觀身大戒文中作「疏」，該經上卷有「學士及百姓子疏宗族親異姓罪」，故秘要當是。

道學不得因恨報怨。
道學不得教人因恨報怨。
道學不得輕淩[一]弟子。
道學不得教人輕淩弟子。
道學不得妄聚集人衆。
道學不得教人妄聚集人衆。
道學不得投書讚世人。
道學不得教人投書讚世人。
道學不得自貴。
道學不得教人自貴。
道學不得自驕。
道學不得教人自驕。
道學不得自是用性。

[一]「輕淩」，觀身大戒文作「淫愛」。

道學不得教人自是用性。

道學不得爲世間〔一〕妄多忌諱。

道學不得教人爲世間妄多忌諱。

道學不得希望人物。

道學不得教人希望人物。

道學不得竭陂池。

道學不得教人竭陂池。

道學不得評論師友才思長短。

道學不得教人評論師友才思長短。

道學不得輕慢經書訾毁法言。

道學不得教人輕慢經書訾毁法言。

道學不得薄賤老病。

道學不得教人薄賤老病。

〔一〕「爲世間」，此處及下句之此三字，觀身大戒文無。

道學不得棄薄乞人。

道學不得教人棄薄乞人。

道學不得持〔一〕威勢以淩世間。

道學不得教人持威勢以淩世間。

道學不得阿黨所親。

道學不得教人阿黨所親。

道學不得與父母别門異户。

道學不得教人與父母别門異户。

道學不得嗔恚弟子。

道學不得教人嗔恚弟子。

道學不得恚〔二〕責世人。

道學不得教人恚責世人。

〔一〕「持」，此處及下句之該字，觀身大戒文作「恃」。

〔二〕「恚」，觀身大戒文作「嗔」。

道學不得罵人爲奴婢畜生。

道學不得黥〔一〕奴婢面，傷其四體。

道學不得快人過失。

道學不得教人快人過失。

道學不得斂告煩擾世間。

道學不得教人斂告煩擾世間。

道學不得爲世俗人作禮主。

道學不得爲人圖山立宅。

道學不得占知世間吉凶。

道學不得教人占知世間吉凶。

道學不得去就背向。

道學不得教人去就背向。

道學不得與世人群處。

〔一〕「黥」，觀身大戒文作「墨」。

道學不得无故見貴人。

道學不得乘車載馬。

道學不得奪人所欲。

道學不得教人奪人所欲。

道學不得馳騁流俗，求競世間。

道學不得慶吊世間，求悦衆人。

道學不得掩〔一〕他人之功名爲己德。

道學不得卧寢金寶彫〔二〕牀。

道學不得名人〔三〕飲食好惡。

道學不得驚怛〔四〕百姓，妄説衰厄。

道學不得教人驚怛百姓，妄説衰厄。

〔一〕「掩」，原作「仍」，據觀身大戒文改。

〔二〕「彫」，觀身大戒文作「雕」。

〔三〕「名人」，觀身大戒文作「與名人」。

〔四〕「怛」，觀身大戒文作「懼」。

道學不得驚怛〔一〕鳥獸，促以窮地。

道學不得妄驚怖老小。

道學不得輕淩官長有司。

道學不得豫〔二〕世間，論議曲直。

道學不得施惠追恪。

道學不得遊遨无度。

道學不得妄登高樓。

道學不得籠飛鳥走獸。

道學不得教人籠飛鳥走獸。

道學不得塞井及溝池。

道學不得快人家喪禍。

道學不得以棘刺〔三〕橫人行道。

〔一〕「怛」，觀身大戒文作「懼」。

〔二〕「豫」，觀身大戒文作「預」。

〔三〕「刺」，此處及下句之該字，觀身大戒文無。

道學不得教人以棘刺橫人行道。
道學不得祠祀神祇。
道學不得教人祠祀神祇。
道學不得向鬼神〔一〕禮拜。
道學不得教人向鬼神禮拜。
道學不得裸形三光，妄呵風雨。
道學不得換舉人物，不還債主。
道學不得斷〔二〕割人財。
道學不得勸人爲惡事。
道學不得禁人爲善事。
道學不得諸天齋日〔三〕而不齋戒念道。

〔一〕「鬼神」，此處及下句之該字，觀身大戒文作「神鬼」。
〔二〕「斷」，觀身大戒文作「折」。
〔三〕「日」，觀身大戒文作「戒」。

道學不得違歲六齋，月中十〔一〕齋。
道學不得違經教、科戒、禁律。
道學不得爲人作辭訴。
道學不得唱論人惡。
道學不得信人言以恚世間。
道學不得笑人頑闇貧窮。
道學不得以意增減經戒一字，輒添一，後生不語中〔二〕。
道學不得傲慢三寶，輕忽天尊〔三〕。
道學不得勸人謀反君長師父。
道學不得勸人不孝父母兄弟。
道學不得矯稱自異〔四〕號爲真人。

〔一〕「十」，觀身大戒文作「不」。
〔二〕「一字，輒添一，後生不語中」，觀身大戒文無。
〔三〕「尊」，觀身大戒文作「人」。
〔四〕「異」，觀身大戒文無。

道學不得信用外道雜術、邪見不真。
道學不得衣物盈餘。
道學不能彊人道學。
道學不得无經託學，欺詐人神。
觀身戒，從五戒至一百八十，君臣父子之道[一]，名玉清智慧下元品誡。

玉清中元誡品

道學不得望人禮敬。
道學不得竊寫人經戒。
道學不得榮飾衣褐。
道學不得身不潔浄上高座讀經。
道學與人同行，當讓人以前。

〔一〕「從五戒至一百八十，君臣父子之道」，觀身大戒文作「從第一戒至一百八十，上仙之道」。

道學與人同學，夏執爨供食。

道學與人同學，冬執瓶供水。

道學與人同食，當食其麤及菜。

道學與人同食，當食正己前。

道學與人同學，當敬先勝己。

道學與人同住，當任人處分。

道學與人同學，當念教解。

道學與人同學，當請問先進。

道學人施惡於己，己受惡不得有怨。

道學不得懷怨，志〔一〕報於人。

道學與女人共語，不得正視面容，含笑相對。

道學與女人同渡水，不得正眼視人。

道學失物，不得疑似同學及衆人。

〔一〕「志」，觀身大戒文作「恚」。

道學失物，當委運自悔多罪。
道學多災病，當恭己自責，念改往修來。
道學當忍人所不能忍。
道學當割人所不能割。
道學當衣人所不能衣。
道學當食人所不能食。
道學當學人所不能學。
道學當容人所不能容。
道學當受人所不能受。
道學當斷人所不能斷。
道學無經業，精神浮散，真想不通。
道學身不潔浄，魂魄離人。
道學有心，天真高逝，魔官不服。
道學有家，則三毒不滅，三真不居。
道學有身，則衆欲不去，精思無應。

道學當虚心静漠，寂與真對〔一〕。

道學當安守〔二〕玄泉，不使妄動生元。

道學當滅識藏見，然後真人見。

觀身戒，從第五〔三〕至二百一十六无上正真之道，名玉清智慧中元戒品。

玉清上元戒品

道學當念菜食爲常。

道學當念先度人後度我〔四〕身。

道學當念居山林，幽静精思。

道學當念安貧讀經，行道無倦。

〔一〕「虚心静漠，寂與真對」，觀身大戒文作「虚心静寂，寞與真對」。

〔二〕「守」，觀身大戒文無。

〔三〕「五」，觀身大戒文作「一」。

〔四〕「我」，觀身大戒文作「己」。

道學當念燒衆名香，流芳諸天，徹魔境界。
道學當念在賢衆，聽受妙旨。
道學當念請受三洞寶經，勤身供養。
道學當念立功度人，終始〔一〕不倦。
道學當念報師友本，終劫弗殆〔二〕。
道學當念國中清静，王化太平，無有不道。
道學當念鄰國有道，各守境界。
道學當念祝願百姓，念常安完〔三〕。
道學當念萬物爲先，不得道己。
道學當念遠鬼神，不敬不慢。
道學當念遠外術禁忌之道。

〔一〕「始」，觀身大戒文作「劫」。
〔二〕「報師友本，終劫弗殆」，觀身大戒文作「報師友本德，終劫不怠」。
〔三〕「念常安完」，觀身大戒文作「令常安全」。

道學當念遠聲色謌舞之術。
道學當念遠卒效鬼語〔一〕妖妄之人。
道學當念崇本守真。
道學當念口不違心，心不負形。
道學當念无疑惑聖文，損益科法。
道學當念无求无欲。
道學當念清白守真。
道學當念心无異想，唯空唯寂。
道學當念家家安寧，咸无苦痛。
道學當念世間憂厄之人，罪繫苦惱，咸得消釋〔二〕。
道學當念天子聖明弘道，皇家日盛。
道學當念主相弘輔，常保有道。

〔一〕「語」，觀身大戒文作「神」。
〔二〕「咸得消釋」，原無，據觀身大戒文補。

道學當念天地日月風雨積〔一〕雪以時。
道學當念父母養我因緣。
道學當念七祖父母未〔二〕昇天堂。
道學當念我師未〔三〕得昇度。
道學當念我同學未測道洲〔四〕淵奥典章。
道學當念同志轉相教導，令入正道。
道學當念不違其口所誦之文。
道學當念視人父母如己父母。
道學當念視人子如〔五〕己子。
道學當念視人身過己身。

〔一〕「積」，觀身大戒文作「霜」。
〔二〕「未」，觀身大戒文作「咸」。
〔三〕「未」，觀身大戒文作「早」。
〔四〕「洲」，觀身大戒文、要修科儀戒律鈔卷六作「源」。
〔五〕「如」，觀身大戒文作「過」。

道學當念視人傷身痛過己身。

道學當念視人辱惡過於己身。

道學當念我宿命因緣根斷。

道學當念我胎根已絶，不復世生，同緣種親。

道學當念我生樹已枯，神合太无，无數之劫，體道合真。

道學當念三塗路塞，地獄長休。

道學當念中食養神，棄諸肥滋。

道學當念慎大法，常存三宮真人元丹子〔一〕。

道學當念觀世和光，不矯〔二〕於俗。

道學當念保〔三〕三寶經戒，常誦不輟。

道學當念存雌一，誦大洞經，眇若對神。

〔一〕「元丹子」，觀身大戒文作「子丹」。

〔二〕「矯」，觀身大戒文作「驕」。

〔三〕「保」，觀身大戒文作「持」。

道學當念登仙度世，乘雲駕龍。
道學當念欲見師友同學之人。
道學當念見真人道士，修行法事。
道學當念見聖王治世，海外稽首，乘風向化。
道學當念食天厨自然之膳，无饑渴之想。
道學當念與天真共對，澹然无爲。
道學當念使玉童玉女。
道學當念東遊青林東華。
道學當念西遊安養西華。
道學當念北遊碧羅北華。
道學當念南遊太丹南華。
道學當念遨遊留秦須彌崑崙中華[一]

〔一〕「遨遊留秦須彌崑崙中華」，觀身大戒文作「遊遨留秦閬臺崑崙」。

道學當念遊志齋堂，講肆〔一〕聖道，敷釋淵賾。

道學當念遊上清金闕，禮見真人太老〔二〕。

道學當念遊玉清七寶宮，禮三元天尊。

道學當念遊玉清丹霞宮禮太上二十四高聖。

道學當念遊太上玉京七寶流霞臺蔭蓋玉京林，禮太上天尊、十方大聖，終劫復始。

道學當念遊紫雲宮，禮洞真三十九高聖。

道學當念遊三十六天黄金宮，禮天帝〔三〕。

道學當念遊九天黄金暉宮，禮天帝〔四〕。

道學當念遊諸天宮宅，與天帝〔五〕問道論經。

〔一〕「肆」，原作「肆」，據觀身大戒文及文意改。

〔二〕「太老」，觀身大戒文作「太上」。

〔三〕「天帝」，觀身大戒文作「天帝君」。

〔四〕「天帝」，觀身大戒文作「无上至真」。

〔五〕「天帝」，觀身大戒文作「真人」。

道學當念遊六天七寶宫觀，化大魔王，見度我符籍，以入仙品，永〔一〕離泉曲之簿。

道學當念遊日月宫殿，光明焕赫，禮見日月王，飲以日月華、金液之漿。

道學當念遊大梵天流景宫，禮拜及天帝〔二〕，聽諸天讚誦〔三〕，霄絶雅妙。

道學當念遊諸天七寶林，反生靈香，流芳逆風聞三千里外，獅子飛龍，鳴嘯其間〔四〕。

道學當念遊諸天浴池，安座蓮花之上，香潔自然，流泊諸天〔五〕百千池，皆如一處，人人快樂。

道學當念遊諸天，聽諸天伎樂，无世間之想。

道學當念遊十方外天，禮大聖衆〔六〕、无上正真人。

道學當念遊下方无極金剛天宫，禮諸九〔七〕老真人。

〔一〕「永」，觀身大戒文作「示」。

〔二〕「禮拜及天帝」，觀身大戒文作「禮四天帝王」。

〔三〕「讚誦」，觀身大戒文作「誦詠」。

〔四〕「間」，觀身大戒文作「羽」。

〔五〕「諸天」，觀身大戒文作「諸天池」。

〔六〕「衆」，觀身大戒文作「象」。

〔七〕「九」，觀身大戒文作「元」。

道學當念遊天地名山隱宫洞室，禮聖衆先得道人。

道學當念以心爲道，終无邪見異念，恒令心虚意泰，不思不慮，安雅〔一〕空寂。

道學當念隱祕天真名諱，不出我口。

觀身戒，從第五〔二〕至三百首，太上无極之道，名高上玉清智慧上元戒品。

洞真智慧觀身大戒經品〔三〕

元始天王曰：夫高上洞真智慧經，不宣世上，學士皆多傳已成真人，見故難見，見而難

〔一〕「雅」，觀身大戒文作「思」。

〔二〕「五」，觀身大戒文作「一」。

〔三〕「洞真智慧觀身大戒經品」，敦目無。本書卷四十五幾乎徵引上清洞真智慧觀身大戒文全經，但並没有指明其出處，且「洞真智慧觀身大戒經品」插入之處的前後文字在上清洞真智慧觀身大戒文本前後銜接，疑「品」字誤加，「洞真智慧觀身大戒經」本爲出處，與上卷「洞真三元品誡儀」一樣，本當置於卷首「玉清下元戒品」前。整理中暫依原經，也將該品編入目録。

盡，是以希見於世矣。是戒尊重，不可以言宣，觀於〔一〕人身諸神三百關節，真靈不得妄出，魔試不能得犯人。受誦此戒，不違其禁，亦可不學而仙〔二〕，雲霞碧轝，自然迎子，白日昇天，浮身空洞，放浪〔三〕十方，項生圓光，煥曜太无，率天衆聖，莫敢不敬仰於子也。六天大魔王是時即舉奉戒之士，東華宮言名大梵天宮，大梵天宮言名玉京金闕，刻以上仙之品焉。

元始天王曰：大洞真經，言〔四〕詠之萬遍，雲駕下迎。靈寶洞玄經有度劫之文，其人修之，而或不仙，及合金丹靈藥〔五〕不成，何也？故由不得修奉智慧觀身戒耳。是戒，衆妙之妙，威神極尊，金華仙人九百，立侍燒香焉。是真秘之道，不傳於文，當誦詠〔六〕而已。夫道

〔一〕「於」，觀身大戒文作「歷」。

〔二〕「仙」，觀身大戒文作「出」。

〔三〕「放浪」，觀身大戒文作「浪放」。

〔四〕「言」，觀身大戒文作「誦」。

〔五〕「合金丹靈藥」，觀身大戒文作「金丹靈液」。

〔六〕「詠」，觀身大戒文作「習」。

學〔一〕不受此戒，終不成仙。或造業墮〔二〕於聲色，或始勤末懈，或入山居家，爲衆魔所試敗，或生異念，疑惑真經，或還從俗，无復道心，或輕慢師友，毁辱同學，或卒發狂癡，性炁倒錯，或貪財愛色，及〔三〕薄三寶，或家道轗軻，怨對悉會，或惡夢亂想，精神愁悶，皆由无大戒以攝其身〔四〕神，三毒浮尸，攪作〔五〕五府，是致〔六〕斯患也。魔王不削泉曲死名，三界不過仙品。

元始天王曰：是戒因靈仙而見，今諸天諸地名山仙人悉奉而行焉。每至朔望八節本命之〔七〕辰、諸天齋日，同學師友，入室説戒一周，先禮十方，方〔八〕一拜。諸天聞説戒音，皆

〔一〕「道學」，觀身大戒文作「學道」。
〔二〕「墮」，觀身大戒文作「隨」。
〔三〕「及」，觀身大戒文作「反」。
〔四〕「身」，觀身大戒文作「心」。
〔五〕「攪作」，觀身大戒文作「狡詐」。
〔六〕「致」，觀身大戒文作「知」。
〔七〕「之」，觀身大戒文作「元」。
〔八〕「方」，觀身大戒文作「每方」。

各禮〔一〕焉。弟子願欲奉當資上金五兩，以爲五帝之信，丹錦十丈，爲十方之質，代夫落簪之盟，不泄戒律，以奉有戒之師。師、弟子對齋三日，思念戒旨。是夕當然十燈供養，光明十方，十方大聖，以表我心矣。天氣和静〔二〕，若其時風雨，雷霆激迅，未可得受也。當更齋戒，重自恭肅，臨時亦將神開意散矣。奉戒九年，身〔三〕燭自明，日月華丹自至〔四〕，金容内發，童顔充肌，神通四達，與高仙齊德，出入无間。能奉此大戒律，則濯纓于流汨之池，解衿于七寶之臺，遊觀蓮花〔五〕之上，蔭以反生香林，光明〔六〕鮮蔚，從劫到劫，永享道真。本命日正中，若夜半北向，誦太上徊玄大品章，以洞十方〔七〕。

〔一〕「禮」，觀身大戒文作「作禮」。
〔二〕「天氣和静」，觀身大戒文無。
〔三〕「身」，觀身大戒文作「神」。
〔四〕「自至」，觀身大戒文無。
〔五〕「蓮花」，觀身大戒文作「華池」。
〔六〕「光明」，觀身大戒文作「金光」。
〔七〕「十方」，觀身大戒文作「十方太上」。

太微天帝曰：是戒名智慧觀身戒，一名保仙靈文，一名高上洞真度命靈章〔一〕，自非有宿世功德、垂慶累業、福祚所延者，終不令見此寶秘矣。東華无金簡玉名，亦不使與是師相遇也。能奉之者，是子命應仙矣。有經而无戒，猶欲涉海而无舟楫，猶有口而无舌，何緣度兆身耶？夫學者不知尋經，知尋經〔二〕而不知尋戒，是未悟真要之根，長夢而不覺，可爲痛心矣。皆當量己，能奉者資信受之。受者九百年得口授一人，不得過一人；若過一人〔三〕，是爲泄戒，罪〔四〕及七祖父母，幽厄地獄，身履三塗，五苦八難，終劫復始，轉輪惡道，去仙日遠，寃家債主，因時一〔五〕會，各慎身焉。

太微天帝曰：敢有竊聽説戒者，即爲天下惡魔所中〔六〕，必至之禍，萬无疑矣。若奉戒弟子獨處山林可畏之地，鳴天鼓十二通，心存戒神，戒神衛己三重，妖魔鬼魅不敢近，福德

〔一〕「章」，觀身大戒文作「丹」。
〔二〕「知尋經」，原無，據觀身大戒文補。
〔三〕「若過一人」，原無，據觀身大戒文補。
〔四〕「罪」，該字前觀身大戒文還有「泄戒」二字。
〔五〕「一」，觀身大戒文作「亦」。
〔六〕「即爲天下惡魔所中」，觀身大戒文作「即爲諸大魔所糾中」。

恒隨身，諸天善神各各擁護也。先是寃家債主，皆生慈心矣。

太微天帝曰：我昔始學之時，唯知請經，不知尋戒，乃歷劫生死。太上愍我道心，高聖哀我不懈，見告云：「子學彌勤，而不知奉觀身大戒，當何由得仙乎？」我於是稽首金闕之下，三千日，太上見授要戒。奉而修之，九年之中，雲轝來迎，三界十方真人交會於玄虛矣。故道學當以戒律爲先，道家之宗尊焉。法應習誦上口，古聖皆祕而不書也。今奉之亦然，弗令真文脱泄凡俗〔一〕矣。

太微天帝曰：道學不奉觀身大戒，而誦經萬徧，隱處山林，昇仙之舉，恐未可學〔二〕耶。若能戒全於内，和光於外，猶庶幾乎靈標之崖也。非道學難，奉戒難耳。子能全戒，余〔三〕及十方太上將保子登仙也。戒全而誦寶經，佩大符，若復不仙，天下无有不死之道矣。我之所説〔四〕，世求其人難得耳。末業〔五〕多託聲名於浮華，罕見道德之真心，是以三寶沉昧，

〔一〕「弗令真文脱泄凡俗」，觀身大戒文作「弗令文脱凡俗」。

〔二〕「學」，觀身大戒文作「希」。

〔三〕「余」，原作「餘」，據觀身大戒文改。

〔四〕「我之所説」，觀身大戒文作「我之戒所慨」。

〔五〕「業」，觀身大戒文作「世」。

聖人潛處，豈道之不弘耶？受戒若全，十方真〔一〕聖自然見於子也，是不學而仙道成矣。不虛言，虛言〔二〕欲何爲哉？正愍世間之志士耳。因緣運會〔三〕當有可教者乎？子其勖之，子其勤之。仙道既就，何樂如之。逍遥于太上玉〔四〕京，放任于自然之域，是爲「歡樂太上前，萬劫猶未始」。此之謂矣，真非翰札所能宣也。

太極真人曰：吾昔聞道於太上，言訓〔五〕三寶洞經而不奉是大戒，仙道衆妙，胡緣而成耶？故口口而已，不宣於文，將獨逸於三寶之苑囿矣。宿无上仙之相好者，亦終不令見也。自非七祖積慶，繁華垂蔭〔六〕，因緣累業〔七〕，冥功彌劫，豈知願樂太上觀身之戒乎？能奉是戒者，便爲太上大法師，三寶之宗焉。十方皆敬子於雲漢，群仙將引子於東華，坐

〔一〕「真」，觀身大戒文作「大」。
〔二〕「虛言」，觀身大戒文作「不虛言」。
〔三〕「運會」，觀身大戒文作「會」。
〔四〕「玉」，原作「之」，據觀身大戒文改。
〔五〕「訓」，觀身大戒文作「誦」。
〔六〕「蔭」，觀身大戒文作「條」。
〔七〕「業」，觀身大戒文作「葉」。

朝〔一〕天魔，魔王舉兆符命於三界六天泉曲之府泰山主者，地官无復有應死之録籍也。青宮仙名，乃定於是耳，將當爲玉京之高仙，太上之真人焉。

太極真人曰：夫道要在行合冥科，積善内足，然後始陟〔二〕大道之境界耳。自弗能爾者，皆爲徒勞於風塵，无益生命之修短也。道在我不由彼。唯慈唯愛，唯善唯忍〔三〕，能行此四等，亦與道爲鄰矣。能勤能信，能雌能終，能諫諍，能棄色酒矣，是爲六度之法，亦與真爲儔矣。能受非不自申，能讓德於人，能不欲人之欲，能容无理不諍，能遠无道，藏身幽處，能不違心，能不負經戒，能不伐〔四〕口所誦，此八能，亦與善爲友矣。

太極真人曰：戒律之爲道，威嚴神妙，恐人不能有心奉〔五〕，故當祕而不書耳。是以智慧經篇，終不悉顯於末學之士矣。口口相傳，將亦何由而泄耶？當其説戒之時，十方天

〔一〕「朝」，觀身大戒文作「召」。

〔二〕「陟」，觀身大戒文作「涉」。

〔三〕「唯善唯忍」，觀身大戒文作「唯忍唯辱」。

〔四〕「伐」，原作「代」，觀身大戒文作「伐口所謂」，「伐」是，據改。

〔五〕「奉」，觀身大戒文作「歸奉」。

人叉手敬聽，鬼神皆禮於所聞，豈可輕而爲〔一〕哉。

太極真人曰：夫古人之爲道也，玄寂靜神，念无所存，口无所言，身无所修，兀然无際，湛然不動，坐忘真道已成，端拱雲車立迎矣。或乘鳳〔二〕淩空，駕龍騁虚，舉身躡〔三〕无，飛昇太極，運〔四〕體於空洞而无待也。是以迹不可見，世无我知，知我者希，則我者貴矣。此之謂乎合符契。爲師友，特〔五〕詭言而爲，固此非上古之法，末學所制耳。若必是學士，願請寶經，審觀其人，意既洞悟，便對經於太上前，啓告而付之，案文而宗奉焉，乃合太上玄科大法矣。苟无弘道之才，胡〔六〕以七祖證十方，而當違此哉？自可先深思省子身能奉與否，三塗地獄，十苦八難，豈可輕耶？視之令人心寒於諸賢。善慎明戒，則福自然矣；背

〔一〕「爲」，原無，據觀身大戒文補。

〔二〕「鳳」，觀身大戒文作「風」。

〔三〕「躡」，觀身大戒文作「踊」。

〔四〕「運」，觀身大戒文無。

〔五〕「特」，觀身大戒文作「恃」。

〔六〕「胡」，原作「故」，據觀身大戒文改。

爾之心，禍亦自然矣。苦痛切身，時刻叵過〔一〕，何況彌劫乎？

太極真人曰：雖復終劫始劫，是戒不易之道，古人口受而身行，道成之日，迹或顯或隱於後世〔二〕，故不測其所修爲矣。是以上古以披衣坐忘而得道，軒轅鑄〔三〕鼎而龍迎，故能洞觀十方，超淩三界，王喬赤松所以乘紫煙而高翔天庭。皆其類也，不能具記。此賢〔四〕所謂不學而仙道自成者乎？

〔一〕「過」，原作「遇」，據觀身大戒文及文意改。

〔二〕「或隱於後世」，觀身大戒文作「或否於外世」。

〔三〕「鑄」，觀身大戒文作「陶」。

〔四〕「此賢」，觀身大戒文作「此豈非」。

無上秘要卷之四十六 四十七同卷。

昇玄戒品〔一〕

昇玄五戒〔二〕

道言：夫色慾敗事，實不可行，而世間賢愚貴賤皆亦同願。唯有道士，乃能執志，堅持教戒，以自檢縛，行止舉動，心不傾邪，在於愛欲之間，終〔三〕不一違。若見色利榮華豔彩〔四〕，以戒掩目。

〔一〕「昇玄戒品」，敦目無，敦目中各細目均加「品」字。

〔二〕「五戒」，敦目作「五戒品」。

〔三〕「終」，太上靈寶昇玄内教經中和品述議疏及昇玄内教經殘卷敦煌文書伯三三四一（敦煌道藏第四册）作「初」。

〔四〕「豔彩」，中和品述議疏及伯三三四一作「粲綵」。

若聞好惡之言、五音之屬，以戒塞耳。

若有八珍之饌、甘香之美，以戒杜口。

若願想財貨、七寶奇珍，放情極欲，以戒挫心。

若憶姦婬，貪趣惡事，以戒折意〔一〕。

能行此五事者，七祖生天，衣飯〔二〕自然，身得神仙，白日登晨；如其尸解，轉輪成真，賢者精誠奉之也。若男若女，不能承用，不肯受持，無可如何，吾寧與人萬金，不書此言。道陵，子當擇人而授，勿泄真文。

太上道君仍頌偈〔三〕曰：「煩惱〔四〕是何物，悉從身〔五〕中生。目覩榮麗色，耳洞五音聲。

〔一〕「意」，中和品述議疏及伯三三四一作「足」。

〔二〕「飯」，中和品述議疏作「食」。

〔三〕「頌偈」，中和品述議疏作「説偈」，伯三三四一作「説頌」。

〔四〕「煩惱」，中和品述議疏及伯三三四一作「慾慾」。

〔五〕「身」，中和品述議疏作「心」。

口甘八〔一〕珍味，心想財貨〔二〕榮。意貪姦婬〔三〕事，手足爲之行。五惡既不住，考對在兆形。永與生道隔，幽魂歿〔四〕鬼囹。罪畢出所在〔五〕，有人而無情。

「奉戒不行惡，掩塞五心門。目不視綺容，耳不采聲煩。口不饗美甘〔六〕，心不愛財錢〔七〕。意無婬向想，手足不去來〔八〕。五惡寂住停，考對焉從宣。永與真道合，不復零鬼官。功積從戒起，白日登玉晨。

「目以色爲讎，初不欲一見。耳以音爲讎，初不願欲聞。口以味爲苦，初不以自薰。

〔一〕「八」，伯三三四一作「雜」。
〔二〕「貨」，中和品述議疏及伯三三四一作「自」。
〔三〕「姦婬」，中和品述議疏及伯三三四一作「婬姦」。
〔四〕「歿」，中和品述議疏及伯三三四一作「没」。
〔五〕「出所在」，中和品述議疏作「出在所」，伯三三四一作「生在所」。
〔六〕「美甘」，中和品述議疏作「甘美」。
〔七〕「財錢」，伯三三四一作「奇珍」。
〔八〕「去來」，中和品述議疏及伯三三四一作「爲申」。

心以寶爲石〔一〕，初不爲想戀。意以奸爲賊，初不欲同貫。足以夷爲岨，初不樂步〔二〕端。五者〔三〕同一路，初不傾邪看。若能如是者，所謂妙中難。難中既能通，滓滯無由安。身清神則寧，皇一守丹田。行備由内起，致得昇沖天。」

道言：奉法行道，當勤修身，當堅精進，當久持戒，當固專念，當執諦想，莫不存道，去邪去惑，去妖去僞，去婬去慾，除棄衆非，以爲包〔四〕真。是先勞後報，度身昇仙，當期當來，勿覩〔五〕目前。

一者不得婬泆，志念在邪，勞神損精，魂魄不守，正氣離去，邪來合前。

二者不得情性忿〔六〕怒，心湧發憤，口泄揚聲，呪詛駡詈，振動天地，神不佑人。身中真官，上訴三天，注名罪目，萬不得仙。

〔一〕「石」，中和品述議疏及伯三三四一作「咎」。
〔二〕「步」，中和品述議疏作「涉」。
〔三〕「者」，中和品述議疏作「苦」。
〔四〕「包」，中和品述議疏作「抱」，伯三三四一無「包」，故「真」連下句「是」斷爲「以爲真是」。
〔五〕「覩」，伯三三四一作「規」。
〔六〕「忿」，中和品述議疏作「嗔」。

三者不得含想毒念，嫉妬〔一〕於人，天人〔二〕糾筆，地官奏言，注名黑簿，考至殺身，最不可犯，害及子孫。

四者不得飲酒迷亂，荒濁穢身，變易常情〔三〕，不崇戒文，不畏官法，不敬父君，不識骨血，爲慾婬牽，魂魄悲號，穢注五神，罵詈恣口，反逆不順，天遺其殃，身受禍患。

五者不得貪利錢財。末世〔四〕多僞，人情凶弊，或於便宜，動謀賊害，財是〔五〕身讎，何用財爲？有而不積，當種福地，空堂清室，名爲仙家。

有此五者，不可一犯，喻如履冰之險，蹈空〔六〕之危，罪定考至而不悟〔七〕知。賢者坐起卧息，深用自戒。

〔一〕「妬」，中和品述議疏作「損」。
〔二〕「人」，中和品述議疏作「神」。
〔三〕「情」，中和品述議疏作「性」。
〔四〕「末世」，中和品述議疏作「世末」。
〔五〕「是」，中和品述議疏作「爲」。
〔六〕「空」，原作「室」，據中和品述議疏改。
〔七〕「悟」，中和品述議疏作「覺」。

右出昇玄内教經卷第七。

昇玄九戒〔一〕

太上告道陵曰：夫欲慕道，求修大乘之法，當樂志虚无，要修行順戒，奉而行之，道立可得。但當奉受其戒，勤行其事，吾當遣衛戒將軍、吏兵、二十四大神，以相衛護，斷絶惡道，度著善地，動遇吉祥，不遭凶横，早絶死道，速致仙度〔二〕，曉空無訣，明虚無意，必獲上道也。

第一戒曰：身不得貪狠恣性〔三〕，驕奢放逸，蒙冒身禍，誕縱自恣，甘惡爲非，過有華飾，口耽脆滑〔四〕，柔軟自適，無有厭足。不知動入罪目，不能自覺。身之罪大，不可稱計。

〔一〕「昇玄九戒」，敦目作「九誡品」。
〔二〕「度」，昇玄内教經殘卷敦煌文書伯二七五〇（敦煌道藏第四册）作「真」。
〔三〕「貪狠恣性」，伯二七五〇作「貪濁狼戾」。
〔四〕「過有華飾，口耽脆滑」，伯二七五〇作「琦麗華飾，所便細滑」。

不得身犯，不得教令於人，攝意持戒，終身奉行，是吾太上。太上太乙〔一〕第一戒也。

第二戒曰：心不得興惡想惡念，不得形想評想，貪欲務得，蒙冒財利，貪毒陰賊，謀議鬲〔二〕戾，貪欲饗味，無有厭足。不知動入罪網，不得自覺。心過之罪，大無有極。不自心興，不得教令於人，攝意持戒，終身奉行，是吾太上。太上太乙第二戒也。

第三戒曰：不得妄言善惡，咒詛罵詈，欺誑妄語，幻惑兩舌，鬪訟交疏〔三〕，持人長短，自作是非，生災造害，興出〔四〕無端，鬻衒道法，謌誦嗟詠，吟嘯歎息，貪美嗜味，無有厭足。不知動入罪網，不能自覺。口過之罪，大無有極。不得口犯，不得教令於人，攝意持戒，終身奉行，是吾太上。太上太乙第三戒也。

第四戒曰：手不得殺害衆生，蚑行蠕動含血之屬，皆不得殺，劫掠强取，奪盜偷竊，取

〔一〕「太上太乙」，伯二七五〇作「太一」，無後一個「太上」，故斷爲「是吾太上太一第一戒也」。後文至第六誡均同此。敦煌文書第七、八、九誡也有兩「太上」，當是。

〔二〕「鬲」，原作「高」。「謀議高戾，貪欲饗味」，伯二七五〇作「議非法，邪隱偏僻，意不平等，季度恚癡，自是鬲戾，濁欲饗味」。「鬲」是，據改。

〔三〕「交疏」，伯二七五〇作「告訴」。

〔四〕「出」，伯二七五〇作「生」。

非其物，捨遺取施，執持兵器，興用非法。不知動入罪網，不得自悟〔一〕。手過之罪，罪之莫大。不自手犯，不得教令於人，攝意持戒，終身奉行，是吾太上。太上太乙第四戒也。

第五戒曰：目不得視非道、非法、非義，榮華容飾，婬視女色，照耀盈目，貪欲洋溢，綺麗珍寶，婬邪妖蠱，不正之色。目爲心候，主收百凶，來致禍毒，罪釁致〔二〕集，一皆目致。心目口手，致殃禍主；動爲禍〔三〕端，收罪之首；心目口手，致罪之府；不可不迮，不可不伏，不可不慎，不可恣之。不知動入罪網，不能自悟。目過之罪，罪之莫大。當宣目戒，勸化一切。豈能戒目？心想自一，滅想滅意，意空空無，無著入無〔四〕，便得道慧。攝意持戒，奉行不廢，是吾太上。太上太乙第五戒也。

第六戒曰：耳不得聽八音五樂、婬聲妖蠱、惑亂〔五〕亡國、妖僞之聲，無有厭足。不知

〔一〕「不得自悟」，伯二七五〇作「不能自覺」。

〔二〕「致」，伯二七五〇作「臻」。

〔三〕「禍」，原作「息」，據伯二七五〇改。

〔四〕「豈能戒目？心想自一，滅想滅意，意空空無，無著入無」，伯二七五〇作「一能誡目，心想自滅，想滅意空，空意無著，無著入無」。

〔五〕「惑亂」，伯二七五〇作「辭正」。

動入罪網，不能自悟。耳過之罪，罪亦復大。不自耳犯，不得教令於人，攝意持戒，終身奉行，是吾太上。太上太乙第六戒也。

第七戒曰：鼻不得貪香惡臭，妄察善惡。不知動入罪網，不能自悟。鼻過之罪，罪亦爲次。不自鼻犯，不得教令於人，攝意持戒，終身奉行，是吾太上。太上太乙第七戒也。

第八戒曰：足不得蹈非義、踐非法，不涉惡履非，妖婬境界。不知動入罪網，不能自悟。足過之罪，罪亦爲次。不自足犯，不得教令於人，攝意持戒，終身奉行，是吾太上。太上太乙第八戒也。

第九戒曰：不得放情任意，強興神器，攻非勝〔一〕敵，精消神散，三氣亡逸，放心〔二〕縱恣，無有厭足。不知動入罪網，傾宗滅族，不能自悟。如斯之罪，罪之莫大。不自身犯，不得教令於人，攝意持戒，終身奉行，是吾太上。太上太乙第九戒也。

右出昇玄内教經卷第九。

〔一〕「勝」，伯二七五〇作「其」。
〔二〕「心」，伯二七五〇作「情」。

洞玄戒品〔一〕

洞玄十戒〔二〕

天尊言：能受是十戒，修行如法，十方天官，無不衛護，必至〔三〕得道。子若逼世累，不盡十者〔四〕，九八七六，乃至於五，擇其能者。然五戒之福，福亦難稱。子其廣勸衆生〔五〕，苟重聞或不喜，猶一二覼縷〔六〕，委曲開悟。

一者不殺，當念衆生。

二者不婬，犯人婦女。

〔一〕「洞玄戒品」，敦目無。
〔二〕「洞玄十戒」，敦目作「要訣十誡品」。
〔三〕「至」，太上洞玄靈寶智慧定志通微經作「致」。
〔四〕「不盡十者」，智慧定志通微經作「不盡心十者」。
〔五〕「生」，智慧定志通微經作「兆」。
〔六〕「苟重聞或不喜，猶一二覼縷」，智慧定志通微經作「垢重聞，或不喜，猶不一二羅縷」。

三者不盜，取非義財。

四者不欺，善惡反論。

五者不醉，當思淨行。

六者宗親和睦，無有非親。

七者見人善事，心助歡喜。

八者見人有憂，助爲作福。

九者彼來加[一]我，志在不報。

十者一切未得道，我不有望。

右出洞玄思微定志經。

洞玄十善戒[二]

一者不得嫉妬勝己，抑絶賢明。

[一]「加」，原作「如」，據智慧定志通微經改。

[二]「洞玄十善戒」，敦目作「十善誡品」。

二者不得飲酒放蕩，穢亂三宫。
三者不得婬犯他妻，好貪細滑。
四者不得棄薄老病窮賤之人。
五者不得誹謗善人，毁敗〔一〕同學。
六者不得貪積珍寶，弗肯施散。
七者不得殺生，祠祀六天鬼神。
八者不得意論經典，以爲虚誕。
九者不得背師恩愛〔二〕，欺詐新學。
十者平等一心，仁孝一切。
諸行著〔三〕足，當避十惡，遠於盲道。

〔一〕「敗」，太上洞玄靈寶智慧罪根上品大戒經卷上作「攻」。
〔二〕「愛」，罪根上品大戒經作「義」。
〔三〕「著」，罪根上品大戒經作「並」。

洞玄十惡戒〔一〕

一者飲酒婬色，貪慾無已。

二者陰賊世間，訕謗道士。

三者輕師慢法，傲忽三寶。

四者竊取經書，妄宣道要。

五者借換不還，欺誘萬民。

六者殺生貪味，口是心非。

七者不孝，背恩違義，犯諸禁戒〔二〕。

八者誦經忽略，嗔嗃自是。

九者責望人意，嗔恚四輩。

十者意斷經音，損益聖典，不信宿命，快情所〔三〕爲，穢慢四大，不念生道。

〔一〕「洞玄十惡戒」，敦目作「十惡誡品」。
〔二〕「戒」，太上洞玄靈寶智慧罪根上品大戒經卷上作「忌」。
〔三〕「所」，罪根上品大戒經作「恣」。

右出洞玄智慧經。

洞玄智慧十戒〔一〕

天尊告曰：第一戒者，心不惡妬，無生陰賊，檢口慎過，想念在法。
第二戒者，守貞讓殺〔二〕，愍濟群生，慈愛廣救，潤及一切。
第三戒者，守貞讓義〔三〕，不婬不盜，常行慈〔四〕念，損己濟物。
第四戒者，不色不慾，心無放蕩，貞潔守慎，行無玷汙。
第五戒者，口無惡言，言不華綺，内外中直，不犯口過。
第六戒者，減酒節行，調和氣性，神不損傷，無犯衆惡。
第七戒者，不嫉人勝己，争競功名，每事遜讓，退身度人。
第八戒者，不得評論經教，訾毁聖文，躬心承法，恒如對神。

〔一〕「洞玄智慧十戒」，敦目作「智慧誡品」。
〔二〕「守貞讓殺」，太上洞真智慧上品大誡作「守仁不殺」。
〔三〕「讓義」，智慧上品大誡作「推讓」。
〔四〕「慈」，智慧上品大誡作「善」。

第九戒者，不得鬭亂口舌，評詳〔一〕四輩，天人咎恨，傷損神氣。

第十戒者，舉動施爲，平等一心，人和神穆，行常使然。

洞玄智慧十二可從戒〔二〕

天尊言：夫爲學者，修齋求〔三〕道，開度天人，作諸善功，當行十二可從戒。

第一者，見真經出法，開度一切，便發道意，心願後世，得登大聖。

第二者，常行慈心，願念一切，普得見法〔四〕，開度廣遠，無有障翳。

第三者，好樂經教，深遠覽達，意志堅明，開化愚闇。

第四者，尊受師訓，廣開勸化，令入法門〔五〕，遠離盲道。

第五者，信向玄妙，尊奉經訣，晨夕誦習，無有怠倦。

〔一〕「詳」，智慧上品大誡作「論」。
〔二〕「洞玄智慧十二可從戒」，敦目作「可從誡品」。
〔三〕「求」，太上洞真智慧上品大誡作「行」。
〔四〕「法」，智慧上品大誡作「聞」。
〔五〕「門」，智慧上品大誡作「牆」。

第六者，不務榮華，斷俗因緣，專心定志，所營在法。

第七者，勤誦大經，願念一切，廣開橋樑，爲來生作緣。

第八者，恒〔一〕生善心，不邪不僞，無嫉無害，無惡無妬。

第九者，在所墮〔二〕生，常值聖世，與靈寶法教，相值不絶。

第十者，潔身持戒，修齋建功，廣救群生，咸得度脱。

第十一者，學業廣覽，宣通同〔三〕法，預以天人，普令開度。

第十二者，常與明師，世世相值，受教宣化，度人無量，一切善心，皆得道真〔四〕。

智慧閉塞六情上品戒〔五〕

第一戒者，目無廣瞻，亂諸華色，亡精失瞳，光不明徹。

〔一〕「恒」，智慧上品大誡作「敬」。

〔二〕「墮」，智慧上品大誡作「托」。

〔三〕「同」，智慧上品大誡作「洞」。

〔四〕「道真」，智慧上品大誡作「真道」。

〔五〕「智慧閉塞六情上品戒」，敦目作「閉塞誡品」。

第二戒者，耳無亂聽，混於五音，傷神敗正，惡聲啼吟。

第三戒者，鼻無廣芳〔一〕，雜氣臭腥，易有混濁，形不澄正。

第四戒者，口無貪味，脂薰之屬，濁注五神，臟腑憒憒〔二〕。

第五戒者，手無犯惡，不竊人物，貪利入己，禍不自覺。

第六戒者，心無愛慾，摇動五神，傷精喪氣，體發迷亂〔三〕。

智慧度生死上品大戒〔四〕

其一者，見人窮急〔五〕，度其死厄；見世明達，能制凶逆，年命長遠，世享无極。

其二者，見人窮乏，饑寒困急，損身布施，令人富貴，福報萬倍，世世歡樂。

其三者，含血之類，有急投人，能爲開度，濟其死厄，見世康强，不遭横惡。

〔一〕「芳」，太上洞真智慧上品大誡作「嗅」。

〔二〕「憒憒」，智慧上品大誡作「潰潰」。

〔三〕「亂」，智慧上品大誡作「荒」。

〔四〕「智慧度生死上品大戒」，敦目作「度生死誡品」。其中的「死」字，太上洞真智慧上品大誡無。

〔五〕「急」，智慧上品大誡作「急」。

其四者，施惠〔一〕鳥獸，有生之類，割口飴乏，無所愛惜，世世飽滿，常在福地。

其五者，度諸蠢動，一切衆生，咸使成就，無有夭傷，見世興盛，不履衆横。

其六者，常行慈心，愍濟一切，放生度死〔二〕，其功甚重，令人見世，居危得安，居疾得康，居貧得富，舉向從心。

智慧十善勸助上品大戒〔三〕

一者，勸助禮敬三寶，供養法師，令人世爲君子，賢孝高才，榮貴巍巍，生爲人尊，門族昌熾。

二者，勸助治寫經書，令人世世聰明，博聞妙賾〔四〕，恒值聖世，見諸經教，能誦章句。

〔一〕「惠」，智慧上品大誡作「慧」。
〔二〕「死」，智慧上品大誡作「厄」。
〔三〕「智慧十善勸助上品大戒」，敦目作「勸助誡品」。
〔四〕「賾」，太上洞真智慧上品大誡作「義」。

三者，勸助建齋浄供〔一〕，令人世世門户高貴，身登天堂，衣〔二〕食自然，常居无爲。

四者，勸助香油衆乏，令人世世芳盛，香潔光明，容眸〔三〕絶偉，天姿高秀。

五者，勸助法師法服，令人世世長雅，逍遥中國，不墮邊夷，男女端正，冠冕玉佩。

六者，勸事〔四〕國王父母，子民忠孝，令人世世多嗣，男女賢儒，不更〔五〕諸苦。

七者，勸助齋静讀經，令人世世不墮地獄，即昇天堂，禮見衆聖，速得反形，化生王家，在意所欲，玩服備足，七祖同歡，善緣悉會，終始榮樂，法輪運至，將得仙道。

八者，勸助道士衆人經學，令人世世才智洞達，動静威儀，常爲人師。

九者，勸助一切，布施諫諍，令人世世壽考富樂，常无怨惱。

十者，勸助一切人民，除嫉去慾，履行衆善，令人世世安樂，禍亂不生，病者自愈，仕宦高遷，爲衆所仰，莫不吉祐，門户清貴，天人愛育，神魔敬讓，常生福地。

〔一〕「浄供」，智慧上品大誡作「静舍」。
〔二〕「衣」，智慧上品大誡作「飯」。
〔三〕「眸」，智慧上品大誡作「睟」。
〔四〕「事」，智慧上品大誡作「助」。
〔五〕「更」，智慧上品大誡作「經」。

右出洞玄智慧上品經。

洞神戒品〔一〕

洞神三戒〔二〕

帝粟陸氏説受經戒，日宜各弩力，急共勤行，故重丁寧，諦受之。

第一戒者，諦識因緣，勿忘本逐末。

第二戒者，諦守少私，勿利我損物。

第三戒者，諦習勤行，勿混任失真。

右三上戒，上皇所重，上帝所奉，上士所修，修行奉持，全而不破，三氣正神，降與爲一，身神又一，二無二焉，得道常存，號曰太上。不行此戒，服佩符文，勞而無驗，非太上

〔一〕「洞神戒品」，敦目無。

〔二〕「洞神三戒」，原作「洞神三界戒」，敦目作「洞神三誡品」，「界」字衍。

弟子。

洞神五戒〔一〕

黄帝曰：人不持戒，吏兵不附其身，所得無驗，徒勞用心，若不信至道，承事師。若欲使吏兵防身護命，却死來生，禳疾延壽，爲人消災，救治厄患，存思求微，剋期取驗者，受五戒。

第一戒者，目不貪五色，誓正教，學長生。

第二戒者，耳不貪五音，願聞善，從無惑。

第三戒者，鼻不貪五氣，用法香，遣臭穢。

第四戒者，口不貪五味，習胎息，絶惡言。

第五戒者，身不貪五綵，履勤勞，以順道。

是爲五戒。五老帝君各遣一十五神防護受持者身。

〔一〕「洞神五戒」，敦目作「五誡品」。

洞神八戒〔一〕

黄帝曰：余嘗閑居，太上垂降，見問經戒，大小始終。余雖受持，多所不了，未測次序。具啓太上。太上答曰：凡諸戒律，通應共行，其間緩急、繁簡、高卑，各有意義，准擬玄源，變化生數，皆漸相成，三五八九，十百千萬，雖隨緣所堪，亦不可越略。知因向正法，修長生不死，三五兼參，宜受八戒：

第一，學解五備五德。

第二，勤習五事，不可無恒。

第三，平理八正，行藏順時。

第四，明識五紀，與氣同存。

第五，精審皇極，上下相和。

第六，修行三意，期會三清。

第七，決定疑惑，化僞入真。

〔一〕「洞神八戒」，敦目作「八誡品」。

第八，考校徵驗，消禍降福，鍊凡登聖，無負三尊。此爲八戒。凡人有心，學求度世，先能持戒，解而不滯。戒無多少，皆屬太无，太无太空，是戒根本。守本究末，外惡自消，内患不生。又先修齋，乃精能通神，命召速效。久積塵垢，蕩之須防，不可闇排頓盪。雖建此心，塵終不去，魔來惱之，更增災咎。防治此弊，以戒爲漸，能持多少，隨才所堪，犯則首悔，改革自新，合則又進，得道有期。

右出洞神經。

正一五戒品

凡存一，守五神，要在正心，心正由静，静身定心，心定則識清，清明則會道，道會神符，號曰真聖。動則忘一，邪亂五神，五神紛紜，躁競煩懣，失道陷俗，三業肆行；違善造惡，六道迍塞，七覺一昏，貪欲無數。無數之慾，念念蘗生，不可勝言。大略有五：

一曰目欲觀五色，色過則使魂勞。

二曰耳欲聞五音，音繁則魄苦。

三曰鼻欲嗅五香，香溢則精流。

四曰口欲甘五味，味豐則神濁。

五曰身欲恣五體，體慢則志散。志散則脾傷而色，神濁則心亂而口爽，精流則腎虚而迷狂，魄苦則肺損而耳聾，魂勞則肝困而目盲。五者混闇則身滅命亡，五者净明則體全年永。年永在於持戒，能持五戒，可以長生。

一曰行仁，慈愛不殺，放生度化，内觀妙門，目久久視，肝魂相安。

二曰行義，賞善伐惡，謙讓公私，不犯竊盗，耳了玄音，肺魄相給。

三曰行禮，敬老恭少，陰陽静密，貞正無婬，口盈法露，心神相和。

四曰行智，化愚學聖，節酒無昏，腎精相合。

五曰行信，守忠抱一，幽顯效徵，不懷疑惑，始終無忘，脾志相成。成則名入正一，一入無復憂慮。五欲既遣，五惡自消，五災永滅，五苦長乖，五神既定，五善自興，三福日盛，五樂唯新。

右出正一法文。

無上秘要卷之四十七

齋戒品[一]

夫學道，以齋戒爲本也。誦經必齋，校經必齋，書經必齋，書符必齋，篆籙必齋，作金丹必齋，詣師請問必齋，禮拜必齋，受經必齋，救病消災必齋，致真人必齋。齋者，太上所敬重，老君所營護，諸聖所倚賴。齋法甚多，在兆所受修。

太極真人曰：夫人清齋久静，精思耽玄，誦經悔罪，燒香禮拜，將見飛天人矣，仙童玉女降於子矣。或聞空中爲稱善，或光影照身，或聞金玉之響、八音之聲，皆子道欲成矣。懃之懃之，太上不負子矣。所以患子不固，不盡不終，是以仙道之難。

右出洞玄太極隱注經。

[一]「齋戒品」，敦目作「序齋品」。

太極真人曰：常念齋詠經，行大慈，先人後身，揚善化惡，斷絶衆緣，滅念守虚，心如太玄，唯道是求，始謂能言神仙之道也。

右出洞玄安志消魔經。

高上老子曰：夫道家所先，莫近于齋。齋法甚多，大同小異，功德重者，唯太上靈寶齋，但世希能學之矣。學之者皆大乘之士，前世積慶所鍾，去仙近也。又有三天齋法，與靈寶相似。

仙公曰：三天齋者，是三天法師所受之法，名曰旨教經，抑亦其次。但天書弘妙，非世賢可思；能究之者，皆上仙真人，玄同於太上者也。故中仙及天人，莫有闚其文旨矣。徒見而不知，復何所言哉。

高上老子曰：清齋誦經，修德立功，仙道亦自成，何必藏山藪也。直欲避可慾，去穢亂耳，山林非獨有道者。

右出洞玄請問上經。

仙公登勞聖山，静齋念道，是日中時，有地仙道士三十三人詣座，燒香禮經，都畢，各還仙處，安住如也。

仙公曰：天師言，月旦十五日，能齋於静室，讀所受道經及諸仙道迹者，皆當爲後聖之民，生值斯世，豈不樂乎？

右出洞玄衆聖難經。

天尊言：道尊法妙，人身亦貴。故道開法，遺戒經文，以度人身。人身既度，上與道同。宜爲精行，持齋奉戒，夷心静默，志念分明，一意歸向，專想不二，滌蕩六府，過中不味，内外清虚，每合自然。是其齋日，捻香啓願，應心上徹，四天司邏、十部威神，即下履行，觀聽法音，監映爾心。如戒行道，皆列功諸天，禍福立彰，道不負人。

天尊言：建齋行道，四天帝王皆駕飛雲緑輧、八景玉輿，侍從真人玉女，手把華旛，前導鳳謌，後從天鈞，白鶴獅子，嘯謌邕邕，燒香散花，浮空而來，瞻禮行道，觀聽法音，天王下降，萬靈朝焉。

右出洞玄智慧大戒經。

太上道君時於南丹洞陽上館柏陵舍稽首禮問元始天尊：自顧宿世，福慶因緣，億劫運通，得會聖明。昔蒙顯擢，過忝上真，加見訓喻，三寶神經，賜以大戒，告以法音，過泰之歡，實爲无量。自受訓厲，長齋空山，遵承法戒，不敢怠倦。道業成就，開度天人，一切男女，普見法門。

右出洞玄智慧罪根戒經。

道言：昔有道士，持齋誦經，有一凡人爲賃作治除〔一〕齋堂。道士見其用意，至日中持齋，因唤與同食。食竟，爲其説法，語此賃人：「今隨吾持齋，功德甚大，可至明日中時復食，勿壞爾齋，徒勞無益。能如此者，將可得免見世窮厄。」此人稽首受戒而去，暮還家，其婦一日待埍還食。具〔二〕以道士戒言喻婦。其婦不解，遂致嗔怒。賃人不能免其婦意，遂壞其齋，與婦共食。其後命過，天使其主蜀山千歲樹精，恒給其中食。其樹茂盛，暑夏之月，有精進賢者三人經過，依樹而息。賢者歎曰：「此樹雖涼，日已向中，何由得食？」此人於樹空中曰：「當爲賢者供設中食，無所爲憂。」須臾食至。賢者共食。食竟，言曰：「我今

〔一〕「除」，雲笈七籤卷三十七齋戒作「厨」。
〔二〕「具」，該字前雲笈七籤還有「埍」字。

覓道在何許，即此自然，豈非道也〔一〕？」因問樹曰：「不審大神可得暫降形見與不〔二〕？」此人於樹空中答曰：「我非能使人得道者也。」具説姓字、處所，昔常爲道士勸使持齋，爲婦人所壞，功德不全，致令使我守此樹精，不能得出。天以我昔經齋中食，令每至中，給我齋食，口腹之饒〔三〕，無緣得遷。欲屈賢者爲至我舍，道我如此，能爲我建三日齋戒，我身便昇。賢者感此人意，爲尋其家，具以其言語家人如此。家人即爲建齋，請諸道士，燒香誦經，三日謝過。此人即得飛行，昇入雲中，於景霄之上，受書爲遊〔四〕散仙人。故齋之功德甚重，不可不修。此人半日持齋，死經一日，即得出身，不拘一年，而得爲仙。故天計功過，明知〔五〕不虧也。夫爲學者，可勤持齋戒，以期冥感；能修之者，必獲昇騰之舉。

右出洞玄本行妙經。

〔一〕「我今覓道在何許，即此自然，豈非道也」，雲笈七籤作「我覓道，道在何所？此自然，非道也」。

〔二〕「與不」，雲笈七籤作「與某相面否」。

〔三〕「口腹之饒」，雲笈七籤作「口不暇食，又」。

〔四〕「遊」，雲笈七籤無。

〔五〕「知」，雲笈七籤作「之」。

太極左仙公於天台山静齋拔罪，燒香懺謝，思真念道。一百日中，神明髣髴於空玄之上，雲景煒爍，若存若亡，或飛〔一〕或集，曲映齋堂。仙公自〔二〕覺苦徹，遐感天真，於是研思玄業，志勵殊勤。齋未一年，遂致感通，上聖迂〔三〕降，曲眄幽房。以元正之月庚寅日夜，忽有飛雲丹霄、八景玉輿，寶蓋洞曜，流焕太无，燒香散華，浮空而來，千乘萬騎，不〔四〕可稱焉。

右出洞玄真一勸戒法輪妙經。

受法持戒品〔五〕

洞真太上神虎玉經。

右師對齋九十日，或三十日，或七日。

〔一〕「飛」，太上洞玄靈寶真一勸誡法輪妙經作「分」。
〔二〕「自」，原作「目」，據勸誡法輪妙經改。
〔三〕「迂」，勸誡法輪妙經作「垂」。
〔四〕「不」，該字前勸誡法輪妙經尚有「天真煒爍」句。
〔五〕「受法持戒品」，敦目作「傳經齋品」。

金虎真符。

右受之者，先齋七十日。

洞真太上黄庭内景玉經。

右受者，齋九日，或七日，或三日〔一〕。

洞真消魔金元百神内祝隱文。

右師對齋八十日，或二十七日。

洞真高上滅魔神慧隱書。

右凡受玉清隱書，先清齋七十日。

洞真金房度命緑字迴年真經。

〔一〕「右受者，齋九日，或七日，或三日」，見於黄庭内景玉經訣。

右師、弟子各齋九日，或三日。

洞真大洞真經三十九章。

右師、弟子對齋一百日，中齋七十日，下齋三十九日〔一〕。

洞真金元八景玉籙經。

右當先清齋三年，或齋七百〔二〕日，或齋一百四十日。

洞真素靈大有妙經。

右受者，告〔三〕齋百日，或三十日。

洞真九真中經。

〔一〕「右師、弟子對齋一百日，中齋七日，下齋三十九日」，見於洞真高上玉帝大洞雌一玉檢五老寶經。

〔二〕「百」，原作「十」，據上清高聖太上大道君洞真金元八景玉録改。

〔三〕「告」，洞真太上素靈洞元大有妙經作「造」。

右傳授法人各共對齋二十四日，又告齋前後各一日。

洞真太丹隱書元經。

右傳授之際，各齋七日，或十日，先後又一日告齋[一]。

洞真紫度炎光神元變經。

右凡受經詣師，清齋三日。

洞真青要紫書金根上經。

右師與弟子對齋七百日，又對齋九日，或三日。

洞真太上飛行羽經。

右授者，當清齋百日，或三十日。

〔一〕「先後又一日告齋」，洞真太一帝君太丹隱書洞真玄經作「先後又告齋各復一日也」。

洞真迴元九真飛行羽經。

右授者，清齋三月。

洞真天關三圖七星移度經。

右師、弟子對告齋七日。

洞真除六天之文三天正法經。

右男受，投書不祭，女受，當祭不投書〔一〕；皆齋七日，或三日。

洞真八素真經。

右師、弟子皆清齋七日.

洞真太霄琅書瓊文帝章。

〔一〕「右男受，投書不祭，女受，當祭不投書」，太上三天正法經作「男授，投文不祭；女受，當祭。相授」。

右師、弟子清齋九十日，或九日。

洞真智慧觀身大戒品經。

右師、弟子對齋三日。

洞真黄素四十四方經。

右師及弟子各齋四十五日。

洞真九赤班符五帝内真經。

右弟子與師對齋四〔一〕十日，或七日。

洞真金真玉光八景飛經。

右師、弟子對齋九十日。

〔一〕「四」，太上九赤班符五帝内真經作「三」。

洞真太上曲素訣辭。

右師、弟子對齋三日，又齋七日。

洞真黄氣陽精藏天隱月上經。

右師與弟子對齋九十日，或二十七日，或三日。

洞真九靈太妙龜山元籙經。

右師弟子對齋百日，或七十日。

洞真太上玉檢三元布經。

右受此文，齋九十日，或對齋七十日，或二十七日。

洞真九丹上化胎精中記經。

右師與弟子對齋九十日，或三十日。

洞真玉珮金鐺太極金書上經。

右師、弟子對齋百日，或三十日。

洞真七聖元紀迴天九霄經。

右師、弟子對齋九十日，或三十日。

洞真太上素奏丹符靈飛六甲經。

右受者，對齋七日。

洞真三華寶曜、瓊文琅書靈曜上籙、七晨素經，凡三訣〔一〕。

右師、弟子對齋六十日，或三十日。

〔一〕「凡三訣」，此處及本卷後各條均摘自太真玉帝四極明科經卷二、卷三。

洞真〔一〕隱書龍文、八靈真經，一訣。

右師、弟子對齋五十日。

洞真〔二〕玉清神虎内真、紫文丹章，一訣。

右師、弟子對齋三十日。

洞真玉清隱書，四卷八訣。

右師、弟子對齋二十七日。

洞真金書秘字上元真書。

右師、弟子對齋九日。

〔一〕「洞真」，四極明科經卷二作「上清」。

〔二〕「洞真」，以後各條經名之首此二字，四極明科經均無。

洞真太清真經、丹字紫書、三五順行，凡三訣。

右師、弟子對齋百日。

洞真紫微始清〔一〕道經倉元上籙。

右師、弟子對齋九日。

洞真太微黄書，八卷。

右師、弟子共齋九十日，或三十日。

洞真三元流珠經、玉帝九鍊上真、八道命籍、金仙紫字，凡四訣八卷。

右師、弟子各告齋九十〔二〕日。

〔一〕「清」，四極明科經作「青」。

〔二〕「十」，四極明科經無。

洞真玉精洞元三氣金章、太極緑景真經，四卷二訣。

右師、弟子對齋三十日。

洞真上皇玉籙五[一]帝黄籙紫書，凡三卷。

右師、弟子對齋各九十日。

洞真青牙始生經、丹景道精經、還童採華法，凡三卷。

右師、弟子對齋二十[二]日。

洞真金房度命緑[三]字迴年三華寶[四]曜景真經。

右師、弟子對齋九十日。

〔一〕「五」，四極明科經作「玉」。

〔二〕「二十」，四極明科經作「三十四」。

〔三〕「緑」，四極明科經作「玉」。

〔四〕「寶」，四極明科經無。

洞真解形遯變流景玉經。

右師、弟子對齋百日。

洞真還晨中玄紫虚玉帝〔一〕所受上玄虚生之章。

右師、弟子共齋九十日。

洞真紫鳳赤書八景晨圖，一卷。

右師、弟子對齋九十日，或三十日。

洞真寶洞飛霄絶元金章。

右師、弟子對齋二十七日。

〔一〕「洞真還晨中玄紫虚玉帝」，四極明科經作「上清還晨歸童明暉中玄紫虚玉帝」。

洞真雌一玉檢五老寶經、靈書紫文〔一〕。

右師、弟子對齋九十日。

洞真消魔智慧，七卷。

右師、弟子對齋九十日，或三十日。

洞真飛步天綱躡行七元、白羽黑翮飛行羽經。

右師、弟子對齋九十日。

洞真三九素語玉精真訣、八素真經服日月黄華，一名八坦四門高上經，八卷，太霄琅書瓊文帝章，三訣十卷。

〔一〕「洞真雌一玉檢五老寶經、靈書紫文」，本卷此條後的文字見於太真玉帝四極明科經卷三。

右師、弟子對齋百日，或三[一]十日。

洞真丹景道精隱地八術。

右師、弟子對齋八十日。

[一]「三」，四極明科經作「四」。

無上秘要卷之四十八

靈寶齋宿啓儀品〔一〕

齋官尊卑，次序入治户，於户外叩齒三通，呪曰：

四上功曹、龍虎使者、正一生氣、侍靖玉女〔二〕，夜有所啓，願得開明童子、上玄少女，與我俱入黄宫之裏，通達所啓，皆使上聞。

右出金籙經。

初，入齋堂，法師在前，衆官以次隨之，各三捻香，左回繞高座一周，東向叩齒二十四

〔一〕「宿啓儀品」，敦目作「宿啓品」，本品内容主體部分與秘要卷三十五「授度齋辭宿啓儀品」基本相同。

〔二〕「四上功曹」至「侍靖玉女」，此段祝辭見於洞玄靈寶八節齋宿啓儀，其中「侍靖玉女」作「侍静素女」。

通，呪曰：

无上三天真〔一〕元始三氣太上老君，召出臣等身中三五功曹、左右官使者、左右捧香、驛龍騎吏、侍香金童、傳言散花玉女、五帝直符、直日香官各三十六人出，出者嚴裝，關啓此間土地里域真官正神，臣今正爾燒香行道，願得太上十方正真生氣入臣等身中，令臣所啓速達徑御太上无極大道至真玉帝御前。

右出明真經。

次，啓事法。

太上靈寶无上洞玄弟子某嶽先生某甲等，上啓太上无極大道、至真靈寶三十六部尊經、太上三尊、十方衆聖、玄中大法師、三界官署、一切神明，臣等有幸，宿世因慶，九天之劫，延及今身，遭遇明運，大法流行，得以穢質，參染靈文，上清金書、三洞寶經，供養尊禮，修行齋直，恩深施重，實非所勝。但某等穢陋，未能抗跡靈嶽，陶瑩心神，而躭湎世榮，棲遲人間，與時推遷，隨俗沉浮，乘愆蹈過，日深月積，常恐考至，負愧幽冥，夙夜戰懼，若履

〔一〕「真」，本書卷三十五、卷三十七、卷三十九、卷四十、卷五十二、卷六十六的相似祝辭中皆作「玄」。

冰薄，誠宜守短，不敢有言。但受法之日，告誓三官，要當竭其愚之〔一〕，自效毛髮，讚揚大化，以救度爲業。謹有同道某郡縣鄉里男女某甲，年如干歲，操辭列欵，歸命大道，并撰辦香燈供養之儀，求乞齋直。某等職任所司，敢不申奏。當爲修建无上大法靈寶自然齋直，如干日夜，剋今月某日爲始，即日輒相攜率，齊到某處，依法清淨。謹以啓聞，并按威儀舊典，詮舉職僚，宣告科禁，令衆官等，咸服法教，恩惟太上衆尊、三寶威神、監齋大法師、侍經衆真，垂愍鑒映，省覽所陳，敕下三界官屬及此間土地真官營衛某等及某家大小，清蕩宅舍，消滅妖穢。明旦晨曉，依法行道，續更啓聞。

右出金籙經。

啓奏畢，一時東向平立，誦智慧三首。

智慧起本无，朗朗超十方。結空峙玄霄，諸天挹流芳。其妙難思議，虚感真實通。有有无不有，无无无不容。

智慧恒觀身，學道之所先。眇眇入玄肆，自然録我神。天尊常擁護，魔王爲保言。晃

〔一〕「之」，不辭，疑本爲「知」或「智」。

晃金剛軀，超超太上仙。

智慧生戒根，真道戒爲主。三寶由是興，高聖所崇受。汎此不死舟，倏欻濟大有。當此説戒時，諸天來稽首。

右出玉籙清誡。

至心歸命北方玄上玉晨天尊。

至心歸命東北方度仙上聖天尊。

至心歸命東方玉寶皇上天尊。

至心歸命東南方好生度命天尊。

至心歸命南方玄真萬福天尊。

至心歸命西南方太靈虛皇天尊。

至心歸命西方太妙至極天尊。

至心歸命西北方无量太華天尊。

至心歸命上方玉虛明皇天尊。

至心歸命下方真皇洞神天尊。

至心歸命過去高上玉皇天尊。

至心歸命見在元始天尊。

至心歸命未來太極天尊。

至心歸命玉京玄臺紫微天尊〔一〕。

至心歸命一切真仙得道聖衆。

次，法師還東面，向西説戒。

天尊告太上道君曰：今當普宣法音，開悟〔二〕群生，爲諸男女解災却患，請福度命，拔諸苦根，使生者見道，身脱八難，死者歡樂，飲食天堂，早生人中，轉輪聖王。修齋求道，皆當一心，請奉十戒，諦受勿忘，專心〔三〕默念，洞思自然，勿得雜想，擾亂形神。能如是者，便當静聽。

第一戒者，心不惡妬，无生陰賊，檢口慎過〔四〕，想念在法。

〔一〕「天尊」，秘要卷三十五作「上宫」。

〔二〕「悟」，洞玄靈寶八節齋宿啓儀作「度」。

〔三〕「心」，八節齋宿啓儀作「精」。

〔四〕「過」，八節齋宿啓儀作「行」。

第二戒者，守仁不殺，愍濟群生，慈愛廣救，潤〔一〕及一切。
第三戒者，守貞讓義，不婬不盜，常行善念，損己濟物。
第四戒者，不色不慾，心〔二〕无放蕩，貞潔守慎，行无玷汙。
第五戒者，口无惡言，言不華綺，内外中〔三〕直，不犯口過。
第六戒者，滅〔四〕酒節行，調和氣性，神不損傷，无犯衆惡。
第七戒者，不嫉人勝己，争競功名，每事遜讓，退身度人。
第八戒者，不得評論經教，訾毁聖文，躬心承法，恒如對神。
第九戒者，不得鬪亂口舌，評論四輩，天人咎恨，傷損神氣。
第十戒者，舉動施爲，平等一心，人和神穆，行常使然。

〔一〕「潤」，八節齋宿啓儀作「利」。
〔二〕「心」，原作「亦」，據太上洞真智慧上品大誡、八節齋宿啓儀、洞玄靈寶齋説光燭戒罰燈祝願儀及本書卷三十五、卷四十六、卷五十引文改。
〔三〕「中」，八節齋宿啓儀作「忠」。
〔四〕「滅」，八節齋宿啓儀作「斷」。

天尊言：修奉清〔一〕戒，每合天心，常行大慈，願爲一切普度厄難〔二〕，慊慊〔三〕尊教，不得中怠。寧守善而死，不爲惡而生。於是不退，可得拔度五道，不履三惡，諸天所護，萬神所敬，長齋奉戒，自得度世。

天尊言：道尊法妙，人身亦貴。故道開法，遺戒經文，以度人身。人身既度，上與道同，宜爲精行，持齋奉戒，夷心静默，志念分明，一意歸向，專想不二〔四〕，滌蕩六府，過中不味〔五〕，内外清虚，每合自然。是其齋日，捻香啓願，應聲〔六〕上徹，四天司邏、十部威神，即下履行〔七〕，觀聽法音，監映爾心，如戒行道，皆列功諸天。禍福立彰，道不負人。勤行諦受，勿使魔言。

〔一〕「清」，太上洞真智慧上品大誡作「諸」，八節齋宿啓儀作「十」。

〔二〕「難」，智慧上品大誡、八節齋宿啓儀、洞玄靈寶天尊説十戒經作「世」。

〔三〕「慊慊」，説光燭戒罰燈祝願儀、八節齋宿啓儀、洞玄靈寶天尊説十戒經作「謙謙」。

〔四〕「二」，説光燭戒罰燈祝願儀作「貳」。

〔五〕「味」，八節齋宿啓儀作「二」。

〔六〕「聲」，説光燭戒罰燈祝願儀、智慧上品大誡、八節齋宿啓儀作「心」。

〔七〕「履行」，八節齋宿啓儀作「瞻履行道」。

天尊言：建齋行道，四天帝王皆駕飛雲緑軿、八景玉輿，從〔一〕真人玉女，手把華幡，前導鳳歌，後從鈞天〔二〕，白鶴獅子，嘯歌邕邕，燒香散花，浮空而來，瞻禮〔三〕行道，觀聽法音，天王下降，萬靈朝焉。如是〔四〕豈可不盡其法也？當先授十戒，然後行道，庠序雅步，静心閑〔五〕意，坐起卧息，不離儀格。天王歡悦，列名上清，可謂得道方寸之間。

右出金籙經〔六〕。

〔一〕「從」，智慧上品大誡作「侍從」。

〔二〕「鈞天」，説光燭戒罰燈祝願儀、智慧上品大誡、八節齋宿啓儀作「天鈞」。

〔三〕「禮」，説光燭戒罰燈祝願儀、八節齋宿啓儀作「履」。

〔四〕「如是」，八節齋宿啓儀作「能如是者」。

〔五〕「閑」，智慧上品大誡、八節齋宿啓儀作「閉」。

〔六〕「右出金籙經」，引文中的「至心歸命」部分，見於在卷三十五授度齋辭宿啓儀品，後標出處「右出金籙經」，也見於卷三十九授洞玄真文儀品，後標出處「右出靈寶經」，而此處則無題。「次，法師還東面」至末尾部分，本書卷三十五、卷四十六、卷五十均説出自「大誡經」。本段文字從内容上看確也見於太上洞玄智慧上品大誡，但文字次序略異，反而與陸修静洞玄靈寶齋説光燭戒罰燈祝願儀完全相同。這説明，金籙經或與太上洞玄智慧上品大誡和洞玄靈寶齋説光燭戒罰燈祝願儀多有交叉。

次，署置衆官。

署高功大法師，當舉高德，玄解妙義。

次署都講法師，當舉才智精明，閑練法度。

次署監齋，當舉司察衆違，彈糾愆失。

次署侍經，當須營侍經文，整理巾藴。

次署侍香，當須料理鑪器，使香火不絶。

次署侍燈，當須景臨西方，備辦燈具。

次署侍座，當令四座席地，拂拭齊整〔一〕。

次，科罰愆失三十六條。

若對〔二〕齋堂，鞋履不整。

若唱善，聲不齊。

〔一〕「次，署置衆官」至「拂拭齊整」，本部分引文也見於本書卷三十五授度齋辭宿啓儀品，其中，「拭」作「飾」。

〔二〕「對」，本書卷三十五作「到」。

若法服巾冠不整〔一〕。

若於法座垂髮。

右件各罰禮十拜。

若坐起揖讓失儀。

若侍燈，燈火中滅。

若不注念清虚，爲衆所悟。

若於法座睡眠。

右件各罰禮二十拜。

若鍾聲中絶，不及行伍〔二〕。

若不及朝師。

若禮拜，上下不齊。

若侍香，香煙中絶。

〔一〕「整」，本書卷三十五作「正」。

〔二〕「若鍾聲中絶，不及行伍」，本書卷三十五作「若鍾聲已絶，不及行仵」。

右件各罰禮三十拜。

若都講，不讚唱。

若出入去來，不禮三寶。

若讀經忽亂，請問敗句。

若起坐，不庠序〔一〕。

右件各罰禮四十拜。

若讚詠，不唱善。

若起居，出齋堂，不關白。

若聽經，倚據，坐不整〔二〕。

若反著法服。

右件各罰禮五十拜。

若巡行，不次第。

〔一〕「若起坐，不庠序」，本書卷三十五作「若馳步，不庠序」。其中，「庠」原作「詳」，據本書卷三十五及文意改。

〔二〕「整」，本書卷三十五作「正」。

若都講鳴鍾，早晚失時。

若登壇越級。

若監齋見過不彈，爲衆所糾。

右件各罰禮六十拜。

若着褐衣及行道，巾冠出入。

若翻覆香爐燈火。

若燒香，不洗手。

若臨行事，與外人語。

右件各罰禮七十拜。

若唱静，思訖後至。

若侍座不整飾，觸物有闕〔一〕。

若論〔二〕語及世務。

〔一〕「觸物有闕」，本書卷三十五作「觸事有問」。

〔二〕「論」，本書卷三十五作「言」。

若因起，出不還。

右件各罰禮八十拜。

若於法座戲笑。

若於法座綺語。

若闕一時不起〔一〕。

若於齋限高聲厲色。

右件各罰禮九十拜。

右出敷齋經。

次，宣科訖，各禮師再拜。

次，師東向長跪，啓請出官。

太上靈寶无上三洞弟子某嶽先生某甲等，上啓虛无自然元始天尊、无極大道、太上道君、高上玉皇、已得道大聖衆、至真諸君、丈人、三十二天帝、玉虛上帝、玉帝、大帝、東華南

〔一〕「起」，本書卷三十五作「赴」。

極西靈北真、玄都玉京金闕七寶玄臺紫微上宫靈寶至真、明皇道君，某等宿命因緣，生值道化，玄真啓拔，得入信根。先師盟授三寶神經，供養尊禮，立功爲先。謹有某郡縣鄉里男女某甲投辭，列詣某等，丹心悾悾，求乞平省，輒爲宣奏。謹伏讀辭文。宣辭訖。某等按如辭言，言欵事切，在可哀愍，不勝所見。輒共相攜率，沐浴清浄，燒香然燈，轉經行道，依法上請諸天仙、飛仙、地仙、真人、神人、聖人、三十二天監齋直事、侍香金童、散華玉女、五帝直符各三十二人，傳言奏事、飛龍騎吏等，一合來下，監臨齋堂，撚香願念，應口上徹。須行事竟，啓還仙官。

右出明真經。

次，復爐法。

香官使者、左右龍虎君、侍香諸靈官，當令静室之中自然生金液丹碧芝英、衆真百靈，交會在此香火之前。願某等受福，天下蒙恩，十方玉童玉女，侍衛香煙，傳奏所言，徑御太上无極道前。

右出明真經。

次，奉戒頌。

道爲无心宗，一切作福田。立功无定主，本願各由人。虚己應衆生，注心莫不均。大聖崇至教，亦猶雨降天。高陵靡不周，常卑故成淵。海爲百川王，是能舍龍鱗。萬劫保智用，豈但在厥年。奉戒不蹔虧，世世善結緣。精思念大乘，會當體道真。

右出仙公請問經。

次，出道户呪法。

玄上太陰，八窗開明。向有所啓，少女通靈。事畢復位，萬神潛寧。

右出金籙經。

無上秘要卷之四十九

三〔一〕皇齋品

靈壇，壇方二丈四尺，纂開四門，辰、戌、丑、未，纂内方，方各列九燈，對壇設醮，一盤一杯，方合用杯，杯量一升，盤棗三枚，脯九片。合酒九升，棗二十七枚。共一席，焚香一爐。三皇座各一案，天皇在子，地皇在申，人皇在寅；各一盤一杯一席一香火，杯各量酒三升，柈棗九枚。三座合酒九升，棗二十七枚。碧幡三首，幡長五尺，各朱書三皇内文於幡上，隨字多少、大小、稀稠，取令滿上，安帶如上。青竹竿三條。竿長一丈二尺，並作趺安之，各作本位，施案後也。壇中央又施一香案一香火，以案齊王本命之繒。燭盤鋏一具，燭三挺副，供讀文回轉用。壇上舒席令滿，都合用香火八具。案子四枚，香燈如法，七寸盤三十九枚，升杯三十九枚，七奠合二具。盛一日所設脯棗用。一日用酒四斗五升、棗一百三十五

〔一〕「三」，敦目該字前尚有「洞神」二字。

枚、脯四十五片。若三日，則酒用一石三十五升、棗四百五枚、脯一百三十五片。依方合上元香珠并鍊雲腴，沐浴雲水。若貧之處，止作香湯，五和香、新清油亦足。又燈纂三十六枚，布炷副，餘處亦可然燈，隨多少。脆信物。齋主本命繒，隨所屬辰色年一尺，天皇皂繒九丈，地皇白繒七丈，人皇碧繒七丈，貧者並可尺數，富足家又各依方面，舒一幅帛，露席上，以施杯，爲神座位。東碧南絳西白北帛各二，又門處開置。

此齋，依經應子、午時食，今人多不能，猶依常法。唯夜半行道畢，下醮於座，共受福，有餘，聽分家人敬信者。法雖三日，亦可一日一夜，山中窮乏處，亦可停醮，止然燈而已。

右齋具所用。醮器、四幡、席，並出法師；香油信饌，悉出齋家。事畢，仍爲散施。

宿啓儀。夕登壇，風雨入室。

北向叩齒十二通，曰：「香煙玉女，上奏三皇真君，三十六天神仙靈官，臣等謹爲某郡縣某甲有某事，建洞神三皇齋。請謝。正爾登壇入室，燒香宿啓，即日上聞，徑進紫宮，仰達三皇真君前。」乃上香再拜。

又上三座香，天皇子、地皇申、人皇寅。三再拜，立曰：「臣等今燒香拜禮，願以此功德，上爲國王帝主公卿士庶州郡守宰群臣百司及臣等存亡父母，下逮臣等身并黔黎兆民、地府幽魂、山靈水精、鳥獸魚蟲一切衆生，願各得其道，赦除積罪，解釋考訟，書名丹簡，定字青篇。臣等得與三官之神，俱登玄晨，上朝上清，奉見聖君，賜書受事，永成高真。」

仍誦曰：「浩浩三天氣，育養萬化物。世情樂其華，真道貴其實。愚俗翫末榮，神仙愛本質。精修三皇文，玉靈映幽室。高唱期太微，稽首朝皇一。」

又再拜，各稱名位曰：「太上洞神三皇弟子臣某，謹上啓太上道君、太上老君、太上丈人、三皇玉君、九老仙都君、九氣丈人、玄都仙官、太玄真神、上下三十六天靈司官君、太清之神、五方天帝、二十八宿、中外星官、五嶽真官、佐命諸山、四海四瀆、八澤九源、名山洞府、水神潛宮，宇宙之内，一切衆靈，臣等施功昔運，挺報今生，業習虛遠，識尚清真，遂得出形俗外，棲光林表，服道思玄，奄有歲月。雖未能智洞幽元，神朗妙極，而注想靈祇，不敢虧替。自昔禀受三皇内文、天書玉字，上可以刺名萬神，封掌群靈，下可以救解灾患，立降福祉。按寶齋上籙，有祈謝之篇，仙都内訣，顯禮醮之典，上元名香，氤氲太空，玄腴朱燈，炤犮深夜，實趣聖之秘領，招真之要法。其廣濟四維，不限貴賤，洪潤八表，无隔道俗。今有某郡縣鄉里某甲，信識真典，希尚功福，遠到此山，申訴誠慊，求爲建三皇齋謝，以悔過祈福。臣謹讀辭以聞：入辭，按詞事款詣，情理慊篤。臣等既佐世匡危，職在扶救，某不勝投誠之至，謹相攜率，沐浴靈水，清身潔己，以今月某日共登靈壇，入齋堂，宿啓陳言。當三日三夜一十二時行道禮醮，奏聞上宮。伏願皇一三真洞府仙官，賜垂監察，特敕某郡縣鄉里中真官正神、社里邑君、諸侍真吏兵，并香煙玉女、監齋神官，咸共輔衛齋所，誅截精邪，使天清氣朗，風捲雲澄，功成事遂。並可言勞酬，賞其軌儀之典，須明晨啓聞。」

因再拜回行，訟曰：「世人修至道，心意懷萬端。耳目亂華色，情志恒不專。小智雖自强，安能保終身。五神失其主，真氣逝不還。若能苦心行，長生保命根。奉戒爲我寶，恒執天老言。衆真並懽悦，相與迎皇君。」

至東南，向西跪曰：「臣等伏自思省，雖備聞法教，具禀成規，而未能冥懷豁想，令諸漏頓消，猶須篤勵，以全真業。今謹敷經説禁，告示同氣，并詮授任掌，各遵典職，請使齋官伏以聽命。謹按上宰西城真人王君曰：夫皇文天書者，乃是三皇之時所受上真皇一雲篆之大章者也。夫三皇安業，則天和地朴，紀綱陰陽，維制鬼神，可以養神安命，長存保延，乃西王母之所祕翫，仙官之所崇仰，蓋真人寶文矣。世人得此書者甚少，若能有之，則太玄仙都九老仙君輒遣直符衛此真文，但旦夕朝敬，便可享其天年，五兵五毒，災沴不干。若能施召，豈可得論？泄慢之禍，天科告罰，皇人録書過，可不慎哉。西城真人又曰：夫爲名之名，喪我之德；爲事之事，亂我之業；爲欲之欲，增我之惑；爲情之情，喪我之賊。罪莫大於淫，禍莫大於貪，咎莫大於饞。此謂載禍之舟車也，小則危身，大則殘家。真人王君又戒曰：夫欲學道求生，先慎諸禁忌，然後得與神明通接，乃能永保身命，如其屢致犯忤，則爲冥司所執，作人尚不可得，而況於仙乎？今以相告，子奉之焉：

第一之禁，勿婬慾施泄，令身命夭殁。

第二之禁，勿陰賊凶虐，則三官執罰。

第三之禁，勿殺傷含氣，則生死執對。

第四之禁，勿讒嫉邪佞，則人鬼加害。

第五之禁，勿竊盜欺濫，則身行黜缺。

第六之禁，勿憂悲思念，令精靈恍惚。

第七之禁，勿憤怒泆樂，令神爽離越。

第八之禁，勿醉酒婬亂，令三宫奔潰。

第九之禁，勿食五辛血腥，令臟腑臭穢。

第十之禁，勿飢飽寒熱，令百病攻結。

第十一之禁，勿多語多笑，則虧損神氣。

第十二之禁，勿久視久聽，則耳目昏翳。

第十三之禁，勿穢慢怠惰，則形神醜悖。

此十三禁者，人身之大患也。奉之則生，逆之則死，老子所謂「生之徒十有三，死之徒十有三」，其斯之謂乎？夫輕則曰戒，重曰禁。禁戒者，輔身之良方也。學仙家以禁戒爲鎧甲，「雖入三軍，矢刃不能傷；雖處世間，灾禍不得入」，誠哉斯言。明各勖之。

因讀簡授任。畢，起以向。復鑪曰：「香煙玉女、侍直衆官，當令露壇之上、齋堂之中，有隱芝玉精在此香燈前，令臣等得仙，身生紫絡羽文，某家享福，天下同歡，侍壇侍堂玉女，傳奏臣言，上達三皇真君前。」

依法登壇，巡行正立，北向叩齒三十六通，讀攝精，祝曰：「混混皇皇，上對乾章。我受神文，開告三皇。西蹈金門，東昇扶桑。北履玄陰，南駕正陽。進登大角，退躡文昌。徘徊奎婁，遊宴氐房。入御玉女，出攜仙王。與天同壽，與日合光。二十五氣，拂除凶殃。」

又叩齒十二通，祝曰：「香煙玉女，上奏三皇真君、三十六天神仙靈官，小兆男生臣甲謹爲某郡縣某甲某事，建洞神三皇齋請，正爾登壇入室，燒香關〔一〕啓，即日上聞，徑進紫宮，仰達三皇真君前。」

〔一〕「關」，原作「開」，據文意改。「關啓」乃啓稟義，在道經中常見，同書卷六十六咒請品引洞玄真文赤書玉訣曰「我正爾燒香關啓」，太上洞玄靈寶赤書玉訣妙經卷上：「關啓此間土地、四面真官，我今正爾燒香關啓，願得十方正真之炁，入我身中。」「開」與「關」在道經中常形訛，真誥卷九「於是理開血散」之「開」在洞真西王母寶神起居經訛作「關」，上清太上玉清隱書滅魔神慧高玄真經「大洞不叩而發關」在洞真太上紫文丹章作「大洞不叩而發開」。

又上香。畢，再拜曰：「臣清齋絶塵，燒香禮謝，上爲七祖父母，逮及家門，並乞原赦積惡結罪，解除考訟，書名丹簡，定字青篇。臣得與三宫之神，俱登玄晨，上朝上清，奉見聖君，賜書受事，永成高真。」

初酌天皇酒。畢，再拜曰：「臣今奉請太元三玄空天甲子元建天皇真一君，願垂臨饗。」

又曰：「臣今清齋絶塵，爲某甲建立洞神三皇齋，請謝。願以今行道燒香禮謝。醮之誠，仰降天皇太元三玄真氣爲某身乞解除先世以來下逮某身犯逆上天懸象、日月星辰，穢慢光景，忿怒風雲，毁廢祠祭，干觸靈神。如此之類，凡一千二百條事，皆令消釋，乞某命係天府，名書天曹，定生天簡，刊功天閣。天上諸神，並垂營護，使某疾患除愈，身體輕强，灾戹度脱，永保无窮。」

次酌地皇酒，再拜曰：「臣今奉請三元素靈玉天甲申太虚地皇真一君，願垂臨饗。」

又曰：「臣今清齋絶塵，爲某甲建立洞神三皇齋，請謝。願以今行道燒香禮謝。醮之誠，仰降地皇三元素靈真氣來輔某身，乞解除先世已來下逮某身犯逆后土九地之精、諸丘山水源、金石草木、鳥獸昆蟲，殺害之愆。如此之類，凡一千二百條事，皆令消釋，乞某形離地宫，名除地録，魄脱地府，神超地域。地下諸神，咸共擁衛，使疾患除愈，身體輕强，灾戹度脱，永保無疆。」

後酌人皇酒。畢，再拜曰：「臣今奉請七微浩鬱虛天甲寅虛成人皇真一君，願垂臨饗。」

又曰：「臣今清齋絶塵，爲某甲建立洞神三皇齋，請謝。願以今行道燒香禮謝。醮之誠，仰降人皇七微浩鬱真氣來輔某身，乞解除先世已來下逮某身犯逆人倫禮義忠孝之尤、婬穢貪濁虛妄之罪、嚴虐苦剋之愆、違負神祇之責。如此之類，凡一千二百條事，皆令消釋，乞某年踰人分，智出人表，德宣人綱，譽滿人望。人中諸神，僉同扶濟，使疾患除愈，身體輕强，灾厄度脱，永保无疆。」

又酌東面酒，九再拜曰：「臣今奉請東上九天帝王神君、衆仙靈官，願並垂臨饗。」

又曰：「臣今清齋絶塵，爲某甲建立洞神三皇齋，請謝。願以今行道燒香，禮謝。醮之誠，仰降東上九天始陽碧城九氣垂霞來輔某身，乞解除先世以來下逮某身上犯九天之君、歲星木神、蒼龍七宿、中外諸星官，下違東嶽、山陵丘阜、江海川谷一切衆靈，某身於春三月之中甲乙寅卯辰日時，有行年本命衝破厭殺、元辰刑害、灾禍疾病、流風毒注、虛弱一切諸摧折墮落之厄者，皆令消釋，乞某身與真氣合德，景福流光，萬禍絶滅，年命脩長。」

又酌北面酒，九再拜曰：「臣今奉請北上九天帝王神君、衆仙靈官，願並垂臨饗。」

又曰：「臣今清齋絶塵，爲某甲建立洞神三皇齋，請謝。願以今行道燒香禮謝。醮之誠，仰降北上九天玄陰蒼玄宮五氣飛煙來輔某身，乞解除先世已來下逮某身上犯九天之君、辰星水神、玄武七宿、中外諸星官，下逮北嶽、山陵丘阜、江海溪谷一切衆靈，某身於冬三月之中壬癸亥子丑日時，有行年本命衝破厭殺、元辰刑害、灾禍疾病、水腫泄痢、疾厄痞滿諸風波沉溺之厄者，皆令消釋，乞某身與真氣合德，景福流光，萬禍絶滅，年命脩長。」

又酌西面酒，九再拜曰：「臣今奉請西上九天帝王神君、衆仙靈官，願並垂臨饗。」

又曰：「臣今清齋絶塵，爲某甲建立洞神三皇齋，請謝。願以今行道燒香禮謝。醮之誠，仰降西上九天素華浩闕七氣流光來輔某身，乞解除先世已來下逮某身上犯九天之君、太白金精、白虎七宿、中外諸星官，下逮西嶽、山陵丘阜、江海川谷一切衆靈，某身於秋三月之中庚辛甲酉戌日時，有行年本命衝破厭殺、元辰刑害、災禍疾病，及白刃流矢、刀兵凶賊諸血傷殘毁之厄者，皆令消釋，乞某身與真氣合德，景福流光，萬禍絶滅，年命脩長。」

次酌南面酒，九再拜曰：「臣今奉請南上九天帝王神君、衆仙靈官，願並垂臨饗。」

又曰：「臣今清齋絶塵，爲某甲建立洞神三皇齋，請謝。願以今行道燒香禮謝。醮之誠，仰降南上九天朱光丹臺三氣懸光來輔某身，乞解除先世已來下逮某身，上犯九天之君、熒惑火神、朱鳥七宿、中外諸星官，下逮南嶽、山陵丘阜、江海川谷一切衆靈，某身於夏三月之中丙丁己午未日時，有行年本命衝破厭殺、元辰刑害、灾禍疾病、癰疽瘡痏、温病疫癘諸暑蒸毒螫之厄者，皆令消釋，乞某身與真氣合德，景福流光，萬禍消滅，年命脩長。」

四方畢，乃誦曰：「浩浩三天氣，育養萬化物。世情樂其華，真道貴其實。愚俗翫末榮，神仙愛本質。精心脩皇文，玉靈映幽室。高唱期太微，稽首朝皇一。」

仍再拜。畢，更還北向，九再拜，跪曰：「太上洞神三皇内景弟子小兆臣某甲等，謹上啓太上道君、太上老君、太上丈人、三皇玉君、九老仙都君、九氣丈人、玄都仙官、太玄真神、上下三十六天靈司官君、五方天帝、太清諸靈官、二十八宿、中外星官、五嶽真君，佐命八山、四海四瀆、八澤九源、名山洞府，水神潛官，宇宙之内，一切衆靈，臣謹重奉某詞，上聞上宫：入詞按。某甲以輕生賤質，尸行凡品，幸藉先慶，逢識正化，寶經真訣，時蒙遵禀，動静知教，興居入善，非唯一身遭荷，抑亦七葉沾賴。但某體倫庸伍，馳競人世，崖逾引滿，易生咎悔，加以先世殃讁未息，考訟猶繁，三灾驅除，百害競起，某甲氣命單危，兼多疾厄，夙夜憂惶，肝心震越。伏見玉皇寶齋上籙，有祈謝之篇，仙都内訣，處禮醮之典。此法雖曰高妙，而不限貴賤，可以救解灾患，延降福祉。臣謹率道士弟子如干人，沐浴玄雲之水，使身神澡練，割遣餚糧之味，令腑臟馨潔，懸碧林之繒，敷雲篆皇文幡、上元香珠，遠徹九天真人，燎玄液之澳，照玄黄玉庭，列四九之燈，法象三十六天，醴脯微饋，降饗神玄，三日三夜，行道悔請，至於今如干時。乞以此微誠，仰願皇君上帝、至聖火神、天真衆靈、領校仙官，賜各告下群司，檄命職宰，咸聽察臣等啓奏，使遷拔某家七祖父母及餘親族亡魂苦爽，並乞解脱牢檻，原放徒繫，休息謫役，克離衆罰，使各得遷居福堂，優遊閑樂，佑利子孫，不興詞訟，年滿限畢，更生人中富貴之家，永保懽泰。乞請勑天官吏兵、社里邑君、直日直符，並擁衛某宅舍堂寢之中，每誅却精祟，消絶鬼殃，蕩滌妖邪，宣布正氣。若某先亡遺考塚氣相干，或葬送禁忌、死喪注氣，或館宇廨舍之中藏埋枯骨、奴婢死鬼、傷殘客死、流殃百害，或呪誓相引，或无辜致命，皆深殃不絶，以生禍患者，並乞和釋執對，解離考訟，使存亡異境，不相關涉。若某身行年本命生胎之月，與今某年中歲月日時有三刑六害、衝破厭殺、天年歲星、約絞羅網，及刀兵水火、疾病灾疫毒蟲、劫盜惡人、官符口舌諸不利之死者，皆乞從月到月，從日到日，從時到時，更相傳付，依事消釋，必使過度，不爲患害，并臣等身恒蒙公私宗敬，遠近依結，道業興崇，真心日固，修行咸驗，服餌效益，過度厄運，剋成種民，永受洪恩，享福无極。臣某誠惶誠恐，稽首頓首，再拜以聞。」

因稽顙三十下，又再拜，起誦曰：「精心立齋戒，燒香拜皇文。沐浴玄雲水，燔煙通上元。結齋列四九，八帝命神篇。叩心發願念，上聞入三天。七世禍債除，負考亦都蠲。過度五道中，削罪成上仙。一日修此法，萬劫爲因緣。真道既成就，乃見三皇君。」

仍復爐曰：「香煙玉女、侍真衆官，當令靈壇之上，有隱芝玉精在此香火前，令臣等得仙，身生紫絡羽文，某家享福，天下同懽。侍壇玉女，傳奏臣言，上達三皇神君前。」

畢，入壇北向，叩齒十二通，祝曰：「香煙玉女，上奏三皇真君、三十六天神仙靈官，小兆男生臣某甲爲某郡縣某甲某事，建洞神三皇齋請謝。事畢，正爾登壇入室，燒香言功，即日上聞，徑進紫宮，仰達三皇真君前。」

又上香。畢，再拜曰：「臣清齋絶塵，燒香禮謝，上爲某七祖父母逮及某家門，並乞原赦積惡結罪，解除考訟，書名丹簡，定字青篇。臣某甲得與三官之神，俱登玄晨，上朝上清，奉見聖君，賜書受事，永成高真。」

向天皇再拜，次，向地皇，次向人皇，並再拜曰：「臣某甲等今清齋絶塵，爲某甲建立洞神三皇齋請謝。事畢，願以此燒香禮謝之誠，乞解除某先世以來下逮某身存亡千罪萬過，皆令消釋，使某疾患除愈，災厄度脱，長生度世，得爲種民。」

次，向四方：

東上九天帝王神君、衆仙靈官，心存九再拜。

南上九天帝王神君、衆仙靈官，心存九再拜。

西上九天帝王神君、衆仙靈官，心存九再拜。

北上九天帝王神君、衆仙靈官，心存九再拜。

「臣今清齋絶塵，爲某甲建洞神三皇齋請謝。事畢，願以此燒香禮謝之誠，乞除先世以來下逮臣身千愆萬罪，皆令消釋，疾患除差，災厄過度，長生久視，永保无殃。」

又北向九再拜，曰：「太上洞神三皇内景弟子小兆臣某，謹上啓太上道君、太上老君、太上丈人、三皇玉君、九老仙都君、九炁丈人、玄都仙官、太玄真神、上下三十六天靈司官君、五方天帝、太清諸神、二十八宿、中外星官、五嶽真君，佐命八山、四海四瀆、八澤九源、名山洞府、水神潛宮，宇宙之内，一切衆靈，臣謹率同學道士弟子如干人，身沐玄雲之水，列四九之燈，法象三十六天，以今某月某日建集，某日平旦行道，凡三日三夜一十二時。事畢，令曉所言所奏，感應御聞，所祈所請，必降慈澤。三皇所奏，太上有勑，當賜順來請，使某七祖父母幽魂苦爽即蒙昇度。自今以後，某家門昌泰，永蒙安吉，世道俱榮，公私元會，齋功成就。諸神仙官屬、香煙玉女、監齋君吏及土邦城、社里邑君，輔導宣贊，並有勤績，謹爲言功遷賞，酬勞報德。某等數階級，一依玄都科典，事竟，各還本職，司莅如故。今毁壇徹席，事事復舊。臣某甲自啓奏，對揚神典，而冥塗邃遠，理實遐微，法妙難究，多有漏失。且拜伏不恭，心形怠惶，香煙參差，酒果歇薄。愆過之源，事貽幽譴，私心屏營，懼見裁謫。伏願上帝衆真，賜垂哀亮，曲從三赦，刻免罪罰。」

仍叩頭再拜，復爐曰：「香煙玉女、侍直衆官，當令靈壇之上，有隱芝玉精，在此香火前，令臣等得仙，身生紫絡羽文，某家享福，天下同歡。侍壇玉女，侍臣齋竟，言功上達三皇神君前。」

右出三皇齋立成儀。

無上秘要卷之五十

塗炭齋品

宿啓，先依常朝法。竟，稱治職位號，上啓太上无極大道、太上大道君、太上老君、太上丈人、无上玄老、十方靈寶天尊、已得道大聖衆、至真諸君、丈人、玄中大法師、天師君、上相上宰、四司五帝、三界官屬，一切神靈，臣等蟲蟻臭穢，至微至賤，謬藉宿慶，生值大化，三洞御運，真經下世，三師開度，授以妙法，金書玉字，神仙秘訣。受法之日，要當罄竭愚瞽，盡效筋骨，承行經旨，奉宣慈澤，輔佐師老，弘贊幽顯，開濟一切，救度天人。凡有歸告，不敢寢塞。謹有讀詞。臣等案如某辭，言欵事切，實可哀愍。謹相攜率，爲承天師旨教，建義塗炭，露身中壇，束骸自縛，散髮泥額，懸頭銜髮於欄格之下。依靈寶下元大謝清齋燒香，稽顙乞恩，剋以今某月某日於某郡某縣某鄉里某館靈壇之上，或某家修齋清謝，然燈續明，照耀諸天。三日三夜，各六時行道，懺謝某甲億曾萬祖、父母伯叔兄弟、先亡後死，下及某身无鞅數劫億宗以來所行罪負。謹依齋法，齊到某家，沐浴清浄，宿以啓聞，恩惟太上三尊、十方至真、玄中大法師，垂神鑒映，省覽所言，乞敕勒靈寶衆官、侍經威神、三界官屬及此間土地真官，一合同心，併力營衛臣等身，并某家大小，掃蕩齋所、館宅内外，誅滅鬼賊，降伏四魔，乞臣等心安神定，思念分明，天清地朗，啓奏上達，齋功成就，无有室礙。臣等雖復叨忝大法，佩服至真，既處身五濁塵穢之中，三關未調，六情放誕，仰賴禁戒，以自檢御。輒依齋法，説戒威儀，使衆官主人，咸服法訓。須明旦晨曉，依法行道，續更啓聞。

次，智慧頌三首。

智慧起本无，朗朗超十方。結空峙玄霄，自然挹流芳。其妙難思議，虚感真實通。有有竟不有，无无无不无。

智慧恒觀身，學道之所先。眇眇入玄肆，自然録我神。天尊常擁護，魔王爲保言。晃晃金剛軀，超超太上仙。

智慧生戒根，真道戒爲主。三寳由是興，高聖所崇受。泛此不死舟，倏欻濟大有。當此説戒時，諸天來稽首。

右出玉清誡。

次，法師還東面，向西説戒，諸衆伏受。

天尊告太上道君曰：今當普宣法音，開悟群生，爲諸男女解災却患，請福度命，拔諸苦根，使生者見道，身脱八難，死者歡樂，飲食天堂，早生人中，轉輪聖王。修齋求道，皆當一心，請奉十戒，諦受勿忘，專心默念，洞思自然，勿得雜想，擾亂形神。能如是者，便當静聽。

第一戒者，心不惡妬，无生陰賊，檢口慎過，想念在法。

第二戒者，守仁不殺，愍濟群生，慈愛廣救，潤及一切。

第三戒者，守貞讓義，不婬不盗，常行善念，損己濟物。

第四戒者，不色不慾，心无放蕩，貞潔守慎，行无玷污。

第五戒者，口无惡言，言不華綺，内外中直，不犯口過。

第六戒者，減酒節行，調和氣性，神不損傷，无犯衆惡。

第七戒者，不得嫉人勝己，争競功名，每事遜讓，退身度人。

第八戒者，不得評論經教，訾毁聖文，躬心承法，恒如對神。

第九戒者，不得鬪亂口舌，評論四輩，天人咎恨，損傷神氣。

第十戒者，舉動施爲，平等一心，人和神穆，行常使然。

天尊言：修奉清戒，每合天心，常行大慈，願爲一切，普度戹世，慊慊尊教，不得中怠。

寧守善而死，不爲惡而生。於是不退，可得拔度五道，不履三惡，諸天所護，萬神所敬。長齋奉戒，自得度世。

天尊言：道尊法妙，人身亦貴。故道開法，遺戒經文，以度人身。人身既度，上與道同，宜爲精行，持齋奉戒，夷心静默，志念分明，一意歸向，專想不二，滌蕩六腑，過中不味，内外清虚，每合自然。是其齋日，捻香啓願，應聲上徹，四天司邏，十部威神，即下履行道，觀聽法音，鑒映爾心。如戒行道，皆列功諸天。禍福立彰，道不負人。勤行諦受，勿使魔言。

天尊言：建齋行道，四天帝王皆駕飛雲緑軿、八景玉輿，侍從真人玉女，手把華幡，前導鳳歌，後從天鈞，白鶴獅子，嘯歌邕邕，燒香散華，浮空而來。瞻禮行道，觀聽法音，天王下降，萬靈朝焉。如是豈可不盡其法也？當先受十戒，然後行道，庠序雅步，静心閑意，坐起卧息，不離儀格。天王歡悦，列名上清，可謂得道方寸之間。

右出大誡經。

次，復爐法。

香官使者、左右龍虎君、侍香諸靈官，當令静室之中自然生金液丹碧芝英、衆真百靈，交會在此香火之前，願某等受福，天下蒙恩，十方金童玉女，侍衛香煙，傳奏所言，徑御太上无極道前。

右出明真經。

次，奉戒頌。

道爲无心宗，一切作福田。立功无定主，本願各由人。虛己應衆生，注心莫不均。大聖弘至教，亦猶雨降天。高陵靡不周，常卑故成淵。海爲百川王，是能舍龍鱗。萬劫保智用，豈但在厥年。奉戒不暫虧，世世善結緣。精思念大乘，會當體道真。

右出仙公請問經。

明旦，相率入壇，依舊禮師，思神如法。

次，衛靈神咒。

東方

九炁青天，明星大神。焕照東鄉，洞映九門。轉燭揚〔一〕光，掃穢除氛。開明童子，備衛我軒。收魔束妖，上對帝君。奉承正道，赤書玉文。九天符命，攝龍驛傳。普天安鎮，我得飛仙。

南方〔二〕

南方丹天，三炁流光。熒星轉燭，洞照太陽。上有赤精，開明靈童。總御火兵，備守三宫。斬邪束妖，剪截魔王〔三〕。北帝所承，風火八衝。流鈴交焕，敢有不從。正道流行，我享上功。保天長存，億劫无終。

西方

七炁之天，太白流精。光耀金門，洞朗太冥。中有素皇，號曰帝靈。保神安鎮，衛我身形。斷截邪源，王〔四〕道正明。宫宅〔五〕整肅，三景齊并。道合自然，飛昇紫庭。靈寶符

〔一〕「揚」，原作「陽」，據太上洞玄靈寶真文要解上經改。
〔二〕「南方」，原無，或當爲重文號，漏書，據要解上經及文意補。
〔三〕「王」，要解上經作「兇」。
〔四〕「王」，要解上經作「玉」。
〔五〕「宅」，要解上經作「殿」。

命，普惠萬生。功加一切，天地咸寧。

北方[一]

北方玄天，五炁徘徊。辰星煥爛，光耀太微。黑靈尊神，飛玄羽衣。備衛五門，檢精捕非。敢有干試，豁落斬摧。玉符所告，神真八威。邪門閉塞，正道明開。映照我身，三光同輝。策空駕浮，舉形仙飛。

中央

黄中理炁，總統玄真。鎮星吐輝，流煥九天。開光[二]童子，一十二人。元氣陽精，燭上朱煙。洞[三]照一宅，及得我身[四]。百邪摧落，殺鬼萬千。中山神呪，普天使然。五靈安鎮，身飛上仙。

次，鳴天鼓二十四通。

[一]「北方」，原無，據要解上經補。

[二]「光」，太上洞玄靈寶授度儀作「明」。

[三]「洞」，靈寶授度儀作「同」。

[四]「洞照一宅，及得我身」，要解上經作「洞照天下，及臣等身」。

次，發爐。

无上三天真元始三炁太上老君，召出臣等身中三五功曹、左右官使者、左右捧香、驛龍騎吏、侍香玉童、傳言散花玉女、五帝直符、直日香官，各三十六人出，出者嚴裝，關啓此間土地里域真官正神，臣今正爾燒香行道，願得太上十方正真之氣下降流入某等身中，令臣所啓速達，徑御太上无極大道至真玉皇上帝几前。

祝爐畢，衆官長跪，鳴天鼓二十四通，便出官，啓事：

謹出臣等身中五體真官功曹吏，出臣等身中上〔一〕三天執法開化陰陽功曹、度道消災散禍解戹君吏各十二人，出臣等身中治職君吏、某治中建節監功大將軍、前部效功、後部效殺、驛亭令、驛亭丞、四部監功謁者，臣等身中仙靈直使、正一功曹、治病功曹、左右官使者、陰陽神決吏、科車赤符吏、剛風騎置吏、驛馬上章吏、飛龍騎吏等各二人出。出者嚴莊顯服，冠帶垂纓，整其威儀。直使功曹戴通天之冠，衣皂紈單衣；正一功曹冠朱陽之幘、絳章單衣；使者冠九德之冠、五色壽命單衣，腰帶虎符，齊執玉板。直使功曹住立四方，正一功曹住立中央，治病功曹營衛臣等身，左官使者建節在前，右官使者持幢在後，陽神決吏

〔一〕「上」，本段「出官」辭總體見於太極真人敷靈寶齋戒威儀諸經要訣，其中，「上」作「無上」。

立左，陰神決吏立右，上部功曹住立上方，中部功曹住立臣等身中[一]，促炁功曹催促十方，上部使者遠望上天，中部使者遠瞻八方，都官使者帀遶臣等身，郎吏虎賁、察奸鉤騎、都官僕射、天丁力士、收氣食氣吏、收神食神吏、收鬼食鬼吏、收邪食邪吏、收精食精吏、收毒食毒吏、誅符破廟吏、科車赤符吏、剛風騎置吏[二]、驛馬上章吏、飛龍騎吏等屯住臣等前後，左右功曹使者嚴裝。事竟，羅列鹵簿，關啓靈寶官屬、領仙監齋、君吏、天師所布下二十四治、三十六靖廬、七十二福地、三百六十名山、崑崙等上宫三萬六千神，日月星宿、璇璣玉衡、天地五帝、三界官屬、諸君將吏及道上二玄三元四始四面方位風氣、注氣，甲子諸官將吏、考召君、東九夷胡老君、南八蠻越老君、西六戎氐老君、北五狄羌老君、中央三秦傖老君、五嶽四瀆丘沼君、諸廟神祇所在高山、山川溪谷、山林孟長、十[三]二溪女、根源本始、土地之主、社稷將吏，一時嚴裝，與臣等身中功曹使者、飛龍騎吏，上啓太上无極大道、太上

[一]「上部功曹住立上方，中部功曹住立臣等身中」，齋戒威儀諸經要訣在此位置作「上部功曹遠望上天，中部功曹遠瞻八方」，且無後文「上部使者遠望上天，中部使者遠瞻八方」句。該經或誤。

[二]「吏」，原無，據齋戒威儀諸經要訣補。

[三]「十」，原作「士」，據齋戒威儀諸經要訣改，太上太玄女青三元品誡拔罪妙經卷下及洞玄靈寶自然齋儀均有「十二溪女」。

大道君、太上丈人、无上玄老、十方无極大道、道德衆真天尊、至真大帝、天帝、天師君、靈寶監齋大法師、諸官君，臣等生長魔俗，沈淪季葉，翫樂榮華，千載慶會，謬見標拔，得預大化。三師盟授三寶神經，供養尊禮，以求所願，荷恩隆重，喜懼交衿。臣等受法之日，要當罄竭愚短，自效毛髮，奉修經旨，宣暢靈音，慈心愛物，開度天人。謹有某郡縣鄉里男女官生民某甲投詞列訴，詣於臣等，丹心悾悾，求乞平省，輒爲申奏。謹伏讀辭文：讀辭。臣等按如詞言，言欵事切，實可哀愍，不勝所見。謹相攜率，承天師旨教，建議塗炭，露身中壇，束骸自縛，散髮泥額，懸頭銜髮於欄格之下。依靈寶下元大謝修齋立直，燒香然燈，照耀諸天。三日三夜，各六時行道，懺謝某家億曾萬祖、父母伯叔兄弟、先亡後死无鞅數劫億宗以來，逮及某身所行罪負、存亡咎釁，披露丹赤，至心稽顙，願上請天仙兵馬九億萬騎、地仙兵馬九億萬騎、飛仙兵馬九億萬騎、神仙兵馬九億萬騎、星宿兵馬九億萬騎、九宫兵馬九億萬騎、五嶽兵馬各九億萬騎、三河四海兵馬各九億萬騎、三十二天監齋直事三十二人，侍香金童三十二人、散華玉女三十二人、五帝直符各三十二人、傳言奏事、飛龍騎吏等一合來下，監臨齋堂，捻香願念，應口上徹。須行道事竟，有勤，謁功仙官，願功曹官屬、功曹使者、飛龍騎吏，分别關奏，以時上達。列啓事竟，各還臣等身中，復於宫室，須召又到，一如故事。鳴鼓三通。

次，第一上香〔一〕。

係天師某治祭酒，太上靈寶无上三洞法師某嶽先生臣某等，上啓虚无自然元始天尊、无極大道、太上老君、高上玉皇、十方已得道大聖衆、至真諸君、丈人、三十二天帝、玉虚上帝、玉帝、大帝、東華南極西靈北真、玄都玉京金闕七寶玄臺紫微上宫靈寶至真、明皇道君、玄中大法師、天師君，臣等宿世緣會，生遭道教，謬蒙師真所見啓拔，開道腐骸，參以經法，過太之恩，實在罔極。受法之日，與三官有誓，要當竭盡軀命，輸效筋骨，奉宣大化，質對幽冥，輔助師老，救濟一切。謹有於此讀辭。臣等，謹相攜率，爲某承天師旨教，建議塗炭，束縛骸骨，銜髮泥額，五心塗地於欄格之下。依靈寶下元大謝清齋燒香，晝夜六時行道，爲某首謝億曾萬祖、父母伯叔兄弟无鞅數劫億宗以來，逮及某身家門大小，前身今生積行所犯，天所不原，地所不赦，人所不哀，鬼所不放，億罪兆過，觸犯三元百八十條律，三官九府，百二十曹，陰陽水火左右中宫考吏之罪。今故燒香，願以是功德，爲某家億曾萬祖、父母先亡後死、亡父母等，免脱憂苦，上昇天堂，分福南宫，歸身歸神歸命大道，臣等首體投地，歸命太上三尊。願以是功德，歸流某億曾萬祖、父母先亡後死，乞免離十苦八難，上登

〔一〕「第一上香」，以下三「上香」文字，太極真人敷靈寶齋戒威儀諸經要訣簡省頗多，不詳校。

天堂，衣食自然，常居无爲。今故燒香，自歸師尊大聖衆至真之德，得道之後，昇入无爲〔一〕，與道合真。

次，第二上香，祝曰：

臣等謹重燒香，願以是功德，爲帝王國主、君臣吏民、臣等受道法師、父母尊親、同學門人、諸隱居山林學真道士及諸賢者，願各得其道，歸身歸神歸命大道，臣等首體投地，歸命太上三尊。願以是功德，歸流帝王國主、君臣吏民、臣等受道法師、父母尊親、同學諸道士、賢者，願免離十苦八難，各保福祚，終入无爲。今故燒香，自歸師尊大聖衆至真之德，得道之後，昇入无形，與道合真。

次，第三上香，祝曰：

臣等謹重燒香，願以是功德，歸流某身及家門宗室九親姻族、國中吏民、諸官祭酒、天下人民及蝖飛蠕動、蚑行喘息一切衆生，歸身歸神歸命大道，臣等首體投地，歸命太上三

〔一〕「爲」，齋戒威儀諸經要訣作「形」。

尊。願以是功德，歸流某家，使災消禍散，福慶來生，宅舍寧吉，門户興隆，令某身得仙度，昇入无爲，與四大合德，家門大小、天下民人、蜎飛蠕動一切衆生，並得免離十苦八難、五毒水火、賊疫鬼害衆戹，各保福禄，安居无爲。今故燒香，自歸師尊大聖衆至真之德，得道之後，昇入无形，與道合真。

次，禮十方懺文。

東方、南方、西方、北方、東北方、東南方、西南方、西北方、上方、下方，謹有男官祭酒某甲家操墨辭稱，比年以來，爲居不利，所向乖意，疾病相逮，懼恐存亡殃咎，事結玄司，戹運交會，不蒙免度。臣等謹依靈寶下元塗炭謝法，露身中壇，稽顙乞哀，特乞大慈開宥之恩，原赦某身及億曾萬祖父母伯叔兄弟家門大小前生以來，逮至今日所行所犯不敬大聖尊神、日月星宿、四時五行、師父尊長、五嶽四瀆、三河四海、諸真神仙玉女、三界地祇、三官九署一切神明，无億醜惡，无量大罪，欺師罔道，穢藉天經，貪利入身，私相教授，五帝无盟，謀圖反逆，執行不忠，不慈不孝，不愛不仁，上逆君父，下殺衆生，掠奪人物，婬犯他妻，嫉妬勝己，争競功名，口是心非，攻擊賢人，飲酒食肉，濁注五神，罵詈呪詛，自作无端，八齋吉日，喜怒无常，輕孤暴寡，棄薄老人，淩踐貧窮，逐寵豪彊，諸如此罪，不可稱計。乞令燒香悔謝，並蒙釋散，賜與更始，某身及億曾萬祖幽塗死魂，開諸光明，咸蒙解脱，轉入信根，去離五道，開度因緣，死者長樂，生世蒙恩。其業考釋散，謫罰除滅，乞削罪録右宫黑籍，度名左府青録之中，道氣覆蓋，神明佑護，轉禍爲福，反凶成吉，禳灾却害，誅滅鬼賊，真氣降流，温潤骨節，調和五藏，宣理百脉，使所苦除差，衆治獲力，增光附潤，安定精神，生活保全，永荷道恩。

次，禮四方懺文。

西方、北方、東方、南方，謹爲男官祭酒某甲家建齋行道，請福消灾，懺悔存亡罪結，一切和釋，道氣覆蓋，幽顯開濟，人口安休，尊卑萬福，門户清茂，福祚所歸，常居吉慶，善緣悉會，不墮三惡，所願者合。

次，存思命魔步虚三首，禮經如法。

次，晝則向西，夜則向北，各散髮泥頭，衆官復立，各稱位號：係天師某治祭酒太上靈寶无上三洞弟子，奉行靈寶法事，某嶽先生臣某甲上啓上下中央四面八方太上无爲大道諸君、丈人，至大至尊无上无頂、无極无窮、普照普察、无量洞明最上至真，无鞅數重道氣，元始元生、寥廓无端、混沌无形、虚无自然、太上元根、冥寂玄通大智慧源，正一盟威，太上无爲大道，道中之道，神明君，无上元初萬億數无鞅數衆道德諸君、丈人，太上道德君，道德丈人，无上萬元君，萬元丈人，无上萬福君，萬福丈人，无上萬氣君，萬氣丈人，溟涬天神諸君、丈人，玄元老君，太清玄元无上三天无極大道、无上丈人，太上三氣君、三氣丈人、太上老君、太上丈人、太玄上一君、太玄丈人、中黄正一君、中黄丈人、太元君、太元丈人、太始君、太始丈人、太初君、太初丈人、太素君、太素丈人、太虚君、太虚丈人、太真君、太真丈人、太一君、太一丈人、太儀君、太儀丈人、太平君、太平丈人、太淵君、太淵丈人、天帝君、天帝丈人、九老仙都君、九天仙都丈人、玉曆君、玉曆丈人、九氣君、九氣丈人等百千萬億億萬億无鞅數萬重道氣君、道氣丈人，千二百官君，千二百官丈人，太清玉陛下，太上玉真君，玉真丈人，五仙君，五仙丈人，九靈君，九靈丈人，太清十二真君，十二真丈人，二十四神人君，二十四神丈人，太清三十六真君，太清三十六真丈人，五氣君，五氣丈人，陰陽生氣君，陰陽生氣丈人，五氣符契諸君、丈人，慈父聖母，上上太一君，上上太一丈人，皇天太上帝，无極太上元君，太上元君丈人，太一君，太一丈人，神寶君，神寶丈人，真寶君，真寶丈人，天寶君，天寶丈人，靈寶君，靈寶丈人，元神君，元神丈人，元真君，元真丈人，元靈君，元靈丈人，太上高皇帝王，神氣都官，考行狀、六質六直六忠六樸六端六慤等二十四官、三十六神，天皇老君，天皇老丈人，南極老君，南極丈人，黄神老君，黄神丈人，黄老君，黄老丈人，太和君，太和丈人，太上皇真道君諸君丈人，天師女師，嗣師女師、係師女師三師君門下典者、諸官君將吏，監察五氣君，萬道父母、萬氣父母、萬德父母，天地父母，神仙所出，仙聖所聚，東王父，西王母，日君，月夫人，衆仙天官大神等。臣等宿世緣會，得遭道化，謬蒙師真所見啓拔，開導腐骸，參以經法，過太之恩，實在罔極。受法之日，與三官有誓，要當竭盡軀命，輸效筋骨，奉宣大化，質對幽冥，輔助師老，救濟一切。謹有：於此讀辭按如某辭，言欸事切，實可哀愍，臣等既叨忝大乘，職在扶救，不勝所見，謹相攜率，爲某承天師旨教，建議塗炭，束縛骸骨，銜髮泥額，五心塗地於欄格之下。依靈寶下元大謝清齋燒香，晝夜六時行道，爲某首謝億曾萬祖父母伯叔兄弟无鞅數劫億宗以來，逮及某身家門大小前身今生積行所犯，天所不原、地所不赦、人所不哀、鬼所不放億罪兆過，觸犯三元百八十條律，三官九府、百二十曹、陰陽水火左右中官考吏之罪，解釋戹運，過度災難，披心露肝，不敢虚餘。恩惟太上衆尊、至真高神，特垂哀省，開大慈之澤，回罔極之恩，救除某上世億曾萬祖无鞅數劫億宗以來逮及某身及見在大小一切衆生犯惡爲非无鞅數罪，愆考罰負，千罪萬責，哀原矜赦，怨對和解，考訟復注，一切斷絶，流殃積逮，並乞消滅，塚墓安穩，禍害不生。乞先亡後死，怨魂苦爽，咸受福樂，其業考釋散，謫罰除滅，乞削罪録右宫黑薄，度名左府青録之中，道氣覆蓋，神明祐護，轉禍爲福，反凶成吉，禳災却害，度脱戹難，徹滅短筭，著名長曆，家門拳屬，厄過病癒，咸保萬福，瘟癘鬼魔，百毒千災，驅迸八表，門户興盛，萬善所歸。存亡休泰，仰荷道恩。

畢，法師上香，向東立。

次，説十二念願。畢，復爐。

香官使者、左右龍虎君、侍香諸靈官，當令露壇之上自然生金液丹碧芝英，百靈交會在此香火之前，願皇帝萬福，天下蒙恩，十方玉童玉女侍衛香煙，傳奏臣等所言徑御太上无極大道玉帝几前。

齋竟，高功法師向東各鳴天鼓二十四通，各稱名位：

太上靈寶无上洞玄弟子，奉行靈寶法師臣某甲等稽首再拜，上啓太上无極大道、太上大道君、太上老君、太上丈人、无上玄老、十方无極大道、道德衆聖天尊、至真大帝、天帝、天師君、靈寶監齋大法師，臣等素出凡愚，不以穢賤，好道樂仙，謬受法任，得騰景九玄，志竭愚短，自效毛髮。謹有同法男女官某甲操辭自列，投誠歸命，告於臣等，求乞救理。臣等謹相攜率，登以今月某日寅時，於此某郡縣里中，承天師旨教，建議塗炭謝法，露身中壇，行靈寶下元大謝，清齋燒香誦經，思神念真，三日三夜，各六時行道。訖，某月某日丑時修行，事竟所啓，上請天仙、地仙、飛仙、真人、神人、日月星宿、九宫五帝、三河四海、五嶽四瀆神仙兵馬各九億萬騎，監齋直事、侍經侍香、金童玉女、監齋衆真、靈寶官屬、傳言奏事、飛龍騎吏等四方監察、真官靈仙，謁還真官，進品上仙，加爵帝秩，隨品署真。當如太真之儀，令臣等行道得道，求仙得仙，令臣等分形變化七十四方，三元下降，皆致緑軿，飛行上清，騰景九天，日月同暉，三寶齊輪。惟蒙至真，鑒映丹情。臣等學法未備，俯仰之格，齋法難精，不合儀式，進止犯科，爲四司所糾，五帝所執，千愆萬罪，乞蒙矜赦，哀原未悟，不見罪罰。臣等身中五體真官隨功上詣玄都，受秩事竟，各還臣等身中，與臣等同昇，飛行太空。謹上啓聞，伏須告報。臣某等誠惶誠恐，稽首頓首，再拜以聞〔一〕。

〔一〕原缺出處，所引文字部分見於太上洞玄靈寶授度儀表、太極真人敷靈寶齋戒威儀諸經要訣等，故所出經書或當與陸修静整理的科儀有關。

無上秘要卷之五十一

五十二同卷。

盟〔一〕真齋品

太上大道君前進作禮，上白天尊：今日侍座，得見諸天童子，受諸威光，光明普照諸天福堂及无極世界地獄之中，善惡報應，苦樂不同。善者歡泰，逍遥无窮；惡者塗炭，流曳八難，无復身形，甚可哀傷。如此之輩〔二〕，受惡因緣，億劫長對，不識命根。不審可有功德拔贖開度死魂長夜九幽之中，身入光明，更生福門。如蒙慈愍，生死荷恩，亡者歡〔三〕樂，見世

〔一〕「盟」，敦目作「明」。
〔二〕「輩」，洞玄靈寶長夜之府九幽玉匱明真科作「報」。
〔三〕「歡」，玉匱明真科作「閒」。

興隆，富貴昌盛，壽命長久〔一〕，則雲蔭八遐，風灑蘭林，來生男女，得聞法音。唯願天尊分別解説，授以訣言，令衆見明〔二〕。

天尊告太上道君：諦聽吾言，善思善識，對〔三〕於中心，晨夜存念，慎勿使忘言。吾今爲汝解説妙音，可得依用，拔贖罪魂，開出長夜，九幽八難，宿對披散，轉入信根，生死懽樂，世世因緣。其法高妙，四〔四〕萬劫一傳，世有賢明，誓而告焉。密則降福〔五〕，泄則禍〔六〕臻。風刀之戒，出於盟真〔七〕。違科犯律〔八〕，勿怨諸天。

於是天尊命飛天神人説罪福緣對拔度上品。當説經時，諸天日月星宿朗曜，普照九

〔一〕「富貴昌盛，壽命長久」，玉匱明真科作「富貴昌熾盛，壽命久長」。

〔二〕「令衆見明」，玉匱明真科作「令衆見明科，一切得安」。

〔三〕「對」，原作「封」，據玉匱明真科改。

〔四〕「四」，玉匱明真科無。

〔五〕「降福」，玉匱明真科作「福降」，更恰。

〔六〕「禍」，玉匱明真科作「惡」。

〔七〕「出於盟真」，玉匱明真科作「告於明真」。

〔八〕「違科犯律」，玉匱明真科作「違犯科律」。

地无極世界長夜之府九幽之中，長徒餓鬼，責役死魂，身受光明，普見命根，於是自悟，一時回心，咸使思善，念還福門，五苦解脱，三塗蒙遷，宿對解〔一〕釋，地獄寧閑。是時男女普聞法音，豫〔二〕以有心，悉得神仙。

飛天神人曰：九幽玉匱拔度死魂罪對上品，常以正月、三月、五月、七月、九月、十一月，一年六齋〔三〕；月一日、八日、十四日、十五日、十八日、二十三日、二十四日、二十八日、二十九日、三十日，一月合十日及八節日、甲子日、庚申日，於家中庭安一長燈，令高九尺，於一燈上然九燈火，每令光明上照九玄諸天福堂，下照九地无極世界長夜之中。依威儀舊法闢啓〔四〕，上請天仙、地仙、真人、飛仙、日月星宿、九宫五帝、五嶽三河四海兵馬各九億萬騎，三十二天〔五〕散華玉女三十二人，五帝直符等各三十二人，傳言奏事、飛龍騎吏等一

〔一〕「解」，玉匱明真科作「拔」。

〔二〕「豫」，玉匱明真科作「預」。

〔三〕「齋」，玉匱明真科作「月」。

〔四〕「舊法闢啓」，玉匱明真科作「具法開啓」。

〔五〕「天」，原作「人」，玉匱明真科此處作「三十二天監齋直事、侍香金童、散花玉女，五帝直符等各三十二人」，文意更理順，據改。

合來下，監臨齋堂。捻香願念，應口上徹。行道事竟，皆啓還天宮。晝則燒香，夜則然燈，使香煙不絶，悉露經中庭，於九燈之下繞燈行道。

上香願念畢，便東向九拜言曰：「今某甲歸命東方无極靈寶天尊、已得道大聖衆、至真諸君、丈人、九炁天君、東鄉諸靈官，今故立齋，燒香然燈，願以是功德，照曜諸天，普爲帝王國主、君臣吏民、受道法師、父母尊親、同學門人、隱居山林學真道士、諸賢者及蜎飛蠕動、蚑行喘〔一〕息一切衆生，並得免度十苦八難，長居无爲，普受〔二〕自然。某家億曾萬祖、囚徒死魂開諸光明，咸得解脱，轉入信根，去離五道，開度因緣，死者長樂，生世蒙恩，天下太平，道德興隆。今故燒香，自歸師尊大聖衆至真之德，得道之後，昇入无形，與道合真。」畢，脱巾叩頭搏頰八十一過，止。

次，南向三拜，言：「今某甲歸命南方无極靈寶天尊、已得道大聖衆、至真諸君、丈人、三氣天君、南鄉諸靈官，願念如上法。」畢，脱巾叩搏頰各二十七過，止。

次，西向七拜，言：「今某甲歸命西方无極靈寶天尊、已得道大聖衆、至真諸君、丈人、

〔一〕「喘」，玉匱明真科作「蜎」。
〔二〕「受」，玉匱明真科作「度」。

七炁天君、西鄉諸靈官，願念如上法。」畢，叩頭搏頰各六十三過，止。

次，北向五拜，言：「今某甲歸命北方无極靈寶天尊、已得道大聖衆、至真諸君、丈人、五炁天君、北鄉諸靈官，願念如上法。」畢，叩頭搏頰各四十五過，止。

次，東北一拜，言：「今某甲歸命東北无極靈寶天尊、已得道大聖衆、至真諸君、丈人、梵炁天君、東北鄉諸靈官，願念如上東方法。」畢，叩頭搏頰各九過，止。

次，東南。

次，西南。

次，西北。

四隅俱一拜，叩頭搏頰並各九過，歸命悉如東北之法。四隅畢。

次，向西北上方三十二拜〔一〕，言：「今某甲歸命上方三十二天无極靈寶天尊、已得道大聖衆、至真諸君、丈人、三十二天帝君、玉京玄都紫微上宫諸真人、玉女、神仙、諸靈官，願念悉如東方之法。」畢。叩頭搏頰各二百八十八過。

次，向東南下方十二拜，言：「今某甲歸命下方无極靈寶天尊、已得道大聖衆、至真諸

〔一〕「次向西北上方三十二拜」，玉匱明真科作「次向上方三十一拜」。

君、丈人、九土高皇〔一〕、四司五帝、十二仙卿、五嶽四瀆、九宫真人、神仙玉女、无極世界九地諸靈官。今故立齋，燒香然燈，願以是功德，照耀地下无極世界長夜之府九幽之中，普爲帝王國主、君臣吏民、受道法師、父母尊親、同學門人、隱居山林學真道士、諸賢者及臣家億曾萬祖長夜死魂先身所行犯天禁地戒、罪惡纏綿〔二〕、死受宿對，往反塗炭，因緣不絶，流曳五苦，長夜〔三〕无脱。乞今燒香，然燈懺謝，以自拔贖，光明普照長夜之府，九幽地獄，解出幽魂，罪根散釋，三官九署，不見拘閉，開度昇遷，得入福堂，去離惡道，恒居善門王侯之家，生世懽樂，普天安寧。今故燒香，自歸〔四〕師尊大聖衆至真之德，得道之後，昇入无形，與道合真。」畢，叩頭搏頰各一百二十過，止。

右出洞玄明真九幽玉匱罪福緣對拔度上品經。

〔一〕「九土高皇」，玉匱明真科作「九壘土皇」。
〔二〕「綿」，玉匱明真科作「結」。
〔三〕「夜」，玉匱明真科作「徒」。
〔四〕「歸」，玉匱明真科作「皈依」。

無上秘要卷之五十二

三元齋品〔一〕

壇圖。以紅泥爲壇，三層，上頓青几案五隻，每隻上各放香爐一座。

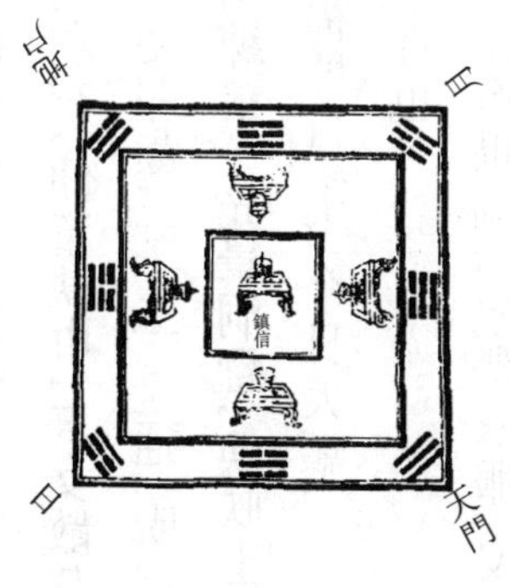

〔一〕「三元齋品」，本卷該品内容見於太上大道三元品誡謝罪上法及敦煌文書北珍〇〇二〇（收入叢書集成續編第九十七册，羅振玉校録，但録文偶誤，今仍據李德範輯敦煌道藏影印本校）。

天尊言：常以正月十五日、七月十五日、十月十五日平旦、正中、夜半三時，沐浴身形，五香自洗。臨沐浴時，向西南以金杓回香湯，東南左轉三十二過，閉眼思日光在左目上，月光在右目上，五星纏〔一〕絡頭上，五色之雲帀遶一身，青龍、白虎、朱雀、玄武、獅子、白鶴羅列左右，仙童執巾，玉女散華，飛仙乘騎，侍衛身形。

便叩齒三十二〔二〕通，呪曰：「天澄氣清，五色高明。日月吐輝，灌我身形。神津内盥，香湯練精。光景洞耀，焕映上清。氣不受塵，五臟〔三〕納靈。罪滅三塗，禍消九冥。惡根斷絶，福慶自生。今日大願，一切告盟。身受開度，昇入帝庭。」畢，仰嚥三十二過，止，便洗沐五神也。

沐浴畢〔四〕，冠帶衣服，又叩齒十二通，呪曰：「五濁已清，八景已明。今日受練，罪滅福生。長與五帝，齊真上靈。」便出而入室，依法行道也。

〔一〕「纏」，謝罪上法作「纓」。

〔二〕「三十二」，謝罪上法作「二十一」。

〔三〕「臟」，謝罪上法作「府」。

〔四〕「臨沐浴時」至「沐浴畢」，北珍〇〇二〇無。

入室，東向燒香，叩齒三十二通，咒曰：「无上三天玄元始三〔一〕炁太上老君，召出臣身中三五功曹、左右官使者、左右龍虎君、捧香、驛龍騎吏、侍香玉童、傳言玉女、五帝直符各三十二人出，出者嚴裝〔二〕，關啓此間里域土地真官正神，臣今正爾燒香行道，陳乞所願，願得十方正真之炁入臣等身中，令臣所啓速達上聞无極天尊太上大道至真玉帝几前〔三〕。」

「无上洞玄〔四〕靈寶弟子某嶽先生臣某甲〔五〕，宿世緣會，得生道化，蒙三洞法師先生某甲〔六〕所見啓拔，開度腐骸，參以經法，過泰〔七〕之恩，實在罔極。而臣生長流俗，五神諍競，塵深〔八〕罪穢，永不自覺，與罪同長，山海彌積，前生至今，不知緣來，凡以幾劫。逮及今日，

〔一〕「三」，北珍〇〇二〇無。

〔二〕「裝」，北珍〇〇二〇作「莊」。

〔三〕「至真玉帝几前」，北珍〇〇二〇作「至真帝前」。

〔四〕「无上洞玄」，北珍〇〇二〇於本段前有小標題「三上香」。

〔五〕「某甲」，謝罪上法作「甲」，北珍〇〇二〇作「王甲」。

〔六〕「某甲」，謝罪上法作「甲」，北珍〇〇二〇作「王甲」。

〔七〕「泰」，北珍〇〇二〇作「太」。

〔八〕「深」，北珍〇〇二〇作「染」。

罪結天地，在何簿目，爲三官執舉，拘逮地役。雖自修厲〔一〕，而无〔二〕感徹，真靈不降，衆魔所伐，致思念不專，五神飛越。常恐一旦歸命幽壑，彌淪〔三〕萬劫，終天无拔。謹以三元大慶吉日，清齋燒香，首謝前身及得今日積行所犯天所不原、地所不赦、神所不哀、鬼所不放億罪兆過，觸犯三元百八十條、三宮九府百二十曹、陰陽水火左右中宮考吏之罪。今故燒香，歸身歸神歸命无極天尊、太上道君、三十二天上帝、十方大聖衆、至真諸君、丈人、飛天神王、天仙、飛仙、神仙、地仙、五嶽諸真人玉女、諸天日月星宿、璇璣玉衡及地上十方无極諸靈官、三界五帝、三官九府、百二十曹、三河四海、九江八極衆神靈司諸官，乞丏〔四〕大恩，一切原除宿身今生所犯之罪，以今燒香功德，拔度罪根，願削除地簡，絶滅右府黑簿罪録，度上南宮左府長生青録之中，神仙度世，永享无窮，得道之後，昇入无形，與真合同。」

〔一〕「厲」，北珍〇〇二〇作「勵」。
〔二〕「而无」，北珍〇〇二〇作「无有」。
〔三〕「淪」，謝罪上法作「綸」。
〔四〕「丏」，謝罪上法作「賜」。

第一東向九拜〔一〕，長跪言：「臣某甲今歸命東方无極太上靈寶天尊、已得道大聖衆、至真尊神、太清玄元上三天无極大道、无上玄老、太上老君、太上丈人、皇上老君、皇上丈人、青靈上真、諸天帝君、諸天帝丈人、太帝君、太帝丈人、九老仙都君、九炁丈人等百千萬重道炁、千二百官君，太清玉陛下、東極老人、青華大神、上相司馬青童君〔二〕、金闕後聖帝君、真陽始青神人、靈寶九仙君等，青和玉女、主仙玉〔三〕郎，東方无極世界一切神靈，乞丐直垂大慈開宥之恩，原赦臣身前生緣〔四〕來逮及今日受生所犯上不敬諸天大聖尊神、東方无極世界一切神靈、日月星宿、四時五行、風雨雷電、雲霧時節，下不敬師父尊長、五嶽四

〔一〕「第一東向九拜」，北珍〇〇二〇於本段前有小標題「謝十方」。下文中道藏之秘要、北珍〇〇二〇及謝罪上法的禮拜次序及文字有異，道藏之秘要爲「東」、「東南」、「南」、「西南」、「西」、「西北」、「北」、「東北」、「西北上方」、「東南下方」，北珍〇〇二〇爲「東」、「東南」、「南」、「西南」、「西」、「西北」、「北」、「東北」、「地户下方」、「天門上方」，謝罪上法爲「東」、「東南」、「南」、「西南」、「西」、「西北上方」，道藏現存無上秘要與北珍〇〇二〇均爲十方，但最後兩方稍異。

〔二〕「君」，北珍〇〇二〇無。

〔三〕「玉」，北珍〇〇二〇作「四」。

〔四〕「緣」，謝罪上法作「以」。

瀆、三河四海、九江八極諸真人、神仙玉女、東鄉諸靈官、三界地祇、三官九署一切神明，欺師罔道，穢藉〔一〕天經，竊盗聖文，改易靈音，宣傳正〔二〕法，貪利入身，私相化授；五帝无盟，謀圖反〔三〕逆，執行不忠，不慈不孝，不愛不仁，上逆君父，下殺衆生；掠〔四〕奪人物，婬犯他妻，骨肉相加，門族交通；嫉妬〔五〕勝己，争競功名，口是心非，攻擊賢人；飲酒食肉，濁注五神，罵詈呪詛，自作无端；八齋吉日，喜怒无常；輕孤藉〔六〕寡，棄薄老人，凌踐〔七〕貧窮，逐寵豪强。諸如此罪，不可勝記〔八〕，積世結固，纏綿不解。乞今燒香，歸命東方，乞丐〔九〕大慈，直垂哀原，赦除臣身前生億劫以來乃至今身所犯坐如上之罪。乞賜更始，於今

〔一〕「藉」，北珍〇〇二〇作「籍」，謝罪上法作「賤」。
〔二〕「正」，北珍〇〇二〇及謝罪上法作「至」。
〔三〕「反」，謝罪上法作「叛」。
〔四〕「掠」，北珍〇〇二〇作「略」。
〔五〕「妬」，北珍〇〇二〇作「妒」。
〔六〕「藉」，謝罪上法作「賤」。
〔七〕「凌踐」，北珍〇〇二〇作「陵賤」，謝罪上法作「凌賤」。
〔八〕「記」，謝罪上法作「紀」。
〔九〕「丐」，謝罪上法作「願」。

自改，伏從禁戒，不敢有〔一〕犯。乞削地簡三官罪録、右宫黑簿惡對重根，度名左府青録之中。今日大慶，萬願開陳，謹自首謝，歸命天尊，乞神乞仙，與真合同，門户興泰，善緣來生，世世罔極，長享自然。」畢，便解巾叩頭自搏各九十過。

謝東方畢，次起左行，向東南一拜，長跪言：「臣甲今歸命東南无極太上靈寶天尊、已得道大聖衆、至真尊神、南上老君、丹靈老子、南極上元、長生真人、度世司馬、司命、司録、好生韓君、起死更生鍊骨還神大聖神王、萬福君、萬神丈人〔二〕、太和玉女，東南无極世界一切神靈，乞丐〔三〕謝如東方法。」畢，叩頭自搏各一十二過。

謝東南畢，次起左行，向南方三拜，長跪言：「臣甲今歸命南方无極太上靈寶天尊、已得道大聖衆、至真尊神、无極大道、南方〔四〕赤帝、丹靈老子、太和玉女、長生司馬、好生君、司命、司録、南極度世君、飛天真人、開度受生神仙、玉曆注生神仙、度世君、萬福萬度萬生

〔一〕「有」，謝罪上法作「又」。
〔二〕「萬神丈人」，謝罪上法作「萬福丈人」。
〔三〕「丐」，謝罪上法作「恩」。
〔四〕「南方」，北珍〇〇二〇及謝罪上法作「南上」。

萬氣〔一〕君，南方无極世界一切神靈，謝如上法。」畢，叩頭自搏各三十過。

謝南方畢，次起左行，向西南方一拜，長跪言：「臣甲今歸命西南无極太上靈寶天尊、已得道大聖衆、至真尊神、天皇老人、南極元真君、洞陽大靈神〔二〕生氣、飛真神王、神仙玉女，西南无極世界一切神靈，乞丐〔三〕謝如上法。」畢，叩頭自搏各一十二過。

謝西南畢，次起左行，向西方七拜，長跪言：「臣甲今歸命西方无極太上靈寶天尊、已得道大聖衆、至真尊神、无極大道、西華太妙、至極上帝、金堂玉仙真母、金闕後聖、上相帝君、玄古天師、萬聖道主、四極真人、神仙玉女，西方无極世界一切神靈，乞丐〔四〕謝如上法。」畢，叩頭自搏，各七十過。

謝西方畢，次左行，向西北方二〔五〕拜，長跪言：「臣甲今歸命西北无極太上靈寶天尊、已得道大聖衆、至真尊神、无極大道、上帝真皇老人、飛天神王、度仙上聖、監靈真人、神仙

〔一〕「氣」，謝罪上法作「元」。
〔二〕「神」，謝罪上法作「衆神」。
〔三〕「丐」，謝罪上法作「恩」。
〔四〕「丐」，謝罪上法作「恩」。
〔五〕「二」，謝罪上法作「一」。

玉女，西北方无極世界一切神靈，乞丐謝如上法。」畢，叩頭自摶各一十二過。

謝西北畢，次左行，向北方五拜，長跪言：「臣甲今歸命北方无極太上靈寶天尊、已得道大聖衆、至真尊神、无極大道、太上老君、太上丈人、高上玉晨、北極真公、萬聖道主、妙行真人、太陰司命、典死録度筭司馬、總司殺神皇、太真神仙玉女，北方无極世界一切神靈，乞丐謝如上法。」畢，叩頭自摶各五十過。

謝北方畢，次左行，向東北一拜，長跪言：「臣甲今歸命東北无極太上靈寶天尊、已得道大聖衆、至真尊神、无極大道、飛天神王、神霄魔王、制靈監真、都統神人、萬生神皇、上玄老君、真人玉女，東北无極世界一切神靈，乞丐謝如上法。」畢，叩頭自摶各一十二過。

謝東北畢，次左行，向西北上方一拜，長跪言：「臣甲今歸命上方无極太上靈寶天尊、已得道大聖衆、至真尊神、太清玄元上三天无極大道、无上玄老、太上老君、太上丈人、皇上老君、皇上丈人、青靈上真、諸天帝君、諸天帝丈人、九老仙都君、九氣丈人等百千萬億億萬數无鞅數萬重道氣君、道氣丈人、千二百官君、千二百官丈人、太清玉陛下、太上玉真君、玉真丈人、五仙君、五仙丈人、九靈君、九靈丈人、太清十二真君、十二真君丈人、二十四神人君、二十四神丈人、太清三十六真君、三十六真丈人、五氣君、五氣丈人、陰陽生氣君、生氣丈人、上上太一君、太一丈人、皇天太上帝、无極太上元君〔一〕、太上元君丈人、太一君、太一丈人、神寶君、神寶丈人、真寶君、真寶丈人、天寶君、天寶丈人、靈寶君、靈寶丈人、元神君、元神丈人、元真君、元真丈人、元靈君、元靈丈人、天皇老君、天皇老丈人、南極君、南極丈人、黄神老君、黄神丈人、黄老君、黄老丈人、太和君、太和丈人、太上皇真道君、諸君丈人、上古天師君、天師丈人、三師君、三師丈人、萬道父母、萬德父母、天地父母、神仙所出、神仙所聚、東王父、西王母、日君、月夫人、五星君、五星皇妃、璇璣玉衡、九星真君、衆仙真人、聖父聖母、神仙玉女，上方彌羅无極世界一切神靈，乞丐謝如上法。」畢，叩頭自搏各三百二十過。

謝上方畢，次左行，向東南下方一拜，長跪言：「臣甲今歸命下方无極太上靈寶天尊、已得道大聖衆、至真尊神、九土高皇、四司五帝、十二仙官、九宮真人、神仙玉女，下方無極世界一切神靈，乞丐謝如上法。」畢，叩頭自搏各一百二十過。

〔一〕「无極太上元君」，原作「元極太上无君」，據謝罪上法改，「元極太上无君」神名也見於元始五老赤書玉篇真文天書經卷下。

謝下方畢〔一〕，次左行，向東北日宮三拜，長跪言：「臣甲今歸命日君、夫人、日中黄華、洞明太光童子、散暉玉女、日中諸神仙，乞丐原臣受生所行罪負，上觸天光，生死殃對，並蒙赦除，身得光明，與日同景，長享无極，受福自然。」畢，叩頭自搏各三十過。

謝日宮畢，次起左行，向西南月宫七拜，長跪言：「臣甲今歸命月君、夫人、石景水母、圓光玉女、散暉童子〔二〕，月中諸神仙，乞丐原臣受生所行罪負，與月同景，長享无極，受福自然。」畢，叩頭自搏各七十過。

謝月宫畢，次左行，向北九拜，長跪言：「臣甲今歸命諸天星宿、璇璣玉衡、七星北斗、九皇〔三〕三台、五星夫人、二十八宿，周天三百六十五度星中大神、星中真皇、夫人、靈妃、神仙玉女，乞丐原臣受生所行罪負，上觸天光，生死殃對，並蒙原除，身得光明，與星宿同景，長享无極，受福自然。」畢，叩頭自搏各三百六十五過。

〔一〕「謝下方畢」，北珍〇〇二〇於本段前有小標題「謝日月星」。

〔二〕「圓光玉女、散暉童子」，謝罪上法作「圓光童子、散暉玉女」，北珍〇〇二〇同秘要。

〔三〕「皇」，北珍〇〇二〇及謝罪上法作「星」。

謝星宫畢〔一〕，次左行向東嶽再拜，長跪言：「臣甲今歸命東嶽泰山青帝大神、飛仙真人、神仙諸靈官，名山大澤一切神靈，乞丐原臣受生以來所行罪負，上觸東嶽名山大神元惡之罪，並蒙赦宥，削除罪簡，名上仙籙，得與大神交友自然。」畢，叩頭自搏各二十過。

次向南方再拜，長跪言：「臣甲今歸命南嶽衡〔二〕山赤帝大神、飛仙真人、神仙諸靈官，名山大澤一切神靈，乞丐謝如東嶽法。」

次向西南再拜，長跪言：「臣甲今歸命中嶽嵩山〔三〕黄帝大神、飛仙真人、神仙諸靈官，名山大澤一切神靈，乞丐如東嶽法。」

次向西方再拜，長跪言：「臣甲今歸命西嶽華山白帝大神、飛仙真人、神仙諸靈官，名山大澤一切神靈，乞丐如東嶽法。」

次向北方再拜，長跪言：「臣甲今歸命北嶽恒山黑帝大神、飛仙真人、神仙諸靈官，名山大澤一切神靈，乞丐如東嶽法。」

〔一〕「謝星宫畢」，北珍〇〇二〇於本段前有小標題「謝五岳」。
〔二〕「衡山」，北珍〇〇二〇作「霍山」。
〔三〕「嵩山」，北珍〇〇二〇作「嵩高山」。

謝五嶽，並如東嶽法，但言至東嶽，便改其方嶽名耳，叩頭自搏並各二十過。

謝五嶽畢〔一〕，次左行，向北方十二拜，謝水官，言：「臣甲今歸命扶桑大帝、暘谷神王、洞源洞淵清泠大神、三河四海九江水帝、十二河源〔二〕河伯河侯、河中二千石清河夫人、水府神仙，一切諸靈官，乞丐原臣前生以來至于今日所行罪負，无數愆目觸犯水官元惡之罪，乞見原赦。今日燒香首謝，歸命水府大神〔三〕，乞得生活，免諸罪根，削水簡對，上名生録神仙簿中，長享无極，與道合真。」畢〔四〕，叩頭自搏各二百八十過。

謝水府〔五〕畢，次向北方三拜，謝三寶神經，長跪言：「臣甲今歸命太上无極大道、至真无上三十六部尊經、三寶靈文、神仙圖籙符章、自然天書、金書玉字、侍經玉童玉女、三部威神，乞丐謝如上東方法。」畢，叩頭自搏各三百六十過。

〔一〕「謝五嶽畢」，北珍〇〇二〇於本段前有小標題「謝水官」。

〔二〕「河源」，北珍〇〇二〇及謝罪上法作「淮濟」。

〔三〕「今日燒香首謝，歸命水府大神」，謝罪上法及北珍〇〇二〇作「今日燒香，首謝大神，歸命歸身」。

〔四〕「畢」，原無，據謝罪上法及文意補。

〔五〕「府」，謝罪上法及北珍〇〇二〇作「官」。

謝畢，左行還西，向東三上香，祝曰：「香官使者、左右龍虎君、捧香、驛龍騎吏，當令臣静室齋堂生自然金液丹精、芝英百靈〔一〕，交會在此香火前，令臣得道，遂獲神仙，舉家萬福，天下受恩〔二〕，十方玉童玉女侍衛香煙，傳臣所啓，徑御无極太上大道御前。」天尊言：其三元品誡謝罪上法，三元宫中隱存形神，精思罪根，修仙上道，學士一歲三過行之。行之當令心丹意盡，神形同苦，无有怠倦，感徹諸天，三元削罪於黑簿，北帝落死而上生，三官保舉於學功，太玄記録於上仙。

右出洞玄三元品誡經〔三〕。

〔一〕「芝英百靈」，謝罪上法及北珍〇〇二〇作「百靈芝英」。

〔二〕「舉家萬福，天下受恩」，謝罪上法作「舉家蒙福，上下受恩」。

〔三〕「右出洞玄三元品誡經」，原無，據實際出處補。

無上秘要卷之五十三

金籙齋品

太上道君稽首上白天尊：今聞飛天神人説罪福緣對拔度上品，陳請禮謝，解釋宿根，來生男女，當受其恩，普得開悟〔一〕，身入光明。爲盡〔二〕如是，復有餘方。不審天有重灾，國祚不安，星宿越錯，四氣失常，兵寇〔三〕疾厄，帝王不寧，毒癘流布，天人死傷，當作何法，以禳其災，拔度厄難，解諸不祥？願垂教旨，可得修行，和天安地，佐國立〔四〕功。如見訓

〔一〕「悟」，洞玄靈寶長夜之府九幽玉匱明真科作「度」。
〔二〕「盡」，玉匱明真科作「善」。
〔三〕「寇」，玉匱明真科作「疫」。
〔四〕「立」，原作「之」，據玉匱明真科改。

勑，則恩布十方，國祚安鎮，帝王興隆，天人懽泰，福慶无窮，來世一切，普聞法音。於是天尊告飛天神人曰：所説罪福緣對拔度上品，救度國土災疾危厄未盡者，便可盡爲太上道君一一説之，使未見者見，未聞者聞，普教〔一〕一切，令衆見明。於是説之，善受訣言。

飛天神人曰：長夜之府九幽玉匱明真科法，帝主國土，灾疾〔二〕兵寇，危急厄難，當丹書靈寶真文五篇於中庭，五案置五方，一案請一篇真文。以金〔三〕五兩，一兩作一龍，五兩合〔四〕作五龍，以鎮五篇真文上。

又以五色紋繒之信，以鎮五帝。有灾之身，隨年齎紫紋之繒，拔度身命，安國鎮祚〔五〕，禳解天灾。明星列宿，春則然九燈，亦可九十燈，亦可九百燈；夏則然三燈，亦可三十燈，亦可三百燈；秋則然七燈，亦可七十燈，亦可七百燈；冬則然五燈，亦可五十燈，亦可五百燈；四季之月則然燈十二燈，亦可百二十燈，亦可千二百燈。

〔一〕「教」，原作「救」，據玉匱明真科改。
〔二〕「灾疾」，玉匱明真科作「疾疹」。
〔三〕「金」，玉匱明真科作「上金」。
〔四〕「合」，玉匱明真科作「分」。
〔五〕「安國鎮祚」，玉匱明真科作「安鎮國祚」。

又安一長燈，長九尺。於上安九燈火，置中央，以照九幽長夜之府，明達大法。師於中央披頭散髮〔一〕，依訣塗炭，六時請謝，中央〔二〕行事。若清信男女，佐國祈請，當於門外散髮，塗炭陳請〔三〕。春則九日九夜，夏則三日三夜，秋則七日七夜，冬則五日五夜，四季月則十二日十二夜。羅列光明，照曜諸天无極世界長夜之中，則九幽開明〔四〕，光入无窮，三景朗照，天地安寧，星宿復位，四時和平，萬灾咸消，兵疫〔五〕不行，天人懽泰，國祚興隆。行道日竟，當燒真文，散之青煙。

飛天神人曰：法師從地户入，繞香燈三過，還東向立，叩齒三十二通。訖，誦發爐祝。都講唱，各稱名位：「三洞大法師小兆真人臣某甲，上啓虚无自然元始天尊、无極大道、太上道君、高上玉皇、已得道大聖衆、至真諸君、丈人、三十二天帝、玉虚上帝、玉帝、大帝、東華南極西靈北真、玄都玉京金闕七寶玄臺紫微上宫靈寶至真、明皇道君，臣宿命因緣，生

〔一〕「髪」，玉匱明真科作「結」。
〔二〕「央」，玉匱明真科作「庭」。
〔三〕「請」，玉匱明真科作「情」。
〔四〕「明」，玉匱明真科作「清」。
〔五〕「疫」，玉匱明真科作「疾」。

落〔一〕法門，玄真啓拔，得入信根。先師盟授三寶神經，法應度人，九萬九千，位登上〔二〕真。臣祖世以來逮及今身，生值經教，常居福中，功德微少〔三〕，未能自仙。志竭軀〔四〕命，佐國立〔五〕功。今國土失和，兵病並興，陰陽否激，星宿錯行，危灾〔六〕重厄及云某事〔七〕。誠由帝主〔八〕受天禪祚，總監兆民，不能施惠，廣潤十方，使天人豐沃，興〔九〕國太平，而恩无歌詠，路有怨聲〔一〇〕，致三景昏錯，天灾流行，帝主〔一一〕憂惕，兆民无寧。今謹依大法，披露真

〔一〕「落」，玉匱明真科作「值」。
〔二〕「上」，玉匱明真科作「至」。
〔三〕「功德微少」，玉匱明真科作「功微德少」。
〔四〕「軀」，玉匱明真科作「皈」。
〔五〕「立」，原作「之」，據玉匱明真科改。
〔六〕「危灾」，玉匱明真科作「灾疾」。
〔七〕「及云某事」，玉匱明真科作「其事云云」。
〔八〕「誠由帝主」，玉匱明真科作「或慮帝王」。
〔九〕「興」，玉匱明真科作「欣」。
〔一〇〕「恩无歌詠，路有怨聲」，玉匱明真科作「行无歌詠，路致呑聲」。
〔一一〕「主」，玉匱明真科作「王」。

文，燒香然燈，照曜諸天，信誓自效，行道謝殃，上請天仙兵馬九億萬騎、地仙兵馬九億萬騎、真人兵馬九億萬騎、飛仙兵馬九億萬騎、神仙〔一〕兵馬九億萬騎、日月兵馬九億萬騎、星宿兵馬九億萬騎、九宫兵馬九億萬騎、五帝兵馬各九億萬騎、五嶽兵馬各九億萬騎、三河四海兵馬各九億萬騎、三十二天監齋直事三十二人、侍香金童三十二人、散花玉女三十二人、五帝直符各二十二人、傳言奏事、飛龍騎吏等一合來下，監臨齋堂。」

捻香願念，應口上徹。須行道事竟，有功勤者謁言〔二〕仙官。便起東向，三上香，祝曰：「三洞大法師小兆真人臣某甲，今故立直燒香，願以是功德，爲帝王國主、君臣吏民、普天七世父母，去離憂苦，上昇天堂。今故燒香，歸身歸神歸命太上三尊〔三〕，願以是功德歸流普天七世父母，乞免離十苦八難，上昇天堂，衣食自然，長居无爲。今故燒香，自歸〔四〕師尊大聖衆至真之德，得道之後，昇入无形，與道合真。」

〔一〕「仙」，玉匱明真科作「人」。

〔二〕「謁言」，玉匱明真科作「言功」。

〔三〕「歸身歸神歸命太上三尊」，玉匱明真科作「皈身皈神皈命大道，臣首體投地，皈命太上三尊」。本則文字中的「歸」，在玉匱明真科中多作「皈」，後文不注。

〔四〕「歸」，玉匱明真科作「皈依」。

次，又三捻香，祝曰：「臣今故燒香，願以是功德，爲帝王國主、君臣吏民、受道法師、父母尊親、同學門人、隱居山林學真諸道士賢者，願各得其道，歸身歸神歸命大道。臣等首體投地，歸命太上三尊，願以是功德，歸流帝王國主、君臣吏民、受道法師、父母尊親、同學門人、隱居山林學真諸道士賢者，願各得其道，安居无爲，長享福祚。今故燒香，自歸師尊大聖衆至真之德，得道之後，昇入无形，與道合真。」

次，又三捻香，祝曰：「臣今立直燒香，願以是功德，令臣速得仙道，及九姻親族〔一〕、國中同法學士、天下人民及蝖飛蠕〔二〕動、跂行喘息，一切衆生，已生未生，並乞成就，歸身歸神歸命大道。臣等首體投地，歸命太上三尊，願以是功德，歸流臣身，令得仙度，終入无爲，與四大合德。天下人民，一切衆生，並得免離十苦八難、五毒水火、疾〔三〕疫鬼害、災厄之中，國土安寧，天下興隆。今故燒香，自歸師尊大聖衆至真之德，得道之後，昇入无形，與道合真。」

〔一〕「九姻親族」，玉匱明真科作「九種姻親」。
〔二〕「蠕」，玉匱明真科作「蠢」，
〔三〕「疾」，玉匱明真科作「賊」。

三上香，願念畢，東向九拜言曰：「天地否激，陰陽相刑。四節失和，祅灾〔一〕流生。星宿錯綜，以告不祥。國土不静〔二〕，兵病並行。帝王憂惕〔三〕，兆民无寧。謹依大法，披露真文，歸命東方无極天尊〔四〕、已得道大聖衆、至直諸君、丈人、九氣天君、東鄉諸靈官。今故立齋，披心露形，叩頭〔五〕自剋，爲國謝殃，燒香然燈，照曜諸天，下映无極長夜之中、九幽之府，開諸光明。以是功德爲帝王國主、君臣吏民，解灾卻患，三景復位，五行順常，兵止病愈，國祚興隆，兆民懽泰，人神安寧。今故披心，歸命師尊大聖衆至真之德〔六〕，得道之後，昇入无形，與道合真。」畢，便解巾，叩頭自搏各八十一過。

次，南向三拜，願如上法：「今歸命南方无極天尊、已得道大聖衆、至真諸君、丈人、三

〔一〕「祅灾」，玉匱明真科作「灾害」。

〔二〕「不静」，玉匱明真科作「擾亂」。

〔三〕「惕」，玉匱明真科作「傷」。

〔四〕「東方无極天尊」，玉匱明真科作「東方无極太上靈寶天尊」，後文「南方無極天尊」、「西方無極天尊」、「北方無極天尊」、「東北方無極天尊」均類此。

〔五〕「叩頭」，玉匱明真科作「引求」。

〔六〕「今故披心，歸命師尊大聖衆至真之德」，玉匱明真科作「今故燒香，皈身皈神皈命師尊大聖衆至真之德」。

氣天君、南鄉諸靈官。」願畢，叩頭自搏各二十七過。

次，西向七拜，願如上法：「今歸命西方无極天尊、已得道大聖衆、至真諸君、丈人、七氣天君、西鄉諸靈官。」願畢，叩頭自搏各六十三過。

次，北向五拜，願如上法：「今歸命北方无極天尊、已得道大聖衆、至真諸君、丈人、五氣天君、北鄉諸靈官。」願畢，叩頭自搏各四十五過。

次，東北向一拜，願如上法：「今歸命東北方无極天尊、已得道大聖衆、至真諸君、丈人、梵炁天君、東北鄉諸靈官。」願畢，叩頭自搏各九過。

次，東南向。

次，西南向。

次，西北向。

四隅俱一拜，叩頭搏頰並各九過，祝如東北之法。

次，向西北上方三十二拜，願如上法：「今歸命上方三十二天无極天尊、已得道大聖衆、至真諸君、丈人、三十二天帝君、玉京玄都紫微上宮諸真人、玉女、神仙諸靈官。」願畢，叩頭自搏各二百八十〔一〕過。

次，向東南下方十二拜，願如上法：「今歸命下方无極靈寶天尊、已得道大聖衆、至真諸君、丈人、九土高皇〔二〕、四司五帝、十二仙官、五嶽四瀆九宫真人、神仙玉女、无極世界九地諸靈官。」願畢，叩頭自搏各一百二十〔三〕過。

十方願念禮謝都畢，當旋行三帀，繞香燈，口誦步虚洞章。竟，還東向，復爐祝。

飛天神人曰：凡行道日數，多少自適人所爲，雖有四時日數，依五行用度。至於三日三夜，苦請丹心，亦感徹於諸天，學士自可量節而行事也。

右出洞玄明真科經。

〔一〕「二百八十」，玉匱明真科作「八十八」。
〔二〕「九土高皇」，玉匱明真科作「九壘土皇」。
〔三〕「一百二十」，玉匱明真科作「一百八」。

無上秘要卷之五十四

黄籙齋品

立　壇

下元黄籙簡文靈仙品曰：拔度罪根威儀，當於中壇開壇，四面、四隅〔一〕、上下方，合十門，中央縱廣令長二丈四尺，四面標纂，榜題門位，上下整飭。十門畢〔二〕，當於十門外開天門、地户、日門、月門，四隅合作四門，縱廣令長三丈二尺，名曰四界都門，安八卦標榜，上下整飭。法師一人於中央行道。

〔一〕「隅」，敦煌文書伯三六六三太上洞玄靈寶金籙簡文三元威儀自然真經（李德範輯敦煌道藏第四册，暫擬目）作「角」，本則文字中「隅」多同。

〔二〕「十門畢」，伯三六六三作「安中門畢」。

題榜

當安十門榜，作榜廣三寸二分，長二寸四分，各隨方色。

東方榜題青華元陽之門，以朱書青榜。

南方榜題洞陽太光之門，以黄書赤榜。

西方榜題通陰金闕之門，以黑書白榜。

北方榜題陰生廣靈之門，以青書黑〔一〕榜。

東北〔二〕榜題通靈〔三〕禁上之門。

東南榜題始生元陽〔四〕之門。

西南榜題元黄高晨之門。

西北榜題九仙梵行之門。四隅悉以白書黄色榜。

〔一〕「黑」，此處及後文之該字，伯三六六三多作「墨」。

〔二〕「東北」，伯三六六三作「東北角」，次後「東南」、「西南」、「西北」同。

〔三〕「通靈」，伯三六六三作「靈通」。

〔四〕「始生元陽」，伯三六六三作「始陽生元」。

上方門榜題大羅飛梵之門，以青書白榜上，安西北隅。

下方門榜題九靈皇真之門，以黄書青榜上，安東南隅。

十門榜令標長九尺，整頓合天式。

十門榜畢，當安都門八卦榜。榜廣長令如前十方榜法。

東方榜題震宫洞青之炁，以青書黄榜。

南方榜題離宫洞陽之炁，以朱書白榜。

西方榜題兑宫少陰之炁，以白書青榜。

北方榜題坎宫洞陰之炁，以黑書朱榜。

東南榜題巽宫梵行之炁。

西南榜題坤宫梵陽之炁。

西北榜題乾宫梵通之炁。

東北榜題艮宫梵元之炁。四隅悉以黄書黑榜上，標長九尺，令如上式。

然燈安門榜畢，當十方，方安九燈〔一〕，合九十燈，在都門之外。

〔一〕「燈」，伯三六六三作「燈火」。

其太歲、行年大小兩墓，本命所俠門〔一〕然燈，隨主人所安多少，每令光明，徹照竟夕，勿使中滅。

香 火

當門安一香火，十門合十香火。侍香監視，令香煙不絶，以招神炁。

鎮 龍

以上金作十金龍，以鎮十方，拔度罪魂。十方，方安一枚。

命 繒

主人當齎〔二〕，本命紋繒隨年。國王公主〔三〕悉用紫紋，以法天象。庶民則用隨命所屬正方之色，以置中央，拔度年命〔四〕。

〔一〕「大小兩墓，本命所俠門」，伯三六六三作「本命大小，墓門」。

〔二〕「齎」，伯三六六三作「資」。

〔三〕「國王公主」，伯三六六三作「國主公五」。

〔四〕「年命」，伯三六六三無。

方綵

齋十方紋繒之信。

東方，青紋九十尺，亦可九尺。

南方，絳紋三十尺，亦可三尺。

西方，白紋七十尺，亦可七尺。

北方，黑紋五十尺，亦可五尺。

四隅悉用黄紋，每一隅一百二十尺，亦可一十二尺。

上方，青紋三十二尺。

下方，黄紋三十二尺。

隨其方色，以安十方，拔度長夜之魂。

天子則用疋數，公王則用丈數，庶人則用尺數，尊卑有降，悉如明科。

署職

施安都畢，請法師一人，中央行道；同法四人，隨位尊卑；署一人監齋，一人直事，一人侍香，一人侍燈，於都門隨師遊行，爲主人叩頭，祈請拔罪，更相開度。

師從地户入中央，左回，繞香火，至西面，向東三上香；次，至東南，三上香；次，至南方，三上香；次，至西南，三上香；次，至西方，三上香；次，至西北，三上香；次，至北方，三上香；次，至東北，三上香；次，還上方，三上香；次，還下方，三上香。十方畢，還西面立，向東。

弟子亦從地户入都門，左回，隨師三上香。十方畢，還都門内，面向東立。

祝香

師於中央叩齒二十四通，祝曰：「香官使者、左右龍虎君〔一〕、捧香、驛龍騎吏、侍香金童、傳言玉女〔二〕、五帝直〔三〕符各三十六人出，所在土地里〔四〕域真官，速出嚴裝。臣今正爾燒香行道，願得太上十方正真之炁入臣等身中，令臣所啓速達，徑御太上无極大道至真

〔一〕「君」，伯三六六三無。
〔二〕「侍香金童、傳言玉女」，伯三六六三作「侍香玉女」。
〔三〕「直」，伯三六六三作「值」。
〔四〕「里」，該字後文伯三六六三缺，可據秘要補。

玉皇上帝御前。」

請仙官

「上請天仙兵馬、地仙兵馬、飛仙兵馬、真人兵馬、神人兵馬、日月兵馬、星宿兵馬、九宫兵馬、五帝兵馬、三河四海兵馬、五嶽四瀆兵馬各九億萬騎，監齋直事各三十二人，侍香金童、散華玉女、五帝直符各三十二人，傳言奏事、飛龍騎吏等一合來下，監臨齋堂，爲同法某甲家九祖父母，拔度死魂，得出長夜。某甲今齎信效心，歸命十方无極世界已得道大聖衆、至真諸君、丈人、十方諸靈官。今故燒香，自歸師尊大聖衆至真之德，得道之後，昇入无形，與道合真。」

三上香

師、弟子一時左回，三上十方香。從東方起，周下方，如上方法，還西面東倚。師祝曰：「第一上香，爲同法某甲拔度九祖父母九幽玉匱長夜之府，死魂惡對，宿身罪根，功德開度，建齋燒香，請謝十方，願爲九祖父母拔出憂苦，上昇天堂。今故燒香，歸身歸神歸命大道，臣等首體投地，歸命太上三尊，願以是功德，歸流九祖父母，乞得免離十苦八難長夜之身，得見光明，上昇天堂，衣食自然，長居无爲。今故燒香，自歸師尊大聖衆至真之德，得道之後，昇入无形，與道合真。」

第二上香畢，師、弟子一時左回，三上十方香，從東方起，周下方，如上法，還西向東，祝曰：「臣今爲同法某甲拔度九祖父母九幽玉匱長夜之府，死魂惡對，宿身罪根，功德開度，建齋燒香，請謝十方，願爲某甲九祖父母拔出憂苦，上昇天堂。歸身歸神歸命大道，臣等首體投地，歸命太上三尊，願以是功德，歸流帝王國主、君臣吏民、受道法師、父母尊親、同學門人、隱居山林學真諸道士賢者，願各得其道，安居无爲。今故燒香，自歸師尊大聖衆至真之德，得道之後，昇入无形，與道合真。」

第三上香畢，師、弟子一時左回，三上十方香。從東方起，周下方，如上法，還西面，向東祝曰：「臣今爲同法某甲拔度九祖父母玉匱長夜之府，死魂惡對，宿身罪根，功德開度，建齋燒香，請謝十方，願爲某甲九祖父母拔出憂苦，上昇天堂。甲身早得仙度，及家門宗室、九親姻族、國中吏民、諸同學師友，恩流弟子、天下人民、蜎飛蠢動、蚑行蜎息，已生未生，一切衆生，並得免離十苦八難、五毒水火、千灾萬害、賊疫鬼氣、刑厄之中。今故燒香，自歸師尊大聖衆至真之德，得道之後，昇入无形，與道合真。」三上香畢。

謝十方

師、弟子一時東向九拜，師長跪言曰：「同法某甲九祖父母生世之日所行元惡，罪結九幽長夜之府，魂充考撻，諸痛備嬰，形體毁悴，苦毒難任，長淪萬劫，終天无解。今依盟真玉匱女青上宫拔度科品，齎青紋之繒九十尺或九尺，金龍一枚，歸命東方无極太上靈寶天尊、九炁天君、東鄉諸靈官，拔贖某家九祖父母惡對罪根，三界司筭〔一〕女青上宫削除罪録，開度窮魂，身入光明，上昇天堂，衣食自然，早得更生福慶之門。甲得道真，與神合同。」畢，解結，叩頭搏頰各九十過。

次，師、弟子一時左行，向東南一十二拜，長跪言曰：「同法某甲九祖父母生世之日所行元惡，罪結九幽長夜之府，魂充考撻，諸痛備嬰，形骸毁悴，苦毒難任，長淪萬劫，終天无解。今依盟真玉匱女青中宫拔度科品，齎黄紋之繒一百二十尺，或一十二尺，金龍一枚，歸命東南无極太上靈寶天尊、梵炁天君、東南鄉諸靈官，拔贖某家九祖父母惡對罪根，三

〔一〕「司」，原作「同」，後文也全爲「三界司筭」，據改。太上洞玄靈寶智慧罪根上品大戒經卷下有云：「東極世界飛天神人曰：其人所犯元惡罪録，結在九幽長夜之函，九炁天君青天靈官、三界司筭結其目録。」同經又云：「南極世界飛天神人曰：其人酷逆，生世不道，罪結九幽長夜之府，三炁天君丹天諸靈官、三界司筭結其罪録。」可證。

界司筭女青中宫削除罪録，開度窮魂，身入光明，上昇天堂，衣食自然，早得更生福慶之門。甲得道真，與神合同。」畢，解結，叩頭搏頰各一百二十過。

次，師、弟子一時左行，向南方三拜，長跪言曰：「同法某甲九祖父母生世之日所行元惡，罪結九幽長夜之府，魂充考撻，諸痛備嬰，形體毁悴，苦毒難任，長淪萬劫，終天无解。今依盟真玉匱女青陽宫拔度科品，齎絳紋之繒三千尺，或三尺，金龍一枚，歸命南方无極太上靈寶天尊、三炁天君、南鄉諸靈官，拔贖某家九祖父母惡對罪根，三界司筭女青陽宫削除罪録，開度窮魂，身入光明，上昇天堂，衣食自然，早得更生福慶之門。甲得道真，與神合同。」畢，解結，叩頭搏頰各三十過。

次，師、弟子一時左行，向西南一十二拜，長跪言曰：「同法某甲九祖父母生世之日所行元惡，罪結九幽長夜之府，魂充考撻，諸痛備嬰，形體毁悴，苦毒難任，長淪萬劫，終天无解。今依盟真玉匱女青下宫拔度科品，齎黄紋之繒一百二十尺，或一十二尺，金龍一枚，歸命西南方无極太上靈寶天尊、梵炁天君、西南鄉諸靈官，拔贖某家九祖父母惡對罪根，三界司筭女青下宫右官削除罪録，開度窮魂，身入光明，上昇天堂，衣食自然，早得更生福慶之門。甲得道真，與神合同。」畢，叩頭搏頰各一百二十過。

次，師、弟子一時左行，向西方七拜，長跪言曰：「同法某甲九祖父母生世之日所行元惡，罪結九幽長夜之府，魂充考撻，諸痛備嬰，形體毁悴，苦毒難任，長淪萬劫，終天无解。今依盟真玉匱女青右宫陰官科品，齎白紋之繒七十尺，或七尺，金龍一枚，歸命西方无極太上靈寶天尊、七炁天君、西鄉諸靈官，拔贖某家九祖父母惡對罪根，三界司箅女青右宫陰官削除罪録，開度窮魂，身入光明，上昇天堂，衣食自然，早得更生福慶之門。甲得道真，與神合同。」畢，叩頭搏頰各七十過。

次，師、弟子一時左行，向西北一十二拜，長跪言曰：「同法某甲九祖父母生世之日所行元惡，罪結九幽長夜之府，魂充考撻，諸痛備嬰，形體毁悴，苦毒難任，長淪萬劫，終天无解。今依盟真玉匱女青太陰宫水官科品，齎黄紋之繒一百二十尺，或一十二尺，金龍一枚，歸命西北方无極太上靈寶天尊、梵炁天君、西北鄉諸靈官，拔贖某家九祖父母惡對罪根，三界司箅女青太陰宫水官削除罪録，開度窮魂，身入光明，上昇天堂，衣食自然，早得更生福慶之門。甲得道真，與神合同。」畢，叩頭搏頰各一百二十過。

次，師、弟子一時左行，向北方五拜，長跪言曰：「同法某甲九祖父母生世之日所行元惡，罪結九幽長夜之府，魂充考撻，諸痛備嬰，形體毁悴，苦毒難任，長淪萬劫，終天无解。今依盟真玉匱女青太陽宫火官科品，齎黑紋之繒五十尺，或五尺，金龍一枚，歸命北方无極太上靈寶天尊、五炁天君、北鄉諸靈官，拔贖某家九祖父母惡對罪根，三界司箅女青太陽宮火官削除罪録，開度窮魂，身入光明，上昇天堂，衣食自然，早得更生福慶之門。甲得道真，與神合同。」畢，叩頭搏頰各五十過。

次，師、弟子一時左行，向東北十二拜，長跪言曰：「同法某甲九祖父母生世之日所行元惡，罪結九幽長夜之府，魂充考撻，諸痛備嬰，形體毁悴，苦毒難任，長淪萬劫，終天无解。今依盟真玉匱女青左宮禁官科品，賫黄紋之繒一百二十尺，或一十二尺，金龍一枚，歸命東北方无極太上靈寶天尊、梵炁天君、東北鄉諸靈官，拔贖某家九祖父母惡對罪根，三界司筭女青左宮禁官削除罪録，開度窮魂，身入光明，上昇天堂，衣食自然，早得更生福慶之門。甲得道真，與神合同。」畢，叩頭搏頰各一百二十過。

次，師、弟子一時左行，向東南下方十二拜，長跪言曰：「同法某甲九祖父母生世之日所行元惡，罪結九幽長夜之府，魂充考撻，諸痛備嬰，形體毁悴，苦毒難任，長淪萬劫，終天无解。今依盟真玉匱女青下宮四司官科品，賫黄紋之繒三十二尺，金龍一枚，歸命下方无極太上靈寶天尊、九土高皇、四司五帝、十二仙君、九宮真人、神仙玉女、无極世界下鄉諸靈官，拔贖某家九祖父母惡對罪根，三界司筭女青下宮四司官削除罪録，開度窮魂，身入光明，上昇天堂，衣食自然，早得更生福慶之門。甲得道真，與神合同。」畢，叩頭搏頰各一百二十過。

次，師、弟子一時左行，向西北上方三十二拜，長跪言曰：「同法某甲九祖父母生世之日所行元惡，罪結九幽長夜之府，魂充考撻，諸痛備嬰，形體毀悴，苦毒難任，長淪萬劫，終天无解。今依盟真玉匱女青上宫都禁官科品，賫青紋之繒三十二尺，金龍一枚，歸命上方无極太上靈寶天尊、三十二天帝君、玉京玄都紫微上宫諸真人、玉女、神仙、上鄉諸靈官，拔贖某家九祖父母惡對罪根，三界司筭女青上宫都禁官削除罪録，開度窮魂，身入光明，上昇天堂，衣食自然，早得更生福慶之門。甲得道真，與神合同。」畢，叩頭搏頰各三百二十過。

謝日月星

次，師、弟子一時左行，向東北日宫三拜，長跪言曰：「同法某甲九祖父母逮及甲身受生所行，罪結難稱，死魂殃對，流曳長夜九幽之中，魂受考撻，諸痛備嬰，長淪萬劫，終天无解。今故燒香，歸命日君、夫人、童子、日中諸神仙，乞丐原赦所行罪負，上觸天光，生死殃對，拔度九祖，囚徒死魂，開出光明，上昇天堂，衣食自然。甲身得道，上與日君同光自然。」畢，叩頭搏頰各三十過，止。

次，師、弟子一時左行，向西南月宫七拜，長跪言曰：「同法某甲九祖父母逮及甲身受生所行，罪結難稱，死魂殃對，流曳長夜九幽之中，魂受考撻，諸痛備嬰，長淪萬劫，終天无解。今故燒香，歸命月中夫人、圓光玉女、月宫諸神仙，乞丐原赦所行罪負，上觸天光，生死殃對，拔度九祖，囚徒死魂，開出光明，上昇天堂，衣食自然。甲身得道，上與夫人同光自然。」畢，叩頭搏頰各七十過。

次，師、弟子一時左行，向北九拜，謝諸天星宿，長跪言曰：「同法某甲九祖父母逮及甲身受生所行，罪結難稱，死魂殃對，流曳長夜九幽之中，魂受考撻，諸痛備嬰，長淪萬劫，終天无解。今故燒香，歸命諸天星宿、璇璣玉衡、周天三百六十五度星中大神、星中夫人、星中諸神仙，乞丐原赦所行罪負，上觸天光，生死殃對，拔度九祖，囚徒死魂，開出光明，上昇天堂，衣食自然。甲身得道，上與星宿同明自然。」畢，叩頭搏頰各三百六十五過。

謝五嶽

次，師、弟子一時左行向東嶽再拜，長跪言曰：「同法某甲九祖父母生存所行元惡醜逆，觸犯東嶽泰山神仙靈官，罪結九幽，謫役東嶽，幽執泰山地獄之中，魂充考楚，萬痛備嬰，長淪萬劫，終天无解。今故燒香，歸命東嶽泰山神仙諸靈官，乞丐原赦所行罪負，上觸〔一〕東嶽元惡之罪，放赦囚徒，身出光明，上昇天堂，衣食自然。甲身得道，與青帝合真。」畢，叩頭搏頰各二十過。

次，師、弟子一時左行，向南嶽再拜，長跪言曰：「同法某甲九祖父母生存所行元惡醜逆，觸犯南嶽霍山神仙諸靈官，罪結九幽，謫役南嶽，幽執霍山地獄之中，魂充考楚，萬痛備嬰，長淪萬劫，終天无解。今故燒香，歸命南嶽霍山神仙諸靈官，乞丐原赦所行罪負，上觸南嶽元惡之罪，放赦囚徒，身出光明，上昇天堂，衣食自然。甲身得道，與赤帝合真。」畢，叩頭搏頰各二十過。

次，師、弟子一時左行，向西嶽再拜，長跪言曰：「同法某甲九祖父母生存所行元惡醜逆，觸犯西嶽華山神仙諸靈官，罪結九幽，謫役西嶽，幽執華山地獄之中，魂充考楚，萬痛備嬰，長淪萬劫，終天无解。今故燒香，歸命西嶽華山神仙諸靈官，乞丐原赦所行罪負，上觸西嶽元惡之罪，放赦囚徒，身出光明，上昇天堂，衣食自然。甲身得道，與白帝合真。」畢，叩頭搏頰各二十過。

〔一〕「觸」，原作「解」，據後文數處「上觸……元惡之罪」改。

次，師、弟子一時左行，向北嶽再拜，長跪言曰：「同法某甲九祖父母生存所行元惡醜逆，觸犯北嶽恒山神仙諸靈官，罪結九幽，謫役北嶽，幽執恒山地獄之中，魂充考楚，萬痛備嬰，長淪萬劫，終天无解。今故燒香，歸命北嶽恒山神仙諸靈官，乞丐原赦所行罪負，上觸北嶽元惡之罪，放赦囚徒，身出光明，上昇天堂，衣食自然，甲身得道，與黑帝同真。」畢，叩頭搏頰各二十過。

次，師、弟子一時左行，向西南中嶽再拜，長跪言曰：「同法某甲九祖父母生存所行元惡醜逆，觸犯中嶽嵩山神仙諸靈官，罪結九幽，謫役中嶽，幽執嵩山地獄之中，魂充考楚，萬痛備嬰，長淪萬劫，終天无解。今故燒香，歸命中嶽嵩山神仙諸靈官，乞丐原赦所行罪負，上觸中嶽元惡之罪，放赦囚徒，身出光明，上昇天堂，衣食自然。甲身得道，與黄帝合真。」畢，叩頭搏頰各二十過。

謝水官

次，師、弟子一時左行，向北方十二拜，謝水官，長跪言曰：「同法某甲九祖父母生存所行元惡醜逆，觸犯三河四海、九江水帝、十二河源河伯河侯河掾、水府諸靈官，罪結九幽，謫役水官，畢塞長源，幽執寒夜，魂魄苦痛，塗炭備嬰，長淪萬劫，終天无解。今故燒香，歸命水府、三河四海九江水帝、十二河源河伯河侯河掾、水府諸靈官，乞丐原赦所行罪負，觸犯水官元惡之罪，乞放囚徒，得離寒鄉長河之責，削除簡録，身入光明，上昇天堂，衣食自然。甲身得道，與水官合真。」畢，叩頭摶頰各一百二十過。

謝三寶

次，師、弟子一時起，向北又三拜，謝三寶神經符圖，長跪言曰：「同法某甲九祖父母前生今世生死所行重罪惡過，諸所爲罪，積世結因，纏綿不解。今故燒香，歸命太上无極至真三十六部尊經寶符、侍經金童玉女，乞丐原赦生死所犯。願以此功德，拔度九祖罪魂，得去三徒五苦之中刀山劍樹、長河寒庭，身出幽夜，得入光明，上昇天堂，衣食自然。甲身得道，與真合同。」畢，叩頭摶頰各三百六十過。

畢，師、弟子一時左行繞香一周，還西面，向東存思，祝曰：「香官使者、左右龍虎君、捧香、驛龍騎吏，當令臣等齋所生自然金液、丹精芝英、百靈交會在此香火之前，令臣等得道，遂獲神仙，舉家萬福，天下受恩，十方金童玉女侍衛香煙，傳臣所啓，徑御无極太上大道御前。」

下元黄籙簡文靈仙品曰：拔度罪根威儀，申謝都畢，當依玉訣，投金龍一枚、丹書玉札，青絲纏之，以關靈仙五帝。昇度之信，封於絶巖之中，一依舊法。

下元黄籙簡文靈仙品曰：關五帝威儀畢，當丹書玉札一枚、金龍一枚，青絲纏石，沈之三江，以關水帝。昇度之信，一依玉訣舊文。

右出洞玄黄籙簡文〔一〕。

〔一〕「右出洞玄黄籙簡文」，本書卷三十四師資品之「下元黄籙簡文靈仙品」的引文，却標出處爲「右出洞玄金籙簡文經」，與此出處「洞玄黄籙簡文」不同。本卷黄籙齋品即伯三六六三的主要内容，王卡在編修中華道藏時，將其與伯三一四八拼合，並用秘要該卷内容校補，擬名爲太上洞玄靈寶下元黄籙簡文威儀經。如前所述，今三洞奉道科戒營始卷六靈寶中盟經目有靈寶上元金籙簡文一卷、靈寶下元黄籙簡文一卷，不詳其與現存經書的具體分合。

無上秘要卷之五十五

太真下元齋品

太真齋法：上學之士欲求飛仙、致靈通真、騰景太空、上昇九天之道，當須下元三日齋直，行香轉經，拔解七祖，令死魂更生，去離三塗，上昇南宫，釋結解滯，斷滅惡根。七祖既歡，身自成仙。其法高妙，勿傳非人。

行下元齋法，未至前一日，沐浴形軀，宿潔齋心，上至九人，下極三人。宿入室，北向叩齒十四通，捻香三過，長跪上啓：「无上空洞自然九玄道君、虚皇太真下元齋官、五方五帝、五嶽飛仙等，當以今月某日於某處齋直行香，然燈誦經，願請下元監真使者、直齋仙官、玉童玉女各十二人一同降下，監臣等行至，上聞九天。謹宿啓奏，徑御奉行。

畢，明日清旦入室，高下列次。齋主先於齋堂户外叩齒三通，思室内生自然紫炁之雲，布滿齋室之中，玉童玉女羅列左右，微言：正爾入室，燒香行道，願直齋仙官營衛臣身，通致玄虚，動静以聞。」

便入東向，向香爐祝曰：「下元元靈、五帝神真、金仙玉童、素靈玉女、左右侍香、飛仙靈官，關啓九天元始天王、虚皇玉帝、上聖天尊，臣等即時燒香，旋行禮經，願得无極自然正真之炁降入臣等身中，受臣等口中秘言，所啓速聞，徑御玉皇高上玉帝几前。」

左回，北向長跪，叩齒十二通：「臣等身中四肢五體、三十九户上真靈官、左右飛仙、玉虚侍郎、五帝五色元皇太真、飛龍功曹、神仙使者各三十六人出。玉虚侍郎執飛仙羽節、九色耀天之麾，五帝五色元皇太真手執五帝命魔靈旛，飛龍功曹冠帶羽服金真鳳章，神仙使者交絡七元，擎持玉案，對立臣等前，銜臣等口中秘言，乘金根紫蓋丹轅瓊輿飛雲之輪，從金仙玉童、太華玉女各十二人，左右龍虎、騰天羽騎二十四萬衆，飛到紫蓋，上登九天之上金闕玉殿瓊房丹室之内，上啓上上无極无窮至上洞真九玄元父、太虚玄母、元始天王、高上玉虚、萬道丈人、鬱單无量天王、上上禪善无量壽天王、須延天王、寂然天王、不驕樂天王、化應聲天王、梵寶天王、梵迦摩夷天王、波梨答惒天王、九天丞相、三天玉童、高上三十二帝、二十四真、玄古先生、萬始丈人、高聖玉晨太上大道君、扶桑暘谷神王、四司五帝、西靈龜母、上清太真玉寶上相大司命高晨師東華玉門青華小童君、太清玄元无上三天无極大道、太上老君、太上丈人、天帝君、九老仙都君、九炁丈人等百千萬重道炁、千二百官君、太清玉陛下无鞅數道，上皇真人、无極天尊，炁係自然，玄都元皇大洞三皇弟子小兆真人某嶽先生臣某等，今謹相率建齋立直，誦經行道，燒香明燈，建立功德，拔贖七祖，解釋宿根，脱離幽塗，上昇南宫，解拔窮魂，度身生天。特從高上无極天尊垂神曲映，監臣所陳，上請高上三寶領仙侍郎、五方五帝、監靈大夫、監齋大神、典齋使者、直齋上真、飛仙天仙、五嶽神仙、兵馬騎乘各九億萬衆，一合降下，營衛護臣等身，滅魔消試，辟凶禳患，招致九天自然正氣、金液丹精、芝英神仙交會齋堂，洞映臣等；玉女玉童侍衛香煙，令臣等行道得道，求仙得仙，飛行太空，騰景九天，舉心願合，與三寶齋直；七祖父母拔度三塗，乞死魂生天，一切諸苦咸蒙度脱，上受太真无量之恩。修行事竟，啓還本宫，惟蒙監納，須報奉行。」

次，出吏兵。

次，回還東向，向香爐三上香。

第一上香：「上清玄都大洞三景弟子小兆真人某嶽先生臣甲等，今建齋立直，燒香明燈，思真誦經，行道求仙，願以是功德，拔度臣某家七祖窮魂，斷滅宿根，解贖幽塗，乞死魂生天，免離五苦，受福南宫。今歸身歸神歸命无上至真至極九玄元始玉皇、鬱單无量天王、上上禪善无量壽天王、須延天王、三十九帝、二十四真、九天丞相、高上玉晨太上大道君、萬仙上聖、无極天尊，願以是功德，歸流臣等身，令七祖怨魂上昇天堂，衣食自然，長居无爲，臣身飛騰。今故燒香，自歸高上至極天尊。得道之後，昇入无形，與三寶齊輪。」

第二上香，願曰：「臣甲等今齋直燒香，明燈誦經，思真行道，上求飛仙，持以功德，願爲諸天十方无量无億无鞅數道及諸名山隱學法師、父母尊親及同學門人、道士賢者，願各得其道，飛行上清，七祖窮魂免離幽牢，上昇仙堂。今歸身歸神歸命无上至極九玄元始玉皇、寂然天王、不驕樂天王、化應聲天王、三十九帝、二十四真、九天丞相、高上玉晨太上大道君、萬仙上聖、无極天尊，願以是功德，歸流諸名山隱學法門、同學門人、道士賢者，令七祖窮魂上昇天堂，衣食自然，臣身飛騰。今故燒香，自歸高上至極天尊。得道之後，昇入无形，與三寶齊輪。」

第三上香，願曰：「臣甲等今齋直燒香，明燈誦經，思真行道，上求飛仙，持以功德，願臣等家門九族姻親、帝王國主、君臣吏民、四陲邊國、羌夷氐獠，及蝖飛蠕動、蚑行蝡息，一切衆生，已生未生，願各全其生道，長保自然。歸身歸神歸命无上至極九玄元始玉皇、梵寶天王、梵迦摩夷天王、波梨答惒天王、三十九帝、二十四真、九天丞相、高上玉晨太上大道君、萬仙上聖、无極天尊，願以是功德歸流臣等九族姻親、帝王國主、君臣吏民、四陲邊國及蝖飛蠕動，一切衆生，咸得免離十苦八難、五灾六害、九戹七傷，各保福禄，長居自然。

今故燒香，自歸高上至極天尊。得道之後，昇入无形，與三寶齊輪。」

次，左回，向西北一拜，長跪願曰：「臣今建齋立直，燒香明燈，誦經思真，行道求仙，上解七祖，拔贖幽魂，度仙南宮。願從太空无極元始九玄元父、高上玉皇、至極天尊，特垂曲映，令臣行道得道，求仙得仙，飛行太空，騰景玉清，拔度七祖，解脱怨魂三塗五苦，免離火鄉。乞身生天，受福南仙，闔門昇度，普天獲恩。」

次，向東南一拜，長跪願曰：「臣今建齋立直，燒香明燈，誦經思真，行道求仙，上解七玄，拔贖幽魂，度仙南宮。願從太空无極元始九玄玄母、高上玉虛、至極天尊，特垂曲映，令臣行道得道，求仙得仙，飛行太空，騰景玉清，拔度七祖，解脱怨魂三塗五苦，免離火鄉。乞身生天，受福南仙，闔門昇度，普天獲恩。」

次，向西北一拜，長跪願曰：「臣今建齋立直，燒香明燈，誦經思真，行道求仙，上解七玄，拔贖幽魂，度仙南宮。願從太空元始鬱單无量天王、高上玉虛、至極天尊，特垂曲映，令臣行道得道，求仙得仙，飛行太空，騰景玉清，拔度七祖，解脱怨魂三塗五苦，免離刀山。乞身生天，受福南軒，闔門昇度，普天獲恩。」

次，向正北一拜，長跪願曰：「臣今建齋立直，燒香明燈，誦經思真，行道求仙，上解七玄，拔贖幽魂，度仙南宮。願從太空元始上上禪善无量壽天王、高上玉虛、至極天尊，特垂曲映，令臣行道得道，求仙得仙，飛行太空，騰景玉清，拔度七祖，解脱怨魂三塗五苦，免離河源。乞身生天，受福南軒，闔門昇度，普天獲恩。」

次，東北又一拜，長跪願曰：「臣今建齋立直，燒香明燈，誦經思真，行道求仙，上解七祖，拔贖幽魂，度仙南宮。願從太空元始須延天王、高上玉虚、至極天尊，特垂曲映，令臣行道得道，求仙得仙，飛行太空，騰景玉清，拔贖七祖，解脱怨魂三塗五苦，免離八難。乞身生天，受福南軒，闔門昇度，普天獲恩。」

次，正東又一拜，長跪願曰：「臣今建齋立直，燒香明燈，誦經思真，行道求仙，上解七玄，拔贖幽魂，度仙南宮。願從太空元始寂然天王、高上玉虚、至極天尊，特垂曲映，令臣行道得道，求仙得仙，飛行太空，騰景玉清，拔度七祖，解脱怨魂三塗五苦考掠之中。乞身生天，受福南軒，闔門昇度，普天獲恩。」

次，東南又一拜，長跪願曰：「臣今建齋立直，燒香明燈，誦經思真，行道求仙，上解七玄，拔贖幽魂，度仙南宮。願從太空元始不驕樂天王、高上玉虚、至極天尊，特垂曲映，令臣行道得道，求仙得仙，飛行太空，騰景玉清，拔度七祖，解脱怨魂三塗五苦考楚之中。乞身生天，受福南軒，闔門昇度，普天獲恩。」

次，正南又一拜，長跪願曰：「臣今建齋立直，燒香明燈，誦經思真，行道求仙，上解七玄，拔贖幽魂，度仙南宮。願從太空元始化應聲天王、高上玉虛、至極天尊，特垂曲映，令臣行道得道，求仙得仙，飛行太空，騰景玉清，拔度七祖，解脱怨魂三塗五苦風刀之中。乞身生天，受福南軒，闔門昇度，普天獲恩。」

次，西南又一拜，長跪願曰：「臣今建齋立直，燒香明燈，誦經思真，行道求仙，上解七玄，拔贖幽魂，度仙南宮。願從太空元始梵寶天王、高上玉虛、至極天尊，特垂曲映，令臣行道得道，求仙得仙，飛行太空，騰景玉清，拔度七祖，解脱怨魂三塗五苦之難。乞身生天，受福南軒，闔門昇度，普天獲恩。」

次，正西又一拜，長跪願曰：「臣今建齋立直，燒香明燈，誦經思真，行道求仙，上解七玄，拔贖幽魂，度仙南宮。願從太空元始梵迦摩夷天王、高上玉虛、至極天尊，特垂曲映，令臣行道得道，求仙得仙，飛行太空，騰景玉清，拔度七祖，解脱怨魂三塗五苦萬劫之中。乞身生天，受福南軒，闔門昇度，普天獲恩。」

次，向太歲上再拜，長跪願曰：「臣今建齋立直，燒香明燈，誦經思真，行道求仙，上解七玄，拔贖幽魂，度仙南宮。願從太空元始波梨答惒天王、高上玉虛、至極天尊，特垂曲映，令臣行道得道，求仙得仙，飛行太空，騰景玉清，拔度七祖，解脱怨魂三塗五苦二十四獄之中。乞身生天，受福南軒，闔門昇度，普天獲恩。」

次，還向西再拜，長跪願曰：「西方玉虚高玄上聖、至真諸君、丈人、无極天尊，願垂曲恩降賜，臣所學從心，行道得道，求仙得仙，飛行上清，騰景九天，七祖父母，去離五苦，拔度八難，上昇仙堂，受福南宫。」

次，北向再拜，長跪願曰：「北方玉虚高玄上聖、至真諸君、丈人、无極天尊，願垂曲恩降賜，臣所學從心，行道得道，求仙得仙，飛行上清，騰景九天，七祖父母，去離五苦，拔度八難，上昇天堂，受福南宫。」

次，東向再拜，長跪願曰：「東方玉虚高玄上聖、至真諸君、丈人、无極天尊，願垂曲恩降賜，臣所學從心，行道得道，求仙得仙，飛行上清，騰景九天，七祖父母，去離五苦，拔度八難，上昇仙堂，受福南宫。」

次，南向再拜，長跪願曰：「南方玉虚高玄上聖、至真諸君、丈人、无極天尊，願垂曲恩降賜，臣所學從心，行道得道，求仙得仙，飛行上清，騰景九天，七祖父母，去離五苦，拔度八難，上昇仙堂，受福南宫。」

畢，還向西方叩齒三通，願曰如前。

大道洞玄微，高虚總三輪。金仙啓靈扉，焕若九天分。太華散紫空，八真映素雲。玄母結上願，行間之八門。萬慶交靈會，揚煙唱下元。妙誦感重虚，得結高仙群。遊行禮空洞，稽首朝帝君〔一〕。

畢，三拜，咽炁三過，止。

下元篇曰：是時當於此願，誦太霄琅書九天之章，繞香三周，於南方正向北，便九拜。都畢，便出，皆不得後顧。

朝禮三時，食時誦念，悉如上元之法。

三日齋竟，啓還齋宫，悉依上元之格，但增解七祖之功耳。

下元篇曰：修此齋直，當書豁落七元帝皇威章，隨其所，安置於方面。

三元篇曰：登齋之日，當選高稱、通靈釋微、才智慧朗之人，以爲齋主，上高座，誦〔二〕説法義，次者和之。同齋皆静坐閑聽，伏受〔三〕法化，不得慢略，外形託齋，内懷異念，虧忽天格，爲司官〔四〕所糾，罰以五帝神兵，移名北酆，不得又登齋堂。

〔一〕「大道洞玄微」至「稽首朝帝君」，該首辭訣即上清諸真章頌之上清旋行讚，又見本書卷四十授洞真上清儀品所校。其中，「遊行」在上清旋行讚作「旋行」。

〔二〕「誦」，本段及下段文字見於洞真太霄琅書卷六登齋法訣第十九，該字作「講」。

〔三〕「受」，太霄琅書作「度」。

〔四〕「官」，太霄琅書作「空」。

三元篇曰：登齋之日，男女當以學〔一〕深淺次之，容序〔二〕雅步，旋香禮願，每令如法。坐起卧息，不得混雜，更相戲笑〔三〕，无有尊卑。爲諸天所笑〔四〕，鬼神所慢。犯者爲司官所糾，罰以五帝神兵，移名北酆，不得又登齋堂。

三元篇曰：凡有同學，遇災被戹、疾病縣官、口舌非横之事〔五〕，皆修中元之法，當資〔六〕香油爲信，告齋主，隨其情事，列奏高虚也。

三元篇曰：凡行此道，學法亦齋，入山亦齋，傳經亦齋，八節日亦齋，甲子日、庚申日、太歲日、本命日亦齋，富貴亦齋，貧弊〔七〕亦齋，有樂亦齋，有憂亦齋，疾病亦齋，口舌〔八〕亦

〔一〕「學」，太霄琅書作「學業」。
〔二〕「序」，太霄琅書作「與」。
〔三〕「戲笑」，太霄琅書作「調戲」。
〔四〕「笑」，太霄琅書作「謫」。
〔五〕「疾病縣官、口舌非横之事」，本段文字即洞真太霄琅書卷六同學修齋法信訣第十七，該句於太霄琅書作「疾病官口、飛横之害」。
〔六〕「資」，太霄琅書作「賫」。
〔七〕「弊」，本段文字即洞真太霄琅書卷六應齋旨訣第十八，該字作「窮」。
〔八〕「口舌」，太霄琅書作「官口」。

齋，有戹亦齋，師有憂亦齋，國不寧亦齋，師有戹亦齋，同盟者有憂亦齋。諸如此等，其功至重於常。若能恒修此法，三年剋得真人下降，但依常修行，九年感靈，能乘空飛行。其道祕重，慎勿妄傳〔一〕。

三元篇曰：太真科，高上元始受之空洞九玄之先，置於齋直，以行神仙之訣。如是玄都上室真人，皆有於月上旬修上元，中旬修中元，下旬修下元，況於世學而不能修三元之道，空思玄〔二〕微，真豈爲降？徒勞勤事，求仙遠也。若有志心，當依明科〔三〕，齎錦〔四〕紋之繒三十尺，鐶九隻〔五〕，詣師告誓，授度真文〔六〕。修之九年，剋得飛仙，上登玉清之宫。輕泄寶文，七祖死責，己身亡命，不得又仙。

〔一〕「傳」，太霄琅書作「宣」。
〔二〕「玄」，原作「之」，本段文字見於洞真太霄琅書卷六受齋儀盟信訣第二十，據改。
〔三〕「明科」，太霄琅書作「盟」。
〔四〕「錦」，太霄琅書作「繏」。
〔五〕「鐶九隻」，太霄琅書作「金鐶九雙」。
〔六〕「文」，原作「人」，此處「授度真人」於太霄琅書作「啓度真文」，更合文意，據改。

道教典籍選刊

無上秘要

下

周作明　點校

中華書局

無上秘要卷之五十六

太真中元齋品

太真科文：爲學之本，當先修中元齋直之法，以贖己身積滯之愆，解過於太真，謝罪於三元。宿愆既散，高上降真，書名玄圖，剋成上仙。學无此法，徒勞損功，无感於自然；有修其道，飛騰九天。輕泄靈文，身没鬼官。

修中元齋法，宿自沐浴，入室燒香，西向叩齒三十四通，捻香三過，長跪上啓：「高皇玉帝、九玄道君、太真中元、无極天尊，臣以今月某日於此齋直，行香然燈，悔過謝愆，願蒙天真中元靈官，宣告五方五帝、五嶽天仙地仙飛仙，監真使者、直齋仙官、玉童玉女各二十四人，曲垂降鑒，營護臣身，通術致真，上聞九天。謹以宿啓奏，須御奉行。」

到明日清旦入室，先入齋堂户外，叩齒三通，思齋堂之内生自然紫炁、芝英丹精滿於齋堂，玉童玉女羅列左右，微言：「正爾入室，燒香行道，願直齋仙官營護臣等身，通致玄虛，動静啓聞。」

便進齋堂内，東向香爐，祝曰：「中元五靈、五老神真、金仙玉童、太華玉女、左右龍虎、侍香仙官，關啓九天元始天王、虛皇玉帝、上聖天尊，臣今燒香，旋行禮經，願得中元无極自然正真之炁降入臣身中，受臣口中秘言，所啓速聞，徑御高上玉帝几前。」

東向長跪，叩齒二十四通：「謹出臣身中五體真官、玉門紫户三十九關上真靈官、左右飛仙、玉虛侍郎、五帝五色元皇太真，飛龍功曹、神仙使者三十六人出。侍郎執飛仙羽節、九天耀天之麾，五帝五色元皇太真執五帝命魔靈旛，飛龍功曹冠帶羽服、金真鳳章；神仙使者交落七元，擎持玉案，對立臣前，銜臣口中秘言，乘金根紫蓋丹轅瓊輿飛雲之輪，從金仙玉童、太華玉女各十二人、左右龍虎、騰天羽騎二十四萬衆，飛行紫虛，上登九天之上金闕玉殿瓊房丹室之内，上啓上上无極无窮至上洞真九玄元父、太虛玄母、元始天王、高上玉虛、萬道丈人、九天真王、三十六天王、萬始先生、三天玉童、九天丞相、太真天王、高上三十九帝、二十四玉皇、玄古先生、萬始丈人、高上玉晨太上大道君、後聖金闕帝君、扶桑暘谷神王、四司五帝、南極上元禁君、西臺龜母、上清太真玉保上相大司馬司命高晨師、東海玉門青華小童君、太清玄元上三天无極大道、太上老君、太上丈人、天帝君、九老仙都君、九炁丈人、百千萬重道炁、千二百官君、太清玉陛下、太極四真无鞅數衆，上皇真人、无極天尊，炁流自然，玄都元皇大洞三景弟子小兆真人某嶽先生臣某，本生胎穢，遭遇靈運，因緣福慶，輪轉法門，得生人道，忝蒙高虚，餘光曲映，啓悟愚蒙，得以皛質，仰披聖文。法師某甲等授臣寶經三十一卷，身染穢累，未能騰景，浮輪九玄，沈淪下世，修行虧替，舉止羅愆，爲四司所執，結報科門。敢緣聖典，盟受齋文，太真中元，拔贖宿愆。今入室登齋誦經，行道思真，燒香明燈，朝禮玉天，悔罪謝過，上求神仙，願上煩高上三寶領仙侍郎、五方五帝、監靈大夫、監齋大神、典齋使者、直齋上真、飛仙天仙地仙、五嶽神仙、兵馬騎乘各九億萬衆，一合降下，營衛臣身，滅魔消試，辟却妖凶，招致九天自然正炁、金液丹精、芝英神仙交會齋堂，洞映臣身。玉童玉女侍衛香煙，令臣行道得道，求仙得仙，飛行太空，騰景九天，舉嚮願合，與三寶齊真，灾消中元，罪滅太陰，千愆萬咎，並蒙哀原，拔度七祖，死魂生天，一切諸天咸蒙免離十苦八難，被受中元无極无量濟度之恩。修行事竟，啓還本宫，惟速御聞，須報奉行。」

出吏兵。

第一，向香爐三上香，稱：「玄都大洞三景弟子小兆真人某嶽先生臣某甲，謹建齋立直，燒香然燈，誦經行道，解拔宿愆，謝罪三元，上求神仙，願以是功德，爲臣七世父母解脱憂苦，上魂生天，除臣千基萬考，宿對重愆。今歸身歸神歸命无極元始高上玉帝、太真天尊，願以是功德，歸流臣身，上及七祖，千罪萬愆，普蒙哀原，乞免離十苦，上登仙官。今故燒香，自歸依高上无極天尊，得道飛仙，騰景九天，逍遥金闕，與三寶合真。」

第二上香，願曰：「臣今建齋立直，燒香然燈，誦經行道，解拔宿愆，謝罪三元，上求神仙，願以是功德，爲臣七世父母解脱憂苦，上魂生天，除臣千罪萬考，宿對重愆。今歸身歸神歸命无極元始高上玉帝、太真天尊，願以是功德，歸流臣身七祖父母，千罪萬愆普蒙哀原，一切大恩惠及諸天。臣受道法師、父母尊親、山林隱學諸道士賢者，普得升度，免離罪門。今故燒香，自歸依高上无極天尊，得道飛仙，騰景九天，逍遥金闕，與三寶齊真。」

第三上香，願曰：「臣今建齋立直，燒香然燈，誦經行道，解拔宿愆，謝罪三元，上求神仙，及臣家門宗室、九族姻親、帝王國主、君臣吏民、四陲邊域、諸天民人及蝖飛蠕動、蚑行喘息，一切衆生，歸身歸神歸命无極元始高上玉帝、太真天尊。願以是功德，歸流臣身家門，千罪萬愆普蒙哀原，一切大恩惠及諸天宗室、九族姻親、帝王國主、君臣吏民、四陲邊域、天下民人、蝖飛蠕動，一切衆生，已生未生，普得升度，各保自然。今故燒香，自歸依高上无極天尊，得道飛仙，騰景九天，逍遥金闕，與三寶齊真。」

東向三拜，長跪願曰：「臣今齋直，燒香然燈，思真轉經，解拔宿愆，謝罪三元，歸命東方无極元始高上玉帝、太真天尊，乞垂曲映，原臣所陳，賜臣學道得道、求仙得仙、飛行太空、騰景九天，七世父母免離三塗，上昇南宮，被受天尊濟度之恩。」便三叩頭三搏頰，止。

次，東南向，如上法。

次，正南，如上法。

次，西南，如上法。

次，正西，如上法。

次，西北，如上法。

次，正北，如上法。

次，東北，如上法。

次，西北上方，如上法。

次，東南下方，如上法。

右十方皆如東方之願，悉三拜叩頭三搏頰，以謝十方之罪。太真科：長齋疲極，亦得心拜，但叩頭搏頰不得闕。

次，向西方再拜，長跪願曰：「臣今齋直，燒香然燈，思真轉經，解拔宿罪，千咎萬愆，願從西方无上玄元空洞太始九玄元素玉真丈人、高聖上仙、龜臺玉妃、玉虚太靈、无極天尊，垂恩曲映，特見哀原，賜臣行道得道，求仙得仙，飛行太空，騰景九天，拔度七祖，上昇南宫，長居无爲，衣食自然，被受上聖濟度之恩。」

次，北向再拜，長跪願曰：「臣今齋直，燒香然燈，思真轉經，解拔宿罪，千咎萬愆，願從北方无上太空玄洞紫虚元始丈人、三天玉童、高上玉晨太上大道君、太真丈人、太真神王、北侯中真、高玄萬仙、上聖天尊，垂恩曲映，特見哀原，賜臣行道得道，求仙得仙，飛行太空，騰景九天，拔度七祖，上昇南宫，長居无爲，衣食自然，被受上聖濟度之恩。」

次，東向再拜，長跪願曰：「臣今齋直，燒香然燈，思真轉經，解拔宿罪，千咎萬愆，願從東方高上九玄玉虚太帝、太清玄元上三天无極大道、太上老君、諸君、丈人、暘谷神王、扶桑大帝君、天帝君、太微帝君、中黄老君、九老仙都君、九炁丈人、太清玉陛下、上清太真玉保王上相東海玉門青華小童君、高仙萬聖、至極天尊，垂恩曲映，特見哀原，賜臣行道得道，求仙得仙，飛行太空，騰景九天，拔度七祖，上昇南宫，長居无爲，衣食自然，被受上聖濟度之恩。」

次，南向再拜，長跪願曰：「臣今齋直，燒香然燈，思真轉經，解拔宿罪，千咎萬愆，願從南方无上太空九玄元始洞靈虚皇玉帝、南極上元禁君、南昌司命、長生君、洞陽高聖、上仙天尊，垂恩曲映，特見哀原，賜臣行道得道，求仙得仙，飛行太空，騰景九天，拔度七祖，上昇南宫，長居无爲，衣食自然，被受上聖濟度之恩。」

次，向中央太歲上再拜，長跪願曰：「臣今齋直，燒香然燈，思真轉經，解拔宿罪，千咎萬愆，願從中央无上无巔无極无窮太虚空洞玄古先生、萬道父母、紫虚青要帝君、後聖九玄金闕帝君、太玄玉靈、中玄四真、高聖中皇、上仙天尊，垂恩曲映，特見哀原，賜臣行道得道，求仙得仙，飛行太空，騰景九天，拔度七祖，上昇南宫，長居无爲，衣食自然，被受上聖濟度之恩。」

禮五帝竟，當還向東方誦五帝憂樂之曲，旋行令三周，周於南方，向北止。但誦經而已，不須又拜也。

旋行竟，當還北向誦四極五苦頌三篇。畢，又三拜九叩頭九摶頰，以謝四極之罪。謝四極竟，當還東向，叩齒三通，三捻香，祝曰：「五嶽五帝、神仙使者、二炁正真、左右龍虎、天仙、地仙、飛仙、五嶽香官，當令招致十方正炁、自然金液、丹精芝英、九玄玉真交會齋堂，洞觀臣身中，使臣學道得道，求仙得仙，飛行太空，騰景九天，玉童玉女侍衛香煙，奏達所啓，上御高上无極太上大道玉皇几前。」叩齒九通，咽炁九過，都止。出户，勿反顧。

中元篇曰：修中元齋法，當書五帝命魔靈旛，置於五方。所以爾者，上學皆爲大魔王干試，令思念不專，真不得降，故以命魔制之耳。事竟，盛之錦囊。

朝禮三時，食息悉如上元之法。

齋竟，咸還齋官，亦依上元之格，但增首謝宿愆解過之意爾。

三元篇曰：修上元之法，然燈：上極九十燈，中可六十燈，下可三十燈，羅列齋堂左右門閣太歲、月建日辰、本命行年之上。修中元之法，然燈，上極六十燈，中可三十六燈，下可十二燈。修下元之法，然燈上極三十六燈，中可二十四燈，下可九燈。可得悉依上元然燈數，亦佳；无者，亦得依下元之法也。

三元篇曰：然燈，太歲、年命上二處令晝夜恒明，餘燈白日不須明也。若天雨者，但於齋堂然太歲、本命二處燈便足，餘者可闕也。

三元篇曰〔一〕：結齋士，同齋行香畢，當各依其本命燈再拜，及太歲，上啓乞求，願隨其所言也。

〔一〕「曰」，原作「目」，據上文改。

無上秘要卷之五十七

太真上元齋品

高上洞真三元齋，上元主天，下元主地，中元主人。三元合真，上應九玄。上元九日，以轉經行道，思真念神，合丹鎮生，上求神仙；中元六日，乞解己身犯科違戒宿結之愆；下元三日，以拔度七祖，解釋九陰，死魂生天。此高上妙法，求仙之本根，修之成真，輕洩漏慢，獲罪三官。

欲修行大洞真經三十九章、雌一玉檢五老寶經、玄母八門修行十二上願，誦詠高上玉文、飛玄之章，思真行道，上求神仙，及合神丹，飛騰虚空。

凡修上元齋法，九日清齋，未至一日，五香沐浴，宿齋齊心，上至九人，下極三人，宿入室，北向叩齒三十六通，捻香三遍，長跪上啓：「上元太真皇老、高上仙都五帝靈官，臣等當以今月某日明燈燒香，旋行誦經，或合神丹，隨意所言。上請監真使者、直齋仙官、玉童玉女各三十六人，監臣等行真，上聞九天高上虚皇玉帝几前。明日登齋，奉行上真，宿昔啓奏，惟蒙納聽。」

畢，明日清旦，齊心入室，先向齋堂户外，齋主叩齒三通，思室内生自然紫炁之雲布滿一室，玉童玉女羅列左右，微言：「某正爾入室，燒香行道，願直齋仙官、監衛上真通致玄虚，動静以聞。」

便入室左回，東向向香爐祝曰：「上元元靈、五老神真、金仙玉童、素靈玉女、左右侍香、飛仙靈官，關九天元始天王、虚皇玉帝，臣等即時燒香誦經，願得无極正炁來降入臣等身中，受臣口中秘言，所啓速聞，徑御玉虚高上几前。」

次，左回，北向長跪，叩齒三十六通，祝曰：「謹出臣等身中四肢五體三十九户上真靈官、左右飛仙、玉虚侍郎、五帝五色元皇太真、飛龍功曹、神仙使者各三十六人出。玉虚侍郎執〔一〕飛仙羽節、九色耀天之麾，五帝五色元皇太真手執五帝命魔靈旛，飛龍功曹冠帶羽服、金真鳳章，神仙使者交落七元，擎持玉案，對立臣前，銜臣等口中秘言，乘金根紫蓋丹

〔一〕「執」，原無，據前「太真下元齋品」及「太真中元齋品」補，本段「出官」文字還見於洞真太上八道命籍經卷下，也作「玉虚侍郎執飛仙羽節、九色耀天之麾」。

轅瓊輿飛雲之輪，從金仙玉童、太華玉女各十二人、左右龍虎、騰天羽騎二十四萬衆，飛行紫虛，上登九天崚嶒瓊房、金暉玉殿紫蘭之内，上登无極无窮至上洞真九玄元父、太虛玄母、元始天王、高上玉虛三十九帝〔一〕、二十四真、高聖玉晨太上大道君、四司五帝、无極天尊，氣係自然。玄都元皇大洞三景弟子小兆真人臣某甲等，因緣福慶，轉輪法門，得生人道，忝次高玄九天龍書、上清寶文，貪道樂真，志願神仙。今當入室，登齋誦經，思真行道，燒香明燈，或合神丹，隨意所言。謹相率齊心朝禮玉天，上清高上三寶領仙侍郎、五方五帝、監靈大夫、典齋使者、飛仙地仙、五嶽靈仙，兵馬騎乘各九億萬衆，一合來降，營臣等身，滅魔消試，辟凶禳患，招致自然正炁、金液丹精、芝英神仙交會齋堂，洞映臣等身，玉童玉女侍衛香煙，令臣行道得道，求仙得仙，飛行太空，騰景九天，與心願合，三寶齊真。修行事竟，啓還本宫，惟蒙監納，須報奉行。」

畢，次，回還東向，向香爐三捻香，稱玄都大洞三景弟子小兆真人某嶽先生臣某甲，今建齋立直，明燈誦經，思神念真，行道求仙，飛騰九天。或合神丹，隨意所言。持是功德，爲臣等

〔一〕「帝」，原作「章」，此處當爲神名，洞真太上太霄琅書有「上啓無極無窮至上洞真九玄元父，太虛玄母、元始天王、高上玉虛三十九帝、二十四真、高聖玉晨太上大道君、四司五帝、無極天尊」，故改。

解愆釋罪，滅斷死根，降致九天自然正真，列名帝簡，書字上清，飛行玄虛，得爲真人，歸神无上九玄元始玉皇、三十九帝、二十四真、高上玉晨太上大道君、萬仙衆聖、无極天尊，願以是功德，歸流鍊度臣身，變化空洞，飛行玉清金闕之宮。今故燒香，自歸高上至極天尊，得道之後，升入无形，與三寶齊輪。」

第二上香，願：「臣某甲等，今謹齋直，明燈誦經，思神念真，行道求仙，飛騰九天。或合神丹，隨意所言。持是功德，願爲十方无極无窮四陲邊域、諸名山隱學、已得道法師、父母尊親及同學門人、道士賢者，各得其道，飛行上清，歸命太真上元九玄、衆聖萬仙、玉皇天尊，願以是功德、一切濟度之恩，咸令早得升度，飛行上清。今故燒香，自歸虛无太真、上元高聖、太上至真天尊，得道之後，昇入无形，與三寶齊輪。」

第三燒香，願曰：「臣某甲等今謹齋直，明燈誦經，思神念真，行道求仙，飛騰九天。或合神丹，隨意所言。持是功德，爲臣等家門九族姻親、普天帀地、帝王國主、君臣吏民及蝖飛蠕動、蚑行喙息，一切衆生，已生未生，歸身歸神歸命九天高上衆真、玉虛天尊，願以是功德、一切濟度之恩，咸得免離十苦八難、五灾六害、九厄七傷，各保福禄，長居自然。今故燒香，自歸高上无極天真，得道之後，昇入无形，與三寶齊輪。」

左回，向西北再拜，朝禮上方，長跪願曰：「臣今燒香齋直，明燈誦經，思神念真，行道求仙，飛騰九天，願太真上元元始天王、九玄元父、高上玉皇、萬聖帝君、至極洞元太虚天尊，特垂高晨玉真之炁曲映臣身，令臣等行道得道，求仙得仙，合丹成丹，鍊金成金，飛行玄虚，騰景太空，侍衛聖君，上登玉清金闕之宫。」

次，向東南再拜，朝禮下方，長跪願曰：「臣今燒香齋直，明燈誦經，思神念真，行道求仙，飛騰九天，願太真上元元始天王、九玄玄母、萬始先生、上皇紫虚萬聖帝君、至極洞元太虚天尊，特垂明晨之炁曲映臣身，令臣等行道得道，願仙得仙，合丹成丹，鍊金成金，飛行玄虚，騰景太空，侍衛聖君，上登玉清金闕之宫。」

次，北向再拜，長跪願曰：「臣今燒香齋直，明燈誦經，思神念真，行道求仙，飛騰九天，願无上太空玄洞紫虚元始丈人、三天玉童、高上玉晨太上大道君、太真丈人、太真玉皇、北侯中真、高玄萬仙、上聖天尊，特垂明晨之炁曲映臣身，令臣行道得道，願仙得仙，合丹成丹，鍊金成金，飛行玄虚，騰景太空，侍衛聖君，上登玉清金闕之宫。」

次，西向再拜，長跪願曰：「臣今燒香齋直，明燈誦經，思神念真，行道求仙，飛騰九天，願无上玄元空洞太始九玄元素玉真丈人、高聖上仙、龜臺玉妃、玉虚太虚天尊，特垂明晨之炁曲映臣身，令臣等行道得道，願仙得仙，合丹成丹，鍊金成金，飛行玄虚，騰景太空，侍衛聖君，上登玉清金闕之宫。」

次，東向再拜，長跪願曰：「臣今燒香齋直，明燈誦經，思神念真，行道求仙，飛騰九天，願高上九玄玉虚帝皇、太清玄元上三天无極大道、太上老君、諸君、丈人、暘谷神王、扶桑大帝君、太微帝君、中央黄老君、九老仙都君、九炁丈人、太清玉陛下、太上太真玉寶皇上、上相東海玉門青華小童君、高仙萬聖、至極天尊，特垂明晨之炁曲映臣身，令臣等行道得道，願仙得仙，合丹成丹，鍊金成金，飛行玄虚，騰景太空，侍衛聖君，上登玉清金闕之宫。」

次，南向再拜，長跪願曰：「臣今燒香齋直，明燈誦經，思神念真，行道求仙，飛騰九天，願太空九玄元始洞靈虚皇玉帝、南極上元禁君、南昌司命、長生君、洞陽高聖、上仙天尊，特垂明晨之炁曲映臣身，令臣行道得道，願仙得仙，合丹成丹，鍊金成金，飛行玄虚，騰景太空，上登玉清金闕之宫。」

次，向中央太歲上再拜，長跪願曰：「臣今燒香齋直，明燈誦經，思神念真，行道求仙，飛騰九天，願无上无巔无極无窮太空洞玄玄古先生、萬道父母、紫虚青要帝君、後聖九玄金闕帝君、太華玉靈、中玄四真高聖、中皇上仙天尊，垂恩曲映，特見哀原，令臣等行道得道，願仙得仙，合丹成丹，鍊金成金，飛行玄虚，騰景太空，上登玉清金闕之宫。」

畢，還立西方，向東叩齒九通，三捻香，願曰：「臣等燒香，齋直誦經，行道求仙，今上慶交會，萬願開陳，太華啓靈，金仙揚煙，四司監映，五帝衛軒，衆聖回降，旋行三輪，飛步空虛，朝禮玉天，願道得道，願真得真，願聖得聖，願神得神，願飛得飛，願仙得仙，六願八會，咸度臣身，得乘飛景，上昇九玄。」畢，咽炁九遍，止。

青童君曰：時當於西面起，旋香行，誦西華素靈之曲，繞香爐三周，於南方北向，便九拜，都止。

青童君曰：凡朝禮之儀，亦得心拜而已。上元之品，清旦嚴裝，一時燒香。畢，聽坐，進飲粥。正[一]中，又一時燒香，畢，進食。自後誦經，聽進飲食，卧息養神通炁。至子時，又一時燒香。此三時悉上元生炁之時，故行道求仙之會，世所以一時三願，願問九，歸於九玄之禮也。

九日燒香，都畢。清旦入室，朝禮如法，還向東長跪，叩齒九通，稱：「玄都大洞三景弟子小兆真人某嶽先生臣某甲等稽首再拜，上啓上元太真、空洞九玄太虛高上玉皇、三十九帝、二十四真、高聖玉晨太上大道君、四司五帝、萬道元始上聖、至極天尊，臣等好道樂仙，志騰九玄，上詣上真。以今月某日於某郡縣鄉里中，關啓齋直，燒香誦經，思神念真，行道

〔一〕「正」，原作「心」，當爲「正」之訛形。道經中常將「平旦」、「正中」、「夜半」稱爲「三時」（如本書五十二三元齋品、卷六十六沐浴品），據改。

求仙，或合神丹，隨意所言。修行事竟，所啓上清高上三寶領仙侍郎、五方五帝、監靈大夫、典齋使者、飛仙天仙地仙、五嶽四瀆、四方監察、真官靈仙，謁還真宫，進品上仙，加爵禄秩，隨品署真，當如太真之儀，令臣等行道得道，求仙得仙，合丹成丹，鍊金成金，分身變化，七十四方，下降之緑軿，飛行上清，騰景九天，日月同暉，三寶齊輪。惟蒙至上，監映丹情。臣學法未備，俯仰之格，多不合儀，進止犯科，或爲四司所糾，五帝所執，千愆萬罪，惟蒙赦貸，哀原未悟。臣等五體真仙，隨功上詣玄都受秩，還臣身中，同升飛行太空〔一〕。謹以啓聞，伏須告報。臣某誠惶誠恐，稽首再拜。」

建齋之日，當輸金真玉光九天之信置於五方，以招神致靈。

〔一〕「臣等五體真仙，隨功上詣玄都受秩，還臣身中，同升飛行太空」，太上大道三元品誡謝罪上法的類似表達爲「臣等身中五體真官，隨功上詣玄都，受秩事竟，還臣等身，與臣同升，飛行太空」。

無上秘要卷之五十八

寶經靈衛品　封經秘所品

闕

無上秘要卷之五十九

仙相品　敗仙相品　傷仙相品

闕

無上秘要卷之六十

辯報品上

闕

無上秘要卷之六十一

辯報品下〔一〕

闕

〔一〕卷五十八至六十一，本缺，品名「寶經靈衛品」、「封經秘所品」、「仙相品」、「敗仙相品」、「傷仙相品」、「辯報品上」、「辯報品下」，均據敦目補。

無上秘要卷之六十二

攘災品〔一〕

洞玄赤書玉訣經〔二〕。

〔道言：諸天星宿，各有分度，至於侵道錯越，更相侵犯，或有異見於四方境域，皆由天氣運度〕否激〔之災，有所防出其分國，故以天光轉〕照，玄告不祥。〔故元始垂文，和天安地，解災却〕患，安國寧民。至〔士精心，依法修行。災見之日，〕書真文如舊法，露中〔庭，

〔一〕「攘災品」，道藏原缺該卷，敦煌文書伯三三二七（李德範輯敦煌道藏第四册）乃無上秘要殘卷，當爲攘災品内容，但從敦煌殘卷中看不出屬何卷，王卡敦煌道教文獻研究認爲當在無上秘要卷六十三，筆者認爲在卷六十二更恰，故補於此。

〔二〕「洞玄赤書玉訣經」，出處原無，引文在今太上洞玄靈寶赤書玉訣妙經卷上，據本品體例補。由於伯三三二七文字缺損頗多，又據道藏此經補足，用〔　〕表示。

向方面叩齒十二通，〕散髮仰祝曰：「元始上天，三光高明。回景〔照耀，四方朗清。運〕度所衝，激陽〔一〕流星。五界錯〔越，三統失寧。五斗〕總晨，七宿明靈。真君大魁，〔厥諱玉精。夫人皇〕妃，字曰育嬰。總御玄關，回〔轉諸天。今有客災，〕玄告不祥。請以真文，赤書上呈。散髮謝愆，披露丹誠。惟垂玄鑒，回復天經。炁不横越，災不横生。燌燒靈文，散煙玉庭。上景監度，普告萬靈。氣消三關，災滅九冥。陰陽調和，國土太平。請以金龍，風火〔二〕驛呈。」畢，露真文於中庭，金龍鎮之。假〔三〕災在東方，則九日九夜竟而燒文，散灰青煙之中。

凡攘天災，安國寧民，法皆隨方然燈，照耀諸天〔四〕。假災在東方〔五〕，亦可九燈，亦可九十燈，亦可九百燈，用金龍一枚，青繒九十尺，九日九夜。災在南方，則然三燈，亦可三

〔一〕「陽」，太上洞玄靈寶赤書玉訣妙經卷上作「揚」。

〔二〕「火」，赤書玉訣妙經作「馬」。

〔三〕「假」，赤書玉訣妙經作「假令」。

〔四〕「耀諸天」，赤書玉訣妙經作「諸天光」。

〔五〕「假災在東方」，赤書玉訣妙經作「假令東方」。

十〔一〕燈，亦可三百燈，絳繒三十尺，三日三夜。災在中央，則然十二燈，亦可百二十〔二〕燈，亦可千二百燈，用黄繒百二十尺，十二日十二夜。災在西方，則然七燈，亦可七十燈，亦可七百燈，用白繒七十尺，七日七夜〔三〕。災在北方，則然五燈，亦可五十燈，亦可五百燈，用黑繒五十尺，五日五夜。此元始靈寶上元科法。

道言：天地大劫之交，洪水四出，蕩穢除惡，萬無遺一。當此之時，天地冥合，人民漂流，無復善惡。唯有至〔四〕學之士，得靈寶真文、大劫小劫之符，乃可乘飛羽而高觀，登靈岳而翔浮〔五〕。當此之時，神人自當使蛟龍爲通路，開水徑以身度，河伯司迎，不待〔六〕津梁。

〔一〕「三十」，伯三三二七作「卅」，當爲手寫所改，今據赤書玉訣妙經改。後文「三十」均類此。

〔二〕「二十」，伯三三二七作「廿」，也爲手寫所改，今據赤書玉訣妙經改。後文「二十」均類此。

〔三〕「災在西方，則然七燈，亦可七十燈，亦可七百燈，用白繒七十尺，七日七夜」，伯三三二七原無，據赤書玉訣妙經補。

〔四〕「至」，赤書玉訣妙經作「志」。

〔五〕「翔浮」，赤書玉訣妙經作「浮翔」。

〔六〕「身度，河伯司迎，不待」，赤書玉訣妙經作「渡身，河伯伺迎，不罣」。

乃明靈文之妙，豈拘大劫之交哉？遇此之際，當依舊〔一〕文施用，北向叩齒五通，閉氣二十五息，存己身心中生大火，火出頭頂而燒四方山林草木及己身都盡，形體〔二〕皆成灰塵，一時飛翔入青煙之上，無復所遺。思大水浩蕩，除天下〔三〕，己身化成蛟龍，隨水而流。又叩齒二十五通，仰呪曰：「上始回靈，開明九元。天推地轉，三光〔四〕流傳。五行相促，運度機關。陰陽否激，結成災衝。大劫傾訖，蕩穢除氛。九河受對，洪流〔五〕激川。水母徘徊，鳥馬合群。日月冥會，三景停關。上選種民，推度〔六〕玉文。棄惡遺善，清濁永分。我參帝簡，名列九天。大災四會，赤書所躅。是日告命，萬神咸聞。日月五星，照明我魂。五嶽靈山，浮度〔七〕我身。九河水府，溟泠大神。開除水徑，通利河津。蛟龍應符，攝山送靈。

〔一〕「舊」，赤書玉訣妙經作「其」。
〔二〕「體」，赤書玉訣妙經作「骸」。
〔三〕「思大水浩蕩，除天下」，赤書玉訣妙經作「思大水浩浩，蕩蕩天下」。
〔四〕「三光」，赤書玉訣妙經作「二炁」。
〔五〕「流」，赤書玉訣妙經作「災」。
〔六〕「民，推度」，赤書玉訣妙經作「臣，推校」。
〔七〕「度」，赤書玉訣妙經作「渡」。後文「度」多類此，不再注。

負我度我，驚馳四奔。丹書赤字，元始真文。金龍驛呈，時剋〔一〕無間。立須告御，上對帝尊。」畢，引氣二十五咽。須臾，自當有開水之神以度兆之身也。在山，山則浮；在水，水自開，可謂臨危而濟。

道士隱學，書青帝赤書真文，置東方，則東岳仙官至。長齋百日，精思靈寶尊神，則天真下降，給青要〔二〕玉女九人，取東岳神仙芝草、不死之藥。青帝鬼魔遠舍九萬里〔三〕，一方凶勃惡獸毒螫皆不生害心，反善仁人。長齋修行二十四年，身得神仙。但佩此文，亦得尸解，轉輪成仙〔四〕。

國土東方及春三月有災，欲使東鄉安鎮，當赤書青石上，鎮東方。九日，災自滅，凶逆自消，一方仁人，蒼龍來翔，善瑞自至，國土太平。書文佩身，却諸禍殃，身無患横，恒〔五〕與

〔一〕「剋」，赤書玉訣妙經作「刻」。

〔二〕「要」，赤書玉訣妙經作「腰」。

〔三〕「里」，原無，據赤書玉訣妙經補。

〔四〕「仁人。長齋修行二十四年，身得神仙。但佩此文，亦得尸解，轉輪成仙」，伯三三二七原無，據赤書玉訣妙經及下文補。

〔五〕「患横，恒」，赤書玉訣妙經作「横患，常」。

神明相當，保國寧家，享福無窮。

道士書赤帝真文，置南方，則南岳仙官至。長齋百日，精思靈寶尊神，則天真下降，給朱陵玉女八〔一〕人，取南岳神仙芝草、不死之藥。赤帝鬼魔遠舍八萬里，一方凶勃惡獸毒螫皆不生害心，反善仁人。長齋修行二十四年，身得神仙。但佩此文，亦得尸解，轉輪成仙〔二〕。

國土南方及夏三月有災，欲使南鄉安鎮，當朱書赤石上，鎮南方。八〔三〕日，其災自滅，凶逆自消，一方仁人，善瑞顯明，鳳凰來遊，白鸞〔四〕飛鳴，天人歌詠，欣國太平。書文佩身，萬災不干〔五〕，攘凶却穢，座〔六〕致神靈，福慶無窮，延年長生，家致興隆，國祚安寧。

〔一〕「八」，赤書玉訣妙經作「三」，後接文「遠舍八萬里」之「八」同。

〔二〕「人。長齋修行二十四年，身得神仙。但佩此文，亦得尸解，轉輪成仙」，伯三二二七原無，據赤書玉訣妙經及下文意補。

〔三〕「八」，赤書玉訣妙經作「三」。

〔四〕「遊，白鸞」，赤書玉訣妙經作「迎，鸞鶴」。

〔五〕「干」，赤書玉訣妙經作「生」。

〔六〕「座」，赤書玉訣妙經作「坐」。

道士書黃帝真文，置中央，則中嶽仙官至。長齋百日，精思靈寶尊神，則天真下降，給黃素玉女十二人，取中岳神仙芝草、不死之藥。黃帝鬼魔遠舍十二萬里，中央凶勃惡獸毒螫皆不生害心，反善仁人。長齋修行二十四年，身得神仙。但佩此文，亦得尸解，轉輪成仙。

國土中央及四季月有災，欲使中國安鎮，當朱書黃石上，鎮中央。十二日，其災自滅，凶逆自消，四方和睦，善瑞自生，騏驎來歸，白虎遊庭，國豐民富，普天安寧。書文佩身，萬災不經，身康氣强，五宮精明，長保家國，永亨利貞。

道士書白帝真文，置西方，則西嶽仙官至。長齋百日，精思靈寶尊神，則天真下降，給太素玉女六〔一〕人，取西嶽神仙芝草、不死之藥。白帝鬼魔遠舍六萬里，西方凶勃惡獸毒螫皆不生害心，反善仁人。長齋修行二十四年，身得神仙。但佩此文，亦得尸解，轉輪神仙。

國土西方及秋三月有災，欲使西鄉安鎮，當朱書白石上，置西方。六〔二〕日，其方災自

〔一〕「六」，赤書玉訣妙經作「七」；後接文「六萬里」之「六」也作「七」。
〔二〕「六」，赤書玉訣妙經作「七」。

滅，凶逆〔一〕自消，西方自歸，善祥來遊〔二〕，靈獸飛軒，金雀銜符，五老歸賓，國寧民休〔三〕。書文佩身，神明交遊，災不加身，與五帝同厨〔四〕，子孫昌熾，世享王侯，與善因緣，何慮何憂。

道士書黑帝真文，置北方，則北岳仙官至。長齋百日，精思靈寶尊神，則天真下降，給太玄玉女五人，取北岳神仙芝草、不死之藥。黑帝鬼魔遠舍五萬里，北方凶勃惡獸〔五〕毒螫皆不生害心，反善仁人。長齋修行二十四年，身得神仙。但佩此文，亦得尸解，轉輪成〔六〕仙。

國土北方及冬三月有災，欲使北鄉安鎮，當朱書黑石上，置北方。五日，其方災自消，

〔一〕「逆」，赤書玉訣妙經作「惡」。
〔二〕「來遊」，赤書玉訣妙經作「自集」。
〔三〕「五老歸賓，國寧民休」，赤書玉訣妙經作「氐老歸賓，國寧民泰」。
〔四〕「厨」，赤書玉訣妙經作「儔」。
〔五〕「凶勃惡獸」，原作「凶獸惡勃」，據赤書玉訣妙經改。
〔六〕「成」，赤書玉訣妙經作「神」。

凶惡自滅，北方自賓，善瑞自〔一〕昌，地藏發泄，金玉露形，天人歌詠，國富民豐。書文佩身，萬災消亡，壽同天地，福禄永光，所向所求，莫不利貞，子孫昌盛，世出〔二〕賢明。

洞玄無量度人經。

道言：夫天地運終，亦當修齋，行香誦經。星宿錯度，日月失昏，亦當修齋，行香誦經。四時失度，陰陽不調，亦當修齋，行香誦經。國主有災，兵革四興，亦當修齋，行香誦經。疫毒流行，兆民死傷，亦當修齋，行香誦經。夫〔三〕齋誠誦經，功德甚重，上消天災，保鎮帝王，下禳毒害，以度兆民。

道言：夫天地運度，亦有否終；日月五星，亦有虧盈；至聖神人，亦有休否；末學之夫，亦有疾傷。凡有此災，同炁皆當齊心修齋，六時行香，十遍轉經，福德立降，消諸不祥。无量之文，普度無窮。

〔一〕「自」，赤書玉訣妙經作「日」。

〔二〕「出」，赤書玉訣妙經作「世」。

〔三〕「夫」，該字前靈寶無量度人上品妙經卷一還有「師友命過，亦當修齋，行香誦經」句。

洞真三天正法經〔一〕。

凡修六天文三天正法，遇水逢災，皆當書文一通白木上，投水中，叩齒九通，向北三息而咒曰：「天爲我蓋，氣爲我牀；雲爲我輿，水爲我梁；玄黄五色，爲我衣裳；登山山負，入水水張；蛟龍開道，萬里無殃；群靈侍衛，河侯來迎；飛仙羽服，運我騰翔；嘯命風雲，如電迅光；救災度難，無使損傷；白簡已書，青録已藏；太平帝臣，我參上行；三氣静息，同翼帝皇。」畢，引氣三十六咽，止。如此則五龍負符于河津，河侯束帶以奉迎，入水萬里，如之船行，水精導引，萬靈翼……

謝過品〔二〕

闕

〔一〕「洞真三天正法經」，引文不見於今太上三天正法經。

〔二〕「謝過品」，原無，據敦目補。

無上秘要卷之六十三

倚伏品　入道品

闕

無上秘要卷之六十四

防累品　修道禁忌品〔一〕

闕

〔一〕卷六十三、六十四，原缺，品名「倚伏品」、「入道品」、「防累品」、「修道禁忌品」據敦目補。

無上秘要卷之六十五

專誠品

真君曰：秀玄棲標者，雖山河崩潰而不虧，志道存真者，雖寒熱飢渴猶不廢〔一〕。此一往之至也。或因風以投间，或挾魅〔二〕以結痾，持一切撥之而勿取〔三〕，昔之道非今道也。「靈悟〔四〕苟殊，百隙其如予何」，人〔五〕聞之，亦足以檢樸。

〔一〕「秀玄棲標者，雖山河崩潰而不虧，志道存真者，雖寒熱飢渴猶不廢」，真誥卷六甄命授第二作「秀玄棲標者，雖山河崩潰而不眄，志道存真者，雖寒熱飢渴猶不護」。

〔二〕「魅」，真誥作「魍」。

〔三〕「取」，真誥作「耳」，當誤。

〔四〕「悟」，真誥作「覺」。

〔五〕「人」，真誥作「章」。

真君曰：昔莊伯微少時好生道〔一〕，常以入時〔二〕正西北向，閉〔三〕目握固，想見崑崙。積二十一年，後服食入山中〔四〕學道，猶存此法。當復十許年後，閉目乃奄見崑崙，存之不止，遂見仙人。仙人授以金液〔五〕之方，遂得道，猶是精感道〔六〕使之然也。

定録君曰：昔有一人，好道而不知求道之方，唯朝夕拜跪，向一枯樹輒云「乞長生」。如此二十八年不倦，枯木一旦忽然生華，華又有汁，甜如蜜。有人教令食之，遂取此華及汁並食，食訖即仙。如是用心，精感〔七〕之至。枯木枯能生此紫華甘津〔八〕，況三秀之靈阿，五芝所播植？而不數恭山岫，洗拔滓穢者，良可悲也。

〔一〕「生道」，真誥卷五甄命授第一作「長生道」。
〔二〕「入時」，真誥作「日入時」。
〔三〕「閉」，原作「别」，據真誥改。
〔四〕「山中」，真誥作「中山」。
〔五〕「液」，真誥作「汋」。
〔六〕「道」，真誥作「道應」，當是。
〔七〕「感」，真誥作「誠」。
〔八〕「枯木枯能生此紫華甘津」，真誥卷十二稽神枢第二作「枯木尚能生紫華、濯甘津」。

昔有傅先生者，其少好道，入霍〔一〕山石室中，積七年而太極老君詣之，與之木鑽，使穿一石盤，厚五尺許，云「穿此盤便當得道」。其人晝夜穿之。積四十七年，鑽盡石穿，遂得授神丹，方〔二〕昇太清，爲南極真人。此有志之士也，子其識之。

昔有劉少翁，曾數入華山中，拜禮向山。如此二十年，遂忽一旦得見西嶽丈人，授其仙道。昔有一人，數旦旦詣河邊，拜河水，如此十年，河侯河伯遂與相見，與其白璧十雙，教授水行不溺法。此人見在中嶽，得道。

左慈初來，亦勤心數拜禮靈山。五年許，得深進洞玄〔三〕。

右出真誥。

是時南圃丹霍之阿北〔四〕室有精進賢者王福度，有女名曰阿丘曾，厥年十六。時在浴

〔一〕「霍」，真誥卷五甄命授第一作「焦」。
〔二〕「方」，真誥作「乃」。
〔三〕「昔有劉少翁」至此，見於真誥卷十三稽神枢第三，「得深進洞玄」，作「乃得深進内外東西宫耳」。
〔四〕「北」，原作「比」，據太上洞玄靈寶赤書玉訣妙經卷下改。

室中，浴香湯自洗，見舍光明曲照，疑有不常，出宇登樹〔一〕南向，望見道真，神精煒爍，容景煥日。女意歡喜，叉手作禮，遥稱名：「丘曾今遭幸會，身覩〔二〕天尊，歸身十方天中之天，願賜禁戒，遵承法文，拔諸惡根，早得轉輪，改爲男形，萬劫之後，冀得飛仙。」

五帝魔王見女發心大願，恐過魔〔三〕界，因化作五帝老人，往告女曰：「我受十方尊神使命，來語汝靈寶法典。吾道方行，法使仁愛，慈孝爲本。始〔四〕聞汝父，當出汝身，已受人言，不可得違，宜先從之。違父之教，仙无由成〔五〕。」

女答魔言：「我前生不幸，宿無因緣，功德未充，致作女身。晨夕悔念，誓守一心，用意堅固，出於自然。生由父母，命歸十天，誠違父教，不如君言。」魔見女執心秉正〔六〕，不可得

〔一〕「樹」，赤書玉訣妙經作「牆」。
〔二〕「覩」，赤書玉訣妙經作「覲」。
〔三〕「魔」，赤書玉訣妙經作「我」。
〔四〕「始」，原作「如」，據赤書玉訣妙經改。
〔五〕「違父之教，仙无由成」，赤書玉訣妙經作「汝不從父，仙無由度」。
〔六〕「正」，赤書玉訣妙經作「直」。

干，於是便退。丘曾自云：「道既高邈，無緣得暢。仍聚柴登牆，焚燒我身，冀我形骸，天〔一〕中之天，願得時暢，如之散塵。」便投身火中，紛爾無著，身如擲〔二〕空。俄頃之間，已見女身化成男子，徑至道前。

右出洞玄玉訣經。

柔弱品

老子曰：天下柔弱，莫過於炁；炁之柔弱，莫過於道〔三〕。道之所以柔弱者，包裹天地，貫穿萬物。夫柔之生剛，弱之生强，而天下莫能知其根本所從生者乎？是故有以无爲母，无以虛爲母，虛以道爲母。自然者，道之根本。

〔一〕「天」，此字前赤書玉訣妙經有「得成飛塵，隨風自降，往至道前。於是火然，丘曾叉手向天言：十方無極天尊，今自歸形骸」，秘要或漏寫，或節引所致。

〔二〕「擲」，赤書玉訣妙經作「蹈」。

〔三〕「炁之柔弱，莫過於道」，赤書玉訣妙經作「氣莫柔弱於道」。

右出西昇經。

夫水之爲物，柔弱通也。平静清和，心無所操，德同天地，澤及萬物，大無不包，小無不入，金石不能障蔽，山陵不能壅塞。其避實歸虚，背高趣下，浩浩蕩蕩，流而不盡，折衝漂石，疾於風矣，廣大无疆。脩遠大道，始於无形，終於江海，昇而爲雲，降而爲雨，上下周流，無不施與，消而復息，生而復死。是故聖人去耳去目，歸志於水，體柔守雌，去高就下，去好就醜，受辱如地，含垢如海，恬澹无心，蕩若无己，變動无常，故能與天地終始。

右出妙真經。

知其雄，守其雌，爲天下溪；爲天下溪，常德不離，復歸於嬰兒。知其白，守其黑，爲天下式；爲天下式，常德不忒，復歸於无極。知其榮，守其辱，爲天下谷；爲天下谷，常德乃足，復歸於樸。樸散則爲器，聖人用之則爲官長，故大制不割。

右出老子道經。

天下之至柔，馳騁天下之至堅。无有入於无間。吾是以知无爲之有益。不言之教，无爲之益，天下希及之。

反者道之動，弱者道之用。天下萬物生於有，有生於无。

天下柔弱莫過於水，而攻堅强者，莫之能勝。其无以易之。故柔勝剛，弱勝强。天下莫能知，莫能行。是以聖人言：「受國之垢，是謂社稷主；受國不祥，是謂天下王。」正言若反。

民之生也柔弱，其死也堅强。萬物草木生也柔脆，其死也枯槁。故堅强者死之徒，柔弱者生之徒。是以兵强則不勝，木强則共〔一〕。强大處下，柔弱處上。

右出老子德經。

虚靖品

致虚極，守静篤。萬物並作，吾以觀其復。夫物芸芸，各歸其根。歸根曰静，静曰覆

〔一〕「兵强則不勝，木强則共」，淮南子之原道訓、列子之黄帝篇都引作「兵强則滅，木强則折」，王弼本作「兵强則不勝，木强則兵」。

命，覆命曰常，知常曰明。不知常，忘作，凶。知常容，容乃公，公乃王，王乃天，天乃道，道乃久，没身不殆。

右出老子道經。

老子曰：一曰遺形忘體，泊〔一〕然若无，謂之虚。

二曰損心棄意，廢僞去欲，謂之无。

三曰專精積神，不與物雜〔二〕，謂之清。

四曰反神服炁，安而不動，謂之静。

五曰深居閑〔三〕處，功名不顯，謂之微。

六曰去妻離子，獨與道遊，謂之寡。

〔一〕「泊」，玄都律文之虚無善惡律作「怕」，雲笈七籤卷九十一七部名數要記作「恬」。

〔二〕「雜」，玄都律文作「集」。

〔三〕「閑」，玄都律文作「宴」。

七曰呼吸中〔一〕和，滑淖〔二〕細微，謂之柔。

八曰緩形縱體，以奉百事，謂之弱。

九曰憎惡尊榮，安貧樂辱，謂之卑。

十曰遜盈〔三〕逃滿，衣食麤疏，謂之損。

十一曰動作隨陽〔四〕，應變却邪，謂之時。

十二曰不飢不寒〔五〕，不喜不怒，不哀不樂，不遲不疾，謂之和。

十三曰愛視愛言，愛聽愛慮，堅固不費，神明内守〔六〕，謂之嗇。

凡此十三，混沌爲一，虚无爲大，要自窮自極，无爲之道乃畢。一事不通，唯虚爲善。

〔一〕「中」，玄都律文作「沖」。

〔二〕「淖」，玄都律文、雲笈七籤作「澤」。

〔三〕「盈」，玄都律文作「贏」。

〔四〕「動作隨陽」，玄都律文作「争作陰陽」。

〔五〕「不飢不寒」，玄都律文、雲笈七籤作「不飢不渴，不寒不暑」。

〔六〕「愛視愛言，愛聽愛慮，堅固不費，神明内守」，玄都律文作「愛視愛聽，愛言愛慮，不費精神，和光順世」，雲笈七籤作「愛視愛聽，愛言愛慮，堅固不費，精神内守」。

夫成而體之，精神自息，和炁流行，入藏筋骨，炁鍊形易，與兆俱集，輕舉遠遊，壽終天畢，非獨治身，平首萬國。

右出虚無經。

山居品

太上曰：居山有十事。

一，不得領户化民〔一〕。

二，不得交遊貴勝，以求名利。

三，不得復修行邪呪禁術〔二〕。

四，不得賣藥行醫，取人錢物。

〔一〕「民」，本段文字見於洞玄靈寶道學科儀卷上，該字作「人」。

〔二〕「邪呪禁術」，道學科儀作「邪禁呪術」。

五，當與人物有隔，不得與世間兒婦、黄赤、祭酒同牀席坐〔一〕。

六，當朝、中、日没、人定、夜半、雞鳴禮敬十方天尊，悔過滅惡。

七，中後不得食穀炁物。有穀炁者，不得以近口。水、玉芝、石松、朮黄、精雲、英靈、飛散、苟杞等藥，食无時，不在禁例。

八，山行採藥時，三步一彈指，十步一謦〔二〕欬，舉足下足，當常念道，想有神人於崖間路側，授我仙術。

九，若少得道分，未能通達者，无自顯揚，輕慢不及。

十，當念父母生長之恩，勿忘。

此謂十居山修道之要也。

右出昇玄經。

〔一〕「不得與世間兒婦、黄赤、祭酒同牀席坐」，道學科儀作「不得與世俗婦女同牀席坐卧，除異學山居清浄者」。

〔二〕「謦」，道學科儀作「磬」。

凡修六天之文、三天正法，遊行五嶽，履涉川澤，當行三天正一之祝、威凶滅試〔一〕召靈致仙之法。登山之初，當先於山外叩齒九通，閉目〔二〕思五色之雲，勃勃四會，掩〔三〕冠一山，及我身在雲炁之中，良久，見五嶽仙官及山形林木草澤〔四〕禽獸萬物悉來朝己，仰祝曰：「上帝出遊，日吉時良。玉華覆蓋，太一扶將。左翼白元，右輔无〔五〕英。八帝九真，陵逢〔六〕履昌。道〔七〕我送我，與我同光。履行五嶽，群仙奉迎。出入河海，萬道開張。役御六丁，旋〔八〕躡五行。三天有命，蕩除萬凶。豁〔九〕落掃穢，流金滅殃。正法清通，嚴如威霜。華精弈弈，龍輿昂昂。流青翠羽，飛錦羅裳。所向所之，靡不吉昌。萬真來朝，齊昇

〔一〕「威凶滅試」，上清修行經訣、上清修身要事經作「威試」。
〔二〕「目」，修行經訣、修身要事經作「眼」。
〔三〕「掩」，修行經訣、修身要事經作「奄」。
〔四〕「山形林木草澤」，修行經訣作「山林草木川澤」，修身要事經作「山形林中草木」。
〔五〕「无」，原作「元」，「无英」爲道教神名，修行經訣、修身要事經作「無英」，據改。
〔六〕「逢」，修行經訣、修身要事經作「梵」。
〔七〕「道」，修行經訣、修身要事經作「導」。
〔八〕「旋」，修行經訣、修身要事經作「足」。
〔九〕「豁」，原作「割」，「豁落」與「流金」均爲道教符名，修行經訣、修身要事經作「豁落」。

玉京。」畢，引炁三十六咽。

右出洞真三天正法經。

太極真人曰：道士欲山居幽處，宜先受經業，恭肅事師，修諸善功，以伏山神。山無大小，皆有神靈，山大則神大，山小則神小。山神壞，人亦不立也。人不解至法，不知修善立功，此何以能入〔一〕山栖乎？

右出洞玄請問經下。

道言：夫學上法，思神念道，山居靜志，修齋誦經，轉度七祖，身求神仙，當行五老赤書真文上法。依按舊文，皆先叩齒十二通，祝曰：「玄上高靈，元始尊神。大聖徘徊，萬真〔二〕臨軒。三景敷暉，慶雲四陳。上吉〔三〕校圖，推筭九天。今日啓願，投刺靈山。丹書赤字，

〔一〕「入」，太上洞玄靈寳本行宿緣經作「久」。

〔二〕「真」，太上洞玄靈寳赤書玉訣妙經卷上作「神」。

〔三〕「吉」，赤書玉訣妙經作「告」。

自然真文。上告五帝，記名玉篇。萬神鑒映，日月明言。願度願生，願神〔一〕願仙。天地星宿，玄照我身。三官九府，五嶽大神。普告无窮，削除罪根。元始大開，莫不納言。七祖幽魂，受福自然。三徒五苦，永離八難。得與三景，同暉紫晨。轉輪〔二〕不滅，身得飛仙。」畢，讀刺竟，投於絶巖之中，便散香靈山之上。又叩齒三通，向本命祝曰：「元始鑒映，仙名已書。三官九府，罪莫不除。散香五帝，告盟太虛。諸〔三〕如所陳，萬劫長居。」畢，仰咽九炁，止。

右出洞玄赤書玉訣經。

吕公〔四〕口訣：入山之日，未至百步，先却行七步，反足乃登山，山精不犯人，衆邪伏走，百毒藏匿。

右出真誥。

〔一〕「願生願神」，原無，據赤書玉訣妙經及本書卷六十六咒請品補。

〔二〕「轉輪」，赤書玉訣妙經作「輪轉」。

〔三〕「諸」，赤書玉訣妙經作「請」。

〔四〕「公」，真誥卷十协昌期第二作「恭」。

太元真人曰：若夫能眇邈當世，則所重唯身也。周〔一〕營外難者，則无死地矣。是以古之學者，握玄籤〔二〕以藏嶺，匿穎鏡於紛霧，澄神于山巖之庭，頤真於逸谷之畔〔三〕。於是散髮高岫，經緯我生。暉暉景曜，採吸五靈。遊躡九道，登无〔四〕濯形。投思絶空，人事无營。關存三炁，研諸妙精。故能迴日薄之年，反爲嬰童，則入道。入道得仙，得道成真。

右出真迹經。

違俗品

老子曰：夫外天地者有天地，外其身者而壽命存，是以君子善人之所不善，壽人之所不壽〔五〕，樂人之所不樂，爲人之所不爲，信人之所不信，行人之所不行，是以道德備矣。

〔一〕「周」，真誥卷二运象篇第二作「罕」。

〔二〕「籤」，真誥作「筌」。

〔三〕「畔」，真誥作「津」。

〔四〕「无」，真誥作「元」。

〔五〕「壽人之所不壽」，西昇經卷下有國章作「喜人之所不喜」。

老子曰：經教〔一〕所言，法義所推，赫赫興盛，不如眇微〔二〕。實以知虚〔三〕，數不如希；邪多卒效〔四〕，疾不如遲。興者必廢，盛者必衰。聖人絶智，而爲无所爲，言无所言，行无所施。孰能知此？偶不如奇，多不如寡。孰賢難隨，孰仁難可，其義少依。能知无知，道之樞機。空虚滅无，何用仙飛；大道曠蕩，无不制圍。若〔五〕能明之，所是反非。經言審諦，孰之能追。

右出西昇經。

衆人熙熙，如享太牢，如登春臺。我獨怕〔六〕兮，其未兆，如嬰兒之未孩。乘乘〔七〕兮，

〔一〕「教」，西昇經卷中經誡章作「誡」。

〔二〕「眇微」，西昇經作「微妙」。

〔三〕「實以知虚」，西昇經作「實不如虚」。

〔四〕「效」，西昇經作「驗」。

〔五〕「若」，西昇經作「子」。

〔六〕「怕」，王弼本作「泊」。

〔七〕「乘乘」，通行本及馬王堆甲、乙本作「儽儽」。

若无所歸！衆人皆有餘，而我獨若遺。我愚人之心也哉，純純兮。俗人昭昭，我獨若昏；俗人察察，我獨悶悶。忽若晦寂兮，似无所止〔一〕。衆人皆有以，我獨頑似鄙。我獨異於人，而貴求食於母〔二〕。

右出老子道經。

太極真人曰：夫至人之學道行，當取人所不能取，忍人所不能忍，斷人所不能斷，學人所不能學，居人所不能居。成功不名，度物无極，去來〔三〕守本，棄華抱朴，執志專一，可謂大道之行業。

右出靈寶自然經。

太極真人曰：忍人所不能忍，割人所不能割，行人所不能行，居人所不能居，衣人所不

〔一〕「忽若晦寂兮，似无所止」，老子各本作「澹兮，其若海；飂兮，若無止」。
〔二〕「求食于母」，老子各本作「食母」。
〔三〕「來」，疑當爲「末」字。

能衣，食人所不能食，守人所不能守，學人所不能學也，乃鎮以靈藥，餐於雲牙，尸蟲沉落，穢濁[一]消滅，三宫調暢[二]，五藏安閑，將長齋久思，静詠洞經，耽味衆妙，兼以丹液也。如是者，豈有不得昇仙之道乎？

右出洞玄安志經。

夫人生身，各有眼耳鼻口心意，而行各異。唯有愚者，目專利色，耳貪音聲，意想不端，心念不清，手爲之用，足爲之[三]行，惡隨時積，罪結天靈。夫唯賢者獨自不然，與彼俗人事事有反：目不多瞻，見好不驚；耳不信讒，不聽亂聲；鼻不嗅香、芬芳之腥；口不嘗甘，茹犯衆生；心不想欲，財色華榮；手不姦用，足不惡行。此是道士之行。

右出昇玄經。

〔一〕「濁」，太上洞玄靈寶智慧本願大戒上品經作「漏」。

〔二〕「調暢」，本願大戒上品經作「滌盪」。

〔三〕「用，足爲之」四字，原無，據敦煌文書伯二三二六（李德範輯敦煌道藏第四册）昇玄内教經卷八殘卷補，與後文「手不姦用，足不惡行」相應；伯二四七四也爲卷八殘卷，也缺此四字。

無上秘要卷之六十六

沐浴品

天尊言：夫爲學者，經三元上吉之日，香湯自鍊，沐浴五神，則旡澄形正，神爽結真，體不受穢，旡不受塵，三關清虚，萬邪不干，三部八景，洞明身中，服御導引，五府生薰，内外充溢，自然〔一〕成仙。

天尊言：常以正月十五日、七月十五日、十月十五日平旦、正中、夜半三時，沐浴身形，五香自洗。臨沐浴時，向西南以金杓茴〔二〕香湯，東南左轉三十二過，閉〔三〕眼思日光在左

〔一〕「自然」，太上大道三元品誡謝罪上法作「悉得」。

〔二〕「茴」，謝罪上法作「回」。

〔三〕「閉」，原作「開」，據謝罪上法改。

目上，月光在右目上，五星纓絡頭上，五色之雲匝繞一身，青龍、白虎、朱雀、玄武、師子、白鶴羅列左右，仙童執巾，玉女散華，飛仙乘騎侍〔一〕衛身形。便叩齒三十二〔二〕通，祝曰：「天澄氣清，五色高明。日月吐輝，灌我身形。神津內奧〔三〕，香湯鍊精。光景洞耀，焕映上清。旡不受塵，五府納靈。罪滅三途，禍消九冥。惡根斷絶，福慶自生。今日大願，一切告盟。身受開度，昇入帝庭。」畢，仰咽三十二過，止。沐浴畢，冠帶衣服。又叩齒十三〔四〕通，呪曰：「五濁已清，八景已明。今日受鍊，罪滅福生。長與五帝，齊真上靈。」便即入室，依法行道。

右出洞玄三元品誡經。

青童君曰：夫建志内學，養神求仙者，常當數沐浴，致靈旡，玉女降。不沐浴者，故三宮穢污。

〔一〕「侍」，原作「神」，據謝罪上法改。
〔二〕「三十二」，謝罪上法作「二十一」。
〔三〕「奥」，謝罪上法作「盥」。
〔四〕「三」，謝罪上法作「二」。

右出南嶽夫人傳。

紫微夫人曰：太上九變十化易新經曰：若履殗〔一〕穢及諸不浄〔二〕處，當洗〔三〕澡浴盥，解形以除之。其法，用竹葉十兩，桃皮削取白〔四〕四兩，以清水一斛二斗〔五〕，於釜中煮之，不令沸〔六〕，出，適寒温以浴形，即萬殗〔七〕消除也。既以除殗〔八〕，又辟濕痹瘡癢之疾。且

〔一〕「殗」，該段文字見於真誥卷九協昌期第一、登真隱訣卷中、上清三真旨要玉訣、洞真西王母寶神起居經、上清太極真人撰所施行秘要經。其中，該字在真誥、登真隱訣、施行秘要經作「淹」，在寶神起居經中作「掩」。

〔二〕「浄」，真誥作「静」，登真隱訣作「潔」，寶神起居經作「盛」。

〔三〕「洗」，原作「先」，據真誥、施行秘要經改。登真隱訣「洗澡浴盥」則作「洗浴」，旨要玉訣同秘要。

〔四〕「白」，登真隱訣作「白皮」。

〔五〕「斗」，真誥作「豆斗」。

〔六〕「不令沸」，真誥、登真隱訣作「令一沸」，旨要玉訣作「勿令沸」，寶神起居經作「未及沸」，施行秘要經作「令白沸」。

〔七〕「殗」，真誥、寶神起居經作「淹」，旨要玉訣作「穢」。

〔八〕「殗」，真誥、寶神起居經作「淹」，旨要玉訣作「穢」。

竹虛素〔一〕而内白桃，即却邪而折〔二〕穢。故用此二物，以削〔三〕形中之滓濁〔四〕。天人下遊，既反，未曾不用此水以自蕩。至於世間符水祝漱外舍之近術，皆莫比於此方也。若沐〔五〕者並佳。

南嶽夫人曰：浴不猒頻〔六〕，患人不能耳。數則〔七〕蕩鍊尸臭而真炁來入。

清虛真人曰：每至甲子，必當沐浴。

紫微夫人曰：沐浴不數，魄之性也。違魄反是〔八〕，鍊其濁穢，魄自亡矣。

右出真誥。

〔一〕「虛素」，原作「蘆青」，據真誥、登真隱訣、寳神起居經、旨要玉訣、施行秘要經改。

〔二〕「折」，旨要玉訣作「斥」。

〔三〕「削」，真誥、登真隱訣、寳神起居經、旨要玉訣、施行秘要經作「消」。

〔四〕「濁」，旨要玉訣作「穢」。

〔五〕「沐」，真誥、登真隱訣、寳神起居經、旨要玉訣、施行秘要經作「浴」。

〔六〕「猒頻」，真誥卷九協昌期第一、登真隱訣卷中、上清三真旨要玉訣、洞真西王母寳神起居經、上清太極真人撰所施行秘要經作「患數」。

〔七〕「數則」，真誥、登真隱訣、寳神起居經、旨要玉訣、施行秘要經均無。

〔八〕「違魄反是」，真誥卷十協昌期第二、上清握中訣卷中作「違魄反真，是鍊其濁穢」，但登真隱訣卷中同秘要。

凡存念上道，祝除三尸之時，常當採取〔一〕白芷草根及青木香，合以東流水煮，取其汁以沐浴於身，辟諸血尸惡炁，亦可〔二〕和香燒之，以致神明。若无青木香者，亦可單用白芷。

右出洞真太上黄素四十四方經。

黄帝曰：天老以小兆未知天炁，故受〔三〕兆靈寶五稱符經。請〔四〕案東井讖，清潔吉日，沐浴齋静，受靈寶五符也。

正月十日人定時。

二月八日黄昏時。

三月六日日入時。

四月四日日昳〔五〕時。

〔一〕「取」，上清太上黄素四十四方經作「處」。

〔二〕「可」，四十四方經作「當」。

〔三〕「受」，太上无極大道自然真一五稱符上經作「授」。

〔四〕「請」，原作「諸」，據自然真一五稱符上經改。

〔五〕「日昳」，自然真一五稱符上經作「下晡」。

五月一日日中時、二十九日巳時〔一〕。
六月二十七日食時〔二〕。
七月二十五日早食〔三〕時。
八月二十二日日出時。
九月二十日雞三鳴時。
十月十八日雞初鳴時。
十一月十五日過夜半時。
十二月十二日夜半時。
此皆天炁，月宿東井，與神仙合香。此日沐浴，神降己也。
右出洞玄真一五稱經。

〔一〕「五月一日日中時、二十九日巳時」，自然真一五稱符上經作「五月一日上晡時、二十九日晡時」。
〔二〕「食時」，自然真一五稱符上經作「日中時」。
〔三〕「早食」，自然真一五稱符上經作「禺中」。

天河灌東井，石景水母精。圓光拂靈曜，玄暉瑩〔一〕高明。元始披重夜，天人逐月生。沐浴瀾〔二〕池上，龍負長綆缾。金童灑香華，玉女流五星。冠帶濯〔三〕玉津，鍊度五仙形。體香萬神降，乘景登高明〔四〕。

右出洞玄二十四生圖經。

用水三斛，青木香四兩，真檀香七兩，玄參二兩。合治煮之，令得一沸，畢，澄〔五〕，適寒温以自沐浴。此天真玉女玄水之法，名鍊胎神水〔六〕。

右出洞神經。

〔一〕「瑩」，洞玄靈寶二十四生圖經作「應」。
〔二〕「瀾」，二十四生圖經及太玄八景籙作「蘭」。
〔三〕「濯」，二十四生圖經作「灌」。
〔四〕「明」，太玄八景籙作「清」。
〔五〕「澄」，太上三皇寶齋神仙上録經作「清澄」。
〔六〕「水」，三皇寶齋神仙上録經作「漿」。

入室品

南嶽夫人曰：入静〔一〕户，先前右足，著前，後進左足，令與右足齊。畢，乃趣〔二〕行如故，使人陳啓，通達上聞。

右出真誥。

明燈品

帝君常居朗瓊〔三〕之臺金房紫户之内，明玄燈以自映，通遐〔四〕光於八窗，念太真於五

〔一〕「静」，上清太極真人撰所施行秘要經作「靖」。
〔二〕「趣」，真誥卷九協昌期第一作「趍」。
〔三〕「瓊」，洞真上清開天三圖七星移度經卷下作「玄」。
〔四〕「遐」，七星移度經作「霞」。

形，披三願於帝房，虛〔一〕上降以紫蓋，无中〔二〕給以金童，自然號我帝位，總掌於玄宮，大〔三〕品生于始妙。道在微芒，今以相告，子勤奉焉。告南嶽上元君曰：子學神真之道，處虛〔四〕宮之上、瓊房之内，不知明燈以自映，通玄光於五臟之内，因得明矣；形體之神，因得歸也。子若能暮明燈於本命，朝明燈於行年，恒〔五〕明燈於太歲，上三處願念，即體澄炁正，真光内〔六〕照，萬神朗清。元君奉法〔七〕，施行三年，即致夜光童子二十四人，玄光自然而明，又不明燈而通光也。得吾此道，行之九年，身體光明，徹見萬里，朝〔八〕觀自然，夜光童子，降子之房。

〔一〕「虛」，七星移度經作「靈」。
〔二〕「无中」，七星移度經作「元皇」。
〔三〕「大」，七星移度經作「太」。
〔四〕「虛」，七星移度經作「靈」。
〔五〕此段中的「恒」，七星移度經多作「常」。
〔六〕「内」，七星移度經作「明」。
〔七〕「奉法」，七星移度經作「奉受法度」。
〔八〕「朝」，七星移度經作「玄」。

常明燈於所住静室本命之上，暮入室，向燈長跪，叩齒十二通，祝曰：「玄光映太陰，八達朗旦明。澄身〔一〕曲室裏，仰徹曜上清。五清發朗臺〔二〕，玉芝自然生。洞照通太真，萬神監我形。削滅九陰炁，記上東華名。保我无終休，長與日月并。拔度七玄難，南宫更受榮。明光啓玉皇，上受内觀經。天降飛霄輦，騰空馭飛軿〔三〕。得謁太帝館，進拜玉皇庭。」畢，再拜，向本命仰頭咽液七過，止。

又恒明燈於行年之上，朝向燈叩齒十二通，祝曰：「明燈照行年，散光焕八方。嬰嬰色象澄，内觀朗空洞〔四〕。披釋神衿子〔五〕，上〔六〕與玉真通。仰宗高上道，眇〔七〕邈无行〔八〕蹤。

〔一〕「身」，七星移度經作「神」。
〔二〕「五清發朗臺」，七星移度經作「五暉發玄臺」。
〔三〕「馭飛軿」，七星移度經作「御緑軿」。
〔四〕「洞」，七星移度經作「同」。
〔五〕「神衿子」，七星移度經作「朗神衿」。
〔六〕「上」，七星移度經作「子」。
〔七〕「眇」，原作「修」，據七星移度經改。
〔八〕「行」，七星移度經作「形」。

思得玄靈〔一〕降，控轡御飛龍。却我百年期，還反嬰孩〔二〕容。賜我西華女，給我金晨童。侍香履年命，稽首玉帝〔三〕房。神來〔四〕道亦暢，歡適香煙中。整心注〔五〕太玄，精感洞虚空〔六〕。室招神霄降，目瞻仙都公〔七〕。拔過七祖難，度形還南宫。」畢，再拜，向燈〔八〕咽炁二十七過，止。

恒於太歲上明燈以通神，復〔九〕願以求真。三年，玄光内映，神真降〔一〇〕授子不死之方，當時自有感應。當朝夕燒香，叩齒十二通，向燈祝曰：「燈火映太真，明光徹玄虚。披朗无

〔一〕「靈」，七星移度經作「雲」。

〔二〕「孩」，七星移度經作「兒」。

〔三〕「帝」，七星移度經作「皇」。

〔四〕「來」，七星移度經作「泰」。

〔五〕「注」，七星移度經作「住」。

〔六〕「空」，七星移度經作「無」。

〔七〕「目瞻仙都公」，七星移度經作「瞑目矚仙公」。

〔八〕「燈」，七星移度經作「東」。

〔九〕「復」，七星移度經作「履」。

〔一〇〕「降」，七星移度經作「下降」。

上道，心注玉帝廬。洞達空同〔一〕內，神覩形自舒。積感致靈降，心恬理潛敷〔二〕。朝禮太帝堂，夕誦念真書。逍遥玄洞〔三〕裏，萬歲反嬰孩。天冠紫霄霞，帝給緑〔四〕瓊輿。浮遊五嶽巔，適意得所如。七祖免三塗，福慶有盈餘。」畢，再拜，咽液二七過，止。

若能恒於三處明燈不滅，七玄之〔五〕祖即得去離十苦，上昇南仙〔六〕，一身澄正，神真來降，夜光自明，通於表裏。

右出洞真天關三圖七星移度經。

明燈頌。

太上散十方，華燈通精誠。諸天皆亦然，諸地悉朗明。我身亦光徹，五臟生華榮。炎

〔一〕「同」，七星移度經作「洞」。
〔二〕「敷」，七星移度經作「居」。
〔三〕「洞」，七星移度經作「都」。
〔四〕「緑」，七星移度經作「六」。
〔五〕「之」，七星移度經作「九」。
〔六〕「仙」，七星移度經作「極」。

景照太无，遐想繁玉清。丹精寄太无，玄陽空中響。含形滅苦根，幽妙至真想。垂華不見[一]實，因緣示光象。我身亦如之，乘化託流景。夜光表陽丹，迢迢照靈室。諸天普光顯，諸陰即已滅。我神亦聰明，恒玩智與慧。逍遥適道運，還謝任天勢。舉[二]形躡空洞，夜燭焕流萃。

凡見然燈，皆當微叩齒三通而誦此文。太微天帝曰：徒然燈而不知此誦，六天魔府不過人死命，八方諸天不遣玉童玉女，飛天神人不降於子矣，十方三界不度兆仙名於東華，南宫不受子七祖父母化生之道。

右出洞真智慧大戒經。

作香玄腴法。

用麻腴一斛，真檀一斤，青木香一斤，玄參一兩，香珠三兩，擣碎内[三]腴中，密蓋之，微

[一]「見」，上清洞真智慧觀身大戒文作「現」。

[二]「舉」，原作「攀」，據觀身大戒文改。

[三]「内」，太上三皇寶齋神仙上録經作「納」。

火煎之，半日成，以爲燈。

右出洞神經。

燒香品

合上元香珠法。

用沈香三斤，薰陸香二〔一〕斤，青木香九兩，雞舌香五兩，玄參三兩，雀頭香六兩，占城香二兩〔二〕，白芷二兩，真檀四兩，艾香三兩，安息膠四兩，木蘭三兩，凡十二種，别擣，絹簁之。畢，内棗十兩，更擣三萬杵，内器中，密蓋，蒸香一日。畢，更蜜和擣之，丸如梧子〔三〕，以青繩穿之，曝令乾。此三皇真元香珠，燒此，皆香徹九天。

右出洞神經。

〔一〕「二」，三皇寶齋神仙上録經作「一」。

〔二〕「占城香二兩」，三皇寶齋神仙上録經作「詹香三兩」，「詹香」習見於世書，「占城香」或乃别稱。

〔三〕「梧子」，三皇寶齋神仙上録經作「梧桐子」。

南嶽夫人曰：燒香時，勿反顧，反顧則忤真炁，便致邪應。

右出真誥。

青童君曰：夫精思者，當先燒香於左右。

右出道迹經。

叩齒品

叩齒之法，左左相叩名曰折[一]天鍾；右右相叩名曰折[二]天磬；中央上下相對叩名曰

[一]「折」，上清紫精君皇初紫靈道君洞房上經作「叩」，太微帝君二十四神回元經作「扣」，上清紫微帝君南極元君玉經寶訣作「折制」。

[二]「折」，皇初紫靈道君洞房上經作「椎」，二十四神回元經作「搥」，南極元君玉經寶訣作「震椎」。

鳴〔一〕天鼓。若卒遇凶惡不祥，當折〔二〕天鐘三十過；若經山辟邪威神大祝，當椎〔三〕天磬；若存思念道，致真召靈，當鳴天鼓。

叩齒雖一，其實有左右上下也。故凶惡而畏天鍾之響，山神而憚天磬之動〔四〕，招神而肅天鼓之震矣。宫商有節，希微内感，不可以一概求也。千章萬事〔五〕，皆當如此。叩齒之道演矣，鐘鼓之音别矣。是以道數不可乖錯，術法不可雜亂，乖錯則有暗昧之敗，雜亂則有囂〔六〕毁之禍，非冥冥之无貫，行冥貫之无序。道之不成，事之不驗，良由求真之塗不可，

〔一〕「鳴」，南極元君玉經寶訣作「鳴嚴」。

〔二〕「折」，皇初紫靈道君洞房上經、二十四神回元經作「叩」。

〔三〕「椎」，二十四神回元經作「搥」。

〔四〕「山神而憚天磬之動」，皇初紫靈道君洞房上經作「山神而憚天磬之洞」，二十四神回元經作「山神而懾天磬之動」，南極元君玉經寶訣作「山神而攝天磬之洞」。

〔五〕「事」，南極元君玉經寶訣作「章」。

〔六〕「囂」，皇初紫靈道君洞房上經、南極元君玉經寶訣作「讟」。

履轍迹而多愆〔一〕。折〔二〕天鐘三十過，謂无他祝，姑〔三〕行此以除不祥耳。若有所案行，隨本法叩齒之多少，不必須折三十過也〔四〕。

右出洞真太上隱書經。

凡上清〔五〕叩齒咽液法，皆各有方，先後有次，不得亂雜，使真靈混錯也。夫叩齒以命神，咽炁以和真，納和咽六液以運入〔六〕，制神須鳴鼓而行列〔七〕。凡存修上法，禮祝之時，

〔一〕「良由求真之塗不可，履轍迹而多愆」，皇初紫靈道君洞房上經作「良由求真之途不由迹轍而來往乎」，二十四神回元經作「良由求真之途不得也，履迹蹤之造而名愆于世俗矣」，南極元君玉經寶訣作「良由求真之徒不得法也，履迹轍之造而多愆乎」。

〔二〕「折」及後文「折三十過」之「折」，二十四神回元經作「扣」。

〔三〕「姑」，南極元君玉經寶訣、二十四神回元經作「孤」，皇初紫靈道君洞房上經作「須」。

〔四〕「折天鐘三十過」至「不必須折三十過也」諸句，皇初紫靈道君洞房上經以小字注文出現，其中「折」作「叩」。

〔五〕「清」，原作「請」，據真誥卷十一稽神枢第一、上清修行經訣、上清修身要事經、洞真太上三元流珠經改。

〔六〕「納和咽六液以運入」，真誥、流珠經作「納和因六液以運入」，修行經訣作「納和氣，咽六液以運入」，修身要事經同秘要。

〔七〕「行列」，修行經訣作「整行列」。

皆先啄齒，上下相叩，勿左右也。一呼一吸，令得三叩爲善。須禮祝畢，更又叩齒，乃得咽諸炁液。此名爲呼神和真，以求昇仙。

右出真誥。

咒請品

凡道士隱跡山林，精思感靈，或讀洞經發響之時，多爲北帝大魔試敗於人。兆每至昏夜，當叩齒三十六通，畢，乃祝曰：「北帝大魔王，受事帝君前。泉曲之鬼，四明酆山。千妖混形，九首同身。神虎放毒，馘滅雷霆〔一〕。神公吐祝，所戮无親。太微有命，攝録山川。鳴鈴交擲，流煥九天。風火征伐，神鋒千〔二〕陳。凶邪〔三〕伏滅，萬精梟殘。妖毒敢起，受閉三關。請依洞法，莫不如言。」祝畢，又叩齒三十六通。

〔一〕「霆」，上清太上黄素四十四方經作「震」。

〔二〕「千」，四十四方經作「十」。

〔三〕「邪」，四十四方經作「試」。

此爲三天正法祝魔神方，常能行之，則神兵侍衛，山川攝精，千妖交〔一〕閉，萬邪〔二〕不干。

凡道士行來獨宿山林廟座之間，饒有魔精惡鬼之地，當先啄齒三十六通，閉炁微祝曰：「大帝陽炁〔三〕，四羅〔四〕幽關。千妖萬毒，敢當吾前？神〔五〕獸重吻，刳腹屠肝。神功〔六〕使者，守衛營蕃。黄元〔七〕師兵，斬伐妖鬼〔八〕。馘滅千魔，摧落凶姦。絶種滅類，取

〔一〕「交」，四十四方經作「受」。

〔二〕「邪」，四十四方經作「試」。

〔三〕「大帝陽炁」，此首辭訣，除見於四十四方經外，還見於上清修行經訣、上清修身要事經；在上三經中，該四字作「太帝陽元」。

〔四〕「羅」，四十四方經作「維」。

〔五〕「神」，四十四方經、修行經訣、修身要事經作「巨」。

〔六〕「功」，四十四方經、修行經訣、修身要事經「公」。

〔七〕「元」，四十四方經、修行經訣、修身要事經作「衣」。

〔八〕「鬼」，四十四方經、修行經訣、修身要事經作「魂」。

命〔一〕梟殘。玉帝上命〔二〕，清蕩三元。」祝畢，又叩齒三十六通。名爲太帝揮神内祝、塞滅萬魔之法，常能誦之，則神兵見衛，萬鬼受事，千妖永〔三〕伏。

右出洞真黄素四十四方經。

諸以啓願求道，投刺行事，莫不悉先東向叩齒三通，捻香祝曰：「无上三天玄元始三炁太上老君，召出我身中三五功曹、左右官使者、左右捧香、驛龍騎吏、侍香金童、傳言玉女、五帝直符，各三十六人出，關啓此間土地四面真官，我正爾燒香關啓，願得十方正真之炁入我身中，令所啓上聞，徑御无上至真大聖尊神玉帝几前。」

凡學道有所求願及修行上法，不先關啓則爲魔邪所干，不得上達，所修无感，神明不鑒，徒勞无益。

道言：夫學上法，思神念道，山居静志，修齋誦經，轉度七祖，身求神仙，當行五老赤書

〔一〕「命」，四十四方經、修行經訣、修身要事經作「令」。
〔二〕「命」，原作「帝」，據四十四方經、修行經訣、修身要事經改。
〔三〕「永」，四十四方經作「死」。

真文上法。依按舊文，皆先叩齒十一〔一〕通，呪曰：「玄上高靈，元始尊神。大聖徘徊，萬真〔二〕臨軒。三景敷暉，慶雲四陳。上吉〔三〕校圖，推筭九天。今日啓願，投刺靈山。丹書赤字，自然真文。上告五帝，記名玉篇。萬神鑒映，日月明言。願度願生，願神願仙。天地星宿，玄照我身。三官九府，五嶽大神。普告无窮，削除罪根。元始大開，莫不納言。七祖幽魂，受福自然。三徒五苦，永離八難。得與三景，同暉紫晨。輪轉不滅，身得飛仙。」畢，讀刺竟，投於絶巖之中，便散香靈山之上。又叩齒三通，向本命祝曰：「元始鑒映，仙名已書。三官九府，罪莫不除。散香五帝，告盟太虚。請如所陳，萬劫長居。」畢，仰咽九炁，止。

右出洞玄真文赤書玉訣。

〔一〕「一」，太上洞玄靈寶赤書玉訣妙經卷上作「二」。
〔二〕「真」，赤書玉訣妙經作「神」。
〔三〕「吉」，赤書玉訣妙經作「告」。

無上秘要卷之六十七

起居品　思五帝品　修步綱品　存五行品

闕

無上秘要卷之六十八

拘三魂品　制七魄品　安形神品　守三一品

闕

無上秘要卷之六十九

療衆病品　去三尸品

闕

無上秘要卷之七十

寶一身品　履三福品　處内全品

闕

無上秘要卷之七十一

盡忠孝品　立見功品

闕

無上秘要卷之七十二

布陰德品　成福慶品

闕

無上秘要卷之七十三

發心念品〔一〕

闕

無上秘要卷之七十四

啓志願品

帝君五願求仙上法。常以九月九日、十月五日、三月三日、四月八日、七月七日，此五

〔一〕卷之六十八至七十三，本缺，「拘三魂品」、「制七魄品」、「安形神品」、「守三一品」、「療衆病品」、「去三尸品」、「寶一身品」、「履三福品」、「處内全品」、「盡忠孝品」、「立見功品」、「布陰德品」、「成福慶品」、「發心念品」，則據敦目補，具體分卷則據敦目後註釋所體現的内容緊密度來定的。

願十會之時也，上登太極瓊臺玉殿金室之内，存五願於閑〔一〕宫，希玄真以自降，虚无啓以玉章，金音暢於太空，召五帝以衛靈，慶萬會於丹房，故有感而致真，真感發而降焉。是其日，當沐浴清齋，入室燒香，心拜四方，正東向平坐。東向是常〔二〕陽始暉之方也。叩齒三十六通：

第一上願：我生自然之氣，氣結成我身，身與三光齊輪〔三〕，長享无極之根。

二願：我身常處太空之上、瓊宫玉房之裏，朝與玉帝同宴，夕與玄母同几〔四〕，渴噏浪井洪泉玉芝，飢納龍胎瓊腴〔五〕、絳樹赤子。

三願：我身生萬怪〔六〕七十二光，奇毛異骨〔七〕，飛羽衣裳，乘虚駕空，出入帝宫，衆慶

〔一〕「閑」，洞真上清開天三圖七星移度經卷下作「瓊」。
〔二〕「常」，七星移度經作「當」。
〔三〕「輪」，七星移度經及洞真太上八道命籍經卷下作「倫」。
〔四〕「几」，七星移度經作「止」，八道命籍經作「遊」。
〔五〕「腴」，八道命籍經作「油」。
〔六〕「怪」，七星移度經作「瑞」。
〔七〕「骨」，八道命籍經作「質」。

來臻，萬壽无疆〔一〕。

四願：與无俱生，與无俱死〔二〕，死而又生，生爲帝主〔三〕，封掌十天，總領群生〔四〕。

五願：一切衆生、已生未生，同保日月三光，有道之人、七玄之祖上昇南宫，天下之福，靡有不當，四方五願，並會玉堂。

次上願：九玄扶養我身，魂魄真神恒居我宫，上通天仙，下逮洞淵，願天願地願風願雲願神〔五〕。五願一合，定籍長生，天降紫煙，地衛五靈，乘雲駕虚，飛輦緑輧，上造金闕，進登玉清，慶及七祖，更受胎生。

中願亦五：得道本根，願陰願陽願太空願太无願太玄，上宴玉房，與帝因緣，遊畘生闕，披浪九天，元父定籍，玄母記年，桃康結精，保固丹田，身騰金闕〔六〕，名書玉篇，七祖解

〔一〕「疆」，八道命籍經作「量」。

〔二〕「與无俱生，與无俱死」，八道命籍經作「與炁俱生，與炁俱死」。

〔三〕「帝主」，七星移度經作「真皇」，八道命籍經作「帝王」。

〔四〕「生」，七星移度經、八道命籍經作「仙」。

〔五〕「願雲願神」，七星移度經作「願神願仙」。

〔六〕「闕」，八道命籍經作「剛」。

脱，福慶來臻。

下願亦五：願太虚願太有願太上〔一〕願太真願神仙，運身於五嶽之頂〔二〕，飄飄〔三〕九霄之際，出入開關之裏，移脱死户之外，願天地爲我父母，三光衛身壽年〔四〕，萬〔五〕神守九源之孔，真〔六〕靈降自然之氣，八方五願，舉〔七〕響而會。

五願既畢，叩齒二七通，呪曰：「太帝上元，帝一玄經。五雲散景，鬱徹〔八〕三清。玉童玉女，燒香侍靈。上願開陳，與我合形〔九〕。使我神仙，上昇帝庭。北帝落死，南極〔一〇〕注

〔一〕「願太上」，原無，據七星移度經、八道命籍經補。
〔二〕「頂」，七星移度經、八道命籍經作「嶺」。
〔三〕「飄飄」，八道命籍經作「飄飖」。
〔四〕「衛身壽年」，七星移度經作「衛我萬年」，八道命籍經作「衛我年萬」。
〔五〕「萬」，七星移度經、八道命籍經無。
〔六〕「真」，七星移度經、八道命籍經無。
〔七〕「舉」，七星移度經作「與」。
〔八〕「鬱徹」，七星移度經作「鬱鬱」。
〔九〕「形」，八道命籍經作「并」。
〔一〇〕「極」，七星移度經作「斗」，八道命籍經作「關」。

生。東華金格〔一〕，得上我名。无窮之願，與我齊并。」呪畢，又叩齒三七過，仰咽炁五通，止。

此帝君開陳上願與靈合形之道。常能爾者，則玉華侍衛，玉童散香，上徹九天，感應帝皇。五年如此，真神見形〔二〕，天下十方，有道之願无不降子之情。

右出洞真天關三圖七星移度經。

帝君十二願篇目曰：

願天願地，願風願雲，願陰願陽，願太空願太无，願太虚願大有，願自生願神生。玄母八間〔三〕篇目曰：願玄母與我俱生於生氣之間，與我俱存於日月之間，與我俱保於九天之間，與我俱食〔四〕於自然之間，與我俱飲於匏河之間，與我俱息於玉真之間，與我俱寢於仙堂之間，與我俱遊於三玄之間。

〔一〕「格」，七星移度經作「閣」。
〔二〕「真神見形」，七星移度經作「道自降矣」。
〔三〕「玄母八間」，大洞金華玉經作「玄母八門行間」。
〔四〕「食」，上清仙府瓊林經作「存」。

兆在别室，常當讀是經，不忘須臾。此爲内願帝君開善八間〔一〕者矣。今五嶽諸仙及神州仙女，猶乃酌瓊爵而噏麟脯〔二〕，説大願，陳八間，期〔三〕太素，奉三元，志霄晨，爲玉真，拔七世，入廣寒，豈況世中之庸猥、五濁之微賤者哉？當何可替〔四〕而不修，聞而不爲邪？夫形神雖精，苦於生生，而七世有罪而不解者，己亦必无仙冀也。是須啓大願，陳八間，以釋其積結耳。七考〔五〕既福，兆乃不死。不死者乃得道之宗本，爲仙之根始，志行是業者，可不勉勵〔六〕於長存哉〔七〕？

九天帝君十二願篇目曰：

〔一〕「間」，洞真高上玉帝大洞雌一玉檢五老寶經作「門」。

〔二〕「酌瓊爵而噏麟脯」，五老寶經作「酌瓊漿而挹珍果」，金華玉經作「酌瓊漿而按珍果」。

〔三〕「期」，五老寶經作「朝」。

〔四〕「替」，原作「撍」，五老寶經此句作「豈可替而不修」，據改。

〔五〕「考」，五老寶經作「祖」。

〔六〕「勉勵」，原作「免屬」，據五老寶經、金華玉經改。

〔七〕「兆在别室」至「可不勉勵於長存哉」一段，於五老寶經乃位於「動静八門間」後，金華玉經同秘要。

上願九靈玄母八門神簡〔一〕、迴元五通，禳除世殃，上福七祖，身致神仙，靜於密室，散香正〔二〕煙，而讀大洞金華經曰：北極天皇，太乙〔三〕帝君。玉清紫虛，二景明圓。无上大道，太素三元。四方五老，六蓋七晨。八上九靈，隱道迴元。玄母五通，金華高仙。司命天師，主生天〔四〕神。太微天氣，以醮因緣。上願九玄，護魄扶魂。明真元氣，並來在身。仰招无上，五通太〔五〕仙。俯逮无下，隱道回元。七世積罪，今爲告〔六〕散。受福南宮，灑香八門。願天願地，願風願雲。四願一合，定籍長生。天益〔七〕胎根，地助曜靈。神風八扇，景雲流盈。我與帝君，同飆上清。觀眄北玄，解帶玉庭。慶加七祖，玄考利貞。上願四達，壽與日傾。

〔一〕「八門神簡」，五老寳經作「八門神祝」，金華玉經作「八間神門」。
〔二〕「正」，仙府瓊林經作「炷」。
〔三〕「乙」，五老寳經、金華玉經作「一」。
〔四〕「天」，五老寳經、金華玉經作「大」。
〔五〕「太」，五老寳經、金華玉經作「大」。
〔六〕「告」，五老寳經、金華玉經作「結」。
〔七〕「益」，五老寳經、金華玉經作「蓋」。

中願亦四，領理帝書。願陰願陽，願太空願太无。三五明神，七九所居。帝君元父，定生之初。玉皇凝〔一〕駕，常在我廬。我〔二〕存紫房，泥丸桃康。凝陰固血，魂生太陽。靈空映暉，太元〔三〕履長。空无九氣，與我黄裳。七考介福，受仙南宫。

下願亦四，長生仙府。乃願太虚，又願大有。神存九天，形遊〔四〕真宇。帝君混合，回旋七九〔五〕。禍去我室，福來我取。惡言消忘〔六〕，順言善愈。復願自生，天地爲父；復願神生，和氣爲母。回元五通，宥〔七〕除罪垢。福冠七葉，超生彌久。願言高皇，帝君合唱。

〔一〕「凝」，五老寶經作「命」。

〔二〕「我」，五老寶經作「内」。

〔三〕「元」，金華玉經作「无」。

〔四〕「遊」，五老寶經作「存」。

〔五〕「回旋七九」，五老寶經作「回游七祖」，金華玉經作「徊遊七九」。

〔六〕「忘」，五老寶經作「亡」。

〔七〕「宥」，原作「有」，據五老寶經改，金華玉經同秘要。

唱音逸霄，八響萬暢〔一〕。靈翰逆衝〔二〕，千真同賞〔三〕。從劫至劫中，常會十二慶。大哉帝君恩，萬福回元鏡。

又願八間〔四〕玄母，造神八間之唱，九靈洞〔五〕眄。上願玄母，與我俱生於生氣之間，得使紫景映虚，天人合符，飛真淩羽，我與之俱，天樂娱心，脱離〔六〕百憂。七玄稱〔七〕慶，上靈所扶。次願玄母，與我俱存於日月之間、三光之際，大帝併軌〔八〕，青旄緑蓋，華軿繡帔，錦服玉帶，攜提五老，同賓四大，入宴華騫〔九〕，出眄八外。

〔一〕「暢」，五老寶經作「唱」。
〔二〕「衝」，原作「衡」，據金華玉經改，五老寶經作「銜」，亦誤。
〔三〕「賞」，五老寶經作「誦」，金華玉經作「償」。
〔四〕「間」，五老寶經作「門」。
〔五〕「洞」，五老寶經作「同」。
〔六〕「脱離」，五老寶經、金華玉經作「離脱」。
〔七〕「稱」，原作「構」，據五老寶經、金華玉經改。
〔八〕「軌」，五老寶經作「軿」，金華玉經作「軒」。
〔九〕「入宴華騫」，五老寶經作「入宴華晨」，金華玉經「入晏華寒」。

三願玄母，與我俱保於九天之間，乃凝真圓〔一〕曜，夷心内練，氣溢雲堂〔二〕，感神萬千，身昇九霄，考福重玄。散帶空洞，撫輪累〔三〕天，吉享七世，更生爲人，我保太真，與日同年。

四願玄母，與我俱食於自然之間，永離三塗，長會自然，七寶玉粭〔四〕金丹，紫芒隱芝，左掇右拾，夜光鳳胎，虎沫雲琅，瓊霜奇味，一御身拂太空〔五〕。

五願玄母，與我俱飲於匏河之間，而流津萬崖，既清且甘，回水玉精〔六〕，靈潤碧藍，上注絶霄，流源神堂，横波鬱踊，鼓扇太空，浮遊浩清，飲漱東蒙，高揖〔七〕霞晨，寄〔八〕樂滄浪，七考得仙，介福洋洋，體誓九河，所向咸康。

〔一〕「圓」，五老寶經作「玄」。

〔二〕「雲堂」，五老寶經作「靈根」，金華玉經作「靈堂」。

〔三〕「累」，五老寶經作「晨」。

〔四〕「粭」，五老寶經、金華玉經作「粒」。

〔五〕「一御身拂太空」，五老寶經作「一御則舉，身拂太空」，金華玉經作「一御則舉，身拂太空」。

〔六〕「精」，五老寶經作「清」。

〔七〕「揖」，五老寶經作「挹」。

〔八〕「寄」，五老寶經、金華玉經作「奇」。

六願玄母，與我俱息於玉真之間，浩哉上座，淵〔一〕邈霄清，五老羅室，玉華告靈，西王飛軒，策羽〔二〕流輧，與我俱息九玄之庭，慶鍾七考，受胎更生，身槃〔三〕瓊宇，神栖圓明。

七願玄母，與我俱寢於仙堂之間，幽眇靈房，玄華四陳，朱宇鳳構，明光映軒，金床玉榻，紫帷龍門，上座玄皇，中席天真，我處其左，攜帶纏綿，大福七考，受書更仙〔四〕。

八願玄母，與我俱遊於三玄之間，乃逸轡太漠〔五〕，回輧三玄，五老扶胥〔六〕，王母比肩，舞輪神丘，停駕九天，定書太上，受〔七〕位爲真。雌一元〔八〕混，從億至千，洞經八響，七祖獲

〔一〕「淵」，五老寶經作「潤」，金華玉經作「淵」。

〔二〕「羽」，五老寶經作「空」。

〔三〕「槃」，五老寶經作「攀」。

〔四〕「仙」，五老寶經、金華玉經作「生」。

〔五〕「逸轡太漠」，五老寶經作「送轡大漠」。

〔六〕「胥」，原作「骨」，據五老寶經、金華玉經改，仙府瓊林經作「五靈扶背」。

〔七〕「受」，五老寶經作「授」。

〔八〕「元」，五老寶經、金華玉經作「九」。

仙。從劫至劫，常會八間。八間在何，永哉因緣〔一〕。五老降福，道德詵詵。萬氣上生，固〔二〕保泥丸。言願既畢，日月同年。大哉虚生母，動静八門間〔三〕。

右出洞真隱元五晨金華玉經。

凡八節之日，皆三天仙靈朝〔四〕宴禮會之日也。兆修行禮願朝神〔五〕之時，皆當齊〔六〕用此日。至於朔望朝禮，非上法。凡是其日，欲行禮願，陳祝之時，當先叩齒七通，心拜四方，微祝曰：「上清玉帝，三素元君。太上高靈，仙都大神。今日吉日，八願開陳。上願飛

〔一〕「八間在何，永哉因緣」，五老寶經作「八間在河，永我因緣」，金華玉經作「八間在何，永我因緣」。

〔二〕「固」，五老寶經作「同」。

〔三〕「大哉虚生母，動静八門間」，金華玉經作「大哉虚生玄母，動静八門行間」，五老寶經作「至道幽微，大哉虚玄。玄母動静，八門之間」。

〔四〕「朝」，上清太上黄素四十四方經作「期」。

〔五〕「神」，四十四方經作「禮」。

〔六〕「齊」，四十四方經作「齋」。

霄，長生神仙。中願天地，合景風雲。下願五藏，與身〔一〕常存。次願七祖，釋羅脱愆。又願帝君，破〔二〕伐胞根。六願世世智慧開分〔三〕。七願滅鬼，馘斬六天。八願降靈，徹見〔四〕東西。上願一合，莫不如言。願神願仙，上朝三元。」祝畢，又拜如初，亦適意所陳，求解脱七祖之愆羅及首身〔五〕之罪狀，以續於行事之後也。

此名爲三元八朝隱祝上願神仙之要法也。行之三年，七祖父母及己之罪都解釋矣。後玉華降衛，感會神明，八願開陳，必獲靈仙〔六〕之要契。

右出洞真黄素四十四方經。

〔一〕「身」，四十四方經作「我」。
〔二〕「破」，四十四方經作「斫」。
〔三〕「分」，四十四方經作「全」。
〔四〕「見」，四十四方經作「聽」。
〔五〕「身」，四十四方經作「己」。
〔六〕「仙」，原作「要」，據四十四方經改。

道言：若見居家妻子，當願一切早出愛獄〔一〕，攝意奉戒。

若見飲酒，當願一切制於命門，以遠禍亂。

若見彩女，當願一切守情忍色，志慕在賢〔二〕。

若見淫人，當願一切除棄邪念，翹心禁戒。

若見婦人，當願一切忍割浮華，樂道自娱〔三〕。

若見貞人，當願一切履信正化，日入法門。

若見衆生〔四〕，當願一切推人〔五〕无争，懷道安世。

〔一〕「獄」，太上經戒作「慾」。

〔二〕「守情忍色，志慕在賢」，太上洞玄靈寶智慧本願大戒上品經作「守清忍志，慕在賢貞」，太上經戒作「守情忍色，志慕賢貞」，太清五十八願文同秘要。

〔三〕「忍割浮華，樂道自娱」及下句之「若見貞人，當願一切」，原無，秘要合併此句前半及下句後半爲「若見婦人，當願一切履信正化，日入法門」，據本願大戒上品經、五十八願文、太上經戒改。後句之「貞人」於本願大戒上品經作「真人」。

〔四〕「生」，本願大戒上品經、五十八願文、太上經戒作「人」。

〔五〕「人」，本願大戒上品經、五十八願文、太上經戒作「仁」。

若見善人，當願一切時刻存念，仰軌其道。
若見惡人，當願一切棄凶即吉，不犯王法。
若見貧人，當願一切損身施惠，後受大福。
若見富人，當願一切救濟萬物，世世受禄。
若見貴人，當願一切承其教旨，悉合典訓。
若見賤人，當願一切勤修匪懈，各得所爲。
若見帝王，當願一切奉仰王道，孝如父母。
若見主〔一〕相，當願一切受其教制，四方歸仁。
若見兵甲，當願一切各念仁心，天下讓賢。
若見王子，當願一切日歌太平，係國承家。
若見賢人，當願一切履行其德，道爲世宗。

〔一〕「主」，本願大戒上品經作「宰」。

若見異學，當願一切明解教本，得道如神〔一〕。

若見栖山道士，當願一切悉見道〔二〕門，速得昇仙。

若見教化，當願一切親受聖教，皆爲淵博。

若見聖人，當願一切尊禮侍見，諸國普瞻。

若見仙人，當願一切真道悉成，飛昇天堂。

若見城郭，當願一切嚴整修飭〔三〕，以道爲基。

若見大國，當願一切歸崇〔四〕慕德，若水注〔五〕海。

若見小國，當願一切知止虚沖〔六〕，安其所居。

〔一〕「若見異學，當願一切明解教本，得道如神」，本願大戒上品經、太上經戒此句作「若見法師，當願一切明解法度，得道無爲」，五十八願文作「若見道士賢士，當願一切明解法度，得道登真」。

〔二〕「道」，本願大戒上品經、太上經戒作「法」。

〔三〕「飭」，本願大戒上品經、五十八願文、太上經戒作「飾」。

〔四〕「崇」，太上經戒作「宗」。

〔五〕「注」，五十八願文作「歸」。

〔六〕「虚沖」，五十八願文作「沖虚」。

若見市朝，當願一切群賢雲〔一〕萃，悉弘正道。

若見静觀，當願一切功德巍巍，天人得志〔二〕。

若見齋戒行香，當願一切道德日新，庠序雅正〔三〕。

若見誦經，當願一切盡上高座，咸聽聖旨〔四〕。

若見經教，當願一切各各受讀禮習，普行教化〔五〕。

若見樓觀，當願一切洞視〔六〕十方，无有隱藏。

若見高山，當願一切立德如彼，无復退轉。

若見大海，當願一切智思无量，輔成家國。

〔一〕「雲」，五十八願文作「蜂」。

〔二〕「志」，太上經戒作「道」。

〔三〕「雅正」，五十八願文作「容止」。

〔四〕「盡上高座，咸聽聖旨」，本願大戒上品經作「盡入法門，咸聞妙旨」。

〔五〕「若見經教，當願一切各各受讀禮習，普行教化」，原無，據本願大戒上品經、太上經戒文字補，五十八願文作「各各受讀，禮習經教」，稍異。

〔六〕「視」，本願大戒上品經、五十八願文、太上經戒作「觀」。

若見棲憩茂林，當願一切安居自在，蔭庇含識〔一〕。
若見好學，當願一切學成師宗，養徒敷教。
若見浄手，當願一切常執經書，无時蹔輟。
若見善口，當願一切耽詠洞經，日新不厭。
若見動足，當願一切超步三界，飛行上清。
若見静止，當願一切滅景停真，安閑空寂。
若見飲食，當願一切棄累入浄，存得道味。
若見大〔二〕藏，當願一切除其災害，施爲福田。
若見疾病，當願一切以道自庇〔三〕，免此苦厄。
若見死喪，當願一切學道常存，濟度三塗。

〔一〕「安居自在，蔭庇含識」及下句「若見好學，當願一切」，原無，秘要合併此句前半下句後半爲「若見栖憩茂林，當願一切學成師宗，訓徒敷教」，同誤。今據本願大戒上品經、太上經戒補；五十願文也併作「若見茂材，當願一切學成儒宗，養徒敷教」，同誤。

〔二〕「大」，五十八願文作「火」，或誤。

〔三〕「庇」，本願大戒上品經、五十八願文、太上經戒作「安」。

若見漁〔一〕獵，當願一切不爲罪始，終入无爲〔二〕。
若見夷狄，當願一切賓王〔三〕中國，不生邊地。
若見少年，當願一切及時學問，遂成令名〔四〕。
若見老病，當願一切以道攝生，不更衰耄〔五〕。
若見三光，當願一切普明靈曜，闇冥即消。
若見雲雨，當願一切惠〔六〕澤盈溢，无所不宜〔七〕。
若見素雪，當願一切常居潔白，逍遥自在。

〔一〕「漁」，本願大戒上品經、太上經戒作「畋」。
〔二〕「不爲罪始，終入无爲」，大戒上品作「不爲始終，免無間罪」，太上經戒作「不爲始終，入無爲罪」。
〔三〕「賓王」，本願大戒上品經、太上經戒作「得生」。
〔四〕「令名」，本願大戒上品經、太上經戒作「學名」，五十八願文作「盛令」。
〔五〕「耄」，太上經戒作「老」。
〔六〕「惠」，原作「患」，據本願大戒上品經、五十八願文、太上經戒改。
〔七〕「宜」，五十八願文作「生」。

若見靈風，當願一切蘊[一]懷披散，德流遐邇。

若見浄[二]水，當願一切洗垢清虚，平等其心。

若見名香，當願一切受兹[三]芳盛，衆穢肅然。

若見好華，當願一切樂散[四]諸聖，相好具足。

若見車馬，當願一切得道无爲，乘鳳駕龍。

若見絃歌，當願一切玩經散説[五]，以道娱樂。

若見福食，當願一切无不飽滿，世享天厨，德流主[六]人，如水歸海，宗廟胤長，常居貴盛，世與四輩，俱生王家。

〔一〕「蘊」，本願大戒上品經、太上經戒作「韞」。

〔二〕「浄」，原作「深」，據本願大戒上品經、五十八願文改。

〔三〕「兹」，原作「姿」，「受姿芳盛，衆穢肅然」，本願大戒上品經作「受兹芳浄，衆穢蕭然」，太上經戒作「受兹芳浄，衆穢肅然」，五十八願文作「受姿芳盛，衆穢蕭然」。「兹」是，據改。

〔四〕「散」，本願大戒上品經作「敬」。

〔五〕「玩經散説」，本願大戒上品經、太上經戒作「翫經歎法」。

〔六〕「主」，本願大戒上品經作「生」，太上經戒作「後」。

若見致悔〔一〕，當願一切禍滅九陰，福起十方，德如山〔二〕海，莫不興隆，七世〔三〕生天，子孫賢忠，富貴巍巍，所欲皆從，學道飛仙，駕雲乘龍。

道士坐卧常念，願我〔四〕四大合德，同體道真。

右出洞玄定志經。

學道由丹心〔五〕，奉師如至親。挹〔六〕景偶清虚，孜孜〔七〕隨日新。衆人未得度，終不度我身。大願有重報，玄德必信然。陰惡罪至深，對來若轉輪。

右出洞玄隱注經。

〔一〕「致悔」，本願大戒上品經、五十八願文、太上經戒作「散施」。

〔二〕「山」，五十八願文作「北」。

〔三〕「世」，本願大戒上品經、五十八願文、太上經戒作「祖」。

〔四〕「我」，本願大戒上品經、五十八願文、太上經戒作「我等」。

〔五〕「心」，上清太極隱注玉經寶訣、洞玄靈寶玉京山步虚經、太上洞玄靈寶二部傳授儀作「信」。

〔六〕「挹」，太極隱注玉經寶訣作「抑」。

〔七〕「孜孜」，洞玄靈寶二部傳授儀作「孶孶」。

仙公請問太極真人高上法師曰：人根本行何修而見世受福，家門端正，子孫昌盛〔一〕，與善因緣世世不絶，上生天堂，下生人間侯王之家，聰明儒仁，敬信經教，愛樂山水〔二〕，常誦微言，終得仙道？

法師答曰：善哉，子之問也！夫人生各有本行，宿緣命根，種種相因，願願相隨，以類相從，展轉相生，禍福相引。是以世世不絶，玩好不同，用心各異，皆由先願也。欲修道，結緣賢聖，當奉行大戒，廣建福田，弘施〔三〕功德，或致飛仙，或致天仙，或致地仙；或致命過生天堂，或致爲鬼神；或致爲六天大魔王官屬，或致命過徑生侯王之家，人中之尊；或爲一切所仰賴，富有天下；或致才智聰明，或致姿容端偉，聲〔四〕氣清香；或致仁〔五〕愛忠

〔一〕「盛」，太上洞玄靈寶本行宿緣經作「熾」。
〔二〕「水」，本行宿緣經作「林」。
〔三〕「施」，原作「始」，據本行宿緣經及文意改。
〔四〕「聲」，本行宿緣經作「華」。
〔五〕「仁」，原作「人」，據本行宿緣經及文意改。

孝，貞潔簡素；或致善屬文翰，動静可則〔一〕；或致威嚴震肅，檀越所難〔二〕；或致篤好三寶，供養彌勤；或致〔三〕愛樂山水，清浄翫經，燒香齋戒；或致禮拜玄宗；或致轉女爲男，華容秀穎；或致家門肅清，世世因緣順其本願，善賢來生〔四〕，爲我子孫，安貴无極；或致見世收〔五〕福，命終受報；或致後生獲慶，得我宿功。夫道何爲〔六〕哉？以無心而應。衆生四輩，修福德，當有本願，福之報也，皆緣子于時立願耳。功德既設，志願亦定，其報乃猶暮以待旦矣。世間人民〔七〕僞薄，不信法言，各稱鬼黠，自用其意，輕忽宿命，以爲妄造，誹〔八〕笑

〔一〕「可則」，本行宿緣經作「可以取則」。
〔二〕「檀越所難」，本行宿緣經作「衆人所歎」。
〔三〕「或致」，原無，據本行宿緣經補。
〔四〕「來生」，本行宿緣經作「才者」。
〔五〕「收」，本行宿緣經作「受」。
〔六〕「爲」，本行宿緣經作「謂」。
〔七〕「人民」，本行宿緣經作「民人」。
〔八〕「誹」，本行宿緣經作「非」。

至經，以爲虚誕，而厚積嗜慾，坐施立待，報望速而應悠遠〔一〕，令玄教遲昧，世道交喪，天人塗炭，皆由其身立行致之，太上所以痛心矣。

南極上元君曰：夫求仙之道，皆當先願而後求，願感而致靈，亦願之大也。願亦无所不包，福亦无所不覆，慶亦无所不流，可謂觸願善矣。若能精心在願，願亦无不響應〔二〕。

右出洞玄請問經。

〔一〕「遠」，本行宿緣經作「遂」，故前後點斷爲「坐施立待報，望速而應悠，遂令玄教遲昧」，更恰，然秘要也可通，故不改。

〔二〕「南極上元君曰」至「願亦无不響應」，此段文字見於洞真上清開天三圖七星移度經卷下。秘要編纂者或漏題出處而誤將文字合入洞玄請問經，但今洞玄請問經殘佚，也有可能該段文字確實爲洞玄請問經所有。

無上秘要卷之七十五

習斷穀品　辟虚飢品　學休糧品〔一〕

闕

無上秘要卷之七十六

服五氣品

元始赤書五篇真文，生於太空之中，天地未光，開闢未明，潛結元根，三景成玄〔二〕，五

〔一〕卷七十五缺，「習斷穀品」、「辟虚飢品」、「學休糧品」，原無，據敦目補。

〔二〕「玄」，太上洞玄靈寶赤書玉訣妙經卷下作「立」。

氣行焉。五色分彩，煥照五方，置以五帝，導以陰陽，輪轉九天之紐，運明五星之光，植〔一〕五嶽以安鎮，澳〔二〕五府以養神。是以至真之人，常依陽光之始明，上導元始之炁〔三〕，下引玉泉之流芳，致元精於太極，招五帝於靈童。溉之者不衰，存之者无窮，回萬劫而更始，保五牙於顔容，實靈寶之妙訣，恢萬聖之宗。

修養青牙導引東方九氣青天之法。

常〔四〕以立春之日，雞鳴入室，東向九拜，平坐叩齒九通，思東方安寶華林青靈始老君，姓爛，諱開明，字靈威仰，形長九寸，頭戴青精玉冠，衣九氣青羽飛衣，駕乘蒼龍之輿，建鶉〔五〕

〔一〕「植」，赤書玉訣妙經作「殖地」。
〔二〕「澳」，赤書玉訣妙經作「澳人」。
〔三〕「元始之炁」，赤書玉訣妙經作「九天之和氣」。
〔四〕「常」，此處及本品引文中下文類似此句的該字，赤書玉訣妙經皆作「當」，後文不注。
〔五〕「鶉」，原作「鴟」，據赤書玉訣妙經改。

旗，從神甲乙胡〔一〕老之官九十〔二〕萬人，從九氣青天中下，來降室内，須臾化生青炁，鬱鬱如雲之沓，煙貫〔三〕覆己形，從己口中而入，直下肝府。又思木星〔四〕煥明東方，光照我身，皆令分明。竟，便開目仰呪曰：「九氣青天，元始上精。皇老尊神，衣服羽青。役〔五〕御天官，煥明歲星。散暉流芳，陶溉我形〔六〕。上餐朝霞，服引木精。固養青牙，保鎮朽零〔七〕。肝府充溢，玉芝自生。迴年億劫，色反童嬰。五氣混〔八〕合，天地長并。」畢，引青氣九咽。止，便服東方赤書玉文一十二字〔九〕。

右十二字，則九氣青天之名。導引青帝九氣，服食青牙，皆朱書白紙上，存思訖而頓

〔一〕「胡」，赤書玉訣妙經作「玄」。

〔二〕「九十」，赤書玉訣妙經作「九」。

〔三〕「貫」，赤書玉訣妙經作「溉」。

〔四〕「星」，赤書玉訣妙經作「德」。

〔五〕「役」，赤書玉訣妙經作「設」，誤。

〔六〕「陶溉我形」，赤書玉訣妙經作「陶激身形」。

〔七〕「零」，赤書玉訣妙經作「齡」。

〔八〕「混」，赤書玉訣妙經作「和」。

〔九〕「字」，赤書玉訣妙經於其後有十二字符篆。

服之，則氣不招而自降〔一〕，青帝應聲而見形，五〔二〕牙堅固於東嶽，肝府玉芝而自生，靈童齎真文於寢側，青要〔三〕輔翼而使令。九年積感，變化立成，神仙度世，萬劫不傾。

常以雞鳴陽光始分，東向叩齒九通，摩兩掌令熱，以手掌拭面目九過，仰呪曰：「東方九華，服食青牙。延我壽筭，飲以朝霞〔四〕。」畢，便以舌料上齒之裹〔五〕，舐脣三過，令玉泉滿口，咽之三過。又引青氣九咽，令鎮肝府之中，畢。

修養丹牙導引南方三氣丹天之法。

常以立夏之日，雞鳴入室，南向三拜，平坐叩齒三通，思南方梵寶昌陽丹靈真老君，姓

〔一〕「氣不招而自降」，赤書玉訣妙經作「引九炁而自降」。
〔二〕「五」，赤書玉訣妙經作「青」。
〔三〕「要」，赤書玉訣妙經作「腰」。
〔四〕「東方九華，服食青牙，延我壽筭，飲以朝霞」，赤書玉訣妙經作「東方青牙，服食青牙，飲以朝華」。秘要十六字訣文，赤書玉訣妙經均爲十二字，下幾處辭訣類此。
〔五〕「料上齒之裹」，赤書玉訣妙經作「撩上齒之表」。

洞浮，諱極炎，字赤飄弩，形長三寸，頭戴赤精玉冠〔一〕，衣三氣丹羽飛衣，駕乘丹龍玉輿，建赤〔二〕旗，從神丙丁越老之官三十萬人，從三氣丹天中下，來降室内，須臾化生赤氣，焕焕如火之明，貫〔三〕覆己形，從己口中而入，直下心宫。又思火星焕明南方，光照我身，皆令分明。竟，便開目仰呪曰：「三炁丹天，朱宫靈童。元始上帝，參駕赤龍。丹羽飛衣，錦帔明光。驅策天〔四〕官，運導陰陽。三氣吐暉，灌我絳宫。赤子保鎮，練牙飾〔五〕容。朝餐朱景，玉芝滿充。回停劫年，朽骸反童。長齡天地，永享無窮。身生水火，變化百方。」畢，引赤氣三咽。止，便服南方赤書玉文十二字。

右十二字，則三炁丹天之名。導引赤帝三炁，服食丹牙，皆赤書白紙上，存思訖而頓

〔一〕「戴赤精玉冠」，赤書玉訣妙經作「冠丹精玉冠」。
〔二〕「赤」赤書玉訣妙經作「朱」。
〔三〕「貫」，赤書玉訣妙經作「溉」。
〔四〕「天」，赤書玉訣妙經作「靈」。
〔五〕「飾」，赤書玉訣妙經作「飭」。

服之，則引赤氣而流〔一〕溢，芳芝玄注於絳宫，赤帝絡〔二〕真於存思，受赤文於靈童，保丹牙以永固，食〔三〕三炁於祝融，策赤圭以通靈，運玉篇以召神，長齋感靈於太寂，上天書名於南宫〔四〕，可謂坐致而不難，永享而無窮。

常以雞鳴陽光始分，南向叩齒三通，摩兩掌令熱，以手掌拭面目三過，仰呪曰：「南方朱丹，服之益顏。飲以丹池，永保長安〔五〕。」畢，以舌料〔六〕下齒表，舐脣漱口，令玉芝滿口而三咽之。又引赤氣三咽，令鎮心宫之中。其道畢。

修養黄牙導引戊己十二氣中黄天之法。

常以春分、夏節、秋分、冬節四日，雞鳴入室，向王十二拜，平坐叩齒十二通，思中央玉

〔一〕「流」，赤書玉訣妙經作「充」。
〔二〕「絡」，赤書玉訣妙經作「降」。
〔三〕「食」，赤書玉訣妙經作「餐」。
〔四〕「宫」，赤書玉訣妙經作「窗」。
〔五〕「南方朱丹，服之益顏。飲以丹池，永保長安」，赤書玉訣妙經作「南方朱丹，服食朱丹，飲以丹池」。
〔六〕「料」，赤書玉訣妙經作「撩」。

寶元靈玄〔一〕老君，姓通班，諱元氏，字含樞紐，形長一尺二寸，頭戴〔二〕黄精玉冠，衣五色羽衣〔三〕，駕乘黄龍玉輿，建黄旗，從神戊己傖老之官十二萬人，從十二氣黄天中下，來降室内，須臾化生黄氣，勃勃如景雲之吐暉，貫覆己身〔四〕，從口中而入，直下脾府。又思土星焕明中央〔五〕，光照我身，皆使分明。開目仰呪曰：「中黄太〔六〕山，元氣徘徊。上有元老，總統四垂。參駕黄龍，五色羽衣。運導九天，轉輪璇璣。焕明土星，流光散暉。玉英芳芝，充溢四飛〔七〕。陶灌我身，脾府鮮開。養牙餐精，萬神總歸。檢魂制魄，仙練八威。表裏洞明，常〔八〕生不衰。通真達靈，昇入太微。」畢，引黄氣十二咽。止，便服中央赤書玉文十

〔一〕「玄」，赤書玉訣妙經作「元」。
〔二〕「戴」，赤書玉訣妙經作「冠」。
〔三〕「羽衣」，赤書玉訣妙經作「黄羽飛衣」。
〔四〕「貫覆己身」，赤書玉訣妙經作「灌覆己形」。
〔五〕「央」，赤書玉訣妙經作「天」。
〔六〕「太」，赤書玉訣妙經作「嵩」。
〔七〕「飛」，赤書玉訣妙經作「肢」。
〔八〕「常」，赤書玉訣妙經作「長」。

六字。

右十六字，則中黄天名。導引黄帝十二氣，服食黄牙，皆赤書白紙上，存思訖，頓而服之，則上引元氣於九天，下注玄膺於妙門，太倉无〔一〕糧而自充，脾府不澳而自薰，黄老應響以玄和，靈童披襟而告文。黄素運走，給命東西。妙哉玉訣，爲萬仙之端。

常以雞鳴陽光始分，向王叩齒十二通，摩兩掌熱，以摩拭面目十二過，仰呪曰：「中央戊己，昂昂太山。服食精氣，飲以醴泉。」畢，以舌料上玄喉〔二〕，取玉泉，舐脣三通〔三〕，咽之。又引黄氣十二咽，令鎮脾府之中。其道畢。

修養素牙導引西方七氣素天之法。

常以立秋之日，雞鳴入室，西向七拜畢，平坐叩齒七通，思西方七寶金門皓靈皇老君，姓上金，諱昌開，字伯寶〔四〕，形長七寸，頭戴白精玉冠，衣七氣白羽飛衣，駕乘白龍，建素

〔一〕「无」，赤書玉訣妙經作「氣」。
〔二〕「料上玄喉」，赤書玉訣妙經作「撩舌上玄膺」。
〔三〕「通」，赤書玉訣妙經作「過」。
〔四〕「伯寶」，赤書玉訣妙經作「曜魄寶」。

旗，從神庚辛氏〔一〕老之官七十萬人，從七氣素天中下，來降室内，須臾化生白氣，浩浩〔二〕如秋雲之羅天，貫〔三〕覆己形，從口中而入，直下肺府。又思金星焕明西方，光照我身，皆使分明。便開目仰呪曰：「金〔四〕靈七門，皓映西華。中有素皇，元始之家。參駕白龍，七氣嵳峨。徘徊玉門，散精朱霞。金星吐暉，芳芝滂沱。玄澳我身，養我素牙。明石鮮光，萬劫不殂。服以流泉，餐以太和。九天上帝，給以玉華。保年住〔五〕顔，三〔六〕景敷羅。長存天地，三光同霞〔七〕。」畢，引白氣七咽，止，便服西方赤書玉文十二字。

右十二字，則西方七炁素天之名。導引白帝七炁，服食素牙，皆赤書白紙上，存思訖，

〔一〕「氏」，赤書玉訣妙經作「胡」。

〔二〕「浩浩」，赤書玉訣妙經作「皓皓」。

〔三〕「貫」，赤書玉訣妙經作「灌」。

〔四〕「金」，赤書玉訣妙經作「七」。

〔五〕「住」，赤書玉訣妙經作「駐」。

〔六〕「三」，赤書玉訣妙經作「白」。

〔七〕「霞」，赤書玉訣妙經作「遐」。

頓而服之。七炁天神，玄注素暉，以灌溉明石，自生玉芝，以澳〔一〕肺宮，開明而納真，太倉不哺而自薰，素雲〔二〕應響而驅策，參乘〔三〕九天之門。餐之不休，壽與元始同年。

常以雞鳴陽光始分，向西叩齒七通，摩兩掌令熱，以摩拭面目七過，仰呪曰：「西方明石，服之延年。飲以靈液，可期神仙〔四〕。」畢，以舌料〔五〕齒上，舐〔六〕脣漱口，令玉芝滿口，便三咽之。又引白炁七咽，令鎮肺府之中。其道畢。

修養玄牙導引北方五氣玄天之法。

常以立冬之日，雞鳴入室，北向五拜畢，平坐叩齒五通，思北方洞陰朔單鬱絶五靈玄老

〔一〕「以澳」，赤書玉訣妙經無，該經作「肺宮開明而納真」，與後文「太倉不哺而自薰」更恰。

〔二〕「雲」，赤書玉訣妙經作「靈」。

〔三〕「乘」，赤書玉訣妙經作「承」。

〔四〕「西方明石，服之延年。飲以靈液，可期神仙」，赤書玉訣妙經作「西方明石，服食明石，飲以靈液」。

〔五〕「料」，赤書玉訣妙經作「撩」。

〔六〕「舐」，原作「砥」，據赤書玉訣妙經及上下文改。

君，姓黑節，諱靈會，字隱侯局，形長五寸，頭戴〔一〕玄精玉冠，衣五氣玄羽飛衣，駕乘黑龍玉輿，建皂旗，從神壬癸羌老之官五十萬人，從五氣玄天中下，來降室内，須臾化生黑氣，暉暉相沓，光若流星之焕曜，貫〔二〕覆己形，從口中而入，直下腎府。又思水星焕明北方，光照我身，皆使分明。便開目，仰呪曰：「北方玄天，五氣散靈。上有大神，始老无〔三〕精。駕龍建旗，遊宴上京。是日元吉，慶雲敷榮。飛芝流灑，玉池〔四〕四盈。玉女玄澳，灌我身形。腎宫充鎮，朽牙堅生。府納真氣〔五〕，上通神明。五老降接，仙道早成。變化水火，衣服羽青。飛行太空，遊造紫〔六〕庭。壽同三景，萬劫長齡。」畢，引黑氣五咽，止，便服北方赤書玉文十二字。

右十二字，則北方五氣玄天之名。導引黑帝五氣，服〔七〕食玄牙，皆赤書白紙上，存思

〔一〕「戴」，赤書玉訣妙經作「冠」。

〔二〕「貫」，赤書玉訣妙經作「灌」。

〔三〕「无」，赤書玉訣妙經作「元」。

〔四〕「玉池」，赤書玉訣妙經作「滂沱」。

〔五〕「府納真氣」，赤書玉訣妙經作「五府納真」。

〔六〕「紫」，赤書玉訣妙經作「帝」。

〔七〕「服」，原作「則」，據赤書玉訣妙經及上下文意改。

訖，頓而服之，則玄老負籍於朱陵〔一〕，靈童題簡於赤文，五氣流芝，澳於枯宅，玉泉滂沱，生於端門，神鎮靈闕，腎府生薰，太玄玉女，役使東西，萬劫不衰，玄老同存。

常以雞鳴陽光始分，北向叩齒五通，摩兩掌令熱，以摩拭面目五過，仰呪曰：「北方玄滋，服食去尸。飲以玉飴，身騰太虛〔二〕。」畢，以舌料〔三〕下齒裏，舐〔四〕脣漱口，令玉芝滿口，三咽之。又引黑氣五咽，令鎮腎府之中。其道畢。

右出洞玄元始赤書經。

咽雲牙品

太極真人服四極雲牙神仙上方。南嶽夫人受清虛真人方。

〔一〕「陵」，赤書玉訣妙經作「宫」。

〔二〕「北方玄滋，服食去尸。飲以玉飴，身騰太虛」，赤書玉訣妙經作「北方玄滋，服食玄滋，飲以玉飴」。

〔三〕「料」，赤書玉訣妙經作「撩」。

〔四〕「舐」，原作「祗」，據赤書玉訣妙經及上下文改。

常以雞鳴平旦，眠坐任意，叩齒九通，乃陰咒曰：「東方青牙，紫雲流霞。三素徘徊，玄霜玉羅。服食晨暉，飲以朝華。」呪畢，以舌舐接上脣之外，取津而咽液三十過。

行之十年，東極老人來至，授子丹青真文〔一〕。

次，又陰呪曰：「南方朱丹，霞曜太微。九道絳煙，散布景輝。服食靈晨，飲以丹池。」呪畢，以舌舐接下脣之外，取津咽液三十過。

行之十年，南極老人來至，授子丹景。

次，又陰呪曰：「西方明石，飛霞金液。服食太明，素靈之精。飲以玉酒〔二〕，神華啓靈。使我登虛，上昇高清。」呪畢，以舌舐上脣之內，接〔三〕取津咽液三十過。

行之十年，西極老人來至，授子素符威神。

次，又陰呪曰：北方玄滋，慶雲啓胎。緑霞〔四〕敷晨，紫蓋蒼旗。服食月華，飲以瓊飴。呪畢，以舌舐下脣之內，取津咽液三十過。

〔一〕「文」，上清太極真人神仙經作「籙」；「丹青真文」，上清明堂元真經訣作「青真」，陶弘景於後注「青真，經名也」。

〔二〕「酒」，太極真人神仙經作「醴」，明堂元真經訣作「漿」。

〔三〕「接」，太極真人神仙經、明堂元真經訣無，或本在「舐」後爲「舐接」詞。

〔四〕「霞」，太極真人神仙經作「靈」。

行之十年，北極老人來至，授以玄録寳明〔一〕。

次，又陰呪曰：「戊己之元，黄素五雲。四霞紫觀，八景九晨。二時徹暉〔二〕，七明〔三〕靈尊。和精灌氣，服食中元。琳華龍胎，飲以醴泉。」呪畢，以舌漱滿一口之中玄膺内外及齒舌之間，上下表裏通币，取津液，隨咽之三〔四〕十過。

行之十年，中央元君上皇玄黄老君來降，授子黄氣陽精藏天隱月遯景緑章青〔五〕腰虎書，俱與四老一合上昇。

此玉經上訣，致五老之道，絶穀去尸，面華生〔六〕童，寒暑不避，災苦〔七〕无傷，神仙精明，

〔一〕「明」，太極真人神仙經作「盟」。
〔二〕「二時徹暉」，太極真人神仙經、明堂元真經訣作「二明激暉」。
〔三〕「明」，太極真人神仙經、明堂元真經訣作「曜」。
〔四〕「三」，明堂元真經訣作「四」。
〔五〕「青」，該字前原有「有」字，據太極真人神仙經、明堂元真經訣删。
〔六〕「生」，太極真人神仙經、明堂元真經訣作「色」。
〔七〕「苦」，太極真人神仙經、明堂元真經訣作「害」。

延年進紀，益壽一萬。萬〔一〕限之期，當得九琳玉液、八瓊飛精〔二〕，則合終二景，天地同符。

五陰呪，皆當叩齒九通，可恒脩行，不必得〔三〕雞鳴平旦也。夜半平寂〔四〕，體清神閑，乃可按之。

修此道極，可食棗。若聞飢，當食麪物，以漸遣穀，不得一日頓棄，所謂「損之，又損之，以至於无爲」。此虛映之道、自然之法〔五〕，所謂「遠取天地之精，近取諸身」，此之謂也。

雲牙者，五老之精氣，太極之霞煙，故採暉景之鋒，以充六液之和，洞微〔六〕冥感，萬神來降，幽映相求，不唱而應。是以龍吟方〔七〕淵，故景雲落霄，虎嘯靈丘〔八〕，故衝風四振，陽

〔一〕「萬」，太極真人神仙經作「年」。
〔二〕「精」，太極真人神仙經作「清」。
〔三〕「得」，太極真人神仙經作「待」。
〔四〕「平寂」，明堂元真經訣作「平坐寂室」。
〔五〕「法」，太極真人神仙經作「功」。
〔六〕「微」，明堂元真經訣作「徹」。
〔七〕「方」，明堂元真經訣作「萬」。
〔八〕「丘」，太極真人神仙經作「嶽」。

燧招〔一〕明而朱火鬱起，方諸用〔二〕陰而玄流湛溢，自然而然，不覺所測，況學者方栖心注玄，精研道根，穢累豁於胸中，真正〔三〕存乎三宮，採五晨之散暉，服六醴之霞漿，呪九天之奇寶，吐妙靈之秘言。龍躍發曜〔四〕，明光七煥，味三華於皓齒，取飲〔五〕液於脣鋒，內鍊六府，開聰徹明，呼吸天元，魂魄練形，朝玄使元〔六〕，以至於靈。悠悠〔七〕十年，末乃五神來降，將何足多稱。

右出道迹經。

〔一〕「招」，太極真人神仙經作「昭」。
〔二〕「用」，太極真人神仙經、明堂元真經訣作「罕」。
〔三〕「正」，太極真人神仙經作「一」。
〔四〕「龍躍發曜」，太極真人神仙經作「龍曜發躍」，明堂元真經訣作「龍躍發暉」。
〔五〕「飲」，太極真人神仙經作「寶」，明堂元真經訣作「飽」。
〔六〕「元」，太極真人神仙經作「无」，明堂元真經訣作「無」。
〔七〕「悠悠」，太極真人神仙經作「修修」。

餌玄根品

食玄根之氣，使人體中清朗，神明八聰，身有日映，面有玉澤，眼生明光，齒含〔一〕紫氣，長生不死。服吸朝液，懸糧絶粒。道要於金醴〔二〕，事妙於水玉，所謂吐納自然之太和，御九精之靈氣者也。夫〔三〕道之爲用，貴自然也；德之爲静，尊恬愉也。攝自然以裁〔四〕真，抱恬漠以却〔五〕邪者，則横犯不生，飛〔六〕害自滅。此乃三五七九之義〔七〕，可謂要道之旨。

〔一〕「含」，原作「合」，據上清九天上帝祝百神内名經改。
〔二〕「醴」，祝百神内名經作「液」。
〔三〕「夫」，原作「天」，據祝百神内名經改。
〔四〕「裁」，祝百神内名經作「表」。
〔五〕「却」，祝百神内名經作「正」。
〔六〕「飛」，祝百神内名經作「非」。
〔七〕「義」，祝百神内名經作「氣」。

兆卧旦〔一〕起之時，存口中有一白氣，大如雞子黄，雞子黄之外，又有五色〔二〕，五色氣宛轉自生〔三〕，結溢黄〔四〕外，須臾乃滿心口中，名曰三五七九之氣、玄根之精〔五〕也。又存心胃口之中，有一女人，如嬰兒之形，无衣服也，正立胃管中，張口向胃管門口，號曰九天玄女，灌〔六〕注魂液，仰噏口中雞子黄之五氣也。常漱滿口中内外上下，以舌回吸日氣五色津液，滿口呑之，存使津液下入玄女之口。如此五過。畢，又叩齒三過〔七〕，微祝曰：「玉清高上，九天九靈。治存玄中，入胃清冷〔八〕。金和玉映，先自虚生。名曰渟鐶，字曰元〔九〕精。練魂拘魄，心開神明。服食日子，金華充盈。」良久都畢，以手拭兩目二七。又以兩手

〔一〕「旦」，祝百神内名經作「未」。
〔二〕「五色」，祝百神内名經作「五色氣」。
〔三〕「生」，祝百神内名經作「然」。
〔四〕「黄」，原無，據祝百神内名經補。
〔五〕「三五七九之氣、玄根之精」，祝百神内名經作「三五七九日子、玄根之氣」。
〔六〕「灌」，祝百神内名經作「承」。
〔七〕「過」，祝百神内名經作「通」。
〔八〕「治存玄中，入胃清冷」，祝百神内名經作「治在玄玄，下入胃清」。
〔九〕「元」，祝百神内名經作「豔」。

相拭，極摩面眉之間、户牖[一]之際，小令熱，使熏然[二]。

此太上服三五七九日子玄根之道也。

右出九天上帝祝百神内名經[三]

〔一〕「户牖」，祝百神内名經作「鬢膚」。

〔二〕「使熏然」，祝百神内名經作「使臺薰薰然」。

〔三〕「右出九天上帝祝百神内名經」，原無，據其實際出處試補。

無上秘要卷之七十七

行胎息品　求延老品　營住年品　徹視聽品　明六通品〔一〕

闕

無上秘要卷之七十八

地仙藥品

太上道君曰：其下藥有松柏、陰脂、山薑、伏精〔二〕、菖蒲、門冬、巨勝、黄精、菊華、枸

〔一〕卷七十七缺，「行胎息品」、「求延老品」、「營住年品」、「徹視聽品」、「明六通品」，原無，據敦目補。
〔二〕「精」，洞真太上説智慧消魔真經卷一作「神」。

杞、崖蜜、茯苓、桃皮、澤瀉、萎蕤〔一〕、黄連、椒〔二〕麻、地黄、赤板〔三〕、朱英、雲飛、水柱。

右其類繁多，略舉一端。服之爲能小益，不能永申，高可七百年，下可三四百歲，恐不便〔四〕長享无期，上昇清天也。亦能身生光澤，還白童顔，役使千神，得爲地仙，陸行五嶽，遊浪名山。故曰不辟，其必使也〔五〕。

又漸求上藥，以自改新，則易爲階級之進，何必守故而不遷，取其〔六〕限以没齒。然此等道，宜柔弱温仁，至心一意，潔體清浄，調和五藏，安形合〔七〕景，存保百神，守魂鍊魄，藻蕩滓穢〔八〕。遊心重玄，情无流華之慾；抱一獨往，懷无嬰塵之累；薰辛五剌〔九〕不近於口，

〔一〕「萎蕤」，智慧消魔真經作「葳甤」。
〔二〕「椒」，智慧消魔真經及三洞珠囊卷三作「升」。
〔三〕「板」，三洞珠囊作「箭」。
〔四〕「便」，智慧消魔真經作「辨」。
〔五〕「故曰不辟，其必使也」，智慧消魔真經作「故不自辟，其必死也」。
〔六〕「其」，智慧消魔真經作「期」。
〔七〕「合」，智慧消魔真經作「念」。
〔八〕「藻蕩滓穢」，智慧消魔真經作「除蕩滓」。
〔九〕「剌」，智慧消魔真經作「辣」。

肥滋血味不經於腸。山居空處，不營外事，乃上可以耽玄存真，召神符靈，下可以餌食八石，呼吸液津也。

其次又有三十六芝、飛鑪鍊煙、陽水月華、五公〔一〕之腴，填生五藏，鍊貌易軀；瑰葩雲屑，金粉玉米〔二〕。

右亦能延年益壽，可至萬歲。

其次又有玄水雲華之漿、五黄鬱靈、中精干石、餌飯〔三〕衆青、朱英白車、飛結〔四〕之實、流馬紫木之黄〔五〕。

右服之，立使人長筭千紀，日服日延，年隨藥進，命與藥還，无窮之靈物，不死之奇方。夫長筭千紀時，但服一濟而已〔六〕。

〔一〕「公」，智慧消魔真經作「石」。

〔二〕「米」，智慧消魔真經及三洞珠囊作「柔」。

〔三〕「餌飯」，智慧消魔真經作「瓊飲」。

〔四〕「結」，智慧消魔真經及三洞珠囊作「節」。

〔五〕「之黄」，原無，智慧消魔真經有此二字，而三洞珠囊作「流烏紫朮之黄」，據補。

〔六〕「但服一濟而已」，智慧消魔真經作「謂服但一刀圭而已」。

天仙藥品

東嬴白香、滄浪青錢、高丘餘糧、積石飛田、太虚還丹、大素〔一〕玄堅、長光流草、雲童飛干〔二〕。

右亦能使上飛輕舉，超體霄真〔三〕矣。此天仙之所服，飛神之所研，非陸遊之所聞，山客之所見。又當知九化十變隱地八術，然乃後〔四〕能廣遊玄空，倒步天阿，乘雲駕龍，凌騰天〔五〕矣。

〔一〕「素」，原作「秦」，智慧消魔真經作「太秦」，三洞珠囊卷三作「太素」，「素」當是，據改。
〔二〕「干」，智慧消魔真經及三洞珠囊作「千」。
〔三〕「超體霄真」，智慧消魔真經作「起體霄冥」。
〔四〕「然乃後」，智慧消魔真經作「然後乃」。
〔五〕「凌騰天」，智慧消魔真經作「凌騰无方」。

第五芝名白科玉芝，剖食其膸，拜爲三官真直御史〔一〕。

右出洞真太上智慧經。

太清藥品

太清九轉、五雲之漿、玄霜絳雪、騰躍三黄。

第三芝名鸞胎芝，其色紫，形如葵〔二〕葉，上有鸞像，如欲飛狀，光明洞徹。得食一株〔三〕，拜爲太清龍虎仙君正一郎中。

又云第四芝名夜光洞草芝，其色青，其實正白，大如李子，高三四尺，其葉似柏，夜視其實，如月光洞照一室。一株有九實，實墮地，須臾轉大，如徑七寸鏡磐。著地厚一二寸

〔一〕「第五芝名白科玉芝，剖食其膸，拜爲三官真直御史」，此句不見於今洞真太上説智慧消魔真經，見於太極真人九轉還丹經要訣，後者作「第五芝名科玉芝，剖食其腦，當爲三官御史」。

〔二〕「葵」，太極真人九轉還丹經要訣作「菜」。

〔三〕「株」，還丹經要訣作「枝」。

許，夜視，如牛目動眄以視〔一〕人。得食一枚〔二〕，拜爲太清仙宮左御史。

太極藥品

其次，太極之品，四真常珍，乃曰：九石鍊煙、丹液玉滋、冠〔三〕首流珠、琳〔四〕華石精、丹鑪金液、紫華虹英。

第一芝名龍仙芝，似交龍之相負也，以葉爲鱗，其根如蟠龍。得而食之，拜爲太極仙卿。

又云第二〔五〕芝名參成芝，赤色，有朱光煒煒，扣其芝葉，如金石之音，折而續之，即復

〔一〕「視」，還丹經要訣作「顧」。

〔二〕「枚」，還丹經要訣作「枝」。

〔三〕「冠」，洞真太上說智慧消魔真經卷一及三洞珠囊卷三作「荀」。

〔四〕「琳」，三洞珠囊作「斑」。

〔五〕「二」，原作「三」，據還丹經要訣及上下文意改。

如故。得而食之，拜爲太極真人。

上清藥品

其次，上清幽芝，太上九時，有八光〔一〕太和、斑龍黑胎、文虎白沫，出于西丘；七玄飛節、九孔瓊珠、雲漿琳酒〔二〕、玄圃琅腴、鍾山白膠、金生青敷、閬風石髓、黑河珊瑚、蒙山白鳳〔三〕、玉胇〔四〕靈丘、倉鸞金血〔五〕、東英朱菜〔六〕、九卿〔七〕交結、太微紫麻、瓊華玉實、流淵

〔一〕「太上九時，有八光」，三洞珠囊卷三無，智慧消魔真經與秘要同。

〔二〕「酒」，三洞珠囊作「液」。

〔三〕「鳳」，三洞珠囊作「洩」。

〔四〕「胇」，三洞珠囊作「肺」。

〔五〕「倉鸞金血」，洞真太上說智慧消魔真經卷一作「蒼鸞金血」，三洞珠囊卷三作「蒼鸞金津」。

〔六〕「菜」，智慧消魔真經作「葉」，三洞珠囊作「瓜」。

〔七〕「卿」，智慧消魔真經、三洞珠囊作「節」。

鯨珠〔一〕、赤河絳璧，北汲太極之井，中掇大〔二〕珠之脉；雲庭神桃、昆園平雀〔三〕、夜精日草、青津碧狄〔四〕、真宫鬱壇、玄都三蓋。左服玉童之光，右挹玉女之氣，上招神光〔五〕，下飲玄瀨，俯掘籣園〔六〕之瓊精，仰摘〔七〕圓丘之紫㮲；白水靈蛤、八天赤䶬〔八〕，萬載一生，流光九隊〔九〕。

右有得食之，後天而逝。此天帝之所服、太上之寶貴，非太極之所聞、中真之所逮。誦其章，可以奇流永生；諷其名，可以起疾斬邪精。

〔一〕「珠」，三洞珠囊作「波」。
〔二〕「大」，智慧消魔真經、三洞珠囊作「文」。
〔三〕「平雀」，三洞珠囊作「玉液」。
〔四〕「狄」，智慧消魔真經、三洞珠囊作「荻」。
〔五〕「光」，智慧消魔真經作「元」。
〔六〕「俯掘籣園」，智慧消魔真經作「仰握蘭圃」，三洞珠囊作「仰握玄圃」。
〔七〕「仰摘」，智慧消魔真經、三洞珠囊作「俯擿」。
〔八〕「䶬」，智慧消魔真經、三洞珠囊作「薤」。
〔九〕「隊」，三洞珠囊作「裔」。

玉清藥品

六淳發榮、玄光八角、風實雲子、帝垣〔一〕玉闓、金敷英〔二〕英、廣天黄木、昌成〔三〕玉蕊、夜山火玉、逮〔四〕乃鳳林鳴酢、西瑶瓊酒、中華紫蜜、北陵緑阜、絳津金髓、日精月華〔五〕、朱河琅子、蓬山文醜、濯水七莖、崩嶽雷〔六〕柳，北採玄郭之奇葱〔七〕，仰漱雲山之朱蜜，夜牛伏骨、神吾黄浹、空洞〔八〕靈瓜，四劫一實；冥域鱗膾、炎山夜日，東掇扶桑之丹椹，俯探長淵

〔一〕「垣」，智慧消魔真經作「坦」。

〔二〕「英」，智慧消魔真經作「莢」。

〔三〕「成」，智慧消魔真經作「城」。

〔四〕「逮」，智慧消魔真經作「逯」。

〔五〕「日精月華」，智慧消魔真經作「月精日壽」。

〔六〕「雷」，智慧消魔真經作「雷」。

〔七〕「玄郭之奇葱」，智慧消魔真經作「玄郭之綺葱」，三洞珠囊卷三作「玄廓之綺奈」。

〔八〕「洞」，智慧消魔真經作「同」。

之文〔一〕藻，上和九轉之飛玉，下咽青玄之霞寶〔二〕；太虚結鐶、素女〔三〕懷抱、紫虬童子、九色鳳膗〔四〕、太極隱芝、絳樹日道、太上虹李、天漢大草、南宫巨珠、西鄉扶老、三梁龍華，靈妃所討。

右有得食之，後天而老。此玉清之所服，太上之所寶，可以上飛景霄，分晨億道，守鎮皇精，朝注九腦。然斯道至大，妙靈映邈，非血食肉人所得備悉，但聞玄音以散濁，聽風氣而逐穢，上可浮絶太素，下可禳妖豁疾。

右出道迹經。

〔一〕「文」，智慧消魔真經作「立」。
〔二〕「青玄之霞寶」，智慧消魔真經作「青玄霞之寶」。
〔三〕「女」，三洞珠囊作「嬰」。
〔四〕「膗」，智慧消魔真經、三洞珠囊作「腦」。

無上秘要卷之七十九

四蕊丹品　琅玕丹品　九轉丹品　降晨丹品　金液丹品

闕

無上秘要卷之八十

神玄丹品　仙母丹品　飛騰丹品　洞神丹品　真人丹品

闕

無上秘要卷之八十一

慎觀試品

闕

無上秘要卷之八十二

恭朝謁品〔一〕

闕

〔一〕卷七十九至八十二，本缺，各品名據敦目補。在敦目中，「四蕊丹品」至「真人丹品」屬一科，「慎觀試品」和「恭朝謁品」爲一科，今各品次的具體卷屬，或與原經有出入。

無上秘要卷之八十三〔一〕

得鬼官道人名品

鄧攸，晉僕射。

王逸少。

劉慶孫。

馬融。

杜瓊。

項梁成。

〔一〕卷八十三、八十四内容總體見於洞玄靈寶真靈位業圖，洞玄靈寶真靈位業圖是按仙階品級由高到低排列，而秘要則由低到高排列，次序相反。王家葵真靈位業圖校理對各人物有詳細考訂，可參看。

趙簡子。

楚嚴公。

何曾，字潁考，南巴侯，魏司徒。

劉陶，字正輿〔一〕，東越大將軍，晉揚州刺史。

曹仁，字子孝，盧龍公，魏武從弟，大將軍。

顧衆，字長始，將軍，晉丹陽僕射。

桓範，字元〔二〕則，長史。

曹洪，字子廉，大司馬，魏武從弟。

荀顗，字景倩〔三〕，泰山君，晉太尉。

蔣濟，字子通，南山伯，魏太尉。

〔一〕「正輿」，洞玄靈寶真靈位業圖作「子寄」。

〔二〕「元」，原作「允」，據真靈位業圖與正史改。

〔三〕「倩」，原作「籍」，據真靈位業圖與正史改。

魏釗，廬山侯，晉左民[一]尚書。

陶侃，字士行，西河侯，晉太尉。

蔡謨，字道明，長史，晉揚州司徒。

鮑勳，字叔業，北彈方侯，魏中丞。

韋遵，司馬，晉江州刺史。

許副，南彈方侯。

留贊，司馬，吴將。

嚴白虎，主非使者。

殺鬼、地殃、日遊，三鬼，北帝常使殺人者，無姓名。

王廙，字世將，部鬼將軍，晉荆州刺史。

顧和，字君孝，北帝執蓋郎，晉吏部尚書、領軍。

周魴，字子魚，典柄侯，吴鄱陽太守。

[一]「民」，原誤作「氏」，據典制改。真誥卷十五闡幽微第一：「釗字君思，會稽人，仕晉成、穆公世司徒、左長史、丹陽尹，至左民尚書，平壽侯。」

王允之，王敦同堂弟，期門郎。

臧洪，字子源，後漢末東郡太守。

王波〔一〕，晉尚書令史。

臧洪等二人，北斗君天門亭長。

周撫，字道和，晉益州刺史。

田銀〔二〕，先亦爲之銀，魏河間太守。

虞譚〔三〕，字思奥，晉衛將軍。

紀瞻，字思遠，晉驃騎。

此四人，北斗南門亭長〔四〕。

戴淵，字若思，晉驃騎。

〔一〕「波」，真靈位業圖作「放」，誤。

〔二〕「田銀」，真靈位業圖無，但於「周撫」上有「郗鑒」。

〔三〕「譚」，真靈位業圖作「諱」。

〔四〕「北斗南門亭長」，在真靈位業圖中，「郗鑒」和「周撫」爲「北帝南門亭長二人」，虞諱和紀瞻爲「北天脩門郎二人」。

公孫度，字叔〔一〕濟，晉末僭王。
劉封，備養子。
郭嘉，字奉孝，魏武謀臣。
此四人，中厩直事。
劉備，字玄德，爲蜀帝者。
韓遂，字文約，爲魏所伐者。
此一人，北河侯。
徐庶，字元〔二〕直，薦諸葛孔明者。
龐德，字令明，魏武將。
夏瑜〔三〕，字世都，晉武中書監。
王嘉，蜀人，不臣公孫述者。

〔一〕「叔」，原作「昇」，據真靈位業圖與正史改。
〔二〕「元」，真靈位業圖誤作「文」。
〔三〕「夏瑜」，真靈位業圖作「爰𤈿」，今王隱晉書有「袁瑜」字世都，疑是。

何晏，字平叔，魏尚書，善老易者。

李廣，漢武名將。

解結，字仲連，晉尚書。

殷浩，字淵源，晉揚州刺史。

此八人，北帝侍帝晨。

温太真，名嶠，監海開國伯，治東晉驃騎。

杜預，長史，晉安南將軍。

孔文舉，名融，魯國人，後漢中衛大將軍。

唐周〔一〕，長史，吴尚書僕射。

張繡，司馬，後漢將軍，中尉大將軍。

郭長翔，武昌人，長史〔二〕。

〔一〕「周」，原作「固」，據真靈位業圖與三國志之吴書改。

〔二〕「郭長翔，武昌人，長史」，真靈位業圖此條的文字爲「長史虞翻，字長翔，武昌人，庾亮江州引爲上佐，不就」，誤，當爲「郭翻」，晉書之郭翻傳云：「郭翻，字長翔，武昌人也。」

華歆，魏司徒，太尉司馬。
庾亮，字元規，右禁監侍帝晨，晉太尉。
司馬馮懷，字祖思〔一〕，晉太常。
謝幼輿，名鯤，左禁監，晉太常。
郗鑒，先是北帝南朱陽天門靈關侯，今爲高明司直，晉司空。
顧懷，字思季，中禁晨。
劉秀，漢光武，大禁晨。
晉文公，姓姬，名重耳，水官司命。
齊桓公，姓姜名小白，三官都禁郎。
周武王，文王子，名發，鬼官北斗君。
吴季扎，吴王壽夢之子，闔閭叔，姬，北明公。
荀彧，字文若，漢尚書令，賓友。
邵奭，南明公，一云東明公。

〔一〕「祖思」，原作「祖恩」，真靈位業圖則作「相思」，據正史，馮懷字祖思，故改。

漢高祖劉季，賓友。

夏啓，禹子，東明公，領斗君師。

孫策，伯符，權之兄，賓友。

許肇，右師晨。

周伯仁，名顗，晉僕射中都護。

周文王，姬昌，西明公，領北帝師。

晉宣帝，司馬懿，賓友。

曹操，北帝太傅，魏武帝。

秦始皇，北帝上相。

慶甲，炎帝，大庭氏，酆都北大帝君。

右件七十八人，並是鬼官之任。

得地仙道人名品

王延。

范强〔一〕。

傅晃。

徐衛〔二〕。

此四人，武解得道。

鮑靚，字太玄，琅琊人，晉元、明帝時，爲南海太守，陰君授其解法得道。

李東，曲阿人，晉元、明帝時爲祭酒，甚清勤，得道。

此二人，文解得道。

馮夷，華陰人，南仙人。云馮夷得道，以遊大川。

琴高，太清真人。云琴高乘朱鯉於重淵。

此二人，洞淵仙人，得道。

何充，字次道，晉尚書令，有陰德，在南宫承華臺，已得道受書，行至南嶽中。

李廣利，漢貳師將軍，有陰德，行忠孝，得道，在南宫受化。

〔一〕「强」，真靈位業圖作「糧」。

〔二〕「徐衛」，真靈位業圖作「除銜」。

辛玄〔一〕，字延期，隴西定谷人，辛隱之子，辛毗七世族也。好道，行度秦川，溺死，西王母、酆都北帝愍之，勑命三官攝取形骸，還成人，度名南宫。今差領東海侯禁元中郎將，爲吴越鬼神之司。

比干，紂之叔父，剖心諫死，在戎山。

李善〔二〕，後漢家客，抱主兒逃難者，在少室。

務光，不受湯讓，投水死者。

宋金漂女〔三〕，乞伍子胥食，投水死者。

此七人，南宫鍊化者。

謝稚堅。

王伯遼。

繁陽子，漢越騎校尉。

〔一〕「辛玄」，真靈位業圖作「辛玄子」。

〔二〕「善」，真靈位業圖作「喜」。

〔三〕「宋金漂女」，真靈位業圖作「宋漂金母」。

何苗，字叔達，即何進弟。

馮良，南陽冠軍，人年六十，乃學道。

郎宗，字仲綏，北海安丘人，爲吴令。

王叔明。

鮑元治。

尹蓋婦。

此九人，鹿跡、華山絶洞主者。

張祖常，彭城人。

劉平河〔一〕，漢末九江人，平河長，行醫術救人。

吕子華，山陽人，陰君弟子，師東卿。

蔡天生，上谷人，少爲嘯父，遇河伯授道。

龍伯高，後漢人，本隱士，師定録。

此五人，方山下洞主者。

〔一〕「河」，真靈位業圖作「阿」。王家葵校理認爲應從「阿」。

杜契，字廣平，京兆杜陵人，建安時渡江，受行玄白法，能隱形，居大茅山東。

一女弟子孫寒華，孫賁女。

一男弟子陳世景，孫休侍郎。

徐宗度，晉陵人，呂悌司馬，善氣禁。

晏賢生，步騭外甥。

趙熙，漢幽州刺史，即素父。

此六人，山外去來者。

竇瓊英，竇武妹。

韓太華，韓安國姊，李廣利婦。

劉春龍，漢宗正劉奉先女。

李奚子，晉東平太守李忠祖母。

王進賢，晉尚書令王衍女，愍太子妃。

郭叔香，王脩母。

趙素臺，漢幽州刺史趙熙女。

鄭天生，鄧伯母。

許科斗，許長史婦，陶成女。

李惠姑，齊人，夏侯玄婦。

張姜[一]子，西州人，張濟妹。

施淑女，山陽人，施續女。

此十二人，高業才勝者。

黄景華，漢司空黄瓊女，受命來教諸女人道法。

此一人，九宫真人、協晨夫人爲師。

張微子，漢昭帝大匠張慶女。

傅禮和[二]，桓帝外甥，侍郎傅建女。

此二人，易遷館含真臺女真爲主。

王少道，漢山陽太守王遂兒。

范叔勝，北地人，魏文帝黄門郎。

〔一〕「姜」，真靈位業圖作「美」。

〔二〕「傅禮和」，真靈位業圖作「傅和」。

李伯山，漢白馬令李沖父。

此三人童初府蕭閑堂中學。

范幼〔一〕沖，遼西人。漢尚書郎，解地理。

魏末李整，河内人，常道鄉公傅臣，初在洛陽，後來方山採石腦。

此二人，監。

夏馥，字子治，陳留人，桐柏之弟子。

周愛〔二〕友，汝南安城人，河南尹周暢之女。

張桃枝，沛人，司隸朱寓之母。

此二人，明晨侍郎。

趙威伯，東郡人。

樂長治，咸陽人。

鄭稚政，戴孟弟子。

〔一〕「幼」，真靈位業圖作「幽」。

〔二〕「愛」，真靈位業圖作「夏」。

唐公房，蜀西山人，李八百弟子。

此四人，丞。

劉寬，字文饒，弘農人。後漢南陽太守、司徒太尉，仁和善政，年七十三，入太華山服丹，來爲童初府正侯。

張玄賓，定襄人，魏武時舉茂才，善論空無，入天柱山，來爲理禁伯職。

淳于斟，字叔顯，會稽上虞人，桓帝時除縣令，後入山服丹，來爲典柄執法郎職。

劉翊，字子翔，後漢書云：子翔，本潁川人，世富，以濟窮爲事，爲陳留太守。去職入山，度名東華，任右理中監職。

韓崇，字長季，吴郡毗陵人，漢明帝時宛陵令，汝南太守，年七十四，隱解入大霍山。又來爲左理中監職。

桃浚〔一〕，字公仲，錢唐人，少爲郡幹佐，後爲交趾太守，棄世入增城山得道，來兼此職。

句曲茅山下華陽洞宫北河司命禁保侯。

〔一〕「浚」，真靈位業圖作「俊」。

赤魯，本姓黄，名初平〔一〕，南嶽赤君也。入金華山尋弟，而改姓易名。

劉安之〔二〕，裴君爲冀州時，作别駕，棄官相隨。

叔田公，先居雷平山北柳洴下，今謂田公泉。

雷氏〔三〕，周時養龍在雷平山東者。

周君二弟，俱讀素書七卷萬遍，未畢之時，起看白鹿，還失書，更受餘法得仙。

張兆期，與人共合丹成，不敢服，出山去後服茯苓，爲地仙。

劉奉林，周時人，三合丹，不成，在委羽山。

施存，一號壺公，又號婉瓫子，孔子弟子三千之數，得道變化，受行運火符，在中嶽及少室，即費長房之師。

謝允，歷陽人，戴孟弟子，晉成帝時得道。戴孟本姓燕，名濟，字仲微，漢明帝末入華陰山及武當山，受裴君玉佩金璫經，又受石精金光符，復有太微黄書。能周旋名山，云止

〔一〕「赤魯，本姓黄，名初平」，真靈位業圖有「赤魯班，即黄初起也」條。

〔二〕「劉安之」，真靈位業圖於其前有「田公」二字，疑誤，真靈位業圖或本爲「姜叔田公」，即此「叔田公」。

〔三〕「氏」，原無，真靈位業圖作「雷氏，周氏養龍」，據補。

得不死，非仙人。

姜伯子。

鄭思遠，即葛玄之弟子，晉永康元年入括蒼山去。

葛玄，字孝先，丹陽句容人，初在長山，又入蓋竹山，善於變幻，能乘虎使鬼，无所不至，幾當受職。

謝稚堅，一云在鹿迹山爲洞主；一云與毛伯道共合丹，不敢服；一云與葛玄相逐。

郭聲子。

黄子陽，一云魏人，食桃皮，事司馬季主，一云與葛玄常相隨。

翁道遠。

姜伯真，一云在猛山學道，採藥，仙人令向日正心；一云在方山北，取石腦服之；一云許遠遊之徒。

許邁，字叔玄，小名映，改名遠遊，仙侯同生第三兄。少好道，棄家遊山於臨安西山，後入赤山，被三試得過。又移蓋竹山，度名東華。玄爲地仙。

龔〔一〕幼節。

李開林。

此二人許遠遊之友也。

趙道玄。

傅太初。

此二人渡江入臨海赤山中，許遠遊後隨之。

王世龍，許遠遊之師。

陳仲林。

許道。

居林子。

趙叔道。

〔一〕「龔」，原作「龍」，據真靈位業圖及真誥卷四运象篇第四改。

此四人，以漢末入竹葉山〔一〕。

劉綱妻，善氣禁劾召。

嚴青，善劾召。

介琰，白羊公弟子，爲孫權所殺，尸解去，入建安方山，並能禁劾。

白羊公，西嶽公弟子。

介象，吴時人，善氣禁，服甘草丸。

劉根，善劾召，受服甘草丸。

崔文子，善以藥救人病者。

商丘子，高邑人，牧猪，服菖蒲不老。

稷丘子，武帝時在泰山下。

脩羊公，漢景帝時臺上化爲白石者。

梁伯鸞，名鴻，漢末人，遁海濱者。

〔一〕「陳仲林、許道、居林子、趙叔道。此四人以漢末入竹葉山」，真靈位業圖有「陳仲林、道君、趙叔道，三人蓋竹山中真人」，或「道君」乃「許道」和「居林子」之訛合，不詳。

劉少翁，入太華山，拜禮得道。

范丘林，漢樓船將軍衛行道之婦，保命趙丞受六甲師。

唐〔一〕公成，鶴鳴山。

張季連。

趙叔達。

郭子華。

此三人，在霍山欲師司命君者。

刁道林，方山龍伯高之師。

周正時，方山劉平阿之師。

鄧雲山、唐覽、西河蓟公，此應是子訓者，亦張理禁之師。

鄭子真，云康成孫，在陽濯〔二〕山。

東郭幼平，秦時人，久隱城山得道，即桃北河之師。

〔一〕「唐」，真靈位業圖作「趙」。

〔二〕「濯」，真靈位業圖作「翟」。

惠車子，淳于典柄之師。
青谷先生，劉上師之師。
石長生，周明晨之師。
赤鬚先生〔一〕，夏明晨之師。
山圖公子，周哀王時大夫，張禁保之師。
林屋仙人王瑋玄，楚莊王侍郎，受術於王君，韓左監之師。
龍威丈人，吴王闔閭使入包山洞得五符者。
盧生。
侯公。
石生。
此三人，秦始皇使入海者。
支子元，作道人裴君小時師。

〔一〕「赤鬚先生」，真靈位業圖作「赤須子」。

蔣〔一〕先生，支子元師。

趙太子，受服朮丸者。

扁鵲，治趙太子者。

子容。

子明。

子義〔二〕。

子戲。

子游。

子容等五人，弟子。

中嶽李先生，欒丞之師。

中嶽仙人宋來子，先爲楚市長，遇馮延壽者。

右件一百三十九人，地仙有姓名，此皆内爲陰德，外行忠孝，但世功未就，不得上昇三

〔一〕「蔣」，真靈位業圖作「將」。

〔二〕「義」，真靈位業圖作「威」。

境，且爲地仙之任。昇進之科，别有年限。

得地真道人名品

真人樊子明，張理禁之師。

白水仙都朱交甫。

杜陵朱[一]夫人。

宜安宋姬。

此二人，並受西梁真人青精方，而不書位號，未知何仙真，且在地真之例。

九疑山女真羅郁，昇平年中來降羊權，自稱萼緑華，今在湘東山，已年九百歲。

左元放，名慈，漢魏時人，李仲甫弟子，服鑪火九華丹，晉初來華陽洞，積年復出，今已受職。

〔一〕「朱」，真靈位業圖無。

玉〔一〕真，上黨人。

孟君，京兆人。

魯女生，在中嶽。

玉真等三人，受行五斗真一之道。

許虎牙，名聯〔二〕，字元暉，仙侯第二子，栖身信向，永康縣令、衛尉丞、輔國司馬，受楊君守一之道。

傅道流，北地人，漢靈帝殿中將軍。

言城生，吴人，劉聖公時生，爲武當都尉。

李叔勝，涿郡人，漢元帝時生。

賈玄道，河東人，周威王時生。

此四人，並得地真，在泰山支子小陽山中受東卿司命節度，主試學道者。

〔一〕「玉」，真靈位業圖作「王」。

〔二〕「聯」，原作「聰」，真靈位業圖此處作「名聯，字文暉」。據真誥卷二十翼真檢第二，許虎牙乃「名聯，字元暉」，據改。

范安遠。

荀中侯，名不顯。

王附子，三官大理守，如今廷尉監職。

李豐，三官大理都，魏中書令，爲司馬。

此四人，主三官之獄，如今廷尉卿職。

鮑元節，東海人，岱神侯，領羅酆右禁司，主領使鬼、神司二官及試教學真者。

茅衷，字思和，司命君小弟，所受行與中君同，而受書爲三官保命司，治良常山，帶北洞口，鎮陰宫門，總括岱宗，領死記生，勸導童蒙，治法百鬼。

定録君，已度在太清。

茅衷等二人，主司察三官，領教男女學人。

得九宫道人名品

許肇，字阿，仙侯七世祖，先在酆都爲東明公右師晨。

許副，字仲先，仙侯父也，先在酆都爲彈方侯。

此二人，仙侯既修大洞，今並已上補九宫之仙。

右保召奭，即周成王太保召公，封於燕，周公弟。先在酆都爲南明公，年限未滿，而多陰德，故先得上補此位。

孫登〔一〕、麋〔二〕長生。

此二人，周太賓弟子。

西嶽公黄盧子，姓葛名越，善〔三〕氣禁，能召龍使虎，後乘龍昇天，以符法傳弟子。

白羊公朱孺子，吴末入赤水山服菊花、朮餌，受西歸子入室存泥丸法，西王母遣迎，在積石臺。

虞翁〔四〕生，會稽人，吴時入海中狼伍山，受介君食日精法，行雲氣回形之道，太帝遣迎，在暘谷山。

趙廣信，陽城人，魏末來到小白山，受服氣法、守玄中之道七八十年，後合九華丹，一

〔一〕「孫登」，真靈位業圖作「孫田廣」。
〔二〕「麋」，真靈位業圖作「縻」。
〔三〕「善」，該字前原有「禁人」二字，此條在真靈位業圖中作「西嶽公，姓葛，禁氣召龍」，據文意删。
〔四〕「翁」，真靈位業圖作「公」。

服，太一道君遣迎，在東華。

平仲節，河東人，來括蒼山，受行心玄，具百神，行洞房，積四十五年，中央黄老君遣迎，在滄浪靈臺。

鄭景世。

張重華。

此二人晉初人，俱在潛山中受行守五藏吞日法，服胡麻及玄丹，北玄老君太一遣迎，在玄洲。

張禮正，後漢末人。

治明期，魏末人。

此二人，俱在衡山中受服王君虹景丹，積四十三年，又守一三十年，東華遣迎，在方諸飆室，爲上仙。

尹虔子。

張石生。

李方回。

此三人，並晉武時人，俱在華山受蒸丹餌法、服丹霞之道五十年，太一遣迎，在玄洲，爲高仙人。石生爲源〔一〕伯。

鄧伯元〔二〕，吴。

王玄甫，沛人。

此二人，俱霍山受服青精石飯，吞丹景，思洞房，積二十四年，太帝遣迎，在北玄圃臺，受書爲中真。

管成〔三〕子。

蘇門先生。

周壽陵。

此三人，是虔子等師。

孟德然，鄭景世等師。

宋君，平仲節師。

〔一〕「源」，該字前真靈位業圖還有「東」字。

〔二〕「鄧伯元」，真靈位業圖作「鄧元伯」。

〔三〕「成」，真靈位業圖作「城」。

李法成，趙廣信師。

此六人，亦或在太清者，亦或在地真地仙者，不可品定，雖是後諸人之師，而修學成道未必爲勝。

朱陵嬪。

丁淑英。

郗綜婦。

此三人好行陰德。

協晨夫人。

黄景華。

此二人，在易遷中。

文德右仙監張叔隱，受青精方者。

仙伯辛彦雲，胡姓安，名法曇，赤君弟子。

左〔一〕仙公王遥有，胡姓竺，名石賓，赤君弟子。

〔一〕「左」，原作「石」，真靈位業圖此句作「左仙公王遥甫」，據改。

左仙公郭四朝，燕人，兄弟四人得道，四朝最長。先治句曲，司三官，領羅酆帥晨侯，六百年職滿，上補九宮左仙公，領玉臺執蓋郎。

真人虞尹章，上洛人，受青精方者。

右真公郭少金，撰甘草丸者。

右保司展上公，高辛時人，於伏龍地種李者。

尚書一人，度在太極。

九宮上相二人，度在上清。

右件四十一人，得九宮中真仙，亦應有進太清、太極，或猶在地真者。

無上秘要卷之八十四

得太清道人名品

飛天丈人。

太一中皇[一]。

玄上玉童。

猛獸先生。

此四條，主天下山川鬼神禽獸，應是自然之神，非人學所得。

西嶽丈人。

三天玉童。

〔一〕「皇」，洞玄靈寶真靈位業圖作「黄」。

洛水神女，此應是宓妃。

此三條，亦應是人學所得〔一〕。

五嶽君。此職五百年一代。

河侯、河伯。

又有河伯少女者，非必胎生，皆化附而已。

此三條是得道人所補。

五帝：

東方靈威仰；

西方曜魄寶；

南方赤飄〔二〕弩；

北方隱侯局；

中央含樞紐。

〔一〕「此三條亦應是人學所得」，真靈位業圖有「此三條亦是學道人所補」。

〔二〕「飄」，真靈位業圖作「熛」。

又各有五方天官、大夫、玉女、諸靈官。

此太清之五帝，亦是自然之神，非太常所使五方天帝君者。二十四官君將吏，定有二十五官，以應身中二十五神、千二百官君將吏。此並氣化結成，非人學所得。

却飛使者〔一〕。

九龍使者〔二〕。

九天真王使者。

高仙啓天使者。

遊天使者。

太清使者。

六乙使者。

六丙使者。

六丁使者。

〔一〕「却飛使者」，真靈位業圖作「飛天使者」。

〔二〕「九龍使者」，真靈位業圖作「九天使者」。

六壬使者。

六癸使者。

此十一使者號，多是自然之神，非盡世學。

高上將軍，四人，領天帝兵十萬人。

衡〔一〕山使者，領天帝十萬人。

上天力士。

天丁力士。

此四將軍，使天兵號。

登天上籙玉女，四人。

上天玉女，四〔二〕人。

三天玉女，百人。

〔一〕「衡」原作「衝」，據真靈位業圖改。

〔二〕「四」，真靈位業圖作「三」。

百[一]等玉女。
北宫玉女。
五帝玉女。
太素玉女。
青腰玉女官，十人。
青天益命玉女。
天來[二]玉女。
平天玉女。
白素玉女，十人。
六戊玉女。
神丹玉女。
五流玉女，侍人。

〔一〕「百」，真靈位業圖作「下」。
〔二〕「來」，真靈位業圖作「素」。

此十五玉女，神女號。

五仙夫人。

郭内女夫。

此二夫人，女號。

百神氣丈人[一]。

百千神氣丈人。

永安丈人。

九道丈人。

飛真丈人。

益命丈人。

大[二]氣丈人。

南上丈人。

〔一〕「百神氣丈人」，真靈位業圖爲「百福丈人」，當是。

〔二〕「大」，真靈位業圖作「太」。

北上丈人。

太玄丈人。

北陵丈人。

九氣丈人。

天帝丈人。

太上丈人。

此十四人，丈人號。

夜光大夫。

和適大夫〔一〕。

此二大夫號。

司命元君〔二〕。

定録紫臺真人。

〔一〕「夜光大夫」、「和適大夫」，真靈位業圖作「夜光夫人」、「和適夫人」。

〔二〕「元君」，真靈位業圖作「太元」。

監山〔一〕真人。

定氣真人。

景雲真人。

此四真人號，並有姓名。

北斗真〔二〕符。

九天郎吏。

大精生神〔三〕。

八威。

司命。

司厄。

司危。

〔一〕「山」，真靈位業圖作「仙」。

〔二〕「真」，真靈位業圖作「直」。

〔三〕「大精生神」，真靈位業圖無。

此七真雜號。

司禄〔一〕君。

三天〔二〕萬福君。

七星瑶光君。

摩病上元君。

上虚君。

太一元君。

此六君號。

四海司〔三〕陰王。

九都去死王。

飛真虚〔四〕王。

〔一〕「禄」，真靈位業圖作「録」，當是。

〔二〕「天」，真靈位業圖作「元」。

〔三〕「司」，真靈位業圖無。

〔四〕「虚」，真靈位業圖作「虎」。

佐命君王。
四天君〔一〕王。
昌命天王。
左東无上王。
此七王號。
九氣丈人。此太清之丈人，上三天東宮之真官，章奏所關，主諸神鬼之職。
九老仙都君。此太清之仙都，非玄洲者。
天帝君。此太清中東宮之一帝。
太上丈人。此太清丈人中之尊者。
太上老君〔二〕。此太清老君中之尊者。
南上大道君。此太清南宮之道君。

〔一〕「君」，真靈位業圖作「官」。從此條始至後文「帛和」，見於敦煌無上秘要殘卷伯三七七三（李德範輯敦煌道藏第四册）。
〔二〕「太上老君」，真靈位業圖作「太清太上老君」。

上皇太上北〔一〕上大道君。此太清北宫之太上高真。

此七條並太清之高真，領理兆民者，悉應是學道所得。

皇人。此爲太帝所使，在峨嵋，黄帝往受真一五牙者。

玄成清〔二〕天上皇。此太清玄成清天中之皇君。

元始天王。此蓋太清元始天中之王，西王母初學道之師。

此三條，太清之尊位，不領兆民。

右件九十九條，係太清中略有位號，无姓名、德業，或是世學所得，或是自然之神。

葛洪，於羅浮山合太清金液，服之隱化。

欒巴，後漢豫章桂陽太守，脩劍兵解之道，入鶴鳴山中。

鮑察，上黨人，鮑宣五世孫，受道於王君。

〔一〕「北」，真靈位業圖作「無」。

〔二〕「清」，真靈位業圖作「青」。

華子期，九江人，受角里先生靈寶赤杯方〔一〕。

帛和，字仲理，王西城弟子，受三皇天文、太清丹方。

徐福，秦時人。

尹軌〔二〕，字公度，晉時人，善煮石。

張巨君，授許季山易法。

黑羽，疑是墨翟〔三〕。

徐福等四人，並見二星。

王魯〔四〕，是魏明帝城門校尉范王伯綱女。

趙愛兒，劉虞別駕，漁陽趙該姊。

郭芍藥，漢渡遼將軍東平郭騫女。

此三人並受行靈飛六甲之道。

〔一〕「受角里先生靈寶赤杯方」，敦煌文書伯三七七三作「受禄里先生靈寶赤松方」。

〔二〕「尹軌」，真靈位業圖作「救苦真人君軌」，「君」誤。

〔三〕「疑是墨翟」，但「墨翟」見於本品後文，「黑羽」或確爲一人，或與「墨翟」爲一人而重出。

〔四〕「王魯」，真靈位業圖作「王魯連」。

仇季子，咽金液而臭聞百里。

鹿皮公，吞玉華而蟲流。

此二人並服丹而尸解。

徐季道，受仙人五神事者。

趙叔[一]期，尋卜師受胎精中記者。

周君，受老君素書七卷，讀萬遍得道者。

郭聲子，洛市作卜師者。

郭崇子，彭祖弟子，譽惡人者。

劉偉道，中山人，服金丹者。

莊伯微，合服金汋者。

李明，句曲山下合丹昇玄洲者。

劉道恭。

毛伯道。

〔一〕「叔」，真靈位業圖作「昇」。

此二人，共合丹服，託死而仙。

燕昭王。

甯仲君。

張子房。

臧延甫。

劉子先。

趙伯玄。

此六人並服丹而解化得仙者。

赤松〔一〕子，黄帝時人，授西嶽公禁山符，又服火法。

青烏公。

黄山君〔二〕。

此二人，彭祖弟子。

〔一〕「松」，原作「將」，據真靈位業圖改，「赤松子」習見於道書。

〔二〕「君」，原作「居」，據真靈位業圖改。

東方朔，服初神丸，仕漢武帝者。

方明。

力牧。

昌宇。

此三人，黄帝臣。

甯封，服石腦而赴火，則作火解。

淮南八公，即是八老先生。

東園公。

綺里季。

夏黄公。

甪里先生。

此四人，商山〔一〕四皓。

欒子長，齊人，吴羌時受韓君靈寶五符，乃敷天書，藏於東海勞盛山中，爲吴王所得。

〔一〕「山」，真靈位業圖作「西」。

韓終，秦時人，爲霍林仙人。

鳳綱，能作藥起死者。

彭籛〔一〕，殷時人，善房中之道，道授彭真人。

陰長生，南陽人，師馬君，受太清丹法。

馬明生，臨淄人，遇太真夫人，以靈丸，後師安期生，受服太清丹，在世五百年，去世。

墨翟，宋人，善機巧，咽虹丹以投水，似作水解。

秦叔隱。

馮翊。

此二人，華山仙伯。

劉千壽，沛人，少室仙伯北臺郎〔二〕。

趙祖陽，涿郡人，潛山真伯。

張上貴，楚人，九疑仙侯。

〔一〕「籛」，真靈位業圖作「鏗」。

〔二〕「劉千壽」一條，真靈位業圖作「少室山伯北臺郎千壽」。

白石生，煮石方者，東華左仙卿。

周大賓。

姜叔茂。

此二人，秦人，蓬萊左卿。

賈寶〔一〕安，鄭人，蓬萊右公。

宋晨生，與張理禁共論空者，蓬萊左公。

李抱祖，岷山人，受青精䭀飯者，太清右公。

王道寧，常山人，主西方，録善籍，保舉學道，嶓家真人左禁郎〔二〕。

茅季偉，受行上清下真品經，又服太極九轉丹，受書爲地真上仙，句曲真人，定録右禁郎〔三〕。

山世遠，晉人，傳説讖記者，太和真人。

〔一〕「寶」，真靈位業圖作「保」。

〔二〕「嶓家真人左禁郎」，真靈位業圖作「磻冢真人右禁郎」。

〔三〕「茅季偉」一條，真靈位業圖有封號爲「句曲真人定録右禁師」。

魏顯仁，大梁真人。

陰友宗，岷山真人。

韓偉遠，受宋德玄靈飛六甲者，九疑真人。

洪崖先生，青城真人。

傅先生，南嶽真人。

馮延壽，西嶽真人。

孟子卓，中嶽真人。

宋德玄，周時人，行靈飛之道，中央〔一〕真人。

高丘子，中嶽真人。

衍門子，中元〔二〕仙卿。

叔度，胡姓康，名獻，師赤君，五嶽司西門。

鄧離子，師赤君，小有仙王。

〔一〕「央」，原爲「嶽」，與下文重複，據真靈位業圖改。

〔二〕「元」，真靈位業圖作「嶽」。

李元容，師赤君，太清仙王。

趙車子，太清仙王。

茅初成，一名本初，司命君高功，師鬼谷先生，入華陰山學道，乃乘雲駕龍，白日昇天。

鬼谷先生，周時人，在城陽山鬼谷中。

正一真人三天法師張道陵，學道至漢安元年壬午歲五月一日，於鶴鳴山仙官來降，授以正一盟威之教，施化領民之法，流行以至于今，號天師。

又妻亦得道，爲女師。至孫魯，傳襲道法，魏武拜爲鎮南將軍。真受云「張鎮南之夜解」者，是爲系師。

有弟子二十四人，入室弟子王長、趙昇，餘者皆不顯。

右件八十五人，係太清中真仙姓名事迹粗顯者，今亦應進登太極者。

得太極道人名品

韋編郎莊周，受長桑微言，作内外篇，隱抱犢山，服火丹，白日昇天。

長桑公子，莊周師，授扁鵲起死方者。

此二人，真仙。

被〔一〕衣，王倪師。

王倪，齧缺師。

齧缺，許由師。

巢父，洗耳師。

支離，問柳生者。

蒲衣，莊子〔二〕云「猶是被衣」。

雲間老君，姓李，字伯陽〔三〕，是太清之老君也。

尹喜，周函谷關令。

許由，不受堯禪者

卞隨，投水者。

〔一〕「被衣」至後文「王忠」，見於敦煌無上秘要殘卷伯五七五一，此條中「被」字於伯五七五一作「披」。

〔二〕「莊子」，伯五七五一作「南華真人」。

〔三〕「雲間老君，姓李，字伯陽」，伯五七五一作「郊間老聃，姓李，名伯陽」。

華封，祝堯者。
子州、善卷、石户、北人〔一〕，馬皇治龍病者。
安公，姓陶，乘赤龍。
大項，項橐者〔二〕。
秦佚，吊老聃化者。
接輿，上峨嵋，號陸通者。
伯昏，臨危引弓者。
庚桑〔三〕，善化導者。
蕭史，善吹簫者。
弄玉，秦穆公女，奔蕭史者。
二女，白水陽見禹者。

〔一〕「人」，伯五七五一作「户」，真靈位業圖同秘要。
〔二〕「大項，項橐者」，真靈位業圖此條作「大項，名託」。
〔三〕「庚桑」，真靈位業圖作「庚桑子」。

邯鄲張君，前漢末人。

劉京，張君弟子。

此二十八〔一〕人，並受行飛步之道，非盡太極，猶多有在太清者。

蘇林，字子玄，濮陽曲水人，師涓子道學，受三元真一，遊徧人間，數百年，玄洲遣迎，雲車羽蓋，驂駕龍虎，錫玄洲上卿，領太極中侯大夫。

涓子，名未顯，青童弟子蘇君之師，少餌朮精，受守一玄丹之道，中黄四司大夫，領北海公。

郭幼度，陸渾真人，太極監西〔二〕。

范伯華，豳人，戎山真人，右仙公。

淳于太玄，石城人，陽洛〔三〕真人，領西歸傅。

李〔四〕翼，字仲甫，京兆人，與茅司命俱事王君。

〔一〕「八」，原作「七」，據伯五七五一改。

〔二〕「西」，原無，據伯五七五一和真靈位業圖補。

〔三〕「洛」，真靈位業圖作「谷」。

〔四〕「李」，真靈位業圖作「季」。

左元放，師西嶽卿，嗣司命，别主西方録籍。

王忠〔一〕，正一上玄玉郎。

鮑丘，太極宫官，南陵玉女。

司馬季主，漢時人，受西靈子都劍解之道，託形枕席，在委羽山大有宫，服明丹之華，挹扶晨之暉，真授云「如似作劍兵解法」，兵解則不得在太極。弟子四人。

一人鮑陽〔二〕，廣甯人，脩劍解，託死於山澗。

一人王養伯，太原人，與張良共採藥，不反。

一人劉偉惠，潁川人，漢景帝公車司馬劉諷也，尸解，託形杖履於桑樹之下。

一人段季正，代郡人，本隱士，託形尸解，渡南鄭秦川而溺死。

太玄仙女西靈子都，季主之師。

八老先生〔三〕，姓名未顯，應是淮南八公。

〔一〕「忠」，真靈位業圖作「中」。

〔二〕「鮑陽」，真靈位業圖作「鮑叔陽」。

〔三〕「八老先生」，真靈位業圖作「八老元仙」。

此中亦有在太清者。

洞臺清虚七真人，姓名未顯，同在王屋山宫。此中亦有在上清限者。

絳文期，玄洲仙都降南真於陽洛山者。

蓋公子，太極高仙伯延。

張奉，字公先，河内人，先爲東華北河司命禁保侯。激子久在東華宫，已爲太極所署，又領九宫尚書令太極仙侯。

黄觀子，學道服金丹，讀洞經得道，太極左卿。

范明期，受西梁飷飯，紫陽既右真人。紫陽有左右，則周君爲左真人，位秩高，此已在上清。

青精先生。

大宛北谷子〔一〕。

此二人，受西梁飷飯得道。

〔一〕「青精先生」和「大宛北谷子」，於真靈位業圖中連寫，其中「大」作「太」。

朱火丹陵〔一〕宫龔仲陽、龔幼陽。此兄弟二人，受青童君仙忌真記得道。

東極老人扶陽公子。

西極老人素〔二〕靈子期。

南極老人丹陵上真。

北極老人〔三〕玄上仙皇。

中元老人中央上玄子。

此五人，脩五辰所致，五方老人。

東極〔四〕真人陵陽子明。

北極真人安期生。

此二人，並赤君、王君，號爲四極真人。

文始先生。

〔一〕「陵」，真靈位業圖作「靈」。

〔二〕「素」，原作「袁」，據真靈位業圖改，上清紫精君皇初紫靈道君洞房上經也作「素靈子期」。

〔三〕「人」，真靈位業圖作「子」。

〔四〕「極」，真靈位業圖作「陽」。

西歸子。

丰車童子〔一〕。

此三人，並柏成之師友。

柏成子高，脩步綱之道，真授云「柏成納氣而腸胃三腐」，似爲解化之迹。

風后，黄帝之師。

周穆王，姓姬，成王之曾孫，遊行天下，宴瑶池，會王母。

夏禹，姓姒，名文命，承舜王天下，受鍾山真公靈寶九行九真〔二〕，又行玄真法得道。

帝舜，姓姚，名重華，服北戎長胡所獻千轉紫霜得道〔三〕。

王子者〔四〕，黄帝之曾孫，受靈寶五符，又詣鍾山，受九化十變之經，以隱遁日月，遊行

〔一〕「丰車童子」，真靈位業圖作「丰車子」。

〔二〕「受鍾山真公靈寶九行九真」，真靈位業圖有「受鍾山真人靈寶九跡法」句。

〔三〕「服北戎長胡所獻千轉紫霜得道」，真靈位業圖有「服九轉神丹」句。

〔四〕「王子者」，伯三一四一及真靈位業圖均爲「王子帝嚳」。此條始至本卷末，見於敦煌無上秘要殘卷伯三一四一（李德範輯敦煌道藏第四册）。

星辰〔一〕，脩劍解之道。

玄帝顓頊，黄帝之孫，遊行四海，埋寶鼎於洞山，受靈寶五符得道。

黄帝軒轅，姓姬〔二〕，行步綱之道，用劍解之法，隱變橋陵，駕龍玄圃，乘雲閬風得道。

太極左公北洛〔三〕先生，八真限。

五老上真仙都左〔四〕公，撰靈書紫文者。

玄和陰陵上帝，是太極中天〔五〕之帝。

清和宫天帝君，是太極中天之帝。

太極四真〔六〕：

第一中央黄老君，在左，最尊，已度上清。

〔一〕「星辰」，伯三一四一作「晨夜」。

〔二〕「姓姬」，原作「姓公孫」，據伯三一四一改。

〔三〕「洛」，真靈位業圖作「谷」。

〔四〕「左」，真靈位業圖作「老」。

〔五〕「天」，伯三一四一作「一天」。下則文字中的「天」同。

〔六〕「太極四真」，原無，據伯三一四一補。

第二紫陽左仙公中華公子石路虛成。

第三西梁子文，授玉清虛青精䬪飯雲牙者。

第四安度明，初降南真於脩武縣中者。

此四人，太極金闕四帝君後聖李君在左，最尊，已度上清，餘三帝是太極之天帝。

右件九十三人，係太極真仙，今已有進上清者。

無上秘要卷之八十五

得上清道人名品　得玉清道人名品〔一〕

闕

無上秘要卷之八十六

鬼官品　地下主者品　五鍊品

闕

〔一〕卷八十五内容缺，「得上清道人名品」、「得玉清道人名品」，原無，據敦目補，其内容乃洞玄靈寶真靈位業圖剩下的仙階最高的神仙，即該經起首部分證得「上清」、「玉清」道階的神仙。儘管在具體神名和其後的闡述文字上，無上秘要和洞玄靈寶真靈位業圖稍異，但總體對應，可參看。

無上秘要卷之八十七

尸解品〔一〕

司命東卿君曰：夫尸解者，形〔二〕之化也，本真之練蜕也，軀質之遁變也，五屬之隱適也。雖是仙品之下第，而其禀受所承，亦未必輕也。或未欲昇天，而高栖名山；或欲崇明世教，令死生道絶〔三〕；或欲斷子孫之近戀，盡神仙爲難希〔四〕；或欲長觀世化，憚仙官之劬勞也。妙道一備，則高下任適，固不可用，明死生以制其定格。所謂隱回三光，白日陸沉

〔一〕「尸解品」，本品内容見於雲笈七籤之屍解及寶顔堂訂正無上秘要（下簡稱寶顔堂，一卷，收入叢書集成初編及藏外道書第六册）。寶顔堂與道藏本文字幾乎完全一致。

〔二〕「形」，雲笈七籤卷八十五屍解所引太極真人飛仙寶劍上經叙作「尸形」。

〔三〕「令死生道絶」，雲笈七籤卷八十五作「令生死道訣」，寶顔堂作「念死生道絶」。

〔四〕「盡神仙爲難希」，雲笈七籤卷八十五作「蓋神仙爲難矣」。

者也。

飛〔一〕琅玕之華，而方〔二〕營丘墓者，高丘子、衍門子、洪崖先生是也。而不知高丘子時以尸解，入六景山，後服金液之水，又受飛〔三〕琅玕之華於中山，方復託死，乃入玄州，受書爲中嶽真人。衍門子今在蒙山大洞黄金之庭，受書爲中元仙卿。洪崖先生今爲青城真人。

漱龍胎而死訣，飲瓊精〔四〕而叩棺者，先師王西城及趙伯玄、劉子先是也。服金丹而告終者，臧延甫、張子房、墨翟〔五〕子是也。挹〔六〕九轉而尸臭，吞〔七〕刀圭而蟲流者，司馬季主、甯仲君、燕昭王、王子晉是也。

〔一〕「飛」，真誥卷十四稽神枢第四及雲笈七籤卷八十四屍解之又叙作「吞」。

〔二〕「方」，雲笈七籤卷八十四無。

〔三〕「飛」，雲笈七籤卷八十四無，真誥作「服」。

〔四〕「死訣，飲瓊精」，雲笈七籤卷八十四作「決死，飲瓊漿」。

〔五〕「翟」，真誥卷十四作「狄」。

〔六〕「挹」，原作「抱」，據真誥及雲笈七籤卷八十四改。

〔七〕「吞」，雲笈七籤卷八十四作「服」。

周穆王北造崑崙之阿，親飲絳山石髓，食玉樹之實，而方墓于汲郡。夏禹詣鍾山，啖紫柰，醉金酒，服靈寶，行九真，而猶隱[一]于會稽。北戎長胡大王獻帝舜以白琅之霜、十轉紫華服之，使人長生飛仙，與天地相傾。舜即服之而方死，葬蒼梧之野。

此諸君並已龍奏靈河[二]，鳳鼓雲池，而猶尸解託死者，正欲斷以死生之情，示民有始終[三]之限耳，豈肯[四]腐骸太陰，以肉餇螻蟻者哉？直欲遏違世之夫，塞俗人之願望。至於青精先生、彭鏗、鳳綱、商[五]山四皓、淮南八公，並已服上藥，不至一劑，自欲出處默語，肥遁山林，以遊化[六]爲樂，以昇虛爲慼，非不能登天也，弗爲之耳。以此諸君自展轉五嶽，

〔一〕「隱」，真誥作「葬」。
〔二〕「河」，真誥作「阿」。
〔三〕「始終」，真誥作「終始」。
〔四〕「肯」，雲笈七籤卷八十四屍解之又叙同秘要，真誥作「同」，從句意看，「同」更恰。
〔五〕「商」，真誥作「南」。
〔六〕「化」，真誥作「仙」。

改名易字〔一〕，不復作尸解之絶〔二〕耳。

夫尸解之道，如爲少妙，既令希有〔三〕情阻，聞者不及，一以死鎮其路，示〔四〕無所復論，雖彭鏗遊山，鳳綱市朝，四皓假首以素，八公變形萬化，亦吾所不願矣。自有方諸刻名應得尸解之仙者，或禀受使然，或志行替敗，或學尋淺狹，情向頽住。此自希尚所及，正以分得之耳。非向所論諸君衍門子輩既飽上藥，而故爲尸解者也。吾昔受先師尸解上方、委化之道，雖不得獲用，常所依依。今向塵垢〔五〕四會，交兵激合，三官驅除，疾賢害道，言神仙者致痾，尋婬利者富貴；志道求生者，亦何爲汲汲於風火之中，束帶以入鄽〔六〕市哉！今密出尸解之方，可各以傳示弟子應爲真人者，用之潛遁，足以遠凶患〔七〕；施之而逝，可

〔一〕「字」，真誥作「貌」。
〔二〕「絶」，原經及寶顔堂均無，按文意，據真誥補。
〔三〕「少妙，既令希有」，雲笈七籤卷八十四屍解之尸解叙作「小妙，既令希者」。
〔四〕「一以死鎮其路，示」，雲笈七籤卷八十四作「以一死鎮其路，亦」。
〔五〕「垢」，雲笈七籤卷八十四「埃」。
〔六〕「鄽」，雲笈七籤卷八十四作「牢」。
〔七〕「患」，雲笈七籤卷八十四作「惡」。

以盡子孫之近戀；隱之而遊，可以登名山也。若夫道數兼備，萬〔一〕術斯明，役使百鬼，招召衆靈，坐在立亡，分氣散形。雖處三軍而飆鋒不能兵，雖行凶危而災癘不能干，雖入市朝而百害不能生者，可无復施尸化之遷耳。夫此之解者，率多是不汲汲於龍輪，樂安栖於山林者。

以録形靈丸以合唾，塗所持杖，與之俱寢，三日則杖化爲己形，在被中，自徐遁去，傍人皆不覺知。以藥塗火炭，則他人見形而燒死，謂之火解。以一丸和水而飲之，抱草〔二〕而卧，則他人見已傷死於空室中，謂之兵解。凡自從任，故自得〔三〕還其故邑也。但當改姓名，變容貌〔四〕。昔有人作此去〔五〕，入林慮山，積十三年而復還家也。上解之道，名配紫

〔一〕「萬」，雲笈七籤卷八十四作「方」。
〔二〕「草」，雲笈七籤卷八十五屍解之太極真人飛仙寶劍上經叙作「木」。
〔三〕「凡自從任，故自得」，雲笈七籤卷八十五作「凡百縱任，即不得」。
〔四〕「改姓名，變容貌」，雲笈七籤卷八十五作「變姓名，易容貌」。
〔五〕「去」，雲笈七籤卷八十五作「法」，更恰。

簡，三官不復闚其間隙，妄以死加之〔一〕。

録形靈丸，亦可與人作尸解，但當曉示其去止節度耳。欲將得意弟子俱行遊者，當按之。

其用他藥得尸解，非是靈丸之化者，皆不得反故鄉。反故鄉，三官執之。尸解之法，有死而更生者，有頭斷已死，乃從傍出者，有死畢未殮而失骸者，有人形猶存而无復骨者，有衣在形去者，有髮既脱而失形者。

白日去謂之上尸解也，夜半去者謂之下尸解，向曉向暮〔二〕而去者謂之地下主者。雖獲隱遁，而跡兆不滅，爲人所疑，令世志未厭，不及遊故鄉〔三〕，遊栖靡定，深所疑惑〔四〕，意在於此。

〔一〕在雲笈七籤卷八十五屍解引太極真人飛仙寶劍上經叙中，本品「司命東卿君曰」至「白日陸沉者也」段與本段「以録形靈丸以合唾」的文字實相連爲一體。

〔二〕「向曉向暮」，雲笈七籤卷八十四屍解之屍解次第事迹法度作「向曉暮之際」，真誥卷四運題象第四作「向曉向暮之際」。

〔三〕「不及遊故鄉」，雲笈七籤八十四作「又不得返旋故鄉」。

〔四〕「疑惑」，雲笈七籤八十四作「悵悵」。

自先世有功在三官，流逮後嗣，或易世練化，改氏更生者，此七世陰德，根葉相及。既終，當遺脚一骨，以歸三官，餘骨隨身而遷。男留左骨，女留右骨，皆受書爲地下主者；二百八十年，乃得進受地仙之道矣。臨終之日，視其形如生人之肉〔一〕，既死之時〔二〕，尸體香潔〔三〕，足指不青，手皮〔四〕不皺者，謂之先有德行，自然得尸解。

右出洞真藏景録形神經。

四紀篇曰：九真中經，或曰飛行羽經，有之者白日尸解〔五〕。

六紀篇曰：靈書紫文，或曰五老寶經，有之者尸解。

〔一〕「之肉」，雲笈七籤卷八十六屍解之地下主者無，真誥卷十六同秘要。

〔二〕「既死之時」四字，真誥卷十六作「脱死之時」，雲笈七籤卷八十六無。

〔三〕「尸體香潔」，真誥及雲笈七籤卷八十六均爲「尸不强直」。

〔四〕「皮」，雲笈七籤卷八十六同，真誥作「足」，當誤。

〔五〕「尸解」，上清七聖玄紀經作「昇舉」。

右出洞真七聖元紀經〔一〕。

諸尸解地下主者，按四極真科，一百四十年，乃得補仙官；復一千三百年，乃得補真官，於是始得飛華蓋，乘群龍，登太極〔二〕，遊九宫也。

右出洞真太上隱書經〔三〕。

有此經，未能勤修，思真念靈，與俗无别者，故不失隱存下仙白日尸解。

〔一〕「洞真七聖元紀經」，原爲「洞真瓊文帝章經」，文字實見於上清七聖玄紀經，據改。

〔二〕「太極」，寶顔堂訂正無上秘要作「太殿」，洞真上清太微帝君步天綱飛地紀金簡玉字上經同秘要。

〔三〕「太上隱書經」，此當指洞真上清太微帝君步天綱飛地紀金簡玉字上經，如該經：「太上隱書，太微帝君昔授皇清洞真君步天綱飛地紀，據玄斗，攀星魁，接九真，乘飛龍。」同經叙述其傳授科儀：「按四極明科，太上隱書，聽七百歲中傳三人，過此不得復出。」同經：「太上隱書金簡玉字步天綱飛地紀，昇上清入紫微之要經。」同經：「太上隱書步天綱飛六紀玉經，皆後聖君上請，以付方諸宫青童君，使下教骨命宿有仙名者。」洞真太上太素玉録：「太極真人後聖君受太上隱書步天綱飛紀。」朱越利等先生認爲，「隱書」是相對於黄赤之道的經書而言，本即有關上清之道經書的泛稱，「太上隱書」或即上清之道的經書。在道經中，上清太上八素真經、上清金真玉光八景飛經均可稱作「太上隱書」。

右出洞真八素真經[一]。

太極真人遺帶散白粉，服一刀圭，當暴心痛如刺。三日欲飲。飲計[二]足一斛，氣乃絶，死既殮[三]，失尸所在，但餘衣在耳。是爲白日解帶之仙。若知藥名者，不復心痛，但飲足一斛，仍絶也。既絶已，自悟[四]所遺尸者在地也。臨時，自有玉女玉童以青輧輿載共來之[五]。欲停者，當心痛三日，節與飲耳。其方亦可合，亦可舉家用。

右出真迹經。

〔一〕「洞真八素真經」，寶顔堂訂正無上秘要作「洞真太素真經」。按，本則文字見於洞真太上八素真經服食日月皇華訣。

〔二〕「計」，真誥卷十協昌期第二作「既」。

〔三〕「殮」，真誥作「斂」。

〔四〕「悟」，真誥作「覺」。

〔五〕「載共來之」，真誥作「共來載之」。

鍊質品〔一〕

太極金華真人以此經文，刻於太微天帝〔二〕紫微宫玄琳玉殿東壁牖上。其文曰：

五氣〔三〕異方，津光合形。有終而死，有始而生。萬類反本，千條歸冥〔四〕。氣適浮煙，血奔流清〔五〕。哀哉兆〔六〕身，非〔七〕真不成。何不竭以雲草玄清〔八〕，徊以卉醴華英，會以五

〔一〕「鍊質品」，原經及寶顔堂訂正無上秘要均無，據敦目及本卷下文内容增。除了寶顔堂訂正無上秘要外，本品所引洞真太極帝君填生五藏上經即洞真高上玉帝大洞雌一玉檢五老寶經中的大洞雌一太極帝君鎮生五藏上經法，另還見於雲笈七籤卷七十四方藥之太上巨勝腴煮五石英法（原注：一名太帝君鎮生五藏訣）及卷八十六屍解之洞生太帝君鎮生五藏訣。據上四處經文校。

〔二〕「天帝」，五老寶經作「天中」，雲笈七籤卷七十四、八十六作「帝君」。

〔三〕「氣」，雲笈七籤卷七十四、八十六均爲「石」。

〔四〕「冥」，五老寶經作「皈冥」，雲笈七籤卷七十四、八十六作「真」。

〔五〕「氣適浮煙，血奔流清」，五老寶經作「道氣遍浮，煙雲奔流」，誤。

〔六〕「兆」，寶顔堂作「此」。

〔七〕「非」，雲笈七籤卷七十四作「飛」。

〔八〕「清」，五老寶經及雲笈七籤卷七十四、八十六作「波」。

光七白靈蔬，和以白素飛龍。沐浴平旦，正心向東。凝精勵〔一〕魂，上帝五公。再拜朝靈，鎮固五方。長生天地，出入流通。各安其位，生華五藏。

此文乃上清八會交龍〔二〕大書，非世之學者可得悟了者也。太素真人顯別書字，受而服之，求其釋注於太極帝君焉。

雲草玄波者，黑苣藤是也，一名玄清；卉醴華英者，蜜也；五光七白靈蔬者，薤菜也；白素飛龍者，石英也。

法當種薤菜，使〔三〕五月五日不掘拔者，唯就鋤壅護治之耳。經涉五年中，乃取任〔四〕藥，名爲五光七白靈蔬。擇取薤白精肥者十斤，黑苣藤五斗〔五〕，白蜜凝雪者五斗，高山玄

〔一〕「勵」，五老寶經及雲笈七籤卷七十四、八十六作「厲」。

〔二〕「交龍」，雲笈七籤卷七十四作「龍文」。

〔三〕「使」，五老寶經作「經」。

〔四〕「任」，五老寶經及雲笈七籤卷八十六作「作」。

〔五〕「黑苣藤五斗」，五老寶經及雲笈七籤卷七十四、八十六作「黑苣藤腴一斛五斗」。

巖絶泉石孔之清水三十六斛〔一〕，白石英精白無有礪碍〔二〕者五枚，先〔三〕好於磨石上礪護，使正圓，如雀卵之小小者，好瑩治，令如珠狀，勿令有礪石之餘迹。先清齋一百六十日，令齋日訖，於九月九日，先築土起基，高二尺，作竈屋，屋成，作好竈，以竈口向西，屋亦開西户也。當得新鐵釜，安竈上，是〔四〕九月九日申酉之時，向竈口跪，東向内五石子於釜中。於是乃先投一枚於釜中，祝曰：「青帝公石，三素元君。太一司命，玄母理魂。固骨填〔五〕肝，守養肝神。肝上生華，使肝永全。」

次，又投一枚於釜中，祝曰：「白帝公石，太一所憩。元父理精，玄母填〔六〕肺。守養肺

〔一〕「石孔之清水三十六斛」，五老寶經作「石乳之清水三十六斛」，雲笈七籤卷七十四作「石孔之精水二十六斛」、卷八十六作「石孔之精水三十六斛」。

〔二〕「礪碍」，五老寶經作「廉崿」，雲笈七籤卷七十四、八十六作「厲碍」。

〔三〕「先」，五老寶經作「先」，雲笈七籤卷七十四、八十六作「光」。

〔四〕「是」，五老寶經及雲笈七籤卷七十四作「於」。

〔五〕「填」，五老寶經及雲笈七籤卷七十四、八十六作「鎮」。

〔六〕「填」，五老寶經及雲笈七籤卷七十四、八十六作「鎮」。

神，使無朽廢[一]。肺上生華，千萬億歲。」

次，又投一枚於釜中，祝曰：「赤帝公石，帝君[二]同音。玄母理血[三]，桃康填[四]心。守養心神，使無灰沈[五]。心上生華，一成[六]玉林。」

次，又投一枚於釜中，祝曰：「黑帝公石，太一同筭。玄母元父[七]，理液混變。守養腎神，使無壞亂。腎上生華，常[八]得上願。」

次，又投一枚於釜中，祝曰：「黃帝公石，老君同威。太一帝君，理魄鎮脾。守養脾神，

〔一〕「使無朽廢」，雲笈七籤卷七十四作「使氣不朽」。
〔二〕「君」，寶顏堂作「公」。
〔三〕「血」，五老寶經及雲笈七籤卷七十四、八十六作「神」。
〔四〕「填」，五老寶經及雲笈七籤卷七十四、八十六作「鎮」。
〔五〕「使無灰沈」，雲笈七籤卷七十四、八十六作「無灰無沈」。
〔六〕「一成」，五老寶經作「華生」，雲笈七籤卷七十四、八十六作「華茂」。
〔七〕「玄母元父」，五老寶經作「玄父玄母」。
〔八〕「常」，五老寶經作「當」。

使無崩頹〔一〕。脾上生華，白日晨飛〔二〕。」

投石時，皆各閉氣五息，然後乃投石。都畢，起向竈五再拜，又取薤白五斤，好積〔三〕覆於五石之上。畢，内蜜灌薤上。畢，内苣藤五斗〔四〕灌蜜上。畢，乃格度苣藤〔五〕入釜深淺高下處所也。然後稍入清水，使不滿釜小許，止。木蓋游覆〔六〕釜上。九月十日平旦，發火，當取直理之木、熇燥好薪，不用蠹蟲及木皮之不浄薪，火煮之，纔令覺劣沸而已〔七〕，勿使湧溢大沸。當屢發視，調其下火。當先視腴格處所。若煮水煎竭，當益水，所盡三〔八〕十

〔一〕「頹」，五老寶經作「摧」。

〔二〕「晨飛」，雲笈七籤卷七十四、八十六作「上昇」。

〔三〕「積」，雲笈七籤卷八十六作「者」。

〔四〕「内苣藤五斗」，五老寶經及雲笈七籤卷七十四、八十六作「内腴一斛五斗」。

〔五〕「格度苣藤」，五老寶經作「按度腴」，雲笈七籤卷七十四、八十六作「格度腴」。

〔六〕「遊覆」，五老寶經作「浮蓋」。

〔七〕「火煮之，纔令覺劣沸而已」，五老寶經作「火煮，方令覺少沸而已」，雲笈七籤七十四作「微火煮之，纔令陷劣沸而已」、卷八十六作「火煮之，纔令檻劣沸而已」。

〔八〕「所盡三」，五老寶經作「取盡四」，雲笈七籤卷七十四作「使盡二」。

六斛水而止。又水盡之後，更加煎，令減先腴二寸格〔一〕，籌〔二〕量，以意斟酌視之。都畢，成也。寒之於釜中，去下火灰〔三〕，密蓋其釜上。五日，乃徐取五石。平旦，向五方各再拜。畢，跪以此腴雜以東流水，以次服之，飲〔四〕水及腴，取令送〔五〕石子入口，下喉中耳〔六〕。服之時〔七〕，亦如初投石於釜中時，一二按祝〔八〕而服之也。畢，又五再拜。畢。

若藥煎既成，而視無復石者，非有他也，直五精伏散，隱靈化形，故自流遯〔九〕於雲腴之中，无所凝〔一〇〕也。但當日服五合，以清酒飲送之，神變及質，各自鎮養五藏矣。自於

〔一〕「二寸格」，五老寶經作「格二寸」。
〔二〕「籌」，雲笈七籤卷七十四、八十六均爲「疇」。
〔三〕「灰」，雲笈七籤卷七十四作「炭」。
〔四〕「飲」，雲笈七籤卷七十四、八十六均爲「餘」。
〔五〕「送」，五老寶經作「通」。
〔六〕「下喉中耳」，雲笈七籤卷七十四、八十六均爲「下喉中，耳聞之」。
〔七〕「服之時」，五老寶經作「服石之時」，雲笈七籤卷七十四作「再服時」。
〔八〕「一二按祝」，五老寶經作「一二按視」，雲笈七籤卷七十四、八十六均爲「一一按祝」。
〔九〕「遯」，雲笈七籤卷七十四作「遂」，卷八十六作「逐」。
〔一〇〕「凝」，雲笈七籤卷七十四、八十六均爲「疑」。

五藏之内，更生成五石也。慎不可猛火，火猛，石精飛去，滓濁壞爛，雲腴熬臭，不可服御。

又雲腴之味，香甘異美，彊血〔一〕補精，填〔二〕生五藏，守氣凝液，長養魂魄〔三〕，真上藥也。以好器盛之，密蓋其上，即日服一合爲始，日日以常〔四〕。若腴蜜煎彊者，亦可先出服石，然後加腴，更和煎之，取令凝如割肪也。人亦有丸服之者，日三十丸，大都丸不如腴服之佳也。趣復〔五〕任人所便耳，便則安於體，體便則無不佳。常能服此腴者乃佳〔六〕。若先腴已盡，當更合，如前之法。用〔七〕白石英五兩填釜底，一兩輒一投，祝説如法，但不復礪石

〔一〕「血」，雲笈七籤卷七十四、八十六均爲「骨」。

〔二〕「填」，雲笈七籤卷七十四、八十六均爲「鎮」。

〔三〕「長養魂魄」，雲笈七籤卷七十四作「長魂養魄」。

〔四〕「日日以常」，雲笈七籤卷七十四、八十六均爲「日以爲常」。

〔五〕「復」，雲笈七籤卷八十六作「後」。

〔六〕「乃佳」，雲笈七籤卷八十六作「石乃住」。

〔七〕「用」，雲笈七籤卷七十四作「内」。

使圓而重服之耳。藥成，出此石，沈東流水中不嘗燥〔一〕竭之淵。若不欲更合此腴者，亦无損於前五石也。此腴名玄水玉液，一名飛龍雲腴，一名鍊五石之華膏。服之十五年，身有玉光，内外洞徹，長生天地，役使鬼神。三年之後，眼可夜書〔二〕。

真人云：此方愈於鍊八石之餌金，必勝於桂水雲母之玉漿也。既服此五石，石入喉〔三〕徑，寶填五藏，五藏常生華。一藏中輒有一石，以守藏孔，藏孔之上皆生五色華也。

若其人或蹔死而適太陰，權過三官者，肉既灰爛，血沈脉散者，而猶五藏自生，白骨如玉，七魄營侍，三魂守宅，三元歡〔四〕息，大神内閉〔五〕。太一録神，司命秉節，五老扶華，帝君寶質，或三十年、二十年，或十年、五〔六〕年，隨意而出。當生之時，即更收血育肉，生津結

〔一〕「嘗燥」，雲笈七籤卷七十四、八十六均爲「常熇」。
〔二〕「書」，雲笈七籤卷七十四、八十六均爲「夜視」。
〔三〕「石入喉」，雲笈七籤卷八十六作「五石入喉」。
〔四〕「歡」，真誥卷四及雲笈七籤卷七十四作「權」，雲笈七籤卷八十六作「護」。
〔五〕「閉」，雲笈七籤卷七十四作「閑」。
〔六〕「五」，真誥及雲笈七籤卷七十六作「三」。

液，復質反〔一〕胎，成形濯質，乃勝於昔未死之容也。「真人練身〔二〕於太陰，易貌於三官」者，此之謂也。

太微天帝君詠曰：太陰練身形，勝服九轉丹。華〔三〕容端且嚴，面色合靈光〔四〕。五石會天真，太一寶神關。上登太極闕，受書爲仙人。

南嶽真人赤松子曰：昔有趙成子者，學仙之士也。初受吾鎮生五藏上經，乃按而爲之。成子後故欲還入太陰，求改貌化形。當是時，自故死亡於幽州上谷玄丘山〔五〕中石室之下，即爲死尸白骨也。後五六年，忽有他人經山行者見此尸在石室中，肉朽骨在，又見腹中五藏自生，又香而不爛如故，以液血纏裹，五色之華瑩然於內，紫胞結絡，交纏於外。

〔一〕「反」，真誥及雲笈七籤卷七十四、八十六均爲「本」。
〔二〕「身」，真誥及雲笈七籤卷八十六作「形」。
〔三〕「華」，真誥卷四及雲笈七籤卷八十六作「形」。
〔四〕「合靈光」，真誥作「似靈雲」，雲笈七籤卷七十四、八十六均爲「合靈雲」。
〔五〕「玄丘山」，雲笈七籤卷七十四作「玄丘」。

彼人乃歎曰：「昔聞五藏可養，以至不朽者，今見其人矣。此子將有道而不終〔一〕乎？」因手披死尸五藏之内，藏中各見有一白石子在焉。彼人又曰：「使汝五藏不朽者，必此五石也。子已失道，可以相與。」因探取而仰吞石，石皆以入喉也。彼人别去十餘年，而成子之尸當生。當生之時，彼人先服石子即日皆飛從口出，如飛蟬之狀，逕還死尸之藏。因此成子改形而起矣。彼人既見石飛，心震意惕，後日故入此山尋視死尸所在。彼人既到石室之前，方見成子散髮偃據，洞嘯靈谷，面有玉光，髮色流澤。於是彼人惶震，累息匍匐於巖岫之間、林竹之側。成子問之曰：「子何人哉？」爾乃忽見成子前有五老仙公〔二〕，披錦帶符，手秉羽節，頭建紫冠，足蹈空虚，並切齒而言於成子曰：「昔盗吞先生五藏之寳石者，今此癩面人是也。」言畢，彼人面上即生惡瘡〔三〕，又噤而失言，狼狽而歸。比及達家〔四〕，癩瘡亦遍於一門，而同時俱死，族即滅矣。

〔一〕「此子將有道而不終」，雲笈七籤卷七十四作「此子將有道不修，中道被試不過」，上清仙府瓊林經作「此子將有道而不終，將中道被試不過」。
〔二〕「公」，雲笈七籤卷七十四作「翁」。
〔三〕「瘡」，仙府瓊林經及雲笈七籤卷七十四作「癩」。
〔四〕「比及達家」，仙府瓊林經及雲笈七籤卷七十四作「比歸達家」。

夫得道之士，而暫遊太陰者，太一[一]守尸，三魂營骨，七魄衛肉，胎靈録[二]氣。非不欲擿惡人之心性，閉凶愚之耳目也，直欲觀靈驗於八方，示真威以流赫耳。況加含五帝之神石、靈公之精英？欲盜服以延壽，竊以希長生，不可冀也，豈可爲哉？南嶽真人故復書而記之，以祛盜濫之凶心乎？

右出洞真太極帝君填生五藏上經。

［一］「一」，真誥卷四運題象第四作「乙」。
［二］「録」，真誥卷四作「掾」。

無上秘要卷之八十八

易形品

老子〔一〕曰：蛇得靈寶，化爲神龍；鳥得之，變爲鳳凰〔二〕；凡獸得之，改爲麒麟；凡夫得之，號曰聖人。何謂聖人？子有通聖真文。能常服之，遊戲五嶽，逍遥于〔三〕空，改易五内，變化形容。一年易氣，二年易血，三年易肉，四年易筋，五年易骸，六年易骨，七年易髓〔四〕，八年易髮，九年易形。形體盡易，大道畢矣。

〔一〕「老子」，太上無極大道自然真一五稱符上經卷上作「老君」。
〔二〕「鳥得之，變爲鳳凰」，自然真一五稱符上經作「禽鳥得之爲鳳凰」。
〔三〕「于」，自然真一五稱符上經作「太」。
〔四〕「四年易筋，五年易骸，六年易骨，七年易髓」，自然真一五稱符上經作「四年易肌，五年易髓，六年易筋，七年易骨」。按，「一年易氣」後的文字在自然真一五稱符上經中在卷末，本不與前文相銜接。

右出洞玄自然五稱經。

太一神仙生五藏、填六胃、養九竅〔一〕、和九關、鍊三魂、曜二童、保一身長生萬歲四填丸方〔二〕。

太一禹餘糧四兩，定六府，填五藏。

真當歸一兩，以和禹糧，止節百病〔三〕。

薰陸香一兩，以和當歸，薰五藏內。

人參一兩，補六府津液，助餘糧之勢。

雞舌香一兩，除胃中客熱，止痰悶。

已上五種，以餘糧爲主，四物從之。先內主，搗百杵，乃次內四物，爲散〔四〕。

〔一〕「填六胃、養九竅」，上清太上帝君九真中經卷下作「鎮六腑、養七竅」。本則文字中的「填」，在九真中經中多作「鎮」，不詳注。

〔二〕「長生萬歲四填丸」，九真中經作「長生千歲四鎮圓」。

〔三〕「以和禹糧，止節百病」，九真中經作「以和餘糧，止關節百痛」。

〔四〕「乃次內四物，爲散」，九真中經作「乃次內，皆令成散」。

丹砂四兩，攝魂魄，填三神，理和氣。
甘草一兩，以和丹砂，益肌膚，去白髮。
青木香一兩，以助甘草，去三蟲、伏尸。
乾地黄一兩，和百髓，滿腦血。
降真香一兩，益目瞳〔一〕，薰下關。

已上五種，以丹砂爲主，四物從之。先内主，擣百杵，乃次内，皆令成散。

茯苓四兩，填七竅，補九虚，和靈關。
朮一兩，以和茯苓，益神氣，明目瞳。
乾薑一兩，以補朮勢，除痰熱〔二〕，開三關，去寒冷。
防風一兩，補濕〔三〕痹，除穢津，止飢渴。
雲母粉一兩，澤形體，面生光，補骨血。

〔一〕「降真香一兩，益目瞳」，九真中經作「詹糖香一兩，益目童」。
〔二〕「以補朮勢，除痰熱」，九真中經作「以和朮勢，除炎熱」。
〔三〕「濕」，原作「漯」，據九真中經改。

已上五種，以茯苓爲主，四物從之。先内主，擣百杵，乃次内，皆成散。

麥門冬四兩，去心。填神精，養靈液，固骨〔一〕。

乾棗膏一兩，以助門冬，凝血脉，去心穢。

附子一兩，熬之。益腦中氣，填藏内冷〔二〕，去痰。

胡麻一兩，熬之。和喉口〔三〕液，填下關泄，澤三神。

龍骨一兩，益六液，養窮腸，烏〔四〕髮止白。

已上五種，以麥門冬爲主，四物從之。先内主，擣百杵，乃次内之，皆成散。

凡四填神丸〔五〕，合二十種。藥令精上，其五物爲一部，皆各合〔六〕成散。先内禹餘糧部，擣三千杵；次内丹砂部，擣四千杵；次内茯苓部，擣五千杵；次内麥門冬部，擣六千

〔一〕「骨」，九真中經作「百骨」。

〔二〕「填藏内冷」，九真中經作「填藏内，除冷」。

〔三〕「口」，九真中經作「中」。

〔四〕「烏」，九真中經作「黑」。

〔五〕「四填神丸」，九真中經作「四鎮神圓」。

〔六〕「各合」，九真中經作「令」。

杵；又内白蜜四升，又擣七千杵；又内白蠟十二兩，又擣八千杵；又更下蜜，令可丸〔一〕；若剛者，當下蜜；柔者不須又更下蜜，但多下蜜〔二〕，亦更擣三萬杵。藥成，丸〔三〕如雞子中黄。亦可計黄以爲細丸〔四〕而服之也。以正月、九月上建日合之，滿日起服之。百日中，籌量服五丸〔五〕。當先一日不食，後日平旦乃服。畢，乃飲食如故。千日之後，二百日中服七丸〔六〕；二千日之後，三百日中服二十丸；三千日之後，四百日中服三十丸。計此爲度〔七〕，填神守中，與天地相畢。此藥萬年不敗。若常服此藥一丸〔八〕，不復服餘雜食餌之輩也。

〔一〕「丸」，九真中經作「圓」。
〔二〕「又更下蜜，但多下蜜」，九真中經作「又不可大下蜜，但可多少下蜜爾」，更恰。
〔三〕「丸」，九真中經作「圓」。
〔四〕「丸」，九真中經作「圓」。
〔五〕「丸」，九真中經作「圓」。
〔六〕「丸」，九真中經作「圓」。
〔七〕「度」，九真中經作「率」。
〔八〕「丸」，九真中經作「圓」。

合藥，先禁〔一〕戒七日，永不復犯房室，无令雞犬小兒婦人見之。合藥時，當燒香，設一神〔二〕席於東面，爲太一帝君、太一君、太一上元君〔三〕之坐也。心常存呼祝之。服藥時，亦當心存之，以向月王。此所謂四大〔四〕，以填四神，以治百病也，令人不修〔五〕，遠視萬里之外，白髮還黑，齒落更生，面目悦澤，皮理生光。服之一年，宿疾皆除；二年，易息；三年，易氣〔六〕；四年，易脉；五年，易髓；六年，易筋；七年，易骨；八年，易齒；九年，易形體；十年，役使鬼神，威御虎狼。

右出洞真九真中經。

〔一〕「禁」，九真中經作「齋」。
〔二〕「神」，九真中經作「浄」。
〔三〕「太一帝君、太一君、太一上元君」，九真中經作「大帝君、太一、太上太元君」。
〔四〕「四大」，九真中經作「四太方」。
〔五〕「修」，九真中經作「老」。
〔六〕「氣」，九真中經作「肉」。

長生品

天尊成就五方國土，度一切人。時還長樂舍中，諸是雜國、无大无小，傾國人來〔一〕，非可禁止。天尊爾時三日三夜，閉天光明，使光不照，聚柴高地二百丈許。天尊坐於柴上，以火自燒，火然光照，四方朗明。諸國男女，遥見天尊坐在火上，无緣得往，披陳其心。天尊欲觀其心，因告來者：「欲得長壽，當入火中，就我受法。」真〔二〕有至心好慕大法者，有七萬二千四百五十人，授〔三〕身赴火，皆至道前。天尊即於火中授其經法，隨入隨授，身並得度，隱形而去。餘不入者有三〔四〕十萬人，遥見入者身不得出，皆云燒死。於是便退，各還本土。預是入火受度之人，皆先以至家，其不入者皆在後至。既還相見，方懷惋歎，悔无

〔一〕「人來」，太上諸天靈書度命妙經作「來入」。
〔二〕「真」，度命妙經作「其」。
〔三〕「授」，度命妙經作「投」。
〔四〕「三」，度命妙經作「四」。

復及。受度之身，皆得長壽。

右出洞玄靈書經。

道言：皆〔一〕於始青天中碧落空歌大浮黎土，受元始度人无量上品。元始天尊當説是經，周回十過，以召十方。始當詣座，天真大神、上聖高尊、妙行真人无鞅數衆乘空而來，飛雲丹霄，緑輿瓊輪，羽蓋垂蔭，流精玉光，五色鬱勃，洞焕太空。七日七夜，諸天日月星宿、璇璣玉衡，一時停輪。神風静默，山海藏雲，天无浮翳，四炁朗清，一國地土，山川林木，緬平一等，无復高下。土皆作碧玉，无有異色。衆真侍座，元始天尊玄座〔二〕空浮五色師子之上，説經一遍，諸天大聖同時稱善，是時一國男女聾病耳皆開聰；説經二遍，盲者目明；説經三遍，瘖〔三〕者能言；説經四遍，跛痾積逮皆能起行；説經五遍，久病痼疾一時復形；説經六遍，髮白反黑，齒落更生；説經七遍，老者反壯，少者皆强；説經八遍，婦人懷

〔一〕「皆」，靈寶无量度人上品妙經卷一作「昔」，更恰。

〔二〕「玄座」，度人上品妙經作「懸坐」。

〔三〕「瘖」，度人上品妙經作「喑」。

妊，鳥獸含胎，已生未生，皆得生成；説經九遍，地藏發泄，金玉露形；説經十遍，枯骨更生，皆起成人。是時一國是男是女，莫不傾心，皆受護度，咸得長生。

右出洞玄无量度人經。

雲腴名玄水玉液，一名飛龍雲腴，一名鍊五石之華膏。服之十五年，身有玉光，内外洞徹，長生天地。

右出洞真填生五藏經。

道人圖生，蓋不謀名。衣弊履穿，不慕尊榮。胸中純白，意无所傾。志若流水，居處市城。積守无爲，乃能長生。

右出妙真經。

治人、事天，莫若嗇。夫唯嗇，是謂早復〔一〕。早復謂之重積德。重積德則无不克，无

〔一〕「復」，各本作「服」。後「服」同。

不克則莫知其極。莫知其極，可以有國。有國之母，可以長久。是謂深根、固蒂、長生、久視之道。

右出老子德經。

紫微夫人説阿母言曰：服日氣，以平旦採月華，以夜半存之，去面前九寸，令光景照泥丸，下及五藏，洞徹一形，引氣入口，光色蔚明。良久，乃畢。常行得長生。

右出洞真太一帝君太丹隱書經。

真人曰：食日之精，子必長生，緣以上天謁元君先〔一〕。常以月一日、三日、五日、七日、九日、十五日日出時至日中食，先念心中有日，日中有玄蓋，蓋下有小童，正氣遍身，中外九重〔二〕。思赤氣滿頭，從頂出，上昇天，繞日九重。咒曰：「日君元陽，還歸絳宮。與我

〔一〕「元君先」，太上靈寶五符序卷上作「元先」。「元先」乃神靈諱字，如皇天上清金闕帝君靈書紫文上經：「其三元宮所在，其上元宮泥丸中也，其神赤子三元先，一名帝卿。」

〔二〕「蓋下有小童，正氣遍身，中外九重」，靈寶五符序作「蓋下有小童正赤，赤氣徧身中身外九重」。

合德，俱養小童。」因思日精來下，入頂鼻孔中，咽之三九，滿心中。心中有三人，左即太一父也，右即玄元〔一〕母也，中央即赤子小童也，坐金牀玉榻，執玉柈玉杯，中〔二〕玉英神酒，并天芝草見在。食飲之，仍不飢渴而長生。

食月之精，可以長生，緣之以上天。常以十五日夜半時，向月再拜，咒曰：「月君子光〔三〕，還歸丹田；與我合德，俱養小童。」因思月白氣黄精來下，入鼻口中，咽之三七而止。月精託腎根，即得長生。

食星之精，上昇太清。常以日出、晡時、日中、夜半上，念北極太黄〔四〕星，咒曰：「皇天上帝，太上道君。曾孫小兆某甲，好仙道，願得長生。」因念星精來下，在兩眉間，流入鼻口中，咽之三五。思氣滿心膽脾中，有道母，主哺養赤子。即不飢不渴，即得長生。

右出洞玄五符經。

〔一〕「元」，靈寶五符序作「光」。
〔二〕「中」，靈寶五符序作「杯中」。
〔三〕「子光」，靈寶五符序作「元陰」。
〔四〕「黄」，靈寶五符序作「皇」。

地仙品〔一〕

太極真人曰：立三百善功，可得長存地仙。若一功不全則更從一始，而都失前功。常有其念，在於心膂者，則是也。子導人作善，即爲善功矣。

右出洞玄定志經。

道言：下士修身，斷情忍色，服御養神，遠棄榮麗，棲憩幽林，愛山樂水，耽翫静真，淡泊守固，絶穀休糧，長齋念道，過中不餐〔二〕。端坐則與師寶相對，出入則與鳥獸爲群，孤旅巖穴，獨景空山，思不慕歸，悲不悼形，契闊林澗，怡神〔三〕擬餐，面有餓容，心如懷丹，艱苦

〔一〕「地仙品」，原經目録及敦目均有，但正文缺，據文意補於此處。

〔二〕「餐」，太上玄一真人説勸誡法輪妙經作「味」。

〔三〕「怡神」，勸誡法輪妙經作「切柏」。

備嬰，玄〔一〕有和顏，見試不恐，心静敬〔二〕安。如此之行，上感虚皇，九滅九生，志願不退，執固殊堅，剋得變化，乘空飛行，遊宴五嶽。

右出洞玄法輪經。

大劫度厄寶命長存符〔三〕，元始九玄之精。經大陽九之會，洪水滔天，當青書白絹，佩之頭上，浮翔清波之上，災不能傷，保身長命，久佩神仙。

小劫度厄寶命長存符，九天太真符。經小陽九之周，水火交横，萬灾並興，當以朱書白絹，佩之左肘，入淵不沉，入火不然，萬害不能干〔四〕，保身長命，與天同壽，久佩神仙。

右出洞真青腰紫書。

〔一〕「玄」，勸誡法輪妙經作「恒」。

〔二〕「敬」，勸誡法輪妙經作「神」，更恰。

〔三〕「符」，原無，據洞真上清青要紫書金根衆經卷上補。

〔四〕「入火不然，萬害不能干」，金根衆經作「入火不燃，萬災不能害」。

天皇、地皇、人皇大字，皆大〔一〕有清虚妙法、洞玄寶文，自无金名在方諸青宫，不得知聞。有其文者成地仙。

右出洞真四極明科。

天仙品

右中真下元紫元大仙洞氣陽靈之文。此則大仙洞氣陽生之精，化生玉文，以輔上清帝真，變化八方之氣，通神招真，保命長存。服之八年，則紫元臺玉童九人給兆通靈，召八景神官，雲輿羽蓋，給兆飛行。

右上真下元陽靈真文變化靈符。此則洞陽演靈之精，化生玉文，以轉上真帝尊，變化八方之氣，通神招真，保命長存。服之八年，則太陽玉童九人，給兆通靈，召八景神官，命雲輿羽蓋，給兆飛行。

右中真中元洞陽大靈真文變化靈符。此則大靈陽生之精，化生玉文，以輪上真帝尊，

〔一〕「大」，原無，「有清虚妙法、洞玄寶文」於太真玉帝四極明科經卷一作「大有清虚妙法、洞元寶文」，據補。

變化八方之氣，通神招真，保命長存。服之八年，則南極玉童九人，給兆通靈，召八景神官，命雲輿羽蓋，給兆飛行。

右中真中元洞陰太玄變化靈符。此則北户陰極之精，化生玉文，以輔中元中真八景神宫，上通天氣，下衛學真，招靈致真，千乘萬騎之官。服之八年，則玄宫玉女八人降形，致九天鳳衣、命真之策，以召八景之輿，載兆飛騰。

右出洞真變化七十四方經。

天尊言：若善男子善女人，能發自然道意，來入法門，受我十戒，行十二可從，則爲大道清信弟子。清信弟子皆與勇猛，飛天齊功。飛天未得道者也，是道〔一〕十轉弟子，飛行空虚〔二〕，爲諸天策駕。清信弟子，見在世上，可得免於憂惱，度於衆苦，身入光明，形内澄正，招鬼使神，制伏魔精，十轉即得上爲飛天。若在一轉，而行精進，心不懈退，作諸功德，長齋苦行，晨夕不倦，即得飛天齊功。

〔一〕「道」，太上洞真智慧上品大誡作「大道」。
〔二〕「空虚」，智慧上品大誡作「虚空」。

天尊言：其六戒者，皆以六〔一〕通智慧，能施其德，行合自然，福慶〔二〕恒居其身，禍害恒遠其門，翫好不絶，世世因緣。一轉受報，飛天齊功；超輪九轉，位及〔三〕大道；十轉弟子，名書諸天，七祖同昇，上生天堂。

天尊言：其十善勸戒，自非大道十轉弟子，莫能行之者。與飛天齊功，心與六通智慧參同，洞虚无也。身後皆得飛行雲中，衆聖策駕，遊行〔四〕十方。

右出洞玄大戒經。

明真科曰：脩奉智慧〔五〕上品十誡，積諸善功，供養法師，燒香然燈，佐天光明，照耀十

〔一〕「六」，智慧上品大誡作「心」，當誤。
〔二〕「福慶」，智慧上品大誡作「慶福」。
〔三〕「位及」，智慧上品大誡作「漸入」。
〔四〕「行」，智慧上品大誡作「乎」。
〔五〕「慧」，洞玄靈寶長夜之府九幽玉匱明真科作「惠」。

方，施惠布〔一〕德，念度衆生，死昇東華，受號飛天，位比太上〔二〕十轉弟子，爲衆聖策駕，遊行雲中。

又云：敬信奉十戒，燒香恒明燈；功滿〔三〕十轉報，位得及飛天。

右出洞真明真經。

昇月庭品

夫欲採月黄〔四〕華之道，當以月臨東井之日，清旦取井華之水一瓮，露於中庭，夜半書陽精玉胎練仙之符，置於水中，東向叩齒二十四通，臨水呪曰：「黄氣陰華，陽精洞鮮。沐浴九魂，冠帶金晨。圓明啓告，玉胎練仙。華光交焕，流芳陶〔五〕津。九陽齊化，玄霞散煙。

〔一〕「布」，玉匱明真科作「有」。

〔二〕「上」，玉匱明真科作「和」。

〔三〕「滿」，玉匱明真科作「齊」。

〔四〕「黄」，洞真太上八素真經服食日月皇華訣作「皇」。

〔五〕「陶」，服食日月皇華訣作「淘」。

元景回靈，曲映我身。飛昇上宫，洞覩瓊軒。」畢，取水一斗〔一〕，向月服之，便握固，存月中五色流精，皆來冠接一身五色之中。又有月光黄氣，大如目瞳〔二〕，累重數十，在月精五色之内，並從口中而入，洞匝〔三〕五藏，便〔四〕向月呑精五十咽，咽液十過。

又叩齒十通，微呪曰：「黄氣流精，三合凝光。玄暉反正，冠帶八芒。練魂東井，受明飛皇。金華散靈，五君流芳。夫人降醴，潤灑十方。洪芝下注，六府溢充。金精九化，易景反容。乘虚落煙，遊宴太空。上造月庭，與真齊雙。變化八道，出有入无。三晨洞暉〔五〕，永保无窮。」畢，以餘水洗浴。訖，還室，東向服陽精玉胎練仙符。

又叩齒十二通，微呪曰：「藏天包光，黄氣鬱散。結精凝暉，八芒明焕。瑩餝華黄〔六〕，

〔一〕「斗」，服食日月皇華訣作「升」。

〔二〕「瞳」，服食日月皇華訣作「童」。

〔三〕「入，洞匝」，服食日月皇華訣作「入洞房，帀」。

〔四〕「便」，原作「使」，據服食日月皇華訣改。

〔五〕「三晨洞暉」，服食日月皇華訣作「二晨同暉」。

〔六〕「明焕。瑩餝華黄」，服食日月皇華訣作「朗焕。瀅飾黄華」。

石景陶〔一〕灌。玉芝盈溢，潤充大〔二〕漢。普天受練，啓明晨旦。駕景登空，得騰〔三〕帝館。長離下世，超度八難。與日齊暉，與月同幹。」畢，咽氣五十過，止。

此服月華之道，元始妙法。行之一年，面生玉澤；七年靈降，身發金光；九年飛行，上造月鄉。

陰精飛景玉符。太歲之日，黄書竹膜之上，向太歲服之。三年，流光下映，徹照六府，五藏通明，面有玉光；九年飛行，上造月庭。

三素飛精招仙上符。秋分日，黄書竹膜上，清旦西向服之。三年，五嶽仙官來到，上真形見，中士淹藹〔四〕，若見若亡，下士夢睡，與仙共言；九年，得仙官雲輧來迎，上造〔五〕月庭。

〔一〕「陶」，服食日月皇華訣作「淘」。

〔二〕「大」，服食日月皇華訣作「霄」。

〔三〕「騰」，服食日月皇華訣作「昇」。

〔四〕「淹藹」，服食日月皇華訣作「菴靄」。

〔五〕「造」，服食日月皇華訣作「昇」。

黄〔一〕華石景内化靈符。以本命之日，青書竹膜之上，向本命服之。三年，頂生金光〔二〕，玄照一里；九年，與月〔三〕夫人共言，飛行太空，上造月庭。

右出洞真八素真經。

日魂練精陰符。以冬至〔四〕日夜半，黑書青紙上，投水中，沐浴一身，血精並被練化，致日精於紫景，降飛華於八騫，練五府於玉池，運兆身於廣寒。又黑書青繒，佩身八年，身發金光，項有圓明，真人下降，授兆真文，飛行太虚〔五〕，上昇廣寒之宫。

右出洞真黄氣陽精經。

〔一〕「黄」，服食日月皇華訣作「皇」。

〔二〕「頂生金光」，服食日月皇華訣作「項生圓光」。

〔三〕「月」，服食日月皇華訣作「月中」。

〔四〕「冬至」，上清黄氣陽精三道順行經作「立冬」。

〔五〕「虚」，三道順行經作「空」。

昇日門品

右飛華日景玉胎靈符。以本命之日，朱書竹膜之上，向本命服之。三年，流精紫光，洞照身形，面生金容；九年，飛行太虛〔一〕，上造日門。

陽精飛景玉符。太歲之日，朱書竹膜上，向太歲服之。三年，胃管通明，真暉充溢〔二〕，填靈〔三〕玉户，面生日光；七年飛行，上造日門。

右出洞真八素真經。

八鍊金冶化仙真符。以立春之日，黄書青紙，投水中，沐浴則通身鍊化，招日月之玄暉，降真人於玉庭。并黄書青繒，佩身八年，與真人交言，降致雲輿，飛昇金門之上。

〔一〕「虚」，洞真太上八素真經服食日月皇華訣作「空」。

〔二〕「溢」，服食日月皇華訣作「鎮」。

〔三〕「填靈」，服食日月皇華訣作「靈降」。

八鍊丹胎玉符。以立夏之日正中，丹書黄紙上，投水中，沐浴則内外鍊化，招仙〔一〕根於陽精，致黄氣於黄華，回日月以玄映，感真人於玉宇〔二〕。又丹書黄繒，佩身八年，真人下降，授兆真文，飛行空玄，上昇洞陽之宫。

龍景九鍊之符。以立秋之日晡時，青書白紙上，投水中，沐浴則骨髓鍊變，招玄暉於紫景，致陽精於飛根，納黄氣於水母，降真人於紫軒。又青書白繒，佩身八年，頭有日圓之明，飛行太虛〔三〕，上昇廣靈之堂。

求仙之道，當以夏至之日，夜半入室，南向，眠坐任意，閉目内思月中丹光夫人姓某諱某，形長八寸八分，頭作頽雲之髻，著丹錦飛裙，口銜月光，下入兆身心絳宫之中。須臾，月光散爲黄氣，帀降一形，夫人在月中央，採空青之華，散拂黄氣之中，口吐陽精赤氣〔四〕，以灌兆形。從内帀外，黄赤二氣，更相纏繞，洞映一身。夫人以紫書丹字六音授於兆身，便引黄氣二十四咽，引陽精十二咽，止。叩齒二十四通，仰呪曰：「流火萬頃，洞陽之精。

〔一〕「仙」，上清黄氣陽精三道順行經作「飛」。
〔二〕「宇」，三道順行經作「宇」，二者易形混，「宇」意更恰。
〔三〕「虛」，三道順行經作「空」。
〔四〕「口吐陽精赤氣」，三道順行經作「口吐陽精，陽精赤」。

陽安之館，三華玉城。金仙内映，八素四明。九曜降氣，元上高靈。夫人漱〔一〕香，散華玉清。丹書紫字，結音空青。蘭池玉潤，流灑八冥。朱光流翳〔二〕，普天〔三〕鮮榮。回晨曲曜，映監我形。形與朱日〔四〕，同死同生。乘空駕虚，驂〔五〕御飛軿。玉女弼〔六〕位，金童輔靈。翠羽輕蓋，上造帝庭。」畢，咽氣二十四過，咽液十二過，止，便服紫書丹字。行此道八年，夫人授兆丹書真文、日〔七〕中玉璫，令兆飛昇，上造洞陽之宫。

右出洞真黄氣陽精經。

〔一〕「漱」，三道順行經作「嗽」。

〔二〕「流翳」，三道順行經作「翳普」。

〔三〕「普天」，三道順行經作「天仙」。

〔四〕「形與朱日」，三道順行經作「得與朱月」。

〔五〕「驂」，三道順行經作「參」。

〔六〕「弼」，三道順行經作「翼」。

〔七〕「日」，三道順行經作「月」。

無上秘要卷之八十九

白日昇天品　昇九宫品　昇帝庭品　昇帝堂品〔一〕

闕

無上秘要卷之九十〔二〕

昇太清品

春分之日，太微天帝君上詣高上玉皇遊宴之時，始景行道受仙日也。至其日，如上

〔一〕「白日昇天品」、「昇九宫品」、「昇帝庭品」、「昇帝堂品」，原無，據敦目補入可能的卷次中。

〔二〕卷九十原缺，據敦目，「昇帝堂品」與「昇太極品」間即爲「昇太清品」，該品内容原在卷九十九，當流傳中誤後移，今移還爲該卷内容，理由詳見本書前言。

法，夜半，東向叩齒九通，仰思玄、青、黄三色之雲向東北而迴，便心念微言：「太微天帝君，乞迴神駕，下降我身，上我帝簡，賜我神仙。」畢，還思東方青陽上府玄微宮中始景老子道君，姓羽諱[illegible]幽宛〔一〕，形長九寸，身着紫青之綬，戴九色通天寶冠，足躡九色之履，手執命神之章，從太陽仙童三十六人，乘八景之輿、青雲之車，參〔二〕駕蒼龍，下治兆身明堂宮中，仍微祝曰：「始景上元，招靈致真。承炁命節，法典帝先。迴精玄蓋，上宴玉晨。迴靈下降，鎮固我身。保精鍊炁，五臟潔〔三〕鮮。紫氣流映，洞得御神。參〔四〕乘飛景，上宴瓊軒。」畢，仰咽九炁。

此始景之道，行之八年，則玄雲飛輪來迎兆身，上昇太清。

立夏之日，太極上真三元真人上詣紫微宮遊宴之時，玄景行道、受仙之日也。至其日清旦，東南向叩齒九通，仰思紫、青、黄三色之雲西北而迴，便心念微言：「太極上真三元真

〔一〕「宛」，上清金真玉光八景飛經作「窕」。

〔二〕「參」，八景飛經作「驂」。

〔三〕「潔」，八景飛經作「結」，從此始的內容還見於敦煌金真玉光八景飛經殘卷伯二七二八（李德範輯敦煌道藏第四册）。

〔四〕「參」，八景飛經作「驂」。

人，乞迴神駕，下降我房，書我玉名，使我神仙。」畢，還思東南少陽上府太微宮中玄景玉光无極道君，姓王諱[illegible]无英，形長八寸八分，身着丹錦之綬，頭戴无極進賢玉冠，足躡九色之履，手執招靈之章，乘玄景緑輿、五色雲車，參〔一〕駕鳳凰，從靈飛仙童三十九人，下治兆身洞房宮中，仍微祝曰：「玄景上靈，參〔二〕宴八炁。造景九玄，翱翔無外。迴真下降，解我宿滯。駕以青龍，廕〔三〕以紫蓋。得乘八景，上昇霄際。」畢，仰咽八炁，止。

行此玄景之道，行之八年，則紫素〔四〕三色之雲、玄景緑輿來迎兆身，上昇太清。

夏至之日，扶桑公大〔五〕帝君上詣太微宮遊宴之時，虛景行道受仙之日。至其日，如上法，清旦，南向叩齒八通，仰思赤、白、青三色之雲東南而迴，便心念微言：「扶桑大帝君，乞迴神光，下眄兆身，記名東華，得乘飛煙。」畢，還，南向思太陽上府紫微宮中虛景太尉元先道君，姓玄諱[illegible]伯史，形長八寸八分，身着絳錦丹綬，頭戴平天耀精玉冠，足躡九色之

〔一〕「參」，八景飛經作「驂」。

〔二〕「參」，八景飛經作「驂」。

〔三〕「駕以青龍，廕」，八景飛經作「廕以飛雲，覆」。

〔四〕「素」，八景飛經作「青黃」。

〔五〕「大」，八景飛經作「太」。

履，手執制魔之章，乘光明八道之輿、赤雲炁之車，參〔一〕駕鳳凰，從丹靈〔二〕上宮玉童三十六人，下治兆身中元丹田宮中，仍微祝曰：「虚景啓雲〔三〕，乘炁旋迴。迅駕八道，明光〔四〕吐威。下降我房，映我丹輝。攝魔御神，萬靈悉摧。使我洞幽，與景齊飛。」畢，仰咽八炁，止。

此虚景之道，行之八年，則致光明八道之輿來迎兆身，上昇太清。

立秋之日，太素上真白帝君上詣玉天玄皇高真，元景行道受仙之日。至其日清旦，西南向叩齒十二通，仰思白、赤、紫三色之雲西南〔五〕而迴，便心念微言：「太素真人，乞迴神光，下降兆身，奏名玉天，得爲真人。」畢，思西南少陰上府靈微陽宫之中元景太一炎天道君，姓黄諱𩆜運珠，形長七寸八分，著玄黄素綬，頭帶七寶進賢之冠，足躡九色之履，手

〔一〕「雲炁之車，參」，八景飛經作「雲之車，驂」。
〔二〕「靈」，八景飛經作「臺」。
〔三〕「雲」，八景飛經作「靈」。
〔四〕「明光」，八景飛經作「光明」。
〔五〕「西南」，八景飛經作「正西」。

執命神之策，乘蕭〔一〕條玉輦、五采朱蓋紫雲之車，參〔二〕駕六龍，從黄素上宫仙童二十四人，下治兆身下丹田宫中，仍微祝曰：「元景上真，八道玄靈。上治黄母，下治兆形。徘徊神輦，流映紫清。歷運御氣，三五〔三〕焕明。制神攝魔，我道洞精。長保上景，飛仙長生。」畢，仰咽七炁，止。

行此元景之道，行之八年，則致蕭〔四〕條玉輦來迎兆身，上昇太清。

秋分之日，南極上真赤帝君上詣閬風臺，詣九靈夫人遊宴之時，明景行道受仙之日。至其日，如上法，清旦西向，叩齒十二通，仰思青、黄、赤三色之雲西南而迴，便心念微言：「南極上真上皇赤帝君，乞迴神光，下降〔五〕兆房，賜書玉簡，上奏九靈，得乘飛景，昇入無形。」畢，思正西太陰上府精微兑宫中明景太和道君，姓浩諱𤣥玥仁〔六〕義，形長六寸八分，

〔一〕「蕭」，八景飛經作「翛」。
〔二〕「參」，八景飛經作「驂」。
〔三〕「五」，八景飛經作「炁」。
〔四〕「蕭」，八景飛經作「翛」。
〔五〕「降」，八景飛經作「眄」。
〔六〕「仁」，八景飛經作「二」。

身着白紋素靈之綬，頭戴无極寶天之冠，足躡九色之履，手執度命保生玉章，乘絳琳碧輦、白靈之車，參〔一〕駕白虎，從素玄〔二〕玉童二十二人，下治兆身華蓋宮中，仍微祝曰：「明景道宗，總統九天。匡〔三〕絡紫霄，迅御八煙。迴停玉輦，下降我身。啓以光明，授以金真。豁落招靈，身无稽延。得乘飛景，上宴〔四〕霄晨。」畢，仰咽七炁止。

行此明景之道，行之八年，則致絳琳碧輿〔五〕來迎兆身，上昇太清。

立冬之日，上清真人、帝君皇祖上詣高上九天玉帝遊宴之時，洞景行道受仙之日也。至其日清旦，西北向叩齒九通，仰思緑、紫、青三色之雲西南迴，便心念微言：「上清真人，帝君皇祖，乞迴神駕，下降兆房，賜書玉名，上奏上清，得乘飛景，昇入無形。」畢，思西北陰暉上府清微宮中洞景司録太陽道君，姓玄諱[illegible]元輔，形長五寸八分，身着玄黃之綬，頭戴九玄飛晨玉冠，足躡五色之履，手執攝殺之律，乘玄景八光丹輦、紫雲之車，參駕玄武，從

〔一〕「靈之車，參」，八景飛經作「雲之車，驂」。
〔二〕「玄」，八景飛經作「靈」。
〔三〕「匡」，八景飛經作「弘」。
〔四〕「宴」，八景飛經作「晏」。
〔五〕「輿」，從此字始，後文内容也見於金真玉光八景飛經敦煌殘卷斯〇二三八。

太玄仙童二十四人，下治兆身倉命宮中，仍微祝曰：「洞景帝尊，玄靈陰神。乘霞御龍，得參〔一〕飛煙。上遊玉清，下治太玄。迴降紫輦，來入我身。得乘八景，位同真人。」畢，仰咽五炁，止。

行此洞景之道，行之八年，則致玄景八光丹輦下迎兆身，上昇太清。

冬至之日，太霄玉妃、太虛上真人上詣太皇宮太微天帝君遊宴之時，清景行道受仙之日也。至其日清旦，正北向叩齒十二通，仰思朱、碧、黄三色之雲東北而迴，便心念微言：「太霄玉妃，太虛真人，乞迴神駕，下降我房，賜建〔二〕玉名，奏上太霄，得爲真人，遊宴上宮。」畢，思北方陰精上府道微宮中諫議玄和道君，姓王〔三〕諱[illegible][illegible]陰精，形長五寸八分，身着玄雲五色之綬，頭戴玄晨寶冠，足躡五色師子之履，手執招靈之策，乘徘徊玉輦、錦雲之炁、珠玉之車，參〔四〕駕玄鳳黑翮，從太玄上宮仙童三十六人，下治兆身玄谷宮中，仍微祝

〔一〕「得參」，八景飛經作「驂駕」。
〔二〕「建」，八景飛經作「書」。
〔三〕「王」，八景飛經作「玉」。
〔四〕「參」，八景飛經作「驂」。

曰：「清景素真，元始同靈。受化九元，含炁朱嬰。徘徊玉輦，昇入〔一〕紫清。輪轉八節，經〔二〕度天經。削我元録，保我〔三〕南生。得乘飛景，案轡緑軿。」畢，仰咽五炁止。

行此清景之道八年，致徘徊玉輦下迎兆身，上昇太清。

右出洞真金真玉光八景飛經。

洞〔四〕真招靈致真攝魔符。

〔一〕「昇入」，八景飛經作「逍遥」。

〔二〕「經」，八景飛經作「緯」。

〔三〕「元録，保我」，八景飛經作「死録，保命」。

〔四〕「洞」，該字前原有「梵寶天魂精祕音内諱玉佩通陽之符，則梵寶天通陽之炁，主陰極宮中真内神。黄書白素佩身。又書白紙，本命八節日服之。内思，三年審定，剋見真神，九天玄母授兆九天上書，八鍊芝英，得自然之道，白日飛空，上昇太清」一段文字，實與後文太上玉佩金瑺太極金書上經的文字重複，今删。按，秘要卷九十二昇上清品上、九十八昇九天品以洞真九真陽符之名兩次徵引，文字見於太上玉佩金瑺太極金書祕字三元九真陽符部分，而卷九十八昇九天品還以洞真太極金字玉文九天陰符引文，見於太上玉佩金瑺太極金書上經之太極金字玉文九真陰符部分；但本卷此處以洞真九真陽符經之名稱引的經文却見於上清金真玉光八景飛經之太極金書祕字三元九真陽符部分。可見，「洞真九真陽符」乃同名異經，這或許是該段文字重現於此的原因。

白帝招靈致真攝魔之符。以黄書白木版〔一〕上，令廣九寸，長一尺二寸，置室西面〔二〕。修行誦經。入室百日，與神人共言；三年，室生自然白霞之雲。欲致真人天仙，當書如法，着符中央。精思百日，真人降形，仙人詣房，授子神真之道。兆欲攝魔，當書符如上法，安着東面，誦太空之章一遍，則北帝操兵，天魔喪形，萬精滅景，内外肅清。又，黄書白繒九寸，佩身八年，帝降玄景緑輿下迎兆身，上昇太清。

黑帝招靈致真攝魔之符。以白書黑木版〔三〕上，令廣九寸，長一尺二寸，置室北面。修行誦經。入室百日，與神人共言；三年，室生自然黑霞之雲。兆欲致真人天仙，當書如上法，着符西面，精思百日，真人降形，仙人詣房，授子神真之道。兆欲攝魔，當書符如上法，安着南面，誦太空之章一遍，則北帝操兵，天魔喪形，萬精滅景，内外肅清。又，白書黑繒九寸，佩身八年，帝遣光明八道之輿下迎兆身，上昇太清。

右出洞真九真陽符經。

〔一〕「版」，上清金真玉光八景飛經之太極金書祕字三元九真陽符作「簡」。
〔二〕「面」，八景飛經作「南」。
〔三〕「版」，八景飛經作「簡」。

金書祕字三元九真陽符。

梵寶天魂精祕音内諱玉佩通陽之符，則梵寶天通陽之炁，主陰極宫中真内神。黄書白素佩身；又書白紙，本命八節日服之。内思陰極宫中真〔一〕，三年審定，剋見真神，九天玄母授兆九天上書、八鍊芝英，得自然之道，白日飛空，上昇太清。

右出洞真玉佩金鐺太極金書上經。

大百六度厄寳命長存符。朱書白絹，佩之頭上，洪〔二〕災暴厄所不能傷，保身長命，壽同三光。佩之九年，白日飛仙，上昇太清。

小百六度厄寳命長存符。黄書白絹，佩之左肘，千妖萬精，疫癘横流，災所不傷，保身長命，壽同天地。佩之九年，白日飛昇太清。

陰陽度厄寳命長存符。黑書白絹佩之。與天地同年，與日月同光，九年飛行，上昇太清。

〔一〕「真」，從此以下的内容還見於上清玉佩金鐺太極金書敦煌殘卷伯二四〇九（李德範輯敦煌道藏第一册）。

〔二〕「洪」，洞真上清青要紫書金根衆經作「流」。

右出洞真青要紫書經。

苣藤五分、威喜三分、蜀椒二分、乾薑一分、菖蒲一分〔一〕。

凡五物，皆取真新好者，清潔治之。以王相日，童男擣，勿易也。各異治，下細簁〔二〕，五物各萬杵。五物各異置赤杯中，凡五杯，羅列赤案上。露一宿，明日平旦乃以神斗分，合和如法。和以白蜜，若白飴，復更擣三萬杵。丸如梧子。平旦向日長跪，吞三丸，訖，言「長〔三〕得所願」；暮日入，復跪西向，復吞三丸，如旦法。以爲常。禁食生魚猪肉葷〔四〕菜，禁見喪尸、豬犬、産汙。慎之。甲子建，癸亥數終，日辰爲期，慎勿廢忘〔五〕。六十一節，天地之常，服之如法。甲癸爲期，甲子建日服，至癸〔六〕日爲一節。若甲子無建者，滿、定、開

〔一〕「威喜三分、蜀椒二分、乾薑一分、菖蒲一分」，太上靈寶五符序作「威僖四分、蜀椒一分、乾薑三分、菖蒲三分」。

〔二〕「簁」，該字前原還有一「細」字，據靈寶五符序删。

〔三〕「長」，靈寶五符序作「長生」。

〔四〕「葷」，靈寶五符序作「韭」。

〔五〕「甲子建，癸亥數終，日辰爲期，慎勿廢忘」，靈寶五符序作「甲子建天，癸亥數路，晨昏爲期，慎勿敢忘」。

〔六〕「癸」，靈寶五符序作「癸亥」。

亦佳。服藥者，皆先齋三日，燒香存神，然後即事也。滿六十日，身輕能行；復六十日，四支[一]通利；復六十日，顔色有光；復六十日，平調腹腸，五藏皆實，凶邪不傷；復六十日，身體堅彊；復六十日，耳目聰明。此是一歲驗也。復六十日，骨髓[二]彊梁；復六十日，手爪有光；復六十日，影響顯章[三]；復六十日，精炁益長；復六十日，白髪還藏；復六十日，牙齒堅剛。此是二歲之驗也。復六十日，道德達通；復六十日，六甲神從；復六十日，神達身中；復六十日，志信神行；復六十日，心開目明；復六十日，遠知四方。此是三歲驗也。復六十日，占[四]視有光；復六十日，五神不亡；復六十日，不知饑渴；復六十日，百神來謁；復六十日，五藏不竭；復六十日，能寒能熱。此是四歲驗也。復六十日，能浮能沉；復六十日，能淺能深；復六十日，能圓能方；復六十日，能弱能彊；復六十日，能縱能横；復六十日，能短能長。此爲五歲驗也。復六十日，能好能醜；復六十日，能少能老[五]；

〔一〕「支」，靈寶五符序作「肢」。
〔二〕「髓」，靈寶五符序作「體」。
〔三〕「章」，靈寶五符序作「彰」。
〔四〕「占」，靈寶五符序作「瞻」。
〔五〕「復六十日，能少能老」，原無，據靈寶五符序補。

復六十日，能大能小；復六十日，能輕能重；復六十日，出入無間；復六十日，行厨在邊，位爲仙人。此是六歲驗也。長服不休，與天相傾，變形千化，上昇太清。

右出洞元五符經。

高聖玉帝道君曰：欲書白簡玄紀之名，身登玉清上宫之法，當以正月一日上合之時，沐浴清齋，平旦入室燒香，北向九拜，朝禮玉天〔一〕。畢，北向平坐，叩齒九通，思齋室之内有青炁之雲，虚生蓊鬱，周帀一室。存五老仙伯在青雲之中，披飛青羽帔，冠通天玉冠，手執青文之録；思〔二〕領仙玉郎著雲錦之袍，冠七寶玉冠，手執白銀之簡。思見二真爲我記名於白簡之上，結録於青文〔三〕之編，以我簡録付監真使者、定録左仙，上剌九天帝王七聖机〔四〕下，簡録定名，五老仙伯、領仙玉郎化入我身明堂之中，便呪曰：「上合之日，天元肅

〔一〕「天」，上清玉帝七聖玄紀迴天九霄經作「帝」。

〔二〕「思」，原作「司」，據迴天九霄經改。

〔三〕「文」，迴天九霄經作「雲」。

〔四〕「机」，迴天九霄經作「几」。

清。高上顯蓋，玉帝臨庭。九真命虚，七聖齊靈。上標〔一〕玄記，白簡之名。勒注元録，落死刻生。西龜結編〔二〕，保仙華青。上受雲〔三〕帶，焕落五形。給我羽服，降我緑軿。得乘飛霄，上登紫瓊。三景合光，七元同明。永保二儀，天地長并。」畢，又七拜禮七聖，咽七炁，止。

此高聖結〔四〕録刺簡六合之法。行之七年，先無玄名者，亦得勒注於玄紀，三元下降，四極啓靈，自然洞達，得飛行太清也。

右出洞真玉帝七聖元紀經〔五〕。

太玄都四極明科曰：九真中經，太上太微天帝君所修八道九真結璘鬱儀上奔日月之道，以傳中央黄老君，秘於太上六合宫中。舊科，七千年聽得三傳。若有青書東華、玉字

〔一〕「標」，迴天九霄經作「校」。
〔二〕「編」，迴天九霄經作「篇」。
〔三〕「雲」，迴天九霄經作「冠」。
〔四〕「結」，迴天九霄經作「經」。
〔五〕「右出洞真玉帝七聖元紀經」，原誤置於下則洞真四極明科的文字後，今前移。

上清、藏生紫絡之人，七百年内聽得三傳。盟：白絹九十尺，青絲一斤，絳紋〔一〕二十四尺。此日暉之誓。碧繒二十四尺，月華之誓；金鐶三雙，無常童子之誓〔二〕。對齋九日、二十四日，北向盟傳〔三〕，給玉童玉女各十七人。修此道七年，乘雲飛行，上昇太清。其法尤重，二犯，伐功斷事，四犯，左右官所考，七祖己身罰以刀山、食火地獄、三苦〔四〕之役，萬劫還生不人之道。玄都左宫女青律文，受〔五〕者明慎奉行。

右出洞真四極明科〔六〕。

〔一〕「紋」，太真玉帝四極明科經卷三作「繒」。
〔二〕「誓」，四極明科經作「信」。
〔三〕「盟傳」，四極明科經作「告盟而傳」。
〔四〕「三苦」，四極明科經作「三塗五苦」。
〔五〕「受」，原作「要」，據四極明科經改。
〔六〕「右出洞真四極明科」，原爲「右出洞真玉帝七聖元紀經」，後者實乃上則文字的出處，今據其實際出處補。

無上秘要卷之九十一

昇太極宮〔一〕品

太極鍊變定真靈生符，舊文出太上變化空洞第一玉景篇中，藏之太極大〔二〕宮。諸行道求仙、思神存真、謝罪解過、上希神明感會之恩，當以立春之日，青筆書文，東向服之一枚，宿僭並散，則太極記名玉簡。修行八年，勿失一節，太極給玉童八人，存思感會，天真下降，得見神形，致一〔三〕景之輿，飛昇太極宮。

〔一〕「宫」，敦目無。

〔二〕「大」，元始天尊説變化空洞妙經之靈真八道變化空洞玉景隱符作「上」。

〔三〕「一」，原作「八」。變化空洞妙經共八符，依次爲「一景」、「二景」至「八景」，此處爲「第一玉景篇中」，當爲「一」，據改。

右出洞真八道玉景隱符。

上真中元六甲陽生變化靈符，此則上甲陽靈之精，化生玉文，以輔上真高晨變化八方之氣，通神招真，保命長存。服之八年，則太極上宫玉童九人給兆通靈，召八景雲輿，迎兆飛行，上造太極朱宫。上真變化下元，化生八景神宫，以輔學者之身。有知上真寶名、宫府鄉居，服御靈符，以招八景之氣，以降上真之形，下映兆之身，招靈致氣，役御千乘萬騎之官。服符修行八年，則高上感悦，真靈降見，致八景神宫、飛雲羽蓋，運兆昇清，變化八方，上造太極宫。此九天靈文，授宿有金簡玉名於太極之人。得見其篇目，生死獲仙，輕洩至諱，罰以九天刺姦，身將充濛山之役也。

右出洞真變化七十四方經。

道言：夫輪轉福慶，不滅不〔一〕生而好學，宗奉師寶，與道結緣，世世不絶，皆由先身積行所致。如此法輪，上士懃尚，廣開法門，先人後身，救度國王，損口拯乏，裸形衣寒，仁及

〔一〕「不」，太上玄一真人説勸誡法輪妙經無。

鳥獸，惠逮有生。恭師奉法，恒如對神，長齋苦思，精研洞玄，吐納氣液，心灰意懃，割棄色累，萬想都泯，情和氣柔，人神並懽。如此之行，一滅一生，志不退轉，尅成上仙，三師備足，身登太極，位加仙卿。無量妙通思念轉神偈頌：妙通轉我神，弘普無量功。道成天地劫，轉化發九重。滅度更生死〔一〕，緣對各有宗。熟悟去來辛〔二〕，形魂無始終。積慶籍福基，身拔五難峰。脱離三惡道，蕭蕭入閑堂〔三〕。念度無邊境，思定感神通。法輪三度揚，輔成高仙公。迴我大椿步，飄昇太極宫。

太上玄一真人告仙公曰：吾受太上命，使授子勸戒妙經，演法説教，事妙極此。其文秘於太上紫微宫中，自非仙公之任，其文弗可見乎〔四〕。今説其戒，以成子仙。子宜寶録〔五〕，勤行道成，當更迎子於太極宫也。仙公稽首受戒而辭去〔六〕也。

〔一〕「生死」，太上玄一真人説妙通轉神入定經作「死生」。
〔二〕「熟悟去來辛」，妙通轉神入定經作「孰悟去來因」。
〔三〕「堂」，妙通轉神入定經作「空」。
〔四〕「弗可見乎」，妙通轉神入定經作「弗可得見」。
〔五〕「録」，妙通轉神入定經作「秘」。
〔六〕「而辭去」，妙通轉神入定經作「奉辭而去」。

右出洞元真一勸戒法輪妙經。

昇太微宮〔一〕品

太上曰：真人所以貴一爲真一者，上〔二〕一而已矣。一之所契，太無感化；一之變適〔三〕，天地冥合。是以上一爲身之天帝，中一爲絳宮之丹皇，下一爲黄庭之元王。而三一之真，並監統身中二十四氣，氣以受生，生立一身，上應太微二十四真。真氣徊和，品物成形，神氣渾分〔四〕，紫房杳冥。夫氣者，結虚〔五〕煙而成神也；神者，託三一以自生〔六〕也。變化者，三一之所造；得化者，皆由神以自隱。混黄相成，得玄之極。三一元君各有真氣，真

〔一〕「宫」，敦目無。
〔二〕「上」，原無，據洞真太上素靈洞元大有妙經補。
〔三〕「適」，大有妙經作「通」。
〔四〕「神氣渾分」，大有妙經作「玄神混分」。
〔五〕「虚」，大有妙經作「靈」。
〔六〕「生」，大有妙經作「王」。

氣結成，自爲千乘萬騎、雲車羽蓋，常以内入紫宫，以登玉清，列係元圖，化胞〔一〕保胎。三一養身，得爲真人，飛行九霄，受事高上。所以，一之所濟者，乃生乎天地也，非但蝖飛〔二〕蠕動小事而已。子若能守之彌固，則精應感暢，精應感暢則三元可見，三元可見則白氣鬱變，白氣鬱變則〔三〕混分自生，即千乘萬騎忽焉至矣。羽蓋可御，雲軿可乘爾，乃白日昇天，上造太微。

太微天中有二十四氣，混黄雜聚，結氣變化，有時忽爾而分，怳然生〔四〕也。化氣中生，有二十四真人，結虚生成，不由胞胎，皆三一帝皇之氣，所以致分道變化，託玄立景矣。既能守身中三一，則太微天中三元帝皇之真君而降見於外，亦與子面言也。

身中復有二十四真人，亦體中玄氣精靈所結而造，致分化而造萬也。若雲軿既致，合氣晨景，以登太微。太微二十四真人，俱與身中神明，合宴於混黄之中，共景分於紫房之内，託形氣於千塗，迴老艾以反嬰，改死籍於北酆，受長存乎帝鄉，出入玉清，寢止太微。

〔一〕「列係元圖，化胞」，大有妙經作「列籙元圖，伐胞」。
〔二〕「蝖飛」，大有妙經作「飛行」。
〔三〕「則」，原無，據大有妙經補。
〔四〕「怳然生」，大有妙經作「覺然而生」。

若單得受一道者，則三元不備，但注心於一，亦可長生不死，得入泰〔一〕清而已，不得遊景太微之天，北登上清之宫。

右出洞真素靈大有妙經〔二〕。

太微靈都幽昇符，舊文出太上變化空洞第六玉景篇中，藏之太微觀〔三〕。諸行道求仙、思神存真、謝罪解過、上希大帝大聖尊神原赦宿罪之恩，當以秋分之日，白筆書文，西北向服之六枚，則衆神削除罪名，注筭玉簡〔四〕，司命度生，保命神仙。修行八年，勿失一節，太帝給玉女十二人，通真致靈，神人下降，所願皆成，致六景之輿，飛昇上清太微宫。

右出洞真八道玉景隱符。

〔一〕「泰」，大有妙經作「玉」。

〔二〕「洞真素靈大有妙經」，「洞真大丹隱書經」，據實際出處改。

〔三〕「太微觀」，元始天尊說變化空洞妙經之靈真八道變化空洞玉景隱符作「太微之宫」。

〔四〕「削除罪名，注筭玉簡」，變化空洞妙經作「消除罪名，注筆玉簡」。

始生上真下元陰陽變化二符。青書上符，白書下符，以立春日先服下符，後服上符；秋分日先服上符，後服下符。臨服符時，叩齒十二通，微祝曰：「二精上靈，通神致真。招景八氣，下降我身。千乘萬騎，呼噏成煙。玉景徘徊，三宮布神。内外齊合，飛淩九天。變化帝晨，朝謁玉尊。」畢，仰噏八氣，止。

行之八年，上真曲映，八景見形，萬騎神官，將兆飛行，上入太微之宮。

右出洞真變化七十四方經。

上真中元陰極變化靈符。此則太甲洞陰極之精，以輔上元中真八景神官，上通天真，下降人身，招靈致氣、千乘萬騎之官。服之八年，則靈飛玉女八人降形，使令致靈丹芝英、變化之術，召八景之輿，昇兆飛行，上登太微之宮。

始生上真中元陰陽變化二符。青書上符，白書下符，以立春日先服下符，後服上符；秋分日先服上符，後服下符。臨服符時，叩齒十二通，微呪曰：「上甲真父，真母合靈。二氣交灌，六元化生。八景洞神，變化上清。迴真曲降，來鑒我形。使我得乘八景之輿，飛昇太極雲庭。」畢，仰噏氣八過，止。

行之八年，將感八景神官降見，運爾上昇太微之宮。

右出洞真青要紫書金根上經〔一〕。

學者當明中真寶名、宫府鄉居，服御靈符，以招八景之氣，上降中真之形，下映兆房，招靈致仙，役御千乘萬騎之官。服符修行，八年則高上感悦，三部八景神官降見兆身，致八景雲輿，運兆昇清，變化八方，上昇紫微宫、方諸東華也。其文法授有宿名東華金簡玉字之人。自無此挺，不得參聞。見其篇目，皆九祖昇仙；輕洩漏慢，身充風刀之考，九天刺姦罰爾年命也。

〔一〕「右出洞真青要紫書金根上經」，所引文字不見於今洞真上清青要紫書金根衆經，或該經在流傳中有散佚。從内容看，本則文字「上真中元陰極變化靈符」、「始生上真中元陰陽變化二符」似實與前後洞真變化七十四方經的「始生上真下元陰陽變化二符」、「上真下元陰生變化靈符」等内容爲一體，「上真中元陰極變化靈符」「上真下元陰生變化靈符」及「始生上真中元陰陽變化二符」、「始生上真下元陰陽變化二符」明顯關聯，但却分屬洞真青要紫書金根上經和洞真變化七十四方經，故筆者懷疑洞真青要紫書金根上經本爲洞真變化七十四方經的一部分。卷九十二昇上清品上引洞真青要紫書金根上經中的「始生中真下元陰陽變化二符」，又接引洞真變化七十四方經之「上真下元陰生靈符」，與此相類，可證。但太真玉帝四極明科經及三洞奉道科戒營始又均以「上清青要紫書金根上經」爲三十卷之一，故「金根上經」和「金根衆經」的關係還有待辨明。

中真變化下元，化生八景神官，以輔學者之身。學者宜知中真寶名、宫府鄉居，服御靈符者，以招八景之氣，以降上真之形，下映兆身，招靈致氣，役御千乘萬騎之官。服符修行，八年則高上感悦，真靈下降，致八景神官、飛雲玉輿，迎兆上昇紫微之宫。其道高妙，不行下世。得者，生死獲生；輕洩靈文，罰以風刀之考，充役河源也。

中元散二十四氣，化生三氣八景洞真二十四神官，下治學者之身。中元官中赤混氣變化，憑虚而生也，皆有千乘萬騎鎮衛身形。若存天真於心，自招靈顔於寂房，則三八部神不移年而見形，玉童玉女立可使令，八年之中，千乘萬騎克致八景玉輿，運兆上昇紫微之宫也。凡修九真八道而無此文，亦當絶思於玄尚，無煩徒損口目之功也。故二十四神在人身中，上招二十四真，中安二十四宫，下通二十四氣。一神不鎮，則萬神不安，宫宅空廢，赤子飛揚，邪魔來入，萬病並生。學不知此，仙焉可蒙？千乘萬騎，焉可得致？八景之輿，焉可得乘乎？

上真下元陰生變化靈符。此則北方玄陰之精，化生靈文，以輔上元下真八景神官，上通天氣，下輔學者身，招真致靈、千乘萬騎之官。服之八年，則太玄玉女八人降形，使令致九天真書、五嶽靈圖，召八景玉輿，飛行上清。其文秘太微上觀，依玄科，四萬劫一出。

右出洞真變化七十四方經。

通靈決精八史圖。

上部第三真氣。

三景吐靈華，晃朗八門開。中有智慧神，被服飛天衣。八史通靈氣，玉符洞精微。寶雲映玉字，巨獸振天威。焕爛八會宫，紛紛靈人飛。精思招真氣，五符生光輝。八景策玉輿，登空入紫微。

右出洞玄靈寶二十四生圖經。

無上秘要卷之九十二

昇上清品上

夫欲騰身九清，宴景南軒，迴玉珮於明堂，引金璫於泥丸，降魂真於晨燈，招飛景於帝君。凡行此道，以暮卧，兩手撫心，閉目内思，存〔一〕玉珮青陽之氣，光色沌沌，如日月之圓，虚映兆身，洞達一形〔二〕。魂精帝君姓開元諱闓明，形長九寸，頭建紫冠，披珠繡華帔、飛錦青裙〔三〕，帶月銜日，乘御青鳥，在青光之中，下降兆身，安鎮泥丸。兆當叩齒九通，嚥液二

〔一〕「存」，太上玉珮金璫太極金書上經作「引」。

〔二〕「一形」，原無，據太極金書上經補。在太極金書上經中，除「魂精帝君」外，還有「魄靈帝君」，乃專名。

〔三〕「飛錦青裙」，太極金書上經作「衣飛錦青裙」。

十七過，陰呪曰：「玄元太虛〔一〕，九天魂精。晨燈朗映，結氣沌青。號曰玉珮，洞曜太明。帶月銜日，建符執鈴。華光流煥，普天鬱冥。乘青控翮，丹轅紫軿。先宴三元，迴降我玄〔二〕。鎮在泥丸，下流黃庭。檢魂制〔三〕魄，萬神安寧。五藏結絡，九穴華榮〔四〕。八景騰飛，昇入玉清。」畢，以兩手按額髮際九過，拭目二七過，嚥氣三過，止，便卧。

如此則魂安魄靈，萬神鎮宮，内固靈氣，外塞邪源，八景變化，鍊真變仙，九年尅能洞覩幽窮〔五〕，逆究未然，坐在立亡，與神返〔六〕顏。一十八年，道成真降，飛行上清。

右出洞真玉珮金璫太極金書上經。

紫書丹字月魂隱音，皆書月中西境騫樹之林，結自然之書也。

〔一〕「虛」，太極金書上經作「靈」。

〔二〕「玄」，太極金書上經作「形」。

〔三〕「制」，太極金書上經作「束」。

〔四〕「榮」，太極金書上經作「容」。

〔五〕「窮」，太極金書上經作「冥」。

〔六〕「返」，太極金書上經作「對」。

皇上、諸天人，皆以春分之日，採紫書丹字而服之。得服此六字，則炎光映兆之身，月中玉珮，七寶可得而明。當以春分之日晡時，白書黄紙上，服之，叩齒十二通，微呪曰：「太暉曜中天，明霞焕金房。玉字羅慶雲，丹書結成叢。飛歌散朱林，窈窕太漠中。靈音自然唱，微辭八素宫。諸天嗽金香，流津灌我容。靈同天人德，皇上降紫童。運我凌九虚，上造朱月宫。」畢，噏氣二十四過，止。

又，丹書紫上，佩頭，三年則生自然紫光，映兆之形，飛行上清。

求仙之道，當以春分之日晡時，入室西向，眠坐任意，閉眼内思月中青光夫人姓諱，形長九寸，頭作頽雲之髻，著錦雲飛羽之裙，口銜月〔一〕光，下入兆身兩目之上。須臾，月光散爲黄氣，流布一形。夫人在月中央，採騫林之華，散拂黄氣之中，口吐陽精赤氣，以灌注〔二〕兆形，從内帀外，黄赤二氣，更相纏繞，洞映〔三〕一身。夫人以紫書丹字六音授於兆身，便引黄氣二十四噏，引陽精十六噏，止，叩齒二十四通，仰呪曰：「金冶八鍊，丹池浩淵。玉膏滂

〔一〕「月」，原作「日」，據上清黄氣陽精三道順行經改。
〔二〕「注」，三道順行經無。
〔三〕「映」，三道順行經作「帀」。

沱，流灑八騫。黄氣鬱昇，陽精結煙。採華蘭庭，飛裙詵詵。夫人嗽香，皇上灌津。柔景時融，潤〔一〕帀諸天。丹暉八朗，光明洞鮮。迴曜曲映，下降我身。得與月魂，長保靈年。乘空駕浮，之造無間。」止，嚥氣二十四過，嚥液十六過。止，便服紫書丹字。

行此道八年，夫人授兆身丹字真音，月中飛華以拂兆身也。面有金容，飛行上清。

右出洞真黄氣陽精經。

高聖帝君曰：欲記名玄簡，騰身上清之法，當以三月三日上合之時沐浴清齋，食時入室燒香，北向九拜，朝禮玉天。畢，北向叩齒十二通，思齋室之内有紫氣之雲，虚生鬱勃，冠〔二〕帀一室，存五老仙伯在紫雲之中，披飛青羽帔，冠通天玉冠，手執青文之籙，思〔三〕領仙玉郎著雲錦之袍，冠七寶玉冠，手執白銀〔四〕之簡，思見二真爲我記名於白簡之上，結録

〔一〕「潤」，原作「閏」，據三道順行經改。

〔二〕「冠」，上清玉帝七聖玄紀迴天九霄經作「周」。

〔三〕「思」，原作「司」，據迴天九霄經改。

〔四〕「銀」，迴天九霄經作「録」。

於青文之編〔一〕，以我簡録付監真使者，定録於〔二〕左仙，上疏〔三〕九天帝王、七聖几〔四〕下，簡録定名，五老仙伯、領仙玉郎化入我身洞房之中。微呪曰：「天元慶吉，上合六陳。九帝命靈，七聖敷真。空玄記録，東華結篇。名勒帝簡，永保上仙。音韻相和，我體自然。紫胞玉秀，瓊琅内鮮。面彩金暉，骨化如銀。奇毛異色，上下纏綿〔五〕。玄降九霄，迴天紫軒。六領五龍，飛昇帝庭。三元合慶，得如所言。」畢，又七拜，禮七聖，嚥七氣，止。

行之七年，真人見形，自注簡録，降致三元，乘空步虚，昇形〔六〕上清。

高聖帝君曰：欲書名太極白簡青文，飛行太極之宫者，當以三月三日青書白簡青文十音，向辰上服之，叩齒十二通，微呪曰：「三合成契，玄綱總辰。五體法圖，玄簡青文。名題

〔一〕「編」，迴天九霄經作「篇」。
〔二〕「於」，迴天九霄經無。
〔三〕「疏」，迴天九霄經作「剌」。
〔四〕「几」，原作「凡」，據迴天九霄經改。
〔五〕「纏綿」，迴天九霄經作「匝纏」。
〔六〕「形」，迴天九霄經作「行」。

太極，位准上仙。三元已布，六氣敷陳。金音玉字，我欲〔一〕自然。得乘飛景，上造帝晨。」畢，嚥氣十過，向辰四拜，朝太極四真，止。

行此九年，太極書名，四真下降，授兆真文，自解明音，飛行上清。

高聖帝君曰：欲書名玄宮上元青金赤書隱文，飛行玄宮之上，當以八月八日，青書青金赤書十音，向西方而服之，叩齒九通，微呪曰：「天迴氣布，四綱正方。三五結絡，九道成叢。青金赤書，文耀太空。玄圖垂〔二〕音，八達四通。洞得幽微，朗覩無窮。得朝三元，進登紫房。出入三清，長保華光〔三〕。」畢，咽氣六過，六拜，朝玄宮上真，止。

行此九年，則上元刻書青金赤書隱篇，自然解曉，究幽窮微〔四〕，與神交通，乘虛飛行，上昇上清。

右出洞真七聖元紀經。

〔一〕「欲」，迴天九霄經作「啓」。
〔二〕「垂」，迴天九霄經作「乘」。
〔三〕「光」，原作「元」，據迴天九霄經改。
〔四〕「自然解曉，究幽窮微」，迴天九霄經作「自然明解，曉究幽窮」。

黄帝招靈致真攝魔之符。朱書黄木版〔一〕上，令廣九寸，長一尺二寸，置室中央。修行誦經，入室百日，與神人共言；三年，室生自然黄霞之靈〔二〕。欲致天仙，當書如法，著符南面，精思百日，真人降形，仙人詣房，授子神真之〔三〕道。兆欲攝魔，當書如法，以著北面，誦太空之章一遍，則北帝操兵，天魔喪形，萬精滅影，内外肅清。又，朱書黄繒九寸，佩身八年，帝遣徘徊之輦下迎兆身，上昇太清。

右出洞真致真攝魔之符經。

始生中真下元陰陽變化二符。朱書上，并；黑書下，并。以立夏日，先服下符，後服上符；冬至日，先服上符，後服下符。臨服符時，叩齒十二通，呪曰：「紫元交泰，二氣合靈。太一變神，洞元開生。陰陽導養，營錬光明。上灌下溉，六度〔四〕吐精。迴真曲映，來降我庭。通幽徹視，朗覩神形。八景翼仙，使我道成。變化玄應，坐超三清。長齊天地，萬劫

〔一〕「版」，上清金真玉光八景飛經之黄帝招靈致真攝魔之符作「簡」。

〔二〕「靈」，八景飛經作「雲」。

〔三〕「之」，原作「人」，據八景飛經改。

〔四〕「度」，疑當爲「府」。

不傾。」畢，仰嚥八氣，止。

行之八年，上真八景，尅降兆身，飛行上清。

右出洞真青要紫書金根上經。

上真下元陰生靈符。此則北上玄陰之精，化生靈文，以輔上元下真八景神官，上通天氣，下降學者身，招真致靈、千乘萬騎之官。服之八年，則太玄玉女降形，使令致九天真書、五嶽神圖，召八景玉輿，飛行上清。

右出洞真變化七十四方經。

梵摩迦夷天魂精秘音内諱玉珮正陽之符，則梵摩迦夷天正陽之氣，主合〔一〕玄谷宫上真内神。黄書白素佩身。又書白紙，本命八節日服之。内思玄谷宫上真，三年審定，尅見真形；取一十八年，得乘八景雲輿，飛行上清。

右出洞真九真陽符。

〔一〕「合」，太上玉珮金璫太極金書上經之太極金書秘字三元九真陽符無。

六月受鬱單無量天之氣，當以其月九日旦〔一〕、十九日正中、二十九日夜半，一月三日三時，香湯沐浴，入室燒香，西北九拜朝元父，東南三拜朝玄母，還，向月建平坐，叩齒三十六通，閉眼思鬱單無量天王姓混諱霜霠霾，衣九色無縫自然斑文之裘，頭戴耀精日圓冠，乘九驎瓊輪，從玉仙二十四人，下入兆身絳宫之中，存見赤色之雲氣，鬱鬱冠帀兆形。良久，口引雲氣，九嚥，微呪曰：「九天之氣，氣已滿充。安置八景，羅列三宫。萬神備位，靈真交通。司命定録，太一扶將。三五齊契〔二〕，運覩太陽。三變九轉，返我帝鄉。金輿瓊蓋，夾引玉光。來降我身，安我金堂。與我相保，與我同翔。騰飛太玄，上宴帝房。」畢，嚥氣九過，止。

如此三年，心生玉華，萬氣變化〔三〕，覩幽察冥，與神共言；九年得乘八景，飛行上清。

右出洞真九丹上化胎精中記。

〔一〕「旦」，上清九丹上化胎精中記經作「平旦」。
〔二〕「契」，胎精中記經作「整」。
〔三〕「化」，胎精中記經作「仙」。

十月〔一〕、十一月、四月、八月朔日平旦，向王再拜，以東流水服琅玕華丹一兩，即頭生七色之氣，面有金華玉映，閉氣則立致八玄之輿，唾地則化爲飛龍，左嘯則神仙立朝，右指則三素合風，千乘萬騎，飛行上清。

右出洞真太微靈書紫文上經。

中央大黄萬始玉符。兆欲致黄帝玉司君，當以太歲本命之日，向歲〔二〕上赤書黄紙服之，赤書黄繒佩之。九年，玉司若〔三〕削兆死過，度兆生宫，遣黄霞飛軿下迎兆身，上昇上清之宫。

右出洞真四極明科。

四十五念，功齊天地，數法自然，福覆無量，轉神入妙，通微究玄，同體道真，思念既

〔一〕「十月」，太微靈書紫文琅玕華丹神真上經無。
〔二〕「歲」，太真玉帝四極明科經卷五作「太歲」。
〔三〕「若」，四極明科經無。

定，則坐降雲龍、八景玉輿，上昇上清。

右出洞元法輪經〔一〕。

玉清鬱悅那林昌玉臺天九暉太晨隱書金玄内文。凡修神仙之道，當以白書青版〔二〕上，置東方，以滅青帝大魔王官屬，招致東方仙官；行之九年，則青真上聖、皇上丈人降形於兆身，役使仙官，取自然靈藥。又，以白書青繒佩身，行來東方，則致安大堂鄉納善之世界大魔王束帶，稽首禮迎，仙官侍衛，入東嶽則致青雲羽蓋；九年，飛行上清。

右出洞真高上金元羽章玉清隱書經。

六素飛精通靈玉符。以立夏之日，朱書竹膜之上，清旦東南向服之。一年，日中童子見形〔三〕；三年，與形神共言；九年，九空真人授兆真經，變化八方，坐在立亡，飛行上清。

〔一〕「右出洞元法輪經」，文字見於太上玄一真人説妙通轉神入定經。
〔二〕「版」，上清高上金元羽章玉清隱書經作「板」。
〔三〕「形」，洞真太上八素真經服食日月皇華訣作「行」。

八素飛精玉符。以立春之日，青書竹膜之上，向東北正中服之。二〔一〕年，九孔通明；三年，神華内鮮；九年，與真合靈，飛行上清。

登飛木星之道，歲星圓鏡，木精玄朗東陽之陔。星中有九門，門中出鋒芒，鋒芒光垂九百萬丈。一門輒有一青帝，凡九青帝，並備門，奉衛於中央青皇真君。星中央有始陽上真青皇道君，諱澄瀾，字清凝，夫人諱寶容，字飛靈〔二〕，治在木星之内，鎮守九門，運青光流鋒，以照上下之真。欲飛登之法，常思見歲星，當正心視星，以右手撫心而禮之，左手掩兩目，乃九閉氣，又叩齒二十七通，嚥液九過，使目閉於手下，心呼歲星中真皇之君、夫人名諱字三過，畢，曰：「願得與始陽青皇真君、君夫人共乘八景碧輿，上登太上宫。」言畢，乃開〔三〕目於手下，向星微祝曰：「天〔四〕光〔五〕交和，精流東方。仰望九門，飛霞散鋒。始陽碧

〔一〕「二」，服食日月皇華訣作「一」。

〔二〕「靈」，上清太上八素真經作「雲」。

〔三〕「開」，太上八素真經作「臨閉」。

〔四〕「天」，從本首辭訣始，本則後文又見於上清洞真天寳大洞三景寳籙卷上，唯「皇」皆作「黄」。

〔五〕「光」，太上八素真經作「地」。

臺，中有青皇。青牙垂暉，映照九方。鬱察[一]夫人，字曰飛雲。齊服雲錦，龍帔虎裙。腰帶鳳符，首巾華冠。出無入虛，遨遊太元。前策青帝，後從千神。來見迎接，得爲飛真。上登玉清，高上之房。」祝畢，去手臨目對星，服星之光二十七吞。存視星九芒，使盡來入喉中也。都畢，又叩齒三通。

常行之十四年，木星中青皇太君奏聞高上玉清宮，刻太微蕊簡，定名玉書，位爲上清真人。

木星有九門，門内有九青帝，其一帝輒備一門，以奉承於中央青皇上真大君也。青皇者，東方之上真，始精之尊神也，出入玉清，與高上爲友也。其門内青帝，或號青靈之公，或號青神，或號青帝。

飛登火星之道，火星玄鏡，丹精映觀南軒。星中有三門，門中出三鋒芒，鋒芒光垂三百萬丈。一門内輒有一赤帝，凡三赤帝，並備門，奉衛於南真上皇真君。星中央有丹火朱陽赤皇上真道君，諱維淳，字散融，夫人諱華瓶，字玄羅，治在火星内，鎮守三門，運赤光飛

〔一〕「察」，原作「粲」，據太上八素真經改。

芒〔一〕以朗天下之真人也。欲飛登之法，思見熒惑星，當正心視星，左手撫而禮之，右手掩口，乃三閉氣，叩齒二十七通，嚥液九過，臨閉兩目，心呼熒惑真皇君、夫人諱字三過，畢，曰：「願得與丹火赤皇君、君夫人，共乘八景丹輿，上登玉清宫。」畢，乃向星微祝曰：「玄象流映，丹光南冥。仰望三門，朱雲絳城。中有丹皇，名曰維淳。夫人内照，是爲華瓶。齊服雲霜，鳳華龍鈴。腰帶虎書，首巾飛青。出元入玄，翔遨〔二〕五城。前〔三〕導赤帝，後從六丁。來見招延，得真之名。上登虚玄〔四〕，金書玉清。」祝畢，去手，勿復掩口，故臨目視星，服星之光二十七吞，存令星三芒盡來入喉中。都畢，又叩齒三通。

常行之四〔五〕年，熒惑星中赤皇上真道君奏聞三元玄上宫，刻玄圃瓊簡，定名金書，位爲上清真人〔六〕。

〔一〕「芒」，太上八素真經作「雲」。
〔二〕「翔遨」，太上八素真經作「翱翔」。
〔三〕「前」，太上八素真經作「首」。
〔四〕「虚玄」，太上八素真經作「玄虚」。
〔五〕「四」，太上八素真經作「十四」。
〔六〕「上清真人」，太上八素真經作「上清上飛真人」。

熒惑星有三門，門内有三赤帝，其一帝輒備一門，以奉屬於中央赤皇君也。赤皇者，南方之上真、丹宫之貴神，出入玉清，與三元上皇爲友也。其中有赤帝君者，或號赤靈之公，或號曰赤神，或號赤精，或號赤帝，並受事於中央赤皇上真大君。

飛登金星之道，太白星圓鏡，金精焕曜西辰。太白星中有七門，門中出七鋒芒，鋒芒光垂七百萬丈。一門内各有白帝，凡有七白帝，並備門，奉衛於西真上皇道君。星中央有太素少陽白皇上真道君，諱寥凌，字振尋，夫人諱飆英，字靈恩，治在金星之内，鎮守七門，運白光飛精以映上元真人。欲飛登之法，思見太白星，當正心視星，以右手撫心，而左手掩兩鼻孔，乃七閉氣，又叩齒二十七通，嚥津〔一〕九過，臨閉兩目，心存太白真皇君、君夫人諱字三通〔二〕，畢，曰：「願得與太素少陽君、君夫人，共乘八景素輦，上登玉清宫。」畢，又向星微祝曰：「七氣豔飛，光照西方。仰望七門，靈闕激鋒。素暉燭映，德標金宗。中有少陽〔三〕，

〔一〕「津」，太上八素真經作「液」，三景寶籙作「唾」。
〔二〕「通」，太上八素真經作「過」。
〔三〕「陽」，三景寶籙作「陰」。

號曰白皇。夫人靈恩，治在玉房。齊服皓〔一〕錦，流鈴虎章。首巾扶〔二〕晨，腰珮〔三〕金璫。出空入虛，遊步玉剛。前導白帝，後從六庚。來下見迎，北登墉宮。名書上清，得爲真公。」祝畢，去手，勿復掩鼻，故臨兩目，視星，服星之光芒二十七呑，存令七芒盡來入喉中。都畢，又叩齒三通。

常行之十四年，太白星中少陽白真人〔四〕皇君奏聞太帝玉皇宮，刻上清金闕〔五〕，定名玉簡，位爲上清左真公。

太白星有七門，門内有七白帝。其一帝輒備一門，以奉屬於中央白皇道君也。白皇者，西方之上真，太素之尊皇，出入玄清，與皇初道君爲友也。其門白帝君，或號曰白靈之公，或號白神，或號白精，或號白帝之君，並受事於中央白皇上真大君也。

飛登水星之道，辰星圓鏡，水精洞映北冥。辰星中有五門，門中出五鋒芒，鋒芒光垂

〔一〕「皓」，三景寶籙作「浩」。
〔二〕「扶」，三景寶籙作「芙」。
〔三〕「珮」，太上八素真經、三景寶籙作「佩」。
〔四〕「人」，太上八素真經作「上」。
〔五〕「闕」，太上八素真經作「閣」。

五百萬丈。一門各有一黑帝，凡五黑帝，並備門，奉衛於北真上皇。星中央有太玄陰元黑皇道君，諱啓咺，字精源〔一〕，夫人諱玄華，字龍娥，治在水星之内，鎮守五門之中，運玄光流明之氣，以朗曜北元之庭。當爲真人者，欲飛登之法，思見水星，正心視星，以兩手撫心。畢，舉兩手以掩兩耳，乃五閉氣，又叩齒二十七通，嚥液九過，臨閉兩目，心呼辰星真皇君、君夫人名字三過，畢，曰：「願得與君、君夫人，共乘八景蒼輿，上登上清上元宫。」畢，又向星微祝曰：「五氣玄飛，光流北方。仰望五門，蒼闕鬱繁。激芒達觀〔二〕，靈映景雲。中有黑皇，厥字精源。龍娥紛藹，俱理〔三〕玄闕。齊服蒼帔，紫錦飛〔四〕裙。腰佩虎符，首巾蓮冠。出凌九虚，入響玉津。前導黑帝，後從六壬。來下見迎，上登紫房。名書太上，得爲玉真。」祝畢，去手，勿復掩耳，故臨目視星光芒二十七過，存令五芒盡來入喉中。都畢，又三叩齒。

〔一〕「源」，太上八素真經作「淳」。
〔二〕「觀」，三景寶籙作「覯」。
〔三〕「理」，三景寶籙作「履」。
〔四〕「飛」，太上八素真經作「緋」。

常行之十四年，辰星中太玄上皇〔一〕真君奏聞高上宫，刻琳房玉札，定名玉清紫文，位爲上清真公。

辰星有五門，門内有五黑帝。其一帝輒備一門，以奉屬於中央玄皇君也。玄皇者，北方之上真，太玄之尊君，出入上虚，與紫精道君爲友也。其門内黑帝，或號爲黑靈之公，或號爲黑神，或號爲黑精，或號爲黑帝君，並受事於中央太玄黑真上皇君。

飛登土星之道，鎮星圓鏡，土精鎮蔭黄道。鎮星中有四門，門中有四鋒芒，鋒芒光垂四百萬丈。一門各有一黄帝，凡四黄帝備門，奉衛於鎮元黄上真君也。星中央有黄中〔二〕真皇道君，諱藏睦，字眈延，夫人諱空瑶，字非賢，治在鎮星之内，鎮鑒四門，運黄裳流氣，朗映中元，照眄學真者。欲飛登之法，思見鎮星，正心視星，以兩手撫心而禮之。畢，舉左手以掩洞房上，乃四閉氣，又叩齒二十七過〔三〕，嚥液九過，臨閉兩目，心呼鎮星真君、夫人諱字三過，畢，曰：「願得與中央太皇道君、君夫人，共乘八景黄〔四〕輿，上登上清宫。」畢，又

〔一〕「皇」，原作作「星」，據太上八素真經改。
〔二〕「黄中」，太上八素真經作「中黄」。
〔三〕「過」，太上八素真經作「通」。
〔四〕「黄」，太上八素真經作「金」。

向星微祝曰：「四氣徘徊，合注中元。仰望九極，傍觀四門。黄臺紫房，垂〔一〕鋒散芒。靈光鬱散，天華落盆。中有黄皇，厥字眈延。夫人潛德，是爲非賢。理命和氣〔二〕，導玄灌元。齊服黄雲，龍錦虎裙。腰佩金符，首巾紫冠。出淩玄虚〔三〕，展光金門。前導黄帝，六巳衛軒。來下見迎，上登〔四〕天闕。金書太上，琅簡刻名。飛行太空，得爲玉卿。」祝畢，去手，勿復掩洞房上，故臨兩目視星，服星之光二十七過〔五〕，存令四芒盡來入喉中。都畢，又三叩齒。

常行之十四年，鎮星中黄上真皇〔六〕奏聞太上宫，刻署玉臺〔七〕碧簡，定九玄丹文，位爲上清真公。

〔一〕「垂」，太上八素真經作「乘」。

〔二〕「理命和氣」，太上八素真經作「理和命氣」。

〔三〕「虚」，太上八素真經作「空」。

〔四〕「登」，三景寶籙作「望」。

〔五〕「過」，太上八素真經作「遍」。

〔六〕「皇」，太上八素真經作「皇君」。

〔七〕「刻署玉臺」，太上八素真經作「刻霄臺」。

鎮星中有四門，門内有四黄帝，其一帝輒備一門，以奉屬於中央黄真皇君也。中央黄真上皇者，中極之高尊，出入太微，與皇初道君爲友也。其皇帝守門，或號曰黄靈之公，或號黄神，或號黄精，或號黄帝君，並受事於中黄上真之君也。

一夕服五星，令常周徧。春服星光以東方爲始，夏服星光以南方爲始，隨王月以王星爲先〔一〕。星行不必在方，面亦隨星所存向隨行〔二〕。

天陰無星之時，皆於寢室施行，同存五方也。真人云：在室内存星，亦不異於見星也，勿謂不見星而當廢之也。此太上之隱道，登辰之秘法也。

呑服星光芒時，當悉存星真上皇、上皇夫人乘光中來下，入口嚥之，臨目彷彿，如有其形也。恒修太上隱法，招存五星之上皇者，五年之内，髣髴形見，七年覩見，與之同行〔三〕，十四年，五星〔四〕一合來下，共乘玄華之輿、三素紫雲，前導五帝，後從萬真，五星〔五〕攜之共

〔一〕「爲先」，太上八素真經作「爲先口訣」。
〔二〕「面亦隨星所存向隨行」，太上八素真經作「面亦隨星所在向而修行口訣」。
〔三〕「覩見，與之同行」，太上八素真經作「都見，與之周行」。
〔四〕「星」，太上八素真經作「皇」。
〔五〕「星」，太上八素真經作「皇」。

載，白日登晨，上朝玉清，受[一]書爲上清真人。

右出洞真八素真經。

東嶽青帝内思甲乙入木九赤班符。東方青帝君，姓常諱精萌，頭建九元通天冠，衣青錦帔碧錦[二]飛裙，佩太上九氣命靈之章，帶翠羽交靈之綬，常以立春之日，乘碧霞九龍雲輿，從青腰玉女十二人，手把青林之華、九色杖旛，遊行東嶽太山，校定真人仙官録札，時詣東海水帝考筭學道功過罪目，迴降佩符者身。學者服其符以招其神[三]，存其氣以降其真，求削水帝之簡，上名玉札之篇。當以立春之日平旦，沐浴清齋[四]，入室燒香，服甲乙入木九赤班符。行之九年，則能書符投山，山降雲雨，儵欻奄[五]冥；書符投水，水上蛟龍能入萬丈之淵，如行人中；書符於木，削之不滅，其文轉明，帶符抱木，身成山林，東嶽衛以仙

〔一〕「受」，太上八素真經作「授」。
〔二〕「錦」，太上九赤班符五帝内真經作「飾」。
〔三〕「神」，九赤班符作「人」。
〔四〕「清齋」，九赤班符作「齋静」。
〔五〕「奄」，九赤班符作「晻」。

官十二人。行之十八年，則能飛行上清。

北嶽恒山君常以冬至之日，列奏真仙已得道始學之人名録，上言高上帝君，録〔一〕校玄名，區別功過。修飛仙之道，當以其日夜半，沐浴齋戒〔二〕，入室燒香，北向思恒山君姓伏諱通萌，頭建五元〔三〕寶晨玉冠，衣黑錦飛裙，披玄文明光之裘，帶交靈紫綬，乘玄霞飛輪，從北嶽仙官十二人，悉乘飛龜，手把五色華旛，西北而迴，上登無崖之上玉清之天，徘徊空虚之内、黑〔四〕雲之中。當叩齒五通，心言：今日上吉，八節迴還；道君曲眄，來降我身〔五〕；領掌命録，長保天年。畢，思恒山君乘黑霞飛輪，下降兆房，黑氣勃勃，覆滿一室，君在黑氣之中，手執紫簡，注上我名於紫簡之篇〔六〕。微呪曰：「玄陰迴靈，乘日御晨。五氣總真，

〔一〕「録」，九赤班符作「檢」。
〔二〕「戒」，九赤班符作「静」。
〔三〕「元」，九赤班符作「炁」。
〔四〕「黑」，九赤班符作「玄」。
〔五〕「道君曲眄，來降我身」，九赤班符作「道君迴降，曲眄我身」。
〔六〕「篇」，原作「房」，據九赤班符改。

普統群仙。案〔一〕景上宫，徘徊雲陳。曲降監映，來我房軒。書名玄簡，記上玉篇。使我道〔二〕明，洞徹入真。制命五靈，封河召山。降龍起雨，導雲興煙。飛霄輕輪，昇入帝晨。」畢，仰嚥五氣，止。

修之九年，則恒山君爲兆降致黑〔三〕龍雲輿，給以仙官五人，招北方神真靈藥，洞明北方未然之事、吉凶之兆。行之十八年，飛行上清。

右出洞真九赤班符五帝内真經。

青帝甲乙通靈玉符。空〔四〕青書絳繒佩身，又以甲乙日青書絳紙上，東向服一枚。三年，甲乙青腰玉女降見兆身，通靈，知東方萬里之事，致東嶽仙官送自然之厨；九年，青帝自降於寢房，迎以青霞飛〔五〕輪，上昇上清宫。

〔一〕「案」，九赤班符作「安」。

〔二〕「道」，九赤班符作「通」。

〔三〕「黑」，九赤班符作「玄」。

〔四〕「空」，上清佩符文絳券訣無。

〔五〕「飛」，上清佩符文絳券訣作「之」。

赤帝丙丁通靈玉符。朱書黄繒佩身，又以丙丁日朱〔一〕書黄紙上，南向服一枚。三年，赤帝丙丁赤素〔二〕玉女降見兆身，通靈，知南方萬里之事，致南嶽仙官送自然之厨；九年，赤帝自降於寢房，迎以絳〔三〕霞飛輪，上昇上清宫。

白帝庚辛通靈玉符。白書黑〔四〕繒佩身，又以庚辛日白書黑紙上，西向服一枚。三年，庚辛白〔五〕素玉女降見兆身，通靈，知西方萬里之事；致西嶽仙官送自然之厨；九年，白帝自降於寢房，迎以素霞飛輪，上昇上清宫。

黑帝壬癸通靈玉符。黑書青繒佩身，又以壬癸日黑書青紙上，北向服之一枚。三年，壬癸玄素〔六〕玉女降見兆身，通靈，知北方萬里之事，致北嶽仙官送自然之厨；九年，黑帝

〔一〕「朱」，上清佩符文黄券訣作「丹」。
〔二〕「素」，上清佩符文黄券訣作「圭」。
〔三〕「絳」，上清佩符文黄券訣作「丹」。
〔四〕「黑」，上清佩符文黑券訣作「皂」。
〔五〕「白」，上清佩符文黑券訣作「太」。
〔六〕「玄素」，上清佩符文青券訣作「太玄」。

自降於寢房，迎以玄〔一〕霞飛輪，上昇上清宫。

黄帝戊己通靈玉符。黄書白繒佩身，又以戊己日黄書白紙上，向太歲服一枚。三年，戊己黄素玉女降見兆身，通靈，知中央萬里之事，致中央〔二〕仙官送自然之厨；九年，黄帝自降於寢房，迎以黄霞飛輪，上昇上清宫矣。

右出洞真素奏丹符靈文。

〔一〕「玄」，上清佩符文青券訣作「黑」。

〔二〕「央」，上清佩符文白券訣作「嶽」。

無上秘要卷之九十三九十四同卷。

昇上清品下

夏三月，九元上虚皇君則變形爲九日，更相累連，光明流曜，映照上清，思之，還返真形。修行上虚皇君之道，常以冬至之日入室，北向拜〔一〕朝虚皇君。畢，叩齒三通，思虚皇君隨四時形景在玉清七寶〔二〕宫北元府恬水鄉上善里中，迴真下映入兆兩腎幽闕之中，便呪曰：「玄寂通微，散精虚皇。三元混合，飛仙〔三〕流光。神童溉灌，玉女散芳。元父交慶，福祚我當。八景輔翼，五老降房。得覩上靈，接顔仙王。永享罔極，仰飛太空。輕羽飛

〔一〕「拜」，上清元始變化寶真上經九靈太妙龜山玄籙卷下作「五拜」。

〔二〕「寶」，龜山玄籙作「瑶」。

〔三〕「仙」，龜山玄籙作「玄」。

行，昇入上宮。」畢，仰嚥十氣，止。

此玄寂上道，秘於太上六合紫房。依科，萬劫一出，玄授上仙之人。得者神仙，飛〔一〕行上清也。

玄寂九元無上虚皇君，元飛皇之氣，諱字，形長五千萬丈。

冬三月，頭建飛天紫冠，衣五色斑文〔二〕虎裘，佩流金之鈴，帶交靈素綬，立玄龜之上，在玄雲之中，光明焕焕〔三〕，朗照上清。思之，還長五寸五分。

春三月，九元上虚皇君則變形爲老人，頭建黄巾，身衣玄羽之衣，手執金戟，足立紫雲之上。思之，還反真形。

秋三月，九元上虚皇君則變形爲黄〔四〕黑二色之光，光明弈弈，照明北方。此則反玄寂之氣，更受鍊元飛皇之精。思之，還反真形。

右出洞真元始變化上經。

〔一〕「飛」，原無，據龜山玄籙補。
〔二〕「文」，原作「衣」，據龜山玄籙改。
〔三〕「焕焕」，龜山玄籙作「流焕」。
〔四〕「黄」，龜山玄籙作「白」。

春分之日，月宿金門之上。金門之上，則有通靈之門也。以其時，月於金精治鍊之池，受鍊於石景水母，瑩飭〔一〕於華光。當此之日，灌陽精於金門，納黄氣於玉泉。皇上真人、諸天人，皆以其日採騫樹之華，以拂日月之光，月以黄氣灌天人之容。故春分之日，萬氣並温，神景偕和〔二〕，黄氣陽精降接之時也。

求仙之道，當以春分之日晡時入室，西向眠坐任意，閉眼内思月中青光夫人姓諱，形長九寸，頭作頽雲之髻，著青錦飛雲之裙〔三〕，口銜月光，下入兆身兩目之上。須臾，月光散爲黄氣，流布一形，夫人在月中央，採騫林之華，散拂黄氣之中，口吐陽精赤氣，以灌注於兆形。從内帀外，黄赤二氣，更相纏繞，洞映〔四〕一身。夫人以紫書丹字六音，授於兆身，便引黄氣二十四嚥，引陽精十六嚥。止，叩齒二十四通，仰呪曰：「金冶八鍊，丹池浩淵。玉膏滂沱，流灑八騫。黄氣鬱昇，陽精結烟。採華蘭庭，飛裙詵詵。夫人漱香，皇上灌津。

〔一〕「飭」，上清黄氣陽精三道順行經作「飾」。
〔二〕「萬氣並温，神景偕和」，三道順行經作「萬氣氤氳，神景皆和」。
〔三〕「飛雲之裙」，三道順行經作「飛裙」。
〔四〕「映」，三道順行經作「帀」。

柔景時融，閏〔一〕帀諸天。丹暉八朗，光明洞鮮。迴曜曲映，下降我身。得與月魄，長保靈年。乘空駕浮，之造無間。」止，嚥氣二十四過，嚥液十六過，止。便服紫書丹字。

行此道八年，夫人授兆丹字真音，月中飛華，以拂兆身也，面有金容，飛行上清。

右紫書丹字月魄〔二〕隱音，題月東境鶱林之樹〔三〕樹葉，結自然之書也。得服此字，壽萬年。施日月之道，乃有數十法，至於此音，秘不行也。輕洩，身見〔四〕世負風刀之考，七祖充無極鬼責，三塗五苦，萬劫不原。

當以秋分日平旦，東向丹筆書紫紙上，服之，叩齒十二通，微呪曰：「玄暉明白，紫氣豔光。鬱飆乘日，四六相通。外拂朱華，內結八芒。紫道流煥，我身逸充。得乘景輿，上造帝堂。」畢，嚥氣二十四過，止。

又丹書生紫上，佩頭三年，頂生紫光三尺，得給玉女六人，口受靈音。妄洩三〔五〕人，死

〔一〕「閏」，三道順行經作「潤」。
〔二〕「魄」，三道順行經作「魂」。
〔三〕「樹」，三道順行經無。
〔四〕「見」，三道順行經作「現」。
〔五〕「三」，原作「之」，三道順行經此句作「妄告三人」，據改。

没鬼官。百年有金名玉字之人，得傳一人。秘則神仙，飛行上清。

凡學道〔一〕之士，服日月之道，以立夏之日正中，取真珠八分，又丹書八鍊丹胎玉符黄紙上，投於清水之中，向南沐浴，臨盆〔二〕叩齒二十四通，微呪如立春之文。畢，引氣八嚥，止。還室内燒香，以鍊丹，和紫粉，囊諸粉以粉身，摩兩手令熱，拭面及通身。首南而卧，叩齒九通，瞑目握固，思日光紫氣累重下冠己身，思己在日景之内，日景迴己身，上昇洞陽之宫，在空青之林、流火之庭。思南極洞陽真人，諱融珠，形長八寸，衣絳章單衣，頭戴日精通陽之冠，口吐赤氣，勃勃如火之炎，以燒己身，須臾啜〔三〕取青林之華，以與己身。己食華，味甘，覺體帀熱，嚥氣八十過，止，微呪曰：「日景耀羅，綺合〔四〕玄阿。流火洋洋，萬津揚波。空林鬱青，金翅婆娑。八鍊朱丹，芳芝恬和。金闕四張，皇人之家。靈暉吐精，仰

〔一〕「學道」，三道順行經作「上學」。
〔二〕「盆」，三道順行經作「甕」。
〔三〕「啜」，三道順行經作「掇」。
〔四〕「合」，三道順行經作「含」。

啜飛華。左鬱〔一〕玄上，右策命魔。身登高臺，遊眄緑〔二〕那。八景翼霄，紫瓊丹霞。氣同玉真，命齊靈柯。長宴九玄，路無傾嵯。」畢，便服八鍊丹胎玉符，嚥氣八十過，咽液三十六過，止。行此之道，暮卧。

又當以立夏之日始，至立秋，以兩手〔三〕摩心上左右，各八十過，思日在心中，月在心下，日月二光映照帀身，叩齒十二通，呪曰：「朝遊青林，夕宿高〔四〕臺。流火萬丈，受鍊玉胎〔五〕。魂寧魄悦，萬神熙熙〔六〕。極日永月，三光齊期。」畢，便卧。

行此八年，則身入火不然，面有朱容，得與融珠，面共語言，降致丹霞，飛行上清。

右出洞真黄氣陽精三〔七〕道順行經。

〔一〕「鬱」，三道順行經作「攀」。
〔二〕「緑」，三道順行經作「淥」。
〔三〕「手」，三道順行經作「手心」。
〔四〕「高」，三道順行經作「朱」。
〔五〕「胎」，三道順行經作「脂」。
〔六〕「熙」，三道順行經作「頤」。
〔七〕「三」，原作「王」，據經名改。

上無二十四氣，結成二十四宫府、鄉里、名號，置二十四帝尊，處於玉清之上、無崖之巔、空洞之内、太虚之中。帝君憑虚而生，感靈和而爲人，宫府皆結王氣而成號，以輔上元上真，光明洞曜，虚映上清。二十四帝以立春秋分之日，服御始生之氣，鍊真變神，下降學者真人之身。是其日，當清齋沐浴，燒香入室，先思青氣從兆右目中出，白氣從兆左目中出，二氣混合，蓊鬱相覆，滿於一室。思己身在二氣之中，見神真形，每令分明，審定光色，便行服御呪説之辭也。極思寂注，勿異念也。所以專則致感，精則致妙，故能迴紫軿以扇空，駕飆輪以上昇也。自無太極金名玉字，不得知聞。見其篇目，皆玄挺應會，剋成上仙。秘則靈降，洩則禍嬰。上元散二十四氣，化生三部八景二十四元洞神宫，下治學者之身。上元中宫中，亦混氣變化，憑虚而生也，皆有千乘萬騎，鎮衛身形。若存天真於寂室，精思神顔於靈宇，則三八部神，安鎮宫府，不移年而神見，玉童玉女立可役使。八年之中，千乘萬騎必共致八景玉輿，載兆身飛登上清之宫也。

上〔一〕真元父，結九天玉精之氣，化生道一内神遂無爲道極之宫；下真玄母，結九陰玉

〔一〕「上」，該字前原有「洞真玉檢經」之「太素三元君，乃一真之女子……畢，心拜，嚥唾三過，都止也」一段文字，爲誤羼入此，今後移。

靈之氣，化生陰極内神真元中靈之宫。二氣上治九天極洞之宫，下治人身金門陰陽之房。元父玄母，常以立春春分之日，受交虚映之氣，散精灌靈，合會天元，中鍊玉仙，下變形真。當此之日，普天内新。爲學之本，當以其日，沐浴清齋，入室燒香，存思二真形象、諱字、衣服、宫府、鄉里，服御陰陽二真靈符，固神宫於幽府，定保録於元圖，陽離北朔之鄉，陰會金雲之州，交二氣以變鍊，合陰陽以相扶，則元始勒命於南極，三真書簡於東華，宛轉反香之烟，遊觀紫霄之崖，滅死結於元胞，輔上真於幽都，八景策轡，三元迅虚，飛行上清，變化太無，則七十四方，與形合廬也。

上清變化七十四方上真，始號上元上真高明元玄靈之氣，結玉清瓊上宫丹明府三素鄉元正里，號曰上三天玉童，諱字，頭建三華寶曜洞天玉冠，衣青黄七變錦袍，帶朱精禁天之章，佩七曜流金火鈴，治玉精瓊上宫，下散元九道之氣，化生洞仙中元五陽洞耀洞極虚上高皇之宫，下治真人之身中黄長命宫中。三天玉童常以立春秋分之日，服御元玄虚之氣，以鍊真變神，散元九道之氣，以灌學真之身。修飛仙之道，常以其日平旦晡時，夜半入室，東向服上真上元靈符，叩齒三通，閉眼思三天玉童諱字服色，乘玄虚之氣，下降己身，與九道之氣，混合同一宫。便引氣三嚥，密呪曰：「浩浩玄虚，金室瓊廬。三靈啓運，六元散敷。流真下降，授我玄符。光映八圓，道明恢扶。金札玉字，紫文丹書。勒位九天，靈真同疇。降致緑輧，飛雲龍輿。飛行上清，昇入玄虚。長保劫年，福慶有餘。」畢，仰噏三氣，止。

右出洞真七十四方變化上經。

檢仙真書，一名太真陰陽靈録三元章，乃三天九靈上微隱文。天地有大劫之數，經八千劫，其文則一見三元玄臺，直符三百人，玉女九十一人。佩者一形之神，皆受號自然玉仙也。無此文，則形神不變，垢魂彷徨，彷徨不定，則神與邪交。神與邪交〔一〕則有灰落之期，形神不變則不得召仙官、命上真及誦萬徧玉章也。萬徧玉章皆九天太真萬神之隱名，誦之則九天駭聽，萬仙束帶。身無檢仙之文，而輕命仙官，摇動九天，仙不爲降，天不爲納音，魂飛魄散，神驚氣奔，宫宅振潰，赤子擾喪，天魔生禍，身則灰亡。學有此文，則不修自仙，太平期至，奉迎聖君於上清宫。自無玄圖帝簡，刻書丹文，不得妄告寶篇。輕洩，七祖充責，長閉鬼官，己身亡命，不得入〔二〕仙也。

〔一〕「神與邪交」，原無，據上清三元玉檢三元布經補。
〔二〕「入」，玉檢三元布經作「又」。

上清玉景丹靈洞天上元君三元玉檢文，以授上清真人，佩遊諸天，檢御太空，攝領群真。得佩此文，位同靈仙，諸天敬護，五帝司迎，九年，得見三元君，奉詣上清宮。

受此文，齋九日，青筆書九尺黄繒上，祭之於本命之嶽，然後佩身。九年未昇，當又祭，投書於青煙之霄，則得上清玉景宮給以五色雲車，奉迎受者身。清虚元年，歲在庚寅，九月九日，上甲直晨〔一〕，元始天王，清齋上清宮，告盟無上無巔、無色無影、無形無名、無祖無宗、無極洞清、九玄自然無數劫道，授三元玉檢文，檢〔二〕三天玉童，使付後學有玄名應爲上清真人者，定名於丹臺，金藏玉策，紫文瓊札，奉迎聖君，飛行上清宮。

太素三元君，處於高上上清之宮、廣靈之堂，晨燈映乎玉真，明光焕乎丹房，三華吐曜於自然，神暉洞朗於九玄，慶靈翳乎玉臺，飛煙鬱於紫軒，明玄圖於上館，理五符於胎尊，布三元於太素，主生籍於玉門。蕭條高軒，獨翫妙淵，出遊霄觀，則日月傾曜，列燭拔根，八風迴波，飆蕩幽源，瓊暉映朗，高霄舞晨，絳霞鬱敷，黄雲七纏，五老啓塗，太帝扶輪，西皇秉節，東華揚旛，九天爲之巔徊，太無爲之起煙，幽氣隱藹，八景拂塵，顧眄羅於無上，俯

〔一〕「晨」，玉檢三元布經作「辰」。

〔二〕「檢」，玉檢三元布經作「於」。

仰周乎百圓，可謂至真之高邈，妙化之難量也。

太素三元君，乃一真之女子，則三素元君之母也。太素元君，虛結空胎，憑華而生，誕於高上上清寶素九玄玉皇天中，厥諱正薈條，字雲渟嬰，頭建寶琅扶晨羽冠，服紫氣浮雲錦帔，著九色龍錦羽裙，腰帶流金火鈴、虎符龍書，坐於太空之中，膝下常有丹緑青三素之雲，雲氣冠覆元君之身。夫欲行飛仙之道，佩三元玉檢之文，當以夜半時於密室之中，北向瞑目，叩齒三通，存思太素三元君服色諱字，乘丹、緑、青三素飆輪，從玉皇天中來下降室内，便心拜於元君，微咒曰：「三氣元精，九天上靈。晨暉朗曜，玉華洞明。三素飛飆，丹轅緑輧。八風揚輪，流映霄庭。招真致仙，下降我形。上願利亨，單〔一〕向皆成。金顔華容，内府鮮明。八景扶輿，骨飛肉輕。上昇丹臺，朝謁玉清。」畢，嚥氣二十四通，止，開目便諷玉清上宫瓊瑤蕭條之唱，以和於形魂之氣，欣於太素之高真。唱曰：「太元連玉清，三曜洞高明。八景迴晨風，散雲藹飛靈。圓輪擲空洞，金映冠天精。玉華結五老，紫煙運霄

〔一〕「單」，玉檢三元布經作「觸」。

軿。乘氣蕩玄房，委順拔所經。金姿曜九霞，玉質躍[一]寒庭。幽童回駭[二]眄，老艾還反嬰。帝一固泥丸，九真保黄寧。視眄萬劫外，齊此九天傾。」畢，心拜，嘸唾三過，都止也[三]。

右出洞真玉檢經。

此流霞開明内[四]觀玉符，東向朱書白紙上，叩齒十二通，呪曰：「太陽九道，八真齊明。三五迴化，混合丹靈。石景玉胞，朱丹之精。採納飛玄，來降我形。長與三晨，同死俱生。」畢，以符投於石景水母之中。

右上清玉霞紫映内觀上法，一名金精石景水母玉胞經，一名採服日根招霞之道。

〔一〕「躍」，玉檢三元布經作「耀」。
〔二〕「駭」，玉檢三元布經作「孩」。
〔三〕「太素三元君……嘸唾三過，都止也」，誤羼入前文洞真變化七十四方經中。今此段文字在上清三元玉檢三元布經中正與「妙化之難量也」相銜接，故下移。
〔四〕「内」，洞真上清青要紫書金根衆經卷上作「洞」。

常以月生一〔一〕日，取東井黄〔二〕華之精三升，井華水也。盛以金器亦佳〔三〕，著於中庭。至月十六日夜半，令月精光玄映於黄華之中〔四〕。兆東向書黄氣陽精洞明靈符，投著黄華器中，轉西向叩齒二十四通，仰呼月魄云云，凡二十四字。畢，閉目〔五〕存月中五色流精紫光，下灌〔六〕兆身，洞帀一形。存月中有一真人，形長九寸，頭戴紫冠，通身衣黄錦飛裙，下在兆頭上，口引月中黄華，以灌溉〔七〕兆形。便臨黄華器中，映月光而微呪曰：「靈舒耀華，三五洞清。紫黄交降，二氣混并。天元離合，運度虧盈。皇芝流溢，黄胎結精。景中真人，淘〔八〕灌我形。月君夫人，固我黄寧。金鐺玉珮〔九〕，使我徹明。與月俱虧，與月俱

〔一〕「一」，金根衆經作「三」。
〔二〕「黄」，金根衆經作「皇」，本則文字中的「黄」，多類此，後不詳注。
〔三〕「盛以金器亦佳」，金根衆經作「盛以金器之中，銅器亦佳」，更恰。
〔四〕「玄映於黄華之中」，金根衆經作「玄映於皇華丹景，洞明皇華之中」。
〔五〕「目」，金根衆經作「眼」。
〔六〕「灌」，金根衆經作「冠」。
〔七〕「溉」，金根衆經作「激」。
〔八〕「淘」，金根衆經作「陶」。
〔九〕「金鐺玉珮」，金根衆經作「玉珮金鐺」。

生。長餐黄華，昇入帝庭。浮遊太空，匡御飛軿。上享無極，億兆劫齡〔一〕。」畢，仰向月二十四𪗋，止。取黄華向月洗目及通身，自盥洗畢，餘殘悉放東流之川〔二〕。行此九年，目覩空洞，徹見萬里，逆究吉凶，鍊容易體，面有玉精，體生紫光，乘空駕虚，飛行上清〔三〕。

右出上清玉霞紫映内觀上法。

〔一〕「億兆劫齡」，金根衆經作「億劫兆齡」。

〔二〕「川」，金根衆經作「水」。

〔三〕「清」，該字後原有「三關啓機……飛騰上清」一段辭訣，實乃卷九十七玉清品下三九素語玉精真訣之「得受妙篇，位登玉清」後的文字誤羼於此，今後移。

無上秘要卷之九十四

昇太空品

上清金闕靈書紫文採服日華飛根，以散解死結，保凝泥丸，混生雌雄，固魂養神，身得玉皇，氣同三光。案此吞氣之法，昔受之於太微天帝君，一名赤丹金精石景水母玉胞〔一〕之經也。

當常伺〔二〕見日初出之時，乃對日東向，叩齒九通，畢，心中陰祝呼日魂之名、日中五帝之字：「日魂珠景，照韜緑映。迴霞赤童，玄炎飆像。」凡心祝呼此十六字，畢，仍瞑目握固，

〔一〕「玉胞」，皇天上清金闕帝君靈書紫文上經、上清太極真人神仙經之靈書紫文採吞日氣之法無。

〔二〕「伺」，太極真人神仙經作「思」。

存見日中五色流霞，皆來接一身，下至兩足。又存令五氣〔一〕上至頭頂。於是日光流霞五色，俱來入口中。又日光霞之中，自復有紫氣，大如目瞳〔二〕者累重數十，焆〔三〕焕在五光之中，名之日華飛根玉胞水母〔四〕也。並俱與五氣來入口中，向日吞霞，作四十五嚥氣。嚥氣畢，又嚥唾九過。畢，又叩齒九通，微祝曰：「赤爐丹氣，員〔五〕天育精。剛以受柔，炎火陰英。日元晨景〔六〕，號曰大明。九陽齊化，二煙俱生。凝魂和魄，五氣之精。中生五帝，垂光御形。採飛以虛，掇根得盈。首巾龍華，披朱帶青。鑾鳥流玄，霞映上清。賜書玉簡，金閣刻名。服〔七〕食朝華，與真合靈。飛〔八〕仙太微，上昇紫庭。」祝畢，向日再拜。

〔一〕「氣」，金闕帝君靈書紫文上經作「色」。
〔二〕「瞳」，金闕帝君靈書紫文上經作「童」。
〔三〕「焆」，金闕帝君靈書紫文上經作「炫」，太極真人神仙經作「煇」。
〔四〕「日華飛根玉胞水母」，金闕帝君靈書紫文上經及太極真人神仙經作「飛根水母」。
〔五〕「員」，金闕帝君靈書紫文上經作「圓」。
〔六〕「日元晨景」，金闕帝君靈書紫文上經及太極真人神仙經作「日辰元景」。
〔七〕「服」，金闕帝君靈書紫文上經作「飲」。
〔八〕「飛」，太極真人神仙經作「謁」。

真仙之中，百〔一〕萬人以上，無有一人知日魂之名。此道玄妙，非腐〔二〕食臭骸可得聽聞。天陰無日，可於密室中所卧潔浄〔三〕處存而爲之；清修道士，精通上感者，可不待〔四〕見日而修之也。若學者〔五〕休糧山林，長齋五嶽，絶塵人間，遠思清真者，得日日服〔六〕日根之霞，吞太陽之精，則身生〔七〕玉澤，面有流光。如其外累人事，未獲静形，浮遊世路，心拘縈綱〔八〕者，要以月朔日、月三日、月五日、月七日、月九日、月十三日、月十五日、月十七日、月十九日、月二十五日，案而爲之。如上法，一月之中十過也。此日是日魂下接、飛根盈

〔一〕「百」，金闕帝君靈書紫文上經及太極真人神仙經無。
〔二〕「腐」，太極真人神仙經作「血」。
〔三〕「浄」，太極真人神仙經作「盛」。
〔四〕「待」，太極真人神仙經作「得」。
〔五〕「學者」，太極真人神仙經、金闕帝君靈書紫文上經及太極真人神仙經作「道士」。自此始文字還見於太上玉晨鬱儀結璘奔日月圖。
〔六〕「服」，金闕帝君靈書紫文上經作「飲」。
〔七〕「身生」，奔日月圖、金闕帝君靈書紫文上經及太極真人神仙經作「立覺體生」。
〔八〕「縈綱」，太極真人神仙經作「禁約」。

滿水母玉胞之時〔一〕。行之一十八年，玉清太素三元君當鍊以金真，映〔二〕以玉光，位爲玉皇〔三〕，飛行太空。

右出洞真靈書紫文。

紫書訣：凡修上真之道，當行上清玉霞紫映内觀上法。常以本生上旬之日，沐浴清齋，虚〔四〕潔法服，平旦入室，以内觀開明玉符清華之水，東向洗眼，并漱蕩口腸〔五〕，令内外清虚，口無餘味，腹無餘熏〔六〕，眼無餘視，體無餘塵，恬潔浄默〔七〕，唯道是身。然後還南向

〔一〕「之時」，原無，「水母玉胞」在金闕帝君靈書紫文上經作「水母辟夢之時」，奔日月圖、太極真人神仙經作「水母群夢之時」，從句意看，當有「之時」二字，據補。

〔二〕「映」，奔日月圖、金闕帝君靈書紫文上經及太極真人神仙經作「瑩」。

〔三〕「玉皇」，奔日月圖作「真皇」，太極真人神仙經作「真仙」。

〔四〕「虚」，洞真上清青要紫書金根衆經卷上作「盛」。

〔五〕「腸」，金根衆經作「腹」。

〔六〕「熏」，金根衆經作「薰」。

〔七〕「恬潔浄默」，金根衆經作「泊泊静默」。

平坐，瞑目内思紫氣出兆頭頂之上，勃勃充天，氣灌〔一〕己形，内外鬱冥，便引紫氣，仰嚥三十九通，氣隨嚥入兆口腹之中。嚥訖開眼，朗然豁除，便叩齒三通，仰呪曰：「上清流霞，暉真告〔二〕旦。紫雲映靈，揚〔三〕精交焕。内注金門，玉户受灌。寶神藏景〔四〕，魂魄無散。明皇九真，八道冰羨。攀雲招虚，靈降河〔五〕漢。洞徹幽元，三晨齊宴。遊騰玉室〔六〕，上拜帝館。」畢，仰嚥三過止。

此内觀開明玉符，當以朱書白紙，投水中，東向叩齒三通，呪曰：「天無飛翳，地無遊塵。玉符蕩穢，洗除非真。洞明玄虚，招致靈仙。」畢，以水洗目，漱盥内外〔七〕，餘符水悉放之東流。

〔一〕「充天，氣灌」，金根衆經作「衝天，氣冠」。

〔二〕「告」，金根衆經作「吉」。

〔三〕「揚」，金根衆經作「陽」。

〔四〕「受灌。寶神藏景」，金根衆經作「受觀。寶神和藏」。

〔五〕「河」，金根衆經作「紫」。

〔六〕「室」，金根衆經作「堂」。

〔七〕「漱盥内外」，金根衆經作「漱口，吩内外」。

此一訣出上清玉霞紫映内觀經中篇。修之八年，紫雲覆兆身，目朗〔一〕徹視，洞觀九天，體生奇光，縱景萬變，飛行太空。

右出洞真青要紫書上經。

十二月則受梵寶天之氣，當以月三日平旦、十三日正中、二十三日夜半，一月三日三時，香湯沐浴，燒香入室，西北九拜朝元父，東南三拜朝玄母，還向月建平坐，叩齒三十六通，閉眼存呼梵寶天王姓諱。

行此三年，骨化成玉，神懽氣盈，逆知方來未然之事；九年形變，飛行太空。

右出洞真九丹上化胎精中記。

右八素飛精二景玉文，生於空洞之中，明於龜山之巔玄圃之上積石之陰，萬氣所宗〔二〕，總御諸天。日月隱文，秘於九天之上，萬劫一傳。有得靈文，日月同年，變化縱景，

〔一〕「朗」，金根衆經作「明」。

〔二〕「宗」，原作「内」，據洞真太上八素真經服食日月皇華訣改。

出有入無，項生紫光，面發金容，萬靈稽首，十天同〔一〕迎，九年修行，飛昇太空，

右出洞真八素真經。

金精石髓錬變九元真符。兆欲去離刀山之難，當以本命之日，白書青紙，服之三年，宿罪消滅，真靈下降，九年尅得乘龍策虛，飛行太空。

右出洞真四極明科。

昇紫微宮〔二〕品

黄水月華丹。掇而取之，食其華，飲黄水一升，則分形萬化〔三〕，眼光變爲明月，浮遊太空，飛行紫微上宫。

〔一〕「同」，服食日月皇華訣作「司」。

〔二〕「宫」，敦目無。

〔三〕「化」，太微靈書紫文琅玕華丹神真上經作「變」。

右出洞真靈書紫文上經。

始生中真上元陰陽變化二符，朱書上符，墨書下符，以立夏先服下符，後服上符，冬至先服上符，後服下符。臨服符時，叩齒三通，微祝曰：「陰陽順化，二氣流通。元父保真，玄母衛宫。二靈交變，道明光充。八元玄灑，我道開張。三部合景，變化無方。靈符停年，玉氣還童。壽齊劫齡，長天無窮。」畢，仰嚥八氣，止。行之八年，將八景神官，爲兆策轡，上昇紫微之宫也。

中真上元陽生丙子變化符。此上元玉門陽靈之精，化生玉文，以輔中真高清變化八方之氣，通神招真，保命長存。服之八年，則紫微上宫玉童八人給兆通靈，召八景雲輿，迎兆飛昇，上造紫微宫。

右出洞真變化七十四方經。

紫微靈都真符，舊文出太上變化空洞第三玉景篇中，藏之紫微宫中。

諸行道求仙、思神存真、謝罪解過、上希五帝衆仙原祐之恩，當以立夏之日，朱筆書文，南向服之三枚。萬罪並消，五帝保舉，記名丹房。修之三年[一]，勿失一節，則紫微給玉童八人，存思感會，五帝降形，致三景玉輿，給兆飛行，上昇紫微宫。

右出洞真靈真八道玉景隱符。

昇紫庭品

高聖帝君曰：欲記名西龜之山，騰形七映之房，當以七月七日上合之時，沐浴清齋，晡時入室燒香，北向九拜，朝禮玉帝[二]。畢，北向叩齒十二通，思齋室之中有白素之雲，虚生[三]蓊藹，滿帀一室。存五老仙伯在素雲之中，披飛青之帔，冠通天玉冠，手執青文之録，思領仙玉郎著雲錦之袍，冠七寶玉冠，手執白銀之簡。思見二真爲我記名於白簡之上，結

[一]「修之三年」，元始天尊説變化空洞妙經作「修行八年」。

[二]「玉帝」，上清玉帝七聖玄紀迴天九霄經作「玉天」。

[三]「生」，迴天九霄經作「在」。

録於青文之篇〔一〕，以我簡録付監真使者、定録左仙，上疏〔二〕九天帝王七聖机〔三〕下，簡録定名，五老仙伯、領仙玉郎化入我身太素宫中。微呪曰：「天慶普降，上合萬神。太空〔四〕記名，東華刻篇。結以青録，簡以白銀。四韻合一，齊音成真。高聖玄授，以度我身。二氣下填〔五〕，迴天九煙。化爲仙伯，玉郎并真。八景攜輿〔六〕，上造帝晨。朝禮上聖，福慶九纏。長保三光，天地同年。」畢，又七拜禮七聖，嚥七氣，止。

行此之道，則龜母注録，東華記名，三元下降，昇到紫庭。

右出洞真七聖元紀經。

〔一〕「篇」，迴天九霄經作「編」。
〔二〕「疏」，迴天九霄經作「剌」。
〔三〕「机」，迴天九霄經作「几」。
〔四〕「空」，迴天九霄經作「白」。
〔五〕「填」，迴天九霄經作「鎮」。
〔六〕「輿」，迴天九霄經作「契」。

陰陽玉景開雲符〔一〕。朱書青紙服之，朱書青繒佩之。此日月二景之精。能知二景之精，隱景藏形。行之十八年，上昇紫庭。

右出洞真神州七轉七變舞天經。

昇紫虛品

太上真人招五辰於洞房飛仙秘道〔二〕，南極元君受傳。夜半清静，坐卧任意，安體靖〔三〕心，寬氣調神，臨目内視，存西方太白星在面兩目〔四〕上，名爲玉璫紫闕。次又存北方辰星在天中帝鄉、玄鄉、玄宫，從鼻上來〔五〕至髮際五分，直入一寸。次又存東方木星在洞

〔一〕「開雲符」，洞真上清神州七轉七變舞天經作「開明靈符」。

〔二〕「飛仙秘道」，上清太上九真中經絳生神丹訣作「籍飛魂於六合隱存秘道」，上清紫精君皇初紫靈道君洞房上經作「籍飛仙於六合隱存秘道」。

〔三〕「靖」，絳生神丹訣作「浄」，皇初紫靈道君洞房上經作「静」。

〔四〕「目」，絳生神丹訣、皇初紫靈道君洞房上經作「眉」。

〔五〕「來」，絳生神丹訣作「未」，皇初紫靈道君洞房上經無。

闕朱臺，在目後一寸，直入一寸。次又存南方熒惑星在玉門華房，兩目内眥際五分，直入五分。次又存中央鎮星在金匱黄室長谷。金匱黄室在人中〔一〕中央，直入二分，星如綴懸於上。存思都訖，髣髴令星處其位，當悟〔二〕使五星出光芒，放五色煙，貫我一身，洞徹内外，體中如有薰薰〔三〕星精來入也。乃叩齒五通，咽液二十五過，訖，乃微呪曰：「高元紫闕，内見帝君。太一混合，紫房之門。門内焕明，是爲三元。三元結精〔四〕，中有五神。寶曜敷暉，放光衝門〔五〕。精化積生，變爲老人。首巾〔六〕素容，緑帔絳裙。右帶流鈴，左佩虎真。手執〔七〕天剛，散絳〔八〕飛辰。足躡華蓋，吐芒鍊身。三景保守，令我得真。養魂制魄，

〔一〕「人中」，絳生神丹訣作「鼻人中」。
〔二〕「悟」，絳生神丹訣、皇初紫靈道君洞房上經作「覺」。
〔三〕「薰薰」，絳生神丹訣作「熏熏」。
〔四〕「内見帝君。太一混合，紫房之門。門内焕明，是爲三元。三元結精」，原無，據絳生神丹訣、皇初紫靈道君洞房上經補。在絳生神丹訣中，「高元紫闕」作「高上紫闕」，「中有五神」作「乃有五神」。
〔五〕「門」，絳生神丹訣作「晨」。
〔六〕「巾」，絳生神丹訣作「建」。
〔七〕「真。手執」，絳生神丹訣、皇初紫靈道君洞房上經作「文。手把」。
〔八〕「絳」，皇初紫靈道君洞房上經作「鋒」。

乘飆飛仙。」畢。常能行此十五年者，於是南極老人丹陵上真迎以緑雲之輿，西極老人素靈子期迎以黄飆之車，北極老人玄上仙皇迎以玄景之龍，東極老人扶陽公子迎以青騈〔一〕之輦，中元老人中央上玄子迎以曲晨之蓋。五老一合，俱昇紫虚。

右出洞真金真玉光太上隱書經〔二〕。

〔一〕「騈」，絳生神丹訣、皇初紫靈道君洞房上經作「軿」。

〔二〕「右出洞真金真玉光太上隱書經」，文字實見於皇初紫靈道君洞房上經和絳生神丹訣，並非上清金真玉光八景飛經中的文字，或該經已非原貌，或各經確有交叉，或出處誤。

無上秘要卷之九十五

昇紫晨品

凡有神州七變儛天之道，役使玉童玉女各二十一人，遊行五嶽，玄絡青毛之節，駕青景之龍，佩神虎之符，戴芙蓉之冠，著紫繡毛帔、丹青飛裙，鳴金鈴玉真，紫蓋華旛，帶九赤班符，封山召雲，上遊紫極金堂之中。若未能變景騰霄，故在人中修行此道，九天父母、上皇紫晨亦以法服飛仙羽章給子之身，但不顯於囂塵之中耳。子修此道，當恒存己身著此章服，乘龍御雲。七年剋得真靈見形，上昇紫晨。

上皇先生紫晨君，蓋二暉之胤，結玉晨之精，育龍煙於太〔一〕空，包紫虛以通靈，託九玄

〔一〕「太」，洞真上清神州七轉七變舞天經作「大」。

以含秀，凝洪露以成神，陶三氣以自灌，經玄母以法生，任歷劫而受化，感日吉〔一〕而曜形。於是上皇元年，天甲啓晨，誕於神州八景之天平丘中域洞淵之濱，厥名諱波帝，字曰虎瀰。既生之旦，面發金容，體映玉光，五色紫章，七十二變，精耀玉顔，神龍吐芝以灌漑，鸞鳳撫〔二〕翼以蔭玄，丹靈〔三〕散景於瓊軒，流光煥爛於遐真，二景停暉於八朗，七元迴精以匡晨，金仙散香以亂氣，神妃擲華以發煙。五緯結絡，神秀紫天，年冠二九，逍遥中元，餐精噏氣，吐納靈津，含芝内灌，凝神胎仙，挹漱守默，澹〔四〕泊自然，思微念氣，時不虧間，積感洞元，名超上清，受號元皇，登位紫晨。蘭鳳應瑞，順運流遷，神秉五曜，形磐七元，飛霄迴

〔一〕「吉」，原作「告」，「感日告而曜形」於七轉七變舞天經作「感吉日而濯形」，而道典論卷二「先生」條引上清紫晨經則作「感日吉而曜形」，「吉」當是，據改。道經中「吉」與「告」常形訛，如上清三元玉檢三元布經、真誥卷九「謹以吉日之夜」於上清握中訣卷中作「謹以告日之夜」，洞真上清龍飛九道尺素隱訣「是時吉晨」於上清五常變通萬化鬱冥經作「是時告晨」。

〔二〕「撫」，七轉七變舞天經作「舞」。

〔三〕「靈」，七轉七變舞天經作「霄」。

〔四〕「澹」，七轉七變舞天經作「淡」。

輪，乘空落〔一〕煙，群仙啓路，三道合明，流電吐威，逸駕九玄。再登玉陛，三謁紫庭，遊晒瓊闕，宴景三元，攜契五老，玉霄上賓，飛獸攘踞，神鳳撫鳴，巨虬匡〔二〕轡，靈風散香，流芬激揚，翁藹玉清。金童攀雲而侍輪，玉女躡虛而衛靈。東遊碧水桑林之館洞淵〔三〕浩靈極清之源暘谷神王、總仙玉司，請九玄元圖、青精翠雲〔四〕九變之光、日景啓明之章，以鍊真化形，遊洞上宮。西之玄羽素野西龍〔五〕濛汜之濱紫微玉堂王母，請皓靈素章、龜山元籙，定真玉格，以禪紫皇之號。南造朱陵太〔六〕丹極炎流火之鄉太陽瓊宮九層玉臺南極上元君，請太丹洞元炎〔七〕鈴、七耀瓊章、金真玉光，以招二景玉精，鍊化七變之容。北造朔陰九玄

〔一〕「輪，乘空落」，七轉七變舞天經作「轉，乘空絡」。

〔二〕「匡」，七轉七變舞天經作「框」。

〔三〕「淵」，七轉七變舞天經作「浄」。

〔四〕「雲」，七轉七變舞天經作「靈」。

〔五〕「龍」，七轉七變舞天經作「隴」。

〔六〕「太」，七轉七變舞天經作「大」。

〔七〕「元炎」，七轉七變舞天經作「玄火」。

寒鄉太陰玉晨九元真妃，受流精飛景寶章、蕭條九耀豁落七元，以披天關，朝宴玉宫〔一〕，上登始天元景玉京崚嶒之臺九曲之房，太真丈人、太上大道君受三天正法，威制六天，受九絳〔二〕飛精章衣、流金鳳璽，位登紫晨。

上皇先生於是靈耀暉姿〔三〕，金容暢顔，體冠法服，頭戴紫文飛霜七色之冠，侍女衆仙十億萬人、飛龍毒獸備衛玉軒。夜明自然神燭，室散虚馥之煙，風鼓玄旍，迴儛紛藹，嘯朗太無，玉音激籟，虚唱飛歌，八響應會，鸞鳴鳳吹，清奏玄籟，玄精曲〔四〕映，三晨停蓋，萬真禮慶，莫不宗賴，頤神神州之闕，蕭條無崖之館，匡制三五之運，拯化承唐之難，理二儀於玄圖，總上皇之遺幹。靜詠瓊軒，俯眄冥翫，蔚蔚三闕，幽章啓韻，合唱玄閬，明範應讚，虚音互騁，洞慧〔五〕朗焕，激八風以迅軀，攝流電以揚精，召六甲於五行，役武卒於天丁，符五

〔一〕「宫」，七轉七變舞天經作「京」。
〔二〕「絳」，七轉七變舞天經作「縫」。
〔三〕「耀暉姿」，七轉七變舞天經作「暉曜姿」。
〔四〕「籟。玄精曲」，七轉七變舞天經作「泰。玄精迴」。
〔五〕「慧」，七轉七變舞天經作「惠」。

嶽以伺駕，擻威章以震[一]靈，變儛天於神州，迴七轉於妙庭，招虚無以自灌，服玉符以升形，落[二]玄象於日月，運七氣於斗星。於是飄飆[三]九域，公子同軒，司命齊輪，遊宴紫晨，領括洞淵，總御群仙。自天以下，莫不受事於上皇，由七變之道妙哉焉。七轉七變之道，上皇紫晨君受於九天父母，修行道成，以傳玄感清天上皇君，上皇君以傳三天玉童，三天玉童以傳紫極真元君，紫極真元君傳天帝君，天帝君傳南極上元君，南極上元君傳太微天帝君，太微天帝君傳後聖金闕君，後聖金闕君傳上相青童君。承真相係，皆經萬劫一傳。小有天王後撰一通，以封於西域山中。得者皆奉迎聖君於上清宫，給玉童玉女各二十一人，典衛靈文，營護有經者身。

上皇七轉之道，絳簡紫書，秘於紫天元臺玉室金房之内，授於已成真人，不教於始學。凡受洞真三十九章、雌一玉檢、大有妙經，解結散滯，拔度七玄，而不知七轉之法，皆不得誦詠於玉篇。夫七轉之章，皆神州之曲、高上之音，運於天地，參落[四]三晨，左迴右轉，合

〔一〕「震」，七轉七變舞天經作「振」。
〔二〕「落」，七轉七變舞天經作「絡」。
〔三〕「飆」，七轉七變舞天經作「飄」。
〔四〕「落」，七轉七變舞天經作「絡」。

會洞門，變五還二，上應七元，轉三還五，緯度天關。其道甚妙，故爲儛天。誦之一遍，朗徹無間，七轉八誦，三光齊真，五老定籍，司命改年〔一〕，解散宿結，斷絶胞根，上開九祖，更反胎仙，制御千妖，萬魔束身。修之萬遍，位登紫晨。

右出洞真神州七變儛天經。

昇玉宫品

太帝君素語内祝第一。

静室獨處，平坐東向，叩齒九通，瞑〔二〕目陰祝曰：「蒼元浩靈，少陽先生。九氣還肝，使我魂寧。敢〔三〕有犯試，摧以流鈴。上帝玉籙，名上太清。」畢，因〔四〕閉氣九息，嚥液九

〔一〕「年」，七轉七變舞天經作「篇」。

〔二〕「瞑」，洞真太上素靈洞元大有妙經作「冥」。

〔三〕「敢」，該字前大有妙經還有「幽府結華，藏内鮮明。鍊容固髓，返白爲青。神化内發，景登紫庭」八句。

〔四〕「因」，原作「咽」，據大有妙經改。

過，止。

天帝君素語内祝第二。

正南向瞑目，叩齒三通，陰呪曰：「赤庭絳宮，上有高真。三氣歸心，是我丹元。騰我淨躬，遥奏以聞。太〔一〕微緑字，書名神仙。」畢〔二〕，閉氣三息，嚥液三過，止。

南極上元君素語内祝第三。

正西向瞑目，叩齒七通，陰呪曰：「素元洞浮〔三〕，天真神廬。七氣守肺，與神同居。澄〔四〕誠明石，遊御玄虚。白玉金字〔五〕，九帝真書。使我飛仙，死名已除。」畢〔六〕，因〔七〕閉氣七息，嚥液七過，止。

〔一〕「太」，該字前大有妙經還有「心固神静，九靈閉關。金真内映，紫煙結雲」四句。

〔二〕「畢」，該字前大有妙經還有「飛行上清，朝謁帝尊」。

〔三〕「浮」，大有妙經作「虚」。

〔四〕「澄」，該字前大有妙經還有「保鍊五藏，含華内敷」。

〔五〕「白玉金字」，大有妙經作「玉字金簡」。

〔六〕「畢」，該字前大有妙經還有「遊洞三清，適意所如」句。

〔七〕「因」，原作「咽」，據大有妙經改。

太微天帝君素語内祝第四。

正向本年命之上，瞑目，叩齒十二通，陰祝曰：「黄元中帝，本命之神。一氣侍脾，使我得真。後〔一〕物而傾，千神來臣。老君玄録，名書〔二〕神仙。長生久視，與天同存。」畢，因閉氣一息，嚥液十二通，止。

後聖帝君素語内呪第五。

正北向瞑目，叩齒五通，陰呪曰：「玄元北〔三〕極，太上之機。五氣衛腎，黿玉參差。著〔四〕名玉札，年同二儀。上皇太帝，峙然不迷。役使六甲，以致八威。」畢〔五〕，因閉氣五息，嚥液五過，止。

衆真素語内呪第六。

〔一〕「後」，該字前大有妙經有「寶藏生華，結絡紫晨。變景鍊容，保命長延」句。

〔二〕「名書」，大有妙經作「書名」。

〔三〕「北」，原作「八」，據上清大洞真經卷一、太上求仙定録尺素真訣玉文、三九素語玉精真訣、大有妙經、雲笈七籤卷四十四存思部三和一百零五紀傳部之傳三引文改。

〔四〕「著」，該字前大有妙經有「寶華結絡，胃管朗開。著名玉札，年同二儀」句。

〔五〕「畢」，該字前大有妙經有「驂龍駕浮，超然升飛。吐納神芝，歷劫不衰」句。

還東向，存五方之气。都畢，又咽液九過，叩齒〔一〕，畢，北向再拜，陰祝曰：「謹白太上太極四真，請存五方五帝五靈神，刻其緑字，驂駕十天，萬妖束氣，衆邪絶烟，使某相見，得共〔二〕語言。」畢，乃精思。

太上曰：凡欲修行經方，存念神真守一之法，不先通釋三宫，開明九孔，調理五府，然後修行，則神氣不懽，真靈不降，亦徒勞於精思，無益於自補也。有志者精行其事。五方素咒訖，還存思，氣理和調，内神欣喜，影響相對，無不朗然也。兆勤勗之，必得神仙。至妙上法，非賢不傳。

凡修長生之道、白日昇晨之法，每當清齋苦念爲先。故至人之學，望雲霞而致降，思招〔三〕無而致感者，豈復虚繆〔四〕哉。天道玄默，望之泯泯。子既有心，安在子身，諒〔五〕由

〔一〕「咽液九過，叩齒」，大有妙經作「咽唾九過，叩齒九通」。

〔二〕「共」，大有妙經作「其」。

〔三〕「招」，大有妙經作「虚」。

〔四〕「繆」，大有妙經作「謬」。

〔五〕「在子身，諒」，大有妙經作「存子身，决」。

精誠，守固握真，道不期遠，正在〔一〕數年，與氣相應，道便降焉。此太上之妙訣，得者神仙。

凡學，當從下上，案次而修，不得越略，虧天科條。經有三品，道有三真。三皇內文，天文大字，九天之録，黄白之道，亦得控轡玄霄，遊盤五嶽，故爲下品之第。靈寶洞玄，亦元始俱生，淵賾深奥，妙趣同原〔二〕，齋浄芳蘭，五稱映玄，拔度七祖，解釋罪根，亦致真人下降，飛騰太清，中品之妙，下方地仙。上清道經，太丹隱書，凡三百寶名，玉訣九千，此上真之首目，玉帝之内篇，得者名參玉簡，録字青宫，白日昇晨，上造帝堂，上品之訣，秘在九天之上大有之宫。夫學，當從下品，造於玉清也。道者〔三〕三奇，第一之奇，大洞真經三十九章；第二之奇，雌一寶經；第三之奇，太上素靈洞玄大有妙經。此傳已成真人，不傳於始學也。忽遇因緣，得見篇題，不得便妄披於靈文，皆當先鍊於涉學，然後造真。道無不備，萬無不仙。學者詳而奉之，勿虧此言。

學道不先備科，而學亦萬無成也。科以制犯，知科便改，自然應真也。太真科有九

〔一〕「在」，大有妙經作「存」。
〔二〕「淵賾深奥，妙趣同原」，大有妙經作「淵泉深奥，妙趣洞源」。
〔三〕「玉清也。道者」，大有妙經作「上清也。道有」。

品，品有十二條；九真科有三品，品有九條；四極明科有四品，品有二十四條，誡於輕重罪福之制。故學者宜先尋之。此科亦單行於始學，不必悉備於衆經也。

太上素靈大有玉篇九真明科，皆傳骨相合真之人。依上皇之初，舊經萬劫一傳；三天立正，改七千年聽得三傳，七百年内有其人，亦聽三傳。案科，齎上金三兩，紫紋百尺，青繒二十七尺，赤絲五兩，沉香一斤，丹一兩，詣師，告〔一〕齋百日，或三十日，上誓九天北帝、大〔二〕靈萬真、領仙玉司，以爲盟信，誓約寶秘。修行靈文，不得輕洩，宣露神真，愆盟負科，殃及九祖，考撻死魂，長閉地獄，萬劫不原，身没形殘，終不得仙。

凡受素靈洞玄，當依年限而傳，過此不得復出篇目，以暢三奇，素靈經妙〔三〕，可誡於後學，使勤尚之人，告慎於明科。

諸天帝王、後靈九玄帝君、上相青童、太極真人，稽首敢問太上天尊：至真上法，高秀玄澄，羅絡萬物，宗寂虛凝，妙起激玄〔四〕，法化三乘，彌綸億劫，量何可勝，豈復稽於明

〔一〕「告」，大有妙經作「造」。
〔二〕「天北帝、大」，大有妙經作「元北帝、太」。
〔三〕「暢三奇，素靈經妙」，大有妙經作「稱揚三奇，素靈妙經」。
〔四〕「羅絡萬物，宗寂虛凝，妙起激玄」，大有妙經作「彌絡萬宗，玄寂虛凝，妙趣激朗」。

科乎？

太上曰：善！子之言。夫後生之徒，自非玉虚之胤，結自然而生者，皆孕於混氣，染係於囂穢也。結有不純之行，性有不專之善〔一〕，雖希慕玄賾〔二〕，故心恒背我，舉止所乘，莫不犯於過。過生乎外，滅命乎内，承此而學，豈不去真遠哉？如使三官執咎，對在幽司，考延七祖，罪累於身。有犯斯過者，而使悟於玄都〔三〕有糺罰之制，靈〔四〕化之大，復許有贖罪之法。案科而用，如此期真將必近矣。爲學之士，而無此檢，亦徒勞於精思，無益於苦念也。今故摽出九真三品明章〔五〕。

太極真人於是退齋上清，奉受素靈大有妙經九真科檢，秘於金藏玉匱，衛以玉童玉女各三千人，侍典靈文，散香虚庭，飛龍毒獸，巨虬千尋，奮爪雲牆，備衛玉關也。如是十天

〔一〕「善」，大有妙經作「美」。
〔二〕「希慕玄賾」，大有妙經作「玄慕玄頤」。
〔三〕「都」，大有妙經作「科」。
〔四〕「靈」，大有妙經作「聖」。
〔五〕「章」，大有妙經作「科」。

大聖、九宫真仙，一月三過〔一〕，莫不上登玄宫，禀承明科，禮拜於靈文也。上相青童君曰：凡有金骨玉髓，名參青宫，得有此文，秘而施行。於是承受之儀，玄合上典，施用節度，與真同功，贖罪拔難，宿結咸解，七玄之祖，於是而欣，己身昇騰，上宴玉宫〔二〕也。

右出洞真太上素靈大有妙經。

〔一〕「一月三過」，原作「三月一過」，據大有妙經改。

〔二〕「宫」，大有妙經作「京」。

無上秘要卷之九十六

昇〔一〕玉清品上

玉清高桃厲沖龍羅天觀靈無〔二〕晨隱書金玄内文，九老仙都所佩。行神仙之道，當以赤書白版〔三〕上，置西方，以滅西方白帝大魔王官屬，招致西方仙官。行之十二年，則白景素靈七聖金靈君降形兆身，役使仙官，取自然靈藥。又以朱書白繒佩身，行來西方福堂淵〔四〕盛行之世界，大魔王束帶，稽首禮迎，仙官侍衛；入西嶽則致素雲羽蓋。十二年，飛

〔一〕「昇」，原無，據敦目補。
〔二〕「無」，上清高上金元羽章玉清隱書經作「元」。
〔三〕「版」，玉清隱書經作「板」。
〔四〕「淵」，玉清隱書經作「洲」，當是。

行玉清宮。

玉清碧落空歌餘黎〔一〕天總晨九極隱書金玄内文，玉清高〔二〕元君所佩。行神仙之道，當以墨書丹版〔三〕上，置南方，以滅南方赤帝大魔王官屬，招致南方仙官。行之一十八年，則洞陽丹靈真景君降形於兆身，役使仙官，取自然靈藥。又以墨〔四〕書絳文佩身，行之南方宛利〔五〕城境棄賢之世界，則大魔王束帶，稽首禮迎，仙官侍衛；入南嶽則得南極寶書，致丹雲羽蓋。一十八年，飛行玉清宮。

玉清枷摩坦婁于翳天沓曜旋根隱書金玄内文，九天真王所受。行神仙之道，當以黄書墨版〔六〕上，置北方，以滅北方大魔王官屬，招致北方仙官。十五年，則致北極玄上玉真

〔一〕「黎」，玉清隱書經作「梨」。

〔二〕「高」，玉清隱書經作「高上」。

〔三〕「墨書丹版」，玉清隱書經作「黑書丹板」。

〔四〕「墨」，玉清隱書經作「黑」。

〔五〕「利」，玉清隱書經作「梨」。

〔六〕「墨版」，玉清隱書經作「黑板」。

君授兆高上寶書，役使仙官五十〔一〕人。又以黄書皂文佩身，行之北方鬱亶野清静之世界，則萬靈束帶，魔王稽首禮迎，仙官侍衛；入北嶽則致玄雲羽蓋，飛行玉清宫。

玉清扶刀蓋華浮羅天玄景晨平隱書金玄内文，太素三元君受之於元始天王。行神仙之道，當以紫筆書黄版上，置西北方，以滅皓〔二〕帝大魔王官屬，招致西北〔三〕福德之野延賢世界仙官；十二年，則致上宫玉女降兆寢房，授兆神真之道。又紫筆書黄文〔四〕上，佩身，行之西北延賢世界，則萬靈束帶，魔王稽首禮迎，得乘飛雲羽蓋，遊行玉清宫。

玉清具渭耶渠初默天合暉晨命隱書金玄内文，扶桑太帝受之於太霄真王。行神仙之道，當以黄筆書蒼版上，置東南方，以滅旻〔五〕帝大魔王官屬，招致東南方〔六〕福田用賢世界

〔一〕「五十」，玉清隱書經作「十五」。
〔二〕「皓」，玉清隱書經作「浩」。
〔三〕「西北」，原作「西方」，據玉清隱書經改。
〔四〕「文」，玉清隱書經作「紋」。
〔五〕「旻」，玉清隱書經作「昊」，後接文「旻帝仙官」同。
〔六〕「方」，原作「元」，據玉清隱書經改。

旻帝仙官；十五年，則致玉女二十〔一〕人，給兆驅使，取自然靈藥。又以黄書緑文上，佩身，行之用賢世界，則萬靈束帶，魔王稽首禮迎，得乘緑雲羽蓋，飛行玉清宫。

玉清冲容育鬱敵〔二〕沙天齊暉晨玄隱書金玄内文，西王母受之於北極皇上先生。行神仙之道，當以青書紫版上，置東北，以滅蒼帝大魔王官屬，招致東北方福集都長安世界蒼帝仙官。十年，則致仙童十八人，給兆驅使，取自然靈藥、高上飛玄羽章。又以青書生紫紋上，佩身，行之東北長安世界，則萬靈束帶，魔王稽首禮迎，得乘紫雲羽蓋，飛行玉清宫。

右出洞真高上金玄羽章隱書。

陽臺靈生玉符。

諸行道求仙、思神念真、謝罪解過，上希陽臺真人仙官玉女原赦之恩，當以立冬之日，墨筆書文，北向服之七枚，則仙官玉女書名〔三〕仙簿，列字金簡。修行八年，勿失一節，真人

〔一〕「二十」，玉清隱書經作「二十四」。
〔二〕「敵」，玉清隱書經作「離」。
〔三〕「書名」，元始天尊説變化空洞妙經作「注書」。

給玉童八人，思真感會，真人降形，致七景之輿，飛行玉清。

右出洞真八道玉景隱經[一]。

洞真九赤斑符。

東嶽太[二]山君常以春分之日，列奏真仙已得道及始學之人名録，上言高上帝君，録[三]校玄名。修飛仙之道，當以其日日出之時，沐浴齋戒，燒香入室，東向思東嶽太山君，姓玄丘，諱目陸，頭建三寶九光夜冠，衣青羽章裙，披衣[四]九色斑裘，帶上皇命神之符[五]，乘青雲飛輿、九色蒼龍，從十二仙官，手把五芝，東北而迴，上登無崖之上玉清之天，徘徊

〔一〕「右出洞真八道玉景隱經」，此處原無，文字見於元始天尊説變化空洞妙經之靈真八道變化空洞玉景隱符中，該出處原誤置於後引洞真九赤班符五帝内真經「道成飛仙，上昇玉清」文字後，今前移。

〔二〕「太」，太上九赤班符五帝内真經作「泰」，本則文字中的「太山君」之「太」多同。

〔三〕「録」，九赤班符作「檢」。

〔四〕「衣」，九赤班符無。

〔五〕「符」，九赤班符作「篆」。

玄虚之内、青雲之中。當叩齒九通，心言：「今日上節，八願開新，願迴神曲蓋〔一〕，來降我間，納我所求，奏我所陳，得上玉札，位係紫篇。道君迴映，我獲上仙。」畢，思太山君乘雲〔二〕輿下降，青氣鬱鬱，覆滿一室，君處青氣之中，手執青簡，注上我名於青簡之篇。微呪曰：「玉真徘徊，焕明東方。乘龍駕輿，飛行太空。迴靈曲映，下降我房。青陽告始，上願開通。納我所陳，削過記功。刻名青簡，列奏高皇。西龜結録，東華勒方。五靈輔翼，八帝齊光。驅甲御乙，出木入商〔三〕。六丁侍衛，玉女扶將。攝山召海，命制蛟龍。嘯風興雨〔四〕，靡不立躬。天魔伏試，萬靈敬從。變景化形，上昇玉宫。年享太山，永保無窮。」畢，仰嘸九氣，止。

修之九年，則太山君見形於兆前，降於青氣之雲，給神童九人，致自然神芝，能知東方萬里之事；一十八年，則致龍輿，乘空飛行，上昇玉清。

〔一〕「蓋」，九赤班符無。

〔二〕「雲」，九赤班符無。

〔三〕「驅甲御乙，出木入商」，九赤班符作「來甲御乙，出木入空」。

〔四〕「雨」，九赤班符作「雲」。

南嶽衡山君常以夏至之日，列奏真仙已得道及始學之人名録，上言高上帝君，録〔一〕校玄名，區别功過。修飛仙之道，當以其日日中之時，沐浴齋浄〔二〕，入室燒香，南向思南嶽衡山君，姓爛，諱洋光，頭建八朗寶光玉冠，衣赤錦飛裙，披神光緋文之裘，帶封靈制魔之章，乘赤霞飛輪，從南嶽仙官十二人，悉乘飛鳳，手把神芝，東南而迴，上登無崖之上玉清之天，徘徊空虚之内、赤雲之中。當叩齒三通，心言：「今日上吉之日，良晨〔三〕應真，玄願普降，玄〔四〕天納新，願乞道君，值迴上仙，飛輪羽蓋，下降我身，名言上清，東華結篇。」畢，思衡山君乘赤霞飛輪下降兆房，赤氣鬱鬱，覆滿一室，君在赤氣之中，手執赤簡，注上我名於赤簡之篇。微呪曰：「朱陽乘晨，徘徊九霄。丹輿飛蓋，洞焕霞寥。曲迴下映，監我心翹。上願所陳，莫不感幽。仰披靈衡〔五〕，形與神交。書名丹臺，結字南瑶。六丙翼真，乘丁入飆。攝山封海，命制萬妖。千精伏竄，群魔皆消。南嶽既掌，三元來招。降致朱輧，昇入

〔一〕「録」，九赤班符作「檢」。
〔二〕「浄」，九赤班符作「戒」。
〔三〕「晨」，九赤班符作「辰」。
〔四〕「玄」，九赤班符作「竟」。
〔五〕「仰披靈衡」，九赤班符作「抑披靈衛」。

皇朝。二景齊靈，後天而彫〔一〕。」畢，仰嚥三氣，止。

修之九年，則衡山君授兆寶書，給仙官八人，降致神芝奇異之物，能知南方萬里之事。行之十八年，則致赤雲之輪，飛行太空，上昇玉清。

西嶽華山君常以秋分之日，列奏真仙已得道及始學之人名録，上言高上帝君，録〔二〕校玄名，區別功過。修飛仙之道，當以其日晡時，沐浴齋戒〔三〕，入室燒香，西向思華山君，姓浩丘，諱元倉，頭建六元通神飛冠，衣白錦飛裙，披素錦之裘，帶交靈素綬，乘素霞飛輪，從西嶽仙官十二人，悉乘十二白虎，手把七色華幡，西南而迴，上登無崖〔四〕上清之天，徘徊空虛之内、白雲之中。當叩齒七通，心言：「我願飛仙，上昇上〔五〕清，飛入華嶽，與帝同靈，乞丐道君，降我真形，爲我致仙，書我玄名。」畢，思華山君乘白霞飛輪下降兆房，白氣弈

〔一〕「二景齊靈，後天而彫」，九赤班符作「三景齊靈，後天而凋」。
〔二〕「録」，九赤班符作「檢」。
〔三〕「戒」，九赤班符作「静」。
〔四〕「無崖」，九赤班符作「無崖之上」。
〔五〕「上」，九赤班符作「玉」。

弈〔一〕，覆滿一室，君在白氣之中，手執白簡，注上我名於白簡之篇。微呪曰：「金門焕明，白雲峨〔二〕峨。四會交真，八氣結羅。上告玉晨〔三〕，帝靈昇霞。迴神下降，曲眄我家。記〔四〕我白簡，書名西華。七真部仙，制御群魔。上承皇威，攝山命河。興雲降雨，龍輪立過。運我飛虚，上造靈阿。所願立至，所剪立摧〔五〕。千變萬化，洞明玄霞。」畢，仰嚥七氣，止。

修之九年，則華山君爲兆致神仙之藥，給仙童七人。九年，能知〔六〕西方萬里之事、吉凶之兆。行之十八年，致白雲之輪，飛行太空，上昇玉清之宫。

中嶽嵩高山君常以三月、六月、九月、十二月戊辰、戊戌、己未、己丑〔七〕之日，列奏真仙

〔一〕「弈弈」，九赤班符作「奕奕」。
〔二〕「峨」，九赤班符作「巍」。
〔三〕「上告玉晨」，九赤班符作「上吉告晨」。
〔四〕「記」，九赤班符作「謂」，當誤。
〔五〕「摧」，九赤班符作「嵯」。
〔六〕「知」，九赤班符作「明」。
〔七〕「己未、己丑」，九赤班符作「己丑、己未」。

已得道及始學之人名録，上言高上帝君，録〔一〕檢玄名，區别功過。修飛仙之道，當以其日日中後，沐浴齋戒〔二〕，入室燒香，向四季思中嶽君，姓角，諱普生，頭建中元黄晨玉冠，衣黄錦飛裙，披玄黄文裘，帶黄神中皇之章，乘黄霞飛輪，從中嶽仙官十二人，悉乘飛驎，手把玄黄十二節麾，西南而迴，上登無崖之上玉清之宫，徘徊空虚之中、黄雲之内。叩齒十二通，當心言：「天垂上願，我享其恩，念虚降靈，思微致仙，中嶽之君，結我同軒，使我飛行，昇到金門。」畢，思嵩高山君，乘黄霞飛輪下降兆房，黄氣勃〔三〕勃，覆滿一室，君在黄氣之中，手執黄簡，注上我名於黄簡之篇。微祝曰：「皇〔四〕靈中玄，道翳紫天。三合成一，結虚而仙。掌〔五〕録保篇，固命度年。尅〔六〕名東華，記仙中秦。五靈監映，使我道鮮。出虚入微，洞徹九玄。身生水火，變景億千。乘空步虚，飛行無間。」畢，仰嚥十二氣。

〔一〕「録」，九赤班符作「檢」。
〔二〕「戒」，九赤班符作「静」。
〔三〕「勃」，該字前原有「之中」二字，據九赤班符删。
〔四〕「皇」，九赤班符作「黄」。
〔五〕「掌」，原作「學」，據九赤班符改。
〔六〕「尅」，九赤班符作「列」。

修之九年，則與中嶽君對面共言，爲兆降致黄龍飛輿，給以仙官，取自然之物，以與兆身。行之十八年，道成飛仙，上昇玉清。

右出洞真九赤班符五帝内真經〔一〕。

金書秘字三元九真陽符。

上監天〔二〕魂精秘音内諱，玉佩始陽之符，則上監天始陽之氣，主上丹田下真内神，青書白素佩身。又書白紙，本命八節日服之，内思丹田中真，三年，則覩真形，九天丞相書名九天之録，得見九天父母，帝君降形，八景同〔三〕飛，上昇玉清。

兜術天魂精秘音内諱，玉佩太陽之符，則兜術天太陽之氣，主洞陽宫上真内神，朱書白素佩身；又書白紙，本命八節日服之。内思洞陽上真，三年不闕，則覩五頭一身真形内

〔一〕「右出洞真九赤班符五帝内真經」，原無，該段文字首「東嶽太山君」前之「洞真九赤斑符」，乃與前後則文字之「陽臺靈生玉符」、「金書秘字三元九真陽符」相應，不能視爲出處。故補。

〔二〕「上監天」，太上玉珮金璫太極金書上經作「梵監天」，後文「上監天」同。

〔三〕「同」，太極金書上經作「洞」。

神，九天書名南臺，帝君下降寢房，鍊魂制魄，變景八神。一十八年，飛形九霄，上昇玉清〔一〕。

右出洞真太極金書上經。

〔一〕「清」，太極金書上經作「晨」。

無上秘要卷之九十七

昇〔一〕玉清品下

迴神飛霄登空招五星上法。

迴神哺飴、上招五星登空之道，上衛〔二〕七玄，下解兆形，混合萬變，立昇玄綱。沐浴焚〔三〕香，入室清齋，修行其方，五内映明，七孔朗然，神填絳府，形登五星〔四〕。至極妙法，非真不傳。所謂知道者易，修方者難。難修之道，可不秘乎。

〔一〕「昇」，原無，據敦目補。

〔二〕「衛」，上清回神飛霄登空招五星上法經作「衞」。

〔三〕「焚」，招五星上法經作「蘭」。

〔四〕「神填絳府，形登五星」，招五星上法經作「神鎮絳府，形登五晨」，所引文字之「填」在招五星上法經中多爲「鎮」，後不詳注。

常當甲子、甲午、乙酉、乙卯、己丑、己未、戊辰、戊戌之日，沐浴清齋入室，坐卧任意，臨目執手於心，髣髴存東方青帝，諱通明，字蓋卿，巾青巾，衣青衣，冠青履，帶通光陽霞之章，入我身中。又思肝中四真名清〔一〕明君，字明輪童子，恒填我肝中，守我胃管之户、膏膜之下，固塞死氣，爲我降青精青〔二〕水玉芝，因存歲星精光〔三〕，口引噏之九十過，止。令青氣極充於肝府。行之九年，使東方青要玉女九人侍側。

次，思南方赤帝，諱太陽，字幼〔四〕林，巾赤巾，衣赤衣赤冠赤履，帶四朗朱碧之章，入我〔五〕身中。又思絳宫中一元丹皇君，名神運珠，字子南丹，一名生上伯，一名史雲拘，恒鎮我絳宫中，守我頭〔六〕骨首之户，斷絶死氣之路，爲我降丹精赤水玉芝。因存熒惑星精

〔一〕「清」，招五星上法經作「青」。
〔二〕「青」，招五星上法經作「月」。
〔三〕「精光」，招五星上法經作「光精」。
〔四〕「幼」，招五星上法經作「幻」，「幼林」還見於太上無極大道自然真一五稱符上經，當是。
〔五〕「我」，招五星上法經作「兆」。
〔六〕「頭」，招五星上法經作「項」。

光〔一〕，口引嚥之八十過，止，令赤氣充布絳宫中。行之九年，役使南方赤圭玉女八人侍側。

次，思西方白帝，諱通陰，字元起，巾白巾，衣白衣白冠〔二〕素履，帶皓靈扶希之章，入兆身中。又思肺中六真名上元素玉君〔三〕，字梁南中童，恒填我肺中，守我十二關門，斷絶死氣之路，爲我降素芝白〔四〕水玉精之丹。因存太白星精光，口引嚥之六十過，止，令星氣布充於肺府。行之九年，太素玉女六人侍側。

次，思北方黑帝，諱通神，字子規，巾蒼巾，衣蒼〔五〕衣蒼冠蒼履，帶鬱真蕭〔六〕鳳之章，入兆身中。又思腎中七真名玄陽君，字冥光生〔七〕，恒填我兩腎中，守我背骨地府〔八〕，斷塞

〔一〕「精光」，招五星上法經作「光精」。

〔二〕「白衣白冠」，招五星上法經作「素衣素冠」。

〔三〕「上元素玉君」，招五星上法經作「上素君」。

〔四〕「白」，招五星上法經作「月」。

〔五〕「蒼」，招五星上法經作「皂」。

〔六〕「蕭」，招五星上法經作「簫」。

〔七〕「生」，招五星上法經作「先生」。

〔八〕「府」，招五星上法經作「户」。

死氣之路，爲我降玄陰丹芝九液之水。因存北方辰星精光，口引嚥之五十過，止，令星氣充布兩腎之中。行之九年，太玄玉女五人侍側。

次，思中央黄帝，諱萬福，字大〔一〕倉，巾黄巾，衣黄衣黄冠黄履，帶中元八惟〔二〕玉門之章，入兆身中。又思脾中五真名養光君，字太昌子，恒填我脾中，守我極根之户，斷絶死氣之路，爲我致黄水月華、玉胎丹芝。因存中央鎮星精光，口引嚥之十二過，止，令氣充於脾府。行之九年，黄素玉女十二人侍側。

次，思上玄元父，名〔三〕高同生，字左迴明；下元玄母名叔火王，字右迴光，二神守我本命之根，塞我死氣之原，爲我致陽芝陰精，哺飼我身。存日月二星〔四〕之光，映照一形，口引光色三十六嚥，止，令光氣充盈臍下丹田宫。行之九年，面生金容，目有流光，役使六甲，召制六丁，隨意所欲，真人詣房。存思五帝二景真神，事訖，呪曰：「五星纏絡，光流内明。

〔一〕「大」，招五星上法經作「太」。
〔二〕「惟」，招五星上法經作「維」。
〔三〕「名」，招五星上法經作「諱」。
〔四〕「星」，招五星上法經作「景」。

二景飛霞，灌溉五精。真神填藏，長保黄寧。太乙務猷，變胎迴嬰。肝肺結華，心腎充〔一〕盈。脾保中元，五芝受生。日月寶光，與帝合并。飛空騰虚，上朝玉清。」次，思精血三真，名元生君，字黄寧子，恒填我兩孔之下源。骨節二真，名堅玉君，字凝羽珠，填我太倉之府、五腸之口。心中一真，名天精液〔二〕君，字飛生上英，鎮我胸中四極之口。九元之真，男，名拘制，字三陽，鎮我左耳伏晨之户；皇一之魂，女，名上歸，字帝子，填我右耳伏晨之户。紫素左元君，名翳鬱無刃，字安來上，填我頭面之境。黄素中元君，名圓華黄刃，字太張上，填我胸腹之境。白素右元君，名啓明蕭刃，字金門上，填我下關之境。日中司命君，名接生，填我左手；月中桃君，名方盈，填我右手。胎中元白氣君，名務玄子，字育尚生；太一精魂，名玄歸子，字盛昌；二神填我五藏之上結、喉之本結。中青氣君，名案延昌，字合和嬰；元君精魂，名保谷童，字明夫；二神填我五藏之下、大胃之上節。中黑氣君，名斌來生，字精上門；帝真精魂，名幽臺玉〔三〕，字灌上生；二神填我九腸之口、伏源之下胞。

〔一〕「充」，招五星上法經作「光」。
〔二〕「液」，招五星上法經作「津液」。
〔三〕「玉」，招五星上法經作「生」。

中黄氣君，名祖明車，字神無極；天帝精魂，名理維藏，字法珠；二神填我少腹之内、二孔之本。血中赤氣君，名混離子，字叔保堅；司命精魂，名發紐子，字慶玄；二神填我百關之血、絶節之下。上玄元父君，名高同生，字左迴明；下元玄母，名叔火王，字右迴光；帝皇太一，名重冥空，字幽寥無；九帝尊，名曰明真，字衆帝生；太帝精魂，名陽堂玉，字八靈九關魂，名緑回道，字絶冥天；紀帝魂，名照無阿，字廣神；七神填我本命之根，塞我死路之門。存祝衆真，從頭至臍，無不朗然，使金液流帀，玉華映魂，神飴〔一〕溢於窮腸，帝氣充於九關，七祖披釋於三塗，受更胎於南宫，填生神於一身，布真氣以固年。畢，叩齒三十九通，祝曰：「氣生於無，結氣生神。陽氣外貢，陰氣内升〔二〕。二象翻〔三〕錯，交結元靈。内真填衛，九孔受生。保魂固魄，萬神安停。保我三關，華芝充盈。與我同昇，俱造玉清。」畢，嘸氣三十九過，以填三十九户，氣澤帀潤，流布一身。若能棄累，不拘世塵，静心夷意，朗覩虚房，眄想内視，填神固魂，絶死氣於九户，填生宫於上關。回帀存祝，如面共言。晝

〔一〕「飴」，招五星上法經作「粭」。
〔二〕「陽氣外貢，陰氣内升」，招五星上法經作「陽氣外貞，陰氣内成」。
〔三〕「翻」，招五星上法經作「番」。

夜三年，真神見形，皓華反根，朽齒牙生，五藏結絡，内補充盈，役召六甲，驅策六丁，室致九霄之賓，神降三素之軿，神飛形舉，白日登晨。

右上真之神，寶名内字，而填在人身之内，運於九天之氣，固人六府機關，萬精化生，皆由於神。神填則生，神逝則亡。勤心積感，則能舉人身形，上昇玄宮。求仙之道，不知形神内名，又不知填塞死户，生豈可冀乎？夫修此道，不得冒履厭〔一〕穢，食五辛〔二〕之屬，觸忤正氣，神則去矣。知豐肴以甘口，爵禄以榮身，而不顧甘口之食是傷命之斧，爵禄奢麗是消真之源。故神人愛幽寂而〔三〕棲身，不顯形於凡塵者也。修生之家，可不慎乎？

右出上清迴神飛霄登空招五星上法〔四〕。

高聖帝君曰：欲書名上清金書玉籙之文，飛行上清之宫，當以二月二日，青書玉籙十

〔一〕「冒履厭」，招五星上法經作「身履殗」。

〔二〕「五辛」，招五星上法經作「五辛酒肉」。

〔三〕「而」，招五星上法經作「不」。

〔四〕「右出上清迴神飛霄登空招五星上法」，原無，引文即上清迴神飛霄登空招五星上法全經，但該經在其他地方没被引及，不能確定其名，姑補其名。

音白紙上，向正東服之，叩齒九通，微呪曰：「胤元玄靈，承古法虛。骨像〔一〕應圖，玉籙金書。河魁絡己，五神煥舒。次慶二元，玄真〔二〕降廬。名題上清，得乘飛輿。永享無窮，福慶〔三〕有餘。」畢，噏氣八過，八拜朝上清之宫八帝尊神，止。行之九年，則上清刻書玉籙，飛雲丹輿，上昇玉清之宫。

高聖帝君曰：凡有玉骨丹文，列名帝圖，得見七聖玄紀；凡有金髓紫藏，名題金札，得見隱書内文；凡有神奇異毛，紫胞玉絡，名標上清，得見白簡上〔四〕篇；諸有流精紫光，内映外纏〔五〕，寶藏金容，名書玉虛，得見青籙之文；諸有神挺應圖，瓊胎紫虛，名題東華，得見七傷檢文。自無此挺，靈篇不可得而妄披，寶文不可得而看〔六〕也。得見此文，皆玄質合仙。九年修行，尅得飛行玄虛，上昇玉清也。

〔一〕「像」，上清玉帝七聖玄紀迴天九霄經作「象」。

〔二〕「真」，迴天九霄經作「津」。

〔三〕「慶」，原作「愛」，據迴天九霄經改。

〔四〕「上」，迴天九霄經作「玉」。

〔五〕「纏」，迴天九霄經作「靈」。

〔六〕「看」，迴天九霄經作「覽」。

右出洞真七聖元紀經〔一〕。

五鈴登空步虛保仙上符。一名火鈴。

太微天帝君受氣之始，玄象初分，登九玄虛生之臺，五帝神官衛於八方，五符空映，若存若亡，菴藹鳳臺之上瓊房曲室之内，積七千年，其文見矣。流光曜於九霄，文〔二〕鬱煥乎玉清，左擲則爲流金火鈴，右振則爲〔三〕豁落七元，攝制極天之魔，威布九霞之庭。至極妙道，洞微難勝。帝君清齋太空瓊臺洞真之殿玉室金華之房，侍女衆真、五色神官十億萬人。飛獸毒龍，俠闕備門，巨虬千尋，衛於牆岸〔四〕，鳳鳴龍嘯，百音激館，威揚廣庭。獅子嗥喚，衆吹靈歌，玉響流璨，神妃合唱而奏音，玉女鳴弦而拊彈。徐〔五〕乃引中央黄老君、太

〔一〕「右出洞真七聖元紀經」，出處原缺，據該引用時所用之名補。

〔二〕「霄，文」，洞真太上紫度炎光神元變經作「天，寶文」，洞真太微金虎真符同秘要。

〔三〕「爲」，紫度炎光神元變經、太微金虎真符作「冠」。

〔四〕「岸」，太微金虎真符作「垠」。

〔五〕「徐」，紫度炎光神元變經、太微金虎真符作「余」。

極四真人，設流霞之醴、鐶剛之果、赤樹白子，隱芝離〔一〕結，衆香芬落。積九十日，於是龜母案筆，太一拂筵，天妃侍香，玉華結篇〔二〕，以白玉爲簡，金書其文，以付仙都左公，封以玉笈雲錦之囊，傳付中央黄老君。依盟奉受五符，稽首而退，即致九靈流景雲輿、五色神官五萬，飛青翠羽龍帔，上登金闕玉清之宫。

流金火鈴内視振威大呪神慧。

佩流金火鈴，出入遠近，經履危嶮寇病之中、戹害之下，當存真光以自衛，開通萬里之路。發行之始，正向其方叩齒二七通，嚥氣三十六過，便思所之處所〔三〕形象山林草木人民禽獸神靈，分明朗然，皆來朝拜我身。思北斗七星覆我頭上，仍存我左目爲奔星，右目爲迅電〔四〕，其光焕赫，奔流九萬里外，見所之道路隨光開通，山林草木、人民屋宅、兵寇鬼氣，

〔一〕「離」，紫度炎光神元變經、太微金虎真符作「雜」。
〔二〕「篇」，太微金虎真符作「編」。
〔三〕「所之處所」，紫度炎光神元變經作「所在之處」，金虎真符同秘要。
〔四〕「電」，太微金虎真符作「雷」。

悉令消除，無復孑遺，四道豁〔一〕然。因呪曰：「前開後閉，天平地昂。神公出遊，四道開張。當令天地，通我橋梁。前後左右，洞達八方。我〔二〕左擲奔星，右迅電光。流火萬里，何妖敢當。太一將送，萬神來迎。所之所向〔三〕，靡不吉良。乘雲駕虚，上昇太空。」畢，便引二目之精，各還其宫。左取七氣，右取七氣，噈之，畢也。如此可以冒嶮涉難，攻鬼伐兵，無不應響蕩然。其法至妙，不得妄傳，口口而已，明慎之焉。

五帝流鈴五符，威制極天之魔，召攝五方神靈，上應五晨，參落七元，下應人身，九孔七明，周天竟地，靡有不關。無幽不測，無細不鑒。存符則光見，擲符則振威。子若佩之，口受師言。若在人間，遇惡鬼之地，當作振威大呪，北向閉氣十二息，思五方氣覆冠一身，内外晻冥〔四〕，都無所見。因叩左齒三十六通，噈五方氣，方各三噈氣。氣除，盡入兆身。存我兩目童子，光如流星，焕落五方。呪曰：「天元七精，五帝流鈴。焕擲電光，如天奔星。光耀十方，照鬼真形。有何小妖，當我生門。太上有命，誅戮無親。屠肝剞腹，絶滅鬼精。

〔一〕「豁」，太微金虎真符作「洸」。
〔二〕「我」，紫度炎光神元變經無，太微金虎真符同秘要。
〔三〕「所之所向」，紫度炎光神元變經作「有所之向」，太微金虎真符同秘要。
〔四〕「晻冥」，紫度炎光神元變經作「朗明」，太微金虎真符作「奄冥」。

千千皆摧，萬萬皆傾。神威吐咒，攝録無停。」便噏氣三十六過，止。如此一咒，則五方神官皆保〔一〕甲命卒，攝録所在，有靈之氣〔二〕，束縛詣庭。三咒則鬼氣〔三〕滅種。

若入五嶽，周遊山川，冒嶮履峻，皆當未及其處百步，叩左齒三十六通。若之東嶽，便存東方青帝希林珠官屬九千人衛我前後〔四〕，以青霞之氣覆冠我身。若之南嶽，當存赤帝丹玄子官屬八千人，衛我前後，以絳雲之氣覆冠我身。若之西嶽，當存西方白帝少皓靈官屬六〔五〕千人衛我前後，以素雲之氣覆冠我身。若之北嶽，當存黑帝玄冥皓官屬五千人衛我前後，以玄雲〔六〕之氣覆冠我身。若之中嶽，當存黄帝執中元官屬萬二千人衛我前後，黄氣覆冠我身。呪曰：「乾天耀靈，七晨玄精。五斗華蓋，繞絡我形。五色飛覆〔七〕，混合交

〔一〕「保」，太微金虎真符作「征」。
〔二〕「氣」，太微金虎真符作「卒」。
〔三〕「氣」，紫度炎光神元變經作「王」。
〔四〕「前後」，紫度炎光神元變經、太微金虎真符作「前後左右」。
〔五〕「六」，紫度炎光神元變經作「五」，太微金虎真符同秘要。
〔六〕「玄雲」，紫度炎光神元變經作「皂霞」，太微金虎真符同秘要。
〔七〕「覆」，紫度炎光神元變經、太微金虎真符作「霞」。

并。身佩七元，流金火鈴。焕擲無〔一〕方，極天鬱冥。五帝神官，驅策天兵。爲我攝制，山川土地。千鬼萬靈，皆令〔二〕束首，自送真形。前誅後戮，所捕無停。」畢，如此一祝，天魔滅迹，萬神來朝，遊行五嶽，履涉山川，無復試觀之患。五嶽仙官自奉送五芝五〔三〕英來給子身。

若在軍寇之中、懸〔四〕白刃之下、厄難之中，當叩右齒十二通，存北斗〔五〕覆身，玄光洞〔六〕映，周帀一體。叩左齒十二通，存肝爲歲星，出在左；肺爲太白星，出在右；心爲熒惑星，出在前；腎爲辰星，出在後；脾爲鎮星，出在胸上。令五星精氣纏繞前後，我身居斗魁之中、五星之下。次思〔七〕五帝神官衛我左右，仍呪曰：「天爲我屋，地爲我牀。五嶽山

〔一〕「無」，紫度炎光神元變經作「北」。
〔二〕「令」，紫度炎光神元變經作「來」。
〔三〕「五」，太微金虎真符作「玉」。
〔四〕「懸」，太微金虎真符作「縣官」。
〔五〕「北斗」，紫度炎光神元變經、太微金虎真符作「七星」。
〔六〕「洞」，太微金虎真符作「明」。
〔七〕「思」，紫度炎光神元變經作「存」。

川，爲我橋梁。玄斗元精，爲我〔一〕衣裳。藏身七元之内，流火之鄉。渡〔二〕我者太一務猷，過我者白元無英。災不能干，兵不能傷，當令我身上詣金闕九老之京。」畢，如此在屈厄之中，便得解脱。

五色錦各五十尺，以請五帝仙官；紫金五兩，跪誓五方之信；沉香五斤，上聞三元官；真珠一斤，以爲盟丹之誓；書刀子一枚，以斷死氣之路；金珠七枚，以奉請七元之精；絳文七十尺，以爲炎光之信。

凡受符經之身，當齋信詣師，清齋三日，沐浴燒香，書符及經露著高壇之上一宿，明朝共登壇告北帝，啓盟符經，度付弟子〔三〕。自不〔四〕登壇告誓，不得妄開篇目。師輕洩經文，身被風刀之考。弟子不受而披卷，殃及七玄，身殘失明。四極之科，禁輕洩經文；太真之

〔一〕「我」，原作「裁」，據紫度炎光神元變經、太微金虎真符改。
〔二〕「渡」，紫度炎光神元變經、太微金虎真符作「度」。
〔三〕「啓盟符經，度付弟子」，紫度炎光神元變經作「啓盟文，度符經，付弟子」，太微金虎真符作「啓盟，度符經，付弟子」。
〔四〕「不」，原無，據紫度炎光神元變經、太微金虎真符補。

律，禁無盟信〔一〕。自非金名玉格，莫得聞見。求仙之夫，無五符佩身，五嶽仙官不衛兆形，三官鬼録不落死名，棲身山〔二〕岫，則爲九天魔王所敗，出入人間，則不免縣官兵刀〔三〕。得佩之者，上天履淵〔四〕，縱横無方，適意周旋。存思真神還復本宫，五芝自〔五〕生，身映玉光，仙官防衛，三元詣房，乘雲駕虚，上昇玉清。

右出洞真紫度炎光神元變經。

若見龍頭鳳身之人，或一鳥九頭鳳身，此則元始天王左治虚映上真之官，下降兆身，道欲成也。慎勿言。叩齒九通，嚥氣三十二過，密呪曰：「二二〔六〕道順行，元始徘徊。玄真映朗，九靈散開。流眄無窮，降我光輝。上披朱景，解滯豁懷。得御飛霞，騰身紫微。」畢，

〔一〕「太真之律，禁無盟信」，紫度炎光神元變經作「太經之律，禁無盟誓」，太微金虎真符同秘要。
〔二〕「山」，紫度炎光神元變經作「岩」，太微金虎真符同秘要。
〔三〕「縣官兵刀」，紫度炎光神元變經作「官横刃兵」，太微金虎真符作「縣官災刀兵」。
〔四〕「淵」，紫度炎光神元變經作「護」，太微金虎真符同秘要。
〔五〕「自」，紫度炎光神元變經作「五」，太微金虎真符同秘要。
〔六〕「二二」，上清玉檢三元布經作「三」。

心拜三過，止。

行之三百日，尅見元始真形，授兆九天上書，飛行玉清也。

右出洞真三元玉檢經。

中央太黄萬始玉符，兆欲致黄帝玉司君，當太歲本命之日，向歲〔一〕上赤書黄紙服之，赤書黄繒佩之。九年，玉司削兆死過，度兆生宮，遣黄霞之〔二〕軿下迎兆身，上昇玉清之宮也。

太玄都四極明科曰：青要紫書金根衆經，乃九天真王受空玄自生之章，付九陽元皇玉帝，封秘九天之上玄靈七寶玉臺〔三〕，侍典玉女三千人。萬劫，傳付青要帝君、高上虚皇元

〔一〕「歲」，太真玉帝四極明科經卷五作「太歲」。

〔二〕「之」，四極明科經作「飛」。

〔三〕「臺」，四極明科經卷三作「室」。

靈道君、太素高靈洞耀〔一〕道君、南極上元君衆帝。令封一道〔二〕於王屋山。若有金骸〔三〕玉骨、名書帝録，七百年内遇其人，聽得〔四〕三傳。傳者當齎金魚玉龍各一枚、紫繒百尺、青繒四十尺，師弟子對齋百日，告盟而傳，給玉女玉童各二十四人，營衛受〔五〕身。修行百日，通靈致真，九年乘雲，飛行玉清。有犯科禁，三犯，不得入〔六〕仙；五犯，七祖、父母、己身被考左右三〔七〕官，罰以刀山火鄉二十四獄，萬劫乃得還充下鬼負石之役。玄都左宫女青律文，受者明慎奉行。

右出洞真太元左宫女青四極三十一獨立寶經明科律文〔八〕。

〔一〕「耀」，四極明科經作「觀」。

〔二〕「道」，四極明科經作「通」。

〔三〕「骸」，四極明科經作「髓」。

〔四〕「得」，原作「德」，據四極明科經改。

〔五〕「受」，四極明科經作「受者」。

〔六〕「入」，四極明科經作「又」。

〔七〕「三」，四極明科經作「二」。

〔八〕「右出洞真太元左宫女青四極三十一獨立寶經明科律文」，該出處原位於後文洞真玉晨鳳臺曲素上經的五則文字後，今前移。

高上玉晨命魔靈旛，主制東方青帝魔靈大王，咸保負某嶽先生王甲體真合仙，俯仰遺

東嶽仙官羽輪奉迎甲身上登玉清宮紫鳳臺。如九天信。

右白書青繒上。

高上玉晨命魔靈旛，主制南方赤帝魔靈大王，咸保負某嶽先生王甲體真合仙，俯仰遺

南嶽仙官羽輪奉迎甲身，上登玉清宮紫鳳臺。如九天信。

右黑書絳繒上。

高上玉晨命魔靈旛，主制西方白帝魔靈大王，咸保負某嶽先生王甲體真合仙，俯仰遺

西嶽仙官羽輪奉迎甲身上登玉清宮紫鳳臺。如九天信。

右朱書白繒上。

高上玉晨命魔靈幡，主制北方黑帝魔靈大王，咸保負某嶽先生王甲體真合仙，俯仰遺

北嶽仙官羽輪奉迎甲身上登玉清宮紫鳳臺。如九天信。

右黃書黑繒上。

高上玉晨命魔靈旛，主制中央黃帝魔靈大王，咸保負某嶽先生王甲體真合仙，俯仰遺

中嶽仙官羽輪奉迎甲身上登玉清宮紫鳳臺。如九天信。

右青書黃繒上。

右出洞真玉晨鳳臺曲素上經〔一〕。

九天丈人、三天玉童，以上始元年，天甲告〔二〕辰，時加北維，移度停軒，三元齊景，九帝迴真，登高上玉館紫虚之天，三九素語，披解靈關；玉精真訣，理命長存，閑究寥〔三〕朗，清暢蕭條，玉旨〔四〕秀虚，瓊音逸霄，香風激無，慧唱遐遼，流芳深賾〔五〕，氣冠神飆，玉檢總御，萬仙來朝。斯玄古之妙化，經萬劫而不凋，撰真訣以遺觀，試來心於勤翹。若金名東華，緑字紫庭，得受妙篇，位登玉清。〔三關啓機，九户受靈。面發〔六〕金容，五藏華榮。金真啓〔七〕暢，豁落洞明。神燭潛照，寶光夜生。流金交擲，豁落火鈴。嘯命立到，驅策神兵。三元

〔一〕「右出洞真玉晨鳳臺曲素上經」，原無，上五則文字實出自上清高上玉晨鳳臺曲素上經，據補。

〔二〕「告」，洞真太上三九素語玉精真訣作「吉」。

〔三〕「閑究寥」，三九素語玉精真訣作「開究遼」。

〔四〕「旨」，三九素語玉精真訣作「音」。

〔五〕「遼，流芳深賾」，三九素語玉精真訣作「寥，流芳深頤」。

〔六〕「發」，三九素語玉精真訣作「登」。

〔七〕「啓」，三九素語玉精真訣作「感」。

詣房，降致緑軿。乘空駕虚，飛騰上清。〕〔一〕

右出三九素語玉精真訣。

神州在天關之北，日月迴度其南，七星轉輪其中央，晝左迴八緯，夜右轉七經。七星運周，天光迴靈。此上皇紫晨受化之庭〔二〕，便修七轉之法，位登於玉清也。

凡修七轉之道，每以月朔十五日及八節之日齋戒，正中入室東向，讀七轉之章八過，止。至夜半，北向又讀七過，止。一日晝夜，合十五轉。此則上應天關，運度三光，中整一形，通津固神，下制萬魔，卒〔三〕滅千靈，輪轉相和，三〔四〕五齊明。學失此道，死入幽冥。精修苦念，尅乘飛軿，上登紫晨，遊宴玉清。

太上大道君道章第五

〔一〕〔三關啓機……飛騰上清〕，文字錯簡入卷九十三末所引上清玉霞紫映内觀上法中，今移還。

〔二〕「庭」，洞真上清神州七轉七變舞天經作「度」。

〔三〕「卒」，七轉七變舞天經作「平」。

〔四〕「三」，七轉七變舞天經作「參」。

神州玉章曰：景化九玄闕，玉晨徊紫精。内映絶宅府，乘虚造四明。法輪比〔一〕三周，七變還無英。太一檢天魔，迴章校千靈。左嘯洞玄微，右吒九天傾。整〔二〕落彌八荒，流眄策神兵。拔過七祖難，越度仙皇庭〔三〕。司命保元籍，東宫注玉名。迴光泥丸府，五藏秀華榮。耀景負圓珠，固魂保劫齡。上宴九霄館，蕭蕭登玉清。

右出神州七轉七變儛天經。

秋三月行道，思神招靈，當以黄書白紙上，西向服之。百日通靈，千日見神，上真下降，與接仙顔〔四〕，役使太素玉女六人，致金精日華、冶鍊芝瑛。又白書青繒上，安所座卧席西面，以白綿〔五〕衣之。百日，白老降房，白帝官侍衛神文，營護行符者身；六年，則致三素

〔一〕「比」，七轉七變舞天經作「皆」。

〔二〕「整」，七轉七變舞天經作「契」。

〔三〕「庭」，七轉七變舞天經作「人」。

〔四〕「接仙顔」，上清元始變化寶真上經九靈太妙龜山玄籙卷下作「神接顔」。

〔五〕「綿」，龜山玄籙作「錦」。

雲軿降覆〔一〕兆身，昇形太空，飛行玉清。

西華高上虛皇君元上皇之氣諱字，形長六千萬丈。秋三月，頭建三光玉華珠冠，衣自然靈文之裘，佩〔二〕九天制魔靈旛，帶交金日精之劍，坐素雲之上，手執金符，光明焕焕，洞〔三〕映上清，在素雲之中、八冥之裏。思還長六寸六分。

冬三月，西華虛皇君則變形虎頭人身，衣七色虎衣，紋綵斑斕，在〔四〕上清之上、紫雲之中。思之，還返真形。

春三月，西華虛皇君則變形爲直〔五〕人，色如黄金，項負圓光，衣三十二條九色之衣，光明洞徹，照映〔六〕十方，在玉清之上、紫雲之中。思之，還返真形。

〔一〕「覆」，龜山玄籙作「載」。

〔二〕「佩」，龜山玄籙作「執」。

〔三〕「洞」，龜山玄籙作「照」。

〔四〕「在」，原無，「上清之上、紫雲之中」，龜山玄籙作「在上清之上、白雲之中」，故據補「在」字。

〔五〕「直」，龜山玄籙作「仙」。

〔六〕「映」，原作「應」，據龜山玄籙改。

夏三月，西華虛皇君則變形爲赤白二光，光〔一〕色沌沌，如玉之精，照明上清。此則反西華之氣，更受鍊上皇之精。思之，還反真形。

修行西華之道，當以立秋之日，入室西向，六拜朝虛皇君。還北向叩齒九通，思虛皇君隨四時形景在玉清音光宫八垣〔二〕府四明鄉極微里中，迴真下映入兆胇之後門，便呪曰：「西華舒靈，金門焕精。鍊化四度，是日玉〔三〕清。神真交合，慶流福生。氣布魂安，神鎮魄寧。太一保録，司命記名。胞根絶滅，胃管華榮。長享元吉，三光齊齡〔四〕。」畢，仰嚥六氣，止。行此道九年，西華曲映，神真降形，洞虛達微，變化立成，坐在立亡，飛行玉清。

右出元始變化寶真上經〔五〕。

〔一〕「光」，原無，據龜山玄籙補。

〔二〕「垣」，龜山玄籙作「坦」。

〔三〕「玉」，龜山玄籙作「開」。

〔四〕「齡」，龜山玄籙作「靈」。

〔五〕「右出元始變化寶真上經」，該出處原在本卷末「以登玉清上宫也」後，誤含後文上清黄氣陽精三道順行經的文字，今前移。

求仙之道，當以冬至之日，正中入室，北向眠坐，任意閉眼，内思月中玄光夫人姓諱，形長五寸五分，頭作頹雲之髻，著玄錦飛裙，口銜月光，下入兆身心中。須臾，月光散爲黃氣，洞帀兆身，夫人在月〔一〕之内，採青華之林，散拂黃氣之中，口吐陽精赤氣，以灌兆形。從内帀外，黃赤二氣，更相纏繞，洞映一身。夫人授兆紫書丹字六音，便引黃氣三十二噏，引陽精二十四噏，止，叩齒二十四通，仰呪曰：「玄陰寒池，流泉浩庭。飛華散景，吐黃納精。二〔二〕氣纏綿，玉芝虛生。玉女〔三〕嗽香，夫人翼靈。蘭池滂沱，流黃鬱溟。普天納暉，降及我形。還童鍊容，反白結青。紫字東宮，丹書緑名。飛騎羽蓋，四真匡軿。攜我同昇，俱造玉清。」止，便噏氣三十二〔四〕過，噏液二十四過，止，服紫書丹字。行此道八年，夫人授兆明月之璫、丹字之道，飛行玄虛，上昇玉清。

右紫書丹字月魂隱音，皆書月中南境空青之林，結自然之書也。八素真人、諸天人皆以夏至之日，採紫書丹字而服之。得服此六字，與八素同年，則項負圓明，映照十方。其

〔一〕「月」，上清黃氣陽精三道順行經在「月圓」。
〔二〕「二」，原作「一」，據三道順行經改。
〔三〕「玉女」，三道順行經作「天人」。
〔四〕「三十二」，三道順行經作「三十」。

音[一]至秘，皇上八素真人書此音於八素玉章之篇，故爲高上之妙經。輕洩靈音，七祖充責，長役刀山，身被風刀，不得又仙[二]。

當以立夏[三]之日，夜半朱書白紙上，服之，叩齒十二通，微呪曰：「陽精丹池，流火鬱飆。金軒翼虛，玄暉拂霄。八素採蘭，散香玉朝。青林垂柳，風振瓊條。丹書紫文，含秀榮翹。流芳[四]灌津，普潤無遼。得與玄景，齊光紫霄。」畢，嚥氣二十四過，止。又丹書紫文上，佩頭三年，日月玄暉，映兆之形，月光夫人授兆真書，給玉女六人。輕傳非真，七祖充責，萬劫不原。秘修八年，則雲輿之[五]來降，白日昇天，飛行玉清。

凡上學之士，服日月之道，當以立秋之日晡時，取龍脂三合，龍骨亦佳；又青書龍景九鍊之符白紙上，合投清水之中，向東沐浴，臨盆[六]叩齒二十四通，微呪曰……如立春之文。

〔一〕「音」，三道順行經作「法」。
〔二〕「長役刀山，身被風刀，不得又仙」，三道順行經作「長没刀山，身役風刀，永不得仙」。
〔三〕「立夏」，三道順行經作「夏至」。
〔四〕「芳」，三道順行經作「芬」。
〔五〕「之」，三道順行經無。
〔六〕「盆」，三道順行經作「甕」。

畢，引氣九嚥止。還室內燒香，以龍骨爲粉，粉身，兩手摩拭面目通身，東首而卧，叩齒九通，瞑目握固，思日光紫氣，累重下降，帀己身，己在日景之內，日景運兆身上昇廣靈之堂、東井之中、高環樹之下。思丹靈少陽真人，諱句上真，形長九寸，著青羽飛衣，頭戴通精曜光之冠，口吐青氣，以灌哺兆身，琉璃之器，請玉泉青芝之膏，以灌兆形。食以三氣之華，覺其味甘香，體覺帀熱，因嚥氣九十過，止，而微呪曰：「玉門〔一〕蘭室，日華高騫。三華結秀，妙景拂晨。太素迴真，曲灌玉泉。形棲廣寒〔二〕，虹映朱軿。洞陽吐精，東井鍊魂。五帝冠帶，變貌金顔。怡頤明鮮，以成玉仙。丹靈少陽，使我自然。金翅拂餝，羽服耀晨。旛〔三〕然淩虛，上啜日根。體鏡水精，光欣龍輿〔四〕。羽駕來迎，上造玉皇之前。」畢，便服龍景九鍊之符，嚥氣九十過，嚥液二十四過，止。

凡修行此道，暮卧，又當以立秋之日始，至立冬，以兩手攝兩肩井，各三十二過。日在左肩井中，月在右肩井中，二光映照帀身，叩齒十二通，呪曰：「左日右月，二景監靈。暮息

〔一〕「門」，三道順行經作「闕」。
〔二〕「寒」，三道順行經作「靈」。
〔三〕「餝，羽服耀晨。旛」，三道順行經作「飾，羽服輝晨。翻」。
〔四〕「光欣龍輿」，三道順行經作「龍與光欣」。

少陽，朝登玉清。三魂守室，七魄同〔一〕形。萬神輔翼，與景齊并。」畢，便卧。行此八年，通身光明，面生青暉之精，與少陽同言，降致緑軿，飛行玄虚，上昇玉清。

廣寒之宫中，生青華之林，高四千丈，枝超行千二百里，圍二百四十里。其葉似竹而赤，其華似鏡而明，其子似李而無核，所謂絳樹丹實。得食其葉，壽〔二〕萬年；得食其華，與日同靈；得食其實，遊宴玉清。上有金翅之鳥，拊〔三〕翼周帀其境；下有廣寒之池，生自然九鍊洪泉，深五千〔四〕里，縱廣五千里。上真、帝皇、高仙、真人，皆以立冬之日，登廣寒之宫，採青華以自拂，臨廣寒之池，灌洪泉以鍊其真也。諸以後學道成及學士七祖應昇天堂者，莫不經廣寒之宫，入九鍊之池〔五〕，受鍊而昇天也。受鍊過，便得食青林之華實也。金

〔一〕「同」，三道順行經作「固」。
〔二〕「壽」，三道順行經作「壽益」。
〔三〕「拊」，三道順行經作「披」。
〔四〕「千」，三道順行經作「萬」。
〔五〕「池」，三道順行經作「泉」。

翅之鳥，皆以羽衣結爲飛仙之服，給於受鍊者身，以登玉清上宫也。

右出洞真黄氣陽精經[一]。

[一]「右出洞真黄氣陽精經」，原無，據實際出處補。

無上秘要卷之九十八

昇九天品

二月受不驕樂天之氣，當以其月五日平旦、十五日正中、二十五日夜半，一月三日三時，香湯沐浴，入室燒香，西北九拜朝元父，東南三拜朝玄母。還向月建平坐，叩齒三十六通，閉眼存呼不驕樂天王，姓凝，諱覆霍霿，衣九色飛霜雲文斑裘，頭戴青華歲星玄精冠，乘白鹿丹霞之輿，從上宫玉仙官二十六人來下，入兆身紫微宫中。存見青色之雲氣，冠帀兆形。良久，仍口引雲氣九嚥，微呪曰：「三合成綱，三〔一〕靈交泰。九真流降，日月翼藹〔二〕。七星玄映，五宿迴蓋。三關朗曜，萬神冠帶。九孔清通，六府受溉。内昌表逸，洞

〔一〕「三」，上清九丹上化胎精中記經作「二」。

〔二〕「藹」，胎精中記經作「靄」。

覩無外。長保天地，永亨四大。」畢，嚥氣九過，嚥液九過，止。行此三年，肝結紫絡，玉秀内發，洞明表裏，逆睹未然。九年靈降，飛昇九天。

三月受寂然天之氣，當以其月六日平旦、十六日正中、二十六日夜半，一月三日三時入室燒香，西北九拜朝元父，東南三拜朝玄母。還向月建平坐，叩齒三十六通，閉眼存呼寂然天王，姓津，諱霝霻，衣七色龍文通光之裘，頭戴陰精夜光冠，乘八景飛輪，從玉仙十二人，下入兆身長命宫中。存見緑〔一〕色之雲氣，鬱鬱冠帀兆形。良久，仍口引雲氣九嚥，微呪曰：「至道冥冥，玄氣潛分。九五演流，八會命門。丹宫赤子，受氣帝君。桃康命籍，列奏三元。衆真監映，錬魄寶魂。内鮮外光，靈鎮幽關。八景翼軀，九氣降雲〔二〕。飛騰玄虚，昇造帝門。」畢，嚥氣九過，止。如此三年，膽化玉霜，内結紫烟，九孔納靈，與赤子共言。九年，得乘玄雲紫蓋，上昇九天。

右出洞真九丹上化胎精中記經。

〔一〕「緑」，胎精中記經作「碧」。
〔二〕「雲」，胎精中記經作「靈」。

五素飛精洞天靈符，以立夏〔一〕之日，朱書竹膜之上，清旦南向服之。一年，徹視千〔二〕里；三年，自知神仙〔三〕；九年，洞覩九天，拜謁九天，與靈通言，飛行九天。

右出洞真八素真經。

兜術天魂精秘音内諱，玉佩太陽之符，則兜術天太陽之氣，主洞陽宫上真内神。朱書白素佩身，又書白紙，本命八節日服之，内思洞陽上真。三年不闕，則覩五頭一身真形内神，九天書名南臺，帝君下降寢房，錬魂制魄，變景八神。一十八年，飛形九霄。

不驕樂天魂精秘音内諱，玉佩上陽之符，則不驕樂天上陽之氣，主絳宫中真内神。朱書白素佩身，又書白紙，本命八節日服之，内思絳宫中真。三年不闕，則見真形；或見人身九頭之神，授兆丹瓊之板，位書南嶽先生，總録萬氣，固神寳真。一十八年，三元下降，迎以飛輪，上登九天〔四〕。

〔一〕「立夏」，洞真太上八素真經服食日月皇華訣作「夏至」。

〔二〕「千」，服食日月皇華訣作「十」。

〔三〕「仙」，服食日月皇華訣作「化」。

〔四〕「九天」，太上玉珮金璫太極金書上經之太極金書秘字三元九真陽符作「九天之門」。

上上禪善無量壽天魂精秘音内諱，玉佩陽明之符，則上上禪善無量壽天陽明之氣，主明堂中真内神。青書白絹佩身，又書白紙，本命八節日服之，内思明堂中真。三年，則覩真形，自然明知九天上音，得九天之書，帝君下降，八景舉形，上昇九天。

波梨荅惒天魂精秘音内諱，玉佩萌陽之符，則波梨荅惒天萌陽之氣，主臍下丹田宫中下真内神。黄書白素佩身，又書白紙，本命八節日服之，内思丹田宫下真。三年審見，即真形對顔，三元下降，鍊化形神，三部八景，運兆昇仙，飛行太虚，上造九天。

右出洞真九真陽符。

洞淵九地三十六音：

第一壘色潤地，正音土皇姓秦諱孝景椿，行音土皇姓黄諱昌上父〔一〕，遊音土皇姓青諱玄父基，梵音土皇姓蜚諱忠陳皇。

〔一〕「父」，上清外國放品青童内文卷下作「文」，後接文「玄父基」之「父」同。按，土皇姓諱見於本書卷十六「三十六土皇」，參前校。

右一壘之地四色土皇，地載周境〔一〕四垂不極不窮無邊無際無色之氣。如是，第一壘土〔二〕皇，常以立春之日，乘青龍之車，執九色之麾，從青帝胡老之官、巨鱗之騎九千人，上詣鬱單無量天，奏地仙得道上學之人，言名於四天之王。

凡修上法，當以立春之日平旦入室，東向，以青筆書土皇内音白紙上而服之。叩齒九通，仰存四土皇姓諱，悉著青羽裙，頭建九元通天之冠，乘青龍羽車，飛行上昇無量天。微呪曰：「青陽告昇，土皇鑒晨。總領四司，普典〔三〕萬仙。天老定録，上願〔四〕開陳。精勤上願，得道無親。上〔五〕書帝簡，刻名玉篇。九壘滅跡，飛景瓊軒。得〔六〕齊四皇，永保監乾。」畢，東向心拜九過，嚥氣九通，止。如此則土皇刻〔七〕名，九天九地，滅跡九陰，地官營衛，胡

〔一〕「境」，青童内文作「竟」。後文「周境」之「境」多類此。
〔二〕「土」，原作「二」，據青童内文改。
〔三〕「典」，原作「與」，據青童内文改。
〔四〕「願」，青童内文作「告」。
〔五〕「無親。上」，青童内文作「元親。願」。
〔六〕「得」，青童内文作「壽」。
〔七〕「刻」，青童内文作「列」。

老司迎，三十六年，得乘青羽飛蓋〔一〕，上昇鬱單無量天。

第二壘剛色地，正音土皇姓成諱神父〔二〕光，行音土皇姓鬱諱黄母生，遊音土皇姓玄諱乾德維，梵音土皇姓長諱皇萠。

右二壘之地四色土皇，地載周境四垂不極不窮無邊無際無色之氣。如是，第二壘土皇，常以春分之日，乘黄碧二色之雲〔三〕、十二玄龜，執神皇九元之策，從青帝胡老之官、飛行甲騎八千人，上詣上上禪善無量壽天，奏地仙得道上學之人，言名於四天之王。

凡學上法，當以春分之日平旦入室，東向以青筆書土皇内音黄紙上，服之。叩齒九通，仰存四土皇姓諱，悉衣黄錦飛裙，頭戴平天之冠，乘黄碧二色雲車、十二玄龜，執九天之策，從青帝胡老之官、飛行甲騎，上昇上上禪善無量壽天。微呪曰：「三道行運，季節臨

〔一〕「蓋」，青童内文作「輿」。

〔二〕「姓成諱神父」，青童内文作「姓戊諱坤文」。

〔三〕「雲」，青童内文作「氣」。

無〔一〕。維落九壘，廣御八門〔二〕。總鑒地仙，上聞帝君。天老定録，土皇記文。上吉之日，我道畢〔三〕分。落跡九陰，飛景素雲。四氣同符，皇人齊群。」畢，更東向心拜八過，嚥氣八通，止。行之三十六年，得乘飛雲之車，上昇上上禪善無量壽天。

第三壘石脂色澤地，正音土皇姓張諱維神保，行音土皇姓周諱伯上仁，遊音土皇姓朱諱明車子，梵音土皇姓庾諱文敬士。

右三壘之地四色土皇，地載周境四垂不極不窮無邊無際無色之氣。

如是，第三壘土皇，常以立夏之日，乘絳霞之雲、十二鳳皇，執五色之節，從越老之官、飛行武騎八千人，上詣須延天，奏地仙得道上學之人，言名於四天之王。

凡學上法，當以立夏之日食後入室，南向，朱筆書土皇内音白紙上，服之。叩齒九通，仰存四土皇姓諱，悉衣絳紋飛裙，頭戴無極進賢之冠，乘絳霞之雲、十二鳳皇，執五色之節，飛行上昇須延之天。微祝曰：「四氣總中，八表〔四〕合朝。吉晨臨正，九壘發翹。執録

〔一〕「無」，青童内文作「元」。
〔二〕「維落九壘，廣御八門」，原無，據青童内文補。
〔三〕「吉之日，我道畢」，青童内文作「告之日，我道早」。
〔四〕「表」，青童内文作「達」。

命仙，上昇紫霄。列名皇文，補仙上僚。得乘朱景，逍遥飛飆。年齊三光，極天不〔一〕彫。」畢，南向，心拜八過，嚥氣八通，止。行之三十六年，得乘飛雲車，上昇須延之天。

第四壘潤澤地，正音土皇姓賈諱雲子高，行音土皇姓謝諱伯元無，遊音土皇姓已諱父奉車，梵音土皇姓行諱機正方。

右四壘之地四音土皇，地載周境四垂不極不窮無邊無際無色之氣。如是，第四壘土皇，常以夏至之日，乘絳霞雲輿、十二朱鳥，執命魔之旛，從越老仙官、飛行武騎八千人，上詣寂然天，奏地仙得道上學之人，言名於四天之王。

凡學上法，當以夏至之日正中入室，南向，朱筆書土皇内音黄紙上，服之。叩齒九通，仰存四土皇姓諱，悉著緑紋〔二〕之裙，頭戴遠遊之冠，乘絳霞雲輿、十二朱鳥，執命魔之旛，飛行上昇寂然天。微呪曰：「天清地澄，九土鬱玄。四運御晨，上參紫天。徘徊飛輿，宴景无間。八會交慶，玉虚開陳。皇老刊〔三〕名，天王題篇。九壘削死，司命勒年。身入華晨，

〔一〕「不」，青童内文作「无」。
〔二〕「緑紋」，青童内文作「黄緑」。
〔三〕「刊」，青童内文作「列」。

永保上仙。」畢，南向心拜八過，止。行之三十六年，得乘絳雲之輿，上昇寂然之天。

第五壘金粟澤地，正音土皇姓華諱延期明，行音土皇姓黄諱齡我容，遊音土皇姓雲諱深无淵，梵音土皇姓萌諱通八光。

右五壘之地四音土皇，地載周境四垂不極不窮无邊无際无色之氣。

如是，第五壘土皇，常以立秋之日，乘素雲之輿、十二白虎，執命靈九元之章，從五老仙官、飛天電〔一〕騎六千人，上詣不驕樂天，奏地仙得道上學之人，言名於四天之王。

凡學上法，當以立秋之日晡時入室，西向，白筆書土皇内音青紙上，服之。叩齒九通，仰存四土皇姓諱，悉著素羅飛裙，頭戴九元通明寶冠，乘素雲瓊輿、十二白虎，執命靈九元之章，飛行上昇不驕樂之天。微呪曰：「九重四運，梵維告皇〔二〕。元景理命，記録天王。刻〔三〕書帝簡，上奏青宫。九陰滅尸，騰身華房。永保上仙，三晨齊光。」畢，西向心拜六過，嚥氣六過，止。行之三十六年，得乘素雲瓊輿，上昇不驕樂之天。

〔一〕「五老仙官、飛天電」，青童内文作「氏老仙官、飛天虎」。

〔二〕「九重四運，梵維告皇」，青童内文作「皓華映暉，白闕九重。四運梵維，吉晨告皇」。

〔三〕「刻」，青童内文作「列」。

第六壘金剛鐵澤地，正音土皇姓季諱上少君，行音土皇姓范諱來力安，遊音土皇姓長諱李季无，梵音土皇姓王諱駰女容。

右六壘之地四音土皇，地載周境四達〔一〕不極不窮无邊无際无色之氣。如是，第六壘土皇，常以秋分之日，乘素雲飛輿、十二白虎，執九色制神之麾，從五老仙官、飛仙〔二〕虎騎六千人，上詣化應聲天，奏地仙得道上學之人，言名於四天之王。

凡學上法，當以秋分之日晡時入室，西向，白筆書青紙上土皇内音，服之。叩齒九通，仰存四土皇姓諱，悉著素錦飛裙，頭戴无極進賢之冠，乘素雲飛輿、十二白虎，執九色制神之麾，飛行上昇化應聲天。微祝曰：「白土九壘，氣通太微。皇老臨晨，騰景徘徊。朱簡〔三〕映陳，八華揚暉。昇入帝庭，上披瓊扉。五願玄會，降致羽衣。八景齊真，形得昇飛。命同天地，永保二儀。」畢，西向心拜六過，咽六氣，止。行之三十六年〔四〕，得乘素雲瓊輿，上昇化應聲天。

〔一〕「達」，青童内文作「垂」。
〔二〕「五老仙官、飛仙」，青童内文作「氐老仙官、飛天」。
〔三〕「簡」，青童内文作「蘭」。
〔四〕「畢，西向心拜六過，咽六氣，止。行之三十六年」，原無，按上下文意，據青童内文補。

第七壘水制澤地，正音土皇姓唐諱初生映，行音土皇姓吴諱正法圖，遊音土皇姓漢諱高父徹，梵音土皇姓京諱仲龍首。

右七壘之地四音土皇，地載周境四垂不極不窮無邊無際無色之氣。

如是，第七壘土皇，常以立冬之日，乘玄雲飛輿、二十四玄武，執五色命靈之幡，從羌老仙官、騰天之騎五千人，上詣梵寶天，奏地仙得道上學之人，言名於四天之王。

凡學上法，當以立冬之日子時入室，北向，墨書土皇内音白紙上，服之。叩齒九通，仰存四土皇姓諱，悉著黑雲皂紋〔一〕飛裙，頭戴無極進賢之冠，乘黑〔二〕雲飛輿、二十四玄武，執五色命靈之幡，飛行上昇梵寶天。微呪曰：「二氣交帶，八〔三〕神迴庭。三元臨正，土皇命靈。雲輿羽蓋，上昇高清。大願開陳，我合〔四〕無形。九壘滅跡，天真刻名。結編玄圖，受號華青。得乘飛景，化入帝庭。」畢，心拜五過，嚥氣五通，止。行之三十六年，得乘黑〔五〕

〔一〕「黑雲皂紋」，青童内文作「玄靈錦文」。

〔二〕「黑」，青童内文作「玄」。

〔三〕「八」，原作「以」，青童内文此句作「五氣交帶，八神迴庭」，據改。

〔四〕「合」，青童内文作「納」。

〔五〕「黑」，青童内文作「玄」。

雲之輿，上昇梵寶之天。

第八壘大風澤地，正音土皇姓葛諱玄昇先，行音土皇姓華諱茂雲長，遊音土皇姓羊諱真洞玄，梵音土皇姓周諱尚敬原。

右八壘之地四音土皇，地載周境四垂不極不窮无邊无際无色之氣。

如是第八壘土皇，常以冬至之日，乘黑〔一〕雲飛輿、五色飛轔，執九色之節，從羌老仙官、騰天之騎五千人，上詣梵摩迦〔二〕夷天，奏地仙得道上學之人，言名於四天之王。

凡學上法，當以冬至日子時入室，北向，墨書土皇内音白紙上，服之。叩齒九通，仰存四土皇姓諱，悉著玄雲錦裙，頭戴通天寶冠，乘黑〔三〕雲羽輿、五色飛轔，執九色之節，上昇梵摩迦夷天。微呪曰：「天敷地陳，九象法玄。四度昇降，八氣明新。土皇簡録，玉帝定真。名題圖札，我獲上仙。飛行太虚，縱景自然。與靈同符，與氣長存。三變九化，昇入帝晨。」畢，心拜四過，嚥氣四通，止。行之三十六年，得玄靈〔四〕之輿，飛昇梵摩迦夷之天。

〔一〕「黑」，青童内文作「玄」。
〔二〕「摩迦」，青童内文作「迦摩」，後文兩處「梵摩迦夷」之「摩迦」類此。
〔三〕「黑」，青童内文作「玄」。
〔四〕「靈」，青童内文作「雲」。

第九壘无色綱維地，正音土皇姓極諱无上玄，行音土皇姓斗諱靈无浩，遊音土皇姓趙諱上伯玄，梵音土皇姓昏諱懃無伯。

右九壘之地，極下洞淵洞源，綱維天地，制使不落，无窮无境、无邊无際，皆綱維之氣。如是，第九壘土皇常以三月一日、六月二日、九月三日、十二月四日，一年四過，乘五色雲輿、九色飛龍，執中元命神之章，從蒼老仙官、耀明〔一〕羽騎萬二千人，上詣波梨答惒天，奏九地學道得仙人名，言於四天之王。

凡學上法，當以其日日入時入室，向太歲，黄書四土皇内音白紙上，服之。叩齒十二通，仰存四土皇姓諱，著玄黄五色之衣，頭戴九元通天寶冠，足著五色獅子交文之履，執文身保命之符，乘黄霞飛輿，從五帝玉女三十六人，飛行上昇波梨答惒天。微呪曰：「二象回周，九精洞靈。皇老應符，騰虚入清。四通八達，飛霞紫瓊。上登金華，奉對帝靈。記仙元録，青宫刻名。得道日〔二〕簡，封字七靈。九壘滅尸，東井鍊形。三元降真，我道已明。得乘飛景，上登玉庭。」畢，心禮九拜，嚥氣十二通，止。行之三十六年，得乘黄霞飛軿，上

〔一〕「蒼老仙官、耀明」，青童内文作「傖老仙官、耀天」。

〔二〕「日」，青童内文作「白」。

昇波梨答㲗之天。

右出洞真外國放品經。

右九天魄靈太霄陰生上景之符，刻書金瑺虹映陰景之内，則九天之關樞，上清之華蓋。天無此文，則無以爲晝冥；太空無此文，則無以爲上清。故元始刻文於金札之上，名曰上清金字玉文也，其音則天魄之内名也。修其道，服其文，九年，尅有魂靈帝君、九天丞相乘白鸞雲輿下降寢房，授兆神真之道，三部八景，運兆飛空，上昇九天。

右出洞真太極金字玉文九天陰符〔一〕。

〔一〕「洞真太極金字玉文九天陰符」，文字爲太上玉佩金瑺太極金書上經之太極金字玉文九真陰符。

無上秘要卷之九十九

昇玉京品〔一〕

闕

無上秘要卷之一百

昇無形品

高聖帝君曰：欲刻名玄紀，迴天九霄之法，當〔二〕以五月五日上合之時沐浴清齋，正

〔一〕「昇玉京品」，卷九十九的内容原爲「昇太清品」，據敦目，將「昇太清品」前移至卷九十，補「昇玉京品」於此，理由如前言所述。該品内容缺佚。

〔二〕「之法當」，三字原無，據上清玉帝七聖玄紀迴天九霄經補。

中〔一〕入室燒香，北向九拜，朝禮玉天。畢，北向叩齒十二通，思齋室之中，有丹氣之雲，虚生焕爛於一室之内，存五老仙伯在丹雲之中，披飛青之帔，冠通天玉冠，手執青文籙，思〔二〕領仙玉郎着雲錦之袍，冠七寶玉冠，手執白籙〔三〕之簡。思見二真爲我記名於白簡之上，結録於青文之編，以我簡録付監真使者，定録左仙，上刺〔四〕九天帝王七聖机〔五〕下，簡録定名，五老仙伯、領仙玉郎化入我身絳宫之中。微祝曰：「朱明南丹，慶合上陽。天元交會，六願内昌。九真七聖，齊靈瓊堂。上刺玄簡，結録西宫〔六〕。刻書正音，明達四通。丹雲迴霄，來降我房。飛青羽儀，翼翼光光。左策朱鳳，右控遊龍。六轡同舉，超登華堂。五老攜契，四極齊雙。長保玄暉，日月同容。」畢，又七拜，禮七聖，噤七炁，止。行此七年，則玄

〔一〕「中」，原作「心」，據迴天九霄經改。
〔二〕「思」，原作「司」，據迴天九霄經改。
〔三〕「籙」，迴天九霄經作「銀」。
〔四〕「刺」，原作「相」，據迴天九霄經改。
〔五〕「机」，迴天九霄經作「几」。
〔六〕「宫」，迴天九霄經作「音」，當誤。

紀得道之名，定於上宫，九霄迴映，昇入無形。

右出洞真七聖元紀經。

道言：修行是經，得上仙者，飛昇虚空，體令無形，長與道同。

右出洞元自然經訣。

一誦諸天禮，十轉枯骨生。七玄昇朱宫，享福入無形。

右出洞元靈章經。

大聖衆至真之德，得道之後，昇入無形，與道合同。

右出洞元黄籙簡文經。

應變化品〔一〕

高上玉皇、上聖帝君、九天玉真，皆稟氣自然，託形〔二〕瓊胎，隱秀紫元，靈和感會，得有人焉。胤皇流之胄，生而成真，結空洞以爲字，合三氣以爲名，受號帝位，應化上清，總仙高虛，撫〔三〕任玄玄，四時改易，推節變通，沐浴冠帶，鍊飭長符〔四〕，運化形景，應感而生，幽冥怳惚。道無常名，深不可測，微難可窮，天地規之〔五〕得立，太玄協以致清，日月恃〔六〕之以朗耀，五行稟之以致靈。巍巍德宗，蕩蕩高尊。其道高妙，非可勝焉。元始記録，藏之太上六合宫中。後聖學上真之道，當鍊悉元始變化之形，隨節改易，以通其真，以反其氣，

〔一〕「應變化品」，敦目作「變神景品」。
〔二〕「形」，原無，據上清元始變化寶真上經九靈太妙龜山玄籙補。
〔三〕「撫」，龜山玄籙作「拊」。
〔四〕「飭長符」，龜山玄籙作「飾長存」。
〔五〕「之」，龜山玄籙作「以」。
〔六〕「恃」，龜山玄籙作「持」。

以鍊其神。

假令元始皇上丈人以立春之日納元始玉虛之氣，受皇上丈人之號；此皆真形，衣服正色，竟春三月九十日中，居真臨正。至立夏之日，皇上丈人則變其正〔一〕，更受節化，沐浴神真，謂變仙易景，通真納靈，致氣長存；周夏三月九十日中，仙魂沐浴，神真感通。至立秋之日，皇上丈人則隨節化形，冠帶五常，謂之仙化，氣通玄玄，內充外溢，光暉發明，變真養氣，致氣無窮。周秋三月九十日中，冠帶九天，仙化成真。至立冬之日，皇上丈人合〔二〕真胎息，反氣自然，解脱形神〔三〕，變景入光，還其元始，受鍊反精，養〔四〕瑩神真，光色混沌，如雲之煙；周冬三月九十日中，結氣凝神，還復正形，四度迴周，周而復生。此元始四改之化，隨節易容。天地之運，皆有盛衰，否泰休息，以應天關。盛則臨正，休則育養，冠帶鍊精，不失其常。故天地長存無窮，此妙化之道也。

右出上清元始變化元籙。

〔一〕「正」，龜山玄籙作「正形」。

〔二〕「合」，龜山玄籙作「含」。

〔三〕「形神」，龜山玄籙作「身形」。

〔四〕「養」，龜山玄籙作「育」。

會[一]兼忘品

真人曰：受靈寶真文，行是齋，自得此大福，度人爲先。所以先人後身[二]，倚伏兼忘，忘其所忘，體與玄同。

右出洞元敷齋經。

罪福不由他，諒自發爾身。大賢故閉口，欲絶諸惡緣。滅念歸兼忘，倚伏待長泯。

右出洞元安志經。

鍊胎返本初，長乘飛玄梁。蕲畜喪天真，散思候履常。斬伐胞樹滯，心遊超上京。願會既玄玄，悟我理兼忘。

〔一〕「會」，敦目作「體」。

〔二〕「身」，太極真人敷靈寶齋戒威儀諸經要訣作「己」。

右出洞元九天經。

入〔一〕自然品

道曰：自然者，道之真也；无爲者，道之極也；虚无者，德之尊也；恢泊者，德之宫也；寂嘿者，德之淵也。清静者，神之鄰；精誠者，神之門；中和者，事之原。人爲道，能自然者，故道可得而通；能无爲者，故生可得而長；能虚无者，故氣可得而行；能恢泊者，故志可得而共；能寂嘿者，故聲可得而藏；能清静者，故神可得而光；能精誠者，故志可得而從；能中和者，故化可得而同。是故凡人爲道，當以自然而成其名。吾前以道授關令尹生，著道德二篇，將去，誡之曰：夫道，自然也；得之者知其自然，不得之者不知其所由然。譬猶若識音，不能深曉人心，知之，口不能言。妙哉，道之綿綿，言不盡意，書不盡言，所以爲子書之者，欲使子覺自然得之，後以自成。尹生曰：學自然奈何？

道曰：无取正，氣自居；无去邪，氣自除；此非禱祠鬼神之道，非欲辟不清、去不正，

〔一〕「入」，敦目作「會」。

清静請命，而命自延无期。此豈非自然哉？非吾異道之意，非吾獨道也。道不自然兮，何道焉兮。无欲无爲兮，道之所施兮。虚兮无兮，道安居兮。寂兮嘿兮，道之極兮。澹兮恬兮，德之漸兮。清兮静兮，神所宅兮。精兮誠兮，神所榮兮。中兮和兮，神所化兮。以无爲而養其形，以虚无而安其神，以澹泊而存其志，以寂嘿而養其聲，以清静而平其心，以精誠而存其志，以中和而存其神。安心遊志，使若大水之自湛深；閒居静處，使若蛟龍之自蟄藏；懷虚而不虚，泥而不泥，使若南曜之忘虚也；化德存神，使若社稷之保光；立尊神明，使若宗廟之守處。使世不見我，若巨魚之在大水；使人莫我知，若日出之光柬。我之无窮，若大道之根相致，譬若山林大澤之自致禽獸虎狼，若深林廣木之自致飛鳥百蟲，若江湖之自致魚鱉蛟龍，若盛德之自致太平麒麟鳳凰，若清静潔白之自致玉女芝英，若中和嘉瑞之自致吉祥，若災異惡氣之自致不祥禍殃。

右出妙真經。

飛天攜提，遊宴紫晨。握運留年，永享自然。道經云：人法地，地法天，天法道，道法自然〔一〕。

右出洞元空洞靈章經。

飄飄大虛嶺，流景在上玄。經始无終劫，常保天地全〔二〕。世主學致梵〔三〕，道士誦得仙。賢者今奉受，依法以相傳。時无至德子，保秘不妄宣。宗之昇太清，棄之墮九泉。我説无爲道，清静得〔四〕自然。

右出洞元太極隱注。

道言：真人者，體洞虚无，與道合真，同於自然，无所不能，无所不知，无所不通。

右出洞元自然經訣。

〔一〕「道經云：人法地，地法天，天法道，道法自然」，洞玄空洞靈章經敦煌殘卷伯二三九九（敦煌道藏第五册）無。

〔二〕「全」，上清太極隱注玉經寶訣作「人」。

〔三〕「梵」，太極隱注玉經寶訣作「堯」。

〔四〕「得」，太極隱注玉經寶訣作「德」。

洞冥寂〔一〕品

帝帝各有鄉，真真各有宫。寂寂生霞上，翳翳太虚中。洞化丹霞窟，寥寥九玄通。冥思攜寂至，八景可飛空〔二〕。大洞總三倫，元化有无形。寂寂无根教，蕭條有威靈。

右出洞真迴元九道經。

有物混成，先天地生。寂兮寥兮！獨立而不改，周行而不殆，可以爲天下母。

右出老子道經。

〔一〕「洞冥寂」，敦目作「歸寂寂」。

〔二〕「帝帝各有鄉」至「八景可飛空」，同書卷二十仙歌品引洞真變化七十四方經作「帝帝各有鄉，真真各有方。寂寂生霞上，翳翳太虚中。輪轉自有運，萬劫乃一終。洞化丹靈窟，寥寥九玄通。冥思攜寂室，八景可飛空」，與之相似。

太上於崑崙治中，進登天首，大治七寶道德觀中，召道陵而告之曰：吾道出於虛无，先太初之前，无所從生，靡而不成形。吾昔於此觀上啓，受妙法，吾以聰明智慧，攝意奉行，既能潔身爲道，便得微妙玄通，求道上仙，致有道迹之名。當求仙於仙，求神於神，求道於道，无求滅度，便得虛无之要，空无寂静，爲道宗也。

至道常玄寂，言説則非真。取捨无變異，綿綿有物因。體解无中法，亦識有中神。去來無想念，忘懷與物均。

右出昇元經。

學仙絶華念，念念相因積。去來亂我神，神躁靡不歷。滅念停虛閑，蕭蕭入空寂。請經若飢渴，持志如金石。保子飛仙路，五靈度符籍。

太上玄虛宗，弘道尊其經。俯仰已得仙，歷劫無數齡。巍巍太真德，寂寂因無生。霄景結空構，乘虛自然征。日月爲炳灼，安和樂未央。

夫太上玄微三洞初元至賾之詞，幽而難聞，洛洛冥冥，包匠〔一〕品群，峇峇玉德，巍巍高

〔一〕「冥，包匠」，上清太極隱注玉經寶訣作「冠，包帀」。

尊，至真所棲，衆妙之門。

右出洞元太極隱注。

太玄真人曰：夫一切云云，皆當空盡，有無相陶，修德養神，積空〔一〕凝真，真身乃定，出入有無，隱寂極妙。

右出洞元請問經。

夫可久於其道者，養生也；常可與久遊者，納氣也。氣全則生存，然後能養至〔二〕，養至則合真，然後能久。登生氣之域〔三〕，望養全之寂寂，視萬物之玄黄，盡假寄耳。

右出道迹經。

〔一〕「空」，太上洞玄靈寳本行宿緣經作「功」。
〔二〕「至」，原無，據真誥卷六甄命授第二補。
〔三〕「域」，真誥作「二域」。

人生者，如幻化耳，寄寓天地間少許時。若攝氣營神，苦辛注真，將得久道〔一〕。道成則同，與天地共寄寓在太无中矣。若洞虚體无，則與太无共寄寓在寂寂〔二〕中矣。能洞寂寂者，則視之不見，聽之不聞。

右出真誥。

〔一〕「久道」，真誥卷六甄命授第二作「道久」。

〔二〕「寂」，真誥無。

附録一　敦煌文書伯二八六一無上秘要目録

無上秘要目録

合一百卷，二百八十八品，義類品例卌九科。

大道品

至道無形，混成爲體，妙洞高深，彌羅小大，既統空有之窮品，復苞動静之極目，故表明宗本，建品言之。

一氣變化品

混成之内，眇莽幽冥，變無化有，皆從氣立，故次第二。

大羅天品　三天品　九天品　卅二天品　卅六天品　十天品　八天品　九天相去里數品　卅二天相去氣數品　日品　月品　星品　三界品　九地品　九地里數品　靈

山品　林樹品　仙菓品　山洞品　洞天品　神水品　人品　身神品　人壽品

氣之所分，生天成地，形象既敷，衆類斯植，故次第三。

劫運品

衆類推遷，循環不息，匪存年候，莫知其際，故次第四。

帝王品　州國品

劫運交馳，部域弘廣，承天統物，歸於帝王，故次第五。

論德品　王政品　慎兵品

惟王建國，光宅天下，布德爲政，在於慎兵，故次第六。

循物喪真品

人之禀生，各有崖限，違分廣求，則乖理傷性，故次第七。

善惡品

善由心召，惡自身招，善則天地弗違，惡則人神同逆，故次第八。

衆難品

心行會理而所圖皆易，志趣虧忠則爲事俱難，故次第九。

諸患品

好尚不淳，觸塗興滯，事既無極，患則隨及，故次第十。

陰陽交謐品

氣度交勃，山海互燋，運會所期，除凶留吉，故次第十一。

天曹科第品　地司考録品　水官料簡品

神道無方，妙窮隱顯，冥司功過，輕重俱存，故次十二。

靈官昇降品

過慢所顯，雖貴必罰，功行有彰，賤不遺賞，故次十三。

衆聖會議品

賞罰所加，天人悠重，須盡詳議，定兹簡録，故次十四。

生死品

死生異適，徒並十三，得善則形全，失道則神散，故次十五。

地獄品

罪惡難爲，殁而不已，雖復骸朽一棺，仍須魂受三掠，故次十六。

聖應品　和光品

求道之類，悟理思直，受罪之徒，厭苦希聖，而善救無道，應從機顯，混心於物，設教隨時，故次十七。

衆聖稱號品　真靈位行品　衆聖本迹品

元始天王　青要帝君　太上道君　玉晨大道君　中央黄老君　總真主録　總仙大司　青靈始老君　丹靈真老君　元靈元老君　皓靈皇老君　五靈玄老君　赤明天帝　卅六天王　卅二天帝　卅六土皇

衆聖化時，稱號非一，位行既殊，本迹亦異，故次十八。

衆聖冠服品

道君冠服　元君冠服　五極帝君冠服　五帝玉司君冠服　五方帝冠服　靈童冠服　洞天混化君冠服　洞地化君冠服　洞淵化君冠服　日帝冠服　月夫人冠服　九皇君冠服　九星内妃冠服　九星夫人冠服　五星帝君冠服　五星夫人冠服　五帝冠服　五岳君冠服　四海神王冠服　魔王冠服

衆聖儀駕品

卅六土皇儀駕　十勾方神王儀駕　八方消魔大王儀駕　五岳帝君儀駕　五老君儀駕　五方帝儀駕　四海神王儀駕

仙歌　靈樂

大羅天宫臺　上上天宫　九天宫　玉清宫　上清宫　太極宫　太清宫　天曹宫　地司宫　洞天宫　水官宫　真靈治所　正一氣治

靈官殊品，車服異容，歌樂參差，宫治各别，故次十九。

三寶品　真文品　天瑞品　地應品

神君出書，起于三清，方丈落空，光於五色，玄文焕炳則四座獲懽，注筆正音則十方蒙慶，玄瑞於此表祥，嘉應因兹而顯福，故次廿。

三皇要用品　靈寶符效品　上清神符品　九天生神章品　九天瓊文品　卌二天讚頌品

天文劾召，降自神圖，符讚寶章，三洞兼有，故次廿一。

經文出所品　經符異名品

寶經隱秘，降説異時，靈書玄妙，應見殊劫，一寶數名，須詳其本，故次廿二。

經德品　經文存廢品

經道有大小，德被有淺深。深大之法，逢劫終而恒在；淺小之術，遭改度而隨無，故次廿三。

遇經宿分品

金書玉札，生于飛玄之上，龍字鳳文，出於空洞之中，非有玄録，不得遇受，故次廿四。

衆聖傳經品　傳經年限品

玄文隱妙，非聖莫傳，傳必待人，須立期限，故次廿五。

輕傳受罰品

道貴隱智，法尚密脩，一泄寶文則三官書考，故次廿六。

師資品　法信品　授度品　授度齋辭啓品　授十戒品　授五千文品　授三皇品　授真文品　授上清品

經法化世，隨分傳通，有信質心，依盟開授，故次廿七。

策杖品　策板品　投簡品

既遇師受法，將有呼召，投簡陳敬，以通靈司，故次廿八。

事師品　脩學品

所求道重，師德須尊，執勤無倦，方宜請業，故次廿九。

脩道冠服品

三皇道士法服　靈寶道士法服　上清道士法服

入室對經，宜殊世服，貴存潔浄，無假雕華，故次卅。

讀經軌度品　誦經品

開讀合儀，通靈致福，演誦違度，失道延災，故次卅一

上元品誡　中元品誡　下元品誡　玉清下元誡品　玉清中元誡品　玉清上元誡品　昇玄五誡品　九誡品　要訣十誡品　十善誡品　十惡誡品　智慧誡品　可從誡品　閉塞誡品　度生死誡品　勸助誡品　洞神三誡品　五誡品　八誡品　正一五誡品　序齋品　傳經齋品　靈寶齋宿啓品　洞神三皇齋品　塗炭齋品　明真齋品　三元齋品　金録齋品　黄録齋品　太真下元齋品　太真中元齋品　太真上元齋品

誡以止惡，齋以虚心，惡止則善來，心虚則道集，故次卅二。

寶經靈衛品　封經秘所品

紫金銀字，上聖寶持，白玉赤書，玄古隱秘，衛以毒獸，侍以靈人，非會當傳，莫由啓笈，次卅三。

仙相品　敗仙相品　傷仙相品

玄宫有録，則氣候彰形，功行無名，施則更成傷敗，故次卅四。

辯報品上、下

業尚殊端，善惡異趣，報應相歸，妙同影響，故次卅五。

攘災品　謝過品　倚伏品

報應既彰，知過由己，脩德補愆，則轉禍成福，故次卅六。

入道品　防累品　脩道禁忌品　專誠品

心存趣道，則外累可排，所忌不干，則内誠自固，故次卅七。

柔弱品　虚靖品　山居品　違俗品

柔先爲行，則心事俱通，巖栖離撓，則形神咸暢，故次卅八。

沐浴品　入室品　明燈品　燒香品　叩齒品　呪請品　起居品　思五帝品　脩步綱品　存五行品

藻形滌穢，安心詣静，燎腴光以照聖，燌芳芷以通神，然後鳴鼓延靈，擊鍾遣惡，呪祈異陳，恭脩靡懈，想五帝之易觀，思九精之可躡，唯務肅肅無愆，必使冥冥有感，故次卅九。

拘三魂品　制七魄品　安形神品　守三一品

意操浮競，靈爽外馳，心度安恬，精景内守，善事拘留，則神宅充固，如其拙爲保養，則身藏衰虚，故次卌。

療衆病品　去三尸品

蠲痾以康體，去尸以定意，體康則脩事無疲，意定則所行不或，故次卌一。

寶一身品　履三福品　處内全品

所寶惟身，其福不遠，成全有歸，在於含德，故次卌一。

盡忠孝品　立見功品　布陰德品　成福慶品

君親尊重，本自生成；臣子爲行，在於忠孝。忠則無靈不感，孝則無神不通，感通順道，功迹外立；忠孝履常，全德内布。功德既敷，名刊靈簡，非直福延先祖，蓋亦慶逮後孫，故次卌二。

發心念品　啓志願品

德立行脩，所念非忘，志願有憑，靈鑒無爽，故次卌四。

習斷穀品　辟虚飢品　學休糧品　服五氣品　咽雲牙品　餌玄根品　行胎息品　求延老品　營住年品　徹視聽品　明六通品

省穀辟飢，休糧納氣，取玄牙之外精，存胎息之内美，還童反白，變之非難，流照傍通，行之則易，故次卌五。

地仙藥品　天仙藥品　太清藥品　太極藥品　上清藥品　玉清藥品　四蕊丹品　琅玕丹品　九轉丹品　降晨丹品　金液丹品　神玄丹品　仙母丹品　飛騰丹品　洞神丹品　真人丹品

功行密進，則靈藥可希，爲道不休，則神丹有異，故次卌六。

慎觀試品　恭朝謁品

秉心難拔，毀譽恒定，立志易迴，千犯則移，求真之類，試可乃辯，經驗無愆，隨格恭謁，故次卌七。

得鬼官道人名品　得地仙道人名品　得地真道人名品　得九宮道人名品　得太清道人名品　得太極道人名品　得上清道人名品　得玉清道人名品　鬼官品　地下主者品　五鍊品　尸解品　鍊質品　易形品　長生品　地仙品　天仙品　昇月庭品　昇日門品　白日昇天品　昇九宮品　昇帝庭品　昇帝堂品　昇太清品　昇太極品　昇太微品　昇上清品上、下　昇太空品　昇紫微品　昇紫庭品　昇紫虛品　昇紫晨品　昇玉宮品　昇玉清品上、下　昇九天品　昇玉京品　昇無形品

事業畢成，昇任別所，俱從心迹，致此靈階，故次卌八。

變神景品　體兼忘品　會自然品　歸寂寂品

行窮上道，位極高真，易景通靈，陶形變質，混同物我則天地等遺，莫識其由則視聽無寄，斯乃自然之妙旨，冥寂之玄宗，造化神涂，於茲驗矣，終此卌有九。

無上秘要目録

開元六年二月八日，沙州燉煌縣神泉觀道士馬處幽并姪道士馬抱一奉爲七代先亡所生父母及法蒼生敬寫此經供養。

附録二 無上秘要徵引經書及引文位置對照表〔一〕

經書	徵引用名	引文在無上秘要中的卷、品	引文在道藏原經中的位置	備註
傳授五千籙儀*	傳授五千籙儀	卷三十七授道德五千文儀品	文字不見	
大洞金華玉經	洞真隱元五晨金華玉經	卷七十四啓志願品	四/五五一中—五五二下；也見五老寶經之太丹隱玄玉晨金華玉經八間十二願(三三/四五六中—四五七中)	還見於上清仙府瓊林經之太丹隱玄五晨金華玉經(三四/二九六上)

〔一〕表格最上欄乃該書所引經名，按音序排列，加「*」表該經正統道藏總體缺佚；引文位置用「/」分開，其前爲道藏的册數(共三十六册)，其後爲頁碼，並標出引文在所在頁的上、中、下欄。

大洞玉經*	大洞玉經注	卷三日品	雲笈七籤卷八三洞經教部中的釋三十九章經
	洞真大洞經	卷四神水品	
	玉真大洞玉經	卷四靈山品	
	洞真大洞玉經	卷十九天帝衆真儀駕品	
		卷二十三真靈治所品	
道德經	老子德經	卷六帝王品	老子六十二章
	老子道經	卷六王政品	老子第三章
	老子道經	卷七循物喪真品	老子十二章
	老子德經	卷七循物喪真品	老子四十四章
	老子道經	卷七善惡品	老子第二章
	老子道經	卷七諸患品	老子十三章
	老子德經	卷二十四三寶品	老子六十七章
	老子德經	卷四十二修學品	老子五十四章

	老子道經	卷六十五柔弱品	老子二十八章	
	老子道經	卷六十五虛靖品	老子十六章	
	老子道經	卷六十五違俗品	老子二十章	
	老子德經	卷八十八長生品	老子五十九章	
	老子道經	卷一百洞冥寂品	老子二十五章	
道迹經*	道迹經	卷四靈山品	二〇/五五四上—中	部分見真誥
		卷四十二修學品	二〇/五三八下	
		卷七十六咽雲牙品	上清太極真人神仙經（三四/三〇一上—三〇二上）	
		卷一百洞冥寂品	真誥（二〇/五二五上）	
		卷四山洞品	數處徵引均不見於現經書	
		卷四仙果品		
		卷四洞天品		
		卷七衆難品		

		卷七陰陽交隘品		
		卷二十仙歌品		
		卷二十靈樂品		
		卷三十四師資品		
		卷七十八玉清藥品		
洞秘神籙經*	洞秘神籙經	卷三十經文出所品	不見	
洞神監乾經*	洞神監乾經	卷五人品	不見	
		卷四十二修學品		
洞神經	洞神經	卷五身神品	神名偶見其他道經	總體不存於現道經。「洞神經」當是對三皇經系的類稱
		卷二十五三皇要用品		
		卷三十二衆聖傳經品		
		卷六十四洞神戒品		
洞玄經	洞玄經	卷二十一仙都宮室品	太上諸天靈書度命妙經（一／	可以看出，此處「洞玄經」

			太上靈寶諸天內音自然玉字卷二（二/五四一中、五五七上）、元始五老赤書玉篇真文天書經卷中（一/七九三下）	乃對靈寶經的合稱
洞玄靈寶長夜之府九幽玉匱明真科	洞真明真經	卷八十八天仙品	三四/三八一上；三四/三八一下	兩則文字
	洞玄明真經	卷三十四法信品	三四/三九一中—三九二上	
	洞玄明真科經	卷五十三金籙齋品	三四/三八七中—三九一中	
	明真科	卷三十五授度齋辭宿啓儀品	三四/三八七下	
		卷三十五授度齋辭宿啓儀品	三四/三九一中	還見六/五六四中、九/八六八上、三二/七〇四下
		卷三十五授度齋辭宿啓儀品	不見	與秘要所引出自「玉籙經」、「玉清戒」的文字有類似之處
		卷三十七授道德五千文儀品	三四/三八七下	

		卷三十七授道德五千文儀品	三四/三八八上—下；三四/三九一中	
		卷三十八授洞神三皇儀品	三四/三八八上—中	兩處文字近
		卷四十八靈寶齋宿啓儀品		
	明真經	卷三十九授洞玄真文儀品(兩次)	三四/三九一中	四處文字同
		卷四十八靈寶齋宿啓儀品		
		卷五十塗炭齋品		
		卷三十九授洞玄真文儀品	不見	與太上洞玄靈寶赤書玉訣妙經卷下有相似之處
		卷三十九授洞玄真文儀品	不見	大部分見於太上洞玄靈寶諸天內音自然玉字(二/五三六下)
		卷四十八靈寶齋宿啓儀品	三四/三八七下—三八八上	

洞玄明真九幽玉匱罪福緣對拔度上品經	洞玄明真九幽玉匱罪福緣對拔度上品經	卷五十一盟真齋品	玉匱明真科（三四/三八四上—三八七上）	或從明真科中分出單行，可視爲獨立的經
洞玄靈寶二十四生圖經	洞玄二十四生圖經	卷十九天帝衆真儀駕品	三四/三三八上	
		卷六十六沐浴品	三四/三三八中	
	洞玄靈寶二十四生圖經	卷九十一昇太微宮品	三四/三三八下	
洞玄靈寶黃籙簡文經	洞玄黃籙簡文經	卷三十二傳經年限品	不見	
	洞元黃籙簡文經	卷一百昇無形品	不見	
	洞玄黃籙簡文	卷五十四黃籙齋品	不見	
洞玄靈寶金録簡文三元威儀自然真經*	洞玄金籙簡文經	卷三十四師資品	敦煌文書伯三一四八	伯三一四八，大淵擬爲太上洞玄靈寶金録簡文三元威儀自然真經，疑今洞玄靈寶玉録簡
		卷四十二事師品	洞玄靈寶玉録簡文三元威儀自然真經（九/八六一下—	

			八六四上）	文三元威儀自然真經乃其中一部分
洞玄靈寶玉京山步虛經	洞玄玉京山經	卷四靈山品	三四/六二五中—下	
		卷四林樹品	三四/六二五中	
		卷四十三誦經品	三四/六二五下	
	太上玉京山經	卷二十三真靈治所品	三四/六二五中	
洞玄靈寶玉籙簡文三元威儀自然真經	玉籙經	卷三十五授度齋辭宿啓儀品（兩次）	九/八六一中	
洞玄靈寶真靈位業圖	原缺出處	卷八十四得太清道人名品至得太極道人名品	洞玄靈寶真靈位業圖（二七五上—二七八上）	次序相反
洞玄靈寶自然九天生神章經	洞玄九天經	卷四九地品	五/八四三下	
		卷二十四三寶品	五/八四三中	
		卷三十二傳經年限品	五/八四五中	

		卷四十二修學品	五/八四七下	
	洞元九天經	卷一百會兼忘品	五/八四七上	
	洞玄九天生神章經	卷五人品	五/八四三下—八四四上	
		卷二十八九天生神章品	五/八四五中—八四七下	
	洞玄九天生神章	卷四十三誦經品	五/八四四上—中	
洞真藏景録形神經*	洞真藏景録形神經	卷三十四輕傳受罰品	不見	
		卷八十七尸解品	見於真誥及雲笈七籤卷八十四、八十五	同藏外道書之寶顏堂訂正無上秘要（六/三七七上—三七九上）
洞真大洞真經*	洞真大洞真經三十九章	卷四十七受法持戒品	三三/三八三下	文句乃洞真高上玉帝雌一玉檢五老寶經中對「大洞真經」的評述
	大洞真經三十九章	卷三十經文出所品	三三/三八四中	

	洞真大洞真經	卷三十經文出所品	三四/一四五下	均在上清高聖太上大道君洞真金元八景玉録中
		卷三十四法信品	三四/一五〇下—一五一上	
	大洞真經	卷二十靈樂品	不見	
洞真高上玉帝大洞雌一玉檢五老寶經	洞真玉晨明鏡雌一寶經	卷十七衆聖冠服品	三三/三九一中—下	五老寶經之玉晨明鏡金華洞房雌一五老寶經
	洞真玉晨明鏡金華洞房雌一五老寶經	卷三十經文出所品	三三/三九一上	
洞真高上元始道章經*	洞真高上元始道章經	卷三十二傳經年限品	不見	今洞真上清神州七轉七變舞天經有「高上元始玉皇道章第二」共十四章，或後用爲經名。此段文字與前同卷同品稍前洞真七轉七變舞天經所引文字相同，但却説出自另一部經，或爲誤抄，或後分出單行所致

洞真金房度命緑字迴年三華寶曜内真上經	洞真金房度命内真經	卷三十一遇經宿分品	三三/六二八上；三三/六三〇上	次則「凡有金名帝簡」原誤移爲鄰後「洞真高聖金元八景玉籙經」文字
		卷四十三洞真金房度命經	三三/六二八上—中	
	洞真金房度命緑字迴年真經	卷四十七受法持戒品	三三/六三一上	
洞真金籙簡文真一經*	洞真金籙簡文真一經	卷十九天帝衆真儀駕品之「衆真儀駕」	不見	
洞真經	洞真經	卷二十一仙都宮室品	文字分別見於七轉七變舞天經（三三/五五二中）、太一帝君太丹隱書洞真玄經（三三/五三一上）、大有妙經（三三/四〇〇中、四一六上）、上清三元玉檢三元布經（六/二一一上）、龜山玄籙（三四/二二九中）、瓊文帝章經（一/八八九下—八九〇上）、金根衆經（三三/四三六下）	經書類名

<table>
<tr><td>洞真九真陽符經*</td><td>洞真九真陽符經</td><td>卷九十九昇太清品</td><td>上清金真玉光八景飛經之招靈致真攝魔之符（三四／五九上）</td><td></td></tr>
<tr><td rowspan="3">洞真太微靈書紫文上經*</td><td>洞真靈書紫文上經</td><td>卷九十四昇紫微宮品</td><td>太微靈書紫文琅軒華丹神真上經（四／五五六中）</td><td rowspan="3">今皇天上清金闕帝君靈書紫文上經與太微靈書紫文琅軒華丹神真上經原本爲一體</td></tr>
<tr><td>洞真太微靈書紫文上經</td><td>卷九十二昇上清品上</td><td>四／五五六上</td></tr>
<tr><td>洞真靈書紫文</td><td>卷九十四昇太空品</td><td>皇天上清金闕帝君靈書紫文上經（一一／三八一下—三八二上）</td></tr>
<tr><td rowspan="4">洞真龍景九文紫鳳赤書經*</td><td>龍景九文紫鳳赤書</td><td>卷三十經文出所品</td><td rowspan="4">經佚</td><td rowspan="4">四極明科卷三「紫鳳赤書八景晨圖二卷」，太上九真明科「玄都上品第五篇曰：……紫鳳赤書八景晨圖……皆太上大道君、元始天王、金闕帝君之寶章」</td></tr>
<tr><td>洞真龍景紫鳳赤書經</td><td>卷四十三誦經品</td></tr>
<tr><td>洞真龍景九文赤書經</td><td>卷三十三輕傳受罰品</td></tr>
<tr><td>洞真龍景九文紫鳳赤書經</td><td>卷三十四法信品</td></tr>
</table>

洞真上清開天三圖七星移度經	洞真天關三圖七星移度經	卷四靈山品	三三/四五三中	
		卷三十一傳經年限品	三三/四四九下	出處原缺
		卷三十二衆聖傳經品	三三/四四九下	
		卷三十四法信品	三三/四五二下	
		卷四十七受法持戒品	三三/四五二下	
		卷六十六明燈品	三三/四五五中—四五六上	
	洞真開天關三圖七星移度經	卷七十四啓志願品	三三/四五六中—四五七上	
洞真上清青要紫書金根衆經	洞真青要紫書金根經	卷四林樹品	三三/四三四中	
		卷十九天真儀駕品	三三/四二三下、四二九中	
		卷四十一投簡品	三三/四三一中—四三三中	
	洞真紫書金根衆經	卷十七衆聖冠服品	三三/四二九中	
	洞真青要紫書金根衆經	卷三十一遇經宿分品	三三/四三三中	
		卷四十七受法持戒品	三三/四二四上、四二九下	

	上清青要紫書經	卷二十三真靈治所品	三三/四三四中	
	洞真青要金根衆經	卷二十七上清神符品	三三/四二四下—四二九上	
	洞真金根經上	卷三十經符異名品	三三/四二五中	
	洞真青要紫書經	卷三十二衆聖傳經品	三三/四二四上、四三七中	
		卷三十三輕傳受罰品	三三/四二四上	
		卷三十四法信品	三三/四二四上	
		卷九十九昇太清品	三三/四二九上—中	
	洞真青要紫書上經	卷九十四昇太空品	三三/四二四中—下	
	洞真青腰紫書	卷七十六長生品	三三/四二八下—四二九上	
洞真青要紫書金根上經*	洞真青要紫書金根上經	卷九十一昇太微宮品	文字不見於今洞真上清青要紫書金根衆經	從全書看，金根上經當爲已佚經書上清上經變化七十四方的一部分
		卷九十二昇上清品上		

洞真上清神州七轉七變舞天經	洞真七轉七變舞天經	卷二十七上清神符品	三三/五五一下—五五二上	
		卷三十二衆聖傳經品	三三/五五二中	
		卷三十二傳經年限品	三三/五五二下	
	洞真神州七轉七變舞天經	卷三十經文出所品	三三/五五二中	出處原缺
		卷三十經符異名品	文字見太真玉帝四極明科經（三/四二八中）	
		卷九十四昇紫庭品	三三/五五一中	
		卷九十五昇紫晨品	三三/五四五下、五四四上—五四五上	
	神州七轉七變舞天經	卷九十七昇玉清品下	三三/五四四上；三三/五四五中；三三/五四六中	
洞真上清太上真人八素陽歌九章經	太上真人八素陽歌九章	卷二十仙歌品	共十五首辭訣，其中有五首見紫陽真人內傳（六/五四七下—五四八上）	真誥卷二十：「掾書太素五神二十四神……及八素陰陽歌一卷。」道藏闕經目録著録洞真上清太上真人八素陽歌九章經

洞真神丹籙形靈丸經*	洞真神丹籙形靈丸經	卷三十二傳經年限品	首則見於上清高上金元羽章玉清隱書經（三三／七七八中）	後則文字不見現經書，或出自洞真神丹籙形靈丸經
洞真太極寶籤上經*	洞真太極寶籤上經	卷七諸患品	見真誥（二〇／五一九下）	也見七域修真證品圖（六／六九四上）
洞真太極帝君填生五藏上經	洞真太極帝君填生五藏上經	卷八十七鍊質品	五老寶經之大洞雌一太極帝君鎮生五藏上經法（三三／三九八中）	與雲笈七籤卷八十四至八十六的內容大體同
	洞真填生五藏經	卷七十六長生品	不見	
洞真太上丹景道精經	洞真曲素訣辭	卷三十四輕傳受罰品	三三／六三七中	該經「此之丹景，亦有二名，一曰太上丹景道精經，二曰太素三元曲素訣辭玉景內真金章」
洞真太上道君元丹上經	洞真太微天帝君玄丹上經	卷三十二衆聖傳經品	三三／六一四上	

洞真太上飛行羽經九真升玄上記	洞真太上飛行羽經	卷三十二衆聖傳經品	洞真太上飛行羽經九真升玄上記（三三／六四一上）	上清五常變通萬化鬱冥經（五／八八三中）
		卷三十四法信品	九真升玄上記（三三／六四四上）	也見鬱冥經（五／八八六中）
		卷四十七受法持戒品	九真升玄上記（三三／六四四上）	也見於鬱冥經（五／八八六中）。九真升玄上記説「一名太上迴元九道飛行羽經」
太上飛行九晨玉經*	洞真飛行九晨玉經	卷三星品	太上飛行九晨玉經（六／六六九上—六七一上）	
	洞真迴元九道飛行羽經	卷三星品	九晨玉經（六／六六七下）	
		卷十七衆聖冠服品	包括九星夫人冠服、五星帝君冠服、五星夫人冠服，僅「九星夫人冠服」見於太上飛行九晨玉經（六／六六九上—六七一上）	作爲一個整體僅見於鬱冥經（五／八七六中—八七八中）

	卷三十一遇經宿分品		鬱冥經（五／八七二中）有類似話
	卷四十七		略近鬱冥經（五／八七二下）
	卷三十二衆聖傳經品	九晨玉經（六／六六八中—下），但無段末「真公于無量壽天」後的文字	段末「真公于無量壽天」句，鬱冥經（五／八八〇上）有類似的話
	卷三十二傳經年限品	三則文字，首則見於九真升玄上記（三三／六四一中）和鬱冥經（五／八八三下）；次條僅見於鬱冥經（五／八七二下）	末則可視爲太上五星七元空常訣（五／八八〇下）和洞真上清龍飛九道尺素隱訣（三三／四九四中—下）的改寫
洞真迴元九道經	卷二十仙歌品	九晨玉經（六／六七一中—下）	
	卷一百洞冥寂品		略近四極明科經（三／四一五中）

洞真太上三九素語玉精真訣	洞真三九素語玉精真訣	卷二十七上清神符品	三三/五〇〇上—五〇一中	
	三九素語玉精真訣	卷三十經文出所品	三三/四九七中	
		卷三十二衆聖傳經品	三三/四九七下	
		卷九十七昇玉清品下	三三/四九七上	
	洞真三九素語經	卷三十一遇經宿分品	三三/四九七上	
洞真太上神虎玉經	洞真神虎內真符	卷二十七上清神符品	三三/五六五中	同洞真太上金篇虎符真文經
	洞真神虎內符	卷三十一遇經宿分品	三三/五六五上	
	洞真太上玉綬神虎真符	卷三十四法信品	三三/五六五中	
	洞真神虎真符	卷三十二衆聖傳經品	三三/五六四下	
	洞真太上神虎玉經	卷三十經文出所品	三三/五六四下	出處原缺
		卷三十四法信品	三三/五六五中	
		卷四十七受法持戒品	三三/五六五中	

洞真太上說消魔智慧真經	洞真太上說消魔智慧經	卷四十二修學品	三三/六〇一下	
	洞真太上智慧經	卷七十八地仙藥品	三三/六〇一上—中	次序異，無末則文字
洞真太上素靈洞元大有妙經	洞真太上素靈大有妙經	卷五身神品	三三/四〇六中—下	
		卷三十二傳經年限品	三三/四一五上	
		卷四十二修學品	三三/四一三中—四一四下	
		卷九十五昇玉宮品	三三/四一三下—四一六上	
	洞真素靈大有妙經	卷十七衆聖冠服品	三三/四〇一下—四〇二下	
		卷二十七上清神符品	三三/四〇八中—下	出處原缺
		卷三十一遇經宿分品	三三/四一六上	
		卷三十二衆聖傳經品	三三/四〇八中	
		卷三十四法信品	三三/四一五上	
		卷四十三誦經品	三三/四二二下	
		卷四十七受法持戒品	三三/四一五上	

		卷九十一昇太微宮品	三三/四〇九上—下	原出處誤爲「洞真大丹隱書經」
洞真四宮雌一寶名玉訣經*	洞真四宮雌一寶名玉訣經	卷五身神品	三三/四一〇中	文字見於洞真太上素靈洞元大有妙經之四宮雌真一內神寶名玉訣，大有妙經本乃纂集其他經書而成，後者當爲獨立之經
	洞真雌一內神寶玉名經	卷三十二傳經年限品	三三/四一五上	
	洞真四官內神寶名玉訣經	卷三十四法信品	三三/四一五上	
洞真太上隱書經*	洞真太上隱書經	卷四十二修學品中有「夫仙者心學，心誠則成仙」句	兩段文字，上則見於上清紫精君皇初紫靈道君洞房上經（六/五四七上），下則見於洞真太上說智慧消魔真經（三三/六〇一下—六〇二上）	真誥卷十八：「『仙者心學』出二十四神經。」皇初紫靈「仙者心學」段文字後正是二十神迴元經，懷疑該段文字即爲二十四神經的內容
		卷六十六叩齒品	上清紫精君皇初紫靈道君洞房上經（六/五四七下）、南極元君玉經寶訣（六/五五三上）、太微帝君二十四神迴元經（三四/七七四中）	結合上例，「洞真太上隱書經」或指太微帝君二十神迴元經

		卷八十七屍解品	洞真上清太微帝君步天綱飛地紀金簡玉字上經(三三/四四四下)	
洞真太上玉帝四極明科經	四極明科	卷九靈官升降品	三/四一八上—中	
		卷十七衆聖冠服品	三/四一七下、四二六下、四二一中、四三二中、四三六中	五則文字
	洞真四極明科	卷二十仙歌品	三/四一五中—下	
		卷二十三真靈治所品	三/四一六中	
		卷二十七上清神符品	三/四四〇中—四四二上	
		卷三十經文出所品	三/四二八下、四二九中；四三〇下	四出處原缺
		卷三十四輕傳受罰品	三/四一八下—四一九上	
		卷四十三修道冠服品	三/四三四上—中	
		卷四十三讀經軌度品	三/四三五上—中、四二〇上—中	

		卷七十六長生品	三/四一八下	
		卷九十二昇上清品上	三/四四一上	
		卷九十四昇太空品	三/四四一上	
		卷九十九昇太清品	三/四二七下	出處原缺
	洞真太元左宮女青四極三十一獨立寶經明科律文	卷九十七昇玉清品下	三/四四一上、四二八下	兩則文字
洞真太上紫度炎光神元變經	洞真紫度炎光神元經	卷三十經文出所品	三三/五五三下	出處原缺
		卷三十一遇經宿分品	三三/五五六下；三三/五五八下	
	洞真紫度炎光神玄變經	卷三十四法信品	三三/五五八下	
	洞真紫度炎光神元變經	卷四十七受法持經品	三三/五五八下	

洞真太微黃書九天八籙真文	洞真太微黃書經	卷二十三真靈治所品	四/五六一上	
		卷三十二衆聖傳經品	四/五六一上	
		卷三十二傳經年限品	不見	
	洞真太微黃書八坦上經	卷三十經符異名	四/五六一下	八坦爲八卷太微黃書之第一卷
洞真太微金虎真符	洞真金虎真符	卷二十七上清神符品	三三/五七二中	
		卷三十三輕傳受罰品	三三/五七二下	
	金虎真符	卷四十七受法持戒品	三三/五七二中	
	洞真太微天帝君金虎真符	卷三十經文出所品	三三/五七二中	出處原缺
		卷三十一遇經宿分品	三三/五七二中	
		卷三十四法信品	三三/五七二中	
洞真太霄隱書*	洞真太霄隱書	卷四靈山品	三則文字，分別見於洞真太一帝君太丹隱書洞真玄經(三三/五二八下)、太上靈寶五符序(六/三一六上)、上	道藏有上清太霄隱書元真洞飛二景經，但爲截抄洞真上清開天三圖七星移度經而成。

經名	引書	卷品	位置	備注
			清外國放品青童内文（三四／二八中—下）	「洞真太霄隱書」或確收有上三則文字，但經已佚，或此出處誤題
洞真太一帝君太丹隱書洞真玄經	洞真太丹隱書經	卷三日品	三三／五二九上	雲笈七籤卷二十三引
		卷五人品	三三／五二九下—五三〇上	
		卷七衆難品	文字不見於太丹隱書洞真玄經，該經或有散佚	文字見上清三真旨要玉訣（六／六二六下）及洞真西王母寶神起居經（三三／四六二上）
		卷二十七上清神符品	三三／五四〇上	
		卷三十經符異名品	三三／五二九上	
		卷三十一遇經宿分品	三三／五三〇上	
		卷三十四師資品	三三／五四三中	
		卷三十四法信品	三三／五四三上	

	洞真太丹隱書元經	卷四十七受法持經品	三三／五四三上	
	洞真太一帝君太丹隱書經	卷七十六長生品	三三／五二九上	
洞真元真洞飛二景寶經*	洞真元真洞飛二景寶經	卷三十一遇經宿分品	一／九〇四下。太極金書有「玄真洞飛二景寶經」部分	道藏雖實有上清太霄隱書元真洞飛二景經，但却全爲七星移度經的内容，疑竄奪
洞真中央黄老君八道秘言經*	洞真中央黄老君八道秘言經	卷三十經文出所品	不見	九真中經中有「中央黄老君八道秘言章」，今或有缺
高上太霄琅書瓊文帝章經	洞真太霄琅書經	卷五人壽品	一／八八八上—八八九中	
		卷二十三真靈治所品	一／八八八上—八八九中	
		卷三十二衆聖傳經品	一／八八七中	
		卷四十七受法持戒品	一／八九〇下	
	洞真太霄琅書	卷三十四法信品	一／八九〇下	

	洞真太霄琅書瓊文帝章	卷二十八九天瓊文品	一/八八七中—八九二中	
		卷三十二傳經年限品	一/八八八七中	出處脱落
	洞真太霄琅書瓊文帝章經	卷四十三誦經品	一/八八八七下	
		卷三十三輕傳受罰品	一/八八八八上	
	洞真太霄琅書瓊文經	卷三十一遇經宿分品	一/八八九五下	
	洞真太霄琅書妙經	卷三十經文出所品	一/八八九〇中、八八八七中	
皇人經*	皇人經	卷五人品	文字見太上靈寶五符序卷下(六/三四二上)、太清道林攝生論(三四/四六八中)	也見抱朴子内篇之地真篇
黄庭内景玉經注序	洞真黄庭内景經	卷三十經符異名品	六/五一五上	梁丘子注并序
		卷三十四法信品	六/五一五上	
	洞真太上黄庭内景玉經	卷四十七受法持戒品	六/五一五上	

金籙經*	金籙經	卷三十五授度齋辭宿啓儀品（四次）	文字近似，不詳出處。其中靈寶齋宿啓儀品「齋官尊卑」一段文字同洞玄靈寶八節齋宿啓儀（三二/七四六下）	靈寶齋宿啓儀品「天尊告太上道君曰：今當普宣法音」一段文字與洞玄靈寶八節齋宿啓儀（三二/七四九上）、洞玄靈寶齋說光燭戒罰燈祝願儀（九/八二三中—八二四上）、太上洞真智慧上品大誡（三/三九二中）同
		卷三十六授道德五千文儀品（兩次）		
		卷三十九授洞玄真文儀品（兩次）		
		卷四十八靈寶齋宿啓儀品（四次）		
	金籙儀	卷三十七授道德五千文儀品	三洞奉道科戒營始（二四/七五六上、二四/七六三上）有類似文字	
老子妙真經*	妙真經	卷五人品	其經已佚	三洞奉道科戒營始有老子妙真經二卷
		卷六論意品		
		卷六王政品		

		卷七循物喪真品		
		卷七善惡品		
		卷七諸患品		
		卷四十二修學品		
		卷六十五專誠品		
		卷七十六長生品		
		卷一百入自然品		
靈寶經	靈寶經	卷之三十七授道德五千文儀品 卷三十九授洞玄真文儀品	二處所引文字與卷三十五基本同，但後者却注明出金籙經	或二經本有交叉，或此處「靈寶經」即指金籙經。
靈寶齋經*	靈寶齋經	卷三十八授洞神三皇儀品五處引文	太上洞神行道授度儀（三二／六四二中）	
南嶽夫人傳*	南嶽夫人傳	卷六十六沐浴品	不見	

三皇經*	三皇經	卷六帝王品	不見	
		卷二十仙歌品		
	洞神三皇經	卷四十三修道冠服品	不見	
三皇齋立成儀*	三皇齋立成儀	卷四十九	不見	
上清丹景道精隱地八術經	洞真隱地八術經	卷二十七上清神符品	三三/七八二下—七八五上	
		卷三十經文出所品	三三/七八六上	出處原缺
	洞真丹景道精隱地八術經	卷三十經符異名品	三三/七八二中	
		卷三十二衆聖傳經品	三三/七八二中	
		卷三十四法信品	三三/七八八上	
上清洞真智慧觀身大戒文	洞真觀身大誡經	卷三十二衆聖傳經品	三三/七九七上	
	洞真智慧觀身大戒經	卷四十三誦經品	三三/八〇三下	
		卷四十五(全卷)	三三/七九七上—八〇四下	幾乎摘引全經

	洞真智慧觀身品經	卷四十七受法持齋品	三三/八〇三上	
	洞真智慧大戒經	卷六十六明燈品	三三/八〇三下	
上清高上金元羽章玉清隱書經	洞真玉清隱書	卷十七衆聖冠服品	三三/七七三下—三三/七七五中	
	洞真金玄羽章玉清隱書	卷十九天帝衆真儀駕	三三/七七三下—七七五中	
		卷三十一遇經宿分品	三三/七八〇下	
	洞真高上金玄羽章經	卷三十二衆聖傳經品	三三/七七八中	
	洞真高上金元羽章玉清隱書經	卷九十二昇上清品上	三三/七七八下	
	洞真高上金玄羽章隱書	卷九十六昇玉清品上	三三/七七八下—七八〇中	
	洞真消魔大王白神内祝文	卷三十二遇經宿分品	三三/七七六中	上清高上金元羽章玉清隱書經之「玉清消魔

	洞真消魔金元百神内祝隱文	卷四十七受法持戒品	三三/七七八中	大王金玄百神内咒隱文」
上清高上滅魔玉帝神慧玉清隱書	洞真高上滅魔玉帝神慧隱書經	卷三十經符異名品	三三/七六五下；三三/七六八中	
	洞真高上神慧隱書	卷之三十二衆聖傳經品	三三/七六二下	
	洞真高上滅魔神慧隱書	卷四十七受法持戒品	三三/七六五上	
	洞真高上滅魔神慧隱文	卷三十一遇經宿分品	三三/七六四上	乃上清高上滅魔玉帝神慧玉清隱書之「高上玉清刻石隱銘内文」的文字
	洞真高上玉清刻名内文	卷三十三輕傳受罰品	三三/七六四上	
上清高上玉晨鳳臺曲素上經	洞真曲素訣辭經	卷二十三真靈治所品	三四/一上	
	洞真鳳臺曲素經	卷二十七上清神符品	三四/三中—八上	

	洞真玉晨鳳臺曲素上經	卷三十一遇經宿分品	三四/三上	
		卷九十七昇玉清品下	三四/三中—四上	出處原缺
	洞真鳳臺曲素上經	卷三十經文出所品	三四/一中；三四/三上	出處原缺
		卷三十二衆聖傳經品	三四/一上	
		卷三十二衆聖傳經品	三四/一中	
	洞真高上曲素上經	卷三十二傳經年限品	三四/一中	
洞真太上丹景道精經	洞真曲素訣辭	卷三十四輕傳受罰品	三三/六三七中	該經「此之丹景，亦有二名，一曰太上丹景道精經，二曰太素三元曲素訣辭玉景内真金章」
合見鳳臺曲素和丹景道精	洞真曲素訣辭經	卷三十四法信品	三四/四中—下；三三/六三七中	二經關係密切

上清高聖太上大道君洞真金元八景玉録	洞真高聖金元八景玉籙經	卷三十一遇經宿分品	三四/一五〇下	
		卷四十七受法持戒品	三四/一五〇中	
上清黃氣陽精三道順行經	洞真黃氣陽精經	卷三日品	一/八二二中—八二三上	
		卷三月品	一/八二六中—八二九上	
		卷三星品	一/八三〇中	
		卷四林樹品	一/八二四上、八二四中—下；八二五中	三則文字
		卷二十七上清神符品	一/八二九下—八三〇上	
		卷三十二衆聖傳經品	一/八三一中	
		卷三十四輕傳受罰品	一/八二七下	
		卷三十四法信品	一/八三一上—中	
		卷八十八昇月庭品	一/八三〇上	
		卷八十八昇日門品	一/八二八下—八三〇上	次序略異

		卷九十二昇上清品上	一/八二七下—八二八中	次序略異
		卷九十七昇玉清品下	一/八二七上、八二九上—中、八二四下—八二五中	出處原缺
	洞真黃氣陽精三道順行經	卷三十經符異名品	一/八二二中	
		卷三十一遇經宿分品	一/八三一中	
		卷三十二傳經年限品	一/八二九下；一/八二七上	
		卷九十四昇上清品下	一/八二七下—八二八上；八二六下—八二七上、八二四上—中	
	洞真黃氣陽精藏天隱月上經	卷四十七受法持戒品	一/八三一上	
上清迴神飛霄登空招五星上法	原缺出處	卷九十七昇玉清品下	三三/八三〇上—八三二中	
上清金書玉字上經	上清金書玉字上經	卷三十二傳經年限品	一八/七四四下	

上清金真玉光八景飛經	洞真金真玉光八景飛經	卷三十經文出所品	三四/五四上	
		卷三十二衆聖傳經品	三四/五四下—五五中	摘節
		卷三十二傳經年限品	三四/六一下	
		卷三十四法信品	三四/六一下	
		卷四十七受法持戒品	三四/六一下	
		卷九十九昇太清品	三四/五六上—五八上	
	洞真金真玉光太上隱書經	卷九十四昇紫虛品	該段文字實見於上清太上九真中經絳生神丹訣（三四/四七上—中），當誤	也見於上清紫精君皇初紫靈道君洞房上經（六/五四九中—六/五四九下）
	洞真致真攝魔之符經	卷九十二昇上清品上	上清金真玉光八景飛經「招靈致真攝魔之符」（三四/五九下）	不當是獨立的經
上清九丹上化胎精中記經	洞真九丹上化胎精中記經	卷五人品	三四/八二上、八二中—下；八二中、八七上—八九下	四則文字，摘節，與原經次序不同

		卷三十經文出所品	三四/九〇中	出處原缺
		卷三十一遇經宿分品	三四/九〇下	
		卷三十一傳經年限品	三四/九〇下	
		卷三十四法信品	三四/九〇下	
		卷四十七受法持戒品	三四/九〇下	
		卷九十二昇上清品上	三四/八九中—下	
		卷九十四昇太空品	三四/八七下	
		卷九十八昇九天品	三四/八八中—下	
	洞真胎精中記	卷三十二衆聖傳經品	三四/九〇中	
上清七聖玄紀經	洞真七聖元紀經	卷八十七屍解品	三三/七九一中	出處原爲「洞真瓊文帝章經」，誤
上清三元玉檢三元布經	洞真三元玉檢布經	卷十七衆聖冠服品	六/二二四上—二二五中	
		卷二十七上清神符品	六/二一六中—二一七上	
		卷三十一遇經宿分品	六/二二〇中	

		卷三十二傳經年限品	六/二三〇下	
		卷三十四法信品	六/二一九下	
		卷四十三誦經品	六/二三五下	
	洞真三元玉檢經	卷三十一經德品	六/二一一上—中	
		卷九十七昇玉清品下	六/二三二下	
	洞真三元玉檢三元布經	卷三十經符異名品	六/二一七上	
	洞真太上玉檢三元布經	卷四十七受法持戒品	六/二一九下	
	洞真玉檢經	卷九十三昇上清品下	六/二一七中；六/二一一下—二一二上、二一四上	
上清上經變化七十四方*	洞真變化七十四方經	卷十七衆聖冠服品	文字不見	經佚。三洞奉道科戒營始「上清上經變化七十四方一卷」，屬上清經「三十一」之一
		卷十八天帝衆真儀駕品		
		卷二十仙歌品		

		卷八十八天仙品		
		卷九十一昇太極宮品		
		卷九十一昇太微宮品		
		卷九十二昇上清品上		
		卷九十四昇紫微宮品		
	洞真七十四方變化上經	卷九十三昇上清品下		
上清素奏丹符靈飛六甲經（上清瓊宮靈飛六甲左右上符）*	洞真瓊宮靈飛六甲經	卷十七衆聖冠服品	二/一七〇—一七六中（有神女的文字，無帝君的，有缺佚）	三洞奉道科戒營始卷四「靈寶中盟經目」有上清太上瓊宮靈飛六甲籙，乃符籙；卷五「上清大洞真經目」有上清素奏丹符靈飛六甲一卷，乃「三十一卷」之數。上清佩符文青券訣、上清佩符文白券訣、上清佩符文絳券訣
		卷二十七上清神符品	前半部分見於上清佩符文白券訣（六/五七五上—中，該經轉自靈飛六甲經）；二/一七〇中—一七六中	
	洞真瓊宮左右靈飛六甲上符	卷三十經符異名品	二/一六九下	

	洞真靈飛六甲内文經	卷三十二衆聖傳經品	二/一六九下	多處引文均說出自「靈飛六甲經」。今上清瓊宮靈飛六甲左右上符當截抄原經而成，秘要引文不詳其究竟出自經還是符，姑合置一處
	洞真素奏丹符靈文	卷九十二昇上清品上	分見於上清佩符文絳/黄/黑/青/白券訣（六/五七七中、五八〇下、五七八中、五七二中、五七四下—五七五上）	
	洞真素奏丹靈六甲符經	卷四十三誦經品	不見	
	洞真太上素奏丹符靈飛六甲經	卷四十七受法持戒品	不見	
上清太極隱注玉經寶訣	洞玄隱注經	卷四靈山品	六/六四四下	
		卷二十三真靈治所品	六/六四四下	
		卷三十四師資品	六/六四三下	
	洞玄太極隱注經	卷三十經符異名品	六/六四五中—下	
		卷四十三修道冠服品	六/六四三下	
		卷四十七齋戒品	六/六四五下、六四七中	

	洞元太極隱注	卷一百入自然品	六/六四二中	
		卷一百洞冥寂品	前兩則見於六/六四六下；末則見於六/六四二上	三則文字
	太極隱注經	卷三十七授道德五千文儀品	六/六四七下	
		卷三十八授洞神三皇儀品	末尾文字見於六/六四二下	整段文字見於太上洞神行道授度儀（三二/六四二下—六四三上）
	隱注經	卷三十七授道德五千文儀品	不見	
		卷三十七授道德五千文儀品	六/六四三中	
		卷三十八授洞玄真文儀品	韻文見於六/六四二下	其餘不見
上清太上八素真經	洞真八素真經	卷三星品	六/六四八下—六五一下	
		卷三十經文出所品	六/六四八下、六五二下	兩則文字；出處原缺

	卷三十二傳經年限品	六/六五六中—下、六四九下	兩則文字
	卷三十一遇經宿分品	六/六四九下	出處誤脱
	卷三十四法信品	六/六五六下	
	卷四十七受法持戒品	六/六五六中—下	
洞真八素經	卷九衆聖會議品	六/六五五上	與上清洞真天寶大洞三景寶録卷中(三四/一一四中)相似性更高
	卷十九天帝衆真儀駕品	文字實見於太上飛行九晨玉經六/六六八上—中	文字内容叙述仙階品級與上清太上八素真經吻合,疑二經本有交叉,或出處誤
洞真太上八素真經	卷三十三輕傳受罰品	六/六四九下	
洞真太上隱書經	卷三十二傳經年限品	六/六五〇下	

洞真太上八素真經服食日月皇華訣	洞真八素真經	卷三十三輕傳受罰品	三三/四七七上	
		卷八十七尸解品	三三/四八二上	
		卷八十八昇月庭品	三三/四七八—四八一中	
		卷八十八昇日門品	三三/四八〇中、四八〇上	
		卷九十四昇太空品	三三/四八一下	
		卷九十七昇九天品	三三/四八一上	
合見於上清太上八素真經和洞真太上八素真經服食日月皇華訣	洞真八素真經	卷九十二昇上清品上	前兩則文字見於服食日月皇華訣（三三/四八一上、四八〇下），其後的見於上清太上八素真經（六/六五一下—六五五上）	表明當時八素真經或本爲一體
		卷三十二衆聖傳經品	兩則文字，前者見於上清太上八素真經（六/六四八下），後者見於服食日月皇華訣（三三/四七七下）	
上清太上帝君九真中經	洞真九真中經	卷五人品	三四/三三三中	

		卷五身神品	三四/三三下—三五中	
		卷十七衆聖冠服品	三四/三三中	
		卷三十二傳經年限品	三四/三八中	
		卷三十三輕傳受罰品	三四/三八中	
		卷四十七受法持戒品	三四/三八下	
		卷八十八易形品	三四/四四中—四五中	
	洞真太上九真中經	卷三十經文出所品	三四/三三下	
		卷十九天帝衆真儀駕品	三四/三三中；三四/三六中	
	洞真高聖金玄經	卷三十四法信品	三四/四三下	
合見於上清太上帝君九真中經和上清太上九真中經絳生神丹訣	洞真九真中經	卷十八衆聖冠服品	四則文字，其中「日帝冠服」、「月夫人冠服」見於上清太上帝君九真中經（三四/三九中—下），「九星内妃冠服」見於上清太上九真中經絳生神丹訣（三四/五〇上—中）	其中「九星君冠服」僅見於太上飛行九晨玉經（六/六七一下—六七五上）及河圖經等，或疑今九真中經殘佚，或出處脱落

上清太上黃素四十四方經	洞真黃氣四十四方經	卷三十一遇經宿分品	三四/七三上	
	洞真黃素四十四方經	卷三十經文出所品	三四/七三上	出處原缺
		卷三十三輕傳受罰品	三四/七三上	
		卷三十四法信品	三四/七三中	
		卷三十四授度品	三四/七六上—中	
		卷四十三讀經軌度品	三四/七五上—中	
		卷四十七受法持戒品	三四/七三中	
		卷六十六咒請品	三四/七七上	
		卷七十四啓志願品	三四/七九中	
	洞真太上黃素四十四方經	卷六十五沐浴品	三四/七八上	
上清太上玉清隱書滅魔神慧高玄真經	洞真玉清隱書經	卷三十二衆聖傳經品	三三/七六二中	
		卷三十二傳經年限品	三三/七六二中	
		卷四十三誦經品	三三/七六〇中	

上清外國放品青童內文經	洞真外國放品	
卷四九地品	三四/二二上—二六上	摘節簡縮
卷四靈山品	三四/二七上	
卷四林樹品	三四/二六下；三四/二八中	兩則文字
卷五人壽品	三四/九下—一一下；一二上；一二下	三則文字
卷六洲國品	三四/二六下—二八上	
卷十六衆聖本跡品下	三四/一八中—二二下	
卷十六三十六土皇	三四/二三上—二五下	
卷十九天帝衆真儀駕品	二二中—二五下	
卷二十三真靈治所品	三四/二七下—二八中	
卷三十經文出所品	三四/二八下	出處原缺
卷三十二衆聖傳經品	三四/二八下	
卷三十四法信品	三四/二八下	
卷四十三誦經品	三四/九中	

		卷九十八昇九天品	三四/二二上—二六上	
上清玉帝七聖玄紀迴天九霄經	洞真七聖元紀經	卷九衆聖會議品	三四/六三下—六四上	
		卷十七衆聖本跡品	三四/六二下	
		卷十九天帝衆真儀駕品	三四/六二下	出處誤爲「洞真靈書紫文上經」
		卷二十靈樂品	三四/六二中	
		卷二十六真文品	三四/六三上	末尾「太上曰：總三寶爲奇文……」見大有妙經（三三/四〇一下）
		卷二十七上清神符品	三四/六七下—六九中	
		卷三十一遇經宿分品	三四/六三中—下、七二中—下、七一中—下	
		卷三十四輕傳受罰品	三四/七二下	
		卷三十四法信品	三四/七二下	
		卷九十二昇上清品上	三四/六四中—下、六九下—七〇下	

		卷九十四昇紫庭品	三四/六五上—中	
		卷一百昇無形品	三四/六四下—六五上	
		卷九十七昇玉清品下	三四/六九下、七二中—下	出處原缺
上清玉霞紫映内觀隱書*	洞真玉霞紫映内觀隱書	卷七善惡品	不見	四極明科及真誥中均見該經經名
	上清玉霞紫映内觀上法	卷九十三昇上清品下	乃洞真上清青要紫書金根衆經的一部分(三三/四二五中—下)	末尾「三關啓機」乃三九素語玉精真訣的文字，實與卷九十七文字「得受妙篇，位登玉清」銜接
上清元始變化寶真上經九靈太妙龜山玄籙	洞真龜山元籙經	卷十九天帝衆真儀駕品	三四/一九五下	
		卷二十七上清神符品	三四/二〇二下、二二七上—二二九上	
	洞真元始變化寶真上經	卷三十三輕傳受罰品	三四/二二九下	

	洞真九靈太妙龜山元籙經	卷四十七受法持戒品	三四/二二九中—下	
	洞真元始變化上經	卷九十三昇上清品下	三四/二二四上—中	次序略異
	元始變化寶真上經	卷九十七昇玉清品下	三四/二二八、二二一下—二二二中	
	上清元始變化元籙	卷一百昇無形品	三四/二二六中—下	
太極真人敷靈寶齋戒威儀諸經要訣	洞玄敷齋經	卷三十四法信品	九/八七一上—中	
	洞元敷齋經	卷一百會兼忘品	九/八七〇中	
	敷齋經	卷三十五授度齋辭宿啓儀品	文字似洞玄靈寶齋説光燭戒罰燈祝願儀（九/八二五上—八二六上）	兩處文字相同，可能爲陸修静改寫自該經
		卷四十八靈寶齋宿啓儀品		
太上大道三元品誡謝罪上法	洞玄三元品誡經	卷六十六沐浴品	六/五八六上、五八一下	
		卷五十二三元齋品	六/五八一下—五八六上	出處原缺

太上洞房內經注	洞真洞房內經	卷七衆難品	二/八七四上	
		卷四十二修學品	二/八七四中	
太上洞神行道授度儀	洞神經	卷之三十八授洞神三皇儀品	太上洞神行道授度儀（三二/六四三上）	
太上洞玄靈寶赤書玉訣妙經	洞玄玉訣經	卷六十五專誠品	六/一九四中—下	
	洞玄靈寶玉訣妙經下	卷二十六靈寶符效品	六/一九六上—一九八中	
	洞玄玉訣上經	卷四十一策杖品	「以應天象地」前見於元始五老赤書玉篇真文天書經（一/七八五下—七八七上）；「當取靈山」後見於太上洞玄靈寶赤書玉訣妙經（六/一九一中—下）	引文兩部分銜接緊密，表明二經關係密切。或「當取靈山」前漏標出處
		卷四十一投簡品	六/一八五中	
	元始靈寶告五嶽靈山除罪求仙上法	卷四十一投簡品	六/一八五下	

元始靈寶告九地土皇滅罪言名求仙上法	卷四十一投簡品	六/一八六上	
洞玄赤書玉訣經	卷十七衆聖冠服品	六/一九三中—下	還見於洞玄靈寶五老攝召北酆鬼魔赤書玉訣(三二/七五一中—下)
	卷六十五山居品	六/一八九中	
	卷四十策版品	六/一九一下—一九二中	出處原爲「洞真青要紫書金根經」，誤
	卷六十五山居品	六/一八九中	
洞玄真文赤書玉訣	卷六十六咒請品	六/一八九上—中	
洞玄元始赤書經	卷七十六服五氣品	六/一九五中—一九八中	
洞玄真文赤書玉訣經	卷三十經文出所品	六/一八六中—一八九上	摘節

太上洞玄靈寶本行宿緣經（洞玄請問經*）	洞玄請問經	卷二十四三寶品	太上洞玄靈寶本行宿緣經（二四/六六九下）	「靈寶中盟經目」有仙公請問上下二卷。現道藏太上洞玄靈寶本行宿緣經爲該經下卷，敦煌文書斯一三五一爲該經上卷抄本
		卷四十三修道冠服品	二四/六六七下—六六八上	原標「洞玄請問經下」
		卷六十五山居品	二四/六七〇下	原標「洞玄請問經下」
	洞元請問經	卷一百洞冥寂品	二四/六六七中	
	仙公請問經	卷三十五授度齋辭宿啓儀品（兩次）	二四/六六七上	數處文字相同
		卷三十八授洞神三皇儀品		
		卷三十九授洞玄真文儀品		
		卷四十八靈寶齋宿啓儀品		

		卷五十塗炭齋品		
		卷七十四啓志願品	上段見太上洞玄靈寶本行宿緣經（二四/六六六上—中）	後則見於七星移度經（三三/四五七上），出處或誤，或二經有交叉
		卷三十一經德品	不見本行宿緣經和斯一三五一	當爲上卷佚文
	洞玄請問上經	卷四十七齋戒品	不見	當爲上卷内容
太上洞玄靈寶空洞靈章經*	洞玄空洞靈章經	卷六劫運品	中華道藏三/六八上	敦煌文書伯二六〇二、伯二三九九、伯二三二八、斯二九一五
		卷二十靈樂品	中華道藏三/六三上—中	
		卷二十九三十二天讚頌品	中華道藏三/六三中—六七下	
		卷四十三誦經品	中華道藏三/六八上	
	洞元靈章經	卷一百昇無形品	中華道藏三/六四上	
太上洞玄靈寶三元品戒功德輕重經	洞真三元品誡經	卷五人品	六/八八三下—八八四上	也見太上洞玄濟衆經（三四/七八一下）。出處原誤爲「洞玄諸天内音經」

		卷五身神品	六/八七九下	
		卷三十四法信品	六/八八四下—八八五上	
		卷四十四三元品誡	六/八七九下—八八三上	
太上洞玄靈寶昇玄內教經*	昇元經	卷七善惡品	太上靈寶昇玄內教經中和品述義疏（二四/七〇九中）	
		卷七諸患品	俄藏敦煌文書ДX五一七	要修科儀戒律鈔卷一（六/九二二下）引
		卷一百洞冥寂品	不見現經書	
	昇玄經	卷三十經德品	不見現經書	
		卷三十四師資品	前部分要修科儀戒律鈔卷一引（六/九二三上）	其後見伯二四四五，ДX二七六八和ДX九〇一引
		卷四十三修道冠服品	不見現經書	
		卷六十五山居品	洞玄靈寶道學科儀上（二四/七七〇上）	

		卷六十五違俗品	伯二三三二六、伯二四七四	
	升玄内教經	卷三十四授度品	前部分要修科儀戒律鈔卷一引（六/九二三上—中）	後部分見伯二四四五
	升玄内教經卷第七	卷四十六昇玄戒品	太上靈寶昇玄内教經中和品述義疏（二四/七一八上—七一九中、七〇七中—下）	也見伯三三四一
	升玄内教經卷第九	卷六十四昇玄九戒	伯二七五〇	
太上洞玄靈寶真文度人本行妙經*	洞玄本行妙經	卷四十七齋戒品	雲笈七籤卷三十七齋戒部「持齋」	不見於同期經書
		卷十五衆聖本跡品中	伯三〇二二背面	出處原缺
太上洞玄靈寶真文要解上經	洞玄真文要解經	卷六劫運品	五/九〇三中	出處原缺
		卷三十二傳經年限品	五/九〇四下	
太上洞玄靈寶智慧本願大戒上品經	洞玄消魔經	卷七諸患品	六/一六〇上	
		卷三十二傳經年限品	六/一五七下	出處原缺

經名	卷品	出處	備注
消魔經	卷三十七授道德五千文儀品	六/一六〇中—下	也見於太上洞玄靈寶授度儀（九/八五五中），次序異
	卷三十八授洞神三皇儀品	段末頌一首確見於六/一六〇下	段首「復爐法：香煙之女」部分見於太上洞玄靈寶授度儀（三二/六四一上）
洞玄安志經	卷三十二傳經年限品	六/一五七下	出處原缺
	卷三十二衆聖傳經品	六/一五七下	三洞奉道科戒營始有太上洞玄靈寶安志本願大戒上品消魔經一卷，當是
	卷四十二修學品	六/一五九下—一六〇下	
	卷六十五違俗品	六/一五九下	
洞元安志經	卷一百會兼忘品	六/一六〇中	
洞玄安志消魔經	卷四十七齋戒品	六/一五八上	
洞玄定志經	卷七十四啓志願品	六/一五六中—一五七中	
	卷七十六地仙品	六/一五七下；一八/二三五上	

太上洞玄靈寶智慧定志通微經	洞玄通微定志經	卷三十經文出所品	五/八八八中	
	洞玄思微定志經	卷三十四法信品	五/八九三中	
		卷六十四洞玄戒品	五/八九〇中	
太上洞玄靈寶智慧罪根上品大戒經	洞玄智慧经	卷四十六洞玄戒品	六/八八七中—下	三洞奉道科戒營始有「太上洞玄靈寶上品大戒罪根經一卷」
	洞玄智慧大戒經	卷四十七齋戒品	六/八八五下	
太上洞玄靈寶諸天內音自然玉字	洞玄諸天內音經	卷五人壽品	二/五六一中	
		卷二十四真文品	二/五四五中—五四七上、五三三上	
太上洞玄靈寶自然經上*	靈寶自然經	卷六十五違俗品	文字不見	三洞奉道科戒營始「靈寶中盟經目」有「太上洞玄靈寶自然經上一卷」
太上洞真智慧上品大誡	洞玄智慧大戒經	卷三十經文出所品	三/三九一上	三洞奉道科戒營始有「太上洞玄靈寶智慧上品大戒經一卷」，或是
		卷四十七齋戒品	三/三九二上；三/三九二中	

	洞玄智慧上品經	卷六十四洞玄戒品	三/三九一上—三九三下	
	大戒經	卷三十五授度齋辭宿啓儀品	三/三九一上—三九二下；九/八二三中—八二四上	
	大誡經	卷五十塗炭齋品	三/三九一上—三/三九二中	
	洞玄大戒經	卷八十八天仙品（三則）	三/三九二中；三/三九三上—中；三/三九三下	
太上二十四神迴元經	洞真造形紫元二十四神經	卷五身神品	三四/七七四上—七七五上	也見於洞玄靈寶二十四生圖經（三四/三三九中—三四二下）、太玄八景籙（四/五六四—五六七上）
太上九赤班符五帝内真經	洞真五帝内真經	卷十八衆聖冠服品下	三三/五一九下—五二四下；三三/五二〇下—五二五下；三三/五二六中—五二七下	摘節

	卷十九天帝衆真儀駕品	三三／五二六上—五二七下	出處誤爲「洞真飛行羽經」。還見正一法文經護國醮海品（三二／七〇三上）
洞真九赤班符五帝内真經	卷十九天帝衆真儀駕品	三三／五二〇下—五二五中	
	卷三十經文出所品	三三／五一八上	出處原缺
	卷三十經符異名品	三三／五二〇中	
	卷三十一遇經宿分品	三三／五二八上	
	卷三十二衆聖傳經品	三三／五一八上	
	卷三十二傳經年限品	三三／五一八上	
	卷三十三輕傳受罰品	三三／五一八上；三三／五二八中	
	卷四十七受法持戒品	三三／五二八中	
	卷九十二昇上清品上	三三／五一九下；三三／五二四中—下	

經名	簡稱	卷品	出處	備注
	洞真九赤班符經	卷二十七上清神符品	三三／五二〇中—五二七下	
	洞真九赤斑符内真經	卷三十二傳經年限品	三三／五一八上	
		卷九十六昇玉清品上	三三／五二〇中—五二六上	出處原缺
	洞真上清九赤斑符經	卷三十四法信品	三三／五二八中	
太上靈寶天地運度自然妙經	洞玄運度經	卷七陰陽交隘品	五／八六七上—中	
太上靈寶五符序	洞玄五符經	卷十九天帝衆真儀駕品五方帝儀駕	六／三一九下	
		卷七十六長生品	六／三二三上—中	
	洞元五符經	卷九十九昇太清品	六／三三四上—下	
太上三皇寶齋神仙上録經	洞神經	卷六十六沐浴品	一八／五六一上	
		卷六十六明燈品	一八／五六一上	
		卷六十六燒香品	一八／五六〇中—下	

太上三天正法經*	洞真三天正法經	卷六劫運品		
		卷三十一遇經宿分品		
		卷三十二衆聖傳經品	上清大洞九微八道大經妙録（三四/二四三上—二四四中）	九微八道經首與太上三天正法經末相銜接，二經均當爲「洞真三天正法經」的篇章
		卷六十五山居品	文字多同上清修行經訣（六/六五八上）、上清修身要事經（三二/五六二下）	
		卷三十二傳經年限品一一〇上	不見	
	洞真除六天之文三天正法經	卷四十七受法持戒品	上清大洞九微八道大經妙録（三四/二四三上）	
太上太極太虛上真人演太上靈寶威儀洞玄真一自然經訣*	洞玄自然經訣	卷七衆難品	伯二三五六	
	洞元自然經訣	卷一百昇無形品	不見	伯二四〇三
		卷一百入自然品	不見	

	洞玄自然經	卷三十二傳經年限品	不見	
		卷三十四法信品	不見	
	洞玄真一自然經訣	卷之四十三修道冠服品	不見	
	自然經訣	三十九授洞玄真文儀品	伯二四五二。韻文也見於洞玄靈寶授度儀（九／八四七下—八四八上）和玉京山步虛經（三四／六二七下—六二八上）	後部分也見於玉匱明真科（三四／三八八上）
太上無極大道自然真一五稱符上經	洞玄自然真一五稱經	卷二十六靈寶神符品	一一／六三三中—六三五下	
	洞玄五稱經	卷三十一經德品	一一／六三八下、六三二下—六三三中	次序不同
		卷四十三誦經品	一一／六四一下	
	洞玄五稱文經	卷三十二傳經年限品	一一／六四一下	
	洞玄真一五稱經	卷六十六沐浴品	一一／六四一中	

	洞玄自然五稱經	卷八十八易形品	一一/六二三上；一一/六三七上	
太上玄一真人說妙通轉神入定經	洞玄法輪妙經	卷三十一經文存廢品	六/一七四中—下	本或出自原始洞玄法輪經。其中，卷三十二傳經年限品出處原缺
		卷三十二傳經年限品	六/一七二上	
	洞元法輪經	卷九十二昇上清品上	六/一七四中	
太上玄一真人說勸誡法輪妙經	洞玄法輪經	卷七十六長生品	六/一七五下—一七六上	
太上洞玄靈寶真一勸誡法輪妙經	洞玄法輪經	卷三十二衆聖傳經品	六/一七二上	
		卷三十四師資品	六/一七一上—下	
	洞玄真一勸戒法輪妙經	卷四十七齋戒品	六/一七〇中	
合見於二經	洞元真一勸戒法輪經	卷九十一昇太極宮品	首則見於太上玄一真人說勸誡法輪妙經（六/一七五下），後二則見於太上玄一真人說妙通轉神入定經（六/一七四中、一七五上）	

太上玉晨鬱儀結璘奔日月圖	洞真太上玉晨鬱儀奔日經	卷三日品	六／七〇〇中	日名還見於三四／三九中、三四／五二上、三四／一一〇中
	洞真結璘奔月經	卷三月品	六／七〇二中	還見於三四／三九中—下、三四／五二中、三四／一一一中
		卷三十二傳經年限品	六／六九八中	
	洞真鬱儀奔日赤景玉文太上玉晨結璘奔月黃景玉章	卷三十一遇經宿分品	六／六九八中	
太上玉珮金璫太極金書上經	洞真太極金書上經	卷十七衆聖冠服品	均見一／八九七上	出現兩次
		卷十八天帝衆真儀駕品	一／八九六中	
		卷九十六昇玉清品上	一／八九九下	
	上清寶文	卷十七衆聖冠服品	一／八九七上	

玉珮金璫太極金書	卷三十經文出所品	一/八九六中	
洞真玉珮金璫太極金書上經	卷三十經符異名品	一/八九七中；一/九〇一中	出處原位於後四極明科文字後，誤
	卷三十一遇經宿分品	一/八九六下	
	卷三十四法信品	一/九〇四下	
	卷四十七受法持戒品	一/九〇四下	
	卷九十二昇上清品上下	一/八九七下—八九八上	
	卷九十九昇太清品	一/九〇〇下	
洞真玉佩金璫經	卷三十一衆聖傳經品	一/八九七上	
洞真玉珮隱元洞飛内文經	卷三十三輕傳受罰品	一/九〇一中	
洞真太極金字玉文九天陰符	卷九十八昇九天品	太上玉佩金璫太極金書上經之太極金字玉文九真陰符（一/九〇二中）	不視爲獨立的經

	洞真九真陽符	卷九十二昇上清品上	太上玉珮金璫太極金書上經(一/九〇〇中)	
		卷九十八昇九天品	一/八九九下—九〇〇上、八九九中、九〇〇下	
太上諸天靈書度命妙經	洞玄靈書	卷四林樹品	一/八〇〇中、八〇一中	
		卷四神水品	一/八〇二上	
	洞玄靈書經	卷六劫運品	一/八〇三中、七九九下—八〇二中	摘節
		卷七十六長生品	一/八〇二下—八〇三上	
	洞玄靈書度命經	卷四靈山品	一/八〇一中	
		卷五人壽品	一/七九九下—八〇二上	出處原缺
		卷三十一經文存廢品	一/八〇四上—中	
	洞玄靈寶經	卷六洲國品	一/七九九下—八〇二上	摘節
西昇經	西昇經	卷五人品	一一/五〇六上	
		卷七善惡品	一一/五一二上	

		卷三十四師資品	一一／四九六下—四九七上	
		卷六五專誡品	一一／五〇八中	
		卷六五違俗品	一一／五一〇上—中、五〇〇中—五〇一上	
虛無經*	虛無經	卷六十五虛靖品	玄都律文之虛無善惡律（三／四五六上）	
玄覽人鳥山經圖	洞玄五符經	卷四靈山品	六／六九六中	又名靈寶五符人鳥經
隱元上經*	隱元上經	卷三十經符異名品	見太真玉帝四極明科經（三／四二六下）	
玉清戒*	玉清戒	卷三十五授度齋辭宿啓儀品	除「智慧詠三首」外，其他文字不見	
	玉清誡	卷五十塗炭齋品	除「智慧詠三首」外，其他文字不見	
	玉籙清誡	卷四十八靈寶齋宿啓儀品	見於洞玄靈寶齋說光燭戒罰燈祝願儀（九／八二三上）	

元始天尊說變化空洞妙經	洞真八道玉景隱符	卷九十一昇太極宮品	一/八四九下	該經之「靈真八道變化空洞玉景隱符」
		卷九十一昇太微宮品	一/八五〇中	
	洞真靈真八道玉景隱符	卷九十四昇紫微宮品	一/八五〇上	
	洞真八道玉景隱經	卷九十六昇玉清品上	一/八五〇下	
元始無量度人上品妙經	洞玄度人經	卷四三界品	「諸天之上」前的三十二天更近洞真太霄琅書卷十(三三/六九八中—下)，其後的文字見於元始無量度人上品妙經(一/五上—中)	秘要按欲界六天、色界十八天、無色界四天、後四天排列，而元始無量度人上品妙經按東、南、西、北各八天排列。今元始無量度人上品妙經第一卷或改動過
	洞玄无量度人經	卷十六三十二天帝	一/四上—中	
		卷十九十方神王儀駕	一/三中—下	
		卷四十三誦經品	一/二下—三上、六上—七中	
		卷七十六	一/一下	

元始五老赤書玉篇真文天書經	洞玄玉訣經	卷四靈山品	一／七九〇下	
		卷六劫運品	一／七九〇下	
		卷七陰陽交隘品	一／七八九中—七九〇中	
	洞玄元始五老赤書玉篇經	卷九衆聖會議品	一／七九三下—七九七中	
		卷二十六靈寶符效品	一／七七七中—七八六下、七八八中—七九三下	題出「洞玄元始五老赤書玉篇經下」，今前者在卷上，後者在卷中
	洞玄赤書玉篇真文經	卷十七衆聖冠服品	一／七八四中—七八五中	
	洞玄赤書經	卷十九衆真儀駕	一／七七五下	
		卷二十四真文品	一／七七七中—七八三中	咒字在元始五老赤書玉篇真文天書經爲符篆，而「東方九氣青天真文」後面的文字與太上洞玄靈寶赤書玉訣妙經（六／一八六中—一八九上）同

		卷二十四天瑞品	一/七七四下—七七五上	
		卷二十四地應品	一/七七五上—下	
		卷三十經文出所品	一/七七四中；七九七中；七八四上	
		卷三十一經德品	一/七九七中—下	
	洞玄元始五老赤書經	卷十九天帝衆真儀駕品五老君儀駕	一/七八四中—七八五中	
真誥	真誥	卷二十靈樂品	二〇/五四三下	
		卷四十二修學品	二〇/四九七上、五二七下、五一四下、五〇一下、五三一上、五二四中、五一九上、五二四上、五二三中	數則文字，與真誥次序不同
		卷六十四專誠品	二〇/五二五下、五一七下—五一八上、五六四上—中、五一八上、五六四中	
		卷六十五專誠品	二〇/五五二下	

		卷六十六沐浴品	二〇/五四一上、五四七中	
		卷六十六入室品	二〇/五四一上	
		卷六十六燒香品	二〇/五四〇下	
		卷六十六叩齒品	二〇/五五二中	
		卷一百洞冥寂品	二〇/五二五上	
真迹經*	真迹經	卷四靈山品	真誥(二〇/五四三中—下)	
		卷四仙果品	二〇/五〇三上	
		卷七衆難品	二〇/五二四上	也見上清衆真教戒德行經(六/八九六上)
		卷二十仙歌品	二〇/五〇五上—中；二〇/五一二中	
		卷四十三讀經軌度品	見皇天上清金闕帝君靈書紫文上經(一一/三八一下)	
		卷六十五山居品	二〇/五〇一下	
		卷八十七屍解品	二〇/五四六下	

正一法文*	正一法文	卷四十六正一五戒品	不見	
正一氣治圖*	正一氣治圖	卷二十三正一氣治品	内容見於受籙次第法信儀（三二／二二三上—二二三上）	太上三五正一盟威法籙中也有太上二十四治氣籙
	出處缺	卷五十塗炭齋品	部分文字見於太上洞玄靈寶授度儀表、太極真人敷靈寶齋戒威儀諸經要訣等	
	出處缺	卷五十五太真下元齋品	文字和洞真八道命籍經及洞真太霄琅書有相同之處	
	出處缺	卷七十六鉺玄根品	文字見於上清九天上帝祝百神内名經（三三／七九〇中—下）	
	出處缺	卷五十七太真中元齋品 五十八太真上元齋品	或出自上清三元齋儀、靈寶三元齋儀	
	出處缺	卷四十授洞真上清儀品	整段首尾與洞真太上八素真經登壇符札妙訣（三三／四八六上—下）相同